NOTES

EXPLICATIVES ET PRATIQUES

SUR LES

DEUX ÉPITRES

DE

SAINT PAUL AUX CORINTHIENS

TRADUITES DE

ALBERT BARNES

DES ÉTATS-UNIS

PUBLIÉES PAR

NAPOLÉON ROUSSEL

OUVRAGE PLUS PARTICULIÈREMENT DESTINÉ AUX PÈRES DE FAMILLE, AUX INSTITUTEURS ET AUX DIRECTEURS D'UNE ÉCOLE DU DIMANCHE

PARIS

GRASSART
LIBRAIRE
3, rue de la Paix, et rue Saint-Arnaud, 4

MEYRUEIS
LIBRAIRE
Rue de Rivoli, 174

1864

NOTES

EXPLICATIVES ET PRATIQUES

SUR

LES DEUX ÉPITRES

DE

SAINT PAUL AUX CORINTHIENS

NOTES

EXPLICATIVES ET PRATIQUES

SUR LES

DEUX ÉPITRES

DE

SAINT PAUL AUX CORINTHIENS

TRADUITES DE

ALBERT BARNES

DES ÉTATS-UNIS

PUBLIÉES PAR

NAPOLÉON ROUSSEL

OUVRAGE PLUS PARTICULIÈREMENT DESTINÉ AUX PÈRES DE FAMILLE, AUX INSTITUTEURS
ET AUX DIRECTEURS D'UNE ÉCOLE DU DIMANCHE

PARIS

GRASSART
LIBRAIRE
3, rue de la Paix, et rue Saint-Arnaud, 4

MEYRUEIS
LIBRAIRE
Rue de Rivoli, 174

1864

1863

Fondée par Sisyphe, longtemps avant la guerre de Troie, elle fut d'abord appelée Ephyre; son nom actuel lui vient, dit-on, de Corinthus, fils de Jupiter, ou de Marathon, ou bien encore de Pélops, qui l'aurait ou rebâtie ou embellie.

Une colline escarpée, l'Acrocorinthe, couronnée par une citadelle, la protégeait au midi : les trois autres côtés étaient environnés de forts remparts qui formaient une circonférence de huit ou neuf kilomètres.

Les marchandises de l'Occident arrivaient au port de Léchée ; celles de l'Orient et de la mer Egée à Cenchrée. Corinthe devint ainsi une grande place de commerce entre l'Europe et l'Asie, couvrit la mer de ses vaisseaux et sut les protéger contre les entreprises des autres nations. Les étrangers, qui y affluaient de toutes parts, accrurent rapidement sa population ; et bien qu'elle ait donné à la Grèce quelques-uns de ses plus habiles et de ses plus vaillants capitaines, elle fut toujours plus renommée pour son commerce et sa richesse que pour ses hauts faits militaires.

Une autre circonstance contribua aussi à former le caractère de ses habitants ; ce furent les jeux Isthmiques, qui se célébraient dans son voisinage et qui attiraient aussi un grand concours d'étrangers. L'apôtre Paul y fait d'assez fréquentes allusions, quand il recommande l'énergie et l'activité chrétiennes. (*Voy.* I. Cor. IX, 24, 26, 27, etc.)

Sous ces diverses influences, Corinthe devint, entre toutes les cités de l'antiquité, une ville de luxe et de dissipation. La richesse y abondait, une vie de plaisirs en fut la conséquence naturelle. Corinthe fut longtemps la ville la plus brillante, mais aussi la plus dissolue peut-être de toute l'antiquité.

Cette dépravation de mœurs était encore favorisée par la religion. Beaucoup de villes de l'antiquité étaient consacrées à quelque dieu ou à quelque déesse qui lui devait dès lors une protection particulière. (Actes XIV, 13.) Or Corinthe s'était placée sous le patronage de Vénus et lui avait érigé un temple sur l'Acrocorinthe. Ce plateau, d'où l'on a une vue admirable sur les deux mers, sur le Parnasse et l'Hélicon, sur Athènes et sur les îles, était spécialement consacré au culte de Vénus. Son autel s'y élevait au-dessus de celui des autres dieux, et la loi ordonnait qu'il y eût toujours dvant cet autel mille belles femmes consacrées à son service. Dans les temps de grandes calamités, ces femmes étaient employées aux sacrifices et faisaient des processions avec les autres citoyens, en chantant des hymnes sacrés. Elles vivaient principalement aux dépens des étrangers, et devenaient ainsi pour la ville la source d'un revenu aussi honteux que considérable. Bien des gens, voulant assurer le succès de leurs entreprises, vouaient à Vénus un certain nombre de ces femmes qu'ils faisaient venir de contrées éloignées. Les marchands étrangers, attirés de cette manière à Corinthe, y dépensaient tout leur avoir en peu de temps : de là ce proverbe des anciens : « *Il n'est pas donné à tout le monde d'aller à Corinthe.* » On conçoit aisément l'effet démoralisant de maximes pareilles et d'un tel genre de vie ; aussi Corinthe finit-elle par être, de toutes les villes grecques, la plus corrompue et la plus efféminée. Il était nécessaire de rappeler tous ces faits au lecteur, parce qu'ils tendent à exalter la puissance de Dieu qui a pu se former une Eglise dans une telle ville, et démontrent l'efficacité de cet Evangile qui sait vaincre les plus violentes passions de notre nature. A ces faits se rattachent en outre plusieurs des désordres dont l'Apôtre parle comme s'étant produits dans l'Eglise de Corinthe.

Au reste, malgré ces mœurs licencieuses, on trouvait à Corinthe le goût des lettres et des beaux-arts ; toutes les branches de la littérature y étaient cultivées, et Cicéron ne craignait pas de l'appeler la lumière de toute la Grèce.

Prise et incendiée par le consul romain Mummius (147 avant J.-C.), elle fut rebâtie peu de temps après ; Jules César y établit une colonie et en fit la capitale de l'Achaïe. Elle reprit bientôt une partie de sa splendeur, mais en même temps aussi de sa dissipation d'autrefois ; et à l'époque où Paul y arriva, elle était peut-être aussi corrompue que jamais.

(Voyez *Voyages d'Anacharsis* et *Dictionnaire de Bayle*, Art. Corinthe.)

§ II. — Etablissement de l'Eglise à Corinthe.

L'apôtre Paul visita Corinthe vers l'an 52 (Act. XVII, 1) en se rendant de Macédoine à Jérusalem, et après son court séjour à Athènes. Il y trouva Aquilas et Priscille, récemment arrivés de Rome, et attendit avec eux Silas et Timothée, qui devaient venir de Macédoine. Dès leur arrivée, Paul se mit à l'œuvre au milieu de l'opulente cité, et annonça l'Evangile d'abord aux Juifs, qui ne l'accueillirent pas, puis aux Grecs. Nous voyons par I Cor. XVI, 2-5 dans quels sentiments il avait commencé ces travaux. Cette déclaration de Dieu qu'il avait un grand peuple dans cette ville, avait fortifié son courage, et il avait prêché pendant dix-huit mois sans opposition, jusqu'au moment où les Juifs le traduisirent devant Gallion. Il était resté même assez longtemps après cela, puis s'en était allé en Syrie. (Act. XVII-XVIII.)

Quant au nombre et au caractère des disciples qui formèrent cette Eglise, nous n'avons d'autres renseignements que ceux que nous fournit notre Epître. Il y a quelque raison de penser que Sosthène (Act. XVIII) était converti (I Cor. I, 1) ainsi que d'autres personnages de distinction ; mais l'Eglise en général était composée principalement de personnes d'une condition médiocre. (Notes sur I Cor. I, 26-29.) L'existence de cette Eglise est une preuve vivante que l'Evangile est capable de combattre et de vaincre toutes les forces du mal. S'il a pu se former une Eglise dans une cité aussi dissolue que l'était la capitale de l'Achaïe, il n'est pas de peuple sur la terre que ce même Evangile ne puisse arracher à la séduction des plaisirs et soumettre à la croix de Christ. — Paul visita une seconde fois Corinthe vers l'an 58; il passa un hiver en Grèce, — sans doute à Corinthe ou dans le voisinage — dans un nouveau voyage qu'il fit de Macédoine à Jérusalem. C'est lors de ce second séjour qu'il écrivit son Epître aux Romains. (*Voy.* Introduction à cette Epître.)

§ III. — Temps et lieu de la composition de cette Epître.

Différents faits, mentionnés incidemment dans le cours de l'Epître, montrent qu'elle a été écrite d'Ephèse. On peut voir d'abord qu'il avait déjà visité l'Eglise de Corinthe (Ch. II, 1), *Quand je suis venu vers vous*, etc. (Ch. II, 1), et qu'au moment où il l'écrivit, il était sur le point de l'aller visiter une seconde fois (Ch. IV, 19, et XVI, 5). Or le livre des Actes nous montre en effet Paul visitant l'Achaïe, et sans doute aussi Corinthe, à deux reprises différentes. (*Voy.* Act. XVIII, 1, etc. et XX, 1-3.) En comparant ces passages, nous voyons que l'Apôtre avait fait à Ephèse un séjour de deux ans; c'est en quittant cette ville qu'il se rendit en Grèce, et c'est peu de temps avant ce voyage qu'il écrivait aux Corinthiens. On est donc tout naturellement conduit à considérer Ephèse comme le lieu de rédaction de cette Epître.

Toutes les circonstances qu'elle mentionne coïncident d'ailleurs avec cette supposition. — « *Si j'ai combattu avec les bêtes à Ephèse*, etc. » (Ch. XV, 32). Sans doute il pouvait employer cette expression dans quelque localité qu'il se trouvât, mais elle s'explique bien plus naturellement si l'on admet que l'Apôtre l'écrivait sur le théâtre même des luttes dont il parle. — « *Les Eglises d'Asie vous saluent* » (XVI, 19). On voit par là que Paul se trouvait près de ces Eglises, et était en relation avec elles ; or, dans le livre des Acte comme dans les Epîtres de Paul, l'Asie représente toujour cette portion de l'Asie Mineure dont Ephèse était la capitale (*Voy.* Notes sur Act. II, 9; VI, 9, etc.) — « *Aquilas et Priscill vous saluent* » (XVI, 19). Or Aquilas et Priscille se trouvaient à Ephèse à l'époque même où nous cherchons à établir qu Paul écrivait son Epître (Act. XVIII, 26) : — « *Je resterai à Ephèse jusqu'à la Pentecôte* » (XVI, 8). Ce verset équivau presque à une déclaration expresse que la lettre a ét écrite d'Ephèse. Enfin, que l'on compare XVI, 9 : « *Un grande porte m'est ouverte, mais il y a plusieurs adversaires*, » avec Act. XIX, 9, 20, 23-41, et la question sera résolue ave une entière évidence. Ces coïncidences toutes fortuite entre une Epître de Paul et l'histoire de Luc sont la meilleure preuve de l'authenticité de l'une comme de l'autre Un imposteur n'aurait pas songé à les établir, ou ne le aurait pas glissées si adroitement dans son récit que la fraude ne se trahît d'aucune manière. (PALEY, *Horæ Paulinæ*, sur cette Epître.)

Les mêmes circonstances servent à fixer la date de cette Epître. Paul se proposait de « demeurer à Ephèse jusqu'à la Pentecôte » (XVI, 8) ; mais ces mots ont évidemment été écrits et envoyés avant le tumulte excité par Démétrius puisque Paul partit pour la Macédoine immédiatemen après. (Act. XX, 1-2.) L'espoir qu'il avait conçu de voir sa prédication couronnée d'un grand succès (XVI, 9) fut en partie démenti par ce tumulte, et il quitta la ville plus tôt qu'il ne l'avait d'abord pensé. Il faut donc placer la composition de notre Epître dans l'intervalle qui s'écoula entre les évènements racontés dans Act. XIX, 22-23, c'est-à-dire vers l'an 57.

L'authencité de cette Epître n'a jamais été contestée Elle porte le nom de l'Apôtre ; la voix unanime de l'antiquité la lui attribue, et les preuves internes viennent à l'appui de ce témoignage. On s'est demandé si les mot du chapitre v, 9 faisaient allusion à une lettre que Paul leur aurait adressée précédemment, ou à une Epître qu'il aurait écrite à quelque autre Eglise, et que les Corinthiens auraient lue, etc. Nous examinerons cette question en parlant de ce passage.

§ IV. — Occasion et objet de cette Epître.

Il est évident que cette Epître est une réponse à une lettre adressée à Paul par les Corinthiens. Cette lettre lui avait été portée par Stéphanas, Fortunat et Achaïque, qui étaient venus s'entendre avec lui sur l'état de l'Eglise de Corinthe. (I Cor. xvi, 17-18.) En outre, Paul avait entendu parler de certains désordres survenus dans l'Eglise, et qui devaient attirer son attention et ses reproches. Il ne semble pas que les Corinthiens en eussent fait mention dans leur lettre : Paul les avait appris incidemment par quelqu'un des membres de la famille de Chloé. (I Cor. i, 11.) Ils se rattachaient aux sujets suivants : 1° Les divisions que la popularité d'un docteur avait excitées dans l'Eglise. (I Cor, i, 12-13.) Probablement ce docteur était Juif de naissance, et peut-être de la secte des Sadducéens (II Cor. xi, 22) ; les longs développements dans lesquels Paul entre sur la doctrine de la résurrection des morts (Ch. xv) pourraient avoir été dirigés contre l'enseignement de cet homme. 2° Les Corinthiens, comme tous les Grecs en général, se laissaient aisément séduire par les subtilités de la philosophie et l'éclat de l'éloquence : il était important pour l'Apôtre de leur montrer la valeur véritable de leur philosophie, et de leur rappeler dans quel esprit ils devaient recevoir l'Evangile. 3° L'autorité apostolique de Paul avait été mise en question, peut-être par le même faux docteur. L'Apôtre avait donc à la faire valoir, en établissant ses droits à intervenir dans l'organisation et la discipline de l'Eglise (Ch. iv, ix). 4° Un cas d'inceste avait eu lieu dans l'Eglise : il est probable qu les faux docteurs avaient cherché à le pallier, à l'excuse dans quelque mesure, et certain que les fidèles eux-même n'en avaient pas été fort choqués (Ch. v). Des faits semblable n'étaient pas considérés à Corinthe, dans la ville de Vénus comme criminels ; l'opinion publique les supportait. Il fal lait donc que Paul exerçât son autorité en retranchant d la communion de l'Eglise l'auteur de ce scandale, et donnâ ainsi un exemple de la sévérité de la discipline chrétienne 5° Les Corinthiens avaient manifesté un esprit contentieux, u penchant à plaider devant les tribunaux païens, au lie d'arranger entre eux leurs difficultés. Cela aussi était u scandale qui demandait l'intervention de l'Apôtre (Ch. v 1-8.) 6° Des vues ou des pratiques erronées avaient cour dans l'Eglise sur divers points, comme la tempérance, l chasteté, etc. Les chrétiens de Corinthe étaient disposés juger avec trop d'indulgence des vices auxquels ils avaie autrefois participé ; peut-être même avait-on tourné en rid cule, comme affectée ou arbitraire, l'austérité des maxime de Paul. Il était nécessaire de rectifier ces vues et d'insiste sur les exigences de la vie chrétienne (Ch. vi, 8-19). 7° D questions avaient été faites à l'Apôtre dans la lettre d Corinthiens sur *le mariage* et les devoirs que les ci constances pouvaient commander sous ce rapport (Ch. vii puis sur *les viandes sacrifiées aux idoles.* L'Apôtre, en établi sant sur ce dernier point le devoir de s'abstenir de c viandes dans les cas où leur usage pourrait être une occ sion de scandale, montre (Ch. ix) que c'est d'après principe qu'il a toujours agi lui-même dans son ministère que malgré l'autorité dont il était revêtu comme apôtre, avait souvent sacrifié ses droits à la paix de l'Eglise po tâcher d'en sauver quelques-uns. Il cherche à amener p son exemple les Corinthiens à une vie plus sobre et pl pure, et leur rappelle que si les Juifs sont tombés, ils pou raient bien tomber aussi comme eux (Ch. x, 1-12). Puis, pa sant à la célébration de leurs fêtes, il les invite à s'abstenir entièrement des viandes sacrifiées aux idoles, afin d'éviter tout scandale : telle est sa réponse à leur seconde question (Ch. x, 13-33). Ce devoir, imposé à tous, de travailler à l'édification les uns des autres et d'éviter tout scandale, Paul le montre, dans le chapitre suivant, dans ses rapports avec deux autres questions, le mariage et la sainte cène (Ch. xi, 1-16, et 17-34). De nombreux abus, résultant des habitudes que les Corinthiens avaient prises autrefois dans leurs fêtes, des disputes, des rivalités, des désordres s'étaient produits autour de la table sainte ; pour les conduire à des vues plus saines sur cette matière, l'Apôtre rappelle quelles étaient les intentions du Seigneur en instituant le repas eucharistique, et leur représente le péril auquel ils s'exposaient en le célébrant indignement.

Une autre question, probablement posée par les Corinthiens, concernait les dons miraculeux, comme le don des langues, etc. Ces dons, qui paraissent avoir été répandus à un degré remarquable au milieu de cette Eglise, étaient aussi devenus une occasion de désordre, un objet de rivalités jalouses ou d'ambition personnelle. L'Apôtre discute longuement la question dans les chapitres xii-xiv. Il montre l'usage que l'Eglise doit faire de ces dons, la soumission que les membres qui la composent doivent à leurs conducteurs, et dans un chapitre d'une beauté incomparable (xiii), il fait ressortir la supériorité de la charité sur tous les autres dons, s'efforçant ainsi de réprimer par un esprit d'amour toute pensée d'ambition ou d'envie. 8° Enfin, l'Apôtre en vient à traiter la grande question de la résurrection des morts (Ch. xv). On ne voit pas très-bien ce qui l'amène à en parler ici : rien ne prouve qu'il eût été consulté sur ce sujet par l'Eglise de Corinthe ; mais des idées fausses avaient sans doute été propagées dans son sein par les faux docteurs. L'esprit raisonneur des Grecs était porté à tourner en ridicule cette doctrine (Act, xvii, 32) : et elle avait été ou contestée, ou gravement altérée chez les Corinthiens (Ch. xv, 12). On avait nié la résurrection des corps ; et peut-être en était-on venu à croire tout simplement qu'il s'agissait d'un état où l'âme, affranchie de la mort du péché, ressuscitait à une vie meilleure, et que la résurrection, par conséquent, était déjà arrivée. (*Comp.* II Tim. II, 18.) Probablement que l'Apôtre aura renvoyé à dessein jusqu'à la fin de sa lettre l'examen de cet important sujet, pour donner plus de force à ses observations précédentes : il aura voulu clore ses discussions et ses recommandations en établissant sur un fondement inébranlable la foi au nom de laquelle il parlait ainsi et en montrant que la religion qui était à Corinthe le sujet de tant d'abus, avait reçu la sanction de Dieu même. Cette sanction se trouvait dans la résurrection du Sauveur, et dès lors il était démontré qu'eux aussi ressusciteraient un jour. 9° Le seizième chapitre qui termine l'Epître est consacré à des directions de détail et à des salutations.

§ V. — Divisions de l'Epître.

La division en chapitres et en versets, pour cette Epître comme pour le reste de la Bible, est arbitraire et souvent malheureuse. (*Voy.* Introduction aux Notes sur les Evangiles.)

Quant à la division générale, elle a été indiquée déjà par ce qui précède et peut se ramener aux points suivants :

I. Discussion des désordres et des abus qui s'étaient élevés dans l'Eglise de Corinthe (Ch. I-VI).

II. Réponse aux questions adressées à l'Apôtre par l'Eglise et à quelques autres qui s'y rattachaient (Ch. VII, XIV).

III. Discussion sur la grande doctrine de la résurrection de Christ, fondement de l'espérance chrétienne et démonstration de la vérité du christianisme (Ch. XV).

§ VI. — Messagers chargés de porter cette lettre à Corinthe.

Il paraît que Paul, dans sa sollicitude pour l'Eglise de Corinthe, y avait envoyé Timothée aussitôt qu'il avait appris les divisions qui s'y étaient produites. (I. Cor. 4, 17.) Dans le même temps, il recevait de Corinthe la lettre dont nous avons déjà parlé (I Cor. VII, 1), et à laquelle il répondit par l'Epître dont nous nous occupons en ce moment. On voit par II Cor. II, 4 combien il était préoccupé de la manière dont elle serait accueillie. Paul avait encore en vue un autre objet qui lui tenait fortement à cœur, savoir la collecte qu'il se proposait de faire pour les pauvres de Jérusalem (*Voy.* Notes sur Rom. XV, 25-26 ; I Cor. XVI, 1, 4.) Il envoya Tite à Corinthe afin d'assurer à la fois le succès de sa lettre et celui de la collecte (II Cor. VII 7, 8, 13.) En même temps que Tite, Paul envoyait un autre frère, peut-être un membre de l'Eglise d'Ephèse (II Cor. XII, 18), un homme « *dont la louange était dans toutes les Eglises* » et qui avait été désigné pour porter à Jérusalem l'argent de la collecte. En nous reportant à Actes XXI. 29, nous voyons que Trophime, Ephésien, était avec Paul à Jerusalem, et c'est, à n'en pas douter, le même personnage dont il est question ici. — Encore une de ces coïncidences, pour le dire en passant, qui attestent la vérité des deux récits où on les remarque. Il est probable que ces deux hommes eurent pour compagnons de route dans leur voyage à Corinthe les trois messagers qui avaient porté la lettre à Paul.

Quant au succès de l'Epître, il fut tel que Paul pouvait le désirer. (II Cor. VII, 9-11.) L'autorité de l'Apôtre fut reconnue, l'incestueux fut censuré par l'Eglise (II Cor. II, 6); la collecte qu'il avait recommandée fut faite parmi eux avec un succès qui lui causa le plus vif plaisir. (II. Cor. VII. 13-14.) Ce fut en Macédoine que Paul reçut ces bonnes nouvelles par Tite, qui alla l'y rejoindre en quittant l'Achaïe.

§ VII. — Caractère général et style de l'Epître.

Le caractère général de cette Epître est celui qu'on remarque dans les autres écrits de Paul. (*Voy.* Introduction à l'Ep. aux Romains.) On y retrouve la force d'argumentation, la vivacité de style, la vigueur et la profondeur de pensée qui le distinguent entre tous. Les différences accessoires qu'on peut observer d'une Epître à l'autre proviennent de la diversité des buts qu'il se proposait d'atteindre. Dans l'Epître aux Romains, la nature de son sujet commandait un rigoureux enchaînement de pensées. Dans celle aux Corinthiens, il a des reproches à faire, son autorité à revendiquer, des directions variées à donner. On peut voir, en la lisant, combien Paul était peu disposé à supporter le péché, à le couvrir d'un voile pour tranquilliser le pécheur; combien au contraire il avait de fermeté pour combattre les désordres et de courage pour réprimander ceux qui s'y laissaient entraîner. Mais en même temps, il trouve le secret de manifester toute la tendresse de son âme, sa bonté, son zèle chrétien, sa charité. Dans les reproches de l'Apôtre on trouve les larmes du père, et non pas seulement le puissant raisonneur ou le génie profond, mais l'homme avec son cœur d'homme et ses sympathies de chrétien.

A part un petit nombre de passages qui ont embarrassé tous les commentateurs (Ch. v, 9; xi, 10; xv, 29), et auxquels on n'a pas encore trouvé d'explication satisfaisante, cette Epître présente beaucoup moins de difficultés que l'Epître aux Romains. Cela tient à plusieurs causes. Les sujets traités y sont plus nombreux, et les discussions par conséquent moins étendues. Ils sont d'ailleurs, par leur nature, moins abstraits et plus immédiatement pratiques que ceux de l'Epître aux Romains; les faits connus expliquent en partie la pensée de l'Apôtre. En outre, l'Epître étant moins dogmatique, n'a pas, autant que la précédente, servi de base aux systèmes contradictoires des théologiens, qui, en voulant expliquer la pensée de l'Apôtre, l'on souvent rendue plus difficile à saisir dans son sens naturel. De plus, le style de notre Epître est plus aisé, moins elliptique, moins chargé d'incidents et de parenthèses ; il est enfin moins serré dans son argumentation. Cependant, sous ce rapport même, comme pour la beauté de la diction, pour le pathétique et pour l'entraînement de l'éloquence, le chapitre XVe n'a peut-être pas son supérieur dans tous les écrits de Paul.

Au reste, comme tous les écrits de Paul et de la Bible, l'Epître aux Corinthiens demande à être lue dans un esprit de prière, de candeur et de simplicité. La connaissance de la vérité de Dieu ne s'acquiert qu'au prix d'humbles et persévérants efforts. Rarement un esprit superbe recueille-t-il quelque avantage de la lecture de la Bible ; au contraire, plus on apportera de simplicité, de défiance de soi-même à l'étude du Livre de Dieu, plus on recevra les secours de l'Esprit qui l'a inspiré pour en recueillir tous les enseignements, car « il fera marcher les débonnaires dans la droiture, et il enseignera sa voie aux humbles. » (Ps. XXV, 9.)

NOTES EXPLICATIVES ET PRATIQUES

SUR LA

PREMIÈRE ÉPITRE

AUX CORINTHIENS

CHAPITRE PREMIER.

1. Paul, appelé par la volonté de Dieu à *être* apôtre de Jésus-Christ; et le frère Sosthène :

1. « *Paul appelé à être apôtre.* » (*Voy.* Notes Rom. I, 1.) § « *Par la volonté de Dieu.* » Cette volonté lui avait été révélée lors de sa conversion et de sa vocation à l'apostolat. (Actes IX.) Paul rappelle souvent qu'il avait reçu sa charge de Dieu, et qu'il n'agissait pas en son propre nom. (Gal. I, 11-12; I Cor. IX, 1-6; II Cor. XI, 22-23.) Il le devait d'autant plus rappeler dès le début de sa lettre, que son autorité avait été contestée par de faux docteurs à Corinthe. (*Voy.* sur ce point dans les deux Epîtres les nombreux passages où il le rappelle, et II Cor. X, 8-10.) § « *Et Sosthène.* » Sosthène est mentionné dans Actes XVIII, 17, comme le principal de la synagogue de Corinthe. Le récit des Actes montre avec évidence qu'à cette époque il n'était pas chrétien. Quand il fut converti, pourquoi quitta-t-il Corinthe et comment se trouvait-il alors avec Paul à Ephèse, c'est ce que nous ne savons pas. Si l'on demandait pourquoi Paul associe son nom au sien propre en écrivant cette Epître, voici ce que l'on pourrait répondre : 1° Paul employait souvent pour écrire la main d'un secrétaire ou copiste, et ce copiste exprimait fréquemment son approbation des paroles de l'Apôtre. (Note Rom. XVI, 22; *Comp.* Col. IV, 18; II Thess. III, 17; I Cor XVI, 21.) Il est possible que Sosthène rendît ce service à Paul en ce moment. 2° Bien que Paul, en écrivant aux Eglises, le fît avec l'autorité d'un apôtre, il aimait à leur montrer que d'autres aussi lui donnaient leur concours. (II Cor. I, 1.) Dans Gal. I, 2, « tous les frères » qui étaient avec lui sont représentés comme d'accord avec lui pour ce qu'il va dire aux Eglises de Galatie. (Phil. I, 1; Col. I, 1, etc.)

3° Sosthène était connu à Corinthe : sa conversion pouvait donc y exciter un intérêt particulier. En mettant ce nom en tête de sa lettre, Paul montrait qu'il avait le concours de Sosthène; ce pouvait être un moyen de se concilier les esprits.

2. A l'Eglise de Dieu qui est à Corinthe, aux sanctifiés en Jésus-Christ, qui êtes appelés à *être* saints, avec tous ceux qui, en quelque lieu que ce soit, invoquent le nom de notre Seigneur Jésus-Christ, leur *Seigneur* et le nôtre.

2. « *A l'Eglise de Dieu qui est à Corinthe.* » Pour ce qui concerne la fondation de cette Eglise, *Voy.* l'Introduction et Notes sur Act. XVIII, 1-17. Il est digne de remarque que malgré les graves désordres dont cette Eglise avait été le théâtre, malgré les divisions et les fausses doctrines, et bien que plusieurs des membres qui la composaient ne fussent évidemment pas de vrais chrétiens, l'Apôtre n'hésite pas cependant à lui appliquer le titre d'Eglise de Dieu. § « *Aux sanctifiés.* » Non pas à ceux qui font profession de sainteté, mais à ceux qui sont saints. Le mot indique ceux qui ont été séparés de la masse des païens et consacrés au service de Dieu ; séparés, disons-nous, non pas en apparence, mais par leurs sentiments réels. (Note Rom. I, 7.) § « *En Jésus-Christ.* » C'est-à-dire par le moyen, par l'action de Christ, par la puissance de son Esprit qui les consacrait à Dieu. (*Comp.* Jean XVII, 19.) § « *Appelés à être saints.* » Paul vient de dire qu'ils sont sanctifiés par Jésus-Christ ; il ajoute ici que s'ils sont devenus saints, c'est parce qu'ils ont été appelés à ce privilége, et non parce qu'ils avaient en eux-mêmes quelque propension naturelle à le devenir : la vocation de Dieu à leur égard n'avait pas été seulement extérieure, elle avait agi avec efficace. (*Comp.* v. 9. *Voy.* II Tim. I, 9 ; I Pierre I, 15. Note Rom. I, 6-7.) § « *Avec tous ceux qui, etc.* » Cette expression montre que Paul avait le même attachement pour les chrétiens de tous les pays, et aussi qu'il comptait que sa lettre serait lue non-seulement à Corinthe, mais aussi dans d'autres Eglises. Différents traits de ses lettres nous montrent que son intention était toujours de leur donner une circulation aussi étendue que possible. (*Comp.* I Thess. v, 27.) « Je vous conjure par le Seigneur que cette Epître soit lue à tous les saints frères. » (Col. IV, 16.) « Et quand cette lettre aura été lue parmi vous, faites qu'elle soit aussi lue dans l'Eglise des Laodicéens. » On peut d'ailleurs être certain que ses lettres étaient promptement transcrites et répandues à de grandes distances. § « *Invoquent le nom de notre Seigneur Jésus-Christ.* » Dans le langage de l'Ecriture, le nom d'une personne est souvent pris pour la personne elle-même. (Jean III, 18 ; Note Actes IV, 12.) L'expression « invoquer le nom » implique l'adoration et la prière, et prouve : 1° que le Seigneur Jésus doit être adoré (*Voy.* Note sur Actes VII, 59), et 2° qu'une marque distinctive des premiers chrétiens, c'était qu'ils adoraient le Seigneur Jésus et lui offraient leur culte. (*Voy.* Note sur Actes VII, 59, et *comp.* Note Actes I, 24 ; Actes II, 21 etc.) § « *Leur Seigneur et le nôtre.* » Le Seigneur des Juifs comme des Gentils. La différence de rang ou de nationalité n'assure aucun avantage dans le royaume de Christ : tous les chrétiens sont aux yeux de Dieu sur un même niveau. (*Comp.* Eph. IV, 5.)

3. *Que* la grâce et la paix vous *soient données* par Dieu notre Père, et par le Seigneur Jésus-Christ !

3. « *Que la grâce et la paix*, etc. » *Voy.* Note Rom. I, 7.

4. Je rends toujours grâces à mon Dieu à cause de vous, pour la grâce de Dieu qui vous a été donnée en Jésus-Christ.

4. « *Je rends toujours grâces à Dieu*, etc. Une bonne partie de cette Epître est consacrée à des reproches. Mais avant de les reprendre pour leurs désordres, l'Apôtre loue les Corinthiens pour les progrès qu'ils avaient faits dans la connaissance de la vérité divine. Autant il voulait être fidèle à combattre les erreurs des chrétiens, autant il était disposé à les louer pour ce qu'ils avaient de bon. (*Comp.* Note Rom. I, 8.) Un pasteur, un père fera souvent autant de bien par des éloges judicieux que par des reproches, et surtout que par des récriminations incessantes. § « *Pour la grâce de Dieu* ; » pour les faveurs que Dieu vous a accordées par le Seigneur Jésus, et qui sont mentionnées dans les versets suivants. Pour le sens du mot grâce, *voyez* Note Rom. I, 7.

5. De ce qu'en toutes choses vous êtes enrichis en lui de tout don de parole, et de toute connaissance.

5. « *De ce qu'en toutes choses*, » en tous les biens dont il bénit ses enfants. § « *Vous êtes enrichis en lui.* » (*Comp.* note Rom. II, 4.) Double idée renfermée dans cette expression : vous avez reçu ces bénédictions avec abondance, et elles constituent par elles-mêmes une richesse inestimable. (*Comp.* II Cor. VI, 10.) § « *De tout don de parole.* » On voit par le chapitre XIV de cette Epître, et par II Cor. VIII, 7, que le don des langues était hautement apprécié par eux, et que l'Apôtre leur en parlait comme d'un grand sujet de gratitude envers Dieu. § « *Et de toute connaissance*, » quant à la vérité divine. Ils avaient reçu et embrassé les doctrines que Paul leur avait annoncées. Cet éloge qu'il fait d'eux, ces actions de grâces qu'il rend à leur sujet, devaient disposer les Corinthiens à accueillir favorablement les reproches qu'il allait leur adresser.

6. Selon que le témoignage de Jésus-Christ a été confirmé en vous.

6. « *Selon que.* » Voici, semble-t-il, le sens exact de cette expression : « l'Evangile de Christ a été d'abord établi au milieu de vous par les pouvoirs miraculeux du Saint-Esprit : ces mêmes pouvoirs continuent à agir au milieu de vous. § « *Selon que*, » c'est-à-dire dans la même mesure où ils agissaient lorsque vous avez entendu ma prédication pour la première fois. » § « *Le témoignage de Christ.* » L'Evangile, appelé le témoignage de Christ parce qu'il rendait témoignage à Christ, à sa divinité, à ses miracles, à sa qualité de Messie, à son caractère, à sa mort, etc. Le message de l'évangéliste consiste à rendre témoignage à Christ et à son œuvre. (*Voy.* ch. XV, 1-4 ; II Tim. I, 8.) § « *A été confirmé* ; » le mot traduit par confirmer est employé dont le sens de démontrer, établir par des miracles, etc., Marc XVI, 20. (*Comp.* Hebr. XIII, 9 ; Phil. I, 7.) L'Evan-

gile était *confirmé* chez les Corinthiens par l'influence du Saint-Esprit qui l'appliquait à leur cœur. § « *En vous*, ou bien au milieu de vous comme Eglise, ou bien en chacun de vous personnellement. En effet, les dons miraculeux avaient pu donner assez de crédit à l'Evangile pour qu'il fût solidement établi à Corinthe, et en même temps il exerçait son influence sur leur vie et s'enracinait dans leur cœur.

7. Tellement qu'il ne vous manque aucun don, pendant que vous attendez la manifestation de notre Seigneur Jésus-Christ.

7. « *Tellement que.* » Vous êtes tellement enrichis que, etc. § « *Il ne vous manque aucun don :* » le mot grec employé ici ne se rapporte pas nécessairement à des dons miraculeux, mais peut désigner aussi les autres marques plus générales de la bonté de Dieu : la paix, la constance, l'humilité qu'il pouvait leur avoir données, etc.; l'Apôtre fait évidemment allusion à ces fruits de l'Esprit. § « *Pendant que vous attendez :* » c'était certainement l'une des *richesses* de cette Eglise que cette attente sérieuse, et cette assurance joyeuse du second avènement de Notre-Seigneur. C'est toujours une preuve de piété avancée et un moyen de se détacher de la terre, que de croire fermement à un retour futur de Jésus-Christ. § « *La manifestation*, etc. » Le Sauveur, avant de quitter ses disciples, leur avait promis qu'il reviendrait (Jean XIV, 3); et cette promesse leur avait été renouvelée lors de son Ascension. (Actes I, 11.) Elle devint l'objet de l'attente des fidèles (Tite II, 13; II Pi. III, 12) : et Jean clot le volume des révélations par cette prière : « Seigneur Jésus, viens bientôt. »

8. Qui aussi vous affermira jusques à la fin, *pour être* irrépréhensibles en la journée de notre Seigneur Jésus-Christ.

8. « *Qui aussi vous affermira ;* » qui vous protégera contre les efforts qui tendraient à vous éloigner de la foi ; qui vous donnera de la force pour supporter les épreuves. § « *Jusqu'à la fin,* » c'est-à-dire jusqu'au retour de Christ, de telle sorte que quand ce grand jour viendrait, ils seraient trouvés sans reproche. (*Comp.* Jean XIII, 1.) Le sens est qu'ils seraient gardés, que leur Sauveur ne les laisserait pas périr. C'est un des nombreux passages où Paul exprime la confiance que les vrais chrétiens seront préservés du mal pour la vie éternelle. (Phil. I, 6.) § « *Pour être irrépréhensibles.* » Ce mot ne signifie pas parfaits; il désigne ceux contre lesquels il n'y a pas de charge, pas de motif d'accusation. Les Corinthiens n'étaient pas parfaits, mais Dieu devait les garder dans son amour et les mettre à l'abri de la condamnation éternelle. (*Voy.* Notes sur Rom. VIII, 33, 34.) Il n'est pas d'homme qui n'ait ses défauts; mais Dieu veut justifier et sanctifier son peuple, et voir l'Eglise de Christ « glorieuse, n'ayant ni taches ni rides » (Eph. V, 27) au jour du Jugement. § « *En la journée*, etc; au jour où le Seigneur Jésus doit venir pour juger le monde, et qui est appelé son jour, parce que c'est là surtout qu'il sera glorifié. (*Voy.* II Thess. I, 10.)

9. *Et* Dieu, par qui vous avez été appelés à la communion de son Fils Jésus-Christ notre Seigneur, est fidèle.

9. « *Dieu est fidèle.* » Dieu... ne fera pas une promesse sans la tenir; s'il a commencé en eux une bonne œuvre, il l'achèvera. (*Voy.* Phil. I, 6.) C'est là le fondement de l'espérance qu'il vient d'exprimer, qu'ils seront affermis dans la foi chrétienne. La fidélité de Dieu lui en est un garant; § « *Par qui vous avez été appelés.* » Ici encore le mot *appelés* désigne tout ensemble et un appel extérieur, et une influence exercée sur le cœur (*Voy.* Notes sur Rom. VIII, 30; Marc II, 17, etc.), double action que l'Ecriture exprime par un même mot, et qu'elle attribue au pouvoir du Saint-Esprit. § « *A la communion de son Fils;* » le chrétien est un avec Christ sous plusieurs rapports: 1° dans ses sentiments et dans ses vues (Rom. VIII, 9); 2° Dans ses épreuves et dans ses souffrances, en ce qu'il est exposé à des tentations semblables à celles de son Maître (I Pier. IV, 13; Col. I, 24); 3° il peut prétendre à son héritage et à sa gloire (Rom. VIII, 17), « et si nous sommes enfants, nous sommes donc héritiers, héritiers, dis-je, de Dieu, et cohéritiers de Christ » (I Pier. I, 4); 4° enfin il aura part à son triomphe et à sa gloire future. (Math. XIX, 28; Jean XIV, 19, et Apoc. III, 21.) Et comme Dieu sera fidèle à son Fils, il sera fidèle à ceux qui seront un avec lui. La doctrine de la persévérance des saints est donc sûre.

10. Or je vous prie, mes frères, par le nom de notre Seigneur Jésus-Christ, que vous parliez tous un même langage, et qu'il n'y ait point de divisions entre vous, mais que vous soyez bien unis dans un même sentiment, et dans un même avis.

10. « *Or je vous prie, mes frères.* » L'Apôtre entre ici en matière et condamne les dissensions qui divisaient l'Eglise; et comme ces dissentions avaient été causées en partie par l'étude de la philosophie, en partie par la recherche de l'éloquence, il leur montre que l'Evangile est indépendant de l'une comme de l'autre. « Je vous prie, mes frères, » c'est avec un langage affectueux qu'il s'adresse à eux; il leur parle comme à des frères; il ne les somme pas avec dureté, il les conjure d'éviter les disputes et les schismes. § « *Par le nom de Notre-Seigneur Jésus-Christ.* » Paul en appelle à l'autorité de Jésus-Christ pour différentes raisons: 1° c'est lui qui est la tête et le chef de l'Eglise entière; il n'y avait donc pas lieu, pour une fraction quelconque de l'Eglise, à marcher sous une bannière autre que la sienne; « toute sa parenté, dit-il ailleurs, est nommée de son nom, au ciel et sur la terre » (Eph. III, 15); pourquoi donc une Eglise se réclamerait-elle du nom de quelque docteur, au lieu de porter le seul et glorieux nom de Christ? « Paul, dit Locke, crée en général ses expressions pour le besoin du moment, pour le but qu'il a en vue; et ici, désirant effacer les noms particuliers des docteurs de Corinthe, il les prie « par le nom de Jésus-Christ, » forme de langage dont je ne me rappelle pas qu'il se soit servi ailleurs; » — 3° le grand commandement que Christ avait donné à son Eglise était celui de l'amour (Jean XIII, 34; XV, 17): « Qu'ils soient

un comme nous sommes un, » avait-il dit dans sa prière. (Jean XVII, 21-23.) Paul, par cette invocation, rappelait aux Corinthiens le vœu suprême de leur Maître. § « *Que vous parliez tous un même langage.* » On ne peut évidemment pas attendre des hommes une uniformité complète d'opinions, pas plus sur les sujets religieux que sur aucun autre; mais tous les chrétiens peuvent être d'accord sur les doctrines fondamentales du christianisme; quant aux points où ils sont en désaccord, ils pourraient montrer un bon esprit, éloigné des querelles; et enfin sur tous les sujets, ils pourraient s'exprimer en empruntant le langage de la Bible, et « parler ainsi le même langage. » § *Et qu'il n'y ait point de divisions au milieu de vous;* » l'Eglise devait former un seul corps, au lieu de se partager en factions opposées et déchirées par des schismes. (Jean IX, 16; I Cor. XI, 18, XII, 25.) § « *Mais que vous soyez tous bien unis.* » Le mot grec signifie proprement, réparer, adapter, faire joindre ensemble les différentes pièces d'un tout: l'Apôtre exprime le désir que les Corinthiens, comme membres de l'Eglise qui forme un seul corps, gardent chacun la place qui lui convient, pour y remplir sa tâche particulière. (*Voy.* la même idée dans chap. XII, 12-31.) § *Dans un même sentiment et dans un même avis:* » malgré une diversité inévitable dans les opinions, les hommes peuvent et doivent avoir un même esprit, une même disposition à s'aimer les uns les autres; ils doivent respecter la sincérité et croire à la bonne foi, à la droiture de cœur de ceux qui peuvent penser autrement qu'eux. Pour amener l'union chrétienne dans l'Eglise, il ne faut pas coucher les intelligences sur un lit de Procuste, mais amener les chrétiens à aimer tous ceux qui portent l'image et le nom du Rédempteur.

11. Car, mes frères, il m'a été dit de vous, par ceux qui sont de chez Chloé, qu'il y a des dissensions parmi vous.

11. « *Car, mes frères, il m'a été dit, etc.:* » on voit, par I Cor. VII, 1, que les Corinthiens dans leur lettre n'avaient pas fait mention de leurs discussions. § « *Par ceux qui sont de chez Chloé;* Chloé était probablement un membre de leur Eglise; quelques-uns supposent, mais sans aucune preuve, que les mots « ceux de la maison de Chloé » désignent Stéphanas, Fortunatus et Achaïeus : il est probable, au contraire, qu'il avait reçu ces informations avant leur arrivée.

12. Voici donc ce que je dis : *c'est* que chacun de vous dit : Pour moi, je suis de Paul ; Et moi, je suis d'Apollos ; Et moi, de Céphas; Et moi, de Christ.

12. « *Voici ce que je dis, c'est que chacun dit :* » On pourrait traduire « je vous dis cela parce que, » et ce verset serait alors la confirmation du précédent. « Je vous dis cela parce que vous êtes rangés sous différents chefs » (Calvin). § « *Je suis de Paul :* » plusieurs des anciens interprètes ont pensé que Paul, ne voulant pas désigner par leurs noms les docteurs de Corinthe, a pris pour expliquer sa pensée d'autres noms bien connus, le sien, celui d'Apollos, etc ; ils appuient leur interprétation sur chap. IV, 6 ; « j'ai tourné ce discours sur moi, etc. » Nous dirons plus

loin, quand nous arriverons à ce passage, pourquoi nous n'acceptons pas cette interprétation. Evidemment Paul avait été informé de l'existence de partis qui se distinguaient les uns des autres par ces différents noms. On ne peut faire d'ailleurs que des conjectures sur les motifs qui auraient porté les Corinthiens à s'attacher de préférence à l'un ou à l'autre de ces noms. L'Eglise de Corinthe étant composée de Juifs et de païens convertis (Act. XVIII), il est probable que les premiers avaient plus de considération pour l'enseignement de Pierre, et les seconds pour celui de Paul. Et comme Apollos succéda à Paul dans l'Achaïe, il serait possible que ce second parti se fût divisé encore en deux fractions; les uns vouant à Paul une vénération particulière, comme au grand Apôtre et au fondateur de leur Eglise ; les autres, convertis peut-être par le ministère d'Apollos et se réclamant plutôt de son nom : l'éloquence, d'ailleurs, de ce dernier, avait dû lui faire de nombreux disciples, plus sensibles au charme de sa parole que touchés de la vérité de sa doctrine, § *et moi de Céphas* (ou Pierre, Jean I, 22). Rien n'indique que Pierre soit jamais allé à Corinthe : mais on avait pu apprendre dans cette ville qu'il tenait plus que Paul à l'observance fidèle des cérémonies juives, qu'il était tout spécialement l'apôtre des juifs. (Gal. II, 7.) § « *Et moi de Christ ;* peut-être les disciples qui formaient cette secte avaient-ils vu le Seigneur Jésus en Palestine et s'en prévalaient-ils comme d'un titre de supériorité : il est plus probable néanmoins que leur nom leur venait de ce qu'ils regardaient Christ comme leur seul chef, et ne voulaient accepter l'autorité d'aucun homme.

13. Christ est-il divisé ? Christ a-t-il été crucifié pour vous ? ou avez-vous été baptisés au nom de Paul ?

13. « *Christ est-il divisé ?* » Christ ne peut pas laisser à d'autres les droits qu'il a acquis par sa mort en croix, et qui ont été reconnus par les disciples à leur baptême : il est la tête d'un corps, qui est l'Eglise et non pas des partis dans l'Eglise. § « *Christ a-t-il été crucifié pour vous ?* » Cette question montre que pour Paul la mort de Christ avait une valeur unique pour sauver les hommes et pour transformer les cœurs : lui seul avait pu faire l'expiation de vos péchés, et dès lors c'était à tort qu'ils voulaient prendre d'autres chefs que lui. Rien n'est plus propre à prévenir les divisions entre les chrétiens que le sentiment qu'ils ont tous un même Sauveur, mort pour les racheter. § « *Où avez-vous été baptisés au nom de Paul ?* (*Voy.* pour le baptême, Math. XXVIII, 19.) La pensée de Paul pourrait se traduire ainsi : « *Je n'ai jamais prétendu à former une secte, à me donner pour votre conducteur ; baptisés au nom de Christ, c'est lui que vous devez suivre, et lui seul.* » Il est remarquable que Paul ne fasse ici mention ni d'Apollos ni de Pierre. Ce n'est pas qu'il fût jaloux de leur influence, ou qu'il voulût les déprécier : mais enfin il était le fondateur de cette Eglise, leur père spirituel, et il pouvait bien leur dire que si lui-même refusait de donner son nom à un parti qui le réclamait, ils ne devaient prendre aucun homme comme chef de secte.

14. Je rends grâces à Dieu que je n'ai baptisé aucun de vous, sinon Crispus et Gaïus.

14. « *Je rends grâces à Dieu, etc.* » (*Voy.* verset 17.) Crispus avait été le chef de la Synagogue de Corinthe (Act. XVIII, 8) ; Gaïus résidait à Corinthe ; c'est de chez lui que Paul écrivit aux Romains. (Rom. XVI, 23.) Il est possible aussi que la troisième Epître de Jean lui ait été adressée. S'il en est ainsi, Diotrèphe (III. Jean 9) se trouverait être un des faux docteurs de Corinthe. Il est probable que Silas et Timothée célébraient habituellement les baptêmes.

15. Afin que personne ne dise que j'ai baptisé en mon nom.

15. « *Afin que personne ne dise, etc.* » Il se félicite d'avoir assez rarement administré le baptême, pour que personne ne puisse dire qu'il ait cherché à se faire des disciples.

16. J'ai bien aussi baptisé la famille de Stéphanas ; du reste, je ne sais pas si j'ai baptisé quelque autre.

16. « *J'ai bien aussi, etc.* » La famille de Stéphanas avait montré un grand zèle « pour le service des saints » (Chap. XVI, 15). D'après la manière dont Paul en fait mention, il semblerait que Stéphanas ne fût pas à Corinthe lors de son baptême. « Je n'ai baptisé parmi vous que Crispus et Gaïus ; — j'ai en outre baptisé Stéphanas, qui est maintenant membre de votre Eglise. » Ou bien cela pourrait signifier : « Parmi vous, membres adultes de l'Eglise, je n'ai baptisé que Crispus et Gaïus ; mais j'ai baptisé aussi la famille de Stéphanas. Si c'est là la vraie signification de ce passage, il prouverait que Paul pratiquait le baptême des enfants qui appartenaient à des parents convertis. Peut-être enfin serait-ce tout simplement un souvenir qui lui revient soudainement à l'esprit. « J'oubliais de mentionner, etc. » § *La famille*, au sens antique de ce mot, comprenait les domestiques, les esclaves, plus la famille proprement dite ; c'était sans doute la coutume des Apôtres de baptiser, avec le chef de la famille, la famille entière qu'il consacrait à Dieu en même temps que lui. § *De Stéphanas*. Les commentateurs grecs veulent voir en Stéphanas le geôlier de Philippes, qui, après sa conversion, se serait rendu à Corinthe avec tous les siens ; mais il n'y a rien de certain à cet égard. § « *Du reste, je ne sais pas, etc.* » Il ne faut pas faire de ce passage un argument contre l'inspiration de Paul ; l'inspiration n'avait pas pour but de tenir lieu de la mémoire dans les circonstances ordinaires de la vie ; en outre, depuis que Paul l'avait quittée, il avait pu arriver dans l'Eglise de Corinthe bien des changements qui ne permettaient pas de dire qui il avait baptisé parmi les membres qui la composaient actuellement. Quoi qu'il en soit, il est évident qu'il avait baptisé un petit nombre de personnes.

17. Car Christ ne m'a pas envoyé pour baptiser, mais pour évangéliser, non point avec les discours de la sagesse *humaine*, afin que la croix de Christ ne soit point anéantie.

17. « *Car Christ ne m'a pas envoyé pour baptiser.* » Le Sauveur lui-même, nous est-il dit, ne baptisait pas, mais c'étaient ses disciples.

(Jean IV, 2.) Il est probable que le baptême était généralement confié à des ministres d'un rang inférieur, ou qui résidaient dans les Églises plus longtemps que les Apôtres n'avaient l'habitude de le faire. Plusieurs raisons pouvaient avoir amené cet usage: 1° d'abord, celle que Paul vient d'indiquer, que le baptême administré par les Apôtres aurait pu donner naissance à des disputes, ou à des partis. 2° Il est probable que cette cérémonie religieuse était d'ordinaire précédée d'un cours d'instruction; les Apôtres, occupés à visiter toutes les Eglises, confiaient ces cours d'instruction à d'autres ministres, qui dès lors administraient aussi le baptême. 3° Enfin, comme le baptême avait lieu généralement par immersion, il pouvait entraîner des longueurs préjudiciables à l'œuvre plus générale des Apôtres. § « *Mais pour évangéliser:* » annoncer la bonne nouvelle du salut, prêcher la repentance et la conversion, tel doit être en effet le but unique des ministres de Christ. § « *Non point avec les discours de la sagesse humaine.* » La sagesse telle que les Grecs l'entendaient et qu'ils l'estimaient, c'est-à-dire cette dextérité de raisonnement que les philosophes enseignaient dans les écoles, l'éloquence de leur parole, la grâce insinuante, l'élégance de leurs compositions littéraires. Paul n'a pas cherché ces avantages, et l'Evangile n'en a pas besoin. Si Longin énumère Paul parmi les hommes distingués pour leur éloquence, c'était plus à cause de la puissance de sa prédication que du charme de sa diction. (*Comp.* II Cor. X, 1, 10.)

L'Apôtre introduit ici tout-à-coup un sujet tout différent, qu'il poursuit dans le cours des deux chapitres suivants, savoir le rapport de la philosophie avec l'Evangile. Il avait incidemment parlé de sa prédication, et comme ses adversaires à Corinthe avaient ébranlé son autorité en critiquant la simplicité de son langage, et subordonné ainsi l'Evangile à la rhétorique, il se sentit appelé à traiter immédiatement cette question en leur montrant la valeur véritable de leur philosophie. § « *Afin que la croix de Christ ne soit pas anéantie:* » Afin qu'on n'attribue pas à des moyens humains, à l'art littéraire, à l'éloquence, les succès qui pourraient accompagner la prédication de l'Evangile; ou bien, afin que l'éclat de ces moyens, le charme de cette éloquence, l'agrément de la forme, en un mot, n'empêche pas les esprits de s'attacher au fond, à la doctrine de la croix. Paul ne veut condamner ici ni la vraie éloquence, ni une saine manière de raisonner, ni l'instruction; mais il veut que ces forces soient employées au profit, et non au détriment de la vérité; il ne peut pas laisser orner le diamant de l'Evangile des faux brillants d'une éloquence mensongère. Toutes les forces de l'esprit trouveront à se déployer dans la prédication de la Croix, mais c'est à la vérité elle-même de faire son chemin dans les cœurs, aidée par l'action du Saint-Esprit.

18. Car la parole de la croix est une folie à ceux qui périssent; mais à nous qui obtenons le salut, elle est la vertu de Dieu.

18. *Car la parole de la croix.* « Si la doctrine de la croix tendait tout simplement à représenter Christ comme un martyr, les hommes n'y verraient pus une folie. Polycarpe, Ignace, Paul, Jean Huss, sont morts

martyrs, et leurs noms sont entourés de l'admiration de tout le genre humain. Mais « *la parole de la croix* « renferme la doctrine de l'expiation de nos péchés par le sacrifice de Christ, et nous annonce que nous ne pouvons être réconciliés avec Dieu et sauvés que par le mérite de ce sacrifice. § *Est une folie.* Encore aujourd'hui, la masse des hommes tient cette doctrine pour une folie : ils méprisent celui qui, né dans une crèche à Bethléem, a vécu dans la pauvreté, et a subi la mort ignominieuse de la croix; ils ne veulent pas croire que celui qui n'a pu se sauver lui-même puisse sauver les autres; ils ne savent voir ni la beauté de son caractère, ni la dignité de sa nature, ni le pouvoir qu'il a déployé sur cette terre par ses miracles, ni le rapport qui existe entre sa mort et la loi et le gouvernement de Dieu, ni sa résurrection et sa gloire actuelle. Ils sourient à l'idée que la mort de cet homme obscur puisse avoir quelque influence sur leur salut. Remarquez que pour les philosophes anciens, élevés dans le mépris du peuple juif, cette doctrine devait paraître, entre toutes, digne du plus profond dédain. Eux, devoir leur salut à un Juif, et à un Juif crucifié! Aujourd'hui les souvenirs glorieux et augustes que la foi chrétienne rattache à la croix ont enlevé à ce supplice une partie de l'ignominie qu'il avait pour les anciens ; mais pour eux la mort sur la croix était considérée comme la plus infamante; c'était le supplice des esclaves, des imposteurs, des vagabonds ; évidemment, annoncer le salut du genre humain comme étant dû à une telle mort, c'était s'exposer aux risées de tous. § « *A ceux qui périssent;* » aux méchants, opposés à ceux qui sont sauvés, à ceux qui ont cherché leur salut dans la doctrine de la croix. § « *Mais à nous qui obtenons le salut ;* » qui sommes sauvés du pouvoir et de la condamnation du péché. § « *Elle est la vertu de Dieu,* » le moyen dont Dieu se sert pour renouveler l'intelligence et le cœur de l'homme. L'Evangile a une puissance à lui pour vaincre le péché dans les cœurs ; sans doute, il faut que le Saint-Esprit applique au cœur de l'homme la vérité sanctifiante, mais c'est à la force propre de la vérité chrétienne qu'il faut attribuer ses effets sur l'âme, la régénération, la foi, l'espérance, la joie, la charité. C'est ainsi que l'Evangile est « *la vertu de Dieu,* » et tout prédicateur chrétien peut le présenter comme le moyen qui sauve les hommes par l'assistance et sous l'action du Saint-Esprit.

19. Vu qu'il est écrit : J'abolirai la sagesse des sages, et j'anéantirai l'intelligence des hommes intelligents.

19. « *Vu qu'il est écrit.* (Es. XXIX, 14.) » Le passage est cité ici d'après la version des Septante, mais ne diffère pas essentiellement du texte hébreu. L'Apôtre ne veut pas dire par là que ces mots, dans la pensée d'Esaïe, se rapportassent aux temps de l'Evangile ; il exprime simplement ce principe général, que les voies de Dieu confondent souvent nos prévisions, et que son œuvre avance par des moyens qui nous montrent qu'elle ne dépend pas de la sagesse des hommes. Or c'est là ce qu'il avait à cœur d'enseigner aux Corinthiens au sujet de l'Evangile. § « *J'abolirai la sagesse,* etc., » je ferai voir que cette sagesse n'est pour rien dans l'œuvre de la rédemption ; et, en effet, nous pouvons remarquer que le plan du salut n'a pas été imaginé par l'intelligence des hommes ; il est au contraire tout différent des systèmes religieux

de tous les philosophes, anciens et modernes; il en diffère même tellement qu'il n'a jamais cessé d'être l'objet de leur dédain, et qu'il ne fait son chemin dans le monde qu'en dépit de leur opposition. Aussi, s'agit-il d'expliquer comment cette doctrine méprisée a fait de si rapides progrès et y exerce tant d'empire, ils recourent à mille moyens dont l'insuffisance trahit leur embarras. (*Voy.* Gibbon, *Décadence et chute de l'empire romain*, ch. XV et XVI.) Ce sont les hommes simples de cœur, les enfants qui le reçoivent. En cela, du reste, le christianisme est comme toutes les sciences. Il arrive bien souvent que des systèmes scientifiques élaborés au prix de longs efforts et qui supposent une grande dépense d'esprit et de talent, sont déconcertés par la simple découverte d'un fait inconnu jusqu'alors; le télescope de Galilée a été pour l'astronomie du moyen âge ce qu'est l'Evangile pour les systèmes des philosophes : l'un et l'autre ont été au premier moment un objet de raillerie pour ceux qui préféraient leur système à la vérité.

20. Où est le sage? Où est le scribe? Où est le disputeur de ce siècle? Dieu n'a-t-il pas manifesté la folie de la sagesse de ce monde?

20. « *Où est le sage?* » Forme de langage empruntée à Es. XXXIII, 18. Le mot *sage*, remplacé plus tard par celui de *philosophe* (ami de la sagesse), désignait chez les Grecs ce que nous appellerions un homme de science. § « *Où est le Scribe?* Chez les Juifs comme chez les Grecs, le mot *Scribe* appliqué d'abord à ceux qui transcrivaient la loi, puis à ses copistes en général, finit par désigner tout homme instruit. § « *Où est le disputeur de ce siècle?* Disputeur, ou mieux, investigateur : un homme dont l'esprit fin et subtil se plaît à des recherches profondes sur l'origine et les rapports des choses. Il était appliqué aux anciens sophistes qui disputaient dans les académies grecques, et c'est dans ce sens probablement que Paul l'emploie ici. Le sens de cette interrogation est que ces hommes, avec tout leur esprit et toute leur finesse, n'avaient qas su trouver la voie du salut : leur philosophie avait manqué son but. § « *Dieu n'a-t-il pas*, etc. » Dieu n'a-t-il pas montré la folie de la sagesse humaine en adoptant, pour sauver les hommes, un plan qui se légitime et dont la sagesse apparaît par la conversion des pécheurs.

21. Car puisqu'en la sagesse de Dieu, le monde n'a point connu Dieu par la sagesse, le bon plaisir de Dieu a été de sauver les croyants par la folie de la prédication.

21. « *Car puisqu'en la sagesse de Dieu;* » cette phrase, « en la sagesse de Dieu, » est susceptible de deux interprétations. D'après la première, adoptée par Calvin, Rosenmüller, etc., le sens du verset serait : puisque le monde n'a pas su connaître Dieu par la sagesse qui éclate dans toutes ses œuvres, puisqu'il n'a pas su discerner dans la création les preuves de sa puissance éternelle et de sa divinité, etc. — ou bien, on peut traduire le mot *en*, par dans, et l'on a le sens suivant : après que Dieu, dans sa sagesse, a jugé à propos de laisser les hommes à eux-mêmes pour montrer qu'ils ne pouvaient pas le connaître, etc. Ce dernier sens semble le plus naturel, et celui qui s'accorde le mieux avec le

contexte. Avant que Dieu intervînt dans sa révélation, il fallait que l'homme fît l'épreuve de sa force, ou plutôt de sa faiblesse, pour comprendre qu'il avait besoin d'être secouru : or cette épreuve avait été faite pendant quatre mille ans, dans les circonstances les plus favorables; et si toute la sagesse des sages de l'Orient et des philosophes de l'Occident n'avait pu les amener à la connaissance de Dieu, l'expérience était suffisante; c'était à Dieu de se manifester directement. § « *Le monde n'a pas connu Dieu par la sagesse*, les hommes ne sont pas parvenus, malgré toutes leurs spéculations et leurs efforts, à connaître Dieu. (*Voy*. Notes sur Rom. I.) § « *Il a plu à Dieu*. Dieu a bien voulu, a consenti § « *De sauver les croyants par la folie de la prédication*; par cette prédication de la croix qui est considérée comme une si grande folie par les hommes du monde.

22. Car les Juifs demandent des miracles, et les Grecs cherchent la sagesse.

22. « *Car les Juifs demandent des miracles :* » on les voit, en effet, plus d'une fois demander à Jésus de prouver par des miracles la légitimité de sa mission (Matth. XII, 38 ; XVI, 1) ; habitués à lire, dans l'histoire de leurs pères, le récit des merveilles que Dieu avait opérées en leur faveur, ils prétendaient que tout prophète venant de sa part accomplît des prodiges semblables ; le Messie, en particulier, devait déployer des pouvoirs extraordinaires; aussi trouvaient-ils excessivement choquante la doctrine qui leur annonçait un Messie crucifié. § « *Et les Grecs cherchent la sagesse :* » « les Grecs » sont pris ici pour les païens en général, en opposition aux Juifs. (Note Rome I, 16.) Mais il est certain qu'ils méritaient d'une manière toute particulière le reproche de s'en tenir à la sagesse humaine et de mépriser l'Evangile.

23. Mais pour nous, nous prêchons Christ crucifié, qui est un scandale pour les Juifs, et une folie pour les Grecs.

23. « *Mais pour nous, nous prêchons Christ crucifié :* » l'idée dominante de ce passage est renfermée dans le mot *crucifié :* c'était là le grand scandale, que le Messie fût crucifié, et qu'il devînt le Sauveur des hommes en vertu même de sa mort sur la croix. § « *Qui est un scandale pour les Juifs:* » on sait assez, en effet, quel scandale cette doctrine excitait dans l'esprit des Juifs ; plus ils avaient attribué de magnificence et d'éclat au Messie qui devait reconstituer leur nation, plus ils furent déçus dans leur attente : et cette déception, jointe à la répugnance qu'éprouve tout homme à admettre la doctrine de l'Evangile, les porta à regarder le *Crucifié*, ainsi qu'ils l'appelèrent par dérision, comme ayant été justement abandonné de Dieu, comme un imposteur. § « *Et une folie aux Grecs.* » Ils ne voyaient dans l'histoire évangélique qu'une imposture, une fiction incapable de produire aucun effet sur les hommes, et surtout de les rendre meilleurs. Remarquez que le mot « Grecs » étant pris ici pour synonyme de « Gentils, » cette expression, « les Juifs et les Grecs, » renferme tous les hommes : et, en effet, scandale ou folie, tel est bien le jugement que le cœur humain porte sur l'Evangile. La doc-

trine de la croix n'en est pas moins la seule espérance de l'homme, et la seule que doivent prêcher ceux qui veulent sauver les âmes.

24. A ceux, *dis-je*, qui sont appelés, tant Juifs que Grecs, *nous leur prêchons* Christ, la puissance de Dieu, et la sagesse de Dieu.

24. « *A ceux, dis-je, qui sont appelés.* » (*Voy.* Note vers. 9.) § « *Tant Juifs que Grecs :* » les vrais chrétiens, quelles que soient les différences de leur origine, reconnaissent pour leur Sauveur Jésus-Christ crucifié. § « *Nous leur prêchons*, etc. ». Christ est appelé ici « la puissance de Dieu », en tant qu'il est l'instrument dont Dieu se sert pour le salut des âmes, et « la sagesse de Dieu, » parce que c'est en lui et par lui que le plan de Dieu pour sauver les hommes s'est montré parfaitement conforme au but qu'il voulait atteindre. Tous, en effet, à quelque nation qu'ils appartiennent et dans quelque condition qu'ils se trouvent, peuvent être, par le sacrifice de la croix, sauvés, ramenés au service de Dieu, et préparés pour la vie éternelle.

25. Parce que la folie de Dieu est plus sage que les hommes, et la faiblesse de Dieu est plus forte que les hommes.

25. « *Parce que la folie*, etc. » Le plan de Dieu, même quand les raisons de sa conduite nous échappent, est plus sage, mieux approprié à son but que ceux des hommes. Cela se voit, notamment, dans la question du salut des hommes : l'Evangile transforme les cœurs, les purifie, y répand le bonheur, et cela par des moyens que la sagesse humaine taxe de folie, sans pouvoir y en substituer d'autres. § « *Et la faiblesse*, etc., » même pensée : l'œuvre de Jésus-Christ n'était pas éclatante, elle ne frappait pas les yeux ; mais elle a montré sa puissance par ses effets. Il en est, du reste, souvent ainsi dans le gouvernement de Dieu : des résultats immenses sont dus bien souvent à l'action de causes faibles en apparence (les révolutions des empires, le progrès des sciences, les bouleversements de la nature, les ravages de la peste, etc.)

26. Car, mes frères, vous voyez votre vocation, que vous n'êtes pas beaucoup de sages selon la chair, ni beaucoup de puissants, ni beaucoup de nobles.

26. « *Vous voyez votre vocation :* » « votre vocation, » hébraïsme, pour « ceux d'entre vous qui sont appelés » comme Rom. III, 30 ; l'Apôtre confirme ici ce qu'il a dit, que Dieu ne calcule pas à la manière des hommes : vous le voyez, l'Evangile ne doit pas ses succès au talent, aux richesses, à la dignité de ses prosélytes, etc.; « vous voyez » on pourrait traduire par l'impératif, « remarquez que » etc. § « *Que vous n'êtes pas beaucoup de sages,* » ou de philosophes, ce qui revient à dire, toutefois, qu'il y en avait quelques-uns. On a proposé de traduire ce verset par : vous voyez que ceux qui vous appellent, que vos pasteurs ne sont pas, etc.; mais on ne peut obtenir ce sens qu'en forçant le texte. § « *Selon la chair*, » selon les maximes de ceux qui, n'étant pas renouvelés, ne peuvent pas juger

selon l'esprit. § « *Ni beaucoup de puissants ;* » on sait qu'il y avait dans l'Eglise de Corinthe quelques personnages d'un rang élevé, comme Crispus et Sosthène, chefs de la Synagogue (Act. XVIII, 8, 17; *Comp.* I, Cor. I, 1), comme Gaïus ou comme Eraste, le procureur de la ville (Rom. XVI, 23); mais alors comme aujourd'hui, l'Eglise était en général composée de pauvres plutôt que de riches. § *Ni beaucoup de nobles,* » appartenant à d'antiques et illustres familles; *Voy.* vers. 29, pourquoi Dieu n'a pas voulu que l'Eglise se recrutât parmi les grands de ce monde, et ch. VI, 9-11, quelques détails sur la composition de l'Eglise de Corinthe.

27. Mais Dieu a choisi les choses folles de ce monde pour rendre confuses les sages; et Dieu a choisi les choses faibles de ce monde pour rendre confuses les fortes;

27. « *Mais Dieu a choisi,* etc : » même idée que vers. 25; c'est par des moyens faibles en apparence que Dieu se montre supérieur à la force des hommes. Du reste, il est encore vrai que des hommes simples, sans culture, formés à la seule école de Christ, sont souvent capables de confondre par leurs réponses des hommes beaucoup plus instruits qu'eux.

28. Et Dieu a choisi les choses viles de ce monde, et les méprisées, même celles qui ne sont point, pour abolir celles qui sont :

28. « *Celles qui ne sont point ;* » ce n'était pas assez pour Paul d'avoir parlé de choses « viles et méprisées; » pour donner plus de force à sa pensée, il ajoute, les choses même qui ne sont pas, ce qui n'est rien : c'est évidemment le langage de l'hyperbole (*Comp.* Note Jean XXI, 25), c'est un langage fréquemment usité dans l'Orient (*Voy.* Es. XL, 17): « Toutes les nations sont devant lui comme un rien. » (*Voy.* aussi Os. I, 10; II, 23.) Les Indous s'expriment de la même manière; la plus cruelle injure qu'ils puissent adresser à quelqu'un, c'est de l'appeler « *Un homme qui n'est pas :* » de même en français, un homme de rien, une chose sans nom. § *Pour abolir celles qui sont,* » ou : pour parler sans figure, pour humilier ceux qui voudraient se prévaloir de leurs avantages personnels.

29. Afin que nulle chair ne se glorifie devant lui.

29. « *Afin que nulle chair,* etc.; » le mot « chair » est souvent pris dans l'Ecriture comme synonyme de « hommes. » (*Voy.* Matth. XXIV, 22, etc.) § « *Ne se glorifie.* » (*Voy.* Rom. III, 27.) Dieu a voulu abattre l'orgueil de l'homme et se faire reconnaître de tous comme la source unique de toutes les bénédictions.

30. Or c'est par lui que vous êtes en Jésus-Christ, qui vous a été fait, de la part de Dieu, sagesse, justice, sanctification et rédemption;

30. « *Or c'est par lui que,* etc. » (*Voy.* I, Cor. XV, 10); c'est par la grâce de Dieu que vous êtes chrétiens, et non par vos efforts; en Jésus

Christ. (Note, vers. 4.) § « *Qui vous a été fait de la part de Dieu,* » car c'est Dieu qui a conçu le plan d'après lequel Jésus est descendu sur la terre. § « *Sagesse :* » ce n'est pas à dire que la sagesse de Christ devienne littéralement la nôtre; mais c'est sous son influence et par ses enseignements que nous devenons sages; c'est par lui que nous connaissons Dieu, sa loi, notre état de péché, l'immortalité, toutes choses sur lesquelles l'homme en dehors de Christ ne peut avoir que des notions confuses ou erronées : c'est par lui encore que nous obtenons cette sagesse pratique qui nous fait travailler à notre salut. Christ est souvent représenté comme la source de la sagesse pour son peuple. (Es. XI, 1; Matth. XIII, 54, etc.) Beaucoup de commentateurs lui ont appliqué la belle description de la Sapience, qu'on trouve dans Prov. 8. § « *Justice* »; quoi que l'on pense de la doctrine de l'imputation des mérites de Christ, ce n'est pas sur ce passage qu'on peut l'appuyer. L'Apôtre affirme que nous devenons justes par lui, comme il vient de dire que nous devenons sages par lui; sa pensée générale, ne l'oublions pas, est que Jésus-Christ seul, et non la philosophie, peut nous rendre sages et justes, mais il ne dit rien du mode d'action par lequel il opère en nous cette œuvre. Il serait absurde de prétendre que la sagesse de Christ nous soit imputée; et s'il n'est pas question d'imputation dans le premier cas, il n'en peut pas être question davantage dans le second. D'autres portions du Nouveau Testament nous apprennent comment Christ est devenu notre justice, ou comment il nous rend justes : 1° c'est par ses mérites seulement que le péché nous est pardonné et que nous sommes justifiés (*Voy.* Note Rom. III, 26-7); et 2° c'est par son influence, par son Esprit, par sa vérité que nous devenons saints devant Dieu. Mais comme ce second sens rentrerait dans l'expression de « sanctification » dont Paul va se servir, il faut nous en tenir au premier. C'est par Christ que nous sommes justifiés : l'homme est pécheur et perdu; Christ vient prendre sa place, donner satisfaction par sa mort à la loi qui a été violée, et permettre à Dieu de nous pardonner sans offenser la justice. Celui qui est uni avec Jésus par la foi a donc reçu le pardon de Dieu et est traité comme étant juste. (*Comp.* Note Rom. IV, 25.) § « *Sanctification.* » C'est par Christ que nous sommes sanctifiés, en tant que son œuvre est appliquée à nos cœurs par le Saint-Esprit. (*Comp.* Eph. IV, 24.) C'est son Esprit qui fait vivre et fructifier dans notre âme la vérité qui sanctifie. (Jean XVII, 19), et cet Esprit même qui agit en nous a été envoyé au monde en réponse à la prière de Jésus-Christ. (Jean XIV, 16.) C'est donc à lui que nous devons de pouvoir être sanctifiés. § « *Et rédemption.* » Pour le sens de ce mot, *Voy.* Rom. III, 24. Il est probablement employé ici dans un sens large, pour résumer les termes précédents, qui ont comme analysé l'œuvre de la rédemption. Cette œuvre lui appartient tout entière ; sagesse, justice, sanctification, c'est à lui que nous devons tout; lui seul peut nous assurer le salut, mais il nous l'assure complet et parfait. (Col. II, 10.)

31. Afin que, comme il est écrit : Celui qui se glorifie, se glorifie au Seigneur.

31. « *Comme il est écrit, celui qui,* etc. » (citation abrégée et condensée de Jér. IX, 23-24). C'est au Seigneur que nous devons attribuer le mérite

et la gloire de notre salut ; nous n'avions à ce salut d'autre titre que notre misère même ; c'est donc avec un profond sentiment d'humilité, comme aussi de joyeuse gratitude envers Dieu, que nous devons dire avec le Psalmiste : « Non point à nous, non point à nous, mais à ton nom donne gloire. » (Ps. CXV, 1.)

CHAPITRE II.

L'Apôtre continue dans ce chapitre l'ordre d'idées dans lequel il est entré au verset 17e du chapitre précédent, savoir, que le succès de l'Evangile ne dépend pas de la sagesse humaine. Pour établir cette idée, il en appelle d'abord (v. 1-5) à son propre exemple ; son ministère au milieu d'eux a été béni et néanmoins il n'a pas eu recours aux moyens humains, à l'éloquence, aux discours de la philosophie ; — puis (v. 6-16), il fait voir tout ce que l'Evangile renferme de sagesse pour ceux qui savent en reconnaître la véritable nature.

1. Pour moi donc, mes frères, quand je suis venu vers vous, je n'y suis point venu avec des discours pompeux, remplis de la sagesse *humaine*, en vous annonçant le témoignage de Dieu ;

1. « *Pour moi donc, mes frères*, etc. » Il est probable que Paul ne s'étudia jamais à acquérir ni ce langage fleuri, ni cette culture philosophique pour lesquels les Grecs avaient tant d'estime (*Comp.* II. Cor. X, 10); il avait mieux à faire que de s'attacher à ces ornements extérieurs. § « *Le témoignage de Dieu,* » appelé ailleurs (Ch. I, 6) le témoignage de Christ. Ici ce mot peut signifier, ou bien le témoignage que l'Evangile rend à Dieu, à sa fidélité, à son caractère, ou bien le témoignage que Dieu a rendu à l'Evangile par les miracles, etc. — Plusieurs manuscrits remplacent, dans ce passage, le mot de témoignage par celui de *mystère*.

2. Parce que je ne me suis proposé de savoir autre chose parmi vous, que Jésus-Christ, et Jésus-Christ crucifié.

2. « *Parce que je ne me suis proposé.* » Ce n'est pas d'une manière accidentelle et fortuite que Paul a adopté un certain genre de prédication c'est en vertu d'une résolution mûrie et réfléchie. Remarquez que quand il prit cette résolution, il connaissait l'amour qu'avaient les Grecs pour tout ce qui était finement pensé, que lui-même était porté par la nature de son esprit, à ces discussions subtiles et abstraites qui lui auraient valu, s'il s'y était livré, l'admiration des habiles raisonneurs de la Grèce, et enfin qu'il savait très-bien que la doctrine qu'il allait annoncer exciterait un mépris général ; mais tout cela ne l'empê

cha pas de persister dans sa résolution. § « *De savoir*, etc. » J'aurais pu, au milieu de vous, me rappeler les lois et les traditions des Juifs, j'aurais pu étudier vos orateurs, vos poètes, admirer la perfection de vos statuaires, etc. ; — mais je n'ai voulu vouer mon attention et consacrer mes forces qu'à Jésus-Christ. § « *Que Jésus-Christ*, etc. » Ce n'est même pas Jésus-Christ grand et glorieux qu'il leur annonce, c'est Jésus-Christ crucifié ; pour bien leur rappeler que le Messie devait être mis à mort pour les péchés du monde.

Telle devrait être aussi l'unique science de tous les prédicateurs : imagination, politique, agréments d'esprit, goût littéraire, culture philosophique, tout ce qu'ils ont de ressources, en un mot, ils doivent l'employer à faire mieux connaître et aimer cette doctrine de la croix qui seule donne de la force à la prédication, et seule aussi, depuis les Apôtres jusqu'à nous, a fait naître tous les réveils religieux.

3. Et j'ai même été parmi vous dans la faiblesse, dans la crainte, et dans un grand tremblement.

3. « *Et j'ai même été parmi vous*, etc. » Paul savait les difficultés qu'il devait rencontrer de la part de ses adversaires (Actes XVIII, 6), le désavantage que lui assurait la simplicité de sa prédication. (I Cor. X, 10.) Et c'est pour l'encourager que le Seigneur, lui apparaissant dans une vision, lui avait annoncé les succès qui l'attendaient dans cette ville. (Actes XVIII, 9-10.) — Si Paul avait à un tel degré le sentiment de sa faiblesse, quel est le ministre ou pasteur qui ne tremblerait pas devant sa tâche ? Mais son exemple même nous prouve que Dieu n'est jamais plus près de ses serviteurs que lorsqu'ils sentent le plus vivement leur faiblesse.

4. Et ma parole et ma prédication n'*a* point *été* en paroles persuasives de la sagesse humaine, mais en évidence de l'Esprit et de puissance ;

4. « *Et ma parole*, etc. » Ni dans mes conversations privées, ni dans mes discours publics, je n'ai eu recours à ces artifices de langage qui auraient fait attribuer mes succès à mon habileté plutôt qu'à la force de l'Évangile. § « *Mais en évidence d'esprit*, etc.» C'est l'Esprit de Dieu qui donnait aux enseignements de Paul une autorité et une évidence sans lesquelles ses succès ne pourraient s'expliquer. Au nombre des secours que le Saint-Esprit accordait à Paul, il faut compter les miracles, le don des langues (Ch. I, 5-7 ; *Comp.* ch. XIV) et des conversions remarquables. § *Et de puissance*, » la puissance de Dieu. (*Comp.* vers. 5.) L'Évangile se révéla comme puissance de Dieu par ses effets, par la conversion des pécheurs, par l'esprit nouveau qu'il répandit chez ceux qui l'avaient accepté, par son influence générale sur la société. Et nous pouvons remarquer que *l'évidence* à laquelle l'Apôtre en appelle est bien digne en effet de ce nom; il n'est pas besoin, pour constater la puissance de l'Évangile, d'être apte à suivre un long raisonnement ; il suffit de regarder devant soi ; la puissance de Dieu n'est nulle part plus merveilleuse et plus sensible que dans le réveil et la conversion d'un pécheur.

5. Afin que votre foi ne soit point l'effet de la sagesse des hommes, mais de la puissance de Dieu.

5. « *Afin que votre foi*, etc.. » La sagesse des hommes pourrait faire passer et accepter certaines doctrines ; elle ne saurait changer les cœurs ni vaincre le péché. Le chrétien trouve ainsi dans sa propre expérience la preuve que l'Evangile est de Dieu, alors même qu'il ne pourrait le démontrer par voie de raisonnement, et qu'il serait embarrassé par les objections des incrédules.

6. Or nous proposons une sagesse entre les parfaits, une sagesse, dis-je, qui n'est point de ce monde, ni des princes de ce siècle, qui vont être anéantis.

6. « *Or nous proposons.* » Ici commence la seconde partie de ce chapitre, où Paul montre que si l'Evangile n'est pas sage à la manière des hommes, il renferme pourtant la seule sagesse qui soit réellement digne de ce nom. « J'ai parlé de « la folie de la prédication, de « la folie de Dieu, » mais c'était une forme de langage. Je vais vous montrer qu'il est parfaitement sage aux yeux de ceux-là qui peuvent seuls en juger, de ceux à qui Dieu a ouvert l'entendement. » § « *Entre les parfaits* : » ce mot de « parfait » désigne évidemment les chrétiens: (*Voy.* Phil. III, 16) : « Nous tous donc qui sommes parfaits. » L'Apôtre ne veut pas ici les représenter comme étant sans péché, mais comme ayant fait assez de progrès dans la connaissance de l'Evangile pour en discerner l'excellence. Il y a peut-être dans ce mot une allusion aux *mystères* païens, où on appelait *parfaits* ceux qui avaient été entièrement initiés à toutes les cérémonies religieuses. Le sens serait alors: Ceux qui voient le christianisme d'un point de vue extérieur ne sont pas aptes à en juger; il n'y a que ceux qui l'ont accepté, qui en ont pénétré le sens, qui puissent en comprendre la beauté. § « *Une sagesse, dis-je*, etc. » « Les princes de ce siècle » désignent peut-être les principaux des Juifs. (*Voy.* v. 8.) § « *Qui vont être anéantis* ; » dont les plans échoueront, qui verront leur sagesse confondue, et qui emporteront avec eux dans le tombeau leurs espérances évanouies. (*Comp.* Es. XIV.)

7. Mais nous proposons la sagesse de Dieu, *qui est* en mystère, *c'est-à-dire*, cachée; laquelle Dieu avait, dès avant les siècles, déterminée à notre gloire;

7. « *Mais nous proposons*, etc. ; » ce que nous prêchons, c'est le plan de Dieu, le plan que sa sagesse a conçu pour le salut des hommes. § « *Qui est un mystère, c'est-à-dire cachée*, » ou mieux, peut-être, qui avait été cachée dans un mystère. Nous appelons en général mystère, toute doctrine qui présente à notre intelligence des difficultés insurmontables; mais ce mot, dans le Nouveau Testament, signifie proprement une chose cachée, qui n'a pas encore été révélée (*Voy.* note Matth. XIII, 11); il s'applique à ces vérités qui, jusqu'à Jésus-Christ, avaient été, ou confusément indiquées par des types, ou entièrement cachées aux hommes. L'Apôtre déclare, non qu'il leur a enseigné des vérités profondes et incompréhensibles, mais qu'il leur annonce ce plan que

Dieu avait jusqu'alors renfermé en lui-même, et fait connaître la sagesse et la révélation de Dieu. Ce mot, du reste, est souvent employé par Paul d'une manière toute spéciale pour désigner le dessein éternel que Dieu avait de se révéler aussi aux Gentils. § « *Laquelle Dieu avait, etc.* » Ce n'est pas accidentellement que Dieu s'est révélé au monde à cette époque de l'histoire, mais par suite d'un plan conçu de toute éternité. § « *A notre gloire :* soit la glorieuse faveur accordée aux chrétiens d'être appelés enfant de Dieu, soit la gloire à venir qui leur est réservée. (II Cor. IV, 17.) Quelle reconnaissance ne doit pas nous inspirer la pensée que Dieu nous a, de tout temps, préparé cette gloire !

8. Et laquelle aucun des princes de ce siècle n'a connue : car s'ils l'eussent connue, jamais ils n'eussent crucifié le Seigneur de gloire.

8. *Laquelle*, etc. La fin du verset fait voir que ces mots « les princes de ce siècle » s'appliquent aux principaux Juifs, et au gouverneur romain. § « *N'a jamais connue ;* » ils n'ont pas su reconnaître en Jésus-Christ l'envoyé, le fils de Dieu. (*Comp.* Act. III, 17.) Il y a eu chez eux ignorance ; ce n'est pas sciemment et volontairement qu'ils ont mis à mort le Messie ; — mais leur tort a été précisément de ne pas voir que les œuvres de Jésus-Christ rendaient témoignage de sa mission divine (Jean V, 36) ; ils ont fermé leurs yeux et n'ont pas voulu croire. § « *Le Seigneur de gloire,* » hébraïsme pour : « le Seigneur glorieux, » expression empruntée à Ps. XXXIV, 7-9. Dieu est aussi appelé « le roi de gloire » (Act. VII, 2) : et l'on voit par cette même épithète appliquée à Dieu et à Jésus-Christ, l'idée que les Apôtres se faisaient de ce dernier.

9. Mais ainsi qu'il est écrit : ce sont des choses que l'œil n'a point vues, que l'oreille n'a point ouïes, et qui ne sont point montées au cœur de l'homme, lesquelles Dieu a préparées à ceux qui l'aiment.

9. *Mais, ainsi qu'il est écrit :* citation libre d'Es. LXIV, 4, ou, d'après Jérôme et Origène, faite textuellement d'après les livres apocryphes d'Elie. Ces paroles sont fréquemment citées comme se rapportant à notre état futur, mais il est évident que ce n'est pas dans ce sens que l'Apôtre les emploie ici. Dans Esaïe, c'est une allusion au bonheur de ceux qui sont en communion avec Dieu, bonheur tel qu'on ne peut le trouver nulle part ailleurs. A cette pensée, Paul ajoute que les chrétiens seuls possèdent la véritable sagesse, et que seuls aussi ils peuvent apprécier la sagesse du plan de Dieu, tel qu'il a été révélé dans la Rédemption. La preuve, du reste, que Paul n'applique pas ces paroles à notre état futur, c'est qu'il dit, verset 10, que Dieu *les a révélées*. Disons toutefois, après avoir bien constaté la pensée réelle de l'Apôtre, que rien n'empêche d'employer les mêmes expressions pour d'autres doctrines où la sagesse humaine est également en défaut, celle, par exemple, de la vie à venir. § « *Que l'œil*, etc. Ni la vue ni l'ouïe, ces deux principaux organes de nos connaissances sensibles, ne nous avaient fait connaître ces choses ; notre cœur ne nous en avait pas parlé davantage. § « *Que*

Dieu a préparées, etc. Remarquez que, dans ce plan de Dieu, sa bonté et sa compassion ne sont pas moins admirables que sa sagesse : tous les biens que procure l'Evangile, paix, joie, pardon, salut, sont infiniment supérieurs à ceux que le monde connaît. Et, s'il en est ainsi déjà maintenant, combien cela ne sera-t-il pas plus vrai dans les cieux !

10. Mais Dieu nous les a révélées par son Esprit ; car l'Esprit sonde toutes choses, même les choses profondes de Dieu.

10. *Mais Dieu*, etc. L'Apôtre va montrer maintenant comment Dieu a fait connaître aux hommes ces vérités glorieuses; il nous les a révélées, à nous, c'est-à-dire d'abord aux Apôtres, puis à tous les chrétiens par le moyen des Apôtres et par l'action de son Esprit sur les cœurs. Sans doute les Apôtres avaient, à un degré éminent, la connaissance des vérités chrétiennes; mais le dessein de Paul étant de montrer que les chrétiens possèdent, comme tels, une sagesse plus vraie que celle des hommes du monde, il est clair que quand il dit « Dieu *nous* les a révélées, » il ne veut pas parler des Apôtres seulement, mais aussi « de tous ceux qui croiront en Jésus-Christ par leur parole. » (Jean XVII, 20.) § « *Par son Esprit*. Ces mots prouvent : 1° que l'homme n'était pas capable de découvrir par lui-même les choses profondes de Dieu; 2° que les Apôtres avaient reçu le Saint-Esprit, et que par conséquent leurs écrits sont inspirés ; 3° que tous les chrétiens sont enseignés par l'Esprit de Dieu, qui seul peut éclairer leurs entendements. § « *car l'Esprit*, l'Esprit de Dieu. (*Voy.* vers. 11) : § « *Sonde toutes choses*, » pénètre assez profondément les choses pour en avoir une connaissance complète ; appliqué à l'homme, ce mot indique une étude attentive et prolongée d'un sujet (I Pier. II, 11 ; Jean VII, 52) ; ici, il signifie que l'Esprit de Dieu connaît à fond toutes choses, sans que rien puisse se dérober à ses regards. § « *Même les choses profondes de Dieu :* » il connaît les plans de Dieu, ses desseins, ses conseils : il sait quels sont ceux qu'il veut sauver ; il voit leurs besoins et sait comment y subvenir. Ce passage prouve: 1° que l'Esprit est distinct du Père, puisque l'*Esprit* nous y est-il dit, sonde les choses de *Dieu :* pour sonder, il faut être ; on ne pourrait pas dire d'un attribut de Dieu : de sa justice, de sa puissance, qu'il sonde les choses de Dieu. 2° cet Esprit est omniscient puisqu'il connaît Dieu: mais l'omniscience étant un des attributs de Dieu (I Chr. XXVIII, 9 ; Ps. CXXXIX, 1), il est donc divin ; 3° il n'est pas d'être différent de Dieu. Il y a entre lui et Dieu une union comparable à celle qui existe entre un homme et son âme (vers. 11). Dieu ne cesse pas d'être *un*, alors même qu'il se présente à nous comme Père, Fils, et Saint-Esprit. (Deut. VI, 4.) Ce passage est donc décisif dans la question de la personnalité du Saint-Esprit.

11. Car qui est-ce des hommes qui sache les choses de l'homme, sinon l'esprit de l'homme qui est en lui ? De même aussi, nul n'a connu les choses de Dieu, sinon l'Esprit de Dieu.

11. *Car qui est-ce*, etc. Pour jeter du jour sur la pensée qu'il vie

d'exprimer, il emploie une comparaison frappante : qui est-ce qui connaît les pensées intimes qui s'élèvent dans l'esprit d'un homme, si ce n'est l'esprit même de cet homme, ou ceux à qui il aura voulu les faire connaître ? Il en est ainsi de Dieu ; ni les hommes ni les anges n'auraient pu lire dans son Esprit, n'auraient pu connaître les plans dont sa sagesse s'était réservé le secret : il a fallu qu'il les communiquât lui-même. L'Apôtre, du reste, ne présente pas comme identiques le rapport qui existe entre l'esprit de l'homme et l'homme lui-même, et le rapport qui unit le Saint-Esprit à Dieu. La comparaison porte sur un seul point, sur la manière dont l'homme et Dieu se connaissent eux-mêmes. Nous pouvons ajouter que l'union, l'unité de l'Esprit de Dieu et de Dieu lui-même n'est ni plus absurde, ni plus inexplicable que l'unité de l'homme et de son esprit, ou que l'unité d'une personne qui se compose d'un corps et d'une âme. Quand l'homme aura expliqué les mystères dont il est lui-même le sujet, il pourra présenter ses objections contre la doctrine établie dans ce passage au sujet de Dieu.

12. Or nous avons reçu, non point l'esprit de ce monde, mais l'Esprit qui est de Dieu, afin que nous connaissions les choses qui nous ont été données de Dieu.

12. « *Or nous avons reçu :* » nous, chrétiens, mais particulièrement nous Apôtres, (vers. 13). § « *Non l'esprit du monde,* » non la sagesse que ce monde peut donner, ni l'instruction et la philosophie qui ont tant de charme à vos yeux, mais l'Esprit qui est de Dieu. § « *Afin que,* etc., » tel était l'aveuglement de l'homme qu'il n'aurait pu, par lui-même, apprécier le bienfait de la Rédemption ; pour qu'il fût capable d'en connaître la valeur, il a fallu que Dieu lui donnât son Esprit ; réconciliation avec Dieu, pardon, sainteté, vie éternelle, tout autant de choses que l'homme ne sait ni comprendre ni aimer.

13. Lesquelles aussi nous proposons, non point avec les paroles que la sagesse humaine enseigne, mais avec celles qu'enseigne le Saint-Esprit, appropriant les choses spirituelles à ceux qui sont spirituels.

13. « *Lesquelles choses nous proposons ;* » choses que nous, Apôtres, nous annonçons. § « *Non point avec,* etc. ; comme elles ne sont pas humaines dans leur origine, ce n'est pas non plus la sagesse humaine qui peut les exprimer ; le Saint-Esprit nous enseigne comment il les faut annoncer. Aucun passage n'indique plus clairement que les Apôtres pensaient être inspirés de Dieu et placés sous sa direction spéciale. L'Apôtre dit, *les paroles* que le Saint-Esprit enseigne ; si Dieu, en effet, a voulu que sa vérité fût exprimée dans la langue des hommes, il a dû enseigner aux Apôtres non-seulement les doctrines de la révélation, mais aussi, jusqu'à un certain point, la manière dont ils les exprimeraient. § « *Appropriant,* etc. » ; « il accommode, dit Calvin, les paroles à la chose ; c'est-à-dire, qu'à l'endroit de cette sapience céleste de l'Esprit, il use d'un style simple, et qui montre une efficace nayfve de l'Esprit. » Leclerc traduit, » disant des choses spirituelles à des hommes spirituels. » Un grand nombre de Pères ont interprété ce passage tout

autrement : « Comparant, disent-ils, les choses qui avaient été écrite par l'Esprit dans l'Ancien Testament, avec celles qui nous sont actuel lement révélées par le même Esprit, et confirmant ainsi nos doc trines. » D'autres disent, « expliquant les choses spirituelles dans de termes enseignés par l'Esprit. » Le mot grec prête en effet à ces diverse interprétations : il signifie proprement comparer, puis juger par com paraison, puis expliquer. C'est probablement dans ce dernier sens qu' faut l'entendre ici. § « *Les choses spirituelles ;* » ce mot, n'est pas employ ici en opposition avec charnel, ou matériel ; mais il désigne en génér les choses dont il vient de parler en tant qu'elles relèvent de l'Espri § « *A ceux qui sont spirituels :* » ici encore il y a une grande diversit d'interprétations. On peut sous-entendre ici le mot hommes, ou le mo choses. Dans le premier cas, on aurait, « expliquant les choses spiri tuelles à des hommes spirituels ; » dans le second, on aurait, ou bie d'après les Pères, « expliquant ces choses par l'Ancien Testament, qu avait été inspiré de Dieu, » ou bien, « les annonçant dans des terme que le Saint-Esprit nous communique, adaptés à leur but, simples e grands comme l'Evangile, et non pas recherchés et fleuris comm l'aimeraient les Grecs. » Cette dernière supposition est favorisée par l contexte ; elle confirmerait la première partie de ce verset, et établira que le langage des Apôtres était ce qu'il devait être pour que leurs doc trines fussent annoncées aux hommes dans toute leur pureté.

14. Or l'homme animal ne comprend point les chose qui sont de l'Esprit de Dieu, car elles lui sont une folie ; e il ne peut même les entendre, parce qu'elles se discerner spirituellement.

14. « *Or l'homme animal,* » (ψυχικός), opposé évidemment à l'homm spirituel. Ce mot, employé seulement six fois dans le Nouveau Test ment, y désigne toujours ceux qui sont dominés, gouvernés par leu instincts naturels, en qui prédomine la vie animale, qui ne connaisse pas les influences du Saint-Esprit, ceux, en un mot, chez qui la voix d sens couvre celle de la conscience. § « *Ne comprend point,* » mieux per être, « n'accepte pas ; » l'homme naturel n'accepte pas plus les choses Dieu, que l'homme intempérant n'accepte des conseils de tempéranc § « *Les choses,* etc., » les doctrines enseignées par l'Esprit de Dieu, l sentiments qu'il inspire, etc. § « *Et il ne peut même les entendre,* » litt ralement les *connaître*. On sait que le mot connaître, dans l'Ecritu implique souvent l'amour : ainsi, connaître le Seigneur, c'est l'aim Quand l'Apôtre dit que l'homme animal ne peut pas connaître les chos de Dieu, il peut vouloir dire, ou bien, qu'il ne pouvait pas les décou par lui-même, sans le secours de la révélation, ou bien, et plus prob blement, que l'homme irrégénéré n'en sait pas distinguer la beau même après qu'elles ont été révélées. C'est en effet une vérité lame table et bien connue, que l'homme, dans son état naturel, ne voit p la beauté du christianisme, de même qu'un voluptueux n'est pas se sible au charme de la pureté. Aussi longtemps que l'homme aime péché, il ne peut aimer les œuvres de l'Esprit, ni même les comprend Quand le cœur est mal disposé, l'intelligence même s'égare. « Celui

n'est pas bon, dit Aristote, ne peut pas avoir un jugement sain. » § « *Parce qu'elles se discernent spirituellement*, » parce qu'il faut, pour les comprendre, le secours de l'Esprit qui éclaire l'entendement.

15. Mais l'homme spirituel discerne toutes choses, et il n'est jugé de personne.

15. « *Mais l'homme spirituel juge toutes choses* : » toutes les choses du moins que le Saint-Esprit révèle à l'homme pour son salut. § « *Mais il n'est, etc.* » Ce qu'il y a de spirituel en lui n'est pas compris par les gens du monde. Tout le monde a pu l'observer en effet, le chrétien a des principes, des espérances, des joies auxquels le reste des hommes est étranger.

16. Car qui a connu la pensée du Seigneur pour le pouvoir instruire? Mais nous, nous avons *connu* la pensée de Christ.

16. *Car qui a connu*, etc. (Citation d'Es. XL, 13.) Si l'homme ne peut pas connaître les vérités religieuses telles qu'elles sont en Dieu, il ne les comprendra pas davantage quand il les verra chez le chrétien ; l'Esprit de Dieu lui est étranger, les fruits de cet Esprit le lui seront également.

CHAPITRE III.

Ce chapitre est, au fond, le développement des précédents. Paul semble vouloir se défendre contre une objection que les Corinthiens pouvaient faire, ou avaient peut-être faite. Il vient de dire (ch. II, 12-16,) que les vrais chrétiens pouvaient, par l'Esprit de Dieu, comprendre toutes les vérités du christianisme. Sur cela, les Corinthiens avaient pu lui représenter que, pendant qu'il était au milieu d'eux, il s'en était tenu aux rudiments de l'Evangile, sans leur en exposer les profondeurs; peut-être aussi les faux docteurs avaient-ils eu la prétention de compléter ses enseignements, et d'expliquer ce qu'il n'avait pas expliqué. Dans la première partie du chapitre (vers. 1-11), l'Apôtre donne la raison pour laquelle il s'en était tenu aux premiers éléments du christianisme; c'est qu'ils étaient trop charnels pour recevoir des instructions plus avancées : et la preuve qu'il en était ainsi se trouvait dans les divisions mêmes qui avaient éclaté au milieu d'eux. Puis, il leur reproche ces divisions en leur disant que tout succès devant toujours être attribué à Dieu, il importait peu de savoir qui avait été l'instrument de leur conversion. Dieu seul étant la source de toute bénédiction, ils ne devaient pas prendre pour chef l'un ou l'autre de leurs docteurs. Au surplus, il leur rappelle que c'est lui qui a fait dans leur Eglise l'œuvre la plus importante ; il a posé le fondement; ses successeurs doivent veiller à ce que l'édifice qu'ils vont élever soit digne du fondement qu'il a posé

(12-16.) Cette image l'amène à leur dire qu'ils doivent être saints, puisqu'ils sont le temple de Dieu, et la conclusion du chapitre est : 1° qu'ils doivent se garder de s'abuser eux-mêmes, et 2° que les chrétiens ne doivent pas se glorifier dans les hommes, puisque toutes choses sont à eux, comme ils sont eux-mêmes à Dieu.

1. Et pour moi, mes frères, je n'ai pu vous parler comme à des hommes spirituels, mais comme à des hommes charnels, *c'est-à-dire*, comme à des enfants en Christ.

1. « *Et pour moi, mes frères*, etc. » Si Paul n'était pas entré dans ces abstruses spéculations théologiques où l'esprit des Grecs se serait complu, c'était par un motif propre à humilier leur orgueil; ils étaient trop charnels; il leur avait donc donné le degré d'instruction qu'ils pouvaient supporter. (*Voy.* ch. II, 13-15.) § « *Mais comme à des hommes charnels.* » Ce mot, *charnel* (différent du mot *animal*, ch. II, 14) s'applique ici à des chrétiens qui ont conservé encore une partie des sentiments qui appartiennent à la chair. (*Voy.* Gal. V, 19-21, les œuvres de la chair sont... les divisions, les querelles, etc.) § « *Comme à des enfants en Christ,* » comme à des hommes qui ont fait peu de progrès depuis leur nouvelle naissance en Christ.

2. Je vous ai donné du lait à boire, et non pas de la viande, parce que vous ne la pouviez pas encore *supporter*; même maintenant vous ne le pouvez pas encore, parce que vous êtes encore charnels.

2. « *Je vous ai donné*, etc. » Le lait et la viande correspondent aux différentes doctrines qui doivent *nourrir* l'âme des chrétiens, suivant qu'ils sont plus ou moins avancés dans la foi. (Même image dans Hébr. V, 11-14.) Quand j'étais avec vous, vous n'étiez pas à même de comprendre plus que les éléments de l'Evangile; aussi ai-je dû me borner à ce que je vous ai enseigné.

3. Car puisqu'il y a parmi vous de l'envie, et des dissensions, et des divisions, n'êtes-vous pas charnels, et ne vous conduisez-vous pas à la manière des hommes?

3. « *Car puisqu'il y a*, etc. » De l'envie, proprement, du zèle (ζῆλος de ζέω bouillonner). L'envie, cette cause si active de dissensions, avait pu se développer beaucoup au milieu des Corinthiens à l'occasion des dons miraculeux, que les uns avaient reçus avec plus d'abondance que les autres.

4. Car quand l'un dit : Pour moi, je suis de Paul ; et l'autre : Pour moi, je suis d'Apollos ; n'êtes-vous pas charnels?

4. *Voir* Note, Chap. I, 12.

5. Qui est donc Paul, et qui est Apollos, sinon des ministres par lesquels vous avez cru, selon que le Seigneur a donné à chacun?

5. « *Qui est donc Paul*, etc. » (*Voy.* Notes, Ch. I, 13.) Le mot de *ministre* signifie proprement, et signifiait pour les Apôtres, *serviteur*. Il est appliqué aux prédicateurs de l'Evangile, parcequ'ils sont au service de Dieu: leur autorité est dérivée de la sienne. Ce n'est pas aux instruments que les hommes doivent regarder, mais à celui qui les emploie, et qui est seul la source de la foi et l'auteur du salut. § « *Selon que le Seigneur*, etc. » C'est par l'influence de Dieu que chacun est amené à croire. On retrouve souvent dans les écrits de Paul cette idée de la souveraineté absolue de Dieu, qui dispense ses faveurs comme il lui plaît; les hommes n'ont rien qui ne leur vienne de Lui. La double conséquence qui découlait naturellement de cette vérité, c'est que les Corinthiens ne devaient ni être jaloux les uns des autres, ni se former en sectes pour s'attacher spécialement à l'un ou à l'autre de leurs conducteurs spirituels.

6. J'ai planté, Apollos a arrosé; mais c'est Dieu qui a donné l'accroissement.

6. « *J'ai planté.* » Le royaume des cieux est souvent comparé à un arbre, à une vigne, à une plante, etc. Paul a le premier annoncé l'Evangile à Corinthe, et s'il y avait quelque distinction à établir entre leurs conducteurs spirituels, c'était lui qui devait être le plus honoré de tous. Cependant il ne demande pour lui rien de semblable. § « *Apollos a arrosé* : » — a continué l'œuvre de Paul; on sait qu'il n'arriva à Corinthe qu'après le départ de l'Apôtre. (Act. XVIII, 18; *Comp.* vers. 27.) § « *Mais c'est Dieu*, etc. » La plante n'a pas plus, d'elle-même, le pouvoir de germer que l'eau n'a celui de la féconder : mais Dieu a disposé les choses de telle sorte que la plante a besoin d'être placée en terre et arrosée ; et alors Dieu, la source de toute vie, la fait germer et fleurir. Il en est de même de la vérité; elle ne doit sa force vivifiante ni aux paroles qui l'expriment, ni à la vertu de ceux qui l'annoncent ou qui l'écoutent; mais Dieu a voulu que la vérité fût semée dans les cœurs, et c'est lui qui la fait fructifier.

7. Or ni celui qui plante, ni celui qui arrose, ne sont rien; mais Dieu, qui donne l'accroissement.

7. « *Or ni celui*, etc. » Ils ne sont rien, comparés avec Dieu (*Voy.* Note sur Ch. I, 28); mais ils doivent agir néanmoins. Dans l'ordre spirituel, comme dans l'ordre temporel, c'est Dieu qui opère, mais avec le concours de l'homme.

8. Et tant celui qui plante que celui qui arrose, ne sont qu'une même chose; mais chacun recevra sa récompense, selon son travail.

8. « *Et tant celui qui plante*, etc. » Ils sont une même chose dans ce sens : 1° qu'ils travaillent à une même œuvre, bien qu'à des détails différents de la même œuvre ; leurs travaux tendent à un même but et sont aussi nécessaires les uns que les autres ; 2° qu'ils font ensemble l'une des parties de la tâche dont Dieu accomplit l'autre. § « *Mais chacun recevra* ; » l'argument de l'Apôtre se rapporte ici aux ministres

de l'Evangile, mais il s'applique également à tous les hommes; c'est que tous au jour du jugement recevront leur récompense. Ce mot de *récompense* se prend souvent dans l'Ecriture dans le sens de gages, de rétribution accordée en échange d'un service rendu ; puis il s'applique soit aux faveurs que Dieu accordera aux hommes aux jours du jugement (Matth. v, 12; Luc vi, 23, etc.); soit à la punition qu'il leur infligera, comme *salaire* de leurs actions. (II Pier. ii, 13-15.) Appliqué aux justes, ce mot n'indique pas qu'ils aient mérité le ciel, mais que Dieu leur fera selon ce qu'il a promis dans sa Nouvelle Alliance. Leur seul titre à la vie éternelle, c'est la grâce de Dieu ; mais la mesure des faveurs qui leur seront départies, sera en rapport avec le travail qu'ils auront fait ici-bas. Il en est de cela comme d'un père qui partagerait ses biens entre ses enfants, sans que ceux-ci y eussent aucun droit, et qui néanmoins proportionnerait la part qu'il donnerait à chacun, au degré de leur obéissance et de leur attachement pour lui.

9. Car nous sommes ouvriers avec Dieu; et vous êtes le labourage de Dieu, et l'édifice de Dieu.

9. « *Car nous sommes ouvriers avec Dieu.* » Même expression dans II Cor. vi, 1. Ce passage est susceptible de deux interprétations ; il peut signifier : ou bien, nous sommes ensemble les ouvriers de Dieu ; Il nous emploie tous pour accomplir ses desseins, ou bien, nous sommes associés avec Dieu pour une entreprise commune. L'agriculteur travaille avec Dieu pour faire venir la moisson, et le ministre chrétien travaille avec Dieu pour la conversion des âmes. Si c'était là le véritable sens de ce passage, rien ne serait plus propre à donner à l'agriculteur, au vigneron, au prédicateur surtout, une haute et solennelle idée de leu tâche, puisqu'ils se trouveraient ainsi travailler comme Dieu, à l'ac complissement de ses glorieux desseins. Mais cette interprétatio rencontre quelques difficultés : 1° le texte grec ne l'implique pas nécessairement; il porte : « Nous sommes co-ouvriers de Dieu, » c'est à-dire littéralement, employés ensemble à son service. 2° Il n'y a pas dans le Nouveau Testament, d'expression parallèle à celle-là, représen tant Dieu travaillant avec l'homme pour produire un même résultat La sphère d'opérations de Dieu est tout-à-fait distincte de celle d l'homme : l'homme peut planter, mais ce n'est pas lui qui fera croîtr l'arbre et qui fera circuler la sève dans ses branches. De même pou les Apôtres : ils travaillaient, ils prêchaient, et le Seigneur coopéra avec eux (Marc xvi, 20), mais ces deux actions ne se confondaient pas 3° L'intention générale de tout ce passage est de montrer que Dieu es tout, et que les Apôtres ne sont rien; or, cette intention serait pe favorisée par l'interprétation que nous discutons en ce moment. El s'accorderait au contraire très-bien dans le sens le plus naturel de notr traduction, que nous sommes tous ensemble les ouvriers de Dieu. § « *Vou êtes le labourage de Dieu* (ou le champ cultivé). Ce mot ne se trouve pa ailleurs dans le Nouveau Testament. C'est Dieu qui vous a faits ce qu vous êtes ; votre culture vient de Lui, et c'est à Lui que vous deve reporter les fruits que vous avez pu produire. § « *Et l'édifice de Dieu.* Autre image, ayant pour objet de montrer qu'ils ne sont pas les auteu

de leur conversion ; un édifice ne s'élève pas de lui-même ; il suppose un architecte, et c'est Dieu qui a présidé à la fondation de leur Eglise. — Cette image est du reste fréquemment employée dans l'Ecriture. (*Voy*, Eph. II, 21; 1 Pier. II, 5, etc.)

10. Selon la grâce de Dieu qui m'a été donnée, j'ai posé le fondement comme un sage architecte, et un autre édifice dessus; mais que chacun examine comment il édifie dessus.

10. « *Selon la grâce de Dieu*, etc. » Le bon plaisir de Dieu est au fond la seule cause de ce que j'ai fait parmi vous. » Les succès de Paul auprès de l'Eglise de Corinthe étaient un effet de la grâce de Dieu. § « *J'ai posé le fondement*, etc. » Le premier soin d'un bon architecte est en effet de donner une base solide à l'édifice qu'il élève. Paul indique (vers. 11) quel fondement il avait posé pour édifier l'Eglise. « *Et un autre édifie dessus*. Paul ne suit pas sa comparaison. Au commencement du chapitre « l'édifice de Dieu » représentait l'Eglise ; ici, ce sont les doctrines qui sont comparées aux différentes parties de l'édifice. § « *Mais que chacun*, etc. » Que chaque docteur prenne garde aux instructions qu'il donnera à une Eglise formée par les soins d'un Apôtre, et établie sur le vrai fondement. L'Eglise appartient à Dieu et nul n'a le droit de lui imprimer une fausse direction. Il ne suffit pas que tous les Chrétiens soient appuyés sur le vrai fondement; il faut encore qu'ils soient instruits dans toutes les vérités de la religion. L'erreur ne sanctifie personne, et produit des maux incalculables ; elle altère et affaiblit la piété ; le faux docteur est donc responsable des ténèbres qu'il répand dans les esprits, et du manque de consolations qu'éprouveront les vrais chrétiens placés sous ses soins : c'est là une effrayante responsabilité qu'il prend sur lui.

11. Car personne ne peut poser d'autre fondement que celui qui est posé, lequel est Jésus-Christ.

11. « *Car personne*, etc. » Christ est souvent appelé le fondement, la pierre angulaire, etc. (*Voy*. Es. XXVIII, 16; Matth. XXI, 42, etc.) Cela veut dire qu'il ne peut pas y avoir d'Eglise chrétienne en dehors des doctrines chrétiennes ; que l'on ne peut être sauvé que par la vérité, telle qu'elle est en Christ ; qu'il faut croire à son incarnation, sa nature divine, ses instructions, son exemple, son œuvre d'expiation, sa résurrection et son ascension. C'est sur cette base, telle que nous la trouvons dans l'Ecriture, et sur cette base seule que peut s'élever l'édifice de l'Eglise.

12. Que si quelqu'un édifie sur ce fondement, de l'or, de l'argent, des pierres précieuses, du bois, du foin, du chaume.

12. « *Que si quelqu'un*, etc. » Même en admettant que cette base ait été posée, il est encore d'une haute importance que l'édifice y réponde. Ce passage a donné lieu à deux interprétations, non opposées, mais distinctes. Les uns pensent que l'Apôtre fait allusion à un édifice dans la

composition duquel entreraient pêle-mêle des éléments d'une valeur très-inégale, qui aurait par exemple des colonnes d'or couronnées par un toit de chaume, etc. Il voudrait faire entendre par cette image qu'il qu'il ne convient pas de donner à l'Eglise un mélange de vérité et d'erreur. C'est le sens adopté par Calvin, Grotius, etc. D'autres, Doddridge, par exemple, et Rosenmüller, pensent qu'il s'agit ici de deux édifices différents. On pourrait, sur le large et solide fondement qui aurait été posé, établir une méchante et pauvre cabane, construite en bois et en paille, et qu'un souffle emporterait, ou bien un palais magnifique resplendissant d'or et d'argent, comme le temple de Salomon. Le sens serait alors : celui qui s'est converti à Dieu par Christ peut être orné de toutes les grâces spirituelles qui naissent de la vérité, ou bien donner accès dans son esprit à de faux principes, aux vaines subtilités des Grecs, au formalisme des Juifs, et prendre pour la piété elle-même des superstitions qui n'en seraient que la contrefaçon. Dans ce dernier cas, l'édifice serait indigne du fondement sur lequel il repose, mais enfin le fondement subsisterait. § « *De l'or, de l'argent,* » pris pour désigner une substance à la fois précieuse et solide. § « *Des pierres précieuses,* » ou mieux, des pierres de prix, comme serait le marbre, dont les anciens se servaient beaucoup pour la construction de leurs monuments : cela représente : 1° les doctrines qui doivent édifier l'Église, et qui peuvent seules soutenir l'épreuve du grand jour, et 2° des sentiments de piété, des vues, des principes d'action qui soient entièrement conformes à la vérité chrétienne. § « *Du bois,* etc. » on construisait souvent en Orient, au milieu des champs, des cabanes qui ne devaient servir que pour un temps très-court et pour lesquelles on employait des matériaux sans valeur. (*Voy.* Note Es. I, 8.) Une telle construction représente ici : 1° les fausses doctrines qui ne soutiendront pas l'épreuve du grand jour, et 2° les vues erronées, les vaines pratiques qui en découlent. On peut, tout en étant un vrai chrétien, avoir des idées fausses sur certains sujets; on peut observer les jours, « les mois, les temps et les années » (Gal. IV, 10); avoir un zèle sans mesure, une humilité affectée, un enthousiasme qui dégénère en fanatisme, etc.

13. L'œuvre de chacun sera manifestée : car le jour la fera connaître, parce qu'elle sera manifestée par le feu; et le feu éprouvera quelle sera l'œuvre de chacun.

13. « *L'œuvre de chacun,* etc. » On verra à l'épreuve ce que valait l'œuvre, c'est-à-dire ici la prédication de chacun. § « *Car le jour la fera connaître;* » le jour du jugement, qui mettra à découvert les secrets de tous les cœurs. Peut-être faudrait-il traduire le mot jour par celui de temps : le temps fera connaître, etc. § « *Parce qu'elle sera,* etc. » les flammes du dernier jour éclaireront d'une vive lumière les actions des hommes. De nombreux passages dans la Révélation nous apprennent que ce monde doit périr par le feu. (Es. LXVI, 15; II Thess. I, 8, etc.) D'autres supposent que Paul fait allusion ici au feu de la persécution; d'autres encore pensent qu'il s'agit ici du temps en général; on saura bien, à la longue, distinguer dans l'enseignement des docteurs ce qu'il a de vrai de ce qu'il renferme de faux et de périssable. « § « *Le feu éprouvera quelle sera l'œuvre de chacun :* » le feu consume le bois, la paille, le

chaume, etc., tandis qu'il purifie l'or et l'argent de tout alliage étranger; de même l'épreuve du jugement dernier, représentée par le feu qui dévorera la terre, ne laissera rien subsister qui ne soit vrai, et consumera tout le reste.

14. Si l'œuvre de quelqu'un qui aura édifié dessus, demeure, il en recevra la récompense.

14. « *Si l'œuvre de quelqu'un*, etc. » S'il est ainsi reconnu qu'il a donné un enseignement sain et conforme au christianisme, etc., qu'il a vécu lui-même dans les sentiments d'une piété vraie. § « *Il en recevra la récompense.* (*Voy.* Note. vers. 8.) Ces mots se rapportent, à mon avis, aux récompenses qui doivent être réparties au jour du jugement, et non pas à celles qu'il pourrait recevoir dans ce monde.

15. Si l'œuvre de quelqu'un brûle, il en fera la perte; mais pour lui, il sera sauvé, toutefois comme par le feu.

15. « *Si l'œuvre de quelqu'un brûle.* » Si ses œuvres, ou ses enseignements ne peuvent pas supporter l'épreuve du grand jour, s'il est tombé dans des erreurs de doctrine ou de pratique, ces erreurs fussent-elles d'ailleurs consciencieuses. § « *Il en fera la perte :* » il ne sera pas élevé au rang qu'il aurait occupé sans cela ; il n'obtiendra pas la récompense à laquelle il s'attendait, et son ouvrage s'en ira en fumée ; il sera ainsi, pendant toute l'éternité, au-dessous de ce qu'il aurait été si son œuvre avait été plus pure. § « *Mais pour lui, il sera sauvé :* » malgré les lacunes ou les erreurs de son enseignement, il a édifié sur le bon fondement : cela suffit pour qu'il soit sauvé. § « *Toutefois, comme a travers le feu.* « Ce passage a souvent embarrassé les commentateurs; quelques-uns ont cru pouvoir s'en servir pour appuyer la doctrine du purgatoire. Il est évident pourtant que l'Apôtre continue ici l'image dont il s'est servi plus haut. De même que le feu dévorerait la paille ou le bois, et laisserait intact le fondement solide sur lequel on les aurait placés, de même le croyant sera sauvé, tandis que périront les erreurs qui auront déparé sa foi. Il ne s'agit donc pas ici d'un homme qui parviendrait à s'échapper d'une maison en flammes; bien moins encore d'un homme qui passerait, pour se purifier, par le feu du purgatoire, mais d'un homme qui aura pris beaucoup de peine à bâtir sur le roc un édifice éphémère; lui-même échappera à la ruine, mais tout son travail s'évanouira. Il est inutile de nous arrêter longuement à réfuter l'interprétation que l'Eglise romaine, après quelques Pères, a donnée à ce passage. Celle que nous avons proposée a pour elle le contexte, la suite naturelle des idées; et d'autre part on ne peut rien trouver, ni ici, ni dans aucune autre portion des Ecritures, qui autorise l'idée que l'âme des justes, au jour du jugement, doive reprendre un corps pour y passer par les flammes; ni que ces flammes soient déjà allumées, ni qu'il faille dire des messes pour en retirer ceux qu'elles tourmentent.

16. Ne savez-vous pas que vous êtes le temple de Dieu, et que l'Esprit de Dieu habite en vous ?

16. « *Ne savez-vous pas*, etc. » L'Eglise chrétienne est le temple dont

parle l'Apôtre. De même qu'autrefois Dieu habitait en quelque sorte au milieu des Juifs, et qu'il avait donné un symbole visible (la *Scheschinah*) de sa présence dans le temple, de même il habite maintenant, mais d'une manière spirituelle, au milieu des chrétiens. L'Apôtre emploie fréquemment la même image. (II Cor. VI, 16 ; Eph. II, 20-22.) Les temples, soit à Jérusalem, soit chez les païens, étaient considérés comme habités par la divinité à laquelle ils étaient consacrés. Ils offraient à tous un asile inviolable, et c'était un attentat des plus criminels que d'enlever du pied des autels un coupable même qui s'y était réfugié. Les chrétiens, de même, considérant l'Eglise comme le temple de Dieu, devaient regarder comme une profanation de consacrer ce temple à d'autres dieux qu'à Lui. § « *Et que l'Esprit de Dieu.* Le Saint-Esprit, la troisième personne de la Trinité, comme on le voit dans I Cor. VI, 19. § « *Habite en vous.* » Dieu ne peut pas, *comme Dieu*, être plus présent dans un lieu que dans un autre : il ne peut être question ici que d'une action, d'une influence exercée par l'Esprit de Dieu ; et cette influence s'exerce en effet dans l'Eglise pour y produire des fruits de sainteté, d'amour, de joie, etc. (Gal. V, 22-23 ; *Voy.* Note Jean XIV, 23.)

17. Si quelqu'un détruit le temple de Dieu, Dieu le détruira : car le temple de Dieu est saint, et vous êtes ce *temple.*

17. « *Si quelqu'un détruit,* etc. » Si quelqu'un, par ses fausses doctrines, tend à altérer la vie de l'Eglise, et ainsi à souiller le temple de Dieu, il ne pourra pas demeurer impuni. Quelques-uns pensent que Paul fait allusion ici aux faux docteurs de Corinthe : mais l'expression « *si quelqu'un* » est trop large pour se prêter à cette restriction. § « *Et vous êtes ce temple :* on voit par là que si Paul les regardait comme vivant, à plusieurs égards, dans des erreurs lamentables, il les considérait encore, néanmoins, comme des membres de l'Eglise de Dieu.

18. Que personne ne s'abuse lui-même ; si quelqu'un d'entre vous croit être sage en ce monde, qu'il se rende fou afin de devenir sage.

18. « *Que personne ne s'abuse lui-même.* » L'Apôtre en vient à une explication pratique des principes qu'il a posés, et recommande aux Corinthiens d'éviter, comme la cause la plus active de leurs dissensions le trop de confiance en leur propre sagesse. Grotius rend ainsi ce passage : « N'allez pas vous abuser vous-mêmes en accordant trop de poids à vos lumières personnelles ou à votre sagesse. » Cette exhortation s'adressait sans doute à certains hommes qui auraient été disposés à repousser les conseils de Paul ; mais elle nous met aussi nous-mêmes en garde contre la philosophie, qui a souvent séduit et déçu ceux qui se laissaient guider par sa fausse lumière dans les questions religieuses. § « *Si quelqu'un de vous,* » soit parmi les auditeurs, soit parmi ceux qui les enseignent ; § « *croit être sage,* » ou bien a la réputation d'être sage et cherche à faire valoir cette réputation. § « *en ce monde :* » quelques commentateurs, parmi lesquels, Origène, Cyprien, Bèze, Grotius font rapporter ces mots à la suite du verset, et traduisent ainsi :

quelqu'un d'entre vous croit être sage, qu'il consente à être regardé dans ce monde comme un insensé. Mais notre traduction est probablement la plus correcte : si quelqu'un se vante de la réputation de sagesse qu'il a en ce monde, parmi les hommes de cette génération. « § *Qu'il se rende fou ;* » qu'il apprenne à faire peu de cas de sa propre sagesse, qu'il embrasse sincèrement l'Evangile pour être sauvé, sans s'inquiéter du jugement des hommes qui l'appelleront fou. § « *Afin de devenir sage.* » Ces paroles nous apprennent que la véritable sagesse consiste à nous préparer à la mort et à la vie éternelle, c'est-à-dire, à croire à l'Evangile sans chercher l'approbation des hommes, et dussent-ils même voir en nous des insensés.

19. Parce que la sagesse de ce monde est une folie devant Dieu : car il est écrit : Il surprend les sages en leur ruse.

19. « *Parce que la sagesse*, etc. » Cela ne veut pas dire que toute sagesse humaine soit folie devant Dieu ; la science, l'étude de la nature, la jurisprudence, la médecine, etc., n'ont rien qui soit indigne de l'homme ou condamné par Dieu : « Les œuvres de l'Eternel sont grandes, elles sont recherchées de tous ceux qui y prennent plaisir. » (Ps. CXI, 2.) Mais l'Apôtre met en opposition ici la fausse sagesse si estimée des Grecs, avec les vérités sublimes de la révélation pour tout ce qui concerne la religion ; et c'est de cette sagesse qu'il dit qu'elle est une folie devant Dieu. (*Voy.* Note ch. I, 20-24. § « *Car il est écrit*, etc. » (Job. V, 13.) Quelque confiance que puissent avoir les hommes dans leur ruse, dans leur habileté personnelle, ils ne sauraient en imposer à Dieu, qui déjouera leurs projets quand ils y penseront le moins : Il se servira pour cela de leur ruse même : Il laissera les habiles de ce monde entrer en conflit les uns avec les autres et se détruire ainsi mutuellement. — En religion, comme en toute autre chose, la meilleure politique est donc l'honnêteté et la droiture. Celui qui marche dans l'intégrité peut s'attendre à la protection de Dieu, tandis que l'homme rusé sera souvent la victime de sa propre duplicité.

20. Et encore : Le Seigneur connaît que les discours des sages sont vains.

20. « *Et encore*, etc. » (Ps. XCIV, 11.) L'affirmation porte moins ici sur l'omniscience de Dieu que sur la vanité de la sagesse humaine. Dieu, qui sonde nos esprits, voit que les discours, ou mieux, que les pensées des hommes sont vaines : elles n'ont pas véritablement de sagesse et ne pourront pas se réaliser comme ils le pensent.

21. Que personne donc ne se glorifie dans les hommes : car toutes choses sont à vous :

21. « *Que personne donc*, etc. » Puis donc que Dieu est seul la source de toute bonne influence, et que la sagesse humaine est une folie devant lui, il est clair que nul ne doit se glorifier dans les hommes ; ils sont tous pauvres, fragiles, ignorants ; et les chrétiens, qui avaient eu l'avantage d'entendre la parole des Apôtres les plus éminents, ne

devaient pas se former en partis, et se faire les disciples de docteurs toujours faillibles. § « *Car toutes choses sont à vous :* » nouveau motif ajouté aux précédents; saint Paul va expliquer ce qu'il entend par *toutes choses*. Le sens du passage est : Puisque toutes choses concourent à votre bien, puisque vous avez le privilége d'avoir des Apôtres au milieu de vous, puisqu'enfin vous appartenez à Christ, c'est à tort que vous vous formez ainsi en partis, comme si vous deviez trouver quelque avantage à vous attacher à un homme plutôt qu'à un autre.

22. Soit Paul, soit Apollos, soit Céphas, soit le monde, soit la vie, soit la mort, soit les choses présentes, soit les choses à venir : toutes choses sont à vous, et vous à Christ, et Christ à Dieu.

22. « *Soit Paul, soit Apollos, soit Céphas.* » Le sens de ces mots est clair : tous les avantages qui peuvent résulter de la piété, du renoncement, des travaux des Apôtres, vous appartiennent au même titre, sans que vous ayez à vous prévaloir de l'un plus que de l'autre. Ils ont travaillé pour le bien général de l'Eglise de Dieu, sans avoir eu la pensée de donner leur nom à des partis qui se réclameraient d'eux. Ils sont à vous, dans ce sens qu'ils vous ont consacré leur activité et les fatigues de leur ministère. § « *Soit le monde.* » Il faut prendre ici ce mot dans son sens le plus général : l'Apôtre rappelle aux Corinthiens que le monde a été fait par Dieu qui est leur Père, et que dès lors, comme ses enfants, ils ont des droits sur cet univers. Rien n'est plus propre à nous faire jouir davantage des beaux spectacles de la nature, que la pensée de la Providence paternelle qui nous les a préparés. L'univers est conservé dans l'intérêt de l'Eglise, et c'est encore pour son peuple qu'il fait lever le soleil, qu'il dirige le cours des saisons et ordonne toutes choses. Les évènements aussi doivent tous, entre les mains de Dieu, « contribuer à notre bien. » (Rom. VIII, 27.) Les révolutions des empires, les persécutions, la malice même des hommes, tout doit en définitive servir la cause de l'Eglise. En outre, les chrétiens ont reçu la promesse qu'ils auraient, de ce monde, tout ce qui leur serait nécessaire. (Matth. VI, 33, etc.) C'est donc à juste titre que l'Apôtre dit aux chrétiens de Corinthe : « le monde vous appartient ». § « *Soit la vie :* » le chrétien seul a la vie; seul il vit pour des réalités, pour un monde plus élevé et stable; seul il se prépare pour la vie éternelle, tandis que les hommes se consument pour des intérêts d'un jour. § « *Soit la mort.* » La mort même est dépouillée pour lui de ce qui en fait pour les autres un sujet de terreur: désarmée par Celui qui a vaincu la mort, elle a pour lui perdu son aiguillon, et il ne voit en elle qu'un messager de bonnes nouvelles, le moment du repos, le commencement de la vie éternelle ; § « *Soit les choses présentes, soit les choses à venir ;* » l'énumération ne pourrait être plus complète; tout ce qui nous arrive actuellement, tout ce que l'avenir même renferme, soit de calamités et d'épreuves, soit de prospérité temporelle et de joie, tout est ordonné pour le bien de nos âmes. § « *Sont à vous,* » c'est-à-dire contribuent à votre salut ; § « *Et vous à Christ.* Vous lui appartenez, et vous ne devriez pas vous donner à d'autre chef qu'à Lui : vous devriez sentir que vous êtes maintenan[t]

une famille dont il est seul le chef et ne pas vous diviser, comme si vous formiez des corps différents. § « *Et Christ à Dieu.* » Christ est le médiateur entre Dieu et l'homme : Il était, et Il est encore au service de son Père. L'argument semble être celui-ci. « Vous appartenez à Christ et Christ appartient à Dieu. Votre obligation est donc de vous dévouer, non à un homme, mais à Christ, et au seul vrai Dieu que Christ lui-même sert. » Ceci n'implique aucune infériorité de nature pour Christ par rapport à Dieu : le Nouveau Testament nous enseigne fréquemment que Christ cherchait la gloire de son Père, et travaillait à son service. Mais qu'un fils s'emploie à faire avancer les intérêts de son père, il n'y a rien là qui indique entre eux deux une inégalité de nature. Ici, le Fils a consenti à descendre à un rang inférieur, à remplir l'office de médiateur, à prendre la forme d'un serviteur ; mais cet abaissement volontaire n'a rien de contradictoire avec les nombreux passages qui nous montrent que par nature, il était égal à Dieu. (*Voy.* Note Jean I, 1.)

CHAPITRE IV.

Les six premiers versets de ce chapitre ont pour but de montrer aux Corinthiens le cas qu'ils devaient faire des Apôtres, comme ministres de la religion. Dans les versets suivants, Paul met les droits des Apôtres en opposition avec ceux des faux docteurs, reproche aux Corinthiens, avec une mordante ironie, la bonne opinion qu'ils avaient d'eux-mêmes, leur rappelle que ses travaux au milieu d'eux lui ont donné le droit de leur parler avec l'autorité d'un père ; c'est en vertu de cette autorité qu'il leur a envoyé Timothée ; et lui-même ne tardera pas à venir, également disposé, suivant les circonstances, à déployer de la sévérité ou à user de douceur.

1. Que chacun nous tienne pour ministres de Christ, et pour dispensateurs des mystères de Dieu.

1. « *Que chacun*, etc. » Il importe que vous vous fassiez de notre ministère des idées exactes, et que vous nous regardiez non comme des chefs de partis, mais comme des serviteurs de Christ. (*Voy.* Ch. III, 5.) § « *Et pour dispensateurs ;* » c'est le même mot grec que dans Luc XVI, 1, où il est traduit par *économe.* L'emploi d'un économe, chargé des affaires de la famille, entraînait une grande responsabilité, mais était fort honorable. L'Apôtre semble vouloir, par cette expression, relever les Apôtres qu'il aurait rabaissés plus haut (Ch. III, 5). § « *Des mystères de Dieu,* » de l'Evangile. (Note ch. II, 7.) Le ministre de l'Evangile doit, comme un prudent économe, *dispenser* les instructions, les conseils, les exhortations, de la manière la plus propre à édifier l'Eglise de Christ, et faire connaître ces vérités cachées que l'Apôtre appelle ici mystères. Ce verset nous montre que ces pasteurs remplissent un office important et honorable, mais subordonné à Christ ; ils ne doivent donc pas s'ériger

en chefs de partis, et l'Eglise, tout en les honorant, ne doit pas exagérer leur importance.

2. Mais, au reste, il est exigé des dispensateurs que chacun soit trouvé fidèle.

2. « *Mais, au reste,* etc. » La fidélité n'est pas seulement une des qualités que l'on demande d'un économe, c'est la qualité par excellence, c'est une condition absolument indispensable, plus indispensable dans cet emploi que dans aucun autre autre, attendu que l'économe a constamment entre les mains tous les biens de son maître. Sans insister sur la ressemblance de ces deux vocations de l'économe et du pasteur, disons que ce dernier doit, comme le premier, se consacrer au service de son maître, s'acquitter fidèlement de la tâche qui lui est confiée, ne jamais chercher à détourner à son profit, comme ferait un chef de secte, le tribut d'hommages et de foi qui est dû à son maître, et enfin rechercher l'approbation, non des hommes, mais de Celui qui l'a envoyé.

3. Pour moi, je me soucie fort peu d'être jugé de vous, ou de jugement d'homme; et aussi je ne me juge point moi-même.

3. « *Pour moi,* etc. » Puisque je suis responsable envers mon maître seulement, je m'occupe peu de ce que les hommes pensent de moi. Ce n'est pas que Paul fût insensible à la bonne opinion des hommes, ou qu'il recherchât leur mépris ; mais ce n'était pas à leur estime qu'il regardait principalement. Le mot rendu ici par *jugé* peut signifier aussi bien l'examen qu'on fait d'une chose ou d'une personne, que le résultat de cet examen, le blâme ou la condamnation. § « *De vous ou de jugement d'homme :* » Pour éviter ce qu'il y aurait eu de dur ou de méprisant à leur dire je me soucie fort peu de votre jugement, il ajoute que ce n'est pas uniquement, ni même spécialement à leur égard qu'il a ces sentiments; ce qu'il dit d'eux, il le dit aussi de tous les hommes ; il ne veut pas se laisser influencer par ce que l'on pense de lui. Comme il doit répondre à Christ et non pas aux hommes, il veut se montrer indépendant de ces derniers, et ne chercher l'approbation que de celui qui l'a envoyé. — Le mot de « jour, » est employé ici dans le sens de jugement : c'est une tournure hébraïque. (*Voy.* Job. XXIV, 1; Ps. XXXVII, 13, etc.) § « *Aussi je ne me juge pas moi-même.* » Je sais que j'ai des imperfections, et le jugement que je porterais sur moi-même pourrait être en partie dicté par l'amour-propre : c'est pourquoi je préfère m'en rapporter uniquement à Celui dont je suis le ministre. Si donc je me défie de mon propre jugement quand il s'agit de moi, vous ne pouvez pas m'accuser de vous déprécier, quand je dis que je ne m'inquiète pas de l'opinion que vous avez de moi : j'ai le droit d'être pour vous aussi difficile que pour moi.

4. Car je ne me sens coupable de rien; mais pour cela je ne suis pas justifié; mais celui qui me juge, c'est le Seigneur.

4. « *Car je ne me sens coupable de rien.* » Calvin fait avec beaucoup de justesse la remarque que « Paul ne parle pas ici de toute sa vie, mais seulement de sa charge d'apôtre. » Le sens est : « J'ai le sentiment d'avoir bien rempli mon ministère ; ma conscience ne me reproche sur ce point ni ambition personnelle, ni infidélité. » — *Voy.* ailleurs, dans Actes. xx, par exemple, Paul exprimer les mêmes sentiments. C'est là un témoignage qu'un homme loyal pouvait bien rendre à l'intégrité de sa vie publique, et que tout ministre de l'Evangile devrait pouvoir se rendre également. § « *Mais pour cela je ne suis pas justifié*, etc. » Mais ce jugement favorable que je porte sur mon ministère ne fait pas que je sois juste ; Dieu peut voir en moi bien des imperfections que je ne remarque pas ; je puis me faire illusion sur mon état intérieur, et Dieu seul prononcera d'une manière infaillible, parce que seul il sonde les cœurs et les reins. Peut-être y a-t-il dans ces paroles un reproche indirect et délicat pour les Corinthiens, qui avaient tant de confiance en leur intégrité, et une exhortation à être plus sages à cet égard, puisque Dieu pouvait très-bien découvrir en eux des péchés qu'ils ne discernaient pas.

5. C'est pourquoi ne jugez de rien avant le temps, jusques à ce que le Seigneur vienne, qui aussi mettra en lumière les choses cachées dans les ténèbres, et qui manifestera les conseils des cœurs ; et alors Dieu rendra à chacun sa louange.

5. « *C'est pourquoi ne jugez de rien*, etc. » (*Voy.* Note Matth. VII, 1.) L'Apôtre prend occasion de ce qu'il vient d'écrire pour insister sur l'une des grandes leçons que nous donne le christianisme : c'est qu'il ne faut jamais juger les hommes avec sévérité, puisqu'il y a dans le cœur d'un homme tant de choses que nous ignorons, tant de motifs secrets, tant d'influences qui nous échappent et qui agissent sur lui. Le Seigneur viendra « mettre en lumière les choses cachées dans les ténèbres ; » ces derniers mots ne s'appliquent pas aux « œuvres de ténèbres, » comme l'Evangile appelle quelquefois le péché, mais en général, la suite du verset l'indique, à toutes les pensées renfermées dans le secret des cœurs : peut-être aussi était-ce une manière bienveillante d'insinuer que les dispositions de ses adversaires pourraient bien être condamnées par les révélations du jour du jugement. § « *Et alors*, etc. » Le mot de « louange » signifie ici *récompense ;* non pas que chaque homme doive recevoir l'approbation divine, ce qui serait faux ; mais chacun recevra ce qui sera dû à son caractère, soit bien, soit mal. Le sens général du passage est celui-ci : nous ne devons pas juger sévèrement les autres, parce que nous ne connaissons pas les motifs secrets qui les font agir ; mais tous les secrets seront manifestés, au grand jour où les hommes seront jugés, non pas d'après l'opinion que les hommes auront eue d'eux, mais d'après le jugement même de Dieu.

6. Or, mes frères, j'ai tourné, *par une façon de parler*, ce discours sur moi et sur Apollos, à cause de vous : afin que vous appreniez de nous à ne point présumer au delà de ce

qui est écrit; de peur que l'un pour l'autre vous ne vous enfliez contre autrui.

6. « *Or, mes frères, j'ai tourné,* etc. » Le mot employé ici signifie proprement revêtir une forme différente, transformer; employé dans un sens figuré, il peut signifier ici, ou bien que Paul avait pris les noms qu'il a cités uniquement par manière d'exemple, pour montrer qu'il ne doit pas y avoir de divisions dans l'Eglise, mais sans qu'il y eût réellement de partis rangés sous ces différentes dénominations; ou bien, qu'il a mis en avant d'une manière particulière son nom et celui d'Apollos pour montrer le tort qu'avaient eu les Corinthiens, puisque, si on ne devait pas les mettre, eux, à la tête d'un parti, bien moins encore devait-on se séparer de l'Eglise pour suivre quelque docteur inférieur aux Apôtres. C'est probablement le véritable sens, car il est évident, d'après chap. I, 12-13, que les partis qui s'étaient formés à Corinthe se réclamaient des noms de Paul, d'Apollos et de Céphas. Paul aurait pu, après avoir cité ces noms, mentionner les autres docteurs et faire un argument *à fortiori :* mais cela eût été peu délicat, et pour éviter jusqu'au soupçon d'envie, il préfère concentrer la discussion autour des noms les plus marquants, laissant à tous le soin de conclure pour eux-mêmes. « J'ai parlé de moi et d'Apollos seulement, et vous comprendrez pourquoi je n'ai voulu nommer personne d'autre. » C'est un des nombreux exemples du tact avec lequel Paul savait dire ce qu'il avait à dire sans offenser personne inutilement. § « *A cause de vous,* » pour vous faire comprendre ma pensée sans blesser votre susceptibilité. § « *Afin que vous appreniez de nous,* » par notre exemple et par nos vues. § « *A ne point présumer,* » à n'avoir pas en vous-mêmes tant de confiance que vous divisiez l'Église pour suivre vos propres vues, lorsque nous les Apôtres, n'avons pas voulu y former de partis. § « *Au-delà de ce qui est écrit;* » ces mots peuvent se rapporter soit à ce qu'il a dit plus haut (Ch. III, 5-9, etc.), soit à l'ensemble des Ecritures qui recommandent toujours la modestie comme un devoir. § « *De peur que,* etc. : » Que nul de vous ne soit disposé à se faire une haute idée de lui-même, et s'élever au-dessus des autres : rappelez-vous que, comme frères, vous êtes tous sur un même niveau.

7. Car qui est-ce qui met de la différence entre toi et un autre? Et qu'est-ce que tu as, que tu ne l'aies reçu? Et si tu l'as reçu, pourquoi t'en glorifies-tu, comme si tu ne l'avais point reçu?

7. « *Car qu'est-ce qui met,* etc. » L'Apôtre a sans doute en vue ici les docteurs de l'Eglise de Corinthe, et leur rappelle que s'ils ont sur les autres un avantage quel qu'il soit, cet avantage leur vient de Dieu, et qu'ils n'ont pas à s'en vanter comme s'ils se le devaient à eux-mêmes. Une supériorité quelconque, de piété, d'intelligence, d'éducation, d'instruction, d'influence, est un don de Dieu, et il n'y a pas dès lors matière à s'en glorifier. § « *Pourquoi t'en glorifies-tu,* etc. » La doctrine établie dans ce passage a pour but, non de décourager l'activité de l'homme, mais de réprimer en lui tout mouvement de vaine gloire. Un homme est engagé dans une entreprise qui exige de longs efforts, u

aptitude d'esprit particulière, du temps, de la santé : si ses efforts sont couronnés de succès, il rendra grâce à Dieu qui lui a permis de faire ces efforts et lui a donné le moyen de réussir : de même dans les choses spirituelles, le sentiment que Dieu est la source de toute bénédiction n'empêchera jamais un homme de faire tout ce qui dépend de lui pour être sauvé; bien au contraire, plus il comptera sur le secours de Dieu, plus il travaillera avec courage à son salut.

8. Vous êtes déjà rassasiés, vous êtes déjà enrichis, vous êtes faits rois sans nous; et plût à Dieu que vous régnassiez, afin que nous régnassions aussi avec vous !

8. « *Vous êtes déjà rassasiés.* » L'indignation de l'Apôtre éclate dans les sarcasmes qu'il dirige contre les faux docteurs ; son dessein est de mettre leur vanité et leur téméraire confiance en opposition avec les travaux qu'il avait endurés et l'abnégation dont il avait fait preuve. Son exemple, de même que celui d'Elie parlant aux prêtres de Baal (I Rois XVIII, 27), nous montre qu'il est des cas où l'ironie peut être permise, bien qu'il faille habituellement l'éviter. Ces mots, « vous êtes rassasiés, » veulent dire, vous êtes satisfaits de votre état, vous pensez n'avoir plus besoin d'aucun enseignement, vous avez reçu assez de grâces spirituelles. § « *Vous êtes faits rois,* » même idée présentée seulement avec plus de force ; c'est leur vaine confiance portée à sa plus haute expression : vous siégez sur des trônes du haut desquels vous dédaignez les avertissements qui pourraient venir de nous. § « *Sans nous,* » sans consulter notre avis, sans avoir égard à notre autorité pour ce qui vous concerne. § « *Et plût à Dieu que vous régnassiez.* » Quelques commentateurs ont pris ces paroles à la lettre, comme si Paul avait désiré qu'ils devinssent des rois temporels pour pouvoir lui prêter secours contre ses persécuteurs. Mais il est bien plus probable que Paul, laissant de côté l'ironie, émet le vœu qu'ils fussent en réalité aussi riches qu'ils le prétendaient en grâces spirituelles. Plût à Dieu qu'en effet vous eussiez reçu de Dieu des bénédictions si grandes, que je n'eusse, en venant à vous, qu'à recevoir du bien de vous, et à prendre part à votre joie. Mais ce vœu même laisse voir que Paul ne pensait pas qu'il en fût ainsi.

9. Car je pense que Dieu nous a exposés publiquement, *nous qui sommes* les derniers apôtres, comme des gens condamnés à la mort, vu que nous sommes rendus le spectacle du monde, des anges et des hommes.

9. « *Car je pense,* etc. » L'Apôtre montre ici combien lui et ses compagnons d'œuvre étaient exposés au mépris et à la souffrance ; et, peut-être veut-il faire entendre aux Corinthiens que le contraste qui existe entre leur condition et la sienne devrait les porter à reconnaître qu'ils ne sont pas dans un état normal, puisqu'ils ressemblaient si peu à ces Apôtres que Dieu livrait en spectacle. § « *Nous qui sommes les derniers Apôtres.* » Si l'ensemble du passage était ironique, Paul dirait dans un sens ironique aussi, qu'il est réduit à la condition la plus misérable, qu'il occupe le dernier rang parmi les Apôtres : mais peut-être faut-il

traduire, par « il nous a réservés, nous apôtres, pour servir en dernier lieu de spectacle, etc. ; » ce serait une allusion à ces jeux inhumains des anciens, qui se terminaient par des combats de gladiateurs, et une allusion que les Corinthiens auraient très-aisément comprise. La suite du passage semble appuyer cette interprétation. Disons en passant que Calvin explique le mot *dernier*, par « ceux qui avaient été reçus apôtres depuis la résurrection de Christ. » § « *Comme des gens condamnés à la mort.* « Leurs afflictions et leurs persécutions étaient telles qu'il prévoyait bien qu'elles ne finiraient qu'avec leur mort; ils ressemblaient ainsi à ces gladiateurs qui devaient combattre dans l'arène jusqu'au dernier, sans aucun espoir de salut. On voit, à l'énergie de cette expression, quelles étaient la constance et l'intensité des souffrances qu'enduraient les Apôtres. § « *Ou que nous sommes*, etc. » Image évidemment empruntée au *théâtre* des anciens, où les condamnés combattaient dans l'arène, tandis que sur les gradins de l'amphithéâtre, des milliers de spectateurs assistaient à leur agonie. Paul se représente comme environné lui-même d'une armée de témoins (Hébr. XII, 1), qui attendent l'issue de la lutte : il est exposé publiquement, et les hommes et les anges le voient combattre : peu importe qu'il s'agisse ici d'anges bons ou mauvais; la pensée n'en est pas changée au fond. L'ensemble du verset exprime donc l'idée que Dieu, dans les vues de sa sagesse, a voulu que les Apôtres fussent, à la vue de tout l'univers, exposés à des épreuves, à des persécutions, à des souffrances qui ne devaient se terminer qu'à leur mort. Les versets suivants font voir de quelle nature étaient ces épreuves.

10. Nous sommes fous pour l'amour de Christ, mais vous êtes sages en Christ; nous sommes faibles, et vous êtes forts; vous êtes dans l'estime, et nous sommes dans le mépris.

10. « *Nous sommes fous*, etc. » L'Apôtre veut leur montrer combien leurs prétentions étaient vaines et insensées, et il le fait dans les termes d'une poignante ironie. « Je le sais, nous n'avons aucun droit à être considérés comme des hommes sages, nous sommes indignes de toute confiance, incapables de vous instruire ; mais vous, au contraire, vous êtes pleins de sagesse, et tout fiers de vos avantages, et vous n'avez point à vous préoccuper de ce que pensent les Apôtres qui auront fondé votre Eglise. En Christ, pour l'amour de Christ, c'est-à dire pour tout ce qui concerne la cause de Christ, la doctrine de l'Evangile, etc. « § *Nous sommes faibles*, etc. » Encore une contre-vérité ironique : on sait quelle était la hardiesse avec laquelle Paul annonçait la vérité, tandis que ses contradicteurs pouvaient bien être hommes à accommoder leur langage aux temps et aux circonstances.

11. Jusques à cette heure nous souffrons la faim et la soif, et nous sommes nus; nous sommes souffletés, et nous sommes errants çà et là.

11. « *Jusqu'à cette heure.* » Paul quitte ici le ton de l'ironie, et fait l'énumération de ses souffrances. L'expression « jusqu'à cette heure »

indique que les choses dont il va parler ont commencé avec son ministère, et qu'elles duraient encore tellement qu'elles semblaient s'identifier avec son ministère même. § « *Nous souffrons la faim et la soif.* » Les Apôtres, comme leur Maître, étaient pauvres, et souvent avaient de la peine à fournir à leurs besoins. Mais qui oserait trouver déshonorante une pauvreté qui est le fruit du dévouement? N'est-ce pas d'ailleurs une richesse que de faire du bien aux autres, et une richesse pour laquelle il vaut la peine de souffrir la faim et la soif? § « *Nous sommes nus.* » Nos vêtements s'usent vite dans nos nombreux voyages, et nous n'avons ni amis pour nous en donner d'autres, ni argent pour en acheter. Paul ne craignait pas de voyager, de prêcher, de comparaître devant les princes et les rois, avec des vêtements usés au service de son maître. Combien de ministres rougiraient de faire comme lui! Combien de chrétiens n'osent pas venir à la maison de Dieu, parce qu'ils ne sont pas bien vêtus! — C'était, du reste, un spectacle imposant et bien propre à exalter la puissance de l'Evangile, que celui d'un homme à la parole peu facile, à l'extérieur de peu d'apparence, aux vêtements pauvres, et qui, cependant, produisait partout la plus profonde impression sur ceux qui l'entendaient. *Nous sommes soufletés.* Ce mot désigne ici probablement d'une manière générale les mauvais traitements qu'il avait souvent à essuyer. § *Nous sommes errants çà et là.* » Ils allaient, comme leur Maître, de lieu en lieu, recourant à l'hospitalité des amis de l'Evangile, souvent chassés par la persécution d'un pays à l'autre, ayant une vie toujours incertaine et agitée. Ceux-là pourront comprendre les épreuves dont parle Paul, qui goûtent les joies de la vie de famille, qui ont un intérieur paisible et heureux, et qui, après les travaux de la journée, viennent se reposer au foyer domestique.

12. Et nous nous fatiguons en travaillant de nos propres mains; on dit du mal de nous, et nous bénissons; nous sommes persécutés, et nous le souffrons.

12. « *Nous nous fatiguons,* etc. » (*Voy.* Note Actes, XVIII, 3; *Comp.* Actes XX, 34, etc.) § « *On dit du mal de nous.* » On voit, en effet, par le livre des Actes, à combien de reproches ils étaient en butte de la part des Juifs comme des Gentils. § « *Et nous bénissons.* » La manière dont ils supportaient les mauvais traitements devait servir de leçon aux Corinthiens et leur montrer comment il fallait mettre en pratique les ordres du Sauveur. (*Voy.* Note Matth. V, 44.)

13. Nous sommes blâmés, et nous prions; nous sommes faits comme les balayures du monde, et comme le rebut de tous, jusques à maintenant.

13. « *Nous sommes blâmés;* » littéralement, *blasphémés;* le mot est d'ordinaire appliqué à Dieu, et signifie à peu près calomnier. § « *Et nous prions:* » ou bien, nous prions Dieu en leur faveur, ou bien et plus probablement, nous les supplions de prêter l'oreille à notre prédication et d'embrasser l'Evangile pour être sauvés. § « *Nous sommes faits,* etc. » Le mot grec servait à désigner les victimes offertes pour expier les crimes, puis, par extension, des hommes vils, abjects, sans caractère,

que l'on offrait aux dieux dans les temps de peste, pour purifier la nation. Mais le sens primitif de cette expression répondait exactement à notre mot *balayures*. Quel que soit le sens auquel on s'attache, Paul marque par là le mépris que l'on avait pour les Apôtres, et la haine dont on les poursuivait. § *Jusqu'à maintenant* (Voy. verset 11); jusqu'à cette heure.

14. Je n'écris point ces choses pour vous faire honte, mais je vous donne des avis comme à mes chers enfants.

14. « *Je n'écris point*, etc. » Mon but n'est pas de vous faire honte en vous montrant combien vous souffrez moins que nous. Si je vous fais des reproches, c'est comme un père en adresse à ses enfants, et avec l'espérance que vous en profiterez pour mener une vie plus sainte. — Tel est l'esprit dans lequel les pasteurs et les chrétiens en général devraient exprimer leurs reproches quand ils en ont à faire, avec douceur et sans chercher à couvrir leur frère de confusion.

15. Car quand vous auriez dix mille maîtres en Christ, vous n'avez pourtant pas plusieurs pères : car c'est moi qui vous ai engendrés en Jésus-Christ par l'Evangile.

15. « *Car quand vous auriez*, etc. » Vous pouvez avoir beaucoup de maîtres en Christ, et leur devoir du respect; cependant mes travaux auprès de vous, et ma qualité de votre père spirituel me donnent un droit particulier à votre déférence. « *Maîtres*, » littéralement « pédagogues, » ceux qui conduisaient les enfants à l'école, qui les surveillaient, puis, « instituteurs. » — Quel que soit leur mérite à eux, c'est moi qui vous ai conduits à Jésus-Christ, en vous prêchant le premier l'Evangile.

16. Je vous prie donc d'être mes imitateurs.

16. « *Je vous prie donc*, etc. » Probablement Paul avait ici en vue la disposition à se former en partis, et ce serait alors sur ce point particulier qu'il se propose à eux en exemple, comme un homme qui n'avait jamais cherché à organiser de sectes. Un pasteur devrait toujours inspirer à son troupeau tant de confiance en son intégrité, qu'il pût en appeler avec une humble assurance à son propre exemple; mais, pour cela, quelle ne doit pas être la pureté et la sainteté de sa vie !

17. C'est pour cela que je vous ai envoyé Timothée, qui est mon fils bien-aimé, et qui est fidèle en notre Seigneur; afin qu'il vous fasse souvenir de mes voies en Christ, et comment j'enseigne partout dans chaque Eglise.

17. « *C'est pour cela*, etc. » « Ne pouvant être personnellement avec vous, j'ai voulu au moins que vous eussiez quelqu'un qui vous rappelât mes enseignements, mes vues et ma conduite ! — C'était pendant le séjour de Paul à Éphèse : il envoya en Macédoine Timothée et Éraste, en leur recommandant d'aller à Corinthe si cela leur était possible. Mais on voit par ch. XVI, 10, qu'il ne regardait pas comme certain qu'ils y allassent. — Et quant à lui, il était trop occupé en Asie p

pouvoir quitter son champ de travail. § « *Qui est mon fils bien-aimé* (Actes XVI, 1-3, et I Tim. I, 2); et qui, par conséquent, pouvait connaître à fond les doctrines de l'Apôtre, qui était comme son père. § « *Comme j'enseigne partout*, etc. » Paul semble vouloir indiquer, par ces paroles, qu'il n'avait rien enseigné aux Corinthiens qu'il n'enseignât dans toutes les Eglises, et qu'il leur demandait tout simplement d'obéir aux règles qui étaient reçues par tous les chrétiens. C'est qu'en effet, les doctrines de l'Evangile sont les mêmes en quelque lieu du monde qu'on les annonce. La foi qui était nécessaire aux chrétiens d'Ephèse ne l'était pas moins à ceux de Corinthe.

18. Or quelques-uns se sont glorifiés comme si je ne devais point aller vers vous.

18. « *Or, quelques-uns*, etc. » Paul avait été depuis longtemps retenu loin de Corinthe par les travaux de son ministère. Probablement quelques membres de cette Eglise avaient prétendu qu'il n'osait pas revenir au milieu d'eux pour y exercer son autorité : ils auraient pu dire aussi que c'était par le même motif qu'au lieu de venir en personne il envoyait Timothée.

19. Mais j'irai bientôt vers vous, si le Seigneur le veut ; et je connaîtrai, non point la parole de ceux qui se sont glorifiés, mais l'efficace.

19. « *Mais j'irai bientôt vers vous*, » pour vous montrer que ce n'est pas par crainte que je suis resté si longtemps éloigné de vous. § « *Si le Seigneur le permet.* » Aucun projet, même le meilleur, ne doit jamais être formé que sous la sanction de la Providence divine. (Jacq. IV, 15.) § « *Et je connaîtrai*, etc. : — je ne m'arrêterai pas aux vanteries déplacées de ceux qui ont pensé m'effrayer, mais j'irai au fond des choses. Je verrai s'ils sont capables de prouver ce qu'ils affirment, et de résister à mon autorité : si, en un mot, ils ont autant de force qu'ils le prétendent.

20. Car le royaume de Dieu ne *consiste* point en paroles, mais en efficace.

20. « *Car le royaume de Dieu*, etc. (*Voy.* Note Matth. III, 2) ; le règne de Dieu dans l'Eglise, et ici, probablement, le pouvoir qui doit être exercé dans le gouvernement de l'Eglise. Ces mots pourraient se rapporter à la manière dont l'Eglise avait été fondée. « Ce n'est pas avec un ton superbe et des assertions tranchantes que l'on parvient à établir, à diriger et à maintenir une Eglise : il faut, pour cette œuvre sainte, un pouvoir plus réel que celui-là. § « *Mais en efficace*, » ou en puissance. Si quelques docteurs voulaient avoir à Corinthe une autorité légitime, ils devaient montrer que leur ministère était accompagné de puissance, de dons miraculeux, comme celui des langues, qu'il était béni par le Saint-Esprit pour la conversion des hommes (Note ch. I, 18), et présentait toutes les qualités nécessaires pour la conduite d'une Eglise.

21. Que voulez-vous? Irai-je à vous avec la verge, ou avec charité, et un esprit de douceur?

21. « *Que voulez-vous*, etc. » C'est votre conduite qui déterminera la mienne. Suivant que vous mettrez un terme à vos dissensions, que vous saurez maintenir la discipline, que vous écouterez Timothée, que vous suivrez, en un mot, mes exhortations ou que vous les repousserez, je viendrai à vous avec douceur ou avec sévérité. Soumis, vous trouverez en moi un ami et un père: infidèles, vous me verrez tout prêt à exercer l'autorité dont le Seigneur Jésus m'a investi, pour maintenir dans l'Eglise la discipline chrétienne.

CHAPITRE V.

Pour ce chapitre, *voy.* l'Introduction. L'Apôtre reproche aux Corinthiens de supporter au milieu d'eux des désordres qui n'étaient pas tolérés, même chez les païens (Vers. 2) et de nourrir des sentiments d'orgueil malgré un pareil scandale; puis, versets 3-5, il leur ordonne de purifier l'Eglise en se séparant de l'incestueux, et, versets 6-7, les exhorte à se préserver de l'influence qu'une seule personne corrompue peut exercer autour d'elle. Enfin les derniers versets expliquent dans quel sens Paul entend que l'on se sépare de tels hommes: il ne faut pas interrompre toute relation avec eux, mais l'Eglise chrétienne ne peut pas les garder dans son sein comme lui appartenant.

1. On entend dire de toutes parts qu'il y a parmi vous de l'impudicité, et même une telle impudicité, qu'entre les gentils il n'est point fait mention de semblable: *c'est* que quelqu'un *d'entre vous* entretient la femme de son père.

1. *On entend dire de toutes parts*, etc. Paul l'avait appris probablement par quelques membres de la famille de Chloé (Ch. I, 11); mais ce désordre avait acquis une notoriété publique, et il était temps que Paul intervînt pour arrêter le scandale. § « *Qu'il y a parmi vous de l'impudicité.* » ou fornification; comme dans Act. XV, 20. (*Voy.* la Note.) L'Apôtre, prenant ici ce mot dans une acception particulière, explique immédiatement sa pensée. § « *Et même une telle*, etc. » L'inceste était un crime que les païens eux-mêmes réprouvaient avec force, et cette circonstance rendait d'autant plus scandaleuse la facilité avec laquelle l'Eglise de Corinthe le tolérait dans son sein. De nombreux passages des auteurs classiques font connaître quelle était sur ce sujet l'opinion de l'antiquité. Cicéron dit expressément (*Pro Cluen.* V, 6) que c'était là un crime inouï, et auquel on ne pouvait pas croire. Quand Paul dit qu'il n'est pas fait mention de choses semblables chez les païens, il veut dire sans doute qu'elles n'y sont mentionnées qu'avec défaveur. On en trouve un petit nombre d'exemples, mais seulement chez des princes ou d

grands personnages, et jamais ils n'étaient regardés avec approbation. La tolérance que l'Eglise de Corinthe manifestait envers le coupable donnait lieu aux païens de calomnier le christianisme comme favorable à la licence des mœurs. § « *C'est que quelqu'un,* etc. : » soit qu'il eût épousé une femme que son père avait répudiée, soit qu'il entretînt avec elle des relations criminelles. On voit par II Cor. VII, 12, que les deux coupables vivaient encore.

2. Et cependant vous êtes enflés d'orgueil, et vous n'avez pas plus tôt mené deuil, afin que celui qui a commis cette action fût retranché du milieu de vous !

2. *Et cependant,* etc. (Note Ch. IV, 18.) Un scandale aussi énorme aurait dû les humilier profondément; mais non, ils n'en persistaient pas moins à être pleins de confiance en leur sagesse et en leur pureté ; au lieu de voir le mal et de le combattre, ils se laissaient aller à l'orgueil et se glorifiaient en eux-mêmes. § « *Et vous n'avez pas plus tôt,* etc. » Vous n'avez pas été assez affligés, assez tourmentés de ce désordre pour chercher à y porter remède : il fallait prendre des mesures pour punir le coupable. Une Eglise chrétienne ne devrait jamais faire un acte de discipline sans éprouver une tendre compassion pour celui qui en est l'objet; mais aussi elle devrait éprouver toujours, en présence du péché, une affliction, un vrai deuil, qui la porte à s'en séparer immédiatement. § « *Fût retranché du milieu de vous ;* » par l'excommunication : tant qu'il persiste dans un tel état, il ne doit pas rester dans votre communion.

3. Mais moi, étant absent de corps, mais présent en esprit, j'ai déjà ordonné comme si j'étais présent, touchant celui qui a ainsi commis une telle action.

3. « *Mais moi ;* » sans consulter ce que vous pourrez dire ou penser de moi, puisque vous négligez votre devoir, j'userai de mon autorité d'apôtre, et je vous fais l'injonction d'exercer cet acte de discipline. § « *Etant absent de corps,* etc. : je ne puis pas, étant absent, agir comme je le ferais si j'étais au milieu de vous ; mais mon cœur est avec vous, et je me tiens au courant de tout ce qui vous concerne. Quelques-uns ont supposé que Paul fait allusion par ces mots, « présent en esprit, » à un pouvoir qu'auraient eu les Apôtres de voir à distance ce qui se passait dans les Eglises. (*Comp.* Col. II, 5 ; II Rois v, 26, etc.) Mais probablement il veut dire tout simplement que son absence ne l'empêchait pas de s'occuper de leurs intérêts. § « *J'ai déjà ordonné,* etc. littéralement j'ai jugé, j'ai décidé : le cas ne présente pas le moindre doute pour moi.

4. Vous et mon esprit étant assemblés au nom de notre Seigneur Jésus-Christ, *j'ai, dis-je, ordonné,* par la puissance de notre Seigneur Jésus-Christ.

4. « *Vous et mon esprit :* » allusion aux mots « présent en esprit » du verset précédent ; l'Apôtre assisterait d'une manière spirituelle aux

délibérations de l'Eglise ; il y assisterait par sa lettre, par sa volonté qu'il a fait connaître, par ses ordres qui seraient suivis. § « *Etant assemblés.* » Ce passage prouve que c'est bien à l'Eglise elle-même d'exercer la discipline, puisque Paul ne voulait pas l'exercer seul et sans son concours. § « *Au nom de notre Seigneur Jésus-Christ* ; par son autorité, d'après le pouvoir qu'il nous a donné. (II Cor. II, 10 ; *Voy.* Note Act. III, 6.) On voit par là que l'Eglise ne peut agir d'une manière semblable qu'en vertu des ordres qu'elle a reçus de Jésus-Christ. § « *J'ai, dis-je, ordonné par la puissance*, etc. » Les mots soulignés ne se trouvant pas dans l'original, il faudrait rattacher cette phrase au verset suivant : « Vous devez, par la puissance de Jésus-Christ, livrer cet homme à Satan. » C'est vous qui agirez, mais le pouvoir miraculeux qui sera déployé dans cette circonstance découlera du Seigneur Jésus, qui montrera ainsi le soin avec lequel il veille au maintien de son Eglise.

5. Qu'un tel homme soit livré à Satan pour la destruction de la chair ; afin que l'esprit soit sauvé au jour du Seigneur Jésus.

5. « *Qu'un tel homme soit livré à Satan.* » Bèze et les Pères latins ne voient dans ces paroles que la formule de l'excommunication. Il n'y a, disent-ils, que deux royaumes, celui de Dieu et celui de Satan : retrancher quelqu'un de l'Eglise, c'était le renvoyer dans le royaume de Satan. Cette interprétation n'est pas sans fondement : il est clair qu'il s'agit ici de l'excommunication. Mais il est clair aussi que pour l'Apôtre, le coupable devait être placé par cette sentence sous le pouvoir de Satan pour subir une peine corporelle. Satan est présenté souvent comme la cause des maux physiques. (Job II, 7.) Voyez un exemple semblable dans I Tim. I, 20. On peut observer à ce sujet que cette sentence, bien qu'appliquée avec le concours de l'Eglise, l'était sous la direction de l'autorité apostolique : il y avait évidemment un pouvoir miraculeux exercé dans cette occasion, et ce fait seul nous conduit à penser que les Eglises n'ont plus à user de ce moyen, maintenant que les miracles ont cessé. § « *Pour la destruction de la chair.* » Il ne s'agit pas ici de la mort de cet homme, puisque l'objet de cette mesure était, au contraire, de le relever. Peut-être l'Apôtre en appelle-t-il ici à cette loi de Dieu, en vertu de laquelle le péché devient à lui-même son propre châtiment par les conséquences qu'il entraîne. Quelques-uns ont pensé que Paul voulait parler seulement de ses convoitises, de ses affections charnelles. Mais nous voyons par les Ecritures que les Apôtres avaient le pouvoir d'infliger des maladies à ceux qu'ils voulaient punir. (Act. XIII, 11 ; I Cor. XI, 30.) Ce qu'il y a de certain ici, c'est que cette maladie, quelle qu'elle ait été, ne fut pas de longue durée, puisqu'il n'en est pas fait mention dans Cor. II, 7. Aujourd'hui l'Eglise, dépourvue des dons miraculeux, ne peut exercer qu'une discipline toute morale, destinée uniquement à agir sur les dispositions intérieures de ceux qui la composent. § « *Afin que l'esprit*, etc. ; afin qu'il soit ramené par ces souffrances dans le sentier de son devoir : le bien de l'esprit, la vie de l'âme, tel doit être le seul but que poursuive une Eglise, même envers

un de ses membres qu'elle retranche et qu'elle désavoue ; elle serait coupable de punir pour punir, et surtout de se laisser aller, en punissant, à un sentiment de vengeance.

6. Votre vanité est mal fondée ; ne savez-vous pas qu'un peu de levain fait lever toute la pâte ?

6. « *Votre vanité est mal fondée.* » C'est bien à tort que les Corinthiens se vantaient, puisqu'ils souffraient au milieu d'eux un mal qui pouvait les gagner tous. Si les chrétiens voulaient ouvrir les yeux et se connaître tels qu'ils sont en réalité, ils ne trouveraient jamais l'occasion de se vanter : et de même des Eglises chrétiennes. « *Un peu de levain*, etc. : c'était évidemment un proverbe. (*Voy.* Gal. v, 9 ; *comp.* Matth. XIII, 33.) Le sens ici est très-clair, c'est qu'un seul péché, autorisé dans une Eglise, agirait de proche en proche sur tous ceux qui la composent et finirait par les corrompre.

7. Otez donc le vieux levain, afin que vous soyez une nouvelle pâte, comme vous êtes sans levain : car Christ, notre Pâque, a été sacrifié pour nous.

7. « *Otez donc le vieux levain*, etc. : » allusion à la coutume des Juifs d'ôter tout levain de leurs maisons lors de la célébration de la Pâque. Ils parcouraient leur habitation de fond en comble pour faire disparaître jusqu'au plus petit morceau de pain levé qu'ils auraient pu y trouver. L'Apôtre leur recommande de même de se purifier de tout péché qui altérerait la pureté de leur foi et de leur vie. § « *Comme vous êtes sans levain.* » Votre profession de chrétiens implique que vous devez demeurer parfaitement saints, sans aucun mélange d'impureté. Paul prend occasion du péché particulier qu'il a reproché aux Corinthiens, pour les engager à renoncer à tout péché, et à devenir parfaitement saints. § « *Car Christ notre Pâque,* » ou notre agneau pascal. De même que les Juifs avaient grand soin, quand ils tuaient l'agneau pascal, d'éloigner tout levain de leurs demeures, de même nous, chrétiens, pour qui a été immolé le véritable agneau pascal, nous devons purifier nos cœurs de toute souillure. Ce passage prouve que pour Paul l'agneau pascal représentait et préfigurait le Messie, et qu'il devait cesser d'être immolé quand aurait eu lieu le grand sacrifice de la croix. Christ est souvent, dans l'Ecriture, comparé à un agneau. (Es. LIII, 7 ; Jean I, 29 ; Apoc. v, 6, 12.) § « *A été sacrifié pour nous.* » Le mot dont se sert ici l'Apôtre, est presque toujours employé pour marquer le sacrifice pour le péché ; ce passage vient donc à l'appui de la doctrine si fréquemment exprimée dans le Nouveau Testament, que Christ est mort pour nos péchés (*Voy.* Note Rom. III, 25), et que son sacrifice rend inutiles ceux qui étaient offerts sous l'économie de la loi.

8. C'est pourquoi faisons la fête, non point avec le vieux levain, ni avec un levain de méchanceté et de malice, mais avec les pains sans levain de la sincérité et de la vérité.

8. « *C'est pourquoi faisons la fête;* » expression figurée, célébrons notre Pâque, accomplissons tous les devoirs qu'elle nous impose, en faisant, mais d'une manière spirituelle, ce que les Juifs font dans la célébration de la leur : engageons-nous au service de Dieu, en bannissant tout mal de nos cœurs. § « *Non point avec le vieux levain, ni, etc.* » Le mot de levain exprime d'une manière frappante ce qu'il y a de corrompu et de corrupteur dans notre nature : renoncez à ce mal qui fermente en vous, et qui peut passer de vous sur d'autres; méchanceté, malice; ces expressions semblent se rapporter particulièrement à l'incestueux qui avait troublé l'Eglise; cependant elles s'appliquent également à toute espèce de mal, et à tous les individus. § « *Mais avec les pains sans levain, etc.;* » le pain sans levain était chez les Juifs un symbole de pureté. L'Apôtre invite les Corinthiens à purifier leur Eglise et à faire preuve de la sincérité de leur foi, en éloignant d'eux l'auteur d'un si grand désordre.

9. Je vous ai écrit dans ma lettre, que vous ne vous mêliez point avec les fornicateurs.

9. « *Je vous ai écrit dans ma lettre.* » La plupart des commentateurs latins, et beaucoup d'autres après eux, supposent que par « ma lettre, » Paul entend « cette lettre-ci » : Je vous ai déjà dit, dans la première partie de ma lettre. D'autres pensent avec plus de vraisemblance qu'il fait allusion à une lettre qu'il leur avait écrite et envoyée avant d'avoir reçu leur message. Voici les raisons qui nous font accepter cette explication : 1° D'abord, c'est celle que tout le monde, à première vue, donnerait de ce passage : Paul n'aurait pas parlé autrement s'il avait voulu faire mention d'une lettre qu'il aurait écrite antérieurement; 2° c'est exactement l'expression dont il se sert (II Cor. VII, 8), en parlant de la lettre qu'il leur a adressée; 3° il n'est pas vrai que Paul eût déjà donné cet ordre dans sa lettre : il leur avait dit de retrancher l'incestueux de la communion de l'Eglise, mais il n'y avait pas là le commandement général de n'avoir pas de rapport avec un tel homme; 4° il est probable que Paul, constamment en rapport avec les Eglises qu'il avait fondées, écrivit plus de lettres qu'il ne nous en a été conservé; 5° au verset 11, il établit une différence expresse entre la lettre qu'il écrit en ce moment et sa première : or, maintenant je vous écris; ce n'est pas ainsi qu'il s'exprimerait si le verset 9 se rapportait à la même lettre; 6° enfin cette opinion concorde avec celle d'un grand nombre de commentateurs : « Nous n'avons point aujourd'hui, dit Calvin, cette Epître dont il parle ici; et il ne faut pas douter qu'il n'y en ait beaucoup d'autres perdues : mais nous devons nous contenter d'avoir celles que le Seigneur a connu nous suffire. » Si on nous objectait que cette idée tend à affecter la doctrine de l'inspiration du Nouveau Testament, puisqu'on ne peut pas supposer que Dieu eût laissé perdre des écrits inspirés, nous répondrons (*a*) que nous ne savons pas s'ils étaient en effet inspirés (*b*), que, l'eussent-ils été, leur perte ne prouverait rien contre l'inspiration de ceux qui nous restent (*c*). Qu'ils peuvent avoir rempli le but en vue duquel Dieu les avait fait écrire, et avoir alors été consumés comme le seront tous les livres inspirés lorsque viendra la fin de ce monde (*d*). Il faut se souvenir que beaucoup de discours de notre Sau

veur et des Apôtres ont été perdus pour nous, et si l'enseignement oral ne nous a pas été conservé, qu'y a-t-il d'étonnant à ce que des livres aient été perdus ? Ce qu'il y a d'étonnant, au contraire, et ce qui nous doit remplir de reconnaissance, c'est que quelques-uns de ces livres nous soient parvenus, malgré tous les efforts tentés pour les détruire. § « *Que vous ne vous mêliez point, etc.* » (*Voy.* Eph. v, 11.) C'était, à ce qu'il semble, la direction générale qu'il avait à donner sur ce sujet; au verset 11, il donnera ses directions pour un cas différent.

10. Mais non pas absolument avec les fornicateurs de ce monde, ou avec les avares, ou les ravisseurs, ou les idolâtres : car autrement, certes, il vous faudrait sortir du monde.

10. « *Mais non pas absolument, etc.* » Quand je vous dis de ne pas vous mêler avec les fornicateurs, je n'entends pas que vous refusiez d'avoir avec eux ces relations ordinaires qui unissent entre eux tous les hommes d'une société ; mais vous ne devez pas vous associer à eux de manière à faire croire que vous êtes des leurs. § « *Car autrement, etc.* » Le monde est plein de gens qui sont fornicateurs, avares, idolâtres, etc. Corinthe, en particulier, était livrée au vice : si l'on voulait n'avoir jamais aucun rapport avec de telles personnes, il faudrait quitter la société et sortir de ce monde. On voit par cette restriction que Paul n'approuvait pas ceux qui se retiraient du monde pour éviter jusqu'au contact des païens, et que par conséquent le système monastique est contraire au christianisme. Nous devons vivre dans le monde (Jean xvii, 15), mais en nous préservant du mal. Nous devons vivre avec les hommes comme membres d'une même société, agir avec eux dans les choses qui nous sont communes, dans les questions qui concernent le bien public, l'éducation, etc., nous efforçant d'être toujours justes à leur égard et de faire briller au milieu d'eux la lumière de l'Evangile. Mais nous ne devons pas prendre part à leurs œuvres mauvaises ou frivoles, pour tout ce qui concerne les plaisirs mondains, le théâtre, le bal, la parure, pour tout ce qui serait contraire à la foi chrétienne; nous devons nous séparer d'eux, leur exemple pourrait nous corrompre, altérer notre piété, nous empêcher de croître en la grâce et en la connaissance.

11. Or maintenant, je vous écris que vous ne vous mêliez point avec eux ; *c'est-à-dire*, que si quelqu'un qui se nomme frère est fornicateur, ou avare, ou idolâtre, ou médisant, ou ivrogne, ou ravisseur, vous ne mangiez pas même avec un tel homme.

11. « *Or maintenant:* dans cette Epître, ce qui prouve qu'il en avait écrit une autre (Vers 9). § « *Je vous écrit, etc.* » je vous enjoins de vous abstenir de toute relation avec lui. § « *Si quelqu'un qui se nomme frère, etc.* » Il pouvait s'être introduit dans l'Eglise des hommes qui conservaient leurs habitudes de paganisme, qui n'avaient pas renoncé au culte des idoles. « § *Vous ne mangiez pas même avec un tel homme, etc.* (*Voy.* II. Jean, x-xi.) Paul se montre ici beaucoup plus sévère à l'égard de ceux qui com-

mettent de telles choses tout en faisant profession d'être chrétiens, qu'envers les païens ; avec ceux-ci, il permet les relations usuelles de la vie, avec ceux-là, il les interdit. Voici quelles peuvent être ses raisons pour agir ainsi : 1° La nécessité de préserver l'Eglise de toute souillure et de séparer sa cause de tout ce qui pouvait rappeler la licence du paganisme. Or, sous ce rapport, il n'était pas à craindre que les chrétiens regardassent comme frères des païens décidés, tandis que s'ils avaient frayé avec des hommes faisant profession d'être chrétiens, et vivant dans le mal, on aurait pu croire qu'ils les traitaient en frères ; 2° les païens accusaient les chrétiens de toutes sortes de crimes et d'abominations, et il est évident que si ces derniers avaient fait bon accueil à des hommes de mœurs impures, ils auraient donné une apparence plausible à ces accusations. Il fallait donc que l'Eglise prît à cet égard des mesures d'une sévérité exceptionnelle et se séparât entièrement de tels hommes. Aujourd'hui, où les circonstances ne sont plus les mêmes, on peut douter qu'il faille appliquer cette règle dans toute sa rigueur. J'incline à croire que, sans rien faire qui ait l'air de les reconnaître comme chrétiens, nous devons avoir, avec des hommes qui seraient dans un cas semblable les relations de politesse que demandent les convenances sociales ; surtout, nous ne devons jamais nous croire dispensés à leur égard du précepte de charit , qui nous commande de faire du bien à tous ceux qui ont besoin de nous. Quelques commentateurs ont appliqué cette défense de l'Apôtre à la sainte Cène seulement : « Ne prenez pas la Cène avec de telles gens. »

12. Car aussi qu'ai-je affaire de juger ceux qui sont de dehors ? Ne jugez-vous pas ceux qui sont de dedans ?

12. « *Car aussi, qu'ai-je affaire?* etc. » Je n'ai aucune autorité sur ceux qui sont *du dehors*, hors de l'enceinte de l'Eglise : mes règles, mes commandements s'appliquent à ceux qui portent le nom de chrétiens. § « *Ne jugez-vous pas*, etc. : » votre juridiction, limitée aux membres de l'Eglise, ne devrait-elle pas du moins s'exercer sur eux ? N'est-ce pas un devoir pour vous d'éloigner de vous toute personne qui déshonorerait le nom de chrétien ?

13. Mais Dieu juge ceux qui sont de dehors. Otez donc d'entre vous-mêmes le méchant.

13. « *Mais Dieu*, etc. » Quant à ceux du dehors, ils sont pécheurs, sans doute, et méritent d'être punis ; mais c'est Dieu qui est leur juge ; nous n'avons pas à nous prononcer sur leur sujet. § « *Otez donc*, etc. » Pour ce qui vous concerne, pour ce qui rentre dans votre sphère d'action, retranchez le méchant de votre société, et ne lui tendez pas la main comme à un frère. L'Eglise chrétienne ne peut pas aller au-delà de l'excommunication ; mais c'est un devoir pour elle d'aller jusque-là contre ceux qui ont ouvertement violé les lois de Jésus-Christ.

CHAPITRE VI.

Il paraît que les Corinthiens avaient conservé, après leur conversion, l'habitude de porter leurs différends devant les tribunaux païens; l'Apôtre condamne cette habitude comme contraire à l'esprit de l'Evangile, et les invite à régler toujours leurs affaires entre eux (Vers. 1-7). Et comme ces procès avaient pu les amener parfois à se tromper, à s'opprimer les uns les autres, il en prend occasion de leur montrer (Vers. 8-11), combien cette disposition était peu conforme à celles que demande le christianisme.

En outre, il semblerait qu'il y eût à Corinthe des hommes qui, non-seulement cédaient à diverses sortes de vices, mais qui en prenaient la défense, en alléguant que le corps est fait pour manger et pour boire. Paul répond à leurs arguments (Vers. 12-20), en insistant surtout sur la fornication, dont il relève toute la honte et la culpabilité.

1. Quand quelqu'un d'entre vous a une affaire contre un autre, ose-t-il bien aller en jugement devant les iniques, et il ne va pas devant les saints ?

1. « *Quand quelqu'un de vous a une affaire.* » Il peut arriver souvent que deux hommes, également disposés à l'équité, aient sur un point particulier des intérêts contradictoires. Ce que Paul blâme, ce n'est pas l'existence d'un tel différend, mais l'esprit qu'on pourrait y apporter. § « *Contre un autre,* » contre un frère en la foi : l'Apôtre adresse ce reproche au plaignant qui pourrait porter la cause devant un autre tribunal. § « *Ose-t-il bien*, etc. » Ne voit-il pas qu'il est contraire à la religion chrétienne d'invoquer dans ces circonstances la décision ou le jugement des païens ? § « *Devant les iniques.* » Le mot « iniques » est pris ici en opposition avec le mot « saints, » et désigne les païens, non pas en tant qu'ils seraient injustes dans leurs jugements, mais en tant qu'ils ne sont pas du nombre des croyants. § « *Et il ne va pas devant les saints :* » devant les chrétiens. Il faudrait vous en rapporter à l'arbitrage de quelques frères, au lieu d'aller devant des magistrats païens. Les Juifs traitaient d'impie celui d'entre eux qui aurait porté sa cause devant les tribunaux des Gentils, alors même que ces tribunaux auraient rendu le même jugement que les Israélites.

2. Ne savez-vous pas que les saints jugeront le monde? Or, si le monde doit être jugé par vous, êtes-vous indignes de juger des plus petites choses ?

2. « *Ne savez-vous pas.* » En rappelant aux Corinthiens que les chrétiens auront à prononcer sur des cas bien plus importants et plus difficiles que ceux qui pouvaient s'élever entre les membres d'une Eglise sur la terre, l'Apôtre leur fait voir qu'ils pouvaient, à plus forte raison, juger des cas de ce genre. § « *Que les saints jugeront le monde.* » Les commentateurs ont donné de ce passage des explications très-différen-

tes. Les uns en font une allusion à des passages comme Es. XLIX, 23, ou Dan. VII, 18, et pensent que Paul veut dire que la justice sera rendue en ce monde par des magistrats chrétiens : d'autres y voient que les chrétiens doivent juger les erreurs et les péchés qui ont rapport à la religion, comme dans, chap. II, 3-16; d'autres, qu'ils seront, par leur vie et par leur exemple, l'occasion d'une plus grande condamnation pour le monde. Mais ces diverses explications ne vont pas à la marche des idées de l'Apôtre, ne conviennent pas à la pensée qu'il veut exprimer, que les chrétiens sont aptes à juger des choses de cette vie. Nous préférons le sens adopté par Calvin, Bèze, Doddridge, etc., d'après lequel les chrétiens seront appelés, dans une mesure que nous ignorons, à juger les hommes au dernier jour. C'est là, d'abord, l'interprétation la plus naturelle, celle qui se présente d'elle-même à l'esprit : elle s'accorde avec ce qui est dit (Matth. XIX, 28; Luc XXII, 30) : « vous serez assis sur des trônes, etc. » Enfin c'est la seule qui permette de comprendre la déclaration du verset 3, « nous jugerons les anges. » Si l'on demande après cela comment les saints jugeront le monde, nous dirons que cela peut signifier simplement qu'ils seront assis autour du trône du souverain Juge, qu'ils assisteront au jugement, qu'ils seront capables d'en apprécier la justice profonde. La sentence sera prononcée par le Seigneu Jésus, mais ses rachetés sauront si bien décerner toutes choses, qu'il approuveront la sentence qui condamnera les méchants à la mor éternelle. L'Apôtre conclut de là que si les chrétiens peuvent prononcer avec justice dans une circonstance solennelle et redoutable comm le jugement à venir, ils pourront bien mieux encore juger les difficulté qui peuvent se produire pendant cette vie entre deux hommes.

3. Ne savez-vous pas que nous jugerons les anges Combien plus *donc devons-nous juger* des choses qui concernent cette vie ?

3. « *Nous jugerons les anges.* » Il s'agit probablement ici des ange déchus, car on ne voit pas que les autres doivent avoir à subir un jugement. Et le sens est que les chrétiens auront une connaissance de loi assez claire, un sentiment de justice assez exercé pour voir que leu condamnation est bien méritée. Peut-être aussi cela signifie-t-il que le saints, qui sont tombés et qui ont été relevés, qui ont été affranchis d péché par la mort du Fils de Dieu, seront par là même élevés à u degré supérieur à celui des anges.

4. Si donc vous avez des procès pour les affaires de cett vie, prenez pour juges ceux qui sont des moins estimés dan l'Eglise.

4. « *Si donc vous avez des procès*, etc. » Le mot « prenez pour juges, peut être rendu, ou bien par l'impératif comme ici, ou bien par l'indicatif, ce qui donnerait pour sens ce reproche : vous prenez pour v juges des hommes qu'une Eglise chrétienne ne peut estimer ni po leur bonté ni pour leur justice. — C'est ainsi probablement qu'il fa traduire, car dans le premier cas, on ne peut pas voir pourquoi Pau

au lieu de porter leur choix sur des hommes estimés, éprouvés pour leur sagesse et leur justice, leur recommanderait de prendre pour juges ceux qui sont le moins estimés dans l'Eglise. Il y a évidemment ici un reproche : « Comment, vous qui avez tout ce qu'il vous faut pour régler tous vos différends, allez-vous chercher des juges parmi les païens? » § « *Ceux qui sont des moins estimés ;* » des magistrats qui n'avaient pas les qualités requises pour mériter la confiance de l'Eglise chrétienne, et dont un grand nombre, l'histoire est là pour l'attester, se laissaient aisément corrompre et acheter. — Si l'on veut conserver la tradition reçue, « prenez pour juges, etc., » on peut entendre ici par « les moins estimés » la classe inférieure des juges chez les Hébreux. — Mais quelle apparence y a-t-il que Paul eût recommandé de choisir, pour juger des cas difficiles, ceux des chrétiens dont on estimait le moins le caractère et le discernement? Cette supposition est d'ailleurs en contradiction avec le vers. 5. § « *Dans l'Eglise* » ou par l'Eglise.

5. Je le dis à votre honte : n'y a-t-il donc point de sages parmi vous, non pas même un seul qui puisse juger entre ses frères ?

5. « *Je le dis à votre honte*, etc. » Vous vous vantez de votre sagesse ; vous êtes fiers de compter parmi vous bon nombre d'hommes éclairés et intelligents : ne voyez-vous pas qu'en recourant à l'intervention de magistrats païens, vous avouez par là même n'avoir pas d'hommes capables de résoudre ces difficultés ?

6. Mais un frère a des procès contre son frère, et cela devant les infidèles.

6. « *Mais un frère*, etc. » Paul le leur reproche, parce qu'il aurait mieux valu savoir supporter un dommage que d'avoir un procès. En outre, s'il s'élevait des difficultés entre deux frères, ils auraient dû s'en rapporter à des arbitres, et arranger l'affaire entre eux. Les lois romaines qui régissaient alors Corinthe, accordaient aux Juifs la faculté d'avoir leurs tribunaux particuliers, tant qu'il ne s'agissait pas d'une affaire capitale et cette faculté n'aurait évidemment pas été refusée aux chrétiens.

7. C'est même déja un grand défaut en vous, que vous ayez des procès entre vous. Pourquoi n'endurez-vous pas plutôt qu'on vous fasse tort ? Pourquoi ne souffrez-vous pas plutôt du dommage ?

7. « *C'est déjà même*, etc. » Pour expliquer fidèlement ce passage, il faut s'en tenir strictement à la question que l'Apôtre traite dans ces versets. Il ne parle pas des procès en général, mais de procès portés par des chrétiens devant un tribunal païen. Cela, dit-il, est un grand mal, et plutôt que d'infliger ce déshonneur à l'Evangile, il vaudrait mieux savoir supporter une injustice : — vous ferez plus de mal à la religion par une telle conduite que vous n'auriez à souffrir en renonçant à vos droits. — Il en est probablement toujours ainsi, et les paroles de

l'Apôtre pourraient s'appliquer à presque tous les procès. § « *Pourquoi n'endurez-vous pas*, etc. » Ils auraient dû le faire : 1° Parce qu'il faut savoir souffrir le mal avec patience (Matth. v, 39-40 ; Rom. XII, 17-19) ; 2° à cause du tort que font à la cause de Christ de semblables disputes portées devant les tribunaux ; 3° parce que, dans la plupart des cas, le recours à l'arbitrage de quelques frères sera un moyen plus sûr, plus direct, et plus satisfaisant pour tous que l'appel à un tribunal. — Et à supposer même qu'ils dussent éprouver quelque dommage, eh bien, qu'ils l'acceptent plutôt que de compromettre l'Évangile ! — On pourrait demander ici si un chrétien ne peut jamais en appeler à une cour de justice pour faire valoir ses droits. Remarquons d'abord que Paul suppose le cas où le conflit s'élèverait entre deux chrétiens. Mais si jamais il est permis à un chrétien de se départir de cette règle, cela ne peut être que dans les cas suivants : 1° Quand il aurait avec quelqu'un de ses frères un différend où ni l'un ni l'autre ne saurait qui a raison devant la loi : dans ce cas on peut légitimement invoquer l'autorité compétente, celle des hommes de loi ; 2° quand les différends ont lieu entre chrétiens et hommes du monde. Ces derniers n'acceptant pas la juridiction que l'Eglise pourrait exercer, il est évident qu'il n'y a d'autre moyen de décider l'affaire que d'en appeler à un tribunal. Les cours de justice sont établies pour maintenir les droits des citoyens ; et les hommes ne perdent pas leurs droits de citoyens en devenant chrétiens. Mais, même alors, il vaudrait mieux s'en rapporter à quelques hommes intègres et intelligents, que d'en venir à la voie toujours fâcheuse d'un procès ; 3° quand un chrétien est attaqué dans sa personne, dans son caractère ou dans sa fortune, il a le droit de demander une réparation : il ne faut pas que l'homme paisible et inoffensif soit abandonné, sans défense, aux attaques des méchants. Un misérable viendra tuer ma femme ou mon enfant, piller mes biens, m'outrager dans mon caractère : je dois à mon pays, à la société, à tous les gens de bien, à la justice et à Dieu, de demander que la loi suive son cours. Mais, dans tous ces cas, un chrétien doit apporter un esprit de douceur, de charité, de support et fuir tout sentiment de vengeance. (*Voy.* Notes Rom. XIII.)

8. Mais, au contraire, vous faites tort, et vous causez du dommage, et même à vos frères.

8. « *Mais, au contraire*, etc. » Au lieu de savoir endurer l'injustice, ils s'en rendaient coupables eux-mêmes, et cela envers des chrétiens, envers des frères, des membres de leur propre famille, circonstance qui aggravait leur faute, puisqu'il faut un degré de perversité plus grand pour se mal conduire avec des parents qu'avec des étrangers.

9. Ne savez-vous pas que les injustes n'hériteront point le royaume de Dieu ?

9. « *Ne savez-vous pas*, etc. » Pour montrer aux Corinthiens combien ils avaient tort d'agir ainsi, il leur dit que les injustes dont il vient de parler, qui portent leurs procès devant les tribunaux païens, ne pourront pas être sauvés. § « *N'hériteront point.* » Le royaume des cieux nous est souvent présenté comme un héritage. (Matth. XIX, 29 ; Eph. v, 5, etc.)

§ « *Le royaume de Dieu :* » peu importe qu'il s'agisse ici du royaume de Dieu dans l'autre vie, ou de l'Eglise sur la terre ; au fond, le sens est le même, c'est qu'ils ne seront pas sauvés.

10. Ne vous trompez point vous-mêmes : ni les fornicateurs, ni les idolâtres, ni les adultères, ni les efféminés, ni ceux qui commettent des péchés contre nature, ni les larrons, ni les avares, ni les ivrognes, ni les médisants, ni les ravisseurs, n'hériteront point le royaume de Dieu.

10. « *Ne vous trompez point vous-mêmes.* » Direction importante pour les Corinthiens, qui pouvaient facilement être trompés par leurs propres désirs ou par leurs docteurs ; importante pour nous tous, puisqu'elle nous rappelle la valeur inexprimable de nos âmes, et la nécessité de connaître notre situation telle qu'elle est en réalité. § « *Ni les fornicateurs.* (*Voy.* Gal. v, 19-21.) § « *Ni les efféminés.* » (Le mot grec se retrouve dans Matth. xi, 8, et Luc. vii, 25, de « *précieux* » vêtements.) Ce mot désigne ceux qui s'abandonnent à un genre de vie lâche et mou, aux plaisirs sensuels, et qui deviennent incapables de supporter aucune privation, ou de renoncer à quoi que ce soit pour leur devoir ou pour Dieu. § « *Ni ceux qui commettent,* etc. » (*Voy.* Notes, Rom. i, 27.). § « *Ni les avares,* etc. » (*Voy.* Note ch. v, 10-11) : il est remarquable que l'Apôtre range toujours les avares parmi les hommes les plus dépravés.

11. Et quelques-uns de vous étiez tels ; mais vous avez été lavés, mais vous avez été sanctifiés, mais vous avez été justifiés, au nom du Seigneur Jésus, et par l'Esprit de notre Dieu.

11. « *Et quelques-uns de vous étiez tels.* Cela montre le pouvoir de la grâce de Dieu qui avait retiré les Corinthiens de péchés aussi dégradants, et doit nous apprendre à ne jamais désespérer de personne. Les chrétiens devraient souvent songer à l'état d'où ils ont été tirés pour s'exciter par là à l'humilité et à la reconnaissance. (Eph. v, 8, etc.) Paul veut ici ramener les Corinthieus à de meilleurs sentiments, par le souvenir de la compassion dont Dieu a usé à leur égard. § « *Mais vous avez été lavés.* » L'Apôtre emploie ici trois mots qui expriment les différents moments de l'action exercée par l'Esprit de Dieu sur leur cœur ; le premier, « *lavés,* » celui de la régénération, qui purifie un homme de ses péchés passés, comme l'eau emporte les souillures (*Voy.* Tit. iii, 5 ; *Comp.* Hébr. x, 22) ; le second, « *sanctifiés,* » qui montre l'œuvre de la conversion avançant peu à peu et se perfectionnant dans les âmes (*Voy.* Note Jean xvii, 17), même à travers de nombreuses chutes ; et le troisième, « *justifiés,* » qui montre l'homme entrant, dès le moment qu'il croit, dans la faveur de Dieu, et traité comme juste à cause des mérites du Seigneur Jésus-Christ (*Voy.* Note Rom. i, 17, etc.), au nom et par la puissance du Seigneur Jésus-Christ. § « *Et par l'Esprit de notre Dieu.* » Ce seul verset nous présente en quelques mots tout le plan de la Rédemption ; nous voyons l'homme en état de chute et de condamnation, puis l'homme renouvelé par le Saint-Esprit, justifié par Jésus-Christ, et préparé par la sanctification à la vie du ciel.

12. Toutes choses me sont permises, mais toutes choses ne conviennent pas ; toutes choses me sont permises, mais je ne serai point assujetti sous la puissance d'aucune chose.

12. « *Toutes choses me sont permises.* » Il est probable que Paul met ici cette sentence dans la bouche de ses adversaires, qui avaient coutume de pallier par une excuse semblable les vices auxquels ils s'abandonnaient. Il y a sans doute des choses qui, en elles-mêmes, ne sont ni bonnes ni mauvaises; mais il en est aussi qui ont un caractère prononcé. Et quand les Corinthiens, avec tous les Grecs, voulaient considérer la fornication comme une chose *permise*, ils se trompaient grossièrement. Paul leur montre que, même en admettant que toutes choses fussent légitimes, il y en avait auxquelles il fallait résister, pour n'en pas devenir les esclaves, et que la fornication, d'ailleurs, était complètement en opposition avec le christianisme. § « *Ne conviennent pas.* » Voici sa première réponse à ceux qui disent que toutes choses sont permises : il en est qui peuvent faire du mal à d'autres, et produire du scandale, — comme la liberté que certains chrétiens pourraient prendre relativement aux viandes. (*Voy.* I Cor. VIII, 13 ; *Comp.* Note Rom. XIV, 14-23.) Quand des choses innocentes en elles-mêmes deviendraient une occasion de scandale, il faut les abandonner. § « *Mais je ne serai point assujetti,* etc. » Sa seconde réponse, c'est que, toutes choses fussent-elles légitimes, il ne veut pas s'en faire l'esclave ; il veut les dominer, et c'est pour cela qu'il veut mortifier son corps (Ch. IX, 27). Telle doit être, en effet, la règle de tout esprit indépendant et généreux, et c'est aussi la seule manière d'être actif et utile. Que de chrétiens et de pasteurs se font les esclaves de certains défauts qui font d'eux des hommes inutiles, esclaves de l'indolence, de la négligence, esclaves de quelque basse habitude, du tabac, du vin, etc.; ils n'ont pas l'indépendance ou l'énergie nécessaire pour rompre ces liens, et leur vie se perd avec leur fortune, leur religion et leur âme. Ce n'est pas être chrétien, que d'être ainsi l'esclave de ses habitudes : comment serait-il le disciple du Rédempteur, celui qui n'est pas capable de renoncer à des habitudes que Dieu condamne et qui flétrissent son âme?

13. Les viandes sont pour l'estomac, et l'estomac est pour les viandes; mais Dieu détruira l'un et l'autre. Or le corps n'est point pour la fornication, mais pour le Seigneur, et le Seigneur pour le corps.

13. « *Les viandes sont,* etc. » Ceci semble aussi avoir été un dicton populaire chez les Grecs. Si Dieu a fait le corps de telle manière qu'il éprouve certains appétits, et la nourriture de manière à les satisfaire, il est naturel et légitime de céder à ces appétits. § « *Mais Dieu détruira l'un et l'autre.* » La réponse de Paul est que, le corps devant bientôt périr comme la nourriture, ce n'était pas sur des choses aussi passagères que des êtres immortels devaient porter leur attention particulière, surtout quand ils savaient qu'en agissant ainsi ils faisaient du tort à d'autres ou nuisaient à leur propre âme. Parole qu'il faudrait adresser à la grande majorité des hommes; presque tous, en effet, oublient qu'ils

vont bientôt mourir, se font un dieu de leur ventre et s'abaissent au-dessous des animaux, puisque ceux-ci, du moins, satisfont leurs appétits, mais ne les dépassent pas, et ne s'en créent pas d'artificiels. Combien d'hommes n'y a-t-il pas qui, pour toute inscription funèbre, devraient avoir sur leur tombeau ces mots : « Il a vécu pour boire et pour manger, et il est mort comme les bêtes brutes! » § « *Or le corps*, etc. » L'Apôtre consacre le reste du chapitre à mettre les Corinthiens en garde contre un vice auquel ils étaient exposés par leur entourage ; et comme beaucoup d'hommes, non dans l'Eglise, sans doute, mais à côté d'elle, pouvaient chercher à le justifier, il leur expose les principes qui devaient leur servir de règle sur ce sujet. Le premier, c'est que nos corps, comme nos esprits, doivent être offerts à Dieu et consacrés à son service. § « *Et le Seigneur pour le corps.* » On peut dire, en effet, dans un sens très-important, que le Seigneur est pour le corps. N'est-ce pas lui qui le conserve et qui le maintient en santé? Si donc c'est Dieu qui prend soin de le nourrir constamment, il n'est pas légitime de le souiller en le livrant au péché. Le verset suivant complète d'ailleurs cette pensée.

14. Et Dieu qui a ressuscité le Seigneur, nous ressuscitera par sa puissance.

14. « *Et Dieu qui a ressuscité*, etc. » Ces mots établissent de deux manières la thèse que soutient l'Apôtre : 1° En montrant que nous sommes unis au Sauveur, puisque nous ressusciterons avec lui (Col. III, 1), et que sa résurrection est une image de la vie nouvelle à laquelle nous sommes appelés (*Comp.* Notes Rom. VI, 1-12) ; 2° en rappelant que nos corps sont destinés à une vie de pureté et de perfection dans le ciel. — Sentiment profond de notre union avec le Sauveur, espérance vive d'une immortalité sainte et pure, que peut-on trouver qui fasse mieux comprendre le devoir de contenir les passions de la chair ?

15. Ne savez-vous pas que vos corps sont les membres de Christ? Oterai-je donc les membres de Christ, pour en faire les membres d'une prostituée? A Dieu ne plaise !

16. Ne savez vous pas que celui qui s'unit avec une prostituée, devient un même corps avec elle? Car deux, est-il dit, seront une même chair.

15, 16. « *Ne savez-vous pas*, etc. » Comme chrétiens, nous sommes unis à Christ (*Comp.* Notes Jean XV, 1, etc.) ; il serait donc criminel à nous, qui faisons profession de lui appartenir et d'être les membres de son corps, de le déshonorer en nous livrant nous-mêmes aux convoitises charnelles. La seule pensée d'un tel péché fait horreur. Dans le mariage, l'homme et la femme ne font qu'un (Gen. II, 24) ; et il en est ainsi, sous certains rapports, dans le cas d'une union coupable. Celui donc qui est devenu un avec une femme de mauvaise vie, ne peut pas songer à être en même temps un avec Jésus-Christ.

17. Mais celui qui est uni au Seigneur, est un même esprit *avec lui*.

17. « *Mais celui qui est uni*, etc. » Il y a entre le vrai chrétien et le Seigneur une étroite et intime union d'esprit et d'intention. Et comme une union entre des esprits est plus réelle, plus durable et plus élevée que l'union de deux corps, nous ne devons pas briser par le péché le lien spirituel qui nous unit au Seigneur. Oh ! si tous les chrétiens savaient regarder comme inviolable et souverainement sainte leur union avec Jésus-Christ!

18. Fuyez la fornication : quelque autre péché que l'homme commette, il est hors du corps ; mais le fornicateur pèche contre son propre corps.

18. « *Fuyez la fornication.* » Le commandement est aussi formel qu'aucun de ceux qui tonnèrent jadis du mont Sinaï. Remarquez la force de cette expression, « *fuyez.* » Il y a tel péché que l'on peut regarder en face, auquel on peut opposer une résistance ouverte, tranquille et décidée ; mais pour celui-là, il faut le fuir dès qu'il paraît, sans se donner le temps de réfléchir. Raisonner avec lui, c'est se perdre : le seul passage d'une pensée impure laisse dans l'esprit une trace impure : s'arrêter à cette tentation, même pour la combattre, c'est déjà se souiller plus ou moins ; il faut fuir. Que de jeunes gens se sont perdus, parce qu'ils n'ont pas gravé devant leurs yeux ces trois mots, « *Fuyez la fornication !* » § « *Quelque autre péché*, etc. : » cela doit s'entendre au moins d'une manière comparative ; il est certain que beaucoup de péchés, la fausseté, l'orgueil, etc., n'affectent pas le corps immédiatement comme le fait l'impureté. § « *Mais le fornicateur*, etc. » Voici le quatrième argument de l'Apôtre contre ce péché, et ce n'est pas un des moins frappants. Si quelqu'un veut connaître les effets désastreux de ce vice, il n'a qu'à ouvrir un traité quelconque de médecine sur la folie et les causes qui l'amènent. L'ivrognerie, la gloutonnerie produisent des effets semblables ; mais aucun vice ne porte à la santé, aux forces physiques et morales, une atteinte aussi profonde, aussi certaine et aussi funeste que celui-là.

19. Ne savez-vous pas que votre corps est le temple du Saint-Esprit, qui est en vous, et que vous avez de Dieu ? Et vous n'êtes pas à vous-même.

19. « *Ne savez-vous pas*, etc. ; » nouveau motif religieux ajouté aux précédents : nos corps sont les temples du Saint-Esprit (Note chap. III, 16-17) ; vous livrer à la fornication, c'est déshonorer à la fois et le Saint-Esprit qui est en vous, et Dieu qui l'y a placé. § « *Et vous n'êtes point à vous-mêmes.* » Enfin, et comme dernier motif, Paul rappelle aux Corinthiens les droits que Dieu s'est acquis sur eux en les rachetant du péché et de la condamnation ; ils doivent désormais se donner à lui, et vivre pour sa gloire, et non pour la satisfaction de leurs convoitises. (*Voy.* Note Rom. XIV. 7-8.)

20. Car vous avez été acheté par prix. Glorifiez donc Dieu en votre corps et en votre esprit, qui appartiennent à Dieu.

20. « *Car vous avez été achetés.* » Les Apôtres s'autorisent souvent de cette doctrine pour inviter les chrétiens à se donner à Dieu tout entiers. (*Voy.* ch. VII, 23; I Pier. I, 18-19, etc.) § « *Par prix.* » Le mot de prix ne peut pas s'employer ici avec le sens qu'il a généralement dans les transactions commerciales : mais il rappelle que si l'Eglise a été rachetée, c'est par le sacrifice expiatoire de l'agneau sans défaut et sans tache, et que par conséquent, le chrétien sauvé et délivré au prix d'une telle rançon, est tenu d'observer fidèlement les commandements du Seigneur. § « *Glorifiez donc Dieu*, etc. » Glorifier Dieu, c'est vivre pour lui. (*Voy.* Note Matth. v, 16, etc.) Ces arguments, que Paul invoquait pour porter les Corinthiens à vivre dans la pureté, sont de nature à être compris par tous les chrétiens, et conserveront toujours leur force.

CHAPITRE VII.

Ici commence la seconde partie de l'Epître, où Paul répond à une lettre que les Corinthiens lui avaient adressée. (*Voy.* l'Introduction.) Cette lettre s'est perdue, et il n'y a pas de doute que, si elle nous eût été conservée, elle ne fît mieux comprendre les réponses de l'Apôtre. Quoi qu'il en soit, la première question que nous voyons traitée ici est celle de la légitimité du mariage (Vers. 1-9). Il est probable qu'il s'était élevé des discussions entre des chrétiens d'origine juive, qui tenaient à la doctrine de l'Ancien Testament sur l'importance du mariage, et des philosophes grecs qui avaient pu se faire les avocats du célibat. On sait du moins que plusieurs de ces philosophes, Lycurgue, Socrate, etc. (*Voy.* Grotius) pensaient que, « vu le caractère intraitable des femmes, et les difficultés que présentait l'éducation des enfants, la sagesse commandait de ne pas se marier. » C'est de là que l'institution du célibat a passé dans l'Eglise catholique, où elle a enfanté les ordres monastiques avec tous les désordres qui les ont accompagnés, tandis qu'aujourd'hui encore les Juifs tiennent pour coupable devant Dieu tout homme qui dépasse l'âge de vingt ans sans se marier.

Une autre question qui, à ce qu'il semble, s'était élevée parmi eux, était celle de savoir si ceux qui s'étaient convertis devaient conserver leurs relations antérieures avec ceux qui étaient restés païens. L'Apôtre traite ce sujet dans les versets 10-24. Plusieurs pensaient probablement que toutes les relations antérieures devaient être interrompues entre le maître et l'esclave, entre le mari et la femme, etc., quand l'un des deux était devenu chrétien. Paul établit comme principe général (Vers. 10), que la femme ne doit pas se séparer de son mari, ou que si elle le fait (Vers. 11), elle ne peut pas se remarier, parce que le premier mariage subsistait encore. Il ajoute qu'un chrétien ne doit pas repousser sa femme parce qu'elle est infidèle (Vers. 12), ou réciproquement; et que dans tous les cas, si une séparation avait lieu, ce devait être sans amertume et sans que l'époux chrétien trouvât dans cette séparation le droit de se remarier (Vers. 13-17). De même pour les relations du maître et de l'esclave. Le christianisme ne voulait pas trancher violemment les liens qui réunissaient les hommes entre eux ; chacun devait conserver sa position, à moins qu'il ne lui fût possible de la changer d'une manière pacifique (Vers. 18-24).

Une troisième question lui avait été soumise. On demandait si, dans les circonstances actuelles, les jeunes filles chrétiennes faisaient bien de se marier. La réponse à cette question occupe la fin du chapitre. L'avis de Paul est qu'elles pouvaient se marier, mais qu'il valait mieux qu'elles ne le fissent pas, vu la nécessité présente (Vers. 26), vu les soucis et les préoccupations qu'entraînait le mariage, et qui pouvaient les empêcher de vivre pour la vie éternelle et pour Dieu (Vers. 29-35). Puis il ajoute qu'un père ne doit pas contraindre sa fille ni pour lui imposer, ni pour lui défendre de se marier (Vers. 36-37), et qu'à tout prendre, dans les circonstances actuelles, il était mieux de ne pas se marier.

1. Or, quant aux choses dont vous m'avez écrit, *je vous dis* qu'il est bon à l'homme de ne pas se marier.

1. « *Or, quant aux choses*, etc. » Par ces mots, « il est bon de ne pas se marier », Paul ne veut pas dire qu'en soi le célibat soit préférable au mariage, ou que le mariage soit illégitime, puisqu'ailleurs il le déclare « honorable entre tous. » (Hébr. XIII, 4.) Il entend seulement que, vu les circonstances où était alors l'Eglise, il était plus sage de ne pas se marier. § « *Se marier*, » littéralement, toucher une femme. (*Voy.* même expression dans Xénophon. (Cyro. VI, 1); *Comp.* Gen. XX, 4-6 ; XXVI, 11.)

2. Toutefois, pour éviter l'impureté, que chacun ait sa femme, et que chaque femme ait son mari.

2. « *Toutefois.* » Dans le cas où un homme ne serait pas complètement maître de ses passions, Paul pose une restriction à la règle qu'il vient d'établir. § « *Pour éviter l'impureté;* » et tous les maux et les désordres auxquels peuvent conduire ces passions. Que de crimes abominables, et que de scandales auraient été évités dans l'Eglise catholique, si elle avait suivi cet avis de l'Apôtre, au lieu de préconiser le système monacal. On peut dire, d'une manière générale, que la moralité d'une société dépend de l'idée qu'on s'y fait du mariage, et du plus ou moins de respect dont on l'entoure. La vie domestique est le meilleur rempart à opposer aux vices qui dévorent le monde. § « *Que chacun*, etc. ; » paroles qui renferment la condamnation la plus explicite de la polygamie et du divorce.

3. Que le mari rende à sa femme la bienveillance qui lui est due, et que la femme de même la rende à son mari.

3. « *Que le mari*, etc. » Que les époux ne s'imaginent pas qu'il y ait une vertu particulière à vivre séparés l'un de l'autre, comme s'ils n'étaient pas mariés. — Paul s'exprime, sur ce sujet difficile, avec une délicatesse que les écrivains païens ne connaissaient pas. Le mot « bienveillance » a rapport aux sentiments du cœur ; mais par ces

mots, « qui lui est due, » l'Apôtre rappelle le caractère particulier de l'engagement du mariage, et les droits que les deux époux ont l'un sur l'autre. Il était nécessaire, — les évènements l'ont bien prouvé, — de donner cette direction ; mais on ne pouvait la donner en termes plus délicats.

4. *Car* la femme n'a pas son propre corps en sa puissance, mais il est en celle du mari ; et le mari tout de même n'a pas en sa puissance son propre corps, mais il est en celle de sa femme.

4. « *Car la femme*, etc. » L'Ecriture enseigne partout l'égalité des droits du mari et de la femme. Ils doivent se regarder comme unis par le lien le plus fort à la fois et le plus tendre.

5. Ne vous privez point l'un de l'autre, si ce n'est par un consentement mutuel, pour un temps, afin que vous vaquiez au jeûne et à la prière : mais après cela retournez ensemble de peur que Satan ne vous tente par votre incontinence.

5. « *Ne vous privez pas*, etc. ; même dans le cas où des devoirs importants (Ex. XIX, 15) vous porteraient à vivre séparés pour un temps, il ne faut pas que la séparation soit de longue durée, de peur que vous ne soyez exposés aux tentations que le mariage a pour but de prévenir.

6. Or je dis ceci par conseil, et non par commandement.

7. Car je voudrais que tous les hommes fussent comme moi ; mais chacun a son propre don, *lequel il a reçu* de Dieu, l'un en une manière, et l'autre en une autre.

6, 7. « *Or, je dis ceci.* » Quelques commentateurs pensent que le mot de « ceci » (ou cela) se rapporte à ce qui suit ; j'incline à croire qu'il se rapporte plutôt au verset 5. § « *Par conseil,* » en opposition à ce qui est expressément ordonné. (*Comp.*, Vers. 25.) Ce serait bien à tort que l'on voudrait se faire de cette concession un argument contre l'inspiration des écrits de l'Apôtre; il est évident au contraire que si, dans un petit nombre de passages, Paul fait observer qu'il parle en son propre nom, et sans avoir pour ce cas spécial l'autorité du Seigneur, l'exception confirme la règle, et prouve que dans tous les autres cas, Paul parlait au nom du Seigneur. — Ces mots nous montrent, en outre, le soin qu'avait l'Apôtre de demeurer dans une entière sincérité, puisqu'il signale de lui-même les moments où l'inspiration divine l'abandonne. Jamais imposteur agit-il ainsi? Mahomet a-t-il jamais dit ou laissé dire que parmi ses préceptes, il y en avait qui ne venaient pas de Dieu? § « *Car je voudrais*, etc. » On voit par I Cor. IX, 5, que Paul n'était pas marié. Mais évidemment ce n'est pas là le point spécial qu'il a en vue ici : il ne peut pas émettre le vœu que personne ne se marie, ce qui serait contraire à l'institution divine du mariage, et aux préceptes qu'il donne ailleurs lui-même. Mais il voudrait que tous les hommes eussent, comme lui, assez d'empire sur eux-mêmes pour savoir renoncer au mariage quand les circonstances le demanderaient. — Nous pouvons faire remarquer, à ce propos, que quand Paul recommande une chose difficile, il allègue souvent son propre exemple, pour montrer ce qu'il est possible de faire : heureux tous les pasteurs, s'ils pouvaient de même en appeler à leur vie pour confirmer leur prédication! § « *Mais chacun a son propre don :* » tel, qui est distingué par son mérite sur un certain point, peut être faible sur celui-ci, ou sur un tel autre. Nous ne devons donc pas juger les autres par nous-mêmes, et exiger qu'ils aient les mêmes qualités, les mêmes dons que nous. (*Comp.* Matth. XIX, 11-12.) § « *Lequel il a reçu de Dieu.* » Il est certain que toutes les vertus, ou les heureuses dispositions avec lesquelles un homme vient au monde, peuvent être beaucoup fortifiées par le travail, par l'exercice ; mais au fond, tout est don, et Paul avait raison d'être reconnaissant envers Dieu de ce qu'il lui avait accordé le *don* de la continence. — Remarquons toutefois que ses combats, ses jeûnes, ses épreuves, ses travaux apostoliques avaient en cela puissamment secondé l'œuvre primitive de Dieu ; et que de même tout homme qui voudra surmonter les œuvres de la chair, pourra compter que la grâce de Dieu lui assurera le succès, si d'ailleurs il s'emploie avec énergie à cette tâche.

8. Or je dis à ceux qui ne sont point mariés, et aux veuves, qu'il leur est bon de demeurer comme moi.

8. « *Or je dis à ceux qui ne sont pas mariés :* » soit qu'ils ne l'aient jamais été, soit qu'ils aient perdu leur femme. § « *Et aux veuves.* » L'Apôtre fait des veuves une mention distincte ici, parce qu'il parlera longuement, plus loin, des femmes qui n'ont pas été mariées. § « *Qu'il leur est bon,* etc., » toujours eu égard aux circonstances dans lesquelles se trouvait l'Eglise.

9. Mais s'ils ne sont pas continents, qu'ils se marient ; car il vaut mieux se marier que de brûler.

9. « *Mais ils ne sont pas,* etc. » Si l'ardeur de leur passion les menace de les faire tomber dans le péché, qu'ils se marient. Les soucis qu'ils se créeront en se chargeant d'une famille au milieu de circonstances si agitées, valent encore mieux que les péchés auxquels ils pourraient succomber.

10. Et quant à ceux qui sont mariés, je leur commande, non pas moi, mais le Seigneur, que la femme ne se sépare point de son mari.

10. « *Et quant à ceux qui sont mariés.* » Paul aborde ici une seconde question que lui avaient posée les Corinthiens, celle de savoir si, à cette époque où des persécutions pouvaient, d'un jour à l'autre, disperser les familles, et où les familles elles-mêmes se composaient en partie de païens, et en partie de chrétiens, il était à propos que ceux qui étaient mariés continuassent leurs relations. § « *Je leur commande,* etc. » Le commandement du Seigneur, auquel il en appelle ici, est probablement celui de Matth. V, 32 et XIX, 3-10. § « *Que la femme,* etc. » Que la femme

chrétienne demeure fidèle aux vœux qui l'unissent à son mari, quand même il serait païen. Il s'agit ici, non pas d'une séparation volontaire qui pourrait n'être que momentanée, mais du divorce proprement dit. A une époque où le divorce se pratiquait avec la plus grande facilité, il importait à l'Apôtre d'établir la doctrine du christianisme à cet égard, et de l'interdire formellement au nom du Seigneur.

11. Et si elle s'en sépare, qu'elle demeure sans être mariée, ou qu'elle se réconcilie avec son mari ; que le mari aussi ne quitte point sa femme.

11. « *Et si elle s'en sépare :* » Si elle a commis cette faute, elle doit du moins ne pas se marier de nouveau, et même chercher à se réconcilier avec son mari. Le mariage est un lien si sacré, qu'il n'appartient à aucune des deux parties contractantes de le dissoudre : et l'obligation que Paul impose ici à la femme séparée de son mari, subsistera dans tous les temps, — sauf pour le cas mentionné par Christ lui-même comme une exception. (Matth. v, 32.) § « *Que le mari aussi*, etc. » Ce droit, que la loi juive accordait au mari, et que les païens exerçaient constamment, était refusé par l'Evangile, qui assurait ainsi au mariage plus de stabilité.

12. Mais aux autres, je leur dis, et non pas le Seigneur : Si quelque frère a une femme infidèle, et qu'elle consente à habiter avec lui, qu'il ne la quitte point.

12. « *Mais aux autres.* » Paul arrive à la question de savoir s'il n'y avait pas lieu à se séparer volontairement, quand l'un des deux était païen, et l'autre chrétien. Et « *les autres* » dont il parle ici, sont ceux qui rentraient dans cette catégorie. § « *Je leur dis, et non pas le Seigneur.* (*Voy.* Note vers. 6; *Comp.* vers. 40.) J'exprime ici une opinion qui m'est personnelle; je parle avec la seule autorité que mon caractère peut me donner sur une Eglise que j'ai fondée, et qui me consulte. § « *Si quelque frère*, etc. » Il pouvait se présenter tel cas où l'un des époux serait animé contre le christianisme d'une haine si vive qu'il ne voulût avoir aucune relation avec un chrétien ou une chrétienne; si alors il se séparait, l'époux chrétien n'y pouvait rien; mais il ne devait jamais provoquer une telle séparation. Il est clair que si un changement, même considérable, survenu dans les opinions de l'un des deux époux, devait amener la dissolution du mariage, le mariage n'aurait jamais rien de certain. Le seul changement qui soit légitime, c'est que celui des deux qui s'est converti doit redoubler de tendresse et d'égards pour l'autre, puisqu'il pourra ainsi l'amener à embrasser l'Evangile.

13. Et si quelque femme a un mari infidèle, et qu'il consente à habiter avec elle, qu'elle ne le quitte point.

13. « *Et si quelque femme*, etc. » La femme aussi, dont le mari est païen, doit s'attacher d'autant plus à lui témoigner du dévouement, qu'en le faisant, elle montrera aussi l'excellence de la religion qu'elle a suivie. Dans le cas où son mari la rendrait misérable, la maltraiterait, ou

refuserait de la soutenir, la femme pourrait sans doute gagner la maison de son père, chercher enfin un asile où elle fût en sûreté ; mais alors elle se séparerait de lui, non à cause d'une différence dans ses sentiments religieux, mais pour éviter de mauvais traitements.

14. Car le mari infidèle est sanctifié en la femme, et la femme infidèle est sanctifiée dans le mari ; autrement vos enfants seraient impurs ; or maintenant ils sont saints.

14. « *Car le mari infidèle*, etc. » Mais une femme chrétienne pourrait demander : Ne serai-je pas souillé en continuant à vivre dans une union étroite avec un païen, avec un homme qui repousse l'Evangile ? A cela Paul répond que c'est le contraire qui peut avoir lieu. — Nous n'avons pas à exposer ici toutes les interprétations que l'on a données de ce passage ; disons seulement qu'il ne peut signifier, ni que le mari soit rendu saint, ou chrétien, par le fait de son union avec une femme chrétienne, ce qui serait absolument faux, ni qu'il puisse être assez heureusement influencé par sa femme pour devenir chrétien plus tard, car, en admettant même que cela soit possible et vrai, l'Apôtre parle ici d'un fait à venir. Il faut toujours, pour comprendre le sens d'un mot dans un passage, le limiter par le contexte. La question discutée ici est celle de savoir si la femme chrétienne contracte une souillure en continuant à vivre avec son mari païen ; l'Apôtre dit non, parce que le mari est sanctifié par sa femme pour ce qui concerne le mariage, parce que la foi chrétienne de la femme a plus de vertu pour sanctifier le mariage, que l'impiété du mari n'en a pour le souiller. Et la preuve, c'est que les enfants issus de tels mariages ne sont pas considérés comme illégitimes. § « *Autrement, vos enfants*, etc. » Le mot « saints, » doit être pris dans le même sens que le mot « sanctifiés » du commencement. Puisque vous considérez comme légitimes les enfants que vous avez eus, c'est que vous regardez votre mariage comme valable ; et dès lors vous ne devez pas vous séparer. — On a fréquemment allégué ce passage en faveur de la doctrine du baptême des enfants. Nous croyons, quant à nous, que le baptême des enfants est un précieux privilége pour les parents comme pour les enfants, mais nous ne saurions voir dans ce passage un seul mot qui ait rapport à cette doctrine. Il s'agit ici uniquement de savoir si un mariage doit être rompu ou maintenu quand l'un des époux est devenu chrétien. Et pour prouver qu'il doit être maintenu, Paul dit : si votre mariage n'est pas valable, vos enfants ne sont pas légitimes ; mais vous n'acceptez pas ce dernier point ; vous croyez que vos enfants sont légitimes ; donc votre mariage l'est aussi, et vous ne devez pas songer à le dissoudre.

15. Que si l'infidèle se sépare, qu'il se sépare ; le frère ou la sœur n'est point asservi dans ce cas-là : mais Dieu nous a appelés à la paix.

15. « *Que si l'infidèle*, etc. » Quelques-uns pensent que Paul, dans ce verset, laisse à celui qui est délaissé la liberté de se marier ; mais il nous semble que c'est à tort, et qu'il veut dire simplement celui des deux qui est délaissé n'a pas à se reprocher cet abandon ; il peut vivre

seul sans remords ; il n'est pas obligé de rechercher à tout prix la compagnie de celui qui l'a quitté. § « *Mais Dieu nous a appelés à la paix.* » L'Evangile est une religion de paix ; ainsi, dans le cas dont il s'agit, mieux vaut se séparer paisiblement que de vivre ensemble en se querellant. Calvin suppose que ces mots se rapportent à la première partie du verset, et signifient que, par amour de la paix, l'époux chrétien ne doit pas provoquer lui-même le divorce, mais seulement l'accepter s'il lui est imposé.

16. Car que sais-tu, femme, si tu ne sauveras point ton mari ? Ou que sais-tu, mari, si tu ne sauveras point ta femme ?

16. « *Car que sais-tu, femme,* etc. » Il faut d'autant moins chercher le divorce, que vous pouvez devenir un moyen de salut l'un pour l'autre. Et pour atteindre un tel résultat, ne vaut-il pas la peine de supporter longtemps les froissements qui peuvent naître d'une situation semblable ? Les exemples ne sont pas rares, de maris qui ont été amenés à la foi chrétienne par l'exemple de leur femme, ou réciproquement. Mais pour cela, combien il faut de dévouement, de tendresse, de support ! comme il faut savoir choisir les occasions pour faire entendre les appels de la religion ! que de prières doivent s'élever au trône de Dieu ! Dans ce cas, du reste, comme dans toutes nos relations en général, la règle que nous avons à suivre, c'est d'être fidèle toujours à l'Esprit de Dieu, et de donner partout l'exemple d'une vie chrétienne.

17. Toutefois, que chacun se conduise selon le don qu'il a reçu de Dieu, chacun selon que le Seigneur l'y a appelé; et c'est ainsi que j'en ordonne dans toutes les Eglises.

17. « *Toutefois, que chacun,* etc. » Paul introduit ici un nouveau sujet de discussion qui dure jusqu'au verset 24 : il pose ce principe général, que le christianisme n'est pas venu abolir les relations qui s'étaient formées avant lui entre les hommes, et que par conséquent tous devaient rester dans la condition sociale où l'Evangile les avait trouvés. Dieu assigne à chacun son rang et son lot, et les chrétiens doivent s'attacher à montrer l'excellence de leur religion, dans la sphère particulière où la Providence divine les a placés. § « *C'est ainsi que j'en ordonne,* etc. » Ce n'est pas une règle que je vous impose à vous particulièrement : je la fais observer dans toutes les Eglises. — Il est probable qu'en effet Paul devait avoir fréquemment à combattre l'idée que le christianisme interrompait les relations ordinaires de la vie.

18. Quelqu'un est-il appelé étant circoncis, qu'il demeure circoncis. Quelqu'un est-il appelé étant incirconcis, qu'il ne se fasse point circoncire.

18. « *Quelqu'un est-il appelé,* etc. » Une fois entré dans le christianisme, il ne faut pas se mettre en peine pour des cérémonies qui autrefois étaient considérées comme nécessaires.

19. La circoncision n'est rien, et l'incirconcision aussi

n'est rien, mais l'observation des commandements de Dieu.

19. « *La circoncision n'est rien,* etc. » Même pensée : Dieu ne nous astreint à aucun rite ; ce qu'il demande de vous, c'est l'observation fidèle de ses commandements.

20. Que chacun demeure dans la condition où il était quand il a été appelé.

20. « *Que chacun demeure,* etc. » Cette recommandation ne peut pas être prise dans un sens absolu, comme si elle renfermait une défense de jamais changer de condition. Un esclave peut chercher à gagner sa liberté : un homme engagé dans une profession coupable, non-seulement peut, mais doit en changer ; et c'est également un devoir, pour celui qui se convertit, de prendre, s'il le peut, une vocation qui lui permette de rendre plus de services à la cause de l'Evangile. L'objet de l'Apôtre, en faisant cette recommandation, est donc de réprimer chez les chrétiens nouvellement convertis le désir qu'ils auraient pu avoir de trouver une condition plus élévée, ou d'essayer de quelque changement dans leur position extérieure.

21. Es-tu appelé étant esclave, ne t'en mets point en peine ; mais aussi si tu peux être mis en liberté, use-s-en plutôt.

21. « *Es-tu appelé étant esclave ?* » Les esclaves, dont le nombre était si grand dans les anciennes républiques, auraient pu, après leur conversion, s'affranchir violemment de leurs maîtres, en alléguant l'iniquité de l'esclavage, son immoralité, les cruautés auxquelles il donnait lieu, etc. Mais on n'aurait pas manqué d'accuser le christianisme d'avoir amené cette révolte, et de vouloir bouleverser la société tout entière. Pour prévenir une accusation de ce genre, Paul montre aux esclaves d'après quel principe ils doivent agir. § « *Ne t'en mets point en peine :* » souviens-toi que c'est Dieu qui t'a placé dans cette condition, et efforce-toi d'y montrer un esprit aussi pieux que possible, afin de faire voir qu'un chrétien sait demeurer chrétien dans les circonstances même les plus pénibles. § « *Mais aussi, si tu peux,* etc. Si tu trouves un moyen régulier de sortir d'esclavage, si les lois viennent à changer, si tu peux te racheter par ton travail, c'est un devoir pour toi de conquérir ta liberté. Mais il faut le faire sans recourir à la violence. Aujourd'hui comme autrefois, l'esclavage est un grand mal, une impiété sans excuse ; mais aujourd'hui encore, le christianisme interdit aux esclaves tout moyen violent pour arriver à l'émancipation. Ce n'est pas à dire qu'il approuve l'esclavage, pas plus qu'il n'approuve les persécutions, quand il recommande à ceux qui sont persécutés de souffrir avec douceur : il prescrit au contraire aux maîtres la bonté, la justice, la charité ; mais il ne veut pas renverser cette institution en bouleversant toute la société.

22. Car celui qui étant esclave est appelé à *notre* Seigneur,

il est l'affranchi du Seigneur ; et de même celui qui est appelé étant libre, est l'esclave de Christ.

22. « *Car celui qui*, etc. » L'Apôtre veut ici relever le cœur de l'esclave, en lui rappelant combien sa position a changé par sa conversion. S'il est extérieurement esclave, son âme est libre, affranchie du péché ; et cette liberté morale est bien autrement glorieuse et heureuse que la liberté civile : c'est lui, à proprement parler, qui est libre, tandis que son maître peut n'être en réalité qu'un esclave. § « *Et de même, celui qui*, etc. » Nul n'est indépendant : l'homme du monde obéit au péché ; le chrétien obéit à Jésus-Christ,—tous sont d'ailleurs assujettis à la loi : il n'y a donc pas de honte à nous soumettre à ceux que Dieu, par sa Providence, a établis comme nos maîtres.

23. Vous avez été achetés par prix ; ne devenez point les esclaves des hommes.

23. « *Vous avez été*, etc. » Dieu vous a rachetés par le sang de son Fils (*Voy.* Note chap. VI, 20) : vous lui appartenez. Vous donc, qui êtes esclaves, ne vous regardez pas comme étant esclaves des hommes, et même dans cette condition inférieure, servez Dieu, qui est le Maître de tous. Dans toutes les choses que vos maîtres vous commanderont, si elles sont conformes à la volonté de Dieu, obéissez comme si vous obéissiez à Dieu ; s'ils venaient à vous commander des choses que la conscience réprouvât, vous vous rappellerez que vous devez servir Dieu avant de servir les hommes, et vous montrerez votre liberté spirituelle, en refusant de faire le mal. Quelques commentateurs ont pensé que l'Apôtre, dans ces versets, voulait prémunir les chrétiens contre la servitude de la loi, des cérémonies, des rites religieux : — d'autres, que Paul leur défendait de se vendre comme esclaves, comme si une défense de cette nature eût jamais été nécessaire. Nous croyons l'interprétation que nous avons adoptée plus conforme à la suite des idées de ce chapitre.

24. Mes frères, que chacun demeure envers Dieu dans l'état où il était quand il a été appelé.

44. « *Mes frères*, etc. » (*Voy.* Note vers. 20.)

25. Pour ce qui concerne les vierges, je n'ai point de commandement du Seigneur ; mais j'en donne avis comme ayant obtenu miséricorde du Seigneur, pour être fidèle.

25. « *Pour ce qui concerne les vierges*, etc. » Nouveau sujet sur lequel les Corinthiens avaient consulté Paul, mais qui a beaucoup de rapport avec la première partie du chapitre. A cette question, un père doit-il, ou ne doit-il pas marier sa fille, Paul répond qu'il n'a pas à donner de commandement exprès sur ce sujet; cependant il a un avis, et un avis dont il faut bien tenir compte, puisque c'est celui d'un homme fidèle, désintéressé, et qui ne cherche que la gloire de Dieu.

26. J'estime donc que cela est bon pour la nécessité présente, en tant qu'il est bon à l'homme d'être ainsi.

26. « *J'estime donc*, etc. » On ne sait pas très-bien ce qu'était cette nécessité, ou cette détresse à laquelle Paul fait allusion. Si la lettre a été écrite vers l'an 59 (*Voy.* l'Introduction), peut-être les persécutions de Néron avaient-elles déjà commencé. Le mot « ainsi » se rapporte au verset suivant : « Il est bon à l'homme de se conduire de la manière suivante. » Cependant, plusieurs commentateurs traduisent, « il est bon à l'homme de rester *comme il est*, marié s'il l'est, non marié s'il ne l'est pas. »

27. Es-tu lié à une femme, ne cherche point d'en être séparé. Es-tu détaché de ta femme, ne cherche point de femme.

27. « *Es-tu lié*, etc. » (*Voy.* Notes sur Vers. 10-17.)

28. Que si tu te maries, tu ne pèches point ; et si la vierge se marie, elle ne pèche point aussi. Mais ceux qui sont mariés auront des afflictions en la chair ; or je vous épargne.

28. « *Que si tu te maries*, etc. » Le mariage est sans doute honorable, mais il n'est pas obligatoire ; aujourd'hui encore, il peut se présenter bien des cas où un homme fait mieux de ne pas se marier : s'il est trop pauvre pour nourrir une famille, s'il a de vieux parents à soigner, si le mariage devait l'empêcher de suivre une profession à laquelle il se sentirait appelé, etc. § « *Ceux qui sont mariés*, etc. » Le mot « chair » représente ici les circonstances extérieures : des jours peuvent venir pour vous, où la vie de famille n'aura plus de sécurité, où la persécution vous chassera de vos demeures et vous dispersera de côté et d'autre. § « *Or je vous épargne :* » je ne veux pas insister sur les peines qui peuvent vous attendre, ni vous donner une image trop vive des difficultés que vous pourrez avoir à rencontrer.

29. Mais je vous dis ceci, mes frères, que le temps est court ; et ainsi, que ceux qui ont une femme soient comme s'ils n'en avaient point.

29. « *Mais je vous dis ceci.* » Quel que soit le parti auquel vous vous arrêtiez, rappelez-vous qu'il vous faudra mourir bientôt. § « *Que le temps est court ;* littéralement, « contracté, resserré dans un étroit espace. » Tous les plans que nous formons ici-bas doivent être subordonnés à cette pensée, que le temps est court, et que l'éternité commencera bientôt pour nous. § « *Et ainsi, que ceux qui ont*, etc. » Cela ne veut pas dire, évidemment, que des maris chrétiens doivent négliger leurs femmes ou cesser de les aimer : il faut prendre la pensée générale du passage. Ceux qui sont mariés ne doivent pas s'attacher tellement à leurs femmes ou à leurs enfants qu'ils en oublient leurs devoirs envers Dieu : c'est pour les choses d'en haut qu'ils doivent vivre avant tout. — Que

de fois ne serait-il pas nécessaire de rappeler cette pensée aux chrétiens, et d'élever leur cœur au-dessus des intérêts de ce monde !

30. Et ceux qui sont dans les pleurs, comme s'ils n'étaient point dans les pleurs ; et ceux qui sont dans la joie, comme s'ils n'étaient point dans la joie ; et ceux qui achètent, comme s'ils ne possédaient point.

30. « *Et ceux qui sont dans les pleurs,* etc. » Il est impossible qu'un homme ne souffre pas quand il est persécuté, diffamé, séparé de tous ses amis, etc. Le chrétien aura souvent à pleurer et à souffrir comme Jésus-Christ son maître. Mais la foi tempérera toujours ses souffrances, calmera ses inquiétudes, entretiendra l'espérance au fond de son cœur, et fera naître la joie au milieu même de la tristesse. § « *Et ceux qui sont dans la joie,* etc. Que ceux qui possèdent les biens de la terre, la santé, la fortune, l'honneur, la vie de famille, jouissent de ces biens avec sérénité, mais sans s'y livrer tout entiers, et se rappellent toujours qu'ils leur seront bientôt enlevés. — Règle importante, et qui, si elle était observée, remplacerait bien souvent par une joie intime et paisible l'excitation fiévreuse d'une jouissance passionnée. § « *Et ceux qui achètent,* etc. » C'est encore la même pensée. Ce que nous appelons nôtre, n'est à nous que pour un temps ; — maisons, champs, meubles, billets de banque, tout ce qui est à nous aujourd'hui passera demain à nos héritiers, d'autres que nous laboureront nos champs, recueilleront nos moissons, s'assiéront à notre foyer, occuperont notre lit. Si donc nos possessions ici-bas sont à ce point précaires et fugitives nous devons nous attacher à nous assurer dans le ciel un trésor que ni les vers ni la rouille ne puissent consumer.

31. Et ceux qui usent de ce monde, comme n'en abusant point : car la figure de ce monde passe.

31. « *Et ceux qui usent,* etc. » Nous ne pouvons pas ne pas user de ce monde, puisqu'il nous est nécessaire pour notre nourriture, notre logement, nos vêtements, etc. Mais nous ne devons pas en abuser, chercher avec avidité les jouissances qu'il peut procurer, nous livrer sans mesure à nos appétits. § « *La figure de ce monde passe.* » Le mot « figure » ou apparence est probablement emprunté aux scènes changeantes du théâtre. Le spectacle fait illusion pour un moment ; mais baissez le rideau, et tout a disparu : l'instant d'après, la scène est toute différente. Image frappante de cette terre où nous vivons au milieu d'apparences, où théâtres et acteurs changent continuellement.

32. Or je voudrais que vous fussiez sans inquiétude. Celui qui n'est point marié, a soin des choses qui sont du Seigneur, comment il plaira au Seigneur.

32. « *Or je voudrais,* etc. » L'avis que je vous ai donné vient du désir que j'ai de vous voir aussi dégagés que possible des soucis de la terre. (*Voy.* Notes Matth. VI, 25-31.) § « *Celui qui n'est pas marié,* etc. » Le mariage doit être considéré comme la règle ; mais il est des cas où le

célibat doit être préféré : celui qui n'a pas une famille à conduire peut donner plus de temps à ses devoirs religieux, travailler avec plus de liberté à l'avancement du règne de Dieu et à la propagation de l'Evangile. La vie de Paul lui-même offre un mémorable exemple de cette vérité.

33. Mais celui qui est marié a soin des choses de ce monde, et comment il plaira à sa femme ; et *ainsi* il est divisé.

33. « *Mais celui qui est marié,* etc. » Un chef de famille est nécessairement engagé dans les travaux et les soucis de la vie ; son temps est moins libre ; il doit employer une partie de ses forces et de son temps à rendre sa femme heureuse. En admettant même que sa femme soit vraiment chrétienne et pieuse, il doit se tenir en garde contre des dangers de plus d'un genre : il pourrait l'aimer d'une affection excessive, et qui ne laisserait pas dans son cœur de place pour l'amour de Dieu ; il pourrait lui consacrer un temps qui devrait être donné à la prière, aux devoirs directement religieux ; il pourrait, pour lui plaire, se laisser aller à un genre de vie plus mondain qu'il ne convient à un chrétien, toutes choses qui retardent ses progrès dans la grâce et qui peuvent altérer sa piété. § « *Et ainsi il est divisé :* son intérêt se partage entre les choses de la terre et celles du royaume de Dieu. — D'autres manuscrits donnant une version toute différente, font rapporter ces derniers mots au verset suivant, avec ce sens : il y a une grande différence entre la femme mariée et la vierge : la femme qui n'est pas mariée, etc.

34. La femme qui n'est point mariée, et la vierge, a soin des choses qui sont du Seigneur, pour être sainte de corps et d'esprit ; mais celle qui est mariée, a soin des choses qui sont du monde, comment elle plaira à son mari.

34. « *La femme qui n'est pas mariée,* etc. : » Elle a moins d'occasions de négliger ses devoirs envers Dieu. Peut-être l'Apôtre mentionne-t-il ici « le corps » pour rappeler la tentation que peut avoir une femme de se parer de vains ornements pour plaire à son mari : § « *Mais celle qui est mariée,* etc. » Ce qu'il a dit des hommes (vers. 33), il le dit aussi des femmes. Que de fois n'arrive-t-il pas, en effet, qu'une femme oublie Dieu en s'occupant de plaire à son mari ! qu'elle se laisse tellement absorber par les soins de la famille, qu'elle ne sait plus trouver le temps de se recueillir dans la prière ! Combien de fois encore ne lui arrive-t-il pas de le suivre dans une société mondaine, frivole, incrédule, où elle perd, avec sa piété, ses habitudes religieuses, son goût pour la lecture de la Bible, pour l'observation du dimanche ? L'Eglise pleure souvent sur de telles pertes, et gémit de voir ainsi ruinées par un mariage les espérances qu'elle avait conçues de la piété d'une de ses enfants !

35 Or je dis ceci, ayant égard à ce qui vous est utile, non point pour vous tendre un piége, mais pour vous porter à

ce qui est bienséant, et propre *à vous unir* au Seigneur sans aucune distraction.

35. « *Or je dis ceci*, etc. » Le mot rendu ici par « tendre un piége, » serait mieux traduit par *enchaîner*. En vous donnant ces avis, j'ai en vue uniquement votre avantage: je ne veux pas enchaîner votre conscience, ni vous détourner d'une chose qui est légitime. § « *Mais pour vous parler*, etc. ; » mon désir est de vous éclairer sur vos véritables intérets, en vous montrant ce qui vous laissera le plus de liberté d'esprit pour servir le Seigneur.

36. Mais si quelqu'un croit que ce soit un déshonneur à sa fille de passer la fleur de son âge, et qu'il faille la marier, qu'il fasse ce qu'il voudra; il ne pèche point; qu'elle soit mariée.

36. « *Mais si quelqu'un*, etc. » On sait que chez les Orientaux, c'était un déshonneur pour une femme de dépasser un certain âge sans se marier. Un père donc, ou un tuteur, ne devait pas infliger à sa fille, ou à sa pupille, ce déshonneur, ou la priver du bonheur qu'elle pourrait trouver dans le mariage. § « *Qu'il fasse ce qu'il voudra*, etc. : les avis que j'ai donnés ne sont pas si absolus qu'ils doivent contraindre sa fille à ne pas se marier : on se rappelle encore ici que chez les anciens, l'autorité du père était tout dans la famille, en sorte que les enfants ne pouvaient se marier que de son consentement.

37. Mais celui qui demeure ferme en son cœur, n'y ayant point de nécessité *qu'il marie sa fille*, mais étant le maître de sa propre volonté, a arrêté en son cœur de garder sa fille, il fait bien.

37. « *Mais celui qui*, etc. Les mots, « qui demeure ferme en son cœur, » désignent un homme qui n'a pris sa résolution qu'après avoir bien examiné ce qu'il avait à faire. § « *N'y ayant point de nécessité*, etc.; quand il n'y a rien dans l'état ou les dispositions de sa fille qui nécessite le mariage. § « *Mais étant le maître de sa propre volonté*; » quand il n'y a pas, comme il arrivait souvent, d'engagement antérieur qui lie aujourd'hui sa volonté. § *Il fait bien :* » il a raison de garder sa fille, ou sa pupille, sans la marier.

38. Celui donc qui la marie, fait bien ; mais celui qui ne la marie pas, fait mieux.

38. *Celui donc*, etc. L'un, en mariant sa fille, est dans son droit, et personne ne peut le blâmer ; l'autre, en la gardant, fait mieux, et contribue au bonheur de sa fille beaucoup plus sûrement que s'il la mariait.

39. La femme est liée par la loi pendant tout le temps que son mari est en vie ; mais si son mari meurt, elle est en

liberté de se remarier à qui elle veut ; seulement *que ce soit en notre Seigneur.*

39. « *La femme est liée,* etc. (*Voy.* Notes Rom. VII, 2.) § « *Seulement, que ce soit en Notre Seigneur,* » c'est-à-dire, avec un chrétien, et dans le sentiment de ses obligations envers Christ. Il n'est pas nécessaire d'insister sur les raisons qui devaient empêcher une femme chrétienne d'épouser un mari païen : il n'aurait pas pu y avoir de sympathie entre les deux époux sur le plus important de tous les sujets (vers. 2, Cor. VI. 14-15) ; la femme, en épousant un païen, aurait montré qu'elle faisait peu de cas de sa religion, qu'elle ne tenait pas à faire partie de ce peuple particulier que le Sauveur est venu se former sur la terre ; enfin, l'influence de son mari et de la société païenne, au milieu de laquelle il aurait vécu avec lui, pouvait bien aisément altérer sa foi et ruiner sa piété. Les mêmes raisons subsistent aujourd'hui dans toute leur force pour empêcher un croyant d'épouser une femme sans piété, et réciproquement. De telles unions sont, dans presque tous les cas, désastreuses : on trouvera le plus souvent qu'elles tournent au préjudice de celui des deux qui était chrétien, plutôt qu'au bien de celui qui ne l'était pas : il faut donc les fuir comme un fléau, et n'en jamais contracter de pareilles.

40. Elle est néanmoins plus heureuse si elle demeure ainsi, selon mon avis ; or j'estime aussi que j'ai l'esprit de Dieu.

40 « *Elle est néanmoins plus heureuse,* etc. » Il vaut mieux encore qu'elle demeure veuve, plutôt que de se remarier, même avec un chrétien. § « *Selon mon avis* » (vers. 25). § *Or j'estime,* etc. » Ce mot n'implique pas habituellement une certitude complète, une affirmation absolue : il indique ici que Paul pensait écrire sous l'influence de l'inspiration divine, et donner des conseils conformes à la volonté de Dieu. Peut-être y a-t-il quelque ironie dans cette expression, et Paul veut-il reprocher aux faux docteurs de Corinthe de se vanter d'avoir l'Esprit de Dieu, pour élever leur autorité au-dessus de la sienne.

CHAPITRE VIII.

1. Pour ce qui regarde les choses qui sont sacrifiées aux idoles, nous savons que nous avons tous de la connaissance. La science enfle, mais la charité édifie.

1. « *Pour ce qui regarde,* etc. » L'Apôtre en vient à traiter une autre question que les Corinthiens lui avaient soumise. Quand les païens sacrifiaient aux dieux, une partie de la victime était consumée sur

l'autel; une autre appartenait au prêtre qui avait officié, et une autre, probablement la plus considérable, revenait à celui qui avait offert le sacrifice. Celui-ci alors mangeait cette viande avec sa famille, ou en faisait un festin avec ses amis, ou parfois la mettait en vente. La question controversée parmi les chrétiens de Corinthe, était de savoir s'il était permis de manger ces viandes. Quelques-uns pensaient qu'on ne pouvait le faire sans paraître approuver l'idolâtrie. D'autres répondaient à cela que le culte des idoles était en lui-même trop vain et trop absurde, pour qu'aucun chrétien pût être conduit à l'embrasser (vers. 4-6). L'Apôtre présente quelques observations sur ce sujet (vers. 1-7). On voit, par le verset 8, que les Corinthiens recouraient encore, pour s'autoriser à manger de ces viandes, à un autre argument : c'était en soi, disaient-ils, une chose indifférente de manger ou de ne pas manger de viande ; Dieu regarde au cœur, et non pas à des choses aussi extérieures que le manger et le boire. — Paul répond (9-13) que le principe est parfaitement vrai, mais qu'il faut savoir renoncer à l'usage de sa liberté plutôt que de scandaliser des frères. § « *Nous savons que*, etc. « Ces paroles étaient probablement celles dont les Corinthiens s'étaient servis eux-mêmes ; « nous savons ce que c'est qu'une idole, et il n'y a pas de danger que nul de nous retombe dans l'idolâtrie ; — nous avons pour cela trop de connaissance. » — Paul fait à cela une double réponse : 1° Dans une parenthèse qui renferme les versets 1-3, il montre que la connaissance est peu de chose sans la charité, et 2° au verset 7, après avoir répété ce même argument, et l'avoir un peu étendu, il ajoute que cet argument n'est pas entièrement vrai, puisque tous n'ont pas le même degré de connaissance. § « *La science enfle :* » ici commence la parenthèse : en admettant comme vrai le fait que vous alléguez, la science (ou mieux, cette connaissance) n'est pas le seul guide que vous deviez suivre dans cette question, ni dans aucune autre : le cœur doit être appelé à prononcer, non moins que l'intelligence. La leçon était bonne à donner à des hommes qui, avec leur prétendue sagesse, vivaient au milieu des désordres qu'il leur a reprochés dans les chapitres précédents. Elle est bonne aujourd'hui encore pour tous : la science, quand elle n'est pas accompagnée d'amour, remplit un homme de confiance en lui-même, et peut souvent lui faire faire fausse route. § « *Mais la charité édifie.* » Le mot grec serait mieux rendu ici par *amour*. (*Voy.* Notes ch. XIII.) L'Apôtre veut dire que si les Corinthiens avaient plus d'amour pour Dieu ou pour les hommes, cet amour leur apprendrait, mieux que toutes leurs connaissances, comment ils devaient agir dans ces occasions. Et, en effet, celui qui est conduit par l'amour, qui cherche à se montrer bon, tendre, prévenant pour son prochain, ne court pas grand risque de causer, par sa conduite, du tort à la cause de Dieu ; tandis que celui qui ne consulte que son intelligence est facilement présomptueux, obstiné, disputeur. Paul avait raison de vouloir confier à l'amour chrétien le soin de résoudre la question qu'on lui avait posée.

2. Et si quelqu'un croit savoir quelque chose, il n'a encore rien connu comme il faut connaître.

2. « *Et si quelqu'un croit*, etc. » Si quelqu'un de vous est ainsi plein

de lui-même, s'il est enflé de ses connaissances et qu'il dédaigne ceux qui sont moins éclairés que lui, il ne connaît pas les premiers éléments de cette religion dans laquelle il pense être si avancé. Une connaissance vraie de l'Évangile inspire à la fois l'humilité et la charité, un homme qui possède la vérité dans son cœur se sent pressé de la communiquer aux autres, au lieu de prendre à leur égard un ton supérieur et arrogant.

3. Mais si quelqu'un aime Dieu, il est connu de lui.

3. « *Mais si quelqu'un aime Dieu,* etc. » Il est difficile d'expliquer comment ce verset fait suite au précédent. Le sens semble être qu'il n'y a de véritable connaissance que celle qui se rattache à l'amour de Dieu, et par conséquent que le guide le plus sûr à consulter, ce n'est pas l'intelligence, si éclairée qu'elle soit d'ailleurs, mais l'amour de Dieu : Dieu connaît, c'est-à-dire, comme dans beaucoup de passages, approuve ceux qui l'aiment, et les empêche d'entrer dans une mauvaise voie.

4. Pour ce qui regarde donc de manger des choses sacrifiées aux idoles, nous savons que l'idole n'est rien au monde, et qu'il n'y a aucun autre Dieu qu'un seul.

4. « *Pour ce qui regarde donc,* etc. » L'Apôtre reprend ici la question telle qu'il l'a posée au verset 1 et admet en partie (vers. 4-6), ce que les Corinthiens lui disaient, quant à la connaissance qu'ils avaient, puis répondra plus loin à cet argument (vers. 7). § *Nous savons,* » disaient les Corinthiens, *que l'idole n'est rien au monde,* qu'elle est fabriquée par les hommes, qu'elle n'est rien par elle-même, et ne peut donc pas devenir l'objet d'un culte. C'est bien, en effet, ce que pensaient les hommes intelligents du paganisme ; mais il est certain aussi que la masse des païens adressaient leur culte à l'idole elle-même, qu'ils supposaient être animée par un dieu. § « *Et qu'il n'y a aucun autre Dieu qu'un seul* (*Voy.* Marc XII, 29.) Cette vérité était si élémentaire, si simple et si bien établie, que les Corinthiens ne pensaient pas qu'aucun d'entre eux pût l'oublier.

5. Car encore qu'il y en ait qui soient appelés dieux, soit au ciel, soit en la terre (comme il y a plusieurs dieux et plusieurs seigneurs).

5. « *Car encore qu'il y en ait,* etc. ; » ils sont appelés dieux, mais ils n'en sont réellement pas ; Paul use d'une division générale quand il dit soit au ciel, soit en la terre ; — par les premiers, il faut entendre peut-être les astres, ou peut-être les principaux dieux des Grecs, qui étaient censés résider au ciel, Jupiter, Apollon, etc. ; et par les secondes, ceux qui régnaient particulièrement sur le monde, Cérès, Neptune, etc. § *Comme il y a,* etc. ; » les païens avaient un très-grand nombre de divinités auxquelles ils se soumettaient comme à leurs *seigneurs ;* et cette dernière expression même s'appliquait fréquemment à leurs dieux : ainsi le Bahal, chez les Phéniciens, signifie également Dieu et Seigneur.

6. Nous n'avons pourtant qu'un seul Dieu, *qui est* le Père,

duquel sont toutes choses, et nous en lui ; et un seul Seigneur Jésus-Christ, par lequel sont toutes choses, et nous par lui.

6. « *Nous n'avons pourtant*, etc. » Nous, chrétiens, nous n'admettons qu'un Dieu, auteur de toutes choses. C'est dans ce sens de « source de toute existence » qu'il faut prendre ici ce nom de Père, et non comme désignant la première personne de la Trinité. L'ensemble du passage y conduit naturellement; l'Ecriture emploie souvent cette expression en parlant de Dieu comme de l'Etre souverain ; enfin l'Apôtre ne se sert pas du terme corrélatif de Fils quand il parle un peu plus loin de Jésus-Christ; ce qu'il aurait fait certainement s'il avait parlé ici du Père comme de la première personne de la Trinité. § « *Duquel sont toutes choses.* » Il est l'origine de toutes choses, la source et la cause première de tout ce qui existe. § « *Et nous en lui,* » ou mieux « pour lui. » Nous lui devons notre existence, notre salut même comme chrétiens, et c'est pour sa gloire que nous devons vivre. § « *Et un seul Seigneur Jésus-Christ :* » un seul, en opposition aux *plusieurs* du verset 5; et Seigneur, parce que les chrétiens considèrent Jésus-Christ comme leur législateur et leur roi. Bien loin que cette expression indique, comme quelques-uns le prétendent, une infériorité du Fils par rapport au Père, elle renferme plutôt une idée d'égalité, puisque nul ne peut donner des lois aux hommes, imposer des règles à leur conscience, et aspirer à gouverner leur vie, s'il n'est égal à Dieu. § « *Par lequel sont toutes choses;* » « par lequel, » différent de « duquel » que l'Apôtre vient d'appliquer à Dieu, indique que c'est par le moyen de Jésus-Christ que Dieu a créé toutes choses. (*Voy.* Note Jean I, 3.) § « *Et nous par lui.* » Les Ariens et les Sociniens ont voulu prouver par ce passage que le Fils est inférieur au Père, en se fondant sur ce que le nom de Dieu n'y est pas donné au Fils. Nous n'avons pas l'intention, dans ces Notes, d'entrer dans des discussions théologiques; disons seulement que ceux qui admettent la divinité du Seigneur Jésus ne nient pas qu'il y ait une différence entre Lui et le Père; ils admettent, au contraire, qu'il y a de toute éternité une distinction entre les personnes de la Trinité; — en outre, le terme de Seigneur n'implique pas infériorité, puisque l'Ecriture l'emploie souvent en parlant de Dieu. Enfin, l'œuvre de la création est expressément attribuée au Fils; mais cette œuvre ne peut pas être accomplie par une créature; Dieu ne délègue pas sa toute-puissance ou son infinie sagesse. Si donc le Seigneur Jésus a créé toutes choses, c'est qu'il est Dieu.

7. Mais il n'y a pas en tous la *même* connaissance : car quelques-uns qui jusques à présent font conscience à cause de l'idole, de manger des choses qui ont été sacrifiées à l'idole, en mangent pourtant : c'est pourquoi, leur conscience étant faible, elle en est souillée.

7. « *Mais il n'y a pas en tous*, etc. » Après avoir achevé l'argument tel que les Corinthiens l'exposaient, Paul dit que tous n'ont pas à cet égard la même connaissance; il y en a qui conservent leurs croyances superstitieuses d'autrefois, qui sont faibles ou ignorants, qui, croyant

que l'idole correspond à quelque chose de réel, se font scrupule de manger les viandes provenant des sacrifices, et finissent pourtant par en manger; leur conscience n'est pas assez forte pour résister à la tentation, ils cèdent comme malgré eux à une chose qu'ils désapprouvent, et sont ainsi entraînés au péché.

8. Or la viande ne nous rend pas agréables à Dieu : car si nous mangeons, nous n'en avons rien davantage ; et si nous ne mangeons point, nous n'en avons pas moins.

8. « *Or, la viande*, etc. » Il est vrai, dit l'Apôtre, que Dieu juge les hommes suivant l'état de leur cœur et de leurs sentiments, et non d'après ce qu'ils mangent et boivent : mais ce dernier point, entièrement indifférent par lui-même, cesse de l'être dès qu'il pourrait devenir une occasion de chûte pour d'autres hommes. Manger ou boire une chose ou l'autre, ce n'est en soi ni un mérite ni un péché; nous n'y gagnons, nous n'y perdons rien : seulement, dès que nous avons une influence à exercer par notre exemple, nous ne sommes plus seuls intéressés dans la question.

9. Mais prenez garde que cette liberté que vous avez, ne soit en quelque sorte en scandale aux faibles.

9. « *Mais prenez garde.* » Le principe posé est vrai ; ces choses sont en elles-mêmes indifférentes. Mais par cela même qu'elles le sont, il faut vous en abstenir plutôt que de scandaliser qui que ce soit en les faisant. Sacrifiez vos droits, renoncez à user de votre liberté, si l'exercice de ces droits ou de cette liberté doit devenir pour ceux qui sont faibles une occasion de péché. (*Voy.* Notes Matth. v, 29, et Rom. xiv, 13.)

10. Car si quelqu'un te voit, toi qui as de la connaissance, être à table au temple des idoles, la conscience de celui qui est faible, ne sera-t-elle pas induite à manger des choses sacrifiées à l'idole ?

10. « *Car si quelqu'un te voit*, etc. » Si quelque frère encore mal affermi dans sa foi, ou quelque païen prêt à embrasser le christianisme, te voit prendre part au banquet offert aux idoles. § « *La conscience de celui*, etc. ; » il sera induit; littéralement édifié, c'est-à-dire confirmé, établi : il gardait encore quelques préjugés, qui auraient bientôt disparu devant les doctrines chrétiennes; mais ton exemple le confirmera dans ses superstitions, et il croira non-seulement de son droit, mais de son devoir, de continuer à rendre un certain culte aux idoles.

11. Et ainsi ton frère qui est faible, pour lequel Christ est mort, périra par ta connaissance.

11. « *Et ton frère qui est faible*, etc. » Si tu étais disposé à le dédaigner à cause de sa faiblesse, rappelle-toi pourtant qu'il est ton frère; rappelle-toi surtout que Christ est mort pour lui. Oserais-tu bien, par ton imprudence, ou par un amour excessif de tes droits et de ta liberté,

détruire l'œuvre de Christ, rendre inutiles ses souffrances et sa mort, et perdre une âme qu'il a voulu sauver? § « *Périra;* » sera détruit, perdu. (*Voy.* Note Jean x, 28.) Il n'y a pas ici l'affirmation qu'il périra, mais seulement celle qu'il périra s'il continue à être exposé à des tentations qui l'entraînent; — de même qu'un aveugle qui marche vers un précipice périra si aucune voix ne l'avertit du danger qu'il court. Mais, du reste, il est établi par de nombreux passages, que ceux qui ont été une fois réellement convertis ne périront pas et ne perdront pas la grâce de Dieu. (*Comp.* Notes Rom. VIII, 29-30.) § « *Par la connaissance,* » parce que tu auras vu qu'une idole n'est rien, que tu n'auras couru aucun danger pour ton propre compte.

12. Or, quand vous péchez ainsi contre vos frères, et que vous blessez leur conscience qui est faible, vous péchez contre Christ.

12. « *Or, quand vous péchez ainsi,* etc. » A proprement parler, on ne peut pécher que contre Dieu, mais c'est pécher contre lui que de manquer d'égards envers une conscience faible, de l'offenser, de l'induire à erreur ou de la plonger dans le mal : — agir ainsi, c'est manquer même à la justice qu'on doit à ses frères. § « *Vous péchez contre Christ.* » Cela est vrai, d'abord, parce que Christ vous a commandé de les aimer, et ensuite, parce que vous faites tort à ceux qui sont les membres de son corps, et que vous blessez des âmes qu'il est venu guérir. (*Voy.* Note Matth. x, 40.)

13. C'est pourquoi, si la viande scandalise mon frère, je ne mangerai jamais de chair, pour ne point scandaliser mon frère.

13. « *C'est pourquoi si la viande,* etc. » Ce verset résume la pensée de Paul sur ce sujet. Si, en mangeant de ces viandes, je dois scandaliser un frère, le faire tomber dans le péché et causer du tort à son âme, c'est un devoir pour moi de m'en abstenir. — Pour sauver ses frères et pour avancer le règne de Dieu, le chrétien doit être prêt à tous les sacrifices : combien plus lorsqu'il ne s'agit de renoncer qu'à une chose d'aussi peu d'importance!

CHAPITRE IX.

Ce chapitre peut être considéré comme formant une longue parenthèse. Paul vient de dire (ch. VIII, 13) qu'il est disposé à faire beaucoup de sacrifices pour le bien des autres; et pour le prouver, il entre dans des détails sur son ministère, montre comment il agissait d'après le principe qu'il vient d'émettre, et écrit ainsi sur le renoncement chrétien l'une des pages les plus belles et les plus célestes du Nouveau Testament. Ce chapitre est en même temps une réponse à des attaques que les Corinthiens avaient pu diriger contre son autorité apostolique. Ces attaques portaient, semble-t-il, sur les points suivants : il n'avait pas vu Jésus-Christ, et ne pouvait donc pas être un apôtre; il différait des autres apôtres en ce qu'il n'était pas marié et qu'il s'imposait beaucoup plus de privations qu'eux; enfin il travaillait de ses mains pour vivre, et semblait par là reconnaître qu'il n'avait pas un droit absolu à être soutenu par l'Eglise, et par conséquent, qu'il n'était pas apôtre.

A cela il répond : d'abord (vers. 1) qu'il a vu Jésus-Christ, et que sous ce rapport il pouvait être un apôtre. Puis, pour les autres points, il répond qu'on lui fait un reproche de ce qui prouve au contraire la fidélité de son ministère, c'est qu'il renonçait à ses droits pour pouvoir faire plus de bien ; il avait le droit de se marier (vers. 5) et d'attendre que l'Eglise pourvût à sa subsistance (vers. 7-15). Au surplus, c'était une nécessité pour lui de prêcher l'Evangile ; et s'il n'obtenait pas pour cela sur la terre la récompense des hommes, il en recevrait une dans le ciel (vers. 16-18). Enfin, il montre d'après quel principe de renoncement chrétien et de zèle pour l'Evangile il avait agi au milieu d'eux (vers. 19-23), leur faisant entendre que si les hommes savent s'imposer des sacrifices pour satisfaire leur ambition, le but qu'il suivait, lui, était assez glorieux pour qu'il acceptât des sacrifices plus grands encore.

1. Ne suis-je pas apôtre? Ne suis-je pas libre ? N'ai-je pas vu notre Seigneur Jésus-Christ? N'êtes-vous pas mon ouvrage au Seigneur ?

1. « *Ne suis-je pas apôtre?* » C'était, à ce qu'il paraît, un point que les Corinthiens avaient contesté, en se fondant sur ce qu'il n'avait pas vu le Seigneur. § « *Ne suis-je pas libre ?* » N'ai-je pas la liberté dont jouissent tous les chrétiens et les Apôtres, relativement aux biens de la terre, au mariage, etc. § « *N'ai-je pas vu notre Seigneur Jésus-Christ ?* Les Apôtres devaient servir de témoins de la vie, des doctrines, de la mort et de la résurrection du Seigneur; il fallait donc qu'ils l'eussent vu. (*Voy.* Notes sur Act. I, 21-22.) Paul reconnaît que c'était en effet une condition essentielle pour un apôtre ; et comme il n'avait été appelé à l'apostolat qu'après la résurrection du Sauveur, Jésus-Christ lui était apparu pour lui conférer tous les droits de sa charge. (Act. IX, 3-5, 17.) Paul en appelle souvent à cette apparition miraculeuse du Seigneur, pour établir son autorité apostolique. (Act. XXII, 14-15; I Cor. XV, 8.) Il suit de là que l'apostolat, dans ce qui constitue son caractère distinct et spécial, ne pouvait absolument pas se transmettre, et qu'au sens rigoureux de ce mot, les Apôtres n'ont pas eu de successeurs. § « *N'êtes-vous pas mon ouvrage au Seigneur ?* La formation d'une Eglise au milieu de vous n'est-elle pas une preuve que Dieu a béni mon ministère, et m'a reconnu comme apôtre. Quand un pasteur, en effet, voit des âmes se convertir, et des Eglises se former sous ses soins, il peut en appeler avec confiance à ces fruits de son ministère pour montrer qu'il a été appelé de Dieu pour cette œuvre.

2. Si je ne suis pas apôtre pour les autres, je le suis au

moins pour vous : car vous êtes le sceau de mon apostolat au Seigneur.

2. « *Si je ne suis pas apôtre*, etc. » Quand je n'aurais pas donné à d'autres Eglises la preuve de ma vocation d'apôtre, vous, du moins, qui êtes les fruits de mon travail, vous à qui j'ai fait connaître l'Evangile et qui n'êtes devenus chrétiens que par mon ministère, je puis citer la formation de votre Eglise comme la preuve la plus sûre de mon caractère d'apôtre. Dieu a marqué de son sceau, Dieu a ratifié l'œuvre que j'ai faite parmi vous; en vous amenant à la foi chrétienne, il a montré que je n'avais pas tort de me donner pour un apôtre.

3. C'est là mon apologie envers ceux qui me condamnent.

3. « *C'est là mon apologie.* » A ceux qui contestent mon autorité apostolique, je réponds, en montrant votre Eglise, et ce que Dieu a fait par moi au milieu de vous. — D'autres font rapporter ces mots aux versets suivants, et traduisent par, « et envers ceux qui me condamnent, voici quelle est mon apologie. » Le mot « condamnent » est un terme juridique, et signifie proprement, « qui me font paraître devant leur barre : » peut-être l'Apôtre veut-il, en l'employant, blâmer l'arrogance de ceux qui prétendent se constituer ainsi ses juges.

4. N'avons-nous pas le pouvoir de manger et de boire ?

4. « *N'avons-nous pas le pouvoir*, ou le droit ; même mot que dans Jean I, 12) *de manger et de boire ?* La forme interrogative n'est là qu'une forme, en effet, destinée à donner plus de force à l'affirmation. Paul semble par ces mots repousser une objection que les Corinthiens avaient pu faire, et qui aurait été à peu près celle-ci : nous voyons les prêtres païens et juifs vivre de l'autel ; les Apôtres chrétiens se font également soutenir par les Eglises où ils enseignent ; si donc Paul et Barnabas n'osent pas se prévaloir du même droit, c'est qu'ils ont le sentiment qu'ils ne sont pas réellement apôtres. A cela Paul répond qu'en effet il travaillait de ses mains pour vivre, mais qu'il aurait eu néanmoins le droit de vivre aux dépens de ceux chez qui et pour qui il travaillait, bien qu'il n'ait pas voulu exercer ce droit.

5. N'avons-nous pas le pouvoir de mener avec nous une sœur femme, ainsi que les autres apôtres, et les frères du Seigneur, et Céphas ?

5. « *N'avons-nous pas le droit ?* etc. » Nous aurions pu également mener avec nous une femme, une famille que votre devoir eût été de soutenir. § « *Une sœur femme.* » Il est probable que Paul, en ajoutant le mot « sœur » au mot « femme, » veut faire entendre qu'un apôtre ne pouvait avoir pour sa femme qu'une femme chrétienne, ou du moins qu'il ne pouvait se faire accompagner par elle dans ses courses missionnaires qu'à cette condition. § « *Ainsi que les autres apôtres.* » On voit par là que les autres apôtres étaient mariés, et vivaient, eux et leurs familles, ou au moins leurs femmes, à la charge des Eglises. Rien ne s'op-

pose aujourd'hui non plus à ce que des missionnaires se marient et emmènent leurs femmes avec eux chez les païens. Il est probable, cependant, que souvent ils pourraient faire plus de bien, et se dévouer plus entièrement à leur œuvre s'ils restaient seuls : ils ont le droit de se marier; Paul l'avait aussi, mais il ne voulut pas l'exercer. § « *Et les frères du Seigneur;* » Jacques, Joses, Simon et Jude. (*Voy.* Matth. XIII, 55.) Il paraît, d'après ce passage, que les frères du Seigneur, qui d'abord ne croyaient pas en lui (Jean VII, 5), s'étaient convertis plus tard, et étaient employés comme évangélistes. § « *Et Céphas.* » Pierre : cela prouve, comme on le voit encore dans Matth. VIII, 14, que Pierre était marié. On ne peut trop s'étonner que les prétendus successeurs de Pierre aient défendu le mariage aux prêtres quand cet apôtre était marié lui-même, et imposé à leur clergé cette pratique du célibat qu'ont partout accompagnée tant de crimes et de désordres.

6. N'y a-t-il que Barnabas et moi qui n'ayons pas le pouvoir de ne point travailler?

6. « *N'y a-t-il que Barnabas et moi,* etc. » On voit par le verset 12 que Barnabas avait, comme Paul, travaillé de ses mains pour n'être à charge à personne : et le passage tout entier nous montre que ces deux hommes avaient été, plus que d'autres, critiqués et blâmés à Corinthe: pourquoi, nous ne le savons pas : mais probablement à l'instigation de docteurs judaïsants, qui ne pouvaient leur pardonner le zèle avec lequel ils prêchaient l'Evangile aux Gentils.

7. Qui est-ce qui va jamais à la guerre à ses dépens? Qui est-ce qui plante la vigne, et ne mange point de son fruit? Qui est-ce qui paît le troupeau, et ne mange pas du lait du troupeau?

7. « *Qui est-ce qui va jamais,* etc. » Paul va montrer maintenant (vers. 7-14), les droits qu'il reconnaît aux pasteurs d'être entretenus par l'Eglise, et exposer (vers. 8-15) la raison pour laquelle il ne s'en est pas prévalu. Il établit le premier point par la nature même du cas dont il s'agit, et en prenant trois exemples analogues. Un guerrier, dit-il d'abord, ne va pas à la guerre à ses dépens, il est rétribué, et cela est parfaitement juste. Or le prédicateur chrétien a aussi un combat à soutenir ; il est aussi, à un certain point de vue, un homme de guerre. (I Tim. I, 18.) Et si l'on donne une rétribution à celui qui porte les armes pour défendre sa patrie, et qui a pour métier de tuer d'autres hommes, n'est-il pas de la plus simple équité que celui qui donne son temps, ses forces, son bien-être et souvent même sa vie pour le bien éternel de ses frères, soit au moins soutenu par eux? § « *Qui est-ce qui plante la vigne,* etc. » De même encore celui qui plante une vigne peut aspirer à être récompensé de son travail, et c'est la vigne elle-même qui lui donnera sa récompense. — L'Eglise est souvent, dans l'Ecriture, comparée à un vignoble, ce qui ajoute une force nouvelle à l'exemple que Paul allègue ici. (*Voy.* Es. V, 1-4 ; Notes Luc XX, 9-16.) § « *Qui est-ce qui paît le troupeau,* etc. » Dans les pays orientaux, le berger a ordinairement pour gages une partie du lait du troupeau, ou des revenus qui

en proviennent. Ainsi on peut dire que le troupeau qu'il garde le nourrit à son tour. Le ministre de l'Evangile est à sa manière un berger, un pasteur; il garde les âmes, il protége ceux qui sont en danger, il console ceux qui sont affligés, il ramène ceux qui s'égarent: — il est donc bien juste qu'il reçoive des secours matériels de ceux auxquels il se dévoue ainsi.

8. Dis-je ces choses selon l'homme? La loi ne dit-elle pas aussi la même chose ?

8. « *Dis-je ces choses selon l'homme?* etc. » Pour qu'on ne l'accuse pas d'établir ce principe sur sa propre autorité, Paul en appelle à la loi de Moïse. C'était assez souvent sa manière de faire, surtout quand il discutait avec les Juifs, comme c'est le cas ici. Après avoir montré que la seule équité devait obliger les Eglises à nourrir leurs pasteurs, il montre que la loi de Moïse renfermait le même principe (Deut. XXIV, 14), et l'appliquait même aux animaux que l'homme emploie.

9. Car il est écrit dans la loi de Moïse : tu n'emmuselleras point le bœuf qui foule le grain. Or Dieu a-t-il soin des bœufs ?

9. « *Car il est écrit*, etc. » (*Voy.* Deut. XXV, 4.) Le bœuf qui foulait le grain (*Voy.* Notes sur Matth. III, 12) ne devait pas, d'après la loi de Moïse, être privé de la faculté d'en manger pendant qu'il le foulait. § « *Or Dieu prend-il soin des bœufs?* » Cette loi elle-même est une preuve que Dieu en prend soin, et que par conséquent il faut compléter la pensée de Paul en disant, Dieu s'occupe-t-il plus des animaux que des hommes ? et s'il a voulu assurer sa nourriture au bœuf qui travaille, ne voudra-t-il pas égalcment que l'homme qui travaille ait son salaire ?

10. Et n'est-ce pas entièrement pour nous qu'il a dit ces choses ? Certes elles sont écrites pour nous : car celui qui laboure, doit labourer avec espérance ; et celui qui foule le blé, *le foule* avec espérance d'en être participant.

10. « *Et n'est-ce pas entièrement*, etc. Le mot traduit par entièrement serait plus exactement rendu par principalement, certainement : il a plus d'une fois ce sens dans le Nouveau Testament (Luc IV, 23 ; Act. XXVIII, 4), et d'ailleurs il est évident que cette loi concernait aussi le bœuf, et n'était pas *entièrement* faite pour l'homme. Le principe était posé; il ne s'agissait plus que de l'appliquer *à fortiori* à tous ceux qui s'emploient au service des autres. § « *Et celui qui foule le blé*, etc. Ce passage est très-elliptique et obscur en grec ; il signifie probablement qu'il est juste d'encourager celui qui travaille en l'admettant à participer aux résultats de son travail.

11. Si nous avons semé parmi vous des biens spirituels, est-ce une grande chose que nous recueillions de vos biens charnels ?

11. « *Si nous avons semé*, etc. » Nous vous avons communiqué les biens spirituels ; nous vous avons parlé du royaume des cieux, nous avons instruit vos enfants, guidé vos pas dans le chemin de la vérité et de la paix, et tout cela au prix de nombreux sacrifices. Serait-ce donc une si grande chose d'obtenir de vous, en compensation, ce qui nous est nécessaire pour vivre ? (*Voy.* Rom. xv. 27.) Et, en effet, le pasteur a généralement besoin de tout son temps pour s'occuper de son œuvre spirituelle : il faut donc que d'autres s'occupent de ses intérêts matériels, et le fassent vivre, lui et sa famille. Ce n'est là, du reste, que la plus stricte justice. Il n'est personne qui travaille sans être rétribué ; on paie les avocats, les médecins, les instituteurs, on paie les maîtres de musique ou de danse, et on ne paierait pas celui qui dépense son temps, ses forces, sa santé et tout ce qu'il a, pour le bien spirituel et éternel des hommes ! Ajoutons qu'en général, au point de vue même pécuniaire, la société gagnera à soutenir un pasteur bien plus qu'elle ne lui donnera, parce qu'un pasteur fidèle introduira dans son troupeau ces habitudes d'ordre, de sobriété, d'honnêteté, d'exactitude qui font la fortune des sociétés.

12. Et si d'autres usent de ce pouvoir à votre égard, *pourquoi n'en userions-nous* pas plutôt qu'eux ? Cependant nous n'avons point usé de ce pouvoir ; mais, au contraire, nous supportons toutes sortes d'incommodités, afin de ne donner aucun empêchement à l'Evangile de Christ.

12. « *Et si d'autres, etc.* » Il est hors de doute que les docteurs de l'Eglise de Corinthe usaient de ce droit, et Paul rappelle qu'il aurait pu le faire beaucoup plus qu'eux tous. § « *Cependant nous n'avons pas*, etc. » (*Comp.* Notes ch. iv, 11-13.) « *Afin de ne donner aucun empêchement*, etc. » Et s'il a renoncé à user de ce droit, ce n'est pas qu'on eût pu le lui contester, mais c'était par abnégation, pour demeurer fidèle au principe qu'il a exprimé (ch. viii, xiii), pour faire voir à tous qu'il ne prêchait pas l'Evangile en mercenaire, et pour pouvoir insister avec plus de liberté sur l'obligation qui lui était imposée d'exercer son ministère ; c'était enfin pour que personne ne pût être éloigné du christianisme sous le prétexte que les Apôtres cherchaient à s'enrichir.

13. Ne savez-vous pas que ceux qui s'emploient aux choses sacrées, mangent de ce qui est sacré ; et que ceux qui servent à l'autel, participent à l'autel ?

13. « *Ne savez-vous pas*, etc. » « Ceux qui s'emploient aux choses sacrées ; » probablement les Lévites. Ils étaient chargés de faire la garde du temple, de le tenir toujours propre, d'assister les prêtres, de veiller à ce que le sanctuaire fût toujours pourvu d'huile, de vin, d'encens, etc. ; depuis le temps de David, ils avaient à diriger le chant sacré et à jouer des instruments de musique. (Rom. iii, 1-36 ; iv, 1, 30 ; viii, 5-22 ; I Chr. xxiii, 3-5 ; xxiv, 20-30.) § *Mangent de ce qui est sacré.* (*Voy.* Nomb. xviii, 24-32.) § « *Et que ceux qui servent à l'autel*, etc. » Probablement les prêtres, qui avaient à offrir les sacrifices ; il leur revenait de droit une partie de

la victime qu'ils immolaient sur l'autel. (*Voy.* Nomb. XVIII, 8-19.) L'argument de l'apôtre est celui-ci : les ministres de la religion sous l'économie judaïque étaient autorisés par Dieu même à recevoir un salaire pour leurs fonctions ; c'est une preuve qu'aujourd'hui aussi, les ministres de la religion doivent être soutenus par les fidèles, pour pouvoir s'acquitter de leurs fonctions spirituelles. Ce que Dieu avait commandé pour le passé, il est à croire qu'il veut le maintenir pour le présent.

14. Le Seigneur a ordonné tout de même, que ceux qui annoncent l'Evangile, vivent de l'Evangile.

14. « *Le Seigneur* ; » sans doute le Seigneur Jésus, qui a envoyé ses disciples moissonner dans le vaste champ du monde. § « *A ordonné,* » a disposé les choses de telle sorte que cela soit une loi. § « *Que ceux qni annoncent l'Evangile,* » ceux qui consacrent leur vie à faire connaître son nom et sa grâce. On voit que ces mots désignent, non-seulement les Apôtres, mais tous ceux qui sont appelés à être les ambassadeurs de Christ. § « *Vivent de l'Evangile* ; » allusion probable aux paroles du Seigneur lorsqu'il envoya ses disciples pour prêcher. (Matth. X, 10 ; Luc, X, 8; *Comp.* Gal. VI, 6.) Nous pouvons observer ici deux choses : 1° Il est ordonné que les ministres de l'Evangile *vivent de l'Evangile*, mais non qu'ils s'enrichissent par la prédication. Ils doivent être mis à l'abri du besoin; il ne faut pas qu'ils aient à se préoccuper de gagner leur pain quotidien, ou qu'ils soient réduits à un genre de vie qui attire sur eux le dédain des riches ; mais il ne faut pas non plus qu'ils se fassent de leur vocation un moyen de thésauriser. La règle serait probablement qu'on leur assurât une position également éloignée de la pauvreté et de la richesse » (Prov. XXX, 8), et qui leur permît de faire du bien aux pauvres ; 2° l'assistance à donner aux pasteurs n'a pas été entièrement laissée à la discrétion des fidèles ; le Seigneur Jésus en a fait l'objet d'un ordre formel, de sorte qu'il y a pour les Eglises une obligation à laquelle elles ne peuvent se soustraire sans manquer à leur devoir vis-à-vis du Rédempteur ; 3° cette assistance ne doit pas être considérée comme un don, mais comme une rétribution. Il y a entre les pasteurs et les Eglises une sorte de contrat tacite en vertu duquel celles-ci s'engagent à récompenser des hommes qui consacrent leur vie à leur service ; une paroisse qui soutient son pasteur, ne fait donc que s'acquitter d'une dette comme le malade s'acquitte envers son médecin, ou le client envers son avocat. (*Comp.* Note vers. 11.)

15. Cependant je ne me suis point prévalu d'aucune de ces choses, et je n'écris pas même ceci afin qu'on use de cette manière envers moi : car j'aimerais mieux mourir, que de voir que quelqu'un anéantît ma gloire.

15. « *Cependant,* etc. » On avait reproché à Paul le travail manuel auquel il se livrait, comme une preuve qu'il n'était pas apôtre. Il montre ici, par des preuves tirées de la loi, des commandements du Seigneur Jésus, et même du simple bon sens, qu'il aurait eu le droit de ne pas travailler ainsi, et que s'il l'a fait, c'était par amour des âmes, et

pour honorer la cause de l'Evangile. § « *Et je n'écris point ceci,* etc. » Mon but, en vous écrivant ainsi, n'est pas de chercher et d'obtenir vos secours ; je ne vous demande pas de me rien envoyer, ou de m'offrir des présents quand je serai au milieu de vous : ce que je veux, c'est d'établir mon droit, et de me faire reconnaître par vous comme apôtre. § « *Car j'aimerais mieux mourir,* etc. » Il y a dans la ligne de conduite que j'ai suivie avec vous des avantages que je ne sacrifierais pour rien au monde, et qui me sont plus précieux que ma vie même. C'est grâce à cette conduite, en effet, qu'il pouvait se glorifier (peut-être l'expression « se féliciter, » rendrait-elle mieux la pensée de l'Apôtre) d'avoir prêché l'Evangile sans que personne eût le droit de lui prêter des vues intéressées, et d'avoir traité durement son corps, sans attendre d'autre récompense que celle des cieux.

16. Car, encore que j'évangélise, je n'ai pas de quoi m'en glorifier, parce que la nécessité m'en est imposée ; et malheur à moi, si je n'évangélise pas !

16. « *Car, encore que j'évangélise,* etc.; » passage assez difficile à expliquer. L'Apôtre vient de parler de sa « gloire; » il va montrer maintenant quel en est le fondement. S'il se glorifie, ce n'est pas simplement parce qu'il prêche l'Evangile, car cela, il faut qu'il le fasse; il serait misérable s'il essayait de se dérober au grand devoir de sa vocation; non, mais c'est qu'il accepte, pour la mieux remplir, des sacrifices qui n'étaient pas exigés de lui ; il renonce à des biens dont il aurait droit de jouir, et manifeste ainsi son empressement à tout entreprendre pour servir la cause de l'Evangile. L'idée principale est donc que Paul n'a pas à attendre de récompense du fait seul qu'il se soumet à la vocation que Dieu lui a adressée, mais qu'il peut en attendre une parce qu'il remplit son ministère sans être à charge à personne. Cela nous montre, d'un côté, qu'il accomplissait avec amour les travaux de son apostolat, et de l'autre, que le Seigneur se plaisait à récompenser son dévouement, et les travaux dont il se chargeait pour son service. § « *Je n'ai pas de quoi m'en glorifier,* » ou mieux, « ce n'est pas de cela que je me glorifie. » D'autres que lui prêchaient l'Evangile, et pouvaient se réjouir aussi d'avoir à remplir cette tâche; mais ce n'était pas là pourtant qu'était la cause particulière de sa joie; ce n'était pas de cela spécialement qu'il se glorifiait. § « *Car la nécessité m'en est imposée.* » Il ne se peut faire que je ne prêche; ma vocation à l'apostolat a été telle, et entourée de circonstances si miraculeuses, que je n'ai pu y résister. Evidemment, il ne faut pas entendre ces paroles comme indiquant une contrainte physique en quelque sorte, qui obligeât Paul à prêcher malgré lui. Il exprime ici d'une manière populaire l'entraînement qui le portait à annoncer l'Evangile. Il n'y a probablement pas de pasteurs aujourd'hui qui aient, au même degré que Paul, le sentiment d'une vocation divine; mais il en est beaucoup pourtant pour qui la prédication se présente comme une nécessité morale, et qui seraient malheureux dans toute autre vocation. Comme Paul de Tarse, ils ont peut-être été « blasphémateurs, persécuteurs, oppresseurs » (I Tim. I, 13); ils avaient pu entrer dans une carrière d'ambition ou de lucre, et la Providence d

Dieu leur aura fermé ce chemin pour ouvrir devant eux une perspective inattendue, et les transformer en ambassadeurs de la croix. § « *Et malheur à moi*, etc. » Mon cœur serait misérable, ma conscience me condamnerait, je serais honteux de moi-même, et Dieu serait irrité contre moi si je n'évangélisais pas. — Ces paroles, tout en nous faisant sentir la profondeur du changement qui s'était opéré en Paul, servent à nous montrer aussi : 1° Que tout pasteur fidèle se sentira, comme l'Apôtre, mal à son aise et malheureux dans toute autre profession, tandis que son ministère, fût-il même accompagné de souffrances et de privations, sera pour lui une source de paix et de joie ; 2° qu'un homme capable de quitter le ministère évangélique, pour embrasser un autre emploi, n'a jamais eu l'esprit d'un véritable ambassadeur de Christ. Celui qui, par amour de ses aises ou de la richesse, celui qui, reculant devant les soins ou les préoccupations du ministère, abandonne la prédication et se met à cultiver ses fermes, à composer des livres, ou à jouir paisiblement de ses revenus, celui-là n'a jamais eu de vocation réelle pour cette œuvre spirituelle. Ce n'est pas ainsi qu'a agi l'Apôtre qui pouvait dire : « J'ai combattu le bon combat, j'ai achevé ma course » (II Tim. IV, 7) ; ce n'est pas ainsi non plus qu'a agi le Maître de Paul et le nôtre, Lui qui pouvait se rendre ce témoignage solennel. « J'ai achevé l'œuvre que tu m'avais donné à faire. » (Jean XVII, 4) ; 3° nous voyons enfin par là pourquoi certains hommes se sentent malheureux dans leur vocation : c'est qu'au lieu d'entrer dans le ministère, comme Dieu les y appelait, ils se sont voués au barreau, à l'enseignement, à l'agriculture, etc., Dieu les poursuit par les reproches que leur adresse leur conscience ; il n'y a de paix et de bonheur que dans une obéissance fidèle aux commandements du Seigneur.

17. Mais si je le fais de bon cœur, j'en aurai la récompense ; mais si c'est à regret, je ne fais que m'acquitter de la commission qui m'en a été donnée.

17. « *Mais si je le fais de bon cœur.* » Si j'engage tout mon cœur au service de l'Evangile, si je le prêche sans chercher aucune compensation, en acceptant au contraire, pour mon Sauveur, des sacrifices que je ne m'imposerais pas si je ne voulais faire qu'obéir strictement à un devoir pénible. § « *J'en aurai la récompense.* « J'obtiendrai l'approbation de mon Maître, et dans le monde à venir, la récompense promise à ceux qui auront ramené un pécheur de ses égarements. (Prov. XI, 30 ; Dan. II, 3 ; Matth. XIII, 43, etc.) § « *Mais si c'est à regret* ; » si c'est par nécessité (vers. 16), ou par crainte d'un châtiment. § « *Je ne fais que m'acquitter*, etc. » Il ne m'est pas loisible d'accepter ou de rejeter cette tâche ; je *dois* l'accomplir. Si je m'en acquitte à contre-cœur, je n'ai pas de récompense à attendre ; mais on peut voir, à mon désintéressement et aux privations volontaires que j'endure, que j'accomplis ma tâche dans un esprit de joyeuse soumission.

18. Quelle récompense en ai-je donc ? C'est qu'en prêchant l'Evangile, je prêche l'Evangile de Christ sans apporter aucune dépense, afin que je n'abuse pas de mon pouvoir dans l'Evangile.

18. « *Quelle récompense en ai-je donc?* » C'est-à-dire, quel est mon titre à recevoir une récompense? Comment irais-je au-delà de ce qui est strictement mon devoir, de manière à mériter une récompense? § « *C'est qu'en prêchant l'Evangile,* etc. » Je pourvois à mes dépenses par mon propre travail, sans rien demander à ceux au milieu et en faveur desquels j'exerce mon ministère. Nous pouvons remarquer ici : 1° Que dans des circonstances semblables, ce serait un devoir pour un pasteur, de suivre l'exemple de Paul et de renoncer à être entretenu par son troupeau, plutôt que de sacrifier à son droit la dignité de son ministère ; 2° que les troupeaux ne doivent pas se prévaloir de ce passage pour se dispenser de soutenir leurs pasteurs. Paul, en effet, établit son droit par cela même qu'il déclare s'en désister en vue de circonstances particulières ; que si un pasteur juge à propos d'agir de même, il fera bien, mais ce n'est pas au troupeau qu'il nourrit de son travail, de lui en faire une obligation. Disons, d'ailleurs, qu'en thèse générale, c'est une bonne chose de s'imposer quelques sacrifices pour entendre la prédication de l'Evangile, car nous sommes assez portés à attribuer peu de valeur à une chose qui ne nous coûte rien. § « *Afin que je n'abuse pas,* etc. » Afin que je n'insiste pas sur mon droit, au point de nuire peut-être à la cause de l'Evangile.

19. Car bien que je sois en liberté à l'égard de tous, je me suis pourtant asservi à tous, afin de gagner plus de personnes.

19. « *Car bien que je sois en liberté.* » Je suis un homme libre ; personne ne peut exiger de moi que je travaille comme un esclave, que je dépense mon temps et mes forces sans obtenir aucun salaire. (*Comp.* Vers. 1, et Notes ch. VI, 12.) § « *A l'égard de tous.* » Le sens de la phrase autorise cette traduction; mais le mot grec, en lui-même, pourrait se traduire également par « à l'égard de toutes choses. » § « *Je me suis pourtant asservi à tous.* » J'ai travaillé pour eux, sans attendre de salaire, en me conformant comme un esclave, autant que ma conscience me le permettait, aux préjugés, aux habitudes, aux opinions des autres, en m'accommodant (toujours dans les limites de la conscience) à leur état et à leur manière de voir. § « *Afin de gagner plus de personnes ;* » en les amenant à Christ. Admirable exemple de renoncement et de grandeur d'âme! Il faut sans doute, pour agir ainsi, avoir un esprit indépendant, et qui sache s'affranchir des préjugés; mais quel cœur ne faut-il pas avoir aussi. On ne peut comparer une telle conduite qu'à celle de ces premiers chrétiens qui se vendaient comme esclaves, pour avoir accès auprès des autres esclaves. Voilà des fruits comme la croix de Christ seule peut en porter. (*Comp.* Note Rom. I, 14.)

20. Et je me suis fait aux Juifs comme Juif, afin de gagner les Juifs ; à ceux qui sont sous la loi, comme si j'étais sous la loi, afin de gagner ceux qui sont sous la loi.

20. « *Et je me suis fait aux Juifs comme Juif,* etc. » Paul explique ici (vers. 20-22) ce qu'il vient de dire, qu'il s'est asservi à tous. Il a souvent prêché parmi les Juifs, et sans jamais songer à les offenser inutilement,

en ménageant leurs préjugés, en se prêtant à leurs rites autant qu'il le pouvait sans manquer à la fidélité. (*Comp.* Notes sur Act. xvi, 3; xviii. 18; xxi, 21-27.) § « *A ceux qui sont sous la loi.* » C'est probablement une autre manière de désigner les Juifs ; peut-être, par ces mots « sous la loi, » veut-il mentionner particulièrement les Juifs de Palestine, qui vivaient plus que les autres sous l'empire de la loi mosaïque. § « *Comme étant sous la loi,* » observant les ordonnances de la loi, autant qu'elles ne gênaient pas ma conscience. § « *Afin de gagner,* etc. » Pour ne pas mettre obstacle à leur conversion en les aigrissant et en excitant dans leur esprit des préventions défavorables à l'Evangile.

21. A ceux qui sont sans la loi comme si j'étais sans loi (quoique je ne sois point sans loi quant à Dieu, mais je suis sous la loi de Christ), afin de gagner ceux qui sont sans loi.

21. « *A ceux qui sont sans loi.* » Aux Gentils qui sont sous la loi de Moïse. (*Voy.* Notes Rom. ii, 12 et 14.) Je leur disais de ne pas se laisser lier par ces préceptes de la loi mosaïque, auxquels je ne me pliais que par déférence. (*Voy.* Notes Act. i, 5), et l'argument de Paul dans Gal. ii, 11-18.) Paul n'agissait ainsi que dans des choses indifférentes en elles-mêmes; et son but était de ne pas soulever sans motif suffisant l'opposition du monde. On ne gagne jamais rien, en effet, à faire de l'opposition pour l'opposition. Autant un chrétien doit être ferme dans les choses où sa conscience est intéressée, autant il doit être accommodant et flexible pour celles qui ne sont qu'affaire d'habitude, ou de forme extérieure. § « *Quoique je ne sois point sans loi quant à Dieu;* » tout en étant indépendant vis-à-vis de certaines parties de la loi mosaïque, il reste néanmoins la loi de Dieu à laquelle je suis tenu d'obéir. Paul ne voulait pas que l'on pût supposer qu'il vivait absolument sans loi; ce n'était donc pas la loi comme telle qu'il rejetait, mais certains détails qui devaient être abrogés sous la dispensation évangélique. Ce passage condamne absolument l'erreur des Antinomiens qui prétendaient être affranchis des obligations de la loi morale. Christ, au contraire, est venu pour magnifier, honorer et confirmer la loi. § « *Mais je suis sous la loi de Christ.* » Je suis lié par la loi que Christ a posée; il faut que j'obéisse à ses commandements, que je suive ses instructions, que je cherche sa gloire. Obéir à Christ, dont la nourriture était de faire la volonté de son Père, c'est obéir à la loi morale elle-même et à Dieu.

22. Je me suis fait comme faible aux faibles, afin de gagner les faibles; je me suis fait toutes choses à tous, afin qu'absolument j'en sauve quelques-uns.

22. « *Je me suis fait faible aux faibles.* » (*Voy.* Note Rom. xv, 1.) Ceux qui étaient faibles en la foi, peu éclairés, excessifs dans leurs scrupules, je n'ai pas voulu les brusquer, les froisser dans leurs sentiments ; et dans les questions de costume, de nourriture, de rites extérieurs, je me suis souvent conformé à ce qu'ils regardaient comme obligatoire. Cette conduite de Paul doit nous servir d'exemple, et nous apprendre à ne pas chercher toujours notre propre avantage, comme aussi à ménager la faiblesse de nos frères. Si la vérité blesse les hommes, nous n'y

pouvons rien; mais elle a assez d'aiguillons par elle-même sans que nous y allions ajouter encore par notre manque de condescendance. « *Je me suis fait toutes choses à tous.* » Je me suis accommodé à l'état et au genre de vie de tous. § « *Afin qu'absolument*, etc. » ; afin de faire tous les efforts possibles pour qu'il y en ait au moins quelques-uns de sauvés. Ces mots impliquent que l'Evangile rencontrait partout une vive résistance, et que Paul voulait faire tout ce qui dépendait de lui pour sauver des hommes qui marchaient à leur ruine. Nous voyons aussi par là que la doctrine du salut universel n'est pas vraie; si elle l'était, à quoi bon tous ces efforts de Paul ? Si tous doivent être sauvés, pourquoi se donner tant de peine pour en sauver au moins quelques-uns ?

23. Et je fais cela à cause de l'Evangile, afin que j'en sois fait aussi participant avec les autres.

23. § *Et je fais cela à ceux de l'Evangile ;* » afin qu'il se répande plus promptement dans le monde. § « *Afin que j'en sois fait*, etc. » Vous vous regardez comme des chrétiens, et vous espérez être sauvés ; j'espère aussi donner, par mon renoncement, une preuve que je suis chrétien, et que je serai admis, dans le ciel, à partager le bonheur des rachetés.

24. Ne savez-vous pas que quand on court dans la lice, tous courent bien, mais un seul remporte le prix ? Courez *donc* tellement que vous le remportiez.

24. « *Ne savez-vous pas.* » Pour expliquer ce qu'il vient de dire au sujet du renoncement personnel, Paul transporte ses auditeurs dans une sphère bien connue d'eux tous; il leur rappelle ce qui se passait, soit aux jeux Olympiques, les plus célèbres de toute la Grèce, soit aux jeux Isthmiques, qui avaient lieu tous les quatre ans sur l'isthme de Corinthe. Les athlètes qui devaient y figurer s'y préparaient de longue main par un régime austère, par de sévères abstinences, par des exercices continuels. Les Corinthiens devaient aisément conclure de ce rapprochement, que si des hommes savaient s'imposer de dures privations en vue d'une couronne périssable, bien plus encore fallait-il les accepter lorsqu'il s'agissait d'une couronne incorruptible et éternelle. Paul ne mentionne ici que deux des jeux auxquels on se livrait dans ces occasions. § « *Que quand on court.* L'un des avantages physiques que les Grecs appréciaient le plus, était la rapidité de la course ; aussi, le plus bel éloge qu'Homère puisse faire d'Achille, son héros, c'est de dire qu'il avait « les pieds légers. » De là l'importance particulière donnée à la course dans les jeux publics, et l'extrême sévérité du régime auquel se soumettaient ceux qui ambitionnaient cette palme. On s'explique l'opinion des anciens à cet égard, en songeant que le succès des batailles dépendait, alors beaucoup plus qu'aujourd'hui, de la vigueur corporelle et de l'agilité. (*Voy.* également II Sam. I, 23.) § « *Dans la lice.* » Le *stade* que devaient parcourir les lutteurs était à Olympie d'environ deux cents mètres de long, sur une largeur proportionnée. § « *Tous courent bien*, etc. » Il faut prendre ici l'idée dans son ensemble ; Paul ne veut pas dire que de même, dans les choses spiri-

tuelles, il y en aura un seul qui remportera le prix, mais que nous devons faire notre possible pour le remporter, puisque, là aussi, il pourrait arriver que l'on recherchât le prix sans l'obtenir. « Une couronne de laurier ou d'olivier sauvage était la récompense du vainqueur. Mais, à quelque jeu que ce fût, c'était un insigne honneur de vaincre, et pour le vainqueur lui-même, et pour la cité qui lui avait donné le jour. A son retour, il y rentrait porté sur un char magnifique; on abattait des pans de muraille pour lui livrer passage; son nom était dans toutes les bouches; les poètes le chantaient, les peintres, les sculpteurs reproduisaient son image pour orner les places publiques, les avenues ou les portiques des temples. On vit des pères mourir de joie en embrassant leur fils victorieux. » § « *Courez donc tellement*, etc. » (*Comp.* Hébr. XII, 1.) Les chrétiens obéiront à ce précepte quand ils se consacreront entièrement à Dieu ; quand ils « rejetteront tout fardeau » qui arrêterait leur course, comme celui du péché (Hébr. XII, 1); quand ils auront appris à poursuivre le grand but de leur vie, sans se laisser détourner vers un autre objet, ou lasser dans leur course, et qu'ils tiendront leurs yeux attachés sur Christ, comme l'athlète les tenait fixés sur la couronne qui l'attendait au terme de la carrière.

25. Or quiconque lutte, vit entièrement de régime ; et quant à ceux-là, *ils le font* pour avoir une couronne corruptible ; mais nous, pour en avoir une incorruptible.

25. « *Or quiconque lutte*, etc. » Ceux qui se destinaient à la lutte devaient s'abstenir entièrement du vin, de la bonne chère, de ces stimulants qui ne procurent un moment d'excitation que pour affaiblir plus sûrement ensuite. Tout, dans leur genre de vie, était calculé pour leur donner des corps robustes et vigoureux. Non-seulement les excès du manger ou du boire, ou de la volupté leur étaient strictement interdits, mais, en général, tout ce qui aurait eu quelque tendance à les *détremper*, à les amollir. On peut voir dans Epictète quelques détails sur le régime que suivaient les athlètes. « Voulez-vous avoir un prix aux jeux Olympiques? Vous devez observer le régime le plus strict, prendre une nourriture peu agréable, vous abstenir de toute délicatesse, vous exercer l'été comme l'hiver pendant un temps prescrit, ne jamais prendre de boisson froide, laisser l'usage du vin, etc. » (*Voy.* aussi Horace, *Art poétique*, v. 413.) § « *Pour avoir une couronne corruptible.* » Voilà tout le but de tant d'efforts : quelques feuilles de laurier, un succès d'amour-propre, une gloire d'un jour! Quel sujet de honte pour les chrétiens, que ce contraste entre un tel zèle, déployé pour une telle cause, et le peu d'empressement qu'ils mettent à acquérir la vie éternelle. D'un côté, des athlètes qui savent renoncer à un genre de vie qui les affaiblirait, et les rendrait impropres aux exercices auxquels ils se destinent; de l'autre, des chrétiens qui aspirent à une couronne éternelle, et qui vivent dans l'indolence et la paresse, ou qui ne savent pas couper court à de viles et repoussantes habitudes, comme celles du vin ou du tabac, comme si un homme pouvait être un chrétien véritable, quand il ruine volontairement et sans fruit ses forces de corps et d'esprit, et qu'il devient ainsi un sujet de scandale pour d'autres! Ajoutons que l'exemple des athlètes est le meilleur argument qu'on puisse opposer à ceux

qui prétendent que les liqueurs fortes sont nécessaires pour entretenir la vigueur du corps. Au point de vue temporel même, la tempérance est la condition des plus grands succès et des plus grandes choses. § « *Mais nous*, etc. » Les bénédictions célestes qui attendent les rachetés, sont souvent représentées par l'image d'une couronne. (II Tim. IV, 8; Jacq. I, 12; Apoc. II, 10, etc.) L'apôtre nous recommande donc de faire effort pour entrer dans la vie éternelle, et pour obtenir la récompense des justes. Nos efforts, en effet, doivent être d'autant plus grands: 1° Que les obstacles sont beaucoup plus considérables, puisqu'il s'agit de vaincre le péché, et l'opposition de Satan et du monde; 2° que le danger est plus pressant, puisqu'à chaque instant la mort peut nous surprendre dans l'impénitence; et 3° que le but à atteindre est plus élevé, puisqu'il s'agit de la gloire éternelle.

26. Je cours donc, *mais* non pas sans savoir comment ; je combats, *mais* non pas comme battant l'air.

26. « *Je cours donc*, » dans la carrière de l'Evangile. § « *Mais non pas sans savoir comment.* » Je ne vais pas au hasard ; je sais quel est le but que je poursuis, et je suis sûr de l'atteindre, parce que je prends pour cela des moyens qui y conduisent. Je m'étudie à vivre de telle sorte qu'il ne puisse me rester aucun doute sur mon sort à venir. Heureux les chrétiens s'ils pouvaient toujours tenir un tel langage ! Que de doutes, que d'hésitations, que de moments d'abattement leur seraient épargnés ! Et cependant il est hors de doute que, s'ils voulaient apporter à l'œuvre de leur salut autant de soin et de zèle que les athlètes grecs en mettaient à leurs exercices, ils pourraient être parfaitement sûrs de remporter le prix. — Quelques commentateurs traduisent, « je cours, mais sans être hors de vue, » c'est-à-dire, en me tenant toujours sous les yeux de mon juge, le Seigneur Jésus-Christ. Mais l'autre interprétation me paraît préférable, comme plus en rapport avec le contexte. § « *Je combats ;* allusion à un autre service des athlètes, au pugilat, au combat à coups de poing, dont le peuple si éclairé de la Grèce faisait ses délices ! § « *Mais non pas comme battant l'air.* » Expression tirée des habitudes des *pugilistes :* tant que ces athlètes n'en étaient qu'à s'exercer, ils ne combattaient qu'un ennemi imaginaire et fictif; leurs coups portaient dans le vide. D'autres fois aussi, avant que le signal eût été donné, ils se livraient à des combats simulés, pour leur propre amusement ou pour celui des spectateurs. Mais il pouvait arriver encore, que, dans un combat sérieusement engagé, l'un des deux adversaires manquât son but, et portât son coup dans le vide. Or Paul déclare qu'il ne veut pas faire ainsi : il ne veut pas porter un coup à faux et perdre son temps et ses forces dans une entreprise inutile ; son grand objet, c'est de combattre le péché, et d'amener toutes choses à l'obéissance de Dieu. — Nous devons apprendre de là à ne pas perdre notre vie et notre activité par défaut de sagesse, de réflexion, de savoir-faire. Il en est beaucoup qui manquent leur but faute d'avoir poursuivi avec assez de persévérance un plan bon en soi, ou qui se créant un objet d'activité imaginaire, attaquent quelque hérésie ou bien quelque désordre ecclésiastique sans importance, qui s'ensevelissent dans

cette pensée, et meurent ainsi sans avoir jamais combattu les vrais ennemis de l'Evangile.

27. Mais je mortifie mon corps, et je me le soumets ; de peur qu'après avoir prêché aux autres, je ne sois trouvé moi-même en quelque sorte non recevable.

27. « *Mais je mortifie mon corps*, etc. » Je l'assujettis à une rude discipline, je m'étudie à le dompter, de manière à vaincre et à dominer toute convoitise charnelle ; je veux en faire l'instrument docile de mon esprit, et le traiter comme ces prisonniers faits sur le champ de bataille, que le vainqueur emmène comme ses esclaves. § « *De peur qu'après avoir*, etc. » Quelques commentateurs veulent que ces mots soient une allusion à la charge du héraut qui faisait les proclamations dans les jeux publics. Mais s'il en était ainsi, Paul se présenterait à la fois comme héraut et comme athlète. Il est bien plus simple d'admettre qu'il abandonne à ce moment la comparaison commencée, et reprend le langage ordinaire. Il avait prêché l'Evangile auprès et au loin, à des milliers d'auditeurs, et avec un succès admirable ; néanmoins il sentait encore qu'il pouvait être perdu. § « *Je ne sois trouvé moi-même*, etc. » Le mot grec traduit par « non recevable, » s'applique littéralement à des métaux qui ne peuvent pas supporter l'épreuve du feu, et qui sont, pour cette raison, mis de côté. Or Paul avait été soumis à l'épreuve, et on avait pu voir que sa foi était pure de tout mauvais alliage. Il avait montré, par la victoire qu'il avait remportée sur ses penchants naturels, qu'il était un chrétien humble, fervent et sincère. Ici encore on a supposé que Paul continue la métamorphose des versets précédents, comme s'il disait, « j'ai été inscrit au nombre des lutteurs, et je ne veux pas me faire rayer de la liste par ma conduite. » Mais c'est une hypothèse peu naturelle, et qui n'est pas du tout nécessaire pour bien saisir la pensée de l'Apôtre. Cette pensée, qui devrait être toujours présente à l'esprit de tout chrétien, c'est qu'il ne suffit pas d'avoir été une fois un homme pieux et converti, si on ne persévère dans cette voie, si on ne donne chaque jour de nouvelles preuves de la sincérité de sa foi.

CHAPITRE X.

On a proposé différentes divisions de ce chapitre. Les uns (Grotius, Calvin, etc.) pensent que Paul, après avoir parlé de son renoncement, exhorte les Corinthiens à agir comme lui, et à ne pas se laisser bercer d'une fausse sécurité par le souvenir des biens spirituels qu'ils ont reçus. — D'autres croient que l'Apôtre, dans ce chapitre, répond aux trois questions suivantes, que les Corinthiens lui avaient peut-être adressées : 1° S'ils pouvaient, sans péché, accompagner leurs amis dans les temples païens, et participer aux fêtes qui avaient lieu en l'honneur de l'idole; 2° s'ils pouvaient acheter de la viande qui provenait d'un sacrifice païen; 3° si, invités chez des païens, ils pouvaient manger de la viande qu'on leur offrait, quand elle provenait aussi d'un sacrifice. — Nous croyons, quant à nous, que Paul ne fait que reprendre ici la discussion du chapitre VIII, qu'il avait interrompue pour donner (ch. IX) les preuves de son abnégation personnelle. Une fois ce dernier point établi, il revient à la question qu'il traitait, à savoir s'il est permis de manger les viandes sacrifiées aux idoles, et entre, à ce sujet, dans des détails plus circonstanciés. Le premier point sur lequel il insiste, c'est le danger de retomber dans l'idolâtrie qu'il avait déjà signalé (ch. VIII, 9-12), et qu'il expose ici plus longuement (vers. 1-24). Il commence par montrer que le peuple juif avait reçu de Dieu des grâces particulières (vers. 1-4), et que néanmoins (vers. 5-11) il n'avait pas su demeurer fidèle à son alliance, s'était jeté dans l'idolâtrie, dans le péché, et qu'il avait attiré sur lui la colère de Dieu. — Puis, prenant exemple de leur conduite, il exhorte les Corinthiens (vers. 12-14) à ne pas s'endormir dans une fausse sécurité, et à ne pas s'exposer à la tentation en participant aux fêtes des idolâtres. Il insiste sur ce point et leur montre (vers. 15-24) qu'en participant à ces sacrifices, ils s'identifient, en fait, avec les adorateurs des faux dieux. Et cela même, il l'établit en disant (vers. 16-17) que ceux qui prenaient part à la Cène du Seigneur s'enrôlaient ainsi parmi les chrétiens; que ceux qui assistaient aux sacrifices juifs étaient considérés comme Juifs (vers. 18). Il en était de même de ceux qui assistaient aux sacrifices des païens: ils participaient au culte des démons, et c'était là une chose contre laquelle Paul ne pouvait pas les prémunir avec trop de force (vers. 19-22). Puis, tout en admettant qu'en soi il n'y avait aucun mal (vers. 23) à prendre une part des viandes sacrifiées, il pose (vers. 24) le grand principe qui domine toute la question, et veut que l'on agisse de manière à procurer de l'édification aux autres.

Restaient encore deux questions que les Corinthiens avaient probablement adressées à Paul dans leur lettre. La première, de savoir si on pouvait légitimement acheter la viande qui provenait des sacrifices, et qui se trouvait mêlée avec l'autre sur le marché. A cela Paul répond que, s'ils ne l'achetaient pas en tant que viande sacrifiée aux idoles, il n'y avait pas de mal à eux à s'en procurer (vers. 26). Les Corinthiens avaient demandé, en second lieu (vers. 27), s'ils étaient libres d'accepter l'invitation d'un païen et de manger à sa table une viande qui aurait été d'abord consacrée aux dieux. Ici encore Paul répond que si on les avertit expressément que cette viande vient des autels des dieux, ils doivent s'en abstenir, plutôt que de participer au culte des idoles; mais que, sans cela, leur conscience n'est engagée à rien. Et il finit en posant cette noble et glorieuse règle, que les chrétiens devraient toujours suivre, de faire toute chose pour la gloire de Dieu et sans causer de scandale à personne (vers. 31-33).

1. Or, mes frères, je ne veux pas que vous ignoriez que nos pères ont tous été sous la nuée, et qu'ils ont tous passé par la mer.

1. « *Or, mes frères.* » Ce verset, avec les trois suivants, se rattache, dans la pensée de Paul, à la fin du chapitre VIII, et a pour objet de faire voir à quel danger s'exposeraient ceux qui participeraient aux fêtes païennes. Il peut se faire, comme on l'a supposé, que les Corinthiens eussent représenté à Paul que leurs amis païens les invitaient constamment à leurs festins; qu'ils ne couraient aucun risque de retomber dans l'idolâtrie; qu'ils avaient reçu de Dieu trop de faveurs pour pouvoir jamais revenir à leur premier état, etc. Pour réfuter ces considérations, Paul allègue les exemples des anciens Juifs; eux aussi avaient été le peuple de Dieu, mis à part pour son service, nourri, dans le désert, de la manne du ciel et de l'eau du rocher; mais, malgré cela, ils avaient oublié Dieu, et Dieu les avait châtiés; grand exemple dont les Corinthiens devaient profiter. § « *Je ne veux pas que vous ignoriez.* » L'Eglise de Corinthe était composée en majeure partie de païens convertis qui pouvaient fort bien, ou n'avoir pas lu, ou ne se rappeler qu'imparfaitement les histoires de l'Ancien Testament. Paul leur dit, il importe que vous connaissiez, ou que vous vous rappeliez ces faits : vous verrez que des faveurs signalées, reçues de la part de Dieu, ne sont pas une garantie absolue contre l'empire du péché et la possibilité d'une apostasie. § « *Que nos pères.* » Paul parle ici comme appartenant lui-même au peuple juif. § « *Ont tous été.* » Ce mot « tous » semble avoir pour objet de donner d'autant plus de poids à la déclaration du verset 5. « *Tous* avaient eu part à ce bienfait de Dieu, et cependant, etc. § « *Sous la nuée.* » La nuée, la *schechinah*, le symbole visible de la protection divine, qui les fit sortir d'Egypte, et les accompagna à travers le désert (*Voy.* Ex. XIII, 21-22. *Comp.* Ch. XIV, 20, et Nomb. X, 34), offrait aux Israélites une lumière pendant la nuit, de l'ombre pendant le jour, et une protection efficace contre les Egyptiens. Les rabbins prétendent qu'elle environnait le camp comme un mur, sans que l'ennemi pût en approcher. Il est plus probable qu'elle était étendue au-dessus du camp, et que, pour ceux qui la voyaient de loin, elle faisait l'effet d'une colonne. § « *Et qu'ils ont tous passé par la mer.* » (*Voy.* Ex. XIV, 21-22.) Nouvel exemple que l'Apôtre cite pour mieux montrer à quel point ceux qui péchèrent plus tard avaient été favorisés de Dieu.

2. Et qu'ils ont tous été baptisés par Moïse en la nuée et en la mer.

2. « *Et qu'ils ont tous été baptisés.* » Pour le sens du mot « baptême, » *voy.* Note Matth. III, 6. Il est bien évident qu'il ne s'agit pas ici du baptême entendu comme un rite religieux, et tel qu'il est pratiqué dans l'Eglise chrétienne; les mots mêmes du verset l'indiquent assez; il faut le prendre dans son sens dérivé et spécial de consécration, d'initiation, et le sens du passage est que les Israélites avaient été placés sous la garde de Moïse en quelque sorte, qu'ils devaient reconnaître en lui leur chef et leur législateur, et se déclarer ouvertement ses disciples. § « *Par Moïse.* » C'est la même préposition qui est employée dans Matth. XVIII, 19. (*Voy.* la Note sur ce passage.) Cela veut dire qu'ils acceptaient l'autorité de Moïse, qu'ils se faisaient initier à sa religion, qu'ils admettaient la divinité de sa mission. § « *En la nuée.* » On a voulu trouver dans ce passage la justification du baptême par immersion; on a dit

que le nuage descendait sur le camp, l'enveloppait tout entier, et produisait une pluie abondante qui équivalait à une *immersion*, etc. En vérité, nous ne savons comment répondre à un argument de ce genre. C'est aller contre toutes les lois du langage, que de parler d'immersion à propos d'une ondée qui tombe sur des personnes. D'ailleurs, il n'y a rien, dans l'Ancien Testament, qui indique que le nuage se transformât en pluie : il est toujours représenté comme devant servir de guide aux Israélites, et leur être un symbole de la présence de Dieu. Il faut donc s'en tenir au seul sens raisonnable et naturel qui se présente : c'est que le peuple hébreu était initié par là à la religion que Moïse lui enseignait de la part de Dieu. § « *Et en la mer.* » S'il était nécessaire, voici encore un mot qui servirait à déterminer le sens du mot « baptiser. » Il s'agit du passage de la mer Rouge, dont « les eaux se fendirent, dit l'Exode (ch. XIV, 21-22), et servirent de mur à droite et à gauche. » Ici non plus, on ne peut, sans faire violence aux mots, trouver le baptême par immersion ; et on ne gagnera rien quand on aura complété arbitrairement le récit de Moïse, en supposant que les eaux, se rejoignant par en haut, enveloppaient les Israélites en formant une voûte au-dessus de leurs têtes. Le fait est que Dieu fendit les eaux devant les Israélites pour qu'ils pussent passer la mer à pieds secs ; or, il n'y a rien là qui rappelle une *immersion*. Nous croyons donc devoir maintenir le sens que nous avons proposé, et conclure, d'un côté, que le mot de « baptême, » dans le Nouveau Testament, n'implique pas nécessairement l'immersion, et de l'autre, que dans ce passage, il signifie « initiation, consécration. »

3. Et qu'ils ont tous mangé d'une même viande spirituelle.

3. « *Et qu'ils ont tous mangé*, etc. » Le mot *viande* est pris dans le sens général de nourriture. Et le mot *spirituel* indique ici ce qui est donné par l'Esprit, ou par Dieu, ce qui ne s'obtient pas par la voie ordinaire ; allusion à la manière miraleuse dont Dieu envoyait la manne. Du reste, les Ecritures appellent souvent *spirituel* tout ce qui, par son excellence propre ou sa pureté, se distingue des objets dont l'origine est toute terrestre. (*Comp.* Rom. VII, 12 ; I Cor. III, 1 ; XV, 44, etc.) Paul continue à montrer que les Israélites avaient tous été à même de voir et d'apprécier ces marques extraordinaires de la protection que Dieu étendait sur eux.

4. Et qu'ils ont tous bu d'un même breuvage spirituel : car ils buvaient *de l'eau de* la pierre spirituelle qui les suivait ; et la pierre était Christ.

4. « *Et qu'ils ont tous bu*, etc. » Ici aussi le mot « spirituel » doit désigner, comme dans le verset précédent, une chose qui était obtenue d'une manière surnaturelle et miraculeuse, comme l'eau que Moïse faisait jaillir du rocher (Ex. XVII, 6 ; Nomb. XX, 11.) Les écrits des rabbins montrent, du reste, que les Juifs donnaient le nom de « spirituel » à tout ce qui se rattachait immédiatement à une action divine. Ainsi, ils appelaient la manne « une nourriture spirituelle, » et leurs sacrifices, « un pain spirituel. » § « *Car ils buvaient*, etc. « L'original porte littéra-

lement, « ils buvaient de la pierre; » nos versions ont bien fait de suppléer les mots sous-entendus, « de l'eau. » La pierre est appelée ici spirituelle, parce qu'elle était la source des biens temporels et l'emblème des grâces spirituelles que Dieu conférait à son peuple. § « *Qui les suivait.* » Le mot ne doit pas, évidemment, être pris à la lettre; sans cela il faudrait prendre aussi à la lettre le mot précédent, « ils buvaient du rocher. » Cela signifie que l'eau qui découlait du rocher les accompagnait : on trouve souvent, du reste, une figure de langage analogue à celle-là, par exemple, « boire une coupe, » etc. L'histoire des enfants d'Israël dans le désert nous offre deux exemples de ce miracle, de l'eau jaillissant du rocher; une fois en Horeb (Ex. XVII, 6), dans la première année après leur départ d'Egypte, et l'autre à Kadès (Nomb. XX, 1), vers le temps de la mort de Marie, et la dernière année de leur séjour dans le désert. Il s'agit évidemment ici de la première de ces deux circonstances. Nous pouvons observer ici : 1° Qu'il devait y avoir une quantité d'eau très-abondante, pour subvenir aux besoins de plus de deux millions d'hommes; 2° il est, en effet, indiqué dans de nombreux passages (Deut. IX, 21; Jos. XV, 4; Rois VIII, 65, etc.), qu'il s'agissait d'un véritable torrent, qui descendait de la montagne pour se jeter dans la mer, et, selon toute probabilité, dans la partie orientale de la mer Rouge (golfe élamitique); 3° les Israélites devaient naturellement être guidés, dans leurs voyages, par le cours de ce torrent, et ne pas s'en éloigner, puisqu'ils avaient constamment besoin d'eau; 4° au bout de vingt-sept ans, nous les voyons à Hetsjon-Guéber, port situé sur la mer Rouge, probablement à l'embouchure de ce torrent. Quarante ans après leur départ d'Egypte, ils quittèrent cet endroit pour aller, par l'Idumée, dans le pays de Canaan, et ils souffrirent immédiatement du manque d'eau. Il est donc probable que l'eau du rocher continua de couler, qu'elle constitua une rivière dont ils ne s'éloignèrent pas jusqu'à leur arrivée à Hetsjon-Guéber, et qu'elle fut ainsi pour eux, avec la manne de chaque jour, une preuve permanente de la protection de Dieu. Il est vrai qu'aujourd'hui on ne trouve plus de trace de ce torrent, pas plus qu'on ne voit se produire une quantité de manne suffisante pour la nourriture de tout un peuple. Mais cela ne fait que confirmer à nos yeux l'existence d'un miracle où l'on put reconnaître la puissance, la sagesse et la bonté de Dieu. § « *Et la pierre était Christ.* » Ceci est un des nombreux exemples où il faut traduire le mot « être » par celui de « représenter. » « Ceci est mon corps, » veut dire, « ceci représente mon corps », de même qu'ici, « la pierre était Christ » signifie, la pierre représentait Christ. C'était bien un rocher, comme tous ceux qui composaient le mont Horeb ; mais ce rocher était une image frappante du Messie et des biens qu'il devait répandre sur son peuple. Voici, peut-être, comment nous devons nous représenter cette analogie : 1° Les chrétiens sont, dans ce monde, ce qu'étaient les Israélites dans le désert, « étrangers et voyageurs; 2° ils ont besoin d'être constamment secourus d'en haut, attendu que le monde ne leur peut donner ce dont ils ont besoin; 3° le rocher, par la continuité et l'abondance avec laquelle il leur donnait ses eaux, représentait la plénitude avec laquelle le Messie répandrait ses grâces sur ceux qui en auraient besoin ; 4° enfin, il était un symbole de la dépendance continuelle où ils étaient vis-à-vis de lui, pour leur nourriture de chaque jour. Du reste, l'Apôtre ne dit pas que les Israélites d'alors virent dans ce rocher un type de Jésus-Christ, mais seulement, qu'ils avaient, même dans le désert, la preuve qu'ils étaient placés sous ses soins, et un symbole de sa présence, à peu près comme eux-mêmes, les Corinthiens, avaient dans la sainte Cène une image de sa faveur. Nous devons dire, toutefois, que plusieurs commentateurs interprètent ces notes plus littéralement, comme s'il y avait, « et ils recevaient aussi des bénédictions spirituelles de Christ. » (*Voy.* Calvin.) Et on rappelle, pour défendre cette interprétation, que le Messie est souvent représenté, dans l'Ecriture, sous l'image d'un rocher. Mais nous nous en tenons au sens que nous avons proposé, comme étant le plus naturel. Dans tous les cas, le but de l'Apôtre est facile à saisir : c'est de montrer aux Corinthiens, qui se prévalaient beaucoup de leurs privilèges, que les Juifs n'en avaient pas eu moins qu'eux, que toutes les circonstances de leur vie au désert avaient été pour eux des gages de la protection divine, et qu'ils y pouvaient voir des types du Messie, comme les Corinthiens pouvaient le faire dans la sainte Cène.

5. Mais Dieu n'a point pris plaisir en plusieurs d'eux : car ils ont été accablés au désert.

5. « *Mais Dieu n'a point pris*, etc. » Au lieu de « plusieurs, » il faudrait traduire par « la plupart. » Malgré ces biens qu'ils avaient reçus, la plupart d'entre eux ont péché, et se sont révoltés entre Dieu, et Dieu s'est montré irrité de leur ingratitude. § « *Car ils ont été accablés*, etc. » La peste, les guerres, des maladies de toutes sortes les ont tous fait périr avant qu'ils soient entrés dans le pays de Canaan ; à la réserve de Caleb et de Josué. (Nomb. XIV, 29-30.)

6. Or ces choses ont été des exemples pour nous, afin que nous ne convoitions point des choses mauvaises comme eux-mêmes les ont convoitées.

6. « *Or ces choses*, etc. » Nous devons considérer leur histoire comme un avertissement pour nous de ne pas pécher comme ils l'ont fait. Le Dieu qui a puni leur désobéissance est le même Dieu qui nous gouverne aussi, et qui pourrait également nous exclure de sa faveur. § « *Afin que nous ne convoitions point*, etc., » que nous ne désirions rien qui soit défendu. Les Israélites convoitèrent de la chair, et Dieu leur accorda ce qu'ils voulaient ; mais la conséquence fut un fléau qui fit périr un grand nombre d'entre eux. (Nomb. XI, 4, 31-34.) Et Paul indique ainsi aux Corinthiens qu'ils ne doivent pas rechercher la viande qui a été sacrifiée pour les idoles, de peur qu'ils ne soient induits à pécher.

7. Et que vous ne deveniez point idolâtres, comme quelques-uns d'eux ; ainsi qu'il est écrit : Le peuple s'est assis pour manger et pour boire, et puis ils se sont levés pour jouer.

7. « *Et que vous ne deveniez point idolâtres*, etc. » Cet avis est donné évidemment en vue du danger qu'ils couraient, s'ils participaient aux

fêtes célébrées dans les temples en l'honneur des idoles. § « *Le peuple s'est assis*, etc. » (*Voy.* Ex. XXXII, 1-6.) Probablement que, dans cette circonstance, ainsi qu'il arrivait habituellement, on prit pour nourriture, dans la fête qui suivit le sacrifice, la viande même qui avait servi au sacrifice. S'il en est ainsi, cet exemple rentrait d'autant mieux dans la pensée de Paul qu'il s'agissait ici d'un cas analogue. § « *Puis ils se sont levés pour jouer.* » Le mot hébreu employé dans ce passage (le même que dans Gen. XXI, 9) signifie proprement, rire, se moquer, insulter; — puis se livrer à des danses accompagnées de musique en l'honneur d'une idole. Et on voit par Ex. XXXII, 19, que c'est bien dans ce sens qu'il faut le prendre ici. (*Comp.* II, Sam. VI, 5; I Chron. XIII, 8; XV. 29.) Peut-être même le mot « jouer » devrait-il se traduire ici par « jouer des instruments. » Toutefois il pourrait se faire qu'il renfermât une allusion à la licence qui se trouvait souvent dans les danses orientales.

8. Et afin que nous ne nous laissions point aller à la fornification, comme quelques-uns d'eux s'y sont abandonnés, et il en est tombé en un jour vingt-trois mille.

8. « *Et que nous ne nous laissions point*, etc. ; » allusion à Nomb. 25, 1-9. § « *Il en est tombé en un jour*, etc. » Le texte hébreu dit vingt-quatre mille. Pour concilier les deux données, on peut admettre qu'il en périt en effet vingt-trois mille par l'effet du fléau que Dieu envoya en punition de ce péché, et que l'autre partie tomba sous le glaive de Phinées et des juges. Comme Paul voulait insister principalement sur le déplaisir de Dieu, il n'aurait mentionné que les victimes immédiates du fléau céleste. — Dans tous les cas, il n'a rien avancé contre la vérité, puisqu'en effet, il y en eut bien *au moins* vingt-trois mille qui succombèrent. —Paul avait une bonne raison pour citer cet exemple: 1°Le vice contre lequel il s'élève était commun chez les idolâtres; armer ses auditeurs contre l'idolâtrie, c'était donc aussi les prémunir contre la licence des mœurs; 2° il n'était nulle part aussi répandu qu'à Corinthe (*Voy.* l'Introduction), dont le nom même était devenu synonyme de celui de dérèglement et d'impureté. Les chrétiens étaient plus exposés à ce péché dans cette ville que nulle part ailleurs, et de là, le soin avec lequel l'Apôtre les avertit.

9. Et que nous ne tentions point Christ, comme quelques-uns d'eux l'ont tenté, et ont été détruits par les serpents.

9. « *Et que nous ne tentions point Christ.* » Le mot « tenter, » appliqué à l'homme, signifie présenter des motifs qui attirent au péché, — et, appliqué à Dieu, essayer sa patience, sonder ses dispositions, et chercher jusqu'où son support peut s'étendre. Les Israélites ont tenté Dieu en l'incitant à la colère par leurs continuelles rébellions. On ne sait pas exactement en quoi les Corinthiens couraient le danger de tenter Christ. Peut-être était-ce en se plaçant, sans nécessité, sous la funeste influence de l'idolâtrie. Compter, en effet, sur la promesse de la grâce, tant qu'on reste dans le sentier du devoir, cela est, non-seulement permis, mais commandé. Mais dépasser cette limite, aller de plein gré

au-devant d'un danger, uniquement pour faire l'essai de ses forces, ou pour voir jusqu'à quel point on peut compter sur le secours de Christ, c'est le tenter, et le porter à se retirer. (*Voy.* Notes Matth. IV.) § « *Comme quelques-uns d'eux l'ont tenté.* Le texte grec porte, non pas « l'ont tenté, mais « ont tenté. » Il faut évidemment sous-entendre un mot ici, et la construction, le mouvement de la phrase semble exiger que ce mot soit « le Christ, » quoiqu'il fût plus naturel de dire que les Israélites ont tenté Dieu. Peut-être Paul voulait-il dire, les Israélites ont tenté celui qui les conduisait dans le désert, gardez-vous de même de tenter votre conducteur, qui est Christ ? Mais après tout, bien que le fils de Dieu n'eût pas encore revêtu notre chair, il n'y aurait aucune impropriété de langage à dire que les Israélites l'avaient tenté : 1° Quand les écrivains sacrés parlent de « l'ange de l'alliance, » de « l'ange de sa présence » (Ex. XXIII, 20 et 23 ; XXXII, 34 ; XXXIII, 2 ; Nomb. XX, 16 ; Es. 63, 9 ; Hébr. XI, 26), qui délivra leur peuple du pays d'Egypte, il y a lieu de croire qu'ils entendent par là le Messie qui devait plus tard venir sauver le monde. 2° Nous devons nous rappeler que le nom de Christ a acquis pour nous une signification autre que celle qu'il avait d'abord dans le Nouveau Testament. Pour nous, il désigne exclusivement Jésus de Nazareth ; — mais primitivement, on l'employait comme l'équivalent du mot hébreu « Messie, » et alors le sens serait, que les Israélites ont tenté le Messie ; c'est-à-dire, que celui qui était leur conducteur, c'était le Messie qui devait plus tard revenir sur la terre, dans les jours de son incarnation. C'est là une idée qui n'est pas du tout en désaccord avec celle que les Juifs avaient sur ce personnage mystérieux. § « *Et ont été détruits*, etc. » (*Voy.* Nomb. XXI, 6.)

10. Et que vous ne murmuriez point, comme quelques-uns d'eux qui ont murmuré, et sont péris par le destructeur.

10. « *Et que vous ne murmuriez point*, contre la conduite de la Providence. § « *Comme quelques-uns ont murmuré*, etc. » (*Comp.* Nomb. XIV, 29.) Le « destructeur, » dont il est question ici, est, selon un grand nombre d'interprètes, « l'ange de la mort, » dont l'Ancien Testament parle si souvent. (*Comp.* Ex. XII, 23, et Hébr. XI, 28.) Les Hébreux attribuaient à l'action des anges une grande partie des événements qui arrivent aux hommes. (*Voy.* Hébr. II, 14, et *Comp.* le livre de la Sapience, XVII, 22 et 25.) — Au reste, si on laisse de côté l'image, ce passage signifie tout simplement qu'ils moururent, à cause de leur péché, avant d'être entrés dans le pays de la promesse.

11. Or toutes ces choses leur arrivaient en exemple, et elles sont écrites pour notre instruction, comme étant ceux auxquels les derniers temps sont parvenus.

11. « *En exemple.* » (*Comp.* Note vers. 6.) Le sens n'est pas que ces choses arrivaient uniquement pour servir de leçon à ceux qui devaient venir après eux, mais que par le fait elles jetaient une vive lumière sur la nature humaine et sur le gouvernement divin ; sur la faiblesse des hommes, sur la facilité avec laquelle ils cédaient au péché, et sur

le besoin qu'ils avaient de l'assistance de Dieu. § « *Et elles sont écrites*, etc. » Moïse en a déposé le souvenir dans ses écrits, afin que tous apprissent à se défier de leurs propres forces, soit les Juifs venus après lui, soit les Corinthiens du premier siècle, soit les chrétiens de tous les âges et de tous les pays. § « *Comme étant ceux auxquels*, etc. » Pour la valeur de ce mot, « les derniers temps » (*Comp.* Notes Act. II, 17) : il désigne une période, sans rien dire quant à la durée de cette période, en sorte que « les derniers temps » peuvent fort bien être arrivés, sans que l'on soit pour cela autorisé à croire que le monde va finir. Les derniers temps représentent la dernière grande dispensation de Dieu pour la race humaine. C'est ce que l'apôtre Paul se donne beaucoup de peine pour établir dans II Thess. II.

12. Que celui donc qui croit demeurer debout, prenne garde qu'il ne tombe.

12. « *Que celui donc* » voici donc quel doit être pour nous l'effet de ces exemples. § « *Qui croit demeurer debout*, » qui se croit très-ferme dans l'amour de Dieu, dans la connaissance de la vérité, et qui serait tenté de s'appuyer sur ses propres forces. § « *Prenne garde qu'il ne tombe* ; » dans le péché, dans l'idolâtrie. Nous voyons par là qu'il ne suffit pas de se croire en sûreté pour l'être en réalité ; c'est souvent le contraire qui est vrai ; celui qui se sent faible est porté naturellement à chercher le secours de Dieu ; et il a plus de raison de se croire en sûreté que celui qui compte sur ses propres forces. On ne peut trop insister, auprès des chrétiens, sur cette invitation de l'Apôtre. C'est surtout dans les moments de leurs plus grandes bénédictions spirituelles, qu'il convient de leur rappeler cette sentence salutaire : « Que celui qui se croit debout prenne garde qu'il ne tombe ; » 1° En effet, c'est alors, plus que jamais, que l'adversaire cherchera à détourner de Dieu leurs pensées, à les faire tomber dans le péché, afin que leur chute en soit plus éclatante, et compromette davantage la cause de la religion ; 2° c'est aussi le moment où, se sentant ou se croyant forts, ils se défieront moins d'eux-mêmes, et se tiendront moins sur leurs gardes. On voit souvent dans l'histoire, soit des individus, soit des Eglises, que les époques marquées par des grâces particulières sont suivies de très-près par des temps de langueur et d'indifférence. L'Esprit avait soufflé dans les cœurs, et avait envoyé l'amour, la joie, la paix : et au lieu de redoubler de vigilance pour profiter de ces dons célestes, on a négligé la prière, oublié de vivre dans l'humilité, et perdu peu à peu, avec le sentiment de la présence de Dieu, tout le bien spirituel que l'on aurait dû retirer de ces dons.

13. Aucune tentation ne vous a éprouvés, qui n'ait été une tentation humaine. Et Dieu est fidèle, qui ne permettra point que vous soyez tentés au-delà de vos forces ; mais avec la tentation il vous en fera trouver l'issue, afin que vous la puissiez soutenir.

13. « *Aucune tentation*, etc. » On ne sait pas au juste à quelle tentation l'Apôtre fait allusion ici ; il est probable qu'il entend par là tout l'en-

semble des circonstances qui auraient pu les conduire à abandonner leur foi, soit les persécutions de leurs ennemis, soit leurs railleries, soit les séductions du culte qu'ils avaient abandonné. Quoi qu'il en soit, son but est de leur montrer que, s'ils continuent à s'appuyer sur Dieu, Dieu de son côté les rendra capables de sortir vainqueurs de toutes les tentations. § « *Qui n'ait été une tentation humaine,* » c'est-à-dire, telle que la nature humaine les puisse supporter, et repousser même, avec le secours de la grâce de Dieu. Leurs tentations ne demandaient pas, pour être vaincues, des forces supérieures à celles de la nature humaine, les forces d'un ange, par exemple. Ce verset nous apprend, que si nous succombons au mal, nous en devons porter la responsabilité. Paul venait de citer aux Corinthiens l'exemple des Israélites et de leurs chutes fréquentes ; maintenant, pour prévenir le découragement qui aurait pu les surprendre, il leur représente qu'il n'y avait, dans ces chutes, rien de fatal, rien de nécessaire, et qu'ils n'ont rien à craindre aussi longtemps qu'ils cherchent l'appui du Seigneur. § « *Et Dieu est fidèle.* » La fidélité de Dieu, telle devait être la source unique de leur sécurité. Ce n'est pas à dire que cette fidélité de Dieu dût dispenser les Corinthiens d'agir de leur côté ; eux aussi devaient être fidèles, attentifs à fuir les tentations, et à user de tous les moyens qu'ils avaient d'y résister : c'est tenter Dieu, — l'Ecriture nous l'enseigne partout, — que de compter sur lui sans remplir les conditions qu'il nous impose. (Vers. 6, Notes Matth. IV.) § « *Qui ne permettra point,* etc. » C'est là une promesse générale, applicable aux chrétiens de tous les temps comme elle l'était aux Corinthiens du premier siècle. Cette promesse implique : 1° Que toutes les circonstances, quelles qu'elles soient, qui peuvent nous induire en tentation, — exemples pernicieux, perspectives de luxe ou d'ambition, attrait d'un mauvais livre, séductions des sens, — que toutes ces circonstances sont sous le contrôle d'un Dieu qui peut en neutraliser les effets et en arrêter l'action. (*Comp.* Matth. VI, 13). 2° Quand les hommes sont tentés, c'est que Dieu y consent, ou le permet. Il ne les tente pas lui-même (Jacq. I, 12) ; il ne fait pas naître dans leur esprit la pensée, il ne met pas exprès devant eux l'objet qui les tente ; mais il permet que les circonstances fassent naître la tentation. Nous devons nous souvenir aussi qu'il y a de bonnes raisons pour que Dieu le permette, puisque ces tentations peuvent tourner à sa gloire, et à nos progrès vers le bien. 3° Nous avons reçu un certain pouvoir pour résister à la tentation, mais ce pouvoir a aussi sa limite : nous n'avons pas la force des anges ; 4° cette limite est toujours placée au-delà de la mesure où nous sommes tentés ; sans cela, il n'y aurait pas plus de péché pour nous à succomber, qu'il n'y en a pour le chêne à être abattu par la tempête. 5° Il s'ensuit que tous les hommes, mais les chrétiens particulièrement, sont coupables et responsables devant Dieu, quand ils viennent à tomber dans le péché, attendu que la tentation n'est jamais si forte qu'ils n'eussent pu résister, en déployant toutes les forces qu'ils avaient reçues pour cela. § « *Mais avec la tentation,* etc. » Dieu sait jusqu'où va la force de ses enfants, et quel fardeau ils sont capables de supporter ; par conséquent, il saura proportionner leurs épreuves à leurs forces. Cette promesse doit servir : 1° D'encouragement à tous ceux qui sont sous le coup d'une tentation ou d'une épreuve : quelque violente qu'elle soit, ils doivent se rappeler que Dieu, qui la permet, peut leur donner sans mesure la force dont ils ont besoin ; 2° on peut en faire aussi un argument pour prouver que nul vrai chrétien ne succombera quand il sera tenté de cette manière. La promesse est positive et certaine. Dieu ouvrira une issue devant lui ; Dieu ne lui imposera pas un fardeau au-dessus de ses forces. Dès lors, un vrai chrétien, réellement converti, ne peut être perdu que si Dieu cesse d'être fidèle, s'il l'expose à une tentation qui dépasse ses forces, s'il refuse de lui ménager un moyen de salut ; c'est assez dire qu'il ne peut pas être perdu.

14. C'est pourquoi, mes bien-aimés, fuyez l'idolâtrie.

14. « *C'est pourquoi,* » à cause de votre faiblesse, et des dangers qui vous menaceraient si vous fréquentiez les temples des idoles. § « *Fuyez l'idolâtrie,* » évitez tout contact avec l'idôlatrie, son culte, ses fêtes, etc. Paul vient de poser en principe que la protection de Dieu sera toujours assurée à ceux qui feront effort pour l'obtenir. Maintenant il applique ce principe en recommandant aux Corinthiens de ne pas se jeter d'eux-mêmes au-devant du danger, et d'éviter tout ce qui pourrait les ramener aux pratiques idolâtres. Il revient donc, par ce verset, à la question posée dans le chapitre VIII, savoir s'il était permis à des chrétiens de participer aux viandes offertes aux idoles.

15. Je vous parle comme à des personnes intelligentes ; jugez vous-mêmes de ce que je dis.

15. « *Je vous parle,* etc. » Je vous présente les raisons qui me portent à vous donner cet avis ; examinez ces raisons ; vous trouverez vous-mêmes qu'elles sont bonnes. — L'exposé de ces raisons occupe la fin du chapitre.

16. La coupe de bénédiction, laquelle nous bénissons, n'est-elle pas la communion du sang de Christ ? et le pain que nous rompons, n'est-il pas la communion de corps de Christ ?

16. « *La coupe de bénédiction.* » Le dessein de ce verset et des suivants semble être de montrer que puisque les Corinthiens, en participant à la sainte Cène, déclaraient reconnaître Jésus comme leur maître, ils sembleraient de même, en assistant aux fêtes religieuses des païens, rendre honneur à leurs dieux, et retomber dans l'idolâtrie, c'est-à-dire unir deux choses inconciliables (vers. 21). Il établit donc : 1° que les chrétiens sont unis et consacrés à Christ par la sainte Cène (vers. 16-17) ; 2° qu'il était également vrai de dire des Israélites, qu'ils formaient un seul peuple, mis à part pour Dieu par le service de l'autel (vers. 18) ; 3° que, bien qu'une idole ne fût rien en elle-même, les païens sacrifiaient aux démons, et que cette considération devait suffire pour empêcher les chrétiens d'y prendre part (vers. 19-21). Ces mots, « la coupe de bénédiction, » font évidemment allusion à la sainte Cène, et signifient, non pas que Dieu répand sur nous des bénédictions par

elle, mais que par elle nous bénissons Dieu pour le salut qu'il nous a donné. (*Voy.* Notes Matth. XXVI, 26.) Ou bien, et plus littéralement, ils peuvent désigner « la coupe qui est bénie. » § « *Que nous bénissons.* » On a entendu ces mots comme s'ils signifiaient, la coupe sur laquelle, ou pour laquelle nous bénissons Dieu. Il nous semble beaucoup plus naturel de traduire par ceux-ci, « que nous consacrons à Dieu, que nous mettons à part pour son service. (*Voy.* Gen. II, 3 ; Ex. XX, 11 ; Lév. IX, 22 ; et Luc IX, 16.) (Jésus *bénissant* les pains.) § « *N'est-elle pas la communion,* etc. » N'est-elle pas l'emblème du sang de Christ, de notre union avec notre Sauveur ? N'est-elle pas le signe de l'alliance qui nous attache à lui, et qui nous unit les uns aux autres ? Les chrétiens ont part, tous ensemble, aux bénéfices de la mort de Christ ; tous y ont un droit égal, et tous y contractent les mêmes obligations : c'est là ce qu'indique le mot de communion dans ce passage. § « *Le pain,* etc. » même idée : le pain de la Cène est un symbole de la mort du Rédempteur, dont le bienfait s'étend également sur tous les croyants.

17. Parce qu'il n'y a qu'un seul pain, nous qui sommes plusieurs, sommes un seul corps : car nous sommes tous participants du même pain.

17. « *Parce qu'il n'y a qu'un seul pain,* etc. » La version anglaise porte : « car nous qui sommes plusieurs, sommes un seul pain et un seul corps. » Un commentateur américain, qui accepte cette traduction, voit dans ces mots, « nous sommes un seul pain, » une allusion aux éléments divers dont se compose un pain, et qui se confondent en un seul et même tout. La traduction française offre bien, au fond, le même sens : savoir, que les chrétiens forment entre eux une société bien unie, qu'ils sont liés ensemble comme les membres d'un même corps ; peut-être met-elle davantage en relief la cause de cette union, en rappelant que les grâces qui entretiennent notre vie spirituelle découlent d'une source qui est la même pour tous. § « *Car nous sommes tous,* etc. » Dans presque tous les temps et tous les lieux, des repas pris en commun ont été considérés comme un symbole d'unité ou d'amitié. Assister aux banquets des païens, c'était donc se déclarer des leurs.

18. Voyez l'Israël selon la chair : ceux qui mangent les sacrifices, ne sont-ils pas participants de l'autel ?

18. « *Voyez l'Israël selon la chair.* » Ces derniers mots désignent ceux des Juifs qui ne s'étaient pas convertis au christianisme. (Rom. IV, 1.) § « *Ceux qui mangent les sacrifices.* » Quand le sacrifice n'était pas un holocauste, une partie de la victime appartenait aux prêtres, et une autre à celui qui offrait le sacrifice. (Ex. XXIX, 13 et 22 ; Lév. III, 4, 10, 15, etc.) § « *Ne sont-ils pas participants de l'autel ?* » adorateurs du même Dieu. De même, si vous prenez part aux sacrifices offerts aux idoles, vous serez regardés comme vous joignant à leur culte et participant à leurs abominations.

19. Que dis-je donc ? Que l'idole soit quelque chose ? ou que ce qui est sacrifié à l'idole soit quelque chose ? *Non.*

19. « *Que dis-je donc ?* » ou, comme nous dirions plutôt, « qu'est-ce à dire ? » Faut-il conclure de mes paroles que je regarde l'idole comme étant en elle-même une chose de conséquence ? Il faut se rappeler que Paul a fait dire aux chrétiens de Corinthe qu' « une idole n'est rien au monde » (ch. VIII, 4). En le voyant ici s'exprimer sur ce sujet comme il le fait, ils auraient pu croire que l'Apôtre n'était pas de leur avis, qu'il attribuait aux idoles une existence indépendante. La question qu'il leur adresse — la suite le montre assez — renferme, dans sa pensée, une négation. Croyez-vous que je voie dans une idole autre chose que ce que vous y voyez vous-mêmes, c'est-à-dire du bois ou de la pierre ? ou que la viande qui leur a été présentée diffère à mes yeux de ce qu'elle était auparavant ? » La version française ajoute la négation, *non*, que Paul n'exprime pas, mais qui est évidemment sous-entendue dans son raisonnement.

20. Mais je dis que les choses que les Gentils sacrifient, ils les sacrifient aux démons, et non pas à Dieu ; or je ne veux pas que vous soyez participants des démons.

20. « *Mais je dis*, etc. « Le mot *démons* ne doit pas être pris ici dans le sens qu'il a généralement pour nous; les païens admettaient l'existence d'êtres inférieurs au Dieu suprême, d'esprits d'un ordre secondaire qui étaient, les uns bons, les autres mauvais. C'est dans ce sens qu'on parle du « démon de Socrate, » sorte de génie qui le dirigeait et lui inspirait de bonnes pensées. Ceux d'entre ces *démons* qui étaient regardés comme bons, on ne jugeait pas nécessaire de leur offrir de sacrifices. Mais on croyait devoir en offrir à ceux que l'on supposait malveillants, afin de détourner leur colère. Il est donc vrai, ainsi que le dit l'Apôtre, que les sacrifices païens étaient adressés à des esprits malins dont on espérait fléchir le courroux. Chez les Juifs, le mot « démon » est toujours pris en mauvaise part. *Voy.* dans les Septante, Ps. XCVI, 5 ; Es. LXV, 10; Deut. XXXII. 17, que Paul cite presque textuellement. Il en est de même dans le Nouveau Testament, où il s'applique d'ordinaire à ces esprits immondes qui tourmentaient les possédés, au temps de notre Sauveur. (Matth. VII, 22; IX, 33-34; Marc I, 34, etc.) On ne peut donc pas dire que les païens faisaient des sacrifices aux démons, dans l'acception que ce dernier mot a d'ordinaire pour nous, aux anges déchus qu'ils ne connaissaient pas, mais il reste vrai : 1° qu'ils n'adoraient pas le Dieu suprême que la révélation nous a fait connaître ; 2° qu'ils adoraient des démons, ou génies d'un ordre secondaire, que ce fussent les mânes de leurs héros ou des dieux subalternes; 3° qu'un grand nombre de ces génies étaient considérés comme mal intentionnés envers les hommes. Le raisonnement de Paul pourrait donc être présenté sous la forme suivante : Nous savons, nous, chrétiens, que les idoles ne sont rien par elles-mêmes, qu'il n'y a pas d'êtres comme ceux que les païens veulent se concilier par leurs sacrifices; mais comme, dans leur intention, ces sacrifices s'adressent « aux démons, » à des dieux irrités, vous joindre à eux dans cet acte du culte serait sanctionner leur croyance. § « *Or je ne veux pas*, etc. » Je ne voudrais pas vous voir autoriser par votre exemple le culte des faux dieux. Vous appartenez à Christ; vous vous êtes solennellement donnés à lui; n'allez-donc pas détourner vos hom-

mages vers des idoles qui n'existent que dans l'imagination des hommes.

21. Vous ne pouvez boire la coupe du Seigneur et la coupe des démons; vous ne pouvez être participants de la table du Seigneur et de la table des démons.

21. « *Vous ne pouvez boire*, etc. » Ce serait une contradiction de partager vos hommages entre deux cultes qui s'excluent réciproquement. § « *Et la coupe des démons.* » C'était l'usage, dans les festins donnés en l'honneur des dieux, de leur faire des libations, c'est-à-dire de répandre sur le sol une petite partie du vin qui devait se boire à table, en accompagnant cet acte d'une prière adressée à la divinité que l'on voulait honorer. (*Voy.* Virg. Enéide VIII, 273.) C'est de là qu'est née l'habitude tout à fait païenne de ces *toasts* où l'on exprime un vœu pour quelqu'un, en buvant un verre de vin. Si « toast » signifie quelque chose, il renferme une prière. Mais à qui s'adresse cette prière ? Au dieu du vin ? à quelque divinité païenne ? Ou bien serait-ce à Jéhovah ? et est-ce ainsi que Dieu a ordonné qu'on le priât ? On peut dire aux chrétiens d'aujourd'hui ce que Paul disait à ceux de Corinthe : vous ne pouvez pas boire la coupe du Seigneur à la table sainte, et boire une autre coupe à une table où l'on offre une prière on ne sait à qui, au dieu du hasard, aux dieux des païens... car je n'ose pas croire que ce soit bien à l'Eternel qu'on adresse cette prière, le verre à la main.

22. Voulons-nous inciter le Seigneur à la jalousie ? Sommes-nous plus forts que lui ?

22. « *Voulons-nous provoquer le Seigneur à la jalousie ?* » Allusion sans doute à cette parole (Ex. XX, 16), que Dieu « est un Dieu jaloux » et qu'il regarde le culte des faux dieux comme un affront qui lui est fait à lui-même. La pensée de Paul est donc qu'en prenant une part quelconque au culte des païens, les Corinthiens pouvaient attirer sur eux la colère du Dieu vivant et vrai, qui ne veut pas être confondu dans une adoration commune avec les faux dieux des idolâtres. — Observons, en passant, que tout péché qui tend à absorber nos affections, à les détourner de Dieu pour les porter sur un objet quelconque, est de même nature que celui dont il est question ici. Aimer ses amis, ses parents, ses biens, son honneur, plus que Dieu, c'est commettre un acte d'idolâtrie, et provoquer la colère du Seigneur. § « *Sommes-nous plus forts que lui ?* » Nous ne pouvons pas espérer d'avoir raison contre lui ; ce serait donc folie de nous exposer sans défense aux effets de son indignation.

23. Toutes choses me sont permises, mais toutes choses ne sont pas convenables ; toutes choses me sont permises, mais toutes choses n'édifient pas.

23. « *Toutes choses me sont permises.* » (*Voy.* Note ch. VI, 12.) Bien qu'à la rigueur on puisse admettre qu'il est légitime de manger de cette viande, cependant les raisons que nous avons alléguées sont si fortes qu'il vaut mieux absolument s'en interdire l'usage. § « *Mais toutes choses n'édifient pas.* » Paul nous apprend par ces mots d'après quel principe

nous devons régler notre vie. Edifier l'Eglise de Christ, servir les intérêts de la religion, avoir en vue le salut des âmes, voilà ce que nous devons toujours nous proposer. Ce principe, qui est très-simple et que tous peuvent appliquer, a l'avantage de pouvoir gouverner toute notre vie, et dans son ensemble, et dans ses détails. En le suivant avec fidélité, tout chrétien parviendra à régler une foule de choses qui ne peuvent pas faire l'objet d'une loi spéciale; par exemple, son genre de vie, ses dépenses, le plus ou moins de luxe ou de *comfort* qu'il pourra s'accorder, la nature de ses relations avec les hommes du monde, etc. Pour toutes les questions de ce genre, il ne trouvera pas un commandement particulier qui lui dicte ce qu'il a à faire; mais il saura comment se conduire s'il agit d'après la règle de notre passage, *de faire le bien sur la plus grande échelle possible.*

24. Que personne ne cherche ce qui lui est propre, mais que chacun cherche ce qui est pour autrui.

24. « *Que personne ne cherche*, etc. » Evidemment, Paul ne veut pas dire qu'on ne doit jamais s'occuper de ses propres intérêts, de son bonheur, de son salut, ou qu'on doive négliger ses devoirs envers sa famille. Consulté sur la question particulière de savoir s'il est permis de manger des viandes sacrifiées aux idoles, il répond qu'en cela chacun doit tenir compte de l'effet que produira sa manière de faire, de l'influence qu'elle exercera sur les autres, et ne pas froisser leurs sentiments en suivant à outrance ses vues personnelles. Et la règle qu'il pose implique, pour les chrétiens de tous les temps, que dans des cas analogues, ils doivent de même s'étudier à ne rien faire qui offense leurs frères, et, au besoin, renoncer à faire usage de leur liberté, plutôt que de les scandaliser. § « *Mais que chacun*, etc. » Ce qui est pour autrui, c'est-à-dire l'intérêt d'autrui, en prenant ce mot d'intérêt dans son sens le plus général et le plus étendu. Règle aussi simple qu'elle est féconde, et dont l'application consciencieuse et fidèle amènerait dans le monde et dans l'Eglise des changements incalculables. L'homme qui la suivra sera sûr de n'avoir pas vécu en vain.

25. Mangez de tout ce qui se vend à la boucherie, sans vous en enquérir pour la conscience.

25. « *Mangez de tout ce qui se vend*, etc. » Il est bon que vous vous absteniez d'assister aux fêtes des païens ; mais quant à la viande qui a pu y figurer, si on la vend au marché comme toute autre viande, achetez-en sans scrupule. § « *Sans vous en enquérir pour la conscience*, » sans aller chercher si peut-être cette viande n'aurait pas une origine impure, comme si notre conscience était intéressée à le savoir. Il est beaucoup de choses qui, pour nous, peuvent donner lieu à des questions semblables. On demandera, par exemple, s'il est permis de se servir d'objets qui sont le fruit du travail et du sang de l'esclave, comme le sucre, le coton, etc., ou que l'on sait avoir été faits le dimanche, ou produits par des moyens déshonnêtes. La solution de ces questions n'est pas toujours aisée. Voici cependant, à cet égard, quelques directions : 1° si l'objet dont il s'agit se trouve confondu, mêlé avec beaucoup d'autres sur le marché, sans rien qui le distingue, l'Apôtre nous conseillerait

d'en user sans hésitation ; 2° si l'achat ou l'emploi de cet objet tendait directement, et évidemment à soutenir l'esclavage, à encourager la violation du sabbat, à favoriser un genre de vie coupable, il est clair qu'on ne doit pas se le procurer, puisque ce serait participer à un mal qu'on réprouve ou doit réprouver; 3° si cet objet est expressément désigné comme ayant été fait de telle ou telle manière, et que l'on doive, en en faisant usage, paraître sanctionner les moyens dont on s'est servi, il faut aussi s'abstenir. Il n'est permis à personne de s'associer, même en apparence, à des œuvres qu'il condamne. Peut-être même le seul moyen de détruire un grand nombre des institutions criminelles qui sont établies sur la terre, est-il que les hommes de bien refusent d'en recueillir les résultats, et de participer à ce qui est le produit de la fraude ou de l'iniquité.

26. Car la terre est au Seigneur, avec tout ce qu'elle contient.

26. « *Car la terre*, etc. » Citation du Ps. XXIV, 1. (*Voy.* encore Ps. L, 12 et Deut. X, 14.) Si la terre appartient au Seigneur, la viande des sacrifices lui appartient aussi en réalité, et non pas aux idoles; il est donc permis aux chrétiens de la recevoir comme de sa main. § « *Avec tout ce qu'elle contient;* » tous ses fruits, tout ce qu'elle nourrit de sa substance, toutes ses productions sont l'œuvre de Dieu, et ne cessent pas de l'être, par le fait seul qu'on les aurait consacrées à une idole.

27. Que si quelqu'un des infidèles vous convie, et que vous y vouliez aller, mangez de tout ce qui est mis devant vous, sans vous en enquérir pour la conscience.

27. « *Si quelqu'un des infidèles vous convie.* » Il est clair qu'il s'agit ici d'une invitation privée, et non d'une fête religieuse. § « *Et que vous y vouliez aller.* » Ces paroles impliquent qu'ils pouvaient accepter une invitation de cette nature, de même que le Sauveur avait accepté de dîner chez un Pharisien. (*Voy.* Note Luc XI, 37.) Le christianisme ne demande pas à ses adeptes qu'ils vivent en ermites, en s'interdisant tout rapport et tout commerce avec la société; il veut seulement que ces relations sociales soient sanctifiées et placées sous son influence. (*Voy.* Note ch. V, 10.) § « *Mangez de tout*, etc. » Le contexte indique évidemment la pensée de Paul; » prenez part au repas, sans vous mettre en peine de savoir si la viande qu'on vous offre a été, ou non, sacrifiée aux idoles. » Est-il nécessaire de faire remarquer que l'Apôtre, s'occupant ici d'une question spéciale, n'a pas jugé à propos d'émettre une restriction qui s'impose d'elle-même? C'est qu'on peut manger de tout, *dans les limites de la tempérance.*

28. Mais si quelqu'un vous dit : Cela est sacrifié aux idoles ; n'en mangez point, à cause de celui qui vous en a avertis, et à cause de la conscience : car la terre est au Seigneur, avec tout ce qu'elle contient.

28. « *Mais si quelqu'un*, etc. Quelqu'un des invités, sans doute, car il n'est pas à croire que l'hôte lui-même désignât à ses convives, ou

même leur eût offert quelques mets à propos duquel ils eussent des scrupules. § « *Et à cause de la conscience:* » la conscience de celui qui vous aura donné cet avis (vers. 29); toutefois, celui-là même qui l'a reçu doit se faire aussi un devoir de conscience de ne pas scandaliser son frère. § « *Car la terre*, etc. »: (*Voy*. vers. 26.) Ces mots, répétés du verset 26, manquent dans plusieurs manuscrits, et des critiques autorisés pensent qu'ils n'ont été reportés ici que par une erreur de copiste. Toutefois le plus grand nombre des manuscrits est pour cette leçon. Si on conserve ces mots, il faut les entendre probablement de la manière suivante: « toutes choses appartiennent à Dieu; il a mis amplement sur la terre tout ce qui est nécessaire à notre vie temporelle; puisqu'il en est ainsi, et que vous pouvez vous nourrir autrement, laissez de côté ces aliments au lieu de scandaliser vos frères en les prenant. »

29. Or je dis la conscience, non pas la tienne, mais celle de l'autre : car pourquoi ma liberté serait-elle condamnée par la conscience d'un autre ?

29. « *Or je dis la conscience*, etc. » Vous pourriez n'avoir aucun scrupule personnel à ce sujet; mais je vous place sur le terrain de la charité chrétienne; c'est par égard pour les consciences timorées que je vous invite à agir ainsi. § « *Car pourquoi ma liberté*, etc. » Il n'y a aucune loi qui puisse m'empêcher de manger de cette viande; c'est une chose parfaitement légitime en soi; mais si j'en mange, on condamnera comme excessif et funeste l'usage que je fais de ma liberté: des frères peu éclairés me blâmeront comme un homme sans scrupule et prêt à me replonger dans les coutumes idolâtres. Or à quoi bon m'exposer à leurs censures? Mieux vaut m'abstenir et renoncer à faire rigoureusement valoir mon droit. »

30. Et si par la grâce j'en suis participant, pourquoi suis-je blâmé pour une chose dont je rends grâces ?

30. « *Car si par la grâce*, etc. » Si par la grâce de Dieu, j'ai le droit de participer à ce repas; si la Providence met tant de biens autour de moi dont je puis goûter avec reconnaissance et sans faire de tort à personne, pourquoi irais-je me faire blâmer pour une question de nourriture? § « *Pour une chose dont je rends grâces?* » Pour ma nourriture; ce qui implique que Paul savait remercier Dieu pour les aliments qu'il recevait de lui, puisque les mots « dont je rends grâces » sont là comme une périphrase pour désigner tout simplement sa nourriture. — Et le sens général du verset est: Dieu m'accorde le droit de prendre de ces aliments; mais si je le fais, je m'expose à des calomnies, à des jugements malveillants, j'exerce même peut-être une influence fâcheuse: eh bien! je saurai m'en abstenir.

31. Soit donc que vous mangiez, soit que vous buviez, ou que vous fassiez quelque autre chose, faites tout à la gloire de Dieu.

31. « *Soit donc que vous mangiez*, etc. » A proprement parler, ce précepte semblerait devoir se rapporter uniquement au sujet qui est ici

en discussion : mais par les mots qui suivent, « où que vous fassiez quelque autre chose, » on voit que l'Apôtre fait de ce précepte un principe général qui doit s'appliquer dans tous les temps et pénétrer dans tous les détails de la vie. § « *Faites tout pour la gloire de Dieu,* » pour honorer Dieu comme votre législateur, votre créateur et votre rédempteur, et pour conduire les autres, par votre exemple, à louer son nom et à embrasser l'Evangile. Un enfant honore son père, quand il a toujours du respect pour lui, qu'il est reconnaissant de ses faveurs, qu'il obéit à ses lois, qu'il s'efforce de faire réussir les desseins auxquels il l'emploie et de donner à tous une haute idée de son caractère. Il le déshonore au contraire en lui manquant de respect ou d'amour, et en se conduisant de manière à le faire mal juger par les autres. — Il en est ainsi de nos relations vis-à-vis de Dieu. Si nous observons ses commandements, si nous acceptons ses bienfaits avec gratitude, si nous le prions, si nous faisons connaître à ceux qui nous entourent sa bonté et sa sainteté, nous vivons pour sa gloire. Nous pouvons remarquer : 1° que cette règle est universelle et constante ; si elle s'applique au manger et au boire qui reviennent si fréquemment dans la vie, elle doit s'appliquer aussi à toutes nos autres actions ; 2° nous devons honorer Dieu dans nos familles et avec nos amis, et sanctifier ainsi nos joies de chaque jour, en le bénissant ensemble des biens que nous goûtons en commun ; 3° nous devons consacrer à son service les forces que nous puisons dans les aliments qu'il donne. C'est le déshonorer, c'est faire un indigne abus de ses dons, que d'employer au service du péché, c'est-à-dire, contre Dieu, les forces que Dieu lui-même nous donne ; 4° cette règle doit être pour nous une pierre de touche pour juger toutes nos actions, nos projets, nos actes, nos paroles. Nos désirs seront bons s'ils tendent à glorifier Dieu ; dans le cas contraire, il faut nous les interdire. — Qui pourrait apprécier la profondeur des changements qui s'opéreraient dans la société, si une telle règle venait à être mise en pratique par tout le monde ? Il est bon d'ajouter du reste que ce précepte n'est pas absolument particulier au christianisme. On trouve plus d'une fois, dans les écrits des rabbins juifs, des paroles comme celles-ci, « il faut que toutes choses, même le manger et le boire, se fassent au nom de Dieu. » — Et Epictète lui-même, un païen, répondait à un homme qui lui demandait comment on peut manger de manière à plaire à Dieu : « En mangeant avec modération et reconnaissance. »

32. Soyez tels que vous ne donniez aucun scandale, ni aux Juifs ni aux Grecs, ni à l'Eglise de Dieu.

32. « *Soyez tels*, etc. » (*Voy.* Note Rom. XIV, 13.) § « *Ni aux Juifs.* » Les Juifs pourraient considérer votre liberté comme étant une connivence avec le culte des idoles ; en assistant à ces fêtes, vous leur fourniriez un prétexte de plus contre le christianisme. § « *Ni aux Grecs,* » aux païens inconvertis, qui chercheront par tous les moyens à justifier leur culte, et qui, entre autres, s'autoriseront de votre exemple. § « *Ni à l'Eglise de Dieu*, » aux chrétiens, parmi lesquels il s'en trouve de moins éclairés que vous, qui pourraient être entraînés par votre exemple à agir contre leur conscience.

33. Comme aussi je complais à tous en toutes choses, ne

cherchant point ma commodité propre, mais celle de plusieurs, afin qu'ils soient sauvés.

33. « *Comme aussi je complais*, etc. » (*Comp.* Notes ch. IX, vers. 19-23.) Paul avait en réalité le droit, nous l'avons vu, d'en appeler à son exemple pour confirmer ses préceptes. C'est une grande et bonne chose, qu'un ministre de l'Evangile rende son ministère recommandable par son dévouement et sa vie de sacrifices.

CHAPITRE XI.

C'est à tort qu'on a inséré dans ce chapitre le verset par lequel il commence ; il appartient proprement au chapitre précédent, où il clot la discussion de l'Apôtre. — Le reste du chapitre peut se diviser en deux parties : 1° l'une relative aux femmes qui priaient et qui prophétisaient sans avoir la tête couverte (vers. 2-6) ; 2° et l'autre concernant la manière dont les Corinthiens célébraient la sainte Cène (vers. 13-34).

1° Quant au premier point, il semble probable que quelques-unes des femmes qui, se prétendant inspirées, avaient prié ou prophétisé dans l'Eglise de Corinthe, avaient jeté leur voile, comme le faisaient les prêtresses du paganisme. L'Apôtre fait observer sur cela que la prééminence appartient à l'homme sur la femme, comme elle appartient à Christ sur l'homme ; que l'homme qui prie en ayant la tête couverte déshonore Christ, et que de même, il était très-inconvenant pour une femme de demeurer la tête découverte en présence de l'homme (vers. 3-5) ; que si une femme rejette avec son voile l'emblême de sa subordination et de sa dépendance, elle pourrait aussi bien se raser la tête (vers. 6) ; que la femme, appelée à occuper un rang inférieur, doit savoir y rester (vers. 7-9) ; qu'elle doit avoir sur la tête une marque de sa situation dépendante (vers. 10). Toutefois, pour ne pas donner lieu à l'idée qu'elle soit absolument inférieure à l'homme, il rappelle que le même salut, les mêmes biens et les mêmes espérances sont le partage des deux sexes (vers. 11-12) ; que la nature est, dans ces matières, un guide sûr et montre à la femme qu'il n'est pas bienséant qu'elle prie la tête découverte, que sa chevelure lui a été donnée comme un voile, et qu'il n'est pas plus convenable de couper l'une que de rejeter l'autre (vers. 13-16).

2° En second lieu, quant aux désordres qui accompagnaient la Cène du Seigneur, Paul, après les leur avoir reprochés (vers. 17-32), cherche (vers. 23-26) à leur faire bien comprendre le sens et l'objet de cette institution, dont évidemment ils ne se rendaient pas un compte exact. Dans les versets 27-32, il montre quelles sont les conséquences de la manière irrégulière dont ils célébraient cette fête religieuse ; puis il conclut en les invitant à la célébrer ensemble, à manger chez eux quand ils avaient faim, et à ne pas faire de la Cène une occasion de réjouissance.

1. Soyez mes imitateurs, comme je le suis moi-même de Jésus-Christ.

1. « *Soyez mes imitateurs*, etc. » Ces mots, ainsi que nous l'avons dit, forment la conclusion de la discussion qui occupe les chapitres précédents ; il aurait donc fallu les placer à la fin du chapitre x. — Quoi qu'il en soit, nous voyons où prenait sa source la condescendance avec laquelle Paul ménageait les faibles ; c'est parce qu'il imitait Christ, qui peut aussi lui-même citer sa conduite comme un exemple à suivre.

2. Or, mes frères, je vous loue de ce que vous vous souvenez de tout ce qui me concerne, et de ce que vous gardez mes ordonnances comme je vous les ai données.

2. « *Or, mes frères, je vous loue.* » Paul ne manque jamais d'adresser aux chrétiens les éloges qu'il croit juste de leur donner, sans paraître supposer que ces éloges puissent leur faire de tort (Note ch. I, 4-5) ; et il le fait surtout quand il a en même temps des reproches à faire. § « *De ce que vous vous souvenez*, etc., » ou plus exactement, de ce que vous vous souvenez de moi en toutes choses, de ce que vous êtes disposés à recourir à mon autorité dans les cas difficiles. (*Voy.* ch. VII, 1.) Il est à croire que les Corinthiens l'avaient consulté aussi pour savoir ce que devait faire une femme quand elle était appelée, sous l'influence d'une inspiration divine, à prendre la parole en public. La question semble avoir été si, étant inspirée, elle devait conserver, en restant couverte, le signe de son infériorité, ou si le fait même de l'inspiration ne la relevait pas de cette obligation, et ne lui permettait pas de se présenter au milieu des hommes avec plus de liberté. Par le mot « en toutes choses » Paul veut dire probablement que, même dans des questions d'une importance secondaire comme celle-là, on faisait bien d'avoir recours à lui. § « *Et de ce que vous gardez les ordonnances*, etc. » littéralement, les traditions, c'est-à-dire, soit les doctrines, soit les règles de conduite que je vous ai données concernant le gouvernement de l'Eglise et l'ordre à y observer.

3. Mais je veux que vous sachiez que le chef de tout homme, c'est Christ ; et que le chef de la femme c'est l'homme ; et que le chef de Christ, c'est Dieu.

3. « *Mais je veux que vous sachiez :* » je vous invite à peser attentivement les considérations suivantes qui vous aideront à vous former une opinion exacte sur le sujet en question. Avant de donner son avis, il va le faire pressentir en rappelant des principes dont ses lecteurs tireront eux-mêmes la conclusion. § « *Que le chef,* » littéralement, la tête, d'après une image fréquemment employée dans l'Ancien et le Nouveau Testament. (*Voy.* Nomb. XVII, 3 ; XXV, 15 ; Jug. X, 18 ; Eph. I, 22 ; Col. II, 10, etc.) § « *De tout homme,* » de tout chrétien, de tout homme qui reconnaît Christ comme son maître ; parole importante qui nous montre dans quelle relation le chrétien doit vivre avec Christ, et à quel point il doit se laisser diriger par lui. § « *Et que le chef de la femme*, etc. »

Que la femme est subordonnée à l'homme, et qu'elle doit en toutes circonstances, en public ou en particulier, dans son costume, dans sa conversation, etc., reconnaître sa subordination. L'Apôtre insinue par là que les femmes, même dans leurs moments d'inspiration, ne devaient pas se considérer comme libres de quitter les marques de leur position inférieure. § « *Et que le chef de Christ, c'est Dieu.* » Christ, en sa qualité de médiateur, a consenti à accepter une position d'infériorité vis-à-vis de son Père. Et dans cette position, il s'est montré obéissant comme un fils ; il s'est soumis à toutes les conséquences qu'entraînait l'œuvre de la rédemption. — La conclusion à tirer de ce fait, quant à la question dont il s'agit, c'est que chacun devait garder le rang que Dieu lui avait assigné.

4. Tout homme qui prie, ou qui prophétise, ayant quelque chose sur la tête, déshonore sa tête.

4. « *Tout homme qui prie ou qui prophétise.* » Ce dernier mot doit évidemment se prendre ici dans le sens de « qui enseigne, qui parle en public sur des sujets religieux : » mais il en sera parlé plus longuement ailleurs. (Ch. XIV de cette même Epître; *Voy.* aussi Notes Act. II, 17.) § « *Ayant quelque chose sur la tête,* » soit turban, soit voile, soit chapeau. Alors, comme aujourd'hui, c'était une marque de respect que de se découvrir la tête en présence d'un supérieur. § « *Déshonore sa tête,* » ou mieux, selon toute apparence, déshonore son chef (même mot que vers. 3), c'est-à-dire, ne témoigne pas à Christ, son chef, le respect qu'il lui doit et qu'il témoignerait en présence d'un roi, ou même d'un supérieur quelconque. Parlant en public et enseignant au nom de Christ, il doit lui donner tous les signes extérieurs du respect — Au verset 7, Paul donnera une nouvelle raison de maintenir cet usage.

5. Mais toute femme qui prie, ou qui prophétise sans avoir la tête couverte, déshonore sa tête : car c'est la même chose que si elle était rasée.

5. « *Mais toute femme,* etc. » Il est assez fréquemment question de prophétesses dans l'Ancien Testament: ainsi Marie (Ex. XV, 20), Débora (Jug. IV, 4), Hulda (2 Rois XXII, 14), Nohadja (Néh. VI, 14). Dans le nouveau Testament, Anne est aussi mentionnée comme prophétesse. (Luc II, 36.) On ne peut pas douter qu'il n'y ait eu, dans l'Eglise primitive, des femmes douées d'une inspiration analogue à celle des prophétesses ; mais nous avons très-peu de données sur ce sujet. On en voit qui prient et qui parlent en public (*Voy.* Notes Act. II, 17) ; mais comme il est probable qu'elles étaient inspirées, leur exemple n'autorise pas les femmes à prendre la parole dans les services publics, à moins qu'il ne soit démontré qu'elles aussi sont inspirées. L'exemple ne peut prouver pour aujourd'hui qu'autant que les circonstances seraient les mêmes, surtout après que Paul a dit lui-même expressément, « je ne permets point à la femme d'enseigner » (I Tim. II, 12); et dans l'Epître que nous étudions, « que les femmes se taisent dans les assemblées (ch. XIV, 34). » § « *Sans avoir la tête couverte.* » Il semblerait, d'après cela, que ces femmes, inspirées ou non, détachaient leur voile et lais-

saient flotter leur chevelure. Ainsi agissaient les prophétesses du paganisme, et ce rapprochement seul aurait suffi à Paul pour blâmer une telle manière de faire. C'était en outre une des traditions les plus constantes chez les Juifs, que les femmes ne devaient pas paraître en public sans être voilées. § « *Déshonore sa tête,* » son chef (vers. 5); témoigne d'un manque de respect pour son père, pour son mari, pour l'homme en général, en rejetant ce voile qui est considéré partout comme un symbole de la réserve, de la modestie que lui impose sa condition dépendante. § « *Car c'est la même chose,* etc. » Une longue chevelure a été regardée dans tous les lieux comme un ornement pour la femme, et comme une marque de distinction de son sexe : vous trouveriez mauvais, dit Paul aux Corinthiens, qu'elle se départît de cet usage ; eh bien ! c'est quelque chose de pareil qu'elle fait en rejetant son voile. D'un côté comme de l'autre, il y a oubli des convenances ; qu'on ne laisse donc pas de côté, sous des prétextes religieux, les signes extérieurs par lesquels Dieu a jugé à propos de marquer la différence des rangs et des situations dans la vie.

6. Si donc la femme n'est pas couverte, qu'on lui coupe les cheveux. Or, s'il est déshonnête à la femme d'avoir les cheveux coupés, ou d'être rasée, qu'elle soit couverte.

6. « *Si donc,* etc. » (*Voy.* la Note ci-dessus.) L'Apôtre assimile ces deux choses comme représentant l'une et l'autre une situation de modestie et de subordination.

7. Car pour ce qui est de l'homme, il ne doit point couvrir sa tête, vu qu'il est l'image et la gloire de Dieu ; mais la femme est la gloire de l'homme.

7. « *Car pour ce qui est d'un homme,* etc. » Un homme ne doit pas, quand il s'approche de Dieu, qu'il s'adresse en son nom à d'autres hommes, avoir la tête couverte. § « *Car il est l'image et la gloire de Dieu.* » (Allusion à Gen. I, 27.) Ce passage prouve que l'homme, quoique déchu, reste l'image de Dieu, en ce sens qu'il a été investi par son Créateur (Gen. I, 28) d'une autorité sur les autres créatures qui subsiste encore. Porter sur sa tête un voile serait pour lui une marque de servitude ou d'infériorité ; ce serait refuser de mettre en évidence cette grande vérité, qu'il est sur la terre le représentant direct de Dieu, et le maître des créatures qui s'y trouvent. — L'homme est appelé ici la gloire de Dieu, comme étant celui par qui Dieu exerce la domination sur la terre. § « *Mais la femme est la gloire de l'homme.* » La femme a été faite pour l'homme : bien plus, elle a été faite de l'homme ; elle est « os de ses os, et chair de sa chair. » Tout ce qu'elle a, par conséquent, de beauté, d'agréments, d'amabilité, reflète en quelque sorte l'honneur et la dignité de l'homme lui-même : elle doit reconnaître ce fait en portant devant lui les marques extérieures de cette dépendance.

8. Parce que l'homme n'a point été *tiré* de la femme, mais la femme *a été tirée* de l'homme.

8. « *Parce que l'homme,* etc. » (*Voy.* Gen. II, 18-23.)

9. Et aussi l'homme n'a pas été créé pour la femme, mais la femme pour l'homme.

9. « *Et aussi l'homme n'a pas été créé*, etc. » La femme a été créée pour être, non pas l'esclave de l'homme et le ministre de ses plaisirs, mais son aide et sa compagne : elle ne lui est pas inférieure en nature, mais elle doit occuper un rang subordonné. L'homme est le chef de la famille; la tâche de la femme est de l'assister dans ses devoirs, de prendre part à ses peines, de multiplier les joies autour de lui. On peut donc dire, en un certain sens, que sa position est d'autant plus honorable qu'elle est subordonnée; et rien ne pourrait lui donner des droits plus assurés à la protection de l'homme, que la tâche qu'elle a reçue de veiller à son bonheur. — L'idée de Paul est encore ici que la femme ne doit pas oublier son état de subordination, en renonçant aux signes extérieurs du respect qu'elle lui doit.

10. C'est pourquoi la femme, à cause des anges, doit avoir sur la tête une marque qu'elle est sous la puissance *de son mari*.

10. « *C'est pourquoi*, etc. » Il n'est pas de passage, dans les Ecritures, qui ait plus exercé que celui-ci la sagacité des commentateurs; et après avoir lu toutes les explications qu'on a proposées, je confesse que je ne le comprends pas. D'abord le texte porte : la femme doit porter sur sa tête un *pouvoir*; le sens général de la phrase indique qu'il s'agit ici d'un voile, ou, comme ont traduit nos versions, une marque qu'elle est sous la puissance de son mari; mais comment Paul a-t-il été amené à se servir de cette expression? C'est ce que je ne puis expliquer. Quant à l'expression, *à cause des anges*, elle est plus obscure encore. Quelques-uns l'ont entendue d'anges bons ou mauvais qui étaient supposés assister aux assemblées; d'autres l'appliquent à des *messagers*, secrètement chargés d'observer comment se célébrait le culte des chrétiens, et qui n'auraient pas manqué de dire partout que les femmes y paraissaient sans voile. Pour moi, je regarde ce passage comme étant du très-petit nombre de ceux qui, jusqu'ici, sont entièrement inexplicables. Le sens le plus naturel — je ne sais s'il a jamais été proposé par les commentateurs — me semble être celui-ci : « Les anges de Dieu assistent à votre culte public (Hébr. I, 14); ils sont témoins de tout ce qui s'y passe; il ne faut donc pas que vous leur donniez lieu d'observer un désordre quelconque qui s'y produise. » On sait, du reste, que, dans plusieurs pays de l'Orient, les femmes mariées portent, quand elles sont hors de chez elles, un voile, ou couvre-chef, qui les distingue des femmes non-mariées : « c'est là, dit Chardin, la marque à laquelle on reconnaît qu'elles sont *sous puissance*. »

11. Toutefois ni l'homme n'est point sans la femme, ni la femme sans l'homme, en notre Seigneur.

11. « *Toutefois*, etc. » Pour empêcher que l'homme s'exagère sa supériorité et refuse à la femme le respect qui lui est dû, Paul rappelle que l'homme et la femme sont nécessaires l'un à l'autre, et unis ensemble

par les liens les plus tendres. § « *En notre Seigneur;* » parce que le Seigneur a disposé les choses de telle sorte, que l'homme et la femme, pour être heureux, doivent s'aider, se soutenir réciproquement, et dès lors avoir les mêmes égards l'un pour l'autre.

12. Car comme la femme est par l'homme, aussi l'homme est par la femme ; mais toutes choses procèdent de Dieu.

12. « *Car, comme la femme,* etc. » Allusion à la création de la femme (Gen. II, 21.) § « *Aussi,* etc. » C'est la femme qui met l'homme au monde; les deux sexes sont réciproquement dans une étroite dépendance, et doivent demeurer unis. § « *Mais toutes choses, etc.* » Cette expression, en rappelant que toutes choses ont été créées et disposées par Dieu, semble avoir pour but de prévenir toute plainte sur les conditions de la vie humaine, d'engager la femme à occuper sans murmure un rang secondaire, et l'homme à se souvenir que, s'il se trouve au premier rang, c'est Dieu qui l'y a placé.

13. Jugez-en entre vous-mêmes : est-il convenable que la femme prie Dieu sans être couverte ?

13. « *Jugez-en entre vous-mêmes.* » Après les arguments qu'il a déjà employés, Paul fait appel à ce sentiment des convenances qui détermine et règle les coutumes des peuples. § « *Est-il convenable,* etc. » Les femmes grecques, sauf les prêtresses, étaient habituées à ne paraître en public que couvertes d'un voile. Paul demande ici aux Corinthiens s'il n'est pas conforme à leurs propres idées que la femme porte le même symbole de modestie dans les assemblées chrétiennes.

14. La nature même ne vous enseigne-t-elle pas que si l'homme nourrit sa chevelure, ce lui est du déshonneur.

14. « *La nature même,* etc. « Le mot *nature* désigne ici ce sens des convenances, cet instinct secret que tous les hommes possèdent, et qui s'exprime par des coutumes universellement établies. Pourquoi l'homme et la femme portent-ils des costumes différents? Pourquoi l'un est-il chargé des fonctions publiques, ou des professions qui demandent le mouvement et le grand air, tandis que l'autre se consacre aux travaux domestiques? A ces questions, comme à beaucoup d'autres, il n'y a qu'une réponse à faire : c'est que « cela est dans la nature. » De même, si l'usage a prévalu partout, que l'homme porte les cheveux courts et que la femme les laisse croître, c'est que cet usage est fondé sur un de ces sentiments qu'on peut appeler naturels, parce qu'ils sont universels. — On peut bien signaler un petit nombre de peuples qui dérogeaient à cet usage, soit en Asie, soit en Europe; mais ces exceptions n'infirment en rien la règle générale ; elle était partout ce qu'elle était chez les Hébreux, où c'était un déshonneur pour l'homme de porter une longue chevelure, sauf le cas du nazaréat. (Nomb. VI, 1-5; Juges XIII, 5; XVI, 17; I Sam. I, 11.) § « *Ce lui est du déshonneur.* » Puisqu'un usage presque universel en a fait l'attribut particulier du sexe féminin.

15. Mais que si la femme nourrit sa chevelure, ce lui est

de la gloire, parce que la chevelure lui est donnée pour couverture ?

15. « *Ce lui est de la gloire.* » Le même instinct qui fait d'une longue chevelure un déshonneur pour l'homme, la considère comme formant un ornement pour la femme. § « *Pour couverture.* » Leur chevelure leur est donnée comme une sorte de voile naturel, qui couvre déjà par lui-même une partie de leur visage. Tout le monde sait, du reste, quel prix les femmes de l'Orient attachent à avoir une longue chevelure. « Les hommes, dit Chardin, portent les cheveux courts; les femmes, au contraire, les laissent croître de toute leur longueur, et les forment en tresses qui leur tombent jusqu'aux pieds. Les jeunes gens qui gardent toute leur chevelure sont regardés comme efféminés. »

16. Que si quelqu'un aime à contester, nous n'avons pas une telle coutume, ni aussi les Eglises de Dieu.

16. « *Que si quelqu'un,* etc. » Le sens du passage est probablement celui-ci : « Si quelqu'un de vous refusait de se rendre aux raisons que j'ai avancées, j'ajoute que l'usage que je recommande règne dans la Judée et dans toutes les Eglises. Et cela seul serait une raison suffisante pour que vous dussiez vous y conformer. § « *Nous n'avons pas*, etc.» Dans aucune des Eglises que nous avons fondées, vous ne verriez les femmes se présenter sans voile devant le public. § « *Ni aussi les Eglises de Dieu.* » Si donc les Corinthiens ne trouvaient pas valables en elles-mêmes les raisons de Paul, ils devaient se conformer à son avis, ne fût-ce que par égard pour l'exemple de toutes les autres Eglises et pour éviter de leur être en scandale.

17. Or, en ce que je vais vous dire, je ne vous loue point: c'est que vos assemblées ne sont pas mieux réglées qu'elles l'étaient; elles le sont moins.

17. « *Or, en ce que je vais vous dire,* etc. » On ne sait pas bien pourquoi Paul introduit ici ce sujet. Peut-être est-ce tout simplement parce qu'après avoir, au verset 2, loué les Corinthiens de leur obéissance, il tient à leur rappeler que tout, dans leur conduite, n'est cependant pas digne de louange. — Il avait probablement entendu parler des désordres qui s'étaient produits au milieu d'eux, à l'occasion de la Cène du Seigneur; et comme le sujet était important, il vit l'occasion de les en instruire plus complètement. § « *C'est que vos assemblées*, etc. » Traduction incorrecte; il serait plus conforme au texte grec et à la suite des idées, de dire avec Calvin : « Vous vous assemblez, non en profitant, mais en empirant; » le culte public devrait vous édifier, vous faire croître en spiritualité et en piété; au lieu de cela, il est chez vous une occasion de discorde et de division.

18. Car premièrement, quand vous vous assemblez dans l'Eglise, j'apprends qu'il y a des divisions parmi vous; et j'en crois une partie.

18. « *Car premièrement.* » Voici le premier reproche que j'ai à vous adresser. § « *Quand vous vous assemblez,* etc. » Le mot *Eglise* désigne fréquemment chez nous l'édifice où l'on s'assemble, le temple; mais il n'a jamais ce sens du Nouveau Testament; il doit donc être pris ici dans son acception ordinaire d'assemblée chrétienne : « Quand vous vous réunissez pour offrir à Dieu votre culte en commun. § « *J'apprends* », par quelques membres de la famille de Chloé (ch. I, 11). § « *Qu'il y a des divisions parmi vous ;* » littéralement des déchirements, des schismes; il n'y avait pas encore un schisme réel, mais des dissensions qui pouvaient y conduire. § « *Et j'en crois une partie.* » Il peut y avoir quelque exagération dans les récits que l'on m'a faits; mais j'ai lieu de croire qu'ils sont en partie vrais.

19. Car il faut qu'il y ait même des hérésies parmi vous, afin que ceux qui sont dignes d'approbation, soient manifestés parmi vous.

19. « *Car il faut.* » Il ne s'agit pas ici d'une nécessité imposée par la nature, ou par Dieu, car alors nul ne pourrait les blâmer; le sens est que, la nature humaine étant donnée, avec ses passions et son ambition, il est impossible qu'il ne se produise pas des querelles qui auront pour résultat de montrer quels sont les vrais amis de Dieu (*Comp.* Matth. VIII, 7, et II P. II, 1-2.) § « *Des hérésies.* (*Voy.* Note Act. XXIV, 14.) » Nous attachons habituellement à ce mot l'idée d'une fausse doctrine contraire au salut; mais, dans le grec du Nouveau Testament, il signifie presque invariablement une *secte.* Il nous semble évident que c'est aussi de cette manière qu'il faut le traduire dans ce passage. D'abord, c'en est le sens naturel, philologique, et qu'il a peut-être toujours dans le Nouveau Testament; puis c'est celui que demande le contexte. L'Apôtre vient de parler, non pas d'erreurs de doctrines, mais de torts de conduite; et parmi ces derniers il mentionne (vers. 18) les divisions; si maintenant il ajoutait, « du reste, il faut qu'il y ait des erreurs de doctrine, » cela ne ferait pas suite avec la pensée précédente. On comprend très-bien, au contraire, qu'après leur avoir reproché ces divisions, il dise, « du reste, il faut qu'il y ait des divisions, cela n'est pas possible autrement. » Quant à l'existence des sectes dans l'Eglise chrétienne, il faut l'attribuer, non au christianisme en lui-même, qui recherche et recommande l'union; mais aux causes suivantes : 1° à l'amour du pouvoir et de la popularité; souvent les conducteurs spirituels des hommes aspirent à devenir leurs maîtres; 2° à un respect exagéré accordé à des docteurs (*Voy.* Notes ch. I, vers. 12); 3° à la multiplicité des doctrines formulées dans une confession de foi trop détaillée et rédigée sans discernement; 4° aux passions des hommes, à leur amour-propre, ou à leur zèle aveugle. Christ voulait évidemment que son Eglise fût unie, et que tous ses vrais disciples entrassent dans sa communion et fussent reçus et reconnus de l'Eglise entière comme membres de son corps. Puisse le temps venir bientôt, où l'unité des sentiments succédera à de si longues dissensions, et où l'amour chrétien, laissant subsister une certaine diversité de vues, réunira dans une action commune tous ceux qui ont à cœur de combattre le péché et de convertir le monde à Dieu.

§ « *Afin que ceux qui sont dignes d'approbation,* » dignes de l'approbation de Dieu, disposés à marcher selon ses lois. § « *Soient manifestés parmi vous.* » L'effet de ces dissensions devait être de montrer quels étaient les vrais amis de la paix, de l'ordre et de la vérité. Il en est, du reste, toujours ainsi dans les Eglises où les grandes vérités du christianisme sont annoncées, et où une séparation n'est pas nécessaire. Les divisions y font paraître, d'un côté, les esprits turbulents et ambitieux, et de l'autre les esprits paisibles, soucieux des choses qui procurent la paix et décidés à marcher dans l'amour de Christ. La pensée de ce verset rappelle donc celle de Rom. XVI, 17 : « Prenez garde à ceux qui causent des divisions... et éloignez-vous d'eux. »

20. Quand donc vous vous assemblez *ainsi* tous ensemble, ce n'est pas manger la Cène du Seigneur.

20. « *Quand donc vous vous assemblez*, etc. » (*Comp.* Hébr. X, 25, et Notes Act. II, 1.) « Il est probable qu'à une époque si rapprochée encore des origines du christianisme, tous les chrétiens de Corinthe se réunissaient dans un même local, et en outre, qu'ils prenaient la sainte Cène tous les dimanches. § « *Ce n'est pas*, etc. » Le sens de ce mot semble être : « quand vous vous réunissez dans un si mauvais esprit, et que vos assemblées soit le théâtre de si graves désordres (*voy.* vers. 21), vous ne pouvez pas, malgré les apparences, dire que votre intention réelle est de célébrer la Cène du Seigneur. § « *La Cène du Seigneur,* » ainsi nommée, soit parce que c'est le Seigneur qui l'a instituée, soit parce qu'elle a pour objet de nous rappeler son sacrifice; le mot grec indique un repas du soir; — c'est le soir, en effet, qu'elle fut instituée, et c'est pourquoi quelques-uns pensent qu'elle devrait encore être célébrée le soir.

21. Car lorsqu'il s'agit de prendre le repas, chacun prend par avance son souper particulier ; en sorte que l'un a faim, et l'autre fait bonne chère.

21. « *Car lorsqu'il s'agit*, etc. » Pour comprendre ceci, il semble nécessaire de supposer que les Corinthiens avaient, de quelque manière, lié la sainte Cène avec une fête commune, ou la regardaient comme une fête analogue à celles qu'on trouvait chez les Grecs. Plusieurs ont pensé qu'ils avaient peut-être l'habitude de terminer par la sainte Cène des banquets religieux qu'on appelait « agapes. » Mais rien ne donne lieu de croire qu'il en ait jamais été ainsi du temps des Apôtres, de sorte que cette explication me paraît tout-à-fait improbable. Il semble, d'après ce passage, que tout se passait d'une manière irrégulière et peu convenable; que les Corinthiens s'étaient entièrement mépris sur la nature de l'institution; et qu'à la différence des noms près, ils célébraient la sainte Cène comme les païens célébraient leurs fêtes en l'honneur des idoles. § « *Chacun prend par avance*, etc. » Nul ne se préoccupe des besoins des autres. Non-seulement donc ils avaient méconnu la valeur religieuse de la sainte Cène, mais ils avaient même cessé d'y voir une fête commune qui devait les réunir tous autour d'une même table. Il y a ici, sans aucun doute, une allusion à cet usage des Grecs, de contribuer, chacun pour sa part, aux festins auxquels ils assistaient; on mettait générale-

ment toutes ces parts en commun, et on les distribuait également à toute l'assemblée. — On peut voir, du reste, dans Xénophon (Mém. III, 14) que déjà alors, dans des occasions analogues, les riches se faisaient servir des mets délicats, et laissaient les autres se nourrir d'aliments grossiers. § « *L'autre fait bonne chère.* » Le texte porte, « l'autre s'enivre, » et il n'y a aucune raison pour affaiblir ce sens par notre traduction. L'Apôtre veut bien certainement leur dire qu'ils mangeaient et buvaient à l'excès, et que leur soi-disant célébration de la sainte Cène n'était qu'une orgie. On peut trouver étrange que de telles scènes se soient produites dans une Eglise chrétienne, et à l'occasion de la sainte Cène; mais il faut se souvenir : 1° que cette Eglise se composait surtout de païens convertis, qui tendaient à introduire dans leur nouveau culte les usages et les cérémonies de leur ancienne religion; 2° qu'une fois qu'ils s'étaient mépris sur la valeur de la sainte Cène, et ne voyaient en elle qu'une fête du genre de celles qu'ils offraient jadis à leurs idoles, les autres désordres s'ensuivaient tout naturellement; 3° que, selon toute apparence, ils étaient enseignés par de faux docteurs qui tentaient de modifier les institutions chrétiennes d'après leurs propres vues, et les ramenaient, autant qu'ils le pouvaient, aux rites idolâtres. — Remarquons, en passant : 1° qu'il ne faut pas attendre d'un peuple récemment converti au christianisme qu'il arrive tout d'un coup à la perfection; 2° que la facilité avec laquelle les hommes abusent des rites les plus saints est une grande preuve de la corruption de la nature humaine.

22. N'avez-vous donc pas des maisons pour manger et pour boire ? Ou méprisez-vous l'Eglise de Dieu ? et faites-vous honte à ceux qui n'ont rien ? Que vous dirai-je ? Vous louerai-je ? Je ne vous loue point en ceci.

22. « *N'avez-vous pas,* etc. » A supposer même qu'il n'y eût pas eu de scènes d'intempérance, il n'en était pas moins inconvenant de transformer en salle de banquet le lieu où ils se réunissaient pour offrir leur culte à Dieu. § « *Ou méprisez-vous,* etc. » L'Eglise de Dieu respecte la sainte Cène; c'était donc mépriser cette Eglise que d'outrager par leur conduite une institution que tous les chrétiens considèrent comme sacrée. § « *Et faites-vous honte,* etc., » à ceux qui n'ont ni plats délicats, ni maisons où ils puissent manger. Le sens est : « voulez-vous aggraver la situation, déjà si triste, des pauvres, de ceux qui n'ont rien, en les humiliant, en leur faisant sentir en public leur pauvreté ? » § « *Que vous dirai-je ?* etc. » Comment pourrai-je vous exprimer en termes assez forts ma surprise et ma désapprobation ?

23. Car j'ai reçu du Seigneur ce qu'aussi je vous ai donné : c'est que le Seigneur Jésus, la nuit qu'il fut trahi, prit du pain.

23. « *Car,* etc » Les Corinthiens, peu éclairés sur la véritable valeur de la sainte Cène, supposaient qu'elle ne différait de leurs fêtes païennes que par le nom de celui en l'honneur duquel on la célébrait : de là les désordres dont se plaignait l'Apôtre. Pour combattre ces désordres, Paul rappelle aux Corinthiens les circonstances solennelles au milieu

desquelles elle avait été instituée, et le but que le Seigneur avait eu en vue, celui de demeurer toujours vivant, par elle, dans le souvenir de l'Eglise. — Il importe de remarquer comment l'Apôtre, au lieu de les réprimander avec véhémence et de leur faire de violents reproches, espère les corriger, les ramener au bien en leur exposant simplement la vérité, et en faisant appel à leur conscience. § « *J'ai reçu du Seigneur.* » Ceci ne peut pas s'entendre d'une tradition, qui aurait fait arriver ce récit aux oreilles de Paul par le moyen d'intermédiaires; l'ensemble du passage semble indiquer qu'il avait appris directement du Seigneur lui-même comment la sainte Cène avait été instituée. Le fait aurait eu lieu, ou sur la route de Damas, — ce qui cependant paraît peu probable, — ou dans une des nombreuses révélations que Dieu lui accorda. (*Comp.* II Cor. XII, 7.) C'est probablement pour donner plus de poids à sa parole, qu'il annonce l'avoir appris du Seigneur. Ce n'est pas une cérémonie humaine que je vous recommande, semble-t-il leur dire; c'est le Seigneur lui-même qui l'a instituée, et qui a prescrit la manière dont il faut l'observer. § « *Ce qu'aussi je vous ai donné.* » Paul, le fondateur de l'Eglise de Corinthe, était naturellement le premier qui eût fait connaître la sainte Cène aux Corinthiens. § « *La nuit qu'il fut trahi.* » (Matth. XXVI, 23-25 et 48-50.) Paul semble mentionner ce fait pour ajouter encore à la solennité du sujet qu'il traite. On voit qu'il veut mettre sous leurs yeux autant que possible toutes les circonstances émouvantes de cette mort, afin de leur rappeler dans quelles dispositions ils devaient participer à la Cène. § « *Prit du pain.* » Evidemment, le pain qui avait servi au repas, et non, comme le veulent les papistes, un pain spécial, une hostie. (*Voy.* Notes, Matth. XXVI, 26.)

24. Et après avoir rendu grâces, il le rompit, et dit : Prenez, mangez : ceci est mon corps *qui est* rompu pour vous: faites ceci en mémoire de moi.

24. « *Et après avoir rendu grâces.* » Matthieu dit, « et le bénit. » Les mots employés ici, quoique ayant au fond le même sens, nous montrent, puisque Paul les tenait directement du Sauveur lui-même, quelle est la manière exacte dont nous devons observer la sainte Cène. § « *Prenez, mangez,* etc. » (*Voy.* Note Matth. XXVI, 26.)

25. De même aussi après le souper, il prit la coupe, en disant : Cette coupe est la nouvelle alliance en mon sang : faites ceci toutes les fois que vous en boirez en mémoire de moi.

25. « *De même aussi;* » dans les mêmes circonstances et avec le même but. § « *Après le souper.* » On voit que cela se passait après le repas pascal, et que la Cène ne devait pas, comme les Corinthiens se l'étaient imaginé, constituer elle-même un repas. § « *En disant : cette coupe* (*Voy.* Note Matth. XXVI, 27-28.) § « *Est la nouvelle alliance* » que Dieu allait conclure avec les hommes. Le mot traduit ici par *alliance*, signifie littéralement *testament*. Mais comme c'est celui par lequel les Septante traduisent constamment le mot *Berith*, alliance, et que les Apôtres se servaient de cette traduction, c'est bien dans ce dernier sens que nous devons l'em-

ployer ici. Il s'agit donc dans ce verset d'une alliance nouvelle qui allait succéder à celle de Moïse. § « *En mon sang.* » Allusion à l'ancienne coutume de sceller un contrat par un sacrifice (*Voy.* Note Matth. XXVI, 28.) § « *Toutes les fois que vous en boirez.* » La loi mosaïque avait fixé l'époque de la Pâque. Le Sauveur laisse à ses disciples le soin de déterminer combien de fois ils se réuniront pour célébrer le souvenir de sa mort, présumant bien que leur amour pour lui serait assez fort pour les engager à l'observer fréquemment. Ils peuvent donc renouveler cette fête aussi souvent qu'ils en sentent le besoin pour consoler, pour affermir, pour nourrir leurs âmes. § « *En mémoire de moi.* » Ces mots expriment tout le dessein de cette institution ; elle est tout simplement un mémorial, destiné à rappeler, par des symboles visibles, la mort du Sauveur et le salut qu'elle nous prouve. Cette expression, mentionnée dans Luc XXII, 19, ne se retrouve dans aucun des autres Evangélistes.

26. Car toutes les fois que vous mangerez de ce pain, et que vous boirez de cette coupe, vous annoncerez la mort du Seigneur jusques à ce qu'il vienne.

26. « *Car toutes les fois*, etc. » Il y a ici une réfutation directe de la doctrine de la transsubstantiation romaine, puisque le pain est encore appelé pain après avoir été consacré par le Seigneur, et mangé par les disciples. (*Comp.* vers. 24-25.) § « *Vous annoncerez*, etc. ; » vous l'annoncerez par le fait même ; en vous réunissant autour de ces symboles, vous montrerez à tous quel est l'objet de votre foi, qui vous a laissé cette institution. Nous voyons par là que la Cène doit être prise en public, et qu'elle est un moyen de professer hautement notre attachement au Rédempteur : souvent, en effet, elle a produit une vive impression sur les personnes qui assistaient à sa célébration. § « *Jusqu'à ce qu'il vienne,* » pour juger le monde. Nous voyons par là : 1° que c'était une idée bien arrêtée, dans la primitive Eglise, que Jésus-Christ reviendrait pour juger le monde ; 2° que l'institution de la Cène doit subsister jusqu'à la fin des siècles. Elle doit donc être observée dans tous les temps, et partout où il y a des chrétiens ; 3° quand le corps de l'Eglise aura acquis sa parfaite stature, et que les rachetés pourront voir le Seigneur, parce qu'ils lui seront semblables, alors, mais alors seulement, l'institution tombera, parce que la foi sera changée en vue.

27. C'est pourquoi, quiconque mangera de ce pain, ou boira de la coupe du Seigneur indignement, sera coupable du corps et du sang du Seigneur.

27. « *C'est pourquoi.* » Si donc tel a été l'objet primitif de la sainte Cène, il s'ensuit que quiconque y participe d'une manière inconvenante, est coupable du corps et du sang du Seigneur. § « *Mangera de ce pain.* » Même observation que verset 26. Il suffit d'adopter simplement le langage et les expressions de la Bible, pour être préservé des erreurs des papistes. De là le soin avec lequel ils en défendent la lecture au peuple. § « *Indignement ;* » il n'est peut-être pas, dans toute la Bible, d'expression qui ait, autant que celle-ci, troublé la conscience des chrétiens faibles, et qui en ait éloigné un si grand nombre de la sainte Cène. Combien de gens ont dit, pour se dispenser de communier : « Je suis

indigne de prendre part à cette sainte solennité, il me faut attendre d'être mieux préparé.» C'est qu'on se figure généralement que ces mots se rapportent aux qualifications personnelles, aux dispositions de cœur de celui qui va communier. Nous serons toujours, par nous-mêmes, indignes de la table sainte, et d'être regardés comme les disciples du Sauveur; mais il ne s'ensuit pas que nous ne puissions célébrer cette fête d'une manière convenable, dans un sentiment profond de notre péché et de reconnaissance pour le Sauveur. Au reste, le passage ne dit pas, «celui qui communie sans en être digne,» mais, «celui qui le fait indignement,» ce qui pourrait avoir lieu dans les cas suivants : 1° quand, sous prétexte de célébrer la sainte Cène, on se livrerait à des actes d'intempérance comme ceux qui se produisaient à Corinthe ; 2° quand on n'observerait aucune différence entre la sainte Cène et des repas ordinaires (*voy.* Note sur le vers. 29), méconnaissant ainsi entièrement le but de cette institution ; — mais il est clair qu'aujourd'hui on peut à peine supposer qu'une telle ignorance existe jamais dans un pays chrétien ; 3° quand on le ferait par moquerie, par dérision, pour se jouer de cette sainte solennité, ainsi qu'il est arrivé parfois à des ennemis de l'Evangile. § « *Sera coupable.* » Le mot grec signifie littéralement exposé à un châtiment, punissable, et renferme toujours l'idée d'une faute commise. (Matth. v, 22; Ex. xxii, 3; Nomb. xiv, 18 ; etc.) § « *Du corps et du sang du Seigneur.* » Les commentateurs ont expliqué ce passage de différentes manières, et traduit, les uns par, « sera tenu pour coupable d'avoir profané les emblèmes du corps et du sang du Sauveur;» d'autres, par « est aussi coupable que s'il versait le sang du Sauveur, » d'autres encore, par « est coupable de profaner ces symboles sacrés, d'abuser ainsi de ce moyen de grâce, etc. » Mais il me semble que ces interprétations n'épuisent pas la signification de ce passage. Le sens littéral est évidemment que ceux qui agissent ainsi participent au péché de ceux qui ont mis à mort Jésus-Christ ; les mots « le corps et le sang » l'indiquent assez par l'allusion qu'ils renferment à la mort du Seigneur. Puisque le pain et le vin étaient les symboles du corps qui avait été rompu, du sang qui avait été versé, profaner ces symboles, c'était se montrer uni d'esprit aux meurtriers du Sauveur, et entrer dans les dispositions de ceux qui l'ont crucifié. L'Apôtre ne dit pas, si je le comprends bien, qu'aucun des Corinthiens se fût rendu coupable d'un tel crime : il veut seulement les instruire sur la nature d'une institution qu'ils ne comprenaient pas, et leur montrer quel péché ils commettraient s'ils continuaient à agir comme ils avaient commencé. — C'est en effet une chose terrible que de tourner en dérision les choses sacrées, et surtout d'insulter aux souffrances par lesquelles le Fils de Dieu a opéré le salut du monde.

28. Que chacun donc s'éprouve soi-même, et ainsi qu'il mange de ce pain, et qu'il boive de cette coupe.

28. « *Que chacun donc s'éprouve*, etc. » Que chacun voie s'il a les dispositions d'esprit et de cœur que cet acte requiert : — s'il se repent de ses péchés, s'il croit au Seigneur Jésus, et veut vivre d'une vie nouvelle en son nom. On peut observer à ce sujet : 1° que cet examen du chrétien doit porter d'abord sur la question de savoir s'il a jamais été converti, puis

sur celle de ses dispositions actuelles. Il ne suffit pas que le communiant puisse se dire d'une manière générale qu'il est chrétien; il faut encore qu'il ait la préparation spéciale de repentance et de foi, sans laquelle il ne peut pas avoir une part efficace à ce moyen de grâce; 2° cet examen doit être sévère et minutieux, s'appliquer aux paroles, aux sentiments, à la conduite; il faut nous demander si, en famille ou dans les affaires, avec les chrétiens ou avec les gens du monde, nous avons agi en vrais chrétiens; il faut contrôler nos habitudes par la méditation des Ecritures; voir si nous tendons à remporter la victoire sur nos péchés, en un mot si notre vie est vraiment conforme à celle du Sauveur; 3° cet examen est nécessaire par plusieurs raisons; il n'est pas de commerçant qui ne règle de temps à autre ses comptes, pour savoir où en sont ses affaires; de même, dans la vie religieuse, il importe d'avoir de temps à autre un moment de retour sérieux sur soi-même pour examiner son état devant Dieu : c'est par un examen semblable, répété de temps en temps, qu'on peut se rattacher solennellement à Dieu, maintenir son cœur dans la paix en le purifiant de tout interdit, et sceller à la table sainte la consécration que tout chrétien a faite de lui-même au service de son Sauveur. § « *Et ainsi*, etc. » Après cet examen, et seulement alors. C'est assez dire que nul ne doit s'approcher de la table sainte sans avoir scrupuleusement sondé les dispositions de son cœur.

29. Car celui qui *en* mange et qui *en* boit indignement, mange et boit sa condamnation, ne discernant point le corps du Seigneur.

29. « *Car celui qui en mange*, etc. » Pour les amener à un plus grand respect pour cette institution, Paul leur montre une nouvelle conséquence fâcheuse qu'elle entraîne quand elle est mal observée. (*Comp.* vers. 27.) § « *Mange et boit sa condamnation* : » expression figurée évidemment, qui signifie qu'il encourra un châtiment : le mot grec signifie littéralement : jugement, puis sentence, puis condamnation, et enfin châtiment. Je pense qu'il s'agit ici d'un jugement de Dieu que l'Apôtre mentionne (vers. 30 et 32), comme la conséquence de leur manière d'agir sur ce sujet. Sans doute une manière légère et profane de célébrer la sainte Cène pourrait très-bien être punie par Dieu dans l'autre monde; mais il est clair que ce n'est pas cela que l'Apôtre avait en vue, puisque les jugements infligés aux Corinthiens n'étaient que temporels (vers. 30), et que la raison alléguée de ces jugements, c'était « afin qu'ils ne fussent pas condamnés avec le monde, » c'est-à-dire avec les réprouvés (vers. 32). (*Comp.* I Pier. IV, 17.) § « *Ne discernant point*, etc. » Ne faisant pas de distinction entre ce pain et celui qu'ils prennent d'ordinaire à leurs repas. Il ne s'agit pas du tout ici d'une faculté qu'on attribue parfois à la piété, de reconnaître le corps du Seigneur dans le pain de la Cène, ou d'une aperception spirituelle, particulière à la foi, qui ferait voir, dans les éléments sacrés, le corps même de Jésus-Christ : il s'agit tout simplement de distinguer la sainte Cène d'un repas ordinaire. Les Corinthiens ne « discernaient pas le corps du Seigneur, » parce qu'au lieu de voir dans la Cène la commémoration de la mort de leur Sauveur, ils en faisaient un repas comme ceux qu'ils avaient coutume d'avoir en

l'honneur de quelque événement arrivé à leurs dieux ou à leurs héros. Par contre, ceux-là « discernent le corps du Seigneur, » qui se souviennent, en participant à la Cène, que Jésus-Christ est mort pour leurs péchés, et qu'il a versé son sang pour leur procurer le salut; or c'est là une chose que tous les chrétiens peuvent faire avec la certitude de l'approbation divine.

30. Et c'est pour cela que plusieurs sont faibles et malades parmi vous, et que plusieurs dorment.

30. « *Et c'est pour cela ;* » à cause de la manière inconvenante dont ils célébraient la Cène (vers. 21). § « *Que plusieurs sont faibles,* » allusion évidente à des maladies qui régnaient au milieu des chrétiens de Corinthe. Ce passage montre que Dieu avait fait régner des maladies au milieu d'eux, pour leur témoigner son mécontentement. On voit d'ailleurs par le Nouveau Testament qu'à cette époque Dieu visitait fréquemment les hommes d'une manière extraordinaire par des infirmités et des maladies, pour les punir de leurs péchés. (*Voy.* Note ch. v, 5 ; Act. v, 1-10 ; I Tim. i, 20, et peut-être Jean v, 16.) Il se peut d'ailleurs très-bien que ces maladies fussent la conséquence naturelle de l'intempérance qu'ils apportaient à ces repas, et se soient terminées quelquefois par la mort. § « *Et que plusieurs dorment,* » sont morts. La mort de chrétiens est souvent représentée, dans l'Ecriture, sous l'image du sommeil. (Dan. xii, 2 ; Jean xi, 11 et 12 ; I Thess. iv, 14.) » Peut-être l'Apôtre veut-il indiquer, par l'emploi de cette expression, qu'ils étaient malgré cela de vrais chrétiens. Cela s'accorderait assez avec ce que Paul nous dit de l'état de l'Eglise de Corinthe. Malgré tous les désordres qu'il y signale, il ne nie pas que les membres qui la composent ne soient encore des chrétiens : seulement c'étaient des chrétiens faibles et peu éclairés ; et leur qualité d'enfants de Dieu ne les exemptait pas des afflictions que pouvaient rendre nécessaires leurs imperfections ou leurs péchés. C'est ainsi que les châtiments pouvaient faire sur leurs esprits une salutaire impression et les amener à observer plus fidèlement l'institution de la sainte Cène. — On pourrait demander s'il arrive jamais de nos jours que Dieu visite ainsi son peuple pour le punir d'un péché comme celui-là. A cela nous répondons : 1° nous n'avons aucune raison pour supposer qu'il envoie des maladies, ou des châtiments physiques pour réprimer ce péché ; mais 2° nous n'avons aucune raison pour douter que la violation de ce devoir, comme de tous nos devoirs religieux, n'attire le déplaisir de Dieu sur celui qui s'en rend coupable ; et ce déplaisir peut se manifester par la privation des joies spirituelles attachées à une participation fidèle de la sainte Cène, par un refroidissement de la piété, par un manque de paix intérieure, par ce malaise enfin qui est toujours la conséquence d'un moyen de grâce mal employé. Si l'accomplissement fidèle d'un devoir est une source de paix, il est clair que la violation de ce devoir entraîne aussi, et dans la mesure même de son importance, un trouble de conscience par lequel s'exprime le déplaisir de Dieu. Cela est vrai de la prière, comme de tous nos devoirs religieux en général, et de la communion en particulier.

31. Car si nous nous jugions nous-mêmes, nous ne serions point jugés.

31. *« Car si nous nous jugions nous-mêmes : »* si, avant de nous approcher de la table sainte, nous nous livrions à un sérieux examen de nous-mêmes (vers. 28), en apportant à cet examen la sévérité nécessaire. § *« Nous ne serions point jugés : »* nous ne serions pas exposés à la désapprobation de Dieu. L'Apôtre fait entendre aux Corinthiens que s'ils s'étaient convenablement éprouvés et préparés avant de prendre la Cène, ils auraient échappé aux jugements envoyés sur eux. Il en est de même pour nous : si nous voulons que nos communions soient accompagnées de paix et de joie et nous fassent croître dans la grâce, il faut que nous exercions un jugement sévère sur notre caractère, sur nos sentiments, sur notre vie tout entière, et que nous ayons un désir sincère d'honorer Christ.

32. Mais quand nous sommes jugés, nous sommes enseignés par le Seigneur, afin que nous ne soyons point condamnés avec le monde.

32. *« Mais quand nous sommes jugés. »* Ceci est ajouté, évidemment, pour consoler ceux qui avaient été affligés. Paul ne veut pas leur laisser croire que le jugement de Dieu à leur égard soit inexorable, comme s'il n'y avait plus désormais de compassion pour eux : ils doivent plutôt regarder le châtiment qu'ils ont reçu comme une preuve que Dieu veut leur salut et les traite comme ses enfants. § *« Nous sommes enseignés,* etc. : » le mot grec peut signifier aussi nous sommes placés sous la discipline de, ou, nous sommes châtiés ; et les deux sens conviennent également bien ici. (*Comp.* Hébr. XII, 5-10, et II Cor. VI, 9.) Le dessein de Dieu, quand il châtie ses enfants, est qu'ils soient corrigés, et non qu'ils soient détruits. § *« Afin que nous ne soyons point,* etc. : » ces paroles impliquent : 1° que le monde serait condamné ; 2° que ceux des Corinthiens à qui il s'adressait, et qui avaient été punis pour avoir célébré la sainte Cène indignement, ne laissaient pas, aux yeux de Paul, d'être des chrétiens ; 3° que le dessein de Dieu, en envoyant des afflictions à ces hommes, était de les purifier et de les éclairer. Telle doit être aussi notre manière d'envisager les afflictions qui nous arrivent.

33. C'est pourquoi, mes frères, quand vous vous assemblez pour manger, attendez-vous l'un l'autre.

33. *« Quand vous vous assemblez,* etc. » Quand vous voulez prendre la Cène du Seigneur. § *« Attendez-vous l'un l'autre. »* Qu'il n'y ait parmi vous aucun désordre, aucun acte d'intempérance. (*Voy.* Note vers. 21.) Il nous semble inutile d'admettre, comme le fait Doddridge, qu'il s'agit ici d'une fête ou d'un repas qui précédait la sainte Cène ; il est beaucoup plus naturel de le rapporter directement à la Cène elle-même, comme une recommandation de convenance et de respect.

34. Et si quelqu'un a faim, qu'il mange en sa maison, afin que vous ne vous assembliez pas pour votre condamnation. Touchant les autres points, j'en ordonnerai quand je serai arrivé.

34. *« Et si quelqu'un a faim,* etc. : » remarque destinée à corriger leur

vues sur ce sujet, et à leur montrer qu'il fallait distinguer entre la Cène et tout autre repas. § « *Afin que, etc.*; » si vous continuiez à vous assembler comme vous l'avez fait jusqu'ici, ce serait à votre condamnation. § « *Touchant les autres points*, etc.; » probablement quelques points de discipline qui lui avaient été soumis, ou dans lesquels il savait que son intervention serait nécessaire. Il est évident, d'après cela, que Paul se proposait de se rendre prochainement chez les Corinthiens (II Cor. I, 15-16); il avait, autant que cela se pouvait faire par lettre, combattu les abus qu'il importait le plus de redresser immédiatement : et quant au reste, il en parlerait bientôt de vive voix. Mais on voit par II Cor. I, 17, qu'il fut déçu dans son espoir de les aller voir promptement, et qu'en conséquence de cette déception il leur écrivit une autre lettre.

CHAPITRE XII.

Ce chapitre commence un nouveau sujet dont la discussion s'étend jusqu'à la fin du quatorzième chapitre, et termine la seconde partie de l'Epître. (*Voy.* Introduction.) Il s'agit ici de ces dons spirituels qu'avaient reçus les chrétiens de Corinthe, de la manière de les faire valoir, du degré d'honneur qu'il fallait accorder à ceux qui les avaient reçus : autant de questions sur lesquelles il n'est pas improbable que Paul eût été consulté par les Corinthiens eux-mêmes. (*Voy.* Note ch. VII, 1.) Le but général de ces trois chapitres est celui-ci : 1° Paul montre que tous ces dons procèdent du Saint-Esprit; que l'Eglise, qui les a reçus, forme un seul tout dans lequel il y a place pour des opérations diverses, sans que personne puisse se prévaloir des dons qu'il a reçus pour s'élever au-dessus de ses frères; il en est de l'Eglise comme du corps humain, où chaque membre a sa fonction à remplir (ch. XII); 2° dans le chapitre XIII, il recommande la charité, comme le plus précieux de tous ces dons spirituels; 3° dans le chapitre XIV, il donne des règles sur l'exercice de ces dons spirituels dans les assemblées publiques. Dans le chapitre XII, Paul développe les idées suivantes : 1° un bon moyen d'apprécier les dispositions de ceux qui prétendent être *inspirés*, c'est de voir comment ils parlent de Jésus-Christ; 2° il y a diversité dans les opérations du Saint-Esprit; mais ces opérations proviennent toutes du même agent (vers. 4-11); 3° l'Eglise peut être comparée à un corps où tous les membres remplissent des fonctions différentes et ont besoin les uns des autres (vers. 12-27); 4° il s'ensuit que les fidèles qui composent l'Eglise, tous utiles à son accroissement et à son édification, ne doivent ni prétendre à y remplir les mêmes fonctions, ni concevoir de sentiments d'envie ou de fierté à l'égard de frères plus ou moins élevés qu'eux (vers. 28-30); 5° enfin, les Corinthiens avaient le droit de rechercher les dons les plus élevés, mais en se souvenant qu'il n'en est pas qui soit au-dessus de la charité.

1. Or, pour ce qui regarde les dons spirituels, je ne veux point, mes frères, que vous en soyez ignorants.

1. « *Or, pour ce qui regarde*, etc. » Il est temps maintenant de parler des dons spirituels ; manière de parler qui semble indiquer une réponse à des questions posées. § « *Les dons spirituels.* » Le mot *dons* n'est pas exprimé dans le grec, mais l'ensemble de la discussion montre bien qu'il faut le sous-entendre, et qu'il s'agit ici de dons particuliers, départis, en des degrés divers, aux membres de l'Eglise de Corinthe. § « *Je ne veux pas*, etc. (*Comp.* Note ch. x, 1.) Rien n'est plus important dans l'Eglise que la doctrine concernant les influences et les dons du Saint-Esprit, la nature de ces dons, l'esprit dans lequel il convient de les recevoir et d'en user.

2. Vous savez que vous étiez Gentils, entraînés après les idoles muettes, selon que vous étiez menés.

2. *Vous savez*, etc. » Quelques-uns ont considéré ce verset comme formant une parenthèse, mais à tort, selon nous. Il a pour objet de rappeler aux Corinthiens ce qu'ils étaient auparavant, afin de leur faire mieux apprécier les avantages de leur position actuelle; c'est ainsi, du reste, que Paul en use souvent avec les Eglises auxquelles il s'adresse. (*Voy.* Notes ch. vi, 11; *Comp.* Rom. vi, 17 ; Eph. ii, 11-12.) § « *Que vous étiez Gentils*, sans connaissance du vrai Dieu, plongés dans l'idolâtrie. § « *Entraînés.* » Le mot grec implique une violence; vous étiez dominés, soit par l'empire que les pompes du culte exerçaient sur vos sens, soit par l'ascendant des prêtres et des hommes d'Etat. § « *Après les idoles muettes.* » (*Comp.* Ps. cxv, 5; Hab. ii, 18-19.) Les prêtres des faux dieux séduisaient le peuple, en lui faisant croire que leurs idoles prononçaient des oracles; Paul rappelle par ce mot aux Corinthiens que ces idoles n'avaient jamais fait entendre d'oracle, et qu'ils n'auraient jamais pu obtenir par elles les avantages spirituels dont ils jouissaient aujourd'hui. § « *Selon que vous étiez menés.* » Menés par des prêtres, qui employaient toutes sortes d'artifices pour vous retenir sous leur domination. C'est là un trait qu'on retrouve dans toutes les religions du monde, hormis le christianisme; toutes tendent à s'imposer d'autorité et par force ; le christianisme seul respecte l'indépendance de la pensée et demande l'assentiment du cœur de l'homme.

3. C'est pourquoi je vous fais savoir que nul homme parlant par l'Esprit de Dieu, ne dit que Jésus doit être rejeté : et que nul ne peut dire que par le Saint-Esprit, que Jésus est le Seigneur.

3. « *C'est pourquoi je vous fais savoir.* » Je vais vous donner une règle d'après laquelle vous pourrez apprécier quelles sont les influences qui viennent de Dieu, et juger si ceux qui se prétendent animés de son Esprit le sont bien réellement. Or, la règle donnée ici par Paul est au fond la même que donne aussi l'apôtre Jean (I Jean iv, 2): « Tout esprit qui confesse que Jésus Christ est venu en chair, est de Dieu. » (*Comp.* Notes Matth. xvi, 17.) « *Que nul homme.* » Ce mot peut s'appliquer aussi bien aux Juifs qu'aux Gentils qui se prétendaient sous l'influence d'une inspiration divine. S'ils ne rendaient pas hommage à Jésus-Christ, c'est qu'ils étaient évidemment des imposteurs, attendu que le Saint-Esprit ne man

querait jamais de faire, en toute occasion, honorer le nom du Sauveur. § « *Ne dit,* » ou ne dira jamais. § « *Que Jésus doit être rejeté,* » littéralement est anathème. (*Voy.* Notes Act. XXIII, 14; *Comp.* I Cor. XVI, 22.) C'est un terme d'exécration; nul ne peut, par le Saint-Esprit, dire que Jésus-Christ soit un imposteur. Il est probable que Paul a surtout en vue les Juifs, qui auraient pu, plutôt que les Grecs, user de semblables expressions à l'égard de Jésus; cependant, il se pourrait qu'il adressât aussi ces paroles aux prêtres païens qui auraient pu maudir le nom de Jésus-Christ, comme du grand adversaire de leur religion. § « *Et que nul ne peut dire;* » il faut évidemment sous-entendre ici, dire « avec sincérité, dire « en le reconnaissant dans son cœur pour le Seigneur. » § « *Que par le Saint-Esprit.* » Parole importante qui nous montre : 1° que tout homme disposé à honorer le nom et l'œuvre du Sauveur est sous l'influence du Saint-Esprit; 2° que nous avons besoin de l'action de l'Esprit pour en venir à aimer l'œuvre du Sauveur; l'homme livré à ses propres inspirations n'y arrivera jamais; 3° que quiconque déprécie l'œuvre de Christ, en contestant sa divinité ou l'efficacité de son expiation, montre par là même qu'au lieu d'obéir à l'Esprit de Dieu, il cède aux inspirations de son propre cœur et à l'orgueil de sa raison.

4. Or il y a diversité de dons, mais il n'y a qu'un même Esprit.

4. « *Or, il y a diversité de dons.* » Pour le sens de ce mot, *voy.* Note Rom. I, 11; *Comp.* Rom. V, 15; VI, 23, etc. § « *Mais il n'y a qu'un même esprit,* » de qui procèdent les différents dons énumérés (vers. 8-11). L'Apôtre veut rappeler par ces mots que tous ces dons ayant une origine divine, nul ne doit, ou mépriser le plus humble d'entre eux, ou se prévaloir de ceux qu'il a reçus comme s'il se les était conférés à lui-même. Qu'il soit question ici de la personne même du Saint-Esprit, de la troisième personne de l'adorable Trinité, c'est ce que l'Eglise a toujours cru; toutefois, cette interprétation a été contestée par des commentateurs modernes, à la tête desquels il faut placer Eichorn. Sans entrer dans les questions de critique que pourrait soulever ce passage, voici quelques-uns des arguments qui plaident en faveur de cette interprétation : 1° c'est la plus naturelle, et celle qui se présente tout d'abord à l'esprit du lecteur; 2° elle s'accorde avec le sens ordinaire du mot *esprit;* dire avec Eichorn qu'il s'agit ici de l'esprit humain, qui est susceptible de degrés de culture très-divers, c'est un non-sens manifeste, et de plus, cela est contraire à tout l'ensemble du passage; 3° elle est conforme aux nombreuses déclarations du Nouveau Testament, qui attribuent au Saint-Esprit les différents dons mentionnés ici; 4° toute l'harmonie du passage est détruite si l'on interprète ce mot autrement que nous ne l'avons fait. Les versets 5 et 6 (q. v.) se rapportent aux opérations accomplies par le Fils et par le Père; si nous nous en tenons à l'interprétation ecclésiastique du verset 4, nous avons sous les yeux comme une vue générale de la part que prennent le Père, le Fils et le Saint-Esprit dans l'œuvre de la rédemption, et par conséquent, l'un des plus forts arguments en faveur de la personnalité du Saint-Esprit.

5. Il y a aussi diversité de ministères, mais il n'y a qu'un même Seigneur.

5. « *De ministères.* » (*Comp.* vers. 9, 10 et 28.) § « *Mais il n'y a qu'un même Seigneur.* » Evidemment, le Seigneur Jésus, puisque : 1° c'est lui qui a institué dans son Eglise des ministères différents (*Voy.* Note Act. I, 24; *Comp.* Eph. IV, 5); 2° le terme « Seigneur, » dans le Nouveau Testament, se rapporte généralement à Jésus (*Voy.* Jean XX, 25); 3° enfin, la place qu'occupe ce nom entre l'Esprit et le Père montre aussi que c'est bien à lui qu'il s'applique ici.

6. Il y a pareillement diversité d'opérations ; mais il n'y a qu'un même Dieu, qui opère toutes ces choses en tous.

6. « *D'opérations,* » c'est-à-dire, de miracles, comme Dieu en produit dans l'Eglise pour l'établissement et la défense de sa religion. Tous les hommes que Dieu emploie pour soutenir sa cause ne reçoivent pas de lui les mêmes dons d'esprit et de cœur. Peut-être aussi Paul veut-il dire : les œuvres de Dieu dans la nature sont très-diverses et proviennent cependant de la même main ; nous devons donc supposer qu'il en sera de même dans l'Eglise. § « *Mais il n'y a qu'un même Dieu,* » le même Père, qui est l'auteur des dons les plus humbles, comme des plus éclatants. § « *Qui opère toutes choses en tous,* » dont l'administration se fait sentir partout, dont la puissance a créé le brin d'herbe comme le chêne de la forêt, et départi comme il lui a plu les dons les plus divers au milieu des hommes.

7. Or, à chacun est donnée la lumière de l'Esprit pour procurer l'utilité *commune.*

7. « *Or, à chacun est donnée.* » L'idée n'est pas, comme on l'a prétendu, que Dieu départisse ses lumières indistinctement à tous les hommes, païens, blasphémateurs, ou chrétiens, et qu'il les place tous sous l'influence de son Esprit; il s'agit ici uniquement des chrétiens, à qui Dieu distribue ses grâces comme il l'entend, et qui doivent, par conséquent, se servir de ces grâces pour le bien de tous. § « *La lumière de l'Esprit.* » Littéralement, la *manifestation,* ou ce qui rend manifeste la présence de quelqu'un ou de quelque chose, et ici, les dons qui rendent manifestes l'action et la puissance de l'Esprit; en d'autres termes, les effets de l'Esprit. § « *Pour procurer,* etc., » littéralement, pour l'utilité. Le dispensateur de ces dons les a départis à chacun selon qu'il lui a plu, de manière à servir efficacement les intérêts de la piété dans l'Eglise, et à favoriser les progrès de la foi chrétienne. Il suit de là : 1° que tous doivent faire valoir dans l'intérêt des autres les talents qu'ils ont reçus, et travailler, dans la mesure de leurs forces, à faire avancer le royaume de Dieu sur la terre ; 2° que nul ne doit se prévaloir des dons qu'il a reçus pour s'élever au-dessus d'un autre, ou se montrer jaloux de ce qu'un frère aura été mieux partagé que lui.

8. Car à l'un est donnée par l'Esprit, la parole de sagesse ; et à l'autre par le même Esprit, la parole de connaissance.

8. « *Car à l'un est donnée,* etc. » L'Apôtre va montrer maintenant quels sont les dons divers auxquels il fait allusion. § « *La parole de sagesse,* »

des vues sages et étendues sur l'œuvre de la rédemption, et la faculté de les exposer clairement. Rien ne nous montre que Paul, en mentionnant les dons qu'il énumère, les ait placés dans l'ordre d'importance qu'il leur attribue; son objet n'est pas de donner ici une classification des dons de l'Esprit, mais de rappeler qu'ils ont tous le même auteur. § « *La parole de connaissance.* » Un autre sera distingué pour son instruction : l'un sera plus apte à donner à propos un bon conseil, l'autre sera davantage un homme d'intelligence ; on retrouve dans tous les temps ces aptitudes diverses : les unes comme les autres sont destinées à être également utiles à l'Eglise.

9. Et à un autre, la foi par ce même Esprit ; à un autre, les dons de guérison par ce même Esprit.

9. « *Et à un autre, la foi.* » Les hommes les plus utiles à l'Eglise ne sont souvent distingués que par leur foi, par la confiance naïve qu'ils ont dans les promesses de Dieu ; souvent aussi ils font de plus grandes choses par leurs prières que d'autres chrétiens doués de plus de sagesse et d'intelligence. La confiance en Dieu, l'humble piété et le zèle religieux qui en découlent, ont plus de puissance pour propager l'Evangile que toutes les ressources de la science et du talent. Celui qui a à cœur de faire tous ses efforts pour le bien des hommes, et qui chercherait le moyen le plus sûr de leur être utile et de travailler à leur salut, doit demander avant tout *la foi* aux promesses de Dieu, et se mettre à l'œuvre avec ardeur. La foi, l'un des dons les plus élevés de la vie chrétienne, en est aussi l'un des plus rares ; cela ne viendrait-il pas de ce que, accessible à tous, plusieurs la dédaignent comme trop élementaire pour qu'ils la poursuivent avec beaucoup de zèle ? § « *A un autre, les dons de guérison.* » (*Voy.* Marc XVI, 18.) Ces dons avaient été promis aux disciples du Sauveur et abondamment répandus dans l'Eglise primitive. (*Comp.* Act. V, 12, etc. ; XIX, 12.)

10. Et à un autre, les opérations des miracles ; à un autre, la prophétie ; à un autre, le don de discerner les esprits ; à un autre, la diversité de langues ; et à un autre, le don d'interpréter les langues.

10. « *Et à un autre, les opérations du miracle.* » Il n'est pas aisé de distinguer le don mentionné ici de celui de guérison (vers. 9) qui implique évidemment quelque chose de miraculeux aussi ; peut-être faut-il l'entendre de miracles plus extraordinaires que les autres, comme ceux qui sont mentionnés dans Marc XVI, 18. On sait, en effet, que les Apôtres, et peut-être aussi quelques chrétiens de l'Eglise primitive, ont possédé cette dernière classe de dons. Il paraît donc qu'il y avait des degrés dans les pouvoirs miraculeux, comme il y en a dans les dons ordinaires que reçoivent les hommes. Tous ont de la mémoire, de l'imagination, de l'intelligence, de la force physique, mais tous ne sont pas également bien partagés à ces différents égards ; et cependant, toutes ces facultés, avec leurs degrés divers, procèdent du même Dieu. (*Comp.* ch. XIV.) § « *A un autre, la prophétie.* » (*Voy.* Note Rom. XII, 6.) § « *A un autre, le don de discerner les esprits.* » (*Comp.* I Jean IV, 1.) Ceci doit se rapporter à la faculté de lire dans les cœurs, ou bien à celle d'apprécier la sincérité d'un homme

qui se donnait pour chrétien, ou de discerner dans quel esprit parlait un homme qui se prétendait inspiré. On voit par l'histoire d'Ananias et de Saphira (Act. v, 1-10) et par celle d'Elymas (Act. xiii, 9-11), que les Apôtres avaient reçu ce pouvoir ; et dans ces premiers jours de l'Eglise où les dons de prophétie et d'inspiration étaient assez répandus, il était important que les Apôtres eussent le moyen de découvrir ceux qui se prétendaient inspirés sans l'être. § « *A un autre, la diversité des langues.* » (*Voy.* Act. ii, 7-11.) Le pouvoir de parler diverses langues. § « *A un autre, le don d'interpréter les langues,* » ou des langues étrangères, ou le langage dont pouvaient se servir les prophètes. (*Voy.* Note ch. xiv, 27.) C'était évidemment un pouvoir différent de celui de parler les langues étrangères, bien qu'il pût être également utile. Il serait possible que quelques-uns eussent reçu le pouvoir de parler des langues étrangères, sans comprendre eux-mêmes les paroles qu'ils prononçaient ; enfin, il pouvait toujours arriver qu'une partie de l'assemblée eût besoin qu'on lui interprétât des paroles prononcées dans une langue inconnue pour elle. (*Voy.* Note ch. xiv, 28.)

11. Mais un seul et même Esprit fait toutes ces choses, distribuant à chacun ses dons comme il le trouve à propos.

11. « *Mais un seul,* etc. » Tous ces dons extraordinaires doivent être attribués au même Esprit, au Saint-Esprit (Act. ii), comme les dons ordinairement départis aux hommes dans des proportions diverses procèdent du même Dieu. § « *Comme il le trouve à propos,* » non pas arbitrairement et par caprice, mais d'après les décisions d'une sagesse souveraine, et de la manière qui peut le mieux servir les intérêts de l'Eglise. Nous pouvons conclure de ce verset : 1° que le Saint-Esprit est une personne, et non un attribut de Dieu, puisqu'il distribue des dons « comme il le trouve à propos ; » 2° qu'il exerce un pouvoir souverain, puisqu'il dispense ces dons à qui il veut, et comme il lui plaît ; 3° que personne ne doit être ni fier de ses talents, puisqu'ils sont un don, et que l'honneur en doit revenir à celui-là seul qui les a départis, ni hautain vis-à-vis d'un frère moins bien doué, ni enfin humilié de n'avoir reçu en partage que des facultés moins brillantes, puisque chacun sera jugé d'après ce qu'il aura reçu, et qu'il ne lui sera demandé compte que de l'emploi qu'il aura fait de ses talents.

12. Car comme le corps n'est qu'un, et cependant il a plusieurs membres, mais tous les membres de ce corps, qui n'est qu'un, quoiqu'ils soient plusieurs, ne sont qu'un corps ; il en est de même de Christ.

12. « *Car comme le corps n'est qu'un.* » Pour rendre plus sensible la vérité qu'il expose, l'Apôtre a recours à une comparaison (vers. 12-27) qui montre les différents membres du corps dans une dépendance réciproque aussi complète que le sont les dons de l'esprit. § « *Quoiqu'ils soient plusieurs,* » ils forment un seul tout, malgré la diversité des fonctions qu'ils remplissent. § « *Il en est de même de Christ.* » L'Eglise est souvent représentée comme formant un corps dont Christ est la tête. (Vers. 27 ; *Comp.* Eph. i, 22-23.) Ici, le nom de Christ peut bien être pris pour

désigner l'Eglise, de même qu'on prend souvent la partie pour le tout. (*Voy.* Notes Rom. XII, 4-5.)

13. Car nous avons été baptisés d'un même Esprit, pour être un même corps : soit Juifs, soit Grecs, soit esclaves, soit libres, nous avons tous, *dis-je*, été abreuvés d'un même Esprit.

13. « *Car nous avons tous.* » Tous les membres de l'Eglise, sans distinction de rang ni de talents. § « *Eté baptisés.* » Les commentateurs admettent, en général, que ces mots se rapportent au baptême ordinaire, au sacrement qui avait introduit dans l'Eglise ceux qui avaient fait profession d'embrasser la foi chrétienne. Mais il me semble plus conforme à la suite des idées d'appliquer ces mots au baptême du Saint-Esprit (Matth. III, 11), par l'influence duquel ils avaient été tous admis à faire partie du corps de Christ. § « *D'un même esprit.* » Même idée que versets 7-11. C'est le Saint-Esprit qui confère tous les dons qui soutiennent l'Eglise, et qui, entre autres, permet aux chrétiens de ne faire tous ensemble qu'un seul corps, et les met à même d'accomplir les devoirs résultant de leur qualité de membres de l'Eglise. § « *Soit Juifs, soit Gentils,* » une fois chrétiens, tous sont sur un même niveau, quelle qu'ait été leur condition première. § « *Soit esclaves, soit libres.* » Il est certain qu'un grand nombre d'esclaves avaient été convertis à la foi chrétienne; l'un des grands bienfaits du christianisme est d'avoir appris aux hommes que pour la question de leurs intérêts éternels, ils étaient tous dans la même condition. Et cette doctrine, en même temps qu'elle protégeait l'esclave contre la tyrannie de son maître, lui apprenait aussi à remplir d'autant plus consciencieusement ses devoirs envers lui et envers ses supérieurs en général. (*Voy.* Note ch. VII, 22.) § « *Abreuvés d'un même esprit.* » Allusion probable à la coupe de la sainte Cène. En participant à la sainte Cène, ils avaient tous eu part aux influences du Saint-Esprit qui descendent également, sans tenir compte des inégalités de position, sur tous ceux qui font dans un esprit chrétien la commémoration de la mort du Sauveur.

14. Car aussi le corps n'est pas un seul membre, mais plusieurs.

14. « *Car aussi,* » etc. Nous ne devons nous attendre ni à voir les membres du corps de Christ remplir tous la même fonction, ni à en voir un seul qui soit inutile.

15-16. Si le pied dit : Parce que je ne suis pas la main, je ne suis point du corps ; n'est-il pas pourtant du corps ? Et si l'oreille dit : Parce que je ne suis pas l'œil, je ne suis point du corps ; n'est-elle pas pourtant du corps ?

15-16. « *Si le pied dit,* etc. » On retrouve la même comparaison dans l'apologue bien connu, où Ménénius Agrippa, pour faire rentrer dans l'ordre les plébéiens de Rome révoltés, leur représente un corps qui dépérit parce que les membres refusent de procurer à l'estomac la nourriture qu'il réclame. — Comme dans le corps, les membres ont tous à remplir des offices importants, quoique divers, de même, dans l'Eglise, aucun chrétien ne doit se considérer comme inutile, alors même qu'il n'occuperait qu'un rang inférieur.

17. Si tout le corps est l'œil, où sera l'ouïe ? Si tout est l'ouïe, où sera l'odorat ?

17. « *Si tout le corps*, etc. » Il serait aussi absurde de vouloir que tous les membres de l'Eglise eussent le même emploi, qu'il le serait de faire du corps entier un seul organe, celui de la vue ou de l'ouïe. Chacun est utile à sa place, et doit être honoré pour les fonctions qu'il remplit.

18. Mais maintenant Dieu a placé chaque membre dans le corps comme il a voulu.

18. « *Mais maintenant*, etc. » Dieu a formé le corps avec ses différents membres, de la manière qui pouvait le mieux assurer l'harmonie de l'ensemble.

19. Et si tous étaient un seul membre, où serait le corps ?

19. « *Et si tous étaient*, etc. » Si le corps était tout entier œil, oreille, main, etc., il n'y aurait pas de corps. De même, semble dire Paul, s'il n'y avait pas diversité de dons dans l'Eglise, il n'y aurait pas d'Eglise. Tous ne peuvent pas être apôtres, docteurs, prophètes, etc.

20-21. Mais maintenant il y a plusieurs membres, toutefois il n'y a qu'un seul corps. Et l'œil ne peut pas dire à la main : Je n'ai que faire de toi ; ni aussi la tête aux pieds : Je n'ai que faire de vous.

20-21. « *Et l'œil ne peut pas*, etc. » Les membres d'un corps se prêtent réciproquement un secours sans lequel ils souffriraient tous. De même, dans l'Eglise, ceux qui ont reçu des talents plus remarquables ne peuvent pas se passer du secours des autres : disons même que souvent ils ne rempliraient leurs fonctions que très-imparfaitement, s'ils étaient privés du concours des *petits*.

22. Et qui plus est, les membres du corps qui semblent être les plus faibles, sont beaucoup plus nécessaires.

22. « *Qui semble être les plus faibles ;* » peut être faut-il traduire ici par « les plus délicats, » le cerveau, par exemple, les poumons, le cœur, organes plus aisément affectés que les mains ou les pieds, et où les perturbations entraînent les conséquences les plus graves. § « *Sont beaucoup plus nécessaires ;* » un homme peut vivre sans avoir ni bras ni jambes, tandis qu'une lésion un peu importante dans les organes intérieurs, qui sont d'une structure plus délicate, entraîne presque nécessairement la mort. Il en est de même dans l'Eglise, et c'est-là une bonne et salutaire pensée. Souvent ceux qui paraissent en être les membres les plus faibles et les moins considérés, sont les plus nécessaires. L'Eglise pourrait plus aisément se passer d'hommes instruits, d'orateurs éloquents et populaires, de pasteurs distingués par leur

talents, que de ces simples fidèles inconnus de tous, excepté de Dieu, qui passent leur vie dans le recueillement et la prière : d'autres peuvent être les bras de l'Eglise ; eux en sont le cœur et y entretiennent la vie.

23. Et ceux que nous estimons être les moins honorables au corps, nous les ornons avec plus de soin ; et les parties qui sont en nous les moins belles à voir, sont les plus parées.

23. « *Nous les ornons avec plus de soin*, etc. » Nous laissons notre visage à découvert, parce qu'il est assez beau par lui-même pour se passer d'ornements étrangers ; et quant au reste du corps, non-seulement nous le couvrons de vêtements par décence, mais nous cherchons à le parer. — De même dans l'Eglise, nous devons nous garder de mépriser ceux de ses membres qui paraissent être d'un rang moins élevé, et qui ont moins d'honneur par eux-mêmes.

24. Car les parties qni sont belles en nous, n'en ont pas besoin ; mais Dieu a apporté ce tempérament dans notre corps, qu'il a donné plus d'honneur à ce qui en manquait ;

24. « *Dieu a apporté ce tempérament*, etc. : » en rendant tous les membres nécessaires l'un à l'autre, Dieu a formé le corps de telle sorte qu'il s'établit une compensation entre les différentes parties qui le composent : celles qui sont moins honorables, nous avons à les couvrir et à les orner, soit par décence, soit pour les mettre à l'abri du froid.

25. Afin qu'il n'y ait point de division dans le corps, mais que les membres aient un soin mutuel les uns des autres.

25. « *Afin qu'il n'y ait point de division.* » (*Voy.* Note ch. XI, 18.) Afin que tous les membres soient unis entre eux et sentent leur dépendance réciproque : que tous les membres de l'Eglise apprennent à se considérer comme faisant partie du même corps, quel que soit le degré d'honneur qui ait été départi à l'un ou à l'autre.

26. Et soit que l'un des membres souffre quelque chose, tous les membres souffrent avec lui ; ou soit que l'un des membres soit honoré, tous les membres ensemble s'en réjouissent.

26. « *Tous les membres souffrent avec lui.* » En effet, ce n'est pas le bras ou le pied qui souffre seul du mal qui l'affecte ; toute notre personne en est atteinte ; il suffit souvent d'un mal local pour menacer le corps tout entier. Et ce n'est pas, remarquons-le, par une sympathie volontaire que nous souffrons de ce qu'un de nos membres souffre ; c'est en vertu de notre constitution, qui forme de notre corps un tout organique où toutes les parties se correspondent. Et quant à l'union qui règne dans l'Eglise, pour n'être pas de la même nature que celle de notre corps,

elle n'en est ni moins étroite ni moins importante ; et là aussi il est vrai de dire que ce qui arrive à un membre intéresse tous les autres. Il nous faut « porter les fardeaux les uns des autres, » et sympathiser activement avec ceux qui sont ou pauvres ou persécutés ou tentés ; et nous devons le faire aussi naturellement que nous le faisons pour un membre de notre corps quand il est en souffrance. § « *Ou soit que l'un des membres soit honoré*, etc., » soit par une parure remarquable, soit par un bon état de santé, — et dans l'Eglise par des dons extraordinaires ou une position distinguée. Dans le premier cas, le corps tout entier recueille le bénéfice de la vigueur d'un de ses membres ; — dans le second, toute l'Eglise aussi est intéressée à ce que l'un de ses membres ait reçu des biens spirituels auxquels elle doit participer. Cette considération devrait bannir à jamais du cœur des chrétiens tout sentiment d'envie à la vue des dons que d'autres pourraient avoir reçus, puisqu'ils sont appelés eux-mêmes à en profiter.

27. Or vous êtes le corps de Christ, et vous êtes chacun un de ses membres.

27. « *Or vous ;* » vous chrétiens de Corinthe, comme formant une partie de cette Eglise qu'il a rachetée. § « *Etes le corps de Christ.* » L'idée essentielle est ici que Christ est la tête de l'Eglise entière, qu'il préside à ses développements, et que tous les membres qui la composent étant unis avec lui, sont par là même unis les uns aux autres. (*Voy.* Note ch. XI, 3 ; et Eph. I, 23.)

28. Et Dieu a mis dans l'Eglise, d'abord des apôtres, ensuite des prophètes, en troisième lieu des docteurs, ensuite les miracles ; puis les dons de guérison ; les secours, les gouvernements, les diversités de langues.

28. « *Et Dieu a mis*, etc. » L'Apôtre spécifie ici quels sont ces dons différents qu'il fait tous procéder de la bonne volonté de Dieu envers l'Eglise. § « *D'abord des apôtres ;* » c'est à eux qu'il donne le premier rang dans l'Eglise et, en même temps, des dons correspondants à l'autorité dont il les investit. § « *Ensuite des prophètes,* » pour la signification de ce mot, *voy.* note Rom, XII, 6. § « *En troisième lieu des docteurs.* (*Voy.* Notes Rom. XII, 7.) § « *Ensuite les miracles*, c'est-à-dire ceux qui avaient le pouvoir d'en accomplir. (*Voy.* Note vers. 10.) § « *Puis les dons de guérison.* (*Voy.* Note vers. 9 ; *Comp.* Jacq. V, 14-15.) § « *Les secours.* » On ne sait pas très-bien à qui ces mots font allusion ; peut-être désignent-ils ceux qui portaient secours aux pauvres, aux malades, aux veuves, etc. : ce serait alors les diacres ; ou bien des aides qui secondaient les Apôtres dans leur travail, comme Priscile et Aquila. (Rom. XVI, 3 et 9) : dans tous les cas, il s'agit ici d'hommes qui s'employaient, occasionnellement ou d'office, au bien temporel ou spirituel de l'Eglise. § « *Les gouvernements.* » Il n'est pas possible non plus de déterminer ici la valeur propre de ce mot. Est-il question d'un office distinct qui aurait cessé d'exister dans l'Eglise, comme ont cessé l'apostolat, le don des langues, etc., ou bien ce gouvernement serait-il, comme quelques-uns l'ont pensé, un attribut de ceux qu'on vient de présenter

comme aides (secours) ; ou ce mot s'appliquerait-il, comme le veut Calvin, aux Anciens, qui avaient à diriger, à gouverner l'Eglise, ou aux pasteurs, comme le dit Grotius ; ou bien enfin ce mot désignerait-il simplement des hommes capables, doués d'un esprit distingué, nous n'avons pas les éléments nécessaires pour décider cette question. § « *Les diversités de langues*. (*Voy*. Note vers. 10.)

29-30. Tous sont-ils apôtres ? Tous sont-ils prophètes ? Tous sont-ils docteurs ? Tous ont-ils le don des miracles ? Tous ont-ils les dons de guérison ? Tous parlent-ils *diverses* langues ? Tous interprètent-ils ?

29-30. « *Tous sont-ils*, etc. » Ces questions, que devait suivre une réponse négative, tendaient à montrer qu'il n'y avait égalité, ni de rang, ni de dons, ni d'emplois, dans l'Eglise.

31. Or désirez avec ardeur des dons plus excellents, et je vais vous en montrer un chemin qui surpasse encore de beaucoup.

31. « *Or désirez avec ardeur.* » Quelques commentateurs veulent que l'on traduise ici par l'indicatif « vous désirez : » ils trouvent qu'il y aurait une contradiction, quand l'Apôtre leur a montré qu'ils ne peuvent pas se conférer à eux-mêmes les dons qu'ils voudraient, à ce qu'il leur dise ensuite d'en ambitionner un. La version syriaque traduit dans ce sens : puisque vous désirez les dons les plus excellents, je vais, etc. L'objection nous paraît peu décisive, et le contexte nous porte à retenir la traduction reçue. Paul vient de combattre l'esprit de jalousie et d'envie, en rappelant que tous les dons viennent de Dieu. Toutefois il ne dit pas que tous ces dons soient égaux, ni qu'il soit interdit d'en souhaiter de plus élevés que ceux qu'on a reçus : il veut, non pas réprimer, mais diriger cette noble ambition de recevoir de Dieu les dons les plus excellents. Et comme tous ne peuvent pas être apôtres ou prophètes, il leur indique une voie dans laquelle tous peuvent exceller, où la part de l'un ne portera aucun préjudice à celle de l'autre. Il offre ainsi à leur ambition, ou si l'on veut, à leurs désirs, un objet qui, à mesure qu'ils le posséderont davantage, fera disparaître par sa présence même les rivalités ou les jalousies, et leur apprendra à se contenter de ce qu'ils ont reçu. Vous désirez obtenir des dons précieux ; c'est là un désir bien légitime : eh bien ! je vais vous en indiquer un qui est en lui-même le plus grand de tous, et qui, de plus, vous apprendra à être satisfaits de ce que vous avez. Ce don, qui devait prévenir tout froissement dans l'Eglise, c'était *l'amour*, digne objet des cœurs et des efforts de tous les chrétiens.

CHAPITRE XIII.

Ce chapitre, qui forme la suite naturelle du précédent (*Voy.* ch. XII, 31), a pour objet de montrer la nature, l'excellence et le pouvoir de l'amour. On peut le diviser en trois parties : 1° Paul exalte l'excellence de l'amour, qu'il place bien au-dessus de certains dons que l'on aurait pu croire supérieurs, comme celui de parler les langues des anges (vers. 1-3) ; 2° il fait un tableau des fruits de cet amour, de l'influence qu'il exerce sur l'esprit et le cœur (vers. 4-7) ; il compare encore l'amour avec d'autres dons, comme la foi, la connaissance, la prophétie, et montre qu'il est supérieur à tous par ses effets et sa durée (vers. 8-13).

1. Quand je parlerais toutes les langues des hommes, et même des anges, si je n'ai pas la charité, je suis *comme* l'airain qui résonne, ou *comme* la cymbale retentissante.

1. « *Quand je parlerais*, etc. » Alors, comme aujourd'hui, on appréciait beaucoup l'avantage de pouvoir parler des langues étrangères. (*Comp.* Virg. En. VI, 625. seq.) Et on voit (ch. XIV) que plusieurs conducteurs de l'Eglise de Corinthe avaient reçu ce don, et s'en prévalaient tout particulièrement. C'était sans doute pour les empêcher d'y attacher trop de prix que l'Apôtre écrivait ces mots. Un homme bien qualifié pour exprimer une telle opinion, le Dr Bloomfield a dit de ce verset et des suivants, qu'il serait difficile de trouver dans tout Démosthène un passage plus beau que ce chapitre de Paul. § « *Et même des anges.* » Soit que l'Apôtre ait entendu par là la perfection de la langue dont ils se servent pour communiquer les uns avec les autres, soit l'éloquence supérieure et la force de la persuasion qui doivent être en eux, il donne l'idée d'un don qui l'emportait sur celui qu'avaient reçu les Corinthiens, et qui était cependant inférieur à l'amour. Il est possible que Paul fasse allusion dans ces mots au fait qu'il mentionne dans II Cor. XII, 4, et aux paroles ineffables qu'il entendit dans le paradis; ce n'était donc pas par simple conjecture qu'il parlait du langage des anges. § « *Si je n'ai pas la charité,* » ou plus exactement, l'amour; c'est le même mot qui est employé dans Rom. V, 5; Eph. II, 4; II Thess. III, 5, etc., pour désigner tantôt l'amour de Dieu pour les hommes, tantôt l'amour de Christ pour l'Eglise, tantôt l'amour que nous devons porter à Dieu, etc. Le mot de charité a, dans notre langue, une acception spéciale et restreinte qui ne reproduit pas exactement la portée du mot original. L'amour est donc le mot qui conviendrait ici. Et bien qu'il ait parlé des applications de cet amour aux relations humaines, il est évident que Paul le rattache intimement à l'amour de Dieu. Il n'est pas nécessaire de supposer que l'Apôtre fasse allusion, dans ce verset, à un des membres de l'Eglise de Corinthe qui aurait eu ces dons sans avoir la charité; rien ne l'indique, et il peut dire cela d'une manière très-générale. § « *Comme l'airain qui résonne :* » probablement une trompette ; le mot semble indiquer un instrument sonore, qui fait grand bruit, mais qui est vide; ainsi les plus beaux dons, sans l'amour, sont comparés

par l'Apôtre à un instrument bruyant et creux. § « *Ou comme la cymbale retentissante* ; » un cri de guerre, ou bien les cris et les gémissements du deuil. (Marc v, 38.) On sait que les cymbales, bonnes pour produire un certain effet dans un orchestre, sont par elles-mêmes sans mélodie et ne rendent qu'un son monotone ; fidèle image de ceux qui, ayant entre les mains des moyens d'action par les dons qu'ils ont reçus, ne s'en servent pas pour le bien des autres, parce qu'ils n'ont pas d'amour. L'amour est le principe vital, et sans lui les autres dons sont inutiles.

2. Et quand j'aurais le don de prophétie, que je connaîtrais tous les mystères, et que j'aurais toute sorte de science ; et quand j'aurais toute la foi *qu'on puisse avoir*, en sorte que je transportasse les montagnes, si je n'ai pas la charité, je ne suis rien.

2. « *Et quand j'aurais*, etc. » (*Voy.* Note ch. xii, 10, et xiv, 1.) « *Et que je connaîtrais*, etc. » Pour ce mot de mystère, *voy.* Note ch. ii, 7. Ce passage prouve que l'un des offices de la prophétie était d'expliquer les mystères de la religion, c'est-à-dire les choses qui n'avaient pas encore été révélées, ou les points obscurs et difficiles du plan de la rédemption et de la révélation en général ; il n'est pas question ici de la prédiction d'évènements futurs. § « *Toute sorte de science* » (Note ch. xii, 8), soit dans les choses de la religion, soit dans celles de la vie ordinaire. § « *Et quand j'aurais toute la foi*, etc. » Allusion probable à l'expression que le Sauveur avait lui-même employée (Matth. xvii, 20) pour désigner le pouvoir de la foi. § « *Je ne suis rien* : » tous ces dons ne me serviraient de rien ; je n'en serais pas moins encore sous l'esclavage du péché, inutile aux autres, et en état de perdition, sans que tous ces dons pussent rien faire pour assurer mon salut. Jésus avait déjà dit aux Juifs qu'il ne leur suffirait pas, au jour du jugement, d'avoir prophétisé ou fait des miracles en son nom. (Matth. vii, 22-23.)

3. Et quand je distribuerais tout mon bien pour la nourriture des pauvres, et que je livrerais mon corps pour être brûlé, si je n'ai pas la charité, cela ne me sert de rien.

3. « *Et quand je distribuerais*. » Le mot grec signifie partager un objet en morceaux, de manière à le distribuer au plus grand nombre de personnes possible. Les aumônes étaient généralement données aux portes des maisons (*Voy.* Luc xvi, 20), et il arrivait souvent que des riches mettaient leur amour-propre à avoir devant leurs maisons un nombre de pauvres considérable, pour leur faire distribuer avec ostentation de fastueuses aumônes. (*Voy.* Matth. vi, 1-4.) Paul dit ici avec énergie qu'un homme aurait beau avoir distribué en aumônes sa fortune entière, s'il ne l'a pas fait par un sincère amour pour Dieu et pour les hommes, sa conduite ne serait que fausseté, qu'hypocrisie, qu'affectation ; les pauvres en profiteraient sans doute, mais Dieu n'approuverait pas ces motifs. § « *Et que je livrerais*, etc. » Quand même je serais prêt à souffrir le martyre pour la défense de la foi chrétienne, si je n'ai pas la charité, cela ne me servira de rien. — Bien que plusieurs prophètes aient

péri de mort violente, on ne voit pas qu'un seul d'entre eux ait été jeté sur le bûcher. Ceux qui étaient punis de mort étaient généralement décapités, ou lapidés, ou crucifiés. Ce n'est guère que depuis Néron qu'on voit le supplice du feu mis en usage contre les martyrs; et pendant le moyen âge, comme sous l'inquisition, et lors des persécutions des protestants en France ou en Angleterre, ce furent les flammes des bûchers qui dévorèrent le plus grand nombre de victimes. Il semble donc que Paul, en écrivant ces mots, ait moins voulu mentionner un supplice déjà existant, que faire une allusion générale au genre de mort le plus horrible qu'il pût imaginer; probablement aussi il a été guidé pour le choix de cette expression par l'Esprit de Dieu, qui prévoyait les scènes de l'avenir, et qui voulait porter les futurs martyrs à examiner, même au milieu des flammes, si c'était bien l'amour de Dieu qui les animait. § « *Si je n'ai pas la charité.* » Si je vais au martyre par fanatisme, par obstination, par vaine gloire. On sait, en effet, qu'il y eut parfois une sorte d'entraînement qui portait certains hommes à rechercher le martyre, comme un moyen sûr de gagner le ciel. § « *Cela ne me sert de rien.* » Ce supplice que j'aurai cherché ne me tiendra pas lieu de piété; l'amour est donc le plus précieux de tous les dons, et le salut ne peut, à aucun titre, être assuré sans lui.

4. La charité est patiente; elle est douce; la charité n'est point envieuse; la charité n'use point d'insolence; elle ne s'enorgueillit point.

4. « *La charité est patiente.* » Paul va montrer maintenant par quoi la charité se manifeste. S'il insiste surtout sur les applications de cette charité aux relations de la vie sociale, c'est probablement parce que les Corinthiens en avaient plus particulièrement besoin. Il régnait au milieu d'eux des rivalités, des soupçons, un esprit d'envie, de médi sance, de vanité, etc.; Paul, pour corriger ces dispositions, leu montre combien elles sont contraires à la charité. Le mot traduit ici pa *patiente*, désigne proprement la longanimité, et est opposé à la précip tation des jugements, à l'irritabilité. (*Comp.* Rom. II, 4; IX, 22; II Cor. v 6; Gal. V, 22, etc.) « § *Elle est douce,* » aimable, et si l'on peut ainsi parle de bonne humeur, en opposition avec la haine, qui est toujours promp à faire et à souhaiter le mal. Et comme c'est la religion qui enfante charité, il s'ensuit que la religion, mise en pratique par les homme ferait régner au milieu d'eux cette vraie politesse qui n'est au fond qu la bienveillance et le désir de se rendre agréable aux autres. § « *charité n'est point envieuse.* » Le mot grec, qui signifie proprement êt zélé pour ou contre quelqu'un, se prend souvent en bonne part (I Co XII, 31; et Note XIV, 1; II Cor. XI, 2, etc.); mais il se prend aussi dans sens de être jaloux (Act. VII, 9; XVII, 5; Jacq. IV, 2), et c'est dans ce se qu'il est pris ici. L'amour n'envie pas aux autres les biens dont jouissent, leur santé, leur fortune, leur intelligence, leur bonheur d mestique. L'envie se produit, en général, entre gens engagés dans u même occupation ou faisant partie d'une même corporation. Ainsi, médecin sera rarement jaloux de l'avocat, l'avocat du maître d'école, maître d'école du forgeron, mais chacun pourra se montrer jaloux succès que remporte un homme livré aux mêmes soins que lui; le po

envie le poète, l'orateur un autre orateur, le pasteur un autre pasteur, et la femme qui veut être admirée une femme plus remarquée qu'elle-même pour sa grâce et pour sa beauté. Le remède à toutes ces jalousies, c'est l'amour. Nous bénirons Dieu du bien qu'Il a fait aux autres, ou les estimerons pour avoir su, s'ils ont réussi, tirer un bon parti de leurs talents et de leur activité. C'est ainsi que l'amour tendra à bannir l'envie du milieu des hommes. Il le fera encore d'une autre manière. Ce chrétien, en effet, qui se trouve sous l'influence de ce sentiment, est plus heureux, a plus de bonheur réel, de joie intime, que tel homme du monde qui est l'objet d'une envie presque générale. Le bonheur n'habite pas toujours dans les palais, sous la pourpre et le fin lin, et n'accompagne pas nécessairement les hauts emplois et la distinction des rangs. Sans considérer même la fin des méchants (Ps. XXXVII), il suffit, pour être heureux, de pouvoir dire avec le Psalmiste, « Pour moi, m'approcher de Dieu, c'est tout mon bien. » (Ps. LXXIII, 28.) « *N'use point d'insolence.* » Le mot grec ne se retrouve pas ailleurs dans le Nouveau Testament ; il dérive d'un autre qui signifie, *vantard*, et marque cette supériorité que quelques-uns voudraient s'arroger sur les autres. L'amour combat ce défaut, en nous portant à chercher le bonheur d'autrui ; il est évident qu'on ne témoignera pas de mépris à un homme qu'on veut rendre heureux ; et d'autre part, celui qui tient à témoigner à un autre des égards bienveillants, n'affectera pas vis-à-vis de lui une supériorité blessante. En outre, l'amour produit en nous une disposition directement contraire à la vanterie, celle de la gratitude. Celui qui aime Dieu, le bénit des dons qu'il a reçus, et en reconnaissant humblement qu'ils ne viennent pas de lui, il s'efforce de les employer pour le bien de ses frères. L'homme qui fait le plus de bien est aussi le moins porté à s'en vanter ; et celui qu'on voit se vanter de ses talents ou de sa fortune, peut être regardé comme peu disposé à s'en servir pour le bien des autres. § « *Elle ne s'enorgueillit point.* » Littéralement, n'est point *enflée* d'orgueil. (*Voy.* ch. VIII, 1.) Ce mot diffère du précédent peut-être en ce qu'il exprime le sentiment lui-même, tandis que l'autre en exprime plutôt la manifestation. Or l'amour réprimera l'orgueil aussi bien que la vanterie ; il apprend à celui dont il remplit le cœur à apprécier les qualités qu'il verra dans son prochain, et par conséquent, à ne pas s'imaginer qu'il est seul à les avoir. Du reste, par lui-même, l'amour est modeste et humble ; de là vient que le Sauveur, qui a aimé les hommes plus que personne ne l'a fait, a été aussi plus étranger que personne à tout mouvement de vanité.

5. Elle ne se porte point déshonnêtement ; elle ne cherche point son propre profit ; elle ne pense point au mal.

5. « *Elle ne se porte point déshonnêtement.* » (*Voy.* Note ch. VII, 36.) L'amour nous porte à faire ce que demandent les circonstances au milieu desquelles nous sommes placés, à montrer du respect pour nos supérieurs, des égards pour nos inférieurs, à remplir fidèlement les devoirs que nous créent les différentes relations sociales ou de famille. Il y a peut-être aussi dans ces mots une allusion aux usages *déshonnêtes* auxquels les cyniques s'adonnaient, usages contraires à des sentiments acceptés

de tous, et de nature, par conséquent, à froisser beaucoup de personnes. L'amour conduit à éviter tout langage inconvenant, toute allusion malséante, toute expression triviale ou vulgaire. Il n'est pas jusqu'aux manières que le christianisme, c'est-à-dire l'amour, ne soit appelé à modifier, à adoucir, en leur enlevant ce qui pourrait les rendre désagréables aux autres. Quelle heureuse et profonde influence n'aurait donc pas sur le monde entier la propagation de cet amour que produit l'Evangile! § « *Elle ne cherche point son propre profit.* » Il n'est pas, dans le Nouveau Testament, d'expression plus belle que celle-ci, et qui exprime avec plus de force la nature et le pouvoir de l'amour. Il ne faut pas la prendre à la lettre, comme s'il était interdit à un homme de s'occuper de ses propres intérêts, de sa santé, de ses biens, de son salut. Tout homme est obligé de s'intéresser à l'œuvre de son salut; mais en même temps qu'il s'en occupe, il doit songer aussi à la gloire de Dieu; ce n'est pas en vue de son bonheur seulement qu'il doit travailler à être sauvé, mais aussi pour répondre aux intentions de son Créateur. Si un homme ne cherche dans la religion autre chose que son bonheur, il est égoïste au suprême degré; or l'égoïsme n'est pas de la religion. L'expression de notre texte est donc *comparative ;* et de même que les paroles « je veux miséricorde et non pas sacrifice » (Os. VI, 6; *Comp.* Mich. VI, 8) signifient « je veux la miséricorde *plutôt que* le sacrifice, » celles-ci veulent dire que l'amour ne cherche pas en tout et avant tout son intérêt. Ce qui distingue, en un mot, l'homme qui aime, c'est qu'il ne vit pas pour lui seul, mais qu'il sait se dévouer pour les autres, même au prix de grands sacrifices. La vie entière du Sauveur offre le plus admirable commentaire de ces paroles, puisqu'on peut la résumer d'un seul mot : « Il allait de lieu en lieu faisant du bien. » (Act. X, 38.) — Il suit de là que nul n'est chrétien, qui ne vit que pour lui-même, qui ne s'occupe de son salut que par le calcul intéressé des avantages qu'il en retirera, qui ne sait renoncer ni à fortune, ni à bien-être, ni à rien, pour avancer le bien de ses frères. Que l'Evangile se répandrait promptement sur la terre et que toutes les œuvres chrétiennes seraient plus prospères, si tous ceux qui font profession de cet Evangile étaient animés d'un véritable esprit d'abnégation! (*Comp.* Notes ch. X, 24.) § « *Elle ne s'aigrit point.* » Même mot que dans Act. XVII, 16. (*Voy.* Note sur ce passage.) Il signifie littéralement aiguiser, puis par extension, exciter, provoquer, puis irriter. L'homme dominé par l'amour chrétien n'est pas prompt à s'irriter; il est calme et patient; il examine toutes choses sans précipitation, et si on lui fait tort, il saura contenir son indignation; chercher à la conduite d'autrui l'explication la plus bienveillante; attendre, avant de se prononcer, de bien connaître les motifs et les circonstances du fait, etc. L'exemple de Jésus-Christ nous montre que tel est bien l'effet de l'amour, c'est-à-dire de la religion dans la vie; et aujourd'hui encore, l'influence de la piété et de la foi chrétienne n'est jamais plus sensible que quand elle adoucit les caractères et apaise les ressentiments. § « *Elle ne pense point à mal.* » Elle cherche, autant que possible, à expliquer la conduite des autres par des motifs honorables, au lieu d'y chercher avec complaisance des intentions coupables, des desseins condamnables. Nous sommes disposés, en effet, à juger favorablement ceux que nous aimons, et nous ne leur attribuons de mauvais motifs que lorsque nous y sommes contraints par l'évidence. La vraie religion nous inspirera donc de la charité dans nos jugements; et il n'est pas de meilleure preuve de l'absence de cette vraie religion, que la disposition au dénigrement.

6. Elle ne se réjouit point de l'injustice; mais elle se réjouit de la vérité.

6. « *Elle ne se réjouit point de l'injustice.* » L'homme prend souvent un méchant plaisir à trouver les autres en faute, à les voir tomber dans le péché, à entendre exprimer leurs torts, à en étudier les preuves et les détails; et si c'est un ennemi qui a commis une faute, il se réjouit de le voir se discréditer ou se compromettre par cette faute. La charité n'agit pas ainsi; elle n'aime le mal dans aucun cas et sous aucun prétexte: qu'un ennemi vienne à succomber, victime d'une injustice, ou à commettre quelque faute grave, elle ne songera pas à se réjouir. C'est, certainement, l'un des grands triomphes de l'Evangile que de rendre un homme capable de se réjouir de ce qu'un ennemi se conduit bien ou se concilie le respect des hommes. § « *Mais elle se réjouit de la vérité.* » La vérité est opposée ici à l'iniquité, et désigne la vertu, la piété. Ceux qui sont sous l'influence de l'amour se réjouissent de tout ce qui se fait de bien, quel que soit d'ailleurs l'instrument qui l'accomplisse; ils se réjouissent des succès des autres, de la bonne renommée qui s'attache à leur nom, des bénédictions que Dieu leur confère, des progrès de leur piété, alors même que ces hommes ne seraient pas entièrement des leurs. (*Voy.* Phil. I, 14-18.) La raison en est que, tout péché et toute erreur étant en définitive un malheur pour les hommes, celui qui les aime et veut les voir heureux cherchera à éloigner d'eux toute erreur et tout péché. Quel changement dans le monde (hélas! et dans l'Eglise même!) si de tels sentiments venaient à régner avec tout leur empire! si les hommes mettaient moins de soin à épier les fautes de leurs adversaires, à découvrir les torts de leur caractère ou à les faire connaître! si, par exemple, au lieu de se réjouir des erreurs dans lesquelles tombe un chef de secte, ou l'auteur d'un mouvement important, ils savaient les déplorer et prier pour eux!

7. Elle endure tout, elle croit tout, elle espère tout, elle supporte tout.

7. « *Elle endure tout.* » (*Comp.* Notes ch. IX, 12.) Le mot grec signifie généralement dans la langue classique, « couvrir. » Le sens serait donc ici, « la charité jette un voile sur le mal au lieu de le divulguer, » et serait le même qu'au verset précédent. Mais souvent il veut dire *supporter, endurer,* comme dans I Thess. III, 3, 1, et 5); et c'est même dans ce sens qu'il se trouve ordinairement dans le Nouveau Testament. Quoi qu'il en soit, le sens réel est à peu près le même dans les deux cas; c'est que l'amour ne cherche pas à trouver les autres en faute, où à se venger de leurs torts; il se montre au contraire plein d'indulgence et de support. Quant au mot *tout,* il doit évidemment, comme toutes les expressions générales, être interprété dans le bon sens; il est des offenses de telle nature qu'il n'est ni possible, ni permis de les cacher, comme par exemple des crimes, des attentats commis contre les lois du pays, et où chaque citoyen peut être appelé à déposer son

témoignage. Il s'agit ici d'offenses particulières que l'amour tend à couvrir d'un voile, au lieu de les exagérer et de les approfondir. § « *Elle croit tout.* » L'ensemble du passage indique le sens dans lequel il faut prendre ces mots ; ce n'est pas que l'amour soit d'une crédulité universelle, ou qu'il ne se donne pas de peine pour distinguer le vrai du faux, mais que dans ses appréciations sur la conduite des autres il est porté de préférence à adopter l'explication la plus favorable; il croit volontiers aux bons motifs qui ont pu l'inspirer, ou aux circonstances qui l'excusent. § « *Elle espère tout.* » Ceci aussi doit se rapporter à la conduite des autres : sous ce rapport, l'amour espère contre espérance ; quelles que soient les apparences, quelques sujets de crainte ou de réprobation que puisse donner la conduite d'un homme, l'amour ne désespérera de le voir revenir au bien que lorsqu'il y sera contraint par l'évidence, par la force des choses, et, dans ses jugements sur le caractère des hommes, il espérera toujours trouver des raisons qui lui permettent d'être indulgent. § « *Elle supporte tout;* » elle accepte avec résignation, soit les épreuves que la Providence juge à propos d'envoyer (*Comp.* Job, XIII, 15), soit les mauvais traitements ou les persécutions qui peuvent venir de l'injustice des hommes ; le contexte indique qu'il faut choisir de préférence cette seconde acception.

8. La charité ne périt jamais : au lieu que quant aux prophéties, elles seront abolies ; et quant aux langues, elles cesseront ; et quant à la connaissance, elle sera abolie.

8. « *La charité ne périt jamais.* » Indépendamment des effets qu'il produit, l'amour a encore un caractère qui le rend supérieur à tout, c'est qu'il ne doit pas périr ; il s'adapte à toutes les situations de la vie, et par sa nature il est fait pour subsister pendant toute l'éternité. § « *Quant aux prophéties.* » Pour le double sens de ce mot, *voy.* ch. XIV, 1. § « *Elles seront abolies.* » Il n'y aura besoin, dans le ciel, ni de confirmer la vérité du christianisme par la prédiction d'événements futurs, ni de combattre le péché par des exhortations pressantes, en sorte que la prophétie ne saurait trouver d'objet dans le séjour de la lumière et de la sainteté. § « *Et quant aux langues.* » Au pouvoir de parler des langues étrangères. § « *Elles cesseront.* » Le contexte indique clairement que les langues cesseront, non, comme quelques-uns l'ont voulu, quand l'Evangile aura été prêché à toutes les nations, mais au ciel, dans la vie à venir. Quel sera alors le mode de communication des élus, c'est ce que nous ignorons ; mais ils n'auront certainement pas à apprendre, comme on le fait ici-bas, une langue étrangère. Si la diversité des langues a été un des fruits du péché (Gen. XI), il est évident que ceux qui seront sauvés n'auront pas à subir ce désavantage causé par le péché, tandis que l'amour ne cessera jamais d'être nécessaire. § « *Et quant à la connaissance.* (*Voy.* Note ch. XIV, 8.) Ceci se rapporte, je pense, à la connaissance telle que nous la possédons actuellement ; le sens est probablement celui-ci : notre science actuelle, qui nous paraît si étendue, n'est, auprès de ce que nous saurons plus tard, qu'une profonde ignorance ; et nous verrons disparaître devant les brillantes clartés du monde à venir les obscurités, les incertitudes de notre savoir actuel. D'autre part, bien des choses qui passent ici-bas pour

connaissances seront ignorées : plus d'une science « faussement ainsi nommée, » ne trouvera pas sa place dans le monde éternel. Il est très-possible qu'il surgisse pour nous des sciences dont nous n'avons aucune idée, et qui contribueront à notre bonheur ; mais il en est aussi que nous laisserons derrière nous sur la terre, comme la critique, l'étude des langues, l'anatomie, la géologie, etc. Nos connaissances actuelles perdront de leur éclat, mais l'amour passera tout entier dans l'autre monde.

9. Car nous connaissons en partie, et nous prophétisons en partie.

9. « *Car nous connaissons en partie.* » (*Comp.* Note ch. XII, 27.) Puisque nos connaissances sont imparfaites et obscures, nous ne devrions pas y attacher tant de valeur. (*Comp.* Note ch. VIII, 2.) § « *Et nous prophétisons en partie.* Ceci ne veut pas dire que nous ne connaissons qu'en partie les vérités de la religion, et que nous soyons réduits à conjecturer le reste ; mais la prophétie et les dons qui s'y rattachent sont aussi marqués d'un cachet d'imperfection qui doit nous empêcher de les rechercher avec trop d'ardeur.

10. Mais quand la perfection sera venue, alors ce qui est en partie sera aboli.

10. « *Mais quand la perfection sera venue.* » En général, dès qu'on voit une chose parfaite, et qu'on en a la jouissance, ce qui était imparfait est laissé de côté ; c'est ainsi que la clarté douteuse des étoiles s'efface et disparaît dès que le soleil se montre à l'horizon. Et, pour parler sans figure, toutes les perfections qui se rattachent à la forme actuelle de notre existence, doivent être inconnues dans le monde de la lumière éternelle.

11. Quand j'étais enfant, je parlais comme un enfant, je jugeais comme un enfant ; mais quand je suis devenu homme, j'ai aboli ce qui était de l'enfance.

11. « *Quand j'étais enfant.* » L'idée est ici que la connaissance que nous avons maintenant diffère de celle que nous aurons plus tard, autant que le jugement débile d'un enfant diffère de l'intelligence ferme et sûre de l'homme fait. A mesure que nous avançons en âge, nous abandonnons comme sans valeur les sentiments ou les projets de notre enfance ; de même quand nous serons dans le ciel, nous verrons la vanité de beaucoup de pensées que nous avons eues sur la terre. § « *Je parlais comme un enfant ;* » notre langage actuel, comparé à celui des cieux, rappelle les premiers bégaiements par lesquels l'enfance essaie ses forces. § « *Je jugeais comme un enfant ;* » mon intelligence était faible, confuse. § « *Je pensais comme un enfant ;* » ou je raisonnais. Peu de temps avant sa mort, l'illustre Newton disait : « Je ne sais ce que l'on pensera de moi dans le monde ; mais il me semble, à moi, que j'ai été comme un enfant qui joue au bord de la mer, trouvant par-ci, par-là quelque coquillage plus beau que les autres, tandis que l'Océan de la vérité demeure encore inexploré devant moi. »

12. Car nous voyons maintenant par un miroir, obscurément, mais alors nous verrons face à face; maintenant je connais en partie, mais alors je connaîtrai selon que j'ai été aussi connu.

12. « *Car nous voyons*, etc. » Autre image, pour indiquer une connaissance imparfaite, telle qu'elle peut être quand on ne voit un objet qu'à travers un milieu défavorable. Les miroirs des anciens étaient généralement de quelque métal poli. Quelques commentateurs ont compris ce passage comme si Paul disait : au lieu de voir les choses elles-mêmes, nous n'en voyons que l'image retracée dans un miroir. Mais il est plus naturel d'admettre le sens suivant : nous voyons les choses à travers une substance qui ne nous les laisse voir que confusément. On sait, en effet, que les fenêtres des anciens étaient souvent faites de ce *lapis specularis*, dont parle Pline (du mica, probablement), qui est transparent et susceptible de se couper en lames très-minces. Quant au verre même, on ne sait pas exactement à quelle époque il a été découvert; mais comme les ruines d'Herculanum et de Pompéï attestent que l'usage de cette substance était, lors de l'éruption qui ensevelit ces villes, appliquée à un grand nombre d'objets, rien n'empêche de penser que, déjà au temps de Paul, on ne s'en servait pour les fenêtres. Sans aucun doute, il était loin d'avoir alors la transparence qu'il a aujourd'hui, et le jour douteux qu'il répandait sur les objets, est une image frappante de l'obscurité de nos connaissances actuelles. § « *Obscurément*, » littéralement, en énigme ; les questions sont posées, mais dans des termes embarrassants, et sans que la solution puisse être donnée que par voie de conjecture. § « *Mais alors;* dans les révélations plus complètes du ciel. § « *Nous verrons face à face*, » nous verrons les choses elles-mêmes, sans qu'un milieu opaque nous en vienne dérober une partie. § « *Je connais en partie* (vers. 9). » § « *Mais alors je connaîtrai*, etc. » Ce passage n'attribue pas l'ommiscience aux élus ; il veut dire seulement que, quant aux questions qui les avaient préoccupés ici-bas, ils sauront parfaitement comment les résoudre, parce qu'ils seront placés en présence de la vérité, au lieu de la contempler de loin comme, ils le font ici. § « *Selon que j'ai été aussi connu*, » non, au même degré, mais de la même manière. Il verra ces choses sans voiles, comme on le voit lui-même ; il en aura une intuition distincte et immédiate ; il n'y aura plus d'obstacle qui s'interpose entre elles et son regard.

13. Or maintenant ces trois choses demeurent : la foi, l'espérance et la charité ; mais la plus excellente de ces *vertus*, c'est la charité.

13. « *Or, maintenant*, » etc. Les autres choses dont nous avons parlé, la prophétie, les langues, etc, passeront ; mais ces trois choses survivront à tout et ne passeront jamais : elles conserveront leur prix quand tout le reste aura perdu le sien, et sont, par conséquent, les seules que l'on doive rechercher avec ardeur. — Un grand nombre de commentateurs ont pensé que Paul parlait ici de la vie actuelle seulement, et qu'il fallait lire, « la foi, l'espérauce et la charité existent dans ce

monde; mais les deux premières de ces vertus ne sont pas destinées à trouver leur application dans l'autre monde; la plus excellente des trois est donc la charité. » Mais il me semble évident que ces paroles ont un sens tout différent. Ces trois vertus, dit-il, survivront à tout le reste et conserveront toujours leur valeur, mais la plus importante des trois, celle qui contribue le plus au bien de tous, c'est l'amour. Dans ce monde-ci, comme dans le monde à venir, la foi, l'espérance et l'amour sont dignes de stimuler tous nos efforts, mais la prépondérance appartiendra éternellement à l'amour. Il ne faut pas objecter à cette interprétation qu'il n'y aura pas lieu, dans le ciel, à l'exercice de la foi et de l'espérance : c'est-là une assertion dénuée de fondement, et que Paul n'appuie nulle part. La foi, c'est la confiance en Dieu et en Christ : or la confiance, nécessaire dans toutes les sociétés imaginables, dans la famille, dans un village, dans une nation, ne le sera pas moins dans le ciel, où elle maintiendra l'union des rachetés avec Dieu, préparée et rendue possible par l'œuvre du Sauveur. Il en est de même de l'espérance : sans doute, nous *posséderons* beaucoup de biens que nous *espérons* maintenant : mais les joies célestes seront-elles épuisées en un instant, et ne restera-t-il pas au racheté à *espérer* constamment des connaissances plus étendues, des joies nouvelles, la prolongation des biens qu'il goûte aujourd'hui, une vue plus distincte de Dieu? L'espérance est un sentiment mixte, qui se compose du désir et de l'attente d'un objet : or ces deux choses existeront dans le ciel : c'est donc au nom de la Bible et au nom de la vérité que nous repoussons l'explication généralement adoptée pour ce passage, et comme contraire à l'ensemble du raisonnement de l'Apôtre. § « *Mais la plus excellente, etc.* » non à cause de sa durée, mais à cause de sa nature et de ses effets. L'amour est le grand principe qui gouverne l'univers, qui doit y maintenir l'harmonie, qui établit un lien entre Dieu et ses créatures, et fait une même société de tous les êtres spirituels. Il est le lien du royaume de Dieu; et tandis que la foi et l'espérance semblent appartenir plutôt à l'individu, l'amour est l'élément essentiel de la société tout entière. Condition suprême et universelle du royaume céleste, il est donc plus important que tous les autres dons du monde; c'est par lui que s'établit l'unité des esprits en un même Dieu : la foi même et l'espérance, bien qu'éternelles, sont inférieures à l'amour, comme étant d'une application moins étendue.

CHAPITRE XIV.

Le chapitre XIIIe a été comme une incidente, où Paul, à propos des dons de l'Esprit dont il parlait, exalte l'excellence de l'amour par-dessus tous les autres dons. Il reprend ici la pensée qu'il développait auparavant, en s'occupant particulièrement de la prophétie, comme le plus remarquable des dons extraordinaires de l'Esprit.

Il devait nécessairement corriger à ce sujet une idée erronée que les Corinthiens s'étaient faite du pouvoir de parler des langues étrangères, pouvoir qui devait, pensaient-ils, les relever aux yeux des païens, et qu'ils plaçaient au-dessus de celui d'édifier l'Eglise. Il travaille à ce but par les considérations suivantes :

1° Pour édifier l'Eglise, il faut parler une langue qu'elle comprenne (vers. 1-11).

2° Or c'est un devoir pour tous de chercher à l'édifier, plutot que de surprendre les esprits sans les amener à la foi (vers. 12-17).

3° Paul se cite lui-même en exemple à cet égard (vers. 18-19).

4° Le don des langues devait être pour les incrédules une preuve que la religion venait de Dieu, plutôt qu'un privilége à exercer entre croyants (vers. 22).

5° Si l'usage de parler ces langues devenait général, au lieu d'être utile aux frères, il pourrait tourner à leur confusion, en les faisant passer pour insensés (vers. 23-25).

6° L'Apôtre donne des règles sur la conduite que doivent tenir ceux qui ont reçu le don des langues (vers. 2? 33), et défend formellement aux femmes, fussent-elles même inspirées, de prendre la parole dans les assemblées publiques (vers. 34-35).

7° Il termine en rappelant (vers. 36-37) l'autorité dont il a été investi (vers. 38-40), en donnant un dernier conseil sur la prophétie et l'emploi du don des langues.

1. Recherchez la charité. Désirez avec ardeur les *dons* spirituels, mais surtout *celui* de prophétiser.

1. « *Recherchez la charité.* » L'amour (ch. XIII, 1); entretenez soigneusement l'amour dans votre cœur, comme le plus précieux et le plus riche de tous les dons du Saint-Esprit. » § *Désirez avec ardeur les dons spirituels* : En disant cela, toutefois, je ne prétends pas vous interdire de rechercher les autres dons spirituels. Sur le sens de ces derniers mots, *voy.* Note ch. XII, 31. § « *Mais surtout*, etc. Tandis que les Corinthiens auraient été peut-être portés à attacher plus de prix au pouvoir de parler des langues ou de faire des miracles, l'objet de l'Apôtre, dans ce chapitre, est de montrer que l'aptitude à enseigner, à exhorter, à édifier l'Eglise, est, après l'amour, un don supérieur à tous les autres. Sur le sens du mot prophétie, *voy.* Note Rom. XII, 6. Nous ajouterons seulement que les prophètes se distinguaient des docteurs en ce que ceux-ci prononçaient des discours calmes, suivis, didactiques, propres à instruire, tandis que les premiers parlaient davantage sous l'influence d'une inspiration divine instantanée (I Cor. XIV, 30), et que leurs discours étaient probablement déstinés plutôt à toucher les cœurs ou à réveiller les consciences. — L'idée de parler *par révélation* semble être un élément essentiel de l'idée de la prophétie telle qu'elle est présentée ici. Cependant les communications des prophètes avaient toujours lieu dans la langue vulgaire, et différaient à cet égard de celles des hommes qui parlaient des langues étrangères. Les uns comme les autres avaient une charge importante à remplir, pour laquelle ils recevaient les dons de Dieu : Paul va montrer aux Corinthiens que, de ces deux charges, la plus importante est celle qui leur paraît la moins remarquable, la moin

surprenante, mais qui tend à édifier l'Eglise par des paroles comprises de tous.

2. Parce que celui qui parle une langue *inconnue*, ne parle point aux hommes, mais à Dieu : car personne ne l'entend, et les mystères qu'il prononce ne sont que pour lui.

2. « *Parce que celui qui parle*, etc. » Il s'agit ici, ou d'une langue absolument inconnue à la terre, ou d'une langue étrangère, parlée, en présence de l'Eglise, à des hommes qui ne la connaissent pas. Dans l'un et l'autre cas, les auditeurs entendent bien des sons, mais ne comprenant pas la pensée, ils ne peuvent en être édifiés. Un tel discours n'étant compris que de Dieu, est à peu près inutile à l'Eglise. § « *Et les mystères*, etc. » Le mot traduit ici par *pour lui*, signifie littéralement *en esprit*, ou *par l'esprit*. De là deux sens possibles, celui de nos versions : il parle mentalement à son propre esprit, en lui-même ; ou celui qui été adopté par la version anglaise : « quoiqu'il dise ces mystères *par l'esprit*, » par l'inspiration du Saint-Esprit : cet homme peut proclamer de hautes et sublimes vérités, mais personne n'en profite. Sur le sens du mot mystère. (*Voy.* Note ch. II, 7.)

3. Mais celui qui prophétise, édifie, exhorte et console les hommes *qui l'entendent*.

3. « *Mais celui qui prophétise*. » (Note vers. 1.) Celui qui parle sous l'influence de l'inspiration divine, mais dans une langue qui lui est familière. La différence entre ceux qui parlaient des langues étrangères et ceux qui prophétisaient, était, à ce qu'il semble, que ceux-ci édifiaient l'Eglise, en prononçant des paroles que tous pouvaient comprendre, tandis que les autres, par le don qui était en eux de parler des langues étrangères, donnaient une démonstration de la divinité du christianisme. § « *Edifie*. » (Note ch. X, 23.) § « *Exhorte*. » (Note Rom. XII, 8.) § « *Et console*, » en présentant les promesses et les espérances de l'Evangile.

4. Celui qui parle une langue *inconnue* s'édifie lui-même ; mais celui qui prophétise, édifie l'Eglise.

4. « *S'édifie lui-même*. » Les vérités que lui communique l'Esprit, et qu'il exprime dans une langue inconnue, peuvent être de nature à fortifier sa foi, à développer son amour et sa reconnaissance pour Dieu, sans produire aucun résultat pour le bien général de l'Eglise.

5. Je désire bien que vous parliez tous *diverses* langues, mais beaucoup plus que vous prophétisiez : car celui qui prophétise est plus grand que celui qui parle *diverses* langues ; si ce n'est qu'il interprète, afin que l'Eglise en reçoive de l'édification.

5. « *Je désire bien*, etc. » Ce don a sa valeur ; il peut, convenablement exercé, être utile à l'Eglise ; mais il ne faut pas en exagérer l'importance. § « *Car celui qui prophétise*, etc. » L'un de ces dons était certainement plus brillant, plus merveilleux, mais l'autre était plus utile, et c'est ce qui fait que l'Apôtre lui donne la préférence : grand encouragement pour ceux qui, dans un rang obscur, et voyant des talents plus distingués que les leurs, peuvent apprendre ainsi à apprécier les dons d'après les services qu'ils permettent de rendre. Il vaut mieux sauver les âmes, sans éloquence, que d'avoir de l'éloquence et de les laisser perdre. § « *Si ce n'est qu'il interprète.* » Dans ce cas, l'Apôtre ne nie pas que ce don ne soit supérieur à celui de la prophétie, puisqu'il y aurait, à la fois, et la prophétie elle-même et le don des langues. On voit par là que ces deux pouvoirs étaient parfois réunis chez un même homme, tandis que le verset 27 nous les montre placés d'autres fois chez différents individus.

6. Maintenant donc, mes frères, si je viens à vous, et que je parle des langues *inconnues*, que vous servira cela, si je ne vous parle par révélation, ou par science, ou par prophétie, ou par doctrine ?

6. « *Maintenant donc*, etc. » Paul, qui se met en scène lui-même, pour expliquer plus nettement sa pensée, pouvait parler des langues étrangères (vers. 18), mais il ne s'en servait qu'auprès de ceux qui n'auraient pas compris sa langue maternelle. § « *Si je ne vous parle par révélation*, etc. » Les commentateurs se sont donné beaucoup de mal pour préciser la signification de chacune de ces expressions, de la première particulièrement. Il me semble que c'est à tort, le mot *révélation* doit être pris ici, selon moi, dans son sens littéral, de *découvrir*, *enlever un voile*, et par extension, expliquer, et les mots qui suivent doivent s'entendre d'une manière toute naturelle ; la science est opposée ici à l'obscurité que présenterait une communication faite en langue étrangère ; la prophétie, c'est l'explication claire et intelligible de vérités supérieures ; la doctrine, c'est un enseignement simple et familier. Le sens est donc que Paul croirait n'être d'aucune utilité aux Corinthiens, s'il se contentait d'exprimer au milieu d'eux des vérités sublimes, sans se faire comprendre d'eux.

7. De même si les choses inanimées qui rendent leur son, soit un hautbois, soit une harpe, ne forment des tons différents, comment connaîtra-t-on ce qui est sonné sur le hautbois, ou sur la harpe ?

7. « *Soit un hautbois.* » Cet instrument était ordinairement fait de roseaux, et ressemblait probablement à un flageolet. § « *Soit une harpe*, » instrument à cordes, qui avait généralement dix ou douze cordes, et dont on se servait surtout pour la musique religieuse. § « *Comment connaîtra-t-on*, etc. » Il est clair que si des instruments ne rendent pas des sons différents, il n'y a pas de musique possible. De même, des paroles auxquelles on ne peut rattacher aucun sens ne sont pas capables d'exciter la pensée ou de produire aucune émotion.

8. Et si la trompette rend un son qu'on n'entend pas, qui est-ce qui se préparera à la bataille ?

8. « *Et si la trompette*, etc. » La trompette avertit tour à tour les soldats de se mettre en marche, de charger l'ennemi, de battre en retraite, etc.; mais, pour faire cela, il faut qu'elle ait des sons distincts, un langage intelligible; autrement le soldat ne saurait pas ce qu'il a à faire. Il en est de même de paroles prononcées dans une langue étrangère; elles résonnent dans l'air, sans rien dire à l'esprit des auditeurs.

9. De même si vous ne prononcez dans votre langage une parole qui puisse être entendue, comment entendra-t-on ce qui se dit ? Car vous parlerez en l'air.

9. « *De même*, etc. » Le sens est assez clair pour n'avoir pas besoin d'explication. Remarquons seulement que ces paroles de l'Apôtre condamnent à la fois et la pratique des papistes, qui célèbrent leur culte dans une langue inconnue du peuple, et ces sermons où le prédicateur emploie un style ou agite des questions au-dessus de la portée de ses auditeurs. Toute prédication doit être claire, simple, et à la portée de tous.

10. Il y a, selon qu'il se rencontre, tant de divers sons dans le monde, et cependant aucun de ces sons n'est muet.

10. « *Il y a, selon qu'il se rencontre*, etc.» Voici quelques-unes des interprétations que l'on a proposées pour ce passage : « Il y a dans le monde autant de langues que vous, Juifs, le prétendez » (c'est-à-dire soixante-dix); ou bien, « il y a dans le monde autant de langues que de peuples; » ou encore « il y a autant de langues que vous en pouvez parler, etc. » Le verset me paraît devoir être traduit ainsi: « Il y a, par exemple, beaucoup de langues dans le monde, etc.; » et puisque toutes ces langues ont pour objet l'*utilité*, les Corinthiens devaient se proposer le même but en parlant des langues étrangères.

11. Mais si je ne sais point ce qu'on veut signifier par la parole, je serai barbare à celui qui parle ; et celui qui parle me sera barbare.

11. « *Je serai barbare*, etc. » Nous ne pourrons pas nous entendre l'un l'autre. Pour ce mot de barbare, *voy*. Note Rom. I, 14.

12. Ainsi, puisque vous désirez avec ardeur des dons spirituels, cherchez d'en avoir abondamment pour l'édification de l'Eglise.

12. « *Ainsi*, etc. » Si vous désirez vous rendre utile à l'Eglise, cherchez à l'édifier en lui exposant en termes clairs et intelligibles les vérités du salut : c'est là un des plus beaux dons de l'Esprit.

13. C'est pourquoi, que celui qui parle une langue *inconnue*, prie de telle sorte qu'il interprète.

13. « *Prie de telle sorte qu'il interprète.* » La version anglaise porte, « prie qu'il interprète, » c'est-à-dire demande à Dieu le pouvoir d'interpréter. On voit par ch. XII, 10, que le don de parler des langues étrangères et celui de s'exprimer avec clarté ne se trouvaient pas toujours réunis chez une même personne; c'est ainsi qu'aujourd'hui, telle personne pleine d'aptitude pour apprendre les langues ne sait pas énoncer ses idées avec aisance. A ceux qui avaient reçu le premier de ces dons, l'Apôtre recommande de ne pas en faire vanité, mais de prier afin qu'ils reçoivent le don plus utile de savoir bien exprimer leurs pensées dans leur langue naturelle; c'est à cette condition seulement que les vérités qu'ils annoncent pourront être utiles à leurs auditeurs.

14. Car si je prie en une langue *inconnue*, mon esprit prie; mais l'intelligence que j'en ai, est sans fruit.

14. « *Car si je prie*, etc. » Paul mentionne la prière et le chant (vers. 15) pour bien faire entendre sa pensée, que le culte public doit être conduit dans une langue que le peuple comprenne : quelle que soit la piété de celui qui parle, encore faut-il que les auditeurs puissent attacher un sens à ses paroles. § « *Mon esprit prie.* » Le mot *esprit* est souvent employé dans les Ecritures comme représentant le siége des affections, des émotions, etc. (*Voy.* Matth. V, 3, « les pauvres en esprit; » Luc X, 21, Jésus se réjouit en esprits; » Luc I, 17; Marc VIII, 12, etc.) Ici, il se rapporte, à ce qu'il me semble, au cœur, à la volonté, aux dispositions morales, dans ce qu'elles ont qui les distingue de l'intelligence. « Mes sentiments trouveront leur expression dans ma prière, et Dieu les accueillera; mais ils ne seront d'aucun profit pour les autres, puisqu'ils ne les comprendront pas. § « *Mais l'intelligence*, etc., sans profit pour les autres.

15. Quoi donc? Je prierai d'esprit, mais je prierai aussi d'une manière à être entendu; je chanterai d'esprit, mais je chanterai aussi d'une manière à être entendu.

15. « *Quoi donc?* » Que me faut-il faire? (*Voyez* la même expression dans Rom. III, 9, et VI, 15.) Elle indique la conclusion à laquelle le conduit son raisonnement. § « *Je prierai d'esprit.* » Je chercherai à réunir les deux choses : il est pour moi d'une importance extrême de m'entretenir en esprit avec Dieu; je ne manquerai donc pas de le faire; mais je parlerai aussi le langage ordinaire, afin que les autres puissent en profiter. § « *Je chanterai*, etc. » Ce qui arrivait pour la prière, pouvait évidemment arriver aussi pour le chant; et l'Apôtre recommande encore à ce sujet que les louanges de Dieu soient célébrées dans un langage accessible à tous. Ce passage nous montre que le chant, c'est-à-dire la célébration des louanges de Dieu, forme une partie importante du culte public parmi les chrétiens; il nous sert en même temps à apprécier exactement ce qu'il doit être, et ce qu'il est dans nos Eglises. Il n'est peut-être pas un élément du culte qui présente plus d'imperfection, ni qui fût de nature pourtant à exercer plus d'influence en imprimant dans les cœurs les sentiments chrétiens. Il faut que le chant, comme la prière et comme la prédication, soit entendu et compris de tout le monde; sans cela, autant vaudrait chanter en une langue étrangère.

16. Autrement, si tu bénis d'esprit, comment celui qui est du simple peuple, dira-t-il Amen à ton action de grâces, puisqu'il ne sait ce que tu dis?

16. « *Si tu bénis*, etc. » Ces mots semblent aussi faire allusion à une partie du culte public, ou bien aux actions de grâces par lesquelles on bénit la table; si tu veux offrir à Dieu au nom de tous, l'expression de leur reconnaissance pour les biens qu'ils reçoivent de Lui. § « *D'esprit* » dans une langue inconnue, de manière que ton esprit soit pénétré et rempli, mais sans que les autres puissent te comprendre. § « *Du simple peuple.* » Pour le sens de ce mot, *voy.* Note Act. IV, 13 ; ici, cela veut dire, un homme étranger à la langue que parle celui qui rend grâces. § « *dira-t-il, Amen;* » amen, formule d'assentiment, qui signifie littéralement *en vérité.* (Jean III, 5.) Comment pourra-t-il se joindre de cœur à cet acte de dévotion, et prononcer, soit à haute voix, comme c'était peut-être l'habitude, soit dans son cœur, un *amen* qui témoigne de son approbation?

17. Il est bien vrai que tu rends grâces, mais un autre n'en est pas édifié.

17. « *Il est bien vrai*, etc. » Si tes actions de grâces partent du cœur, Dieu les acceptera, mais les auditeurs n'en profiteront pas.

18. Je rends grâces à mon Dieu que je parle plus de langues que vous tous.

18. « *Je rends grâces*, etc. » On voit par là que Paul ne dédaignait pas le pouvoir de parler des langues étrangères. Combien en parlait-il, nous ne le savons pas : mais comme nous ne le voyons jamais recourir à un interprète pendant ses voyages, nous pouvons présumer qu'il connaissait la langue de tous les peuples auxquels l'Esprit de Dieu l'appelait à annoncer l'Evangile.

19. Mais j'aime mieux prononcer dans l'Eglise cinq paroles d'une manière à être entendu, afin que j'instruise aussi les autres, que dix mille paroles en une langue *inconnue.*

19. « *Mais j'aime mieux*, etc. » Il est probable que dans les assemblées de l'Eglise un petit nombre de personnes seulement pouvaient comprendre les langues étrangères; et Paul ne voulait pas parler sans autre objet que de surprendre et d'étonner les auditeurs.

20. Mes frères, ne soyez point des enfants en prudence; mais soyez de petits enfants en malice; et par rapport à la prudence, soyez des hommes faits.

20. « *Ne soyez point*, etc. » Les enfants admirent ce qui est nouveau et surprenant, plutôt que ce qui est d'une utilité réelle. Il en est ainsi de vous et de l'admiration que vous professez pour le don de parler des

langues étrangères. — Ce reproche de Paul était fait pour abattre l'orgueil des Corinthiens, en leur montrant qu'ils sacrifiaient leur dignité véritable à des puérilités indignes d'occuper l'attention d'êtres immortels. Et combien de fois ne pourrait-on pas de même rappeler aux chrétiens qu'ils dérogent à leur condition, qu'ils oublient leur vocation éternelle, en s'occupant de choses qui ne peuvent pas remplir leur cœur : toilette, conversations inutiles, jeux, plaisirs de l'intelligence même, comme toutes ces choses leur paraîtront vides et frivoles, de véritables jeux d'enfants, quand ils les apprécieront de leur lit de mort! § « *Mais soyez*, etc. » Il faut remarquer ici la délicatesse avec laquelle Paul corrige ce qu'il aurait pu y avoir de dur ou de méprisant dans l'expression dont il s'est servi. Ce n'est pas, semble-t-il dire, que je veuille mal parler des enfants ; mais vous devez avoir une intelligence plus sûre et plus ferme que la leur ; des *enfantillages* leur sont permis. Prenez d'eux ce caractère aimable qui fait qu'ils ignorent la malice, l'envie, la mauvaise volonté. Comparez ce passage avec la déclaration du Sauveur sur les enfants. (Matth. XVIII, 3.)

21. Il est écrit dans la loi : Je parlerai à ce peuple par des gens d'une autre langue, et par des lèvres étrangères ; et ainsi ils ne m'entendront point, dit le Seigneur.

21. « *Il est écrit dans la loi.* » (Es. XXVIII, 11 et 12.) Le mot « loi, » comme dans Jean X, 34, et XV, 25, semble désigner l'Ancien Testament en général. Ce passage, dans Esaïe, annonce que Dieu emmènera les Juifs chez les Chaldéens dont ils ne comprendront pas la langue. Paul le cite, non pas comme se rapportant en lui-même au fait dont il parle, mais parce que les mots pouvaient s'y approprier assez bien. (*Voy.* Note Matth. I, 23.) Dieu s'était servi d'une langue étrangère pour accomplir d'importants desseins à l'égard de son peuple ; et aujourd'hui encore, il peut se servir du même moyen pour d'autres desseins non moins importants. § « *Et ainsi*, etc. » Dans Esaïe, ces mots signifient, « et malgré cela, ils persisteront dans leur rébellion. » Paul a peut-être voulu, en citant aussi la fin de ce passage, faire entendre aux Corinthiens que le don des langues n'entraînait pas nécessairement l'obéissance du cœur et la vraie piété ; ils pourraient avoir ce don à un degré extraordinaire, et être néanmoins un peuple rebelle à Dieu.

22. C'est pourquoi les langues sont pour un signe, non point aux croyants, mais aux infidèles ; la prophétie, au contraire, *est un signe*, non point aux infidèles, mais aux croyants.

22. « *C'est pourquoi.* » Comme conséquence directe, non pas du passage qu'il vient de citer, mais de tout ce qu'il a dit sur ce sujet. § « *Sont un signe,* » une indication, une preuve que Dieu bénit la prédication de l'Evangile, puisqu'il l'accompagne de tels miracles. § « *Non point aux croyants,* » qui, déjà convaincus de la vérité de la religion, ne retireraient aucun avantage d'un discours prononcé dans une langue qu'ils n'entendraient pas. § « *Mais aux infidèles*, aux non croyants, qui seront

bien obligés de convenir que l'Evangile est de Dieu, puisque Dieu seul peut conférer un semblable pouvoir. (*Voy.* Note Act. II, 1-15.) § « *La prophétie, au contraire* (*voy.* Note vers. 1)... *non point aux infidèles.* » Comme elle porte moins l'empreinte d'une inspiration surnaturelle, elle n'est pas de nature à impressionner aussi vivement les infidèles; elle tend plutôt à l'édification de l'Eglise; et en communiquant aux fidèles des vérités qui les consolent et les sanctifient, elle sera pour eux un signe de l'intervention de Dieu, comme le don des langues l'est pour les infidèles.

23. Si donc toute l'Eglise s'assemble en un *corps*, et que tous parlent des langues *étrangères*, et qu'il entre des gens du commun, ou des infidèles, ne diront-ils pas que vous êtes hors de sens?

23. « *S'assemble en un corps* » pour le culte public. § « *Et que tous parlent des langues,* » ou inconnues, ou étrangères. § « *Des gens du commun,* » qui ne comprennent pas ce qui se dit dans ces langues. § « *Ou des infidèles;* » des païens ou des Juifs qui ne croient pas en Christ; la curiosité ou tout autre motif pouvait les amener une fois ou l'autre dans les assemblées chrétiennes. § « *Que vous êtes hors de sens.* » Ce qu'ils entendront ne leur semblera qu'un jargon confus, résultant de quelque dérangement d'esprit; et ainsi, par égard pour le nom même de l'Evangile, vous devez vous abstenir, quand cela n'est pas nécessaire, de parler des langues étrangères dans vos assemblées. (*Comp.* Act. II, 13.)

24. Mais si tous prophétisent, et qu'il entre quelque infidèle, ou quelqu'un du commun, il est convaincu par tous, et il est jugé de tout.

24. « *Mais si tous prophétisent.* » (*Voy.* Note, vers. 1.) § « *Quelqu'un du commun;* » c'est-à-dire quelqu'un qui soit encore étranger au christianisme. § « *Il est convaincu par tous.* » (Même mot que Jean XVI, 8.) Il sera convaincu de péché et d'erreur; il reconnaîtra les égarements de sa vie passée en même temps que la vérité du christianisme; il comprendra les paroles adressées à l'assemblée, et la force de la vérité pourra agir sur son cœur. § « *Et il est jugé de tous;* » par tous ceux qui parlent; sa conscience donnera son assentiment aux choses qu'il entendra, et l'effet d'une prédication intelligible à tous aura été d'amener peut-être quelques hommes à se reconnaître pécheurs.

25. Et ainsi les secrets de son cœur sont manifestés; de sorte qu'il se jettera sur sa face et adorera Dieu; et il publiera que Dieu est véritablement parmi vous.

25. « *Et ainsi,* etc. » Cet homme sera en quelque sorte révélé à lui-même; il apprendra à lire dans son âme; il connaîtra pour la première fois les secrets de son propre cœur. Paul fait peut-être allusion par ces mots à l'inspiration qui pouvait révéler aux prophètes les secrets les plus intimes des cœurs; comme dans le cas d'Ananias et de Saphira (Act, V, 1, etc.); mais il me semble qu'il a plutôt voulu décrire un fait

qui se présente fréquemment, et qui montre bien le pouvoir de la vérité sur l'homme ; c'est que souvent un auditeur indifférent s'imagine que c'est lui personnellement que le prédicateur a en vue, et qu'il révèle à l'assemblée ses secrets sentiments, tant le christianisme a tracé une peinture exacte et fidèle du cœur humain ! § « *De sorte qu'il se jettera sur sa face.* » Attitude ordinaire du respect et de l'adoration dans l'Orient; l'auditeur que Paul suppose pourrait « se jeter sur sa face, » soit dans l'Eglise même, soit quand il serait de retour chez lui. § « *Et adorera* Dieu, etc., » embrassera la foi chrétienne et deviendra votre ami, d'ennemi qu'il était. Il est probable que cela arrivait souvent, et Paul exhorte les Corinthiens à conduire leur culte de telle sorte que ce résultat se produisît plus souvent encore.

26. Que sera-ce donc, mes frères ? C'est que toutes les fois que vous vous assemblerez, selon que chacun de vous aura ou un psaume, ou une instruction, ou une langue *étrangère*, ou une révélation, ou une interprétation, que tout se fasse pour l'édification.

26. « *Que sera-ce donc, mes frères ?* » (Note vers. 15.) Qu'avez-vous donc à faire ? § « *C'est que*, etc. » Il se peut que, dans leurs assemblées, les Corinthiens voulussent parler sans attendre leur tour, ou sans une invitation du président, de manière que plusieurs se faisaient entendre à la fois : l'un avait à communiquer *un psaume*, un chant de louange à Dieu; l'autre *une instruction*, ou quelque vérité importante; celui-ci voulait exercer le don qu'il avait reçu de parler une *langue étrangère ;* celui-là voulait faire part à ses frères d'*une révélation* qu'il avait reçue, relative à quelque évènement futur ou à quelque mystère de la foi, ou bien *interpréter* ce qu'un autre avait pu dire en langue étrangère, etc., tous se croyant également obligés sous l'influence du Saint-Esprit et tenus de communiquer au public le trésor qui venait de leur être confié. De là pouvait naître une confusion contraire à l'édification de l'Eglise (Note vers. 12), et au principe exprimé par Paul au verset 33 de ce chapitre.

27. Et si quelqu'un parle une langue *inconnue*, que cela se fasse par deux, ou tout au plus par trois, et cela par tour ; mais qu'il y en ait un qui interprète.

27. « *Par deux, ou tout au plus par trois ;* » dans un même jour ou une même assemblée. Le but du don des langues étant bien établi (vers. 22), ceux qui le possédaient ne devaient l'employer qu'en vue du bien de l'Eglise, et jamais par ostentation; ils ne devaient pas non plus dépasser une limite de temps raisonnable. § « *Mais qu'il y en ait un*, etc., » un de ceux mentionnés chap. XII, 10, Note, de manière que l'Eglise pût être édifiée.

28. Que s'il n'y a point d'interprète, que cet homme se taise dans l'Eglise, et qu'il parle à soi-même, et à Dieu.

28. « *Qu'il parle à soi-même et à Dieu.* » (Note vers. 2 et 4.) Qu'il médite en lui-même les vérités qui lui ont été révélées, et qu'il prie Dieu dans son cœur.

29. Et que deux ou trois prophètes parlent, et que les autres en jugent.

29. « *Et que les autres jugent.* » Quelques-uns ont entendu ce mot, « les autres, » des prophètes qui devaient *juger* ce que disaient deux ou trois des leurs. Mais le sens le plus probable est que la congrégation tout entière était appelée à prononcer sur la prédication de ces prophètes, à examiner si elle était conforme à la vérité, à faire ce que faisaient les fidèles de Bérée. (Note Act. XVII, 11.) Et si c'était un devoir alors, c'en est un encore aujourd'hui. Aucun ministre de la religion n'a le droit d'exiger de ses auditeurs une adhésion implicite à la vérité de ses discours; bien au contraire, tous ont le droit de contrôler par l'Ecriture et par une saine raison les enseignements qu'ils reçoivent du pasteur. (*Comp.* I, Thess. V, 21.) — Disons même que pasteurs et troupeaux ne peuvent que gagner à ce qu'il se répande davantage au milieu d'eux un esprit d'examen candide, sérieux et accompagné de prières.

30. Et si quelque chose est révélée à un autre qui est assis, que le premier se taise.

30. « *Et si quelque chose,* etc. » Celui qui avait pris la parole le premier devait se taire, ou de lui-même, ou sur une invitation du second. Dans tous les cas, deux personnes ne devaient pas parler à la fois.

31. Car vous pouvez tous prophétiser l'un après l'autre, afin que tous apprennent, et que tous soient consolés.

31. « *Car vous pouvez tous,* etc. » Il y a du temps pour tous; chacun de vous aura son moment, s'il a quelque chose à dire; mais que les choses se passent sans confusion et pour l'édification de tous.

32. Et les esprits des prophètes sont sujets aux prophètes.

32. « *Et les esprits des prophètes,* etc. » Le sens de ce passage est évidemment que les prophètes pouvaient contrôler et régler le mouvement qui les portait à parler. Cela nous montre que ces dons extraordinaires du Saint-Esprit étaient, au fond, soumis aux mêmes lois que les autres, et ne détruisaient pas la liberté de celui qui les recevait. De même qu'un homme, doué de l'éloquence la plus entraînante ne cesse pas d'être maître de sa parole, et de la pouvoir contrôler, de même les prophètes n'étaient pas forcés de parler d'une certaine manière. Ces mots ne se rapportent proprement qu'aux prophètes du Nouveau Testament. Mais il nous semble qu'on peut, sans crainte de se tromper, les appliquer également à ceux de l'Ancien Testament, et en général, à tous les prophètes que Dieu a inspirés. En cela, la véritable inspiration diffère essentiellement de celle qu'on trouve chez les prêtres ou les prêtresses du paganisme; l'influence qui faisait parler ceux-ci leur enlevait toute

liberté; ils ne dépendaient plus d'eux-mêmes, mais d'une puissance extérieure qui les subjuguait entièrement; leur bouche proférait des choses auxquelles leur intelligence n'avaient aucune part. Sous le régime chrétien, au contraire, les écrivains (ou quand ils parlaient, les prophètes) conservaient, avec leur individualité, un certain contrôle sur ce qu'ils avaient à exprimer.

33. Car Dieu n'est point *un Dieu* de confusion, mais de paix, *on le voit* dans toutes les Eglises des saints.

33. « *Dieu n'est pas*, etc. » Dieu agit avec calme, avec sagesse ; et sa religion a le même caractère, et ne peut pas tendre à causer de confusion quelconque. § « *Comme on le voit*, etc. Paul en appelle à l'exemple de toutes les Eglises, pour montrer que le christianisme fait régner l'ordre et la paix partout où il s'établit. — Nous pouvons conclure de là que nous devons toujours, dans le sanctuaire, nous conduire avec respect, évitant toute apparence même de désordre, comme étant en présence d'un Dieu saint et pur, et apporter à notre culte le recueillement et la convenance qu'il réclame. — Dans une sphère un peu différente, nous dirons de même que la conversion d'un homme ne doit rien avoir d'excité ni de fébrile ; la reconnaissance, la prière, l'amour, sauront se manifester sans bruit, sans désordre, sans tumulte aucun.

34. Que les femmes qui sont parmi vous se taisent dans les Eglises : car il ne leur est point permis de parler ; mais *elles doivent* être soumises comme aussi la loi le dit.

34. « *Que les femmes*, etc. » Voilà une règle positive, et qui ne se laisse pas expliquer de deux manières différentes. Le sens est évidemment que les femmes ne devaient prendre de part active à aucune de ces choses dont il venait de parler, langues étrangères, prophéties, qui appartenaient au culte public. Il est probable que, sous prétexte d'être inspirées, quelques femmes s'étaient érigées publiquement en docteurs. Paul leur interdit absolument ce rôle : il leur avait reproché (ch. XI) d'avoir, quand elles parlaient dans les assemblées, une tenue peu conforme à la modestie de leur sexe. Mais ici, ce ne sont plus ces circonstances accessoires qu'il condamne, c'est le fait lui-même. Il n'est permis à la femme, sous aucun prétexte, de prendre la parole dans une assemblée publique, même pour faire une question. — Le chapitre XI fait allusion seulement aux femmes qui se prétendaient inspirées, mais ici la défense est générale. Quelques raisons qu'on puisse alléguer pour donner aux femmes une part active dans le culte public, l'autorité de Paul est absolue sur ce point, et ne doit pas être méconnue. (*Comp.* I Tim. II, 11-12.) § « *Mais elles doivent être soumises*, » et reconnaître la supériorité de l'homme. (Note ch. XI, 3.) § « *Comme aussi la loi le dit* » (Gen. III, 16.)

35. Et si elles veulent apprendre quelque chose, qu'elles interrogent leurs maris dans la maison : car il est malhonnête que les femmes parlent dans l'Eglise.

35. « *Et si elles veulent*, etc. » S'il y a quelque chose qu'elles n'aient pas compris, elles peuvent, de retour dans leur maison, en demander l'explication à leurs maris, plutôt que d'interrompre par leurs questions la solennité du culte. § « *Car il est malhonnête* ; » contraire à la convenance, à la modestie, à la position que Dieu les appelle à occuper dans la vie : c'est aux hommes que Dieu a confié ces emplois publics. Il s'agit ici évidemment des assemblées générales qui forment le service divin proprement dit ; non des réunions particulières que des femmes peuvent avoir entre elles pour s'édifier et prier en commun, ou de réunions comme celles des écoles du dimanche. Dans un public ainsi restreint, rien ne s'oppose à à ce que la femme prenne la parole et conduise le culte. Ajoutons que les Juifs étaient extrêmement stricts à cet égard, et que, bien loin d'admettre les femmes à parler dans les synagogues, même pour poser des questions, les rabbins voulaient les renfermer absolument dans leurs occupations domestiques.

36. La parole de Dieu est-elle procédée de vous, ou est-elle parvenue seulement à vous ?

36. « *La parole de Dieu*, etc. » (*Voy.* Note ch. XI, 16.) Ce verset veut dire : l'Eglise de Corinthe est-elle l'Eglise-mère ? est-ce de son sein qu'est partie d'abord la prédication de l'Evangile ? Et si cela n'est pas, quel droit avez-vous à suivre des usages contraires à ceux qui sont établis dans toutes les autres Eglises ? § « *Ou est-elle*, etc. Etes-vous les seuls qui ayez la foi chrétienne ? D'autres que vous auraient le droit d'adopter aussi des coutumes étranges ; et alors, comment l'ordre régnerait-il dans l'Eglise ?

37. Si quelqu'un croit être prophète, ou spirituel, qu'il reconnaisse que les choses que je vous écris sont des commandements du Seigneur.

37. « *Ou spirituels* ; » sous une influence extraordinaire de l'Esprit § « *Qu'il reconnaisse*, etc. » Tous étaient probalement disposés à reconnaître Paul comme un apôtre, qui, en cette qualité, était revêtu d'une autorité particulière, et parlait au nom de Dieu : ils devaient donc déférer à ses conseils et montrer qu'ils étaient réellement inspirés de Dieu, en obéissant à celui qu'il avait choisi pour apôtre. Jamais on ne pourra tenir pour sérieuse et digne de foi une piété qui, ne se traduisant pas par l'obéissance aux commandements divins, compromet l'autorité des Ecritures ou l'ordre de l'Eglise.

38. Et si quelqu'un est ignorant, qu'il soit ignorant.

38. « *Et si quelqu'un*, etc. » Si quelqu'un prétend que je ne suis pas apôtre, et que je n'ai pas le droit de commander, je ne perdrai pas de temps à discuter avec lui ; qu'il fasse ce qu'il voudra, c'est à ses risques et périls. J'ai exposé les commandements de Dieu, et s'il ne veut pas s'y conformer, il en répondra devant le Seigneur.

39. C'est pourquoi, mes frères, désirez avec ardeur de prophétiser, et n'empêchez point de parler *diverses* langues.

39. « *Désirez avec ardeur de prophétiser.* » (Note vers. 1.) C'est le résumé de ce qu'il a dit sur ce sujet : un homme peut et doit désirer de savoir parler de manière à édifier l'Eglise. § « *Et n'empêchez point,* etc. » Ne supposez pas que le pouvoir de parler des langues étrangères soit inutile ; à sa place, il est un don véritable, et il ne faut pas négliger de le faire valoir.

40. Que toutes choses se fassent avec bienséance et avec ordre.

40. « *Que toutes choses,* etc. » Règle d'une extrême simplicité, et qu'il était aisé de mettre en pratique. On pouvait poser une foule de questions relatives aux formes du culte, et ne pas savoir comment les résoudre ; mais le bon sens et la piété approuvent de concert la règle posée par Paul dans ce verset. On ne peut pas, d'avance, fixer tous les détails, mais on n'a pas à craindre de se tromper si on se fait une loi de se conduire avec bienséance pour l'édification de l'Eglise.

REMARQUES SUR LE CHAPITRE XIV.

Nous pouvons remarquer, à propos de ce chapitre, que le culte, dans tous ses détails (vers. 2, 3, 5, 4, 15, etc.), doit être conduit d'une manière intelligible à tous. Il semble que l'Apôtre ait insisté sur ce sujet, comme par une vue anticipée de la pratique qui devait s'introduire dans l'Eglise romaine. Peut-être n'est-il pas d'exemple où l'opposition de cette Eglise à la Bible se montre sous une forme plus frappante, que l'emploi d'une langue étrangère pour le culte public. S'il y a quelque chose d'évident, c'est que le culte, pour être édifiant et utile, doit être compris de tous ceux qui y prennent part. Dieu ne demande pas l'hommage de quelques paroles qui ne disent rien à l'esprit de ceux qui les entendent. Et cette pratique a contribué beaucoup à retenir les âmes dans l'ignorance et la superstition, les prêtres sachant bien que la lecture du Nouveau Testament condamnerait leur enseignement.

Ajoutons que la prédication doit être toujours simple et populaire, comme il convient à un discours qui renferme les vérités les plus précieuses, et des vérités qui s'adressent à tous les hommes. Or il est un grand nombre de sermons remplis de métaphysique et d'expressions recherchées qui pourraient tout aussi bien être écrits en langue étrangère, tant ils sont peu faits pour être portés en chaire et compris du peuple. A cet égard, la prédication du Sauveur nous est un parfait modèle où se trouve la profondeur de la pensée unie à une parfaite simplicité d'expression.

CHAPITRE XV.

Ce beau chapitre, dont j'ai parlé comme formant la troisième partie de l'Epître (*voy.* Introduction), nous intéresse d'une manière particulière, soit parce qu'il renferme une preuve très-forte de la vérité du christianisme, soit parce qu'il nous révèle, à nous qui avons une frayeur instinctive de la mort, quelques secrets de la vie à venir. Aussi a-t-il toujours attiré l'attention des commentateurs, qui ont bien vu que si les raisonnements qu'il renferme sont vrais, le christianisme peut résister à toutes les attaques.

Les raisons pour lesquelles Paul introduit ici cette discussion sur la résurrection semblent avoir été celles-ci : d'abord les Corinthiens, au milieu de leurs dissensions, pouvaient avoir perdu de vue cet argument capital pour la défense du christianisme, ou leurs adversaires pouvaient être tentés de nier la vérité d'une religion qui laissait subsister dans une Eglise tant de causes de discorde.—En second lieu, nous voyons par le verset 12 que cette doctrine avait été, par des motifs quelconques, contestée à Corinthe ; et elle était trop importante pour que l'Apôtre ne s'attachât pas à l'établir aux yeux de tous sur une base solide.

On peut diviser ce chapitre en quatre parties, consacrées chacune à l'examen d'une question particulière.

I. Les morts ressusciteront (vers. 1-34). Paul prouve ce point, soit en établissant que Christ est ressuscité (vers. 1-11), soit en faisant voir par diverses considérations que la thèse contraire est absurde et insoutenable (vers. 12-34). Le cours de ce raisonnement est interrompu (vers. 20-28) par une de ces digressions brusques qui abondent dans les écrits de Paul ; il y montre que la résurrection devait, comme la mort, venir par un seul homme, et donne sur ce sujet quelques renseignements destinés sans doute à ceux qui prétendaient que la résurrection était déjà passée. (*Comp.* II Tim. II, 18.)

II. Dans les versets 35-51, il montre quelle sera la nature des corps qui ressusciteront, par différentes analogies, ou en faisant connaître les attributs nouveaux dont ils seront revêtus.

III. Il annonce (vers. 51-54) quel sera le sort de ceux qui seront en vie au moment où reviendra le Seigneur Jésus.

IV. Enfin il examine (vers. 55-58), les conséquences pratiques qui doivent découler de cette doctrine.

1. Or, mes frères, je vous fais savoir l'Evangile que je vous ai annoncé, et que vous avez reçu, et auquel vous tenez ferme.

1. « *Or.* » Cette particule est destinée ici à introduire un nouveau sujet qui, sans faire précisément suite à ceux que Paul vient de traiter, s'y rattache néanmoins d'une manière générale. § « *Je vous fais savoir,* » ou plutôt, je vous rappelle, je veux imprimer dans vos esprits. § « *L'Evangile.* » (Note Marc I, 1.) La bonne nouvelle. Paul ne parle, dans ce cha-

pitre, que de la résurrection ; mais il renferme dans ce mot d'Evangile la doctrine du salut par la mort de Christ, aussi bien que celle de la résurrection. (*Voy.* vers. 3-4.) § « *Que je vous ai prêché.* » (Act. XVIII, 1 et suiv.) Il était naturel que Paul leur rappelât les vérités élémentaires sur lesquelles repose l'Eglise et qu'ils avaient pu perdre de vue au milieu de toutes leurs dissensions. C'est ainsi qu'il faut souvent agir avec les chrétiens ; s'ils ont abandonné leur foi première pour embrasser les spéculations de la philosophie, il est bon de leur rappeler les doctrines qui ont été autrefois l'instrument de leur conversion, et qui doivent être toujours la base de leurs espérances : — la mort et la résurrection de Christ. § « *Et que vous avez reçu*, etc. » Vous l'avez autrefois reconnu comme vrai, et c'est par la même foi que vous pouvez encore faire partie de l'Eglise chrétienne.

2. Et par lequel vous êtes sauvés, si vous le retenez tel que je vous l'ai annoncé ; à moins que vous n'ayez cru en vain.

2. « *Et par lequel vous êtes sauvés.* » (*Voy.* Note Marc XVI, 16.) L'Apôtre signale par là l'importance de cette doctrine ; c'était la première qu'ils eussent entendue de lui ; c'était celle qui les avait convertis ; c'était celle qui les sauvait du péché et devait les mettre en possession de la vie éternelle. § « *Si vous le retenez*, etc. » La restriction était nécessaire ; et Paul laisse à entendre par ces mots qu'au milieu de tous ces efforts de leurs ennemis et des artifices des faux docteurs, il n'est pas sûr qu'ils aient conservé la foi en cette doctrine. § « *A moins que*, etc. » A moins qu'il ne se trouve que cette foi est sans fondement, et cette doctrine erronée, à moins que cette doctrine ne soit une imposture et que nos espérances ne soient illusoires.

3. Car avant toutes choses, je vous ai donné ce que j'avais aussi reçu ; *savoir :* Que Christ est mort pour nos péchés, selon les Ecritures.

3. « *Car avant toutes choses*, etc. » (Note ch. XI, 23.) Parmi les doctrines fondamentales du christianisme. § « *Ce que j'avais aussi reçu.* » Ce n'étaient pas des doctrines que j'eusse trouvées moi-même par mon intelligence ; elles m'avaient été communiquées par le Seigneur. (*Comp.* Note Gal. I, 12.) C'est un des passages par lesquels on peut prouver que Paul se déclarait inspiré. § « *Que Christ est mort pour nos péchés.* » La mort expiatoire de Christ, telle est la grande doctrine sur laquelle l'Eglise de Corinthe avait été fondée. On voit évidemment par ce passage que le Messie est mort, non en martyr seulement, mais comme la victime propitiatoire pour nos péchés, et que, par conséquent, il n'y a pas d'Eglise véritable là où cette doctrine n'est pas crue et enseignée. § « *Selon les Ecritures.* » L'Ancien Testament. (*Voy.* Note Jean V, 39.) Paul ne spécifie pas les passages qui établissent cette doctrine ; mais il n'y a pas de doute qu'il ne les citât fréquemment dans sa prédication. On peut trouver quelques-uns de ces passages dans Ps. XXII ; Es. LIII ; Dan. IX, 26, etc.

4. Et qu'il a été enseveli, et qu'il est ressuscité le troisième jour, selon les Ecritures.

4. « *Et qu'il a été enseveli.* » (Es. LIII, 9.) § « *Et qu'il est ressuscité,* etc. » Les déclarations de l'Ecriture portent sur le fait même de la résurrection, et non sur le jour où elle devait s'accomplir; on peut voir, du reste, cet argument développé dans le discours de Pierre. (Act. II, 24-32; *Comp.* Ps. XVI, 10.)

5. Et qu'il a été vu de Céphas, et ensuite des douze.

5. « *Et qu'il a été vu de Céphas.* » Pierre (Note Jean I, 42). La résurrection de Jésus étant un fait historique, demandait à être prouvée comme tout autre fait, par la déposition de témoins oculaires. Aussi Paul en appelle-t-il, non à tous les témoins, ce qui n'était pas nécessaire, mais à plusieurs d'entre eux, et, à ce qu'il semble, en suivant l'ordre même des apparitions de Jésus-Christ. — Pour ce dernier sujet, *voy.* Notes sur Matthieu, à propos de la résurrection du Sauveur. § « *Et ensuite des douze.* » Appellation générale pour désigner les Apôtres, alors même que l'absence de Judas laissait leur nombre incomplet. (*Comp.* Jean XX, 19, 24, et Jean, XX, 24-29.)

6. Depuis, il a été vu de plus de cinq cents frères en une fois, dont plusieurs sont encore vivants, et quelques-uns sont morts.

6. « *De plus de cinq cents frères,* » ou disciples du Seigneur. C'était probablement en Galilée, où Jésus avait passé la plus grande partie de son ministère. Le seul trait dans les Evangiles, qui semble se rapporter à ce fait, ou qui paraît y faire allusion, se lit dans Matth. XXVIII, 10; *Comp.* vers. 16. C'est là qu'il avait fait le plus de disciples, et il était par conséquent tout naturel qu'il se présentât au milieu d'eux après sa résurrection. Une fois, d'ailleurs, que le Seigneur s'était fait annoncer par quelques-uns de ses disciples, il était moralement certain qu'un grand nombre de personnes s'empresseraient de venir au-devant de lui. A l'amour qu'ils éprouvaient pour leur Maître se joignait, chez les disciples, un désir aussi curieux qu'ardent de voir un homme qui avait été mort et qui était ressuscité. — Ce récit prouve que Jésus avait plus de disciples qu'on ne le suppose généralement, puisqu'on en trouve un si grand nombre réunis sur un seul point de la Judée. § « *Dont plusieurs,* etc. » Quelle preuve plus décisive pourrait-on trouver pour un fait, que le témoignage de cinq cents personnes? Si tous ces témoins ont pu se tromper, il n'y a aucune raison de croire jamais à un fait quelconque sur la parole des témoins qui le racontent. § « *Et quelques-uns sont morts.* » Littéralement, sont endormis; expression par laquelle l'Ecriture désigne souvent la mort des saints, pour montrer à la fois le calme avec lequel ils voient venir la mort, et l'espoir qu'ils ont de la résurrection. (*Voy.* Note Jean XI, 11.)

7. Ensuite il a été vu de Jacques, et puis de tous les Apôtres,

7. « *Ensuite il a été vu de Jacques.* » Cette apparition n'est mentionnée que dans l'Evangile apocryphe des Hébreux. Les Apôtres, du reste, ne se sont pas crus obligés de mentionner tous les cas où Jésus a pu se

montrer aux disciples pendant les quarante jours qu'il resta sur la terre après sa résurrection. — Ce Jacques paraît être le frère du Seigneur, l'auteur de l'Epître qui porte son nom, et celui que Paul rencontra à Jérusalem. (Gal. I, 19.) Il est probable que Paul, dans cette rencontre, lui fit part de la vision qu'il avait eue sur le chemin de Damas, et que Jacques lui aura raconté à son tour comment il avait vu le Seigneur après sa résurrection. C'est peut-être pour cette raison que l'Apôtre le mentionne ici particulièrement. § « *Et puis de tous les apôtres*. Peut-être dans la circonstance rapportée dans Jean XXI, 14. Peut être aussi Paul veut-il dire que durant quarante jours il a été vu fréquemment par les Apôtres.

8. Et après tous, il a été vu aussi de moi, comme d'un avorton.

8. « *Et après tous*, etc. » (*Voy.* Act. IX, 3-6.) Ce passage prouve que Paul avait bien vu Jésus-Christ personnellement, et non en imagination, sans quoi cela ne prouverait rien pour la résurrection du Seigneur. § « *Comme d'un avorton ;* » on ne retrouve pas ce mot ailleurs dans le Nouveau Testament. Il exprime le sentiment que Paul éprouvait de son indignité complète et de son infirmité naturelle. — Je ne crois pas qu'il se rapporte du tout, comme on l'a prétendu, à une infériorité que Paul ressentît relativement à ses collègues; ce n'est pas comparé aux autres apôtres que Paul se considérait comme un avorton ; c'était devant Dieu, quand il se souvenait de ce qu'il avait été autrefois.

9. Car je suis le moindre des apôtres, qui ne suis pas digne d'être appelé apôtre ; parce que j'ai persécuté l'Eglise de Dieu.

9. « *Car je suis*, etc. » Non pas à cause de quelque imperfection avec laquelle il remplît son ministère, mais à cause du grand calme de sa vie, et parce qu'il avait été d'abord un persécuteur. Paul ne l'oubliait jamais, et se sentait retenu dans l'humilité par ce souvenir. § « *Qui ne suis pas digne*, etc. » Tel devrait être toujours l'effet du souvenir d'une vie passée loin de Dieu pour ceux qui en sont faits les ministres. § « *parce que*, etc. » (*Voy.* Act. IX.) il est clair cependant que tout cela n'empêchait pas Paul d'être un témoin compétent pour les choses qu'il avait vues. Il se sent indigne, et se reconnaît tel ; mais il n'en a pas moins vu le Seigneur. Il se sentait appelé à témoigner de ce fait, et le fit jusqu'à la fin de sa vie avec un courage inébranlable. Il n'est pas d'homme que nous soyons plus portés à entendre avec bienveillance, que l'homme modeste et humble, quand il nous parle de faits qu'il a pu observer. Et c'est ainsi que l'humilité prêtait une force de plus au témoignage de Paul, et que cet apôtre pouvait avoir le sentiment que sa parole serait considérée à Corinthe.

10. Mais par la grâce de Dieu je suis ce que je suis ; et sa grâce envers moi n'a point été vaine ; mais j'ai travaillé beaucoup plus qu'eux tous : toutefois non point moi, mais la grâce de Dieu qui est avec moi.

10. « *Mais par la grâce de Dieu,* etc. » Rien n'est plus commun, dans les écrits de Paul, que la disposition à attribuer à Dieu tout ce qu'il possède, son zèle, ses succès, son espoir du salut, sa piété : et rien ne prouve, mieux que cette humilité, la profondeur de sa piété. La raison pour laquelle il introduit ce sujet ici semble être celle-ci : Il venait, tout-à-fait incidemment, de parler de lui : il n'avait pas tous les avantages qu'avaient eus les autres apôtres, et surtout il se souvenait qu'il avait été un persécuteur ; par conséquent, il se sentait d'autant plus obligé d'exprimer sa reconnaissance par un dévouement exemplaire. Et il dit ici qu'il lui a été donné de travailler plus qu'aucun autre. Ce que nous savons de sa vie, au reste, comparée à celle des autres apôtres, nous montre qu'il avait en effet le droit de tenir ce langage. § « *Toutefois non point moi,* etc. » Le fait est certain ; c'est que son ministère a été plus rempli qu'aucun autre : toutefois il ne voudrait pas se vanter, et il se rappelle que c'est à Dieu et non point à ses propres ressources, qu'il doit d'être ce qu'il est. C'est ainsi que tout homme qui aura eu des succès dans son ministère, saura les reconnaître et les apprécier, mais pour en rendre toute la gloire à Dieu qui les a préparés.

11. Soit donc moi, soit eux, nous prêchons ainsi, et vous l'avez cru ainsi.

11. « *Soit donc moi, soit donc eux :* » peu importe la personne de celui qui prêche ; la seule chose qui importe, c'est l'établissement de la vérité. § « *Nous prêchons ainsi,* » Le dessein de Paul est de montrer aux Corinthiens que tous les prédicateurs de l'Evangile annonçaient comme fondamentales les doctrines auxquelles il vient de faire allusion.

12. Or, si on prêche que Christ est ressuscité des morts, comment disent quelques-uns d'entre vous, qu'il n'y a point de résurrection des morts ?

12. « *Or,* etc. » Après avoir établi que Jésus est ressuscité, Paul avance dans la question, et va montrer que la résurrection finale est une conséquence de ce premier fait. § « *Si on prêche,* etc. » La pensée serait plus complète si on ajoutait, « et qu'on ait le droit de prêcher, comme un fait avéré. » § « *Quelques-uns d'entre vous.* » On ne sait pas qui étaient ces hommes, peut-être étaient-ce quelques Grecs qui tournaient en ridicule la doctrine de la résurrection (Act. xvii, 32), ou quelques Sadducéens ; mais je pense que ce refus de croire à cette doctrine provenait de l'influence de la philosophie, comme tant d'autres négations qui se sont depuis introduites dans l'Eglise. § « *Qu'il n'y a point de résurrection des morts.* » Si l'on admet que Christ est ressuscité, comment peut-on dire qu'il ne peut pas y avoir de résurrection ? La possibilité de la résurrection était établie par la plus irrécusable des preuves, celle d'un fait ; du moment où le fait s'était produit une fois, il pouvait se produire d'autres fois encore ; et en présence d'une démonstration de cette nature, Paul juge superflue toute discussion métaphysique tendant à établir ce qui était prouvé par le fait même. La doctrine de la résurrection repose donc, à nos yeux, sur une base aussi solide que

l'astronomie ou la physique, sur un fait bien constaté. Par conséquent, sans nous embarrasser de trouver le pourquoi et le comment, nous gardons en nous la conviction que peut produire un fait.

13. Car s'il n'y a point de résurrection des morts, Christ aussi n'est point ressuscité.

13. « *Car s'il n'y a point*, etc. » Si l'on tient pour impossible qu'un mort ressuscite, il faut nier aussi la résurrection de Jésus, car ce qui est impossible à l'égard des hommes devait l'être également pour Jésus. Or si vous niez la résurrection de Jésus, vous anéantissez Evangile, vous ruinez le fondement de vos espérances. Telle est la conséquence inévitable que Paul tire du rejet de cette doctrine.

14. Et si Christ n'est point ressuscité, notre prédication est donc vaine, et votre foi aussi est vaine.

14. « *Et si Christ*, etc. » Une autre conséquence à en déduire, c'est qu'il était parfaitement inutile que les Apôtres continuassent à prêcher, puisque la substance même de leur prédication c'était cette résurrection que l'on contestait. Le mot vain semble signifier ici, oiseux, inutile. § « *Et votre foi aussi est vaine :* » ce n'est pas la peine d'adopter une foi qui ne peut faire aucun bien, et qui se trouve fausse dans son essence même. C'était s'adresser à ce qu'il y avait de plus sensible en eux, puisqu'il leur montrait que l'abandon de cette doctrine entraînait la ruine de toutes leurs convictions et de leurs espérances.

15. Et même nous sommes des faux témoins de la part de Dieu : car nous avons rendu témoignage de la part de Dieu, qu'il a ressuscité Christ; lequel pourtant il n'a pas ressuscité, si les morts ne ressuscitent point.

15. « *Et même*, etc. » Il se trouvera que nous avons affirmé de Dieu des choses fausses, que nous avons déclaré qu'il a fait ce qu'il n'a pourtant pas fait. § « *Car nous avons rendu témoignage de la part de Dieu,* » ou plutôt, contre Dieu. C'eût été un crime de dire que Dieu avait ressuscité le Seigneur Jésus s'il ne l'avait pas fait, puisque c'était se servir de son nom pour appuyer une chose fausse et même une religion fondée sur l'imposture. § « *Si les morts ne ressuscitent pas,* » s'il n'y a pas de résurrection possible. Le sens de ce verset est clair : si l'on nie la résurrection de Christ, les Apôtres ont été de faux témoins, et ils trompaient quand ils se disaient envoyés de Dieu. Mais Paul semble ne pas admettre que les Corinthiens pussent avoir une telle pensée. Ils avaient vu les Apôtres à l'œuvre ; ils connaissaient leur dévouement, leur piété, la sincérité avec laquelle ils s'étaient consacrés à Dieu, et dès lors ils ne pouvaient pas être accusés de faux témoignage, quand ils affirmaient que Dieu avait ressuscité Jésus.

16. Car si les morts ne ressuscitent point, Christ aussi n'est point ressuscité.

16. « *Car*, etc. » c'est la répétition du verset 13. Cette vérité était trop importante pour que Paul craingnît de la répéter.

17. Et si Christ n'est point ressuscité, votre foi est vaine, et vous êtes encore dans vos péchés.

17. « *Votre foi est vaine* » (vers. 14). § « *Vous êtes encore dans vos péchés.* » Le pardon des péchés est intimement lié à la foi au Seigneur Jésus, et la foi en lui est impossible sans sa résurrection. L'Apôtre, dans ce verset, fait appel à l'expérience chrétienne des Corinthiens. Vous croyez, leur dit-il, que vos péchés vous sont pardonnés, et vous êtes attachés de cœur à cette foi : vous ne pouvez donc pas admettre une doctrine qui la renverse. Vous avez encore le sentiment que vous n'êtes plus sous la domination du péché, que vous vous en êtes repentis, que votre vie est désormais « sainte à l'Eternel : » mais cela aussi, ce changement dans votre vie est dans le rapport le plus étroit avec la doctrine de la résurrection du Seigneur Jésus. Et comme cette doctrine vous a donné la force de vaincre le péché, vous devez la croire vraie, et admettre, par conséquent, que d'autres que Jésus pourront aussi ressusciter. — Cet argument n'a rien perdu de sa force aujourd'hui, et l'on peut dire encore que, dans un sens très-réel, tout chrétien fidèle est un témoin de la résurrection de Jésus, une preuve vivante que l'Evangile est vrai, puisqu'il produit de tels changements dans les cœurs; et si l'Evangile est vrai, Jésus-Christ est ressuscité des morts.

18. Ceux donc aussi qui dorment en Christ, sont péris !

18. « *Ceux donc aussi qui dorment en Christ* (Note vers. 6; I Thess. IV, 15). § « *Sont péris.* » Ils avaient fondé leur assurance sur le Seigneur Jésus; mais s'il en est ainsi que vous le prétendez, leur attente est vaine, et ils ont péri pour toujours. Encore ici Paul fait appel aux sentiments des Corinthiens : « Pouvez-vous croire que ces amis, ces frères que vous avez vus mourir dans la foi chrétienne, soient perdus sans retour et sans espérance ? Et si vous ne le pouvez pas, si vous croyez au contraire qu'ils seront sauvés, vous êtes bien obligés de croire à la résurrection. »—Et en effet, c'est là une observation qui conservera toujours une grande force. Nous voyons des multitudes d'hommes qui, par la foi en la résurrection de Christ, sont devenus humbles, pieux, serviteurs de Dieu, hommes de prière; faut-il croire qu'ils sont réservés au même sort qui attend les libertins, les impies, les hommes souillés? Oui, il y a un système qui enseigne qu'on n'a rien à espérer après cette vie, et que, quand on a mis dans leur tombeau un père, une mère, un enfant, un ami, on les y a mis tout entiers. Mais un tel système frappe au cœur le bonheur de l'homme, en flétrissant toutes ses plus nobles espérances ; peut-on croire qu'il vienne de Dieu ; et ne faut-il pas croire plutôt que c'est le christianisme qui vient de Dieu, lui qui fait régner la sainteté dans les âmes ?

19. Si nous n'avons d'espérance en Christ que pour cette vie seulement, nous sommes les plus misérables de tous les hommes.

19. « *Si nous n'avons*, etc. » Si notre espérance de la résurrection doit être déçue. § « *Nous sommes*, etc. » Quelques-uns ont pensé que Paul,

dans ces mots, avait particulièrement en vue les Apôtres, qui, après avoir beaucoup souffert pour propager la foi chrétienne, se trouveraient avoir travaillé pour rien. Mais rien n'autorise une restriction semblable; Paul n'avait pas parlé des Apôtres dans les versets qui précèdent, et son argumentation demande au contraire qu'on applique cette proposition d'une manière générale à tous les chrétiens. C'est qu'en effet, bien qu'ils trouvent encore du bonheur dans la religion en elle-même, dans l'amour de Dieu, dans la paix de l'amour de Dieu, dans la paix de leur conscience, les chrétiens seraient les plus à plaindre d'entre les hommes, si on venait à leur enlever la foi en la résurrection. Ils le seraient pour plusieurs raisons : 1° plus leurs espérances avaient été élevées, plus leur désappointement serait amer ; or quelle espérance peut-on supposer de plus élevée que celle de la résurrection ; 2° leur religion les exposait à des dangers, à des persécutions, à des privations sans nombre, qu'ils acceptaient volontiers par amour pour cette religion elle-même, et en considération de ses promesses ; mais si ces promesses devenaient illusoires, ils se trouveraient, avoir fait des sacrifices sans aucune compensation. Ils auraient renoncé au monde, à tous les plaisirs qu'on y peut chercher, ils se seraient imposé des sacrifices pénibles ; et après tout, ils n'obtiendraient pas de récompense dans l'autre monde : ainsi, vie de sacrifices ici-bas, et déception cruelle à la fin, n'y a-t-il pas là de quoi rendre digne de pitié la condition des chrétiens, s'il n'y a pas de résurrection? Or c'était là, Paul le savait bien, une conclusion que les Corinthiens repousseraient ; ils ne pouvaient pas admettre que les chrétiens fussent les plus malheureux des hommes : c'était dire qu'au fond ils ne pouvaient pas se dispenser de croire à la résurrection.

20. Mais maintenant Christ est ressuscité des morts, et il a été fait les prémices de ceux qui dorment.

20. « *Mais maintenant*, etc. » Il semble que l'on voie ici l'impatience d'un homme fatigué de répondre à des objections sans valeur, et qui a hâte d'arriver au but en affirmant, avec une assurance triomphante, que Christ est ressuscité des morts. Il faut remarquer la force du mot *maintenant* dans ce passage ; c'est comme si Paul avait dit : « Je vous ai montré les conséquences de la doctrine qui nie la résurrection de Jésus ; le christianisme renversé, vos espérances ruinées, vos amis anéantis pour toujours, vos péchés non pardonnés, etc. ; mais tout cela n'était qu'une supposition. Le fait est hors de doute, c'est que Christ est ressuscité. § « *Et il a été fait*, etc. » Les prémices ; le mot grec ici employé se retrouve dans les passages suivants du Nouveau Testament : Rom. VIII, 23 (*Voy.* Note sur ce passage) ; XI, 16 ; XVI, 5 ; I Cor. XV, 23 ; XVI, 15 ; Jacq. I, 18 ; Apoc. XIV, 4. Il désignait habituellement, dans l'Ancien Testament, les premiers fruits qui devaient être offerts à l'Eternel, ou aussi une portion qu'on présentait comme le gage d'une portion plus considérable, ou des arrhes. C'est dans ce dernier sens que Paul le prend ici ; non pas que Christ fût absolument le premier qui fût ressuscité ; mais sa résurrection avait une valeur, une signification, une importance qui lui donnaient une relation essentielle avec la résurrection des autres hommes. Dans ce sens, il était bien comme

les prémices de la moisson ; et sa victoire sur la mort était le gage et la démonstration de la résurrection de tous les hommes. Sans doute, d'autres hommes avaient été déjà ressuscités, le fils de la veuve, Lazare, etc.; mais la mort les avait atteints de nouveau, tandis que ceux qu'il ressuscitera au dernier jour ne mourront plus. Peut-être y a-t-il ici cette idée encore, que, comme l'offrande des prémices de la moisson faisait regarder la moisson tout entière comme consacrée à Dieu, de même la résurrection du Seigneur Jésus était comme une consécration de tous ceux qui lui appartenaient. § « *De ceux qui dorment.* » (Voy. Note vers. 6.)

21. Car puisque la mort est par un *seul* homme, la résurrection des morts est aussi par un *seul* homme.

21. « *Car puisque*, etc. » Le sens est évidemment que c'est le péché qui a introduit la mort dans le monde ; que s'il n'y avait pas eu de péché, les hommes seraient restés immortels sur la terre, ou auraient été transportés dans le ciel, comme Enoch et Elie, sans passer par la mort. Le mot « un seul homme » désigne évidemment Adam, mais l'idée que Paul veut relever ici, c'est que ce fut par un homme, par un membre de la race humaine, que la mort fut introduite dans le monde, et que ce devait également être un homme qui détruisît l'empire de la mort. § « *Aussi par un homme.* » Par le Fils de Dieu, revêtu de la nature humaine ; c'est par lui qu'est venue la résurrection des morts, puisque c'est lui qui a proclamé cette doctrine, qui l'a assise sur une base solide et confirmée par sa propre résurrection, élevant ainsi la nature humaine à une dignité supérieure à celle qu'elle avait avant la chute.

22. Car comme tous meurent en Adam, de même aussi tous seront vivifiés en Christ.

22. « *Car comme tous meurent.* » On a voulu prouver par ce passage que l'humanité est devenue pécheresse en Adam; mais c'est bien gratuitement selon nous. Quelle que soit la vérité de cette doctrine, en effet, ce n'est pas de cela qu'il s'agit en ce passage. Paul ne parle ici absolument que de la mort temporelle, qu'il oppose à la résurrection ; tout le contexte l'indique; et s'il est une règle importante dans l'interprétation de la Bible, c'est celle de déterminer exactement la portée d'un passage, pour bien comprendre les expressions qui y sont employées. Or l'Apôtre parle ici de la mort qui est venue dans le monde par le péché d'Adam, et qui a été vaincue par la résurrection de Christ. L'idée qu'on cherche à établir par ce passage se trouve développée dans Rom. v, où Paul veut prouver que tous les maux résultant du péché d'Adam trouvent un remède dans l'œuvre de Jésus-Christ. Mais il n'est pas question de cela dans notre verset. — D'ailleurs, si le mot de « mourir, » dans ce passage, devait s'entendre dans un sens spirituel de la mort de l'âme et du péché, le mot de « vivifier » qui lui est parallèle dans ce même verset, devrait absolument s'entendre aussi d'une manière spirituelle; tous les hommes seraient donc sanctifiés en Christ, et la doctrine du rétablissement final et du salut de tous les hommes serait mise par là au-dessus de toute contestation. Or, s'il est vrai que tous

seront ressuscités, il ne l'est pas également que tous seront sauvés. L'objet exact de ce passage est donc de prouver que la résurrection de Christ supprime et détruit l'un des effets du péché d'Adam, savoir, la mort. § « *En Adam,* » par son fait, des suites de son péché. La sentence prononcée contre lui devait avoir son application inévitable à tous ses descendants sans exception (Gen. III, 19) : celle qui l'assujettissait à travailler à la sueur de son front, de même que celle qui fut prononcée contre Eve (Gen. III, 16) s'est également appliquée à toutes les femmes après elle. (*Voy.* Notes Rom. V, 12-19.) § « *De même aussi.* » Il n'y a pas seulement égalité dans la certitude du fait, mais aussi dans la manière dont il aura lieu. § « *Tous seront vivifiés ;* » ressuscités d'entre les morts. Ce mot est comme la contre-partie de celui de « mourir » employé dans le membre de phrase précédent : ce sont deux termes corrélatifs, et le sens de l'un doit être determiné par celui de l'autre. § « *En Christ;* » par la vertu de sa mort et de sa résurrection. Plusieurs commentateurs ont pensé que le mot « tous » (tous seront vivifiés) s'appliquait uniquement aux croyants, à ceux qui sont dans l'alliance de Christ, comme, dans le premier membre de phrase, il s'appliquait à ceux qui font partie de la race d'Adam. Mais, d'abord, cette explication a contre elle de n'être pas naturelle ; elle a un caractère théologique qui la rend plus ou moins suspecte, et que ne lui aurait pas donné la grande masse des lecteurs. En outre, elle est en contradiction avec des passages, comme Dan. XII, 2, et Jean V, 28 et 29, où l'on voit que les méchants ressusciteront aussi bien que les bons. Enfin le raisonnement de l'Apôtre n'admet pas du tout cette explication; il veut montrer qu'un mal spécial résultant du péché d'Adam, la mort, a été combattu et vaincu par Jésus-Christ ; or l'argument ne serait ni complet ni décisif, si une partie seulement des hommes ressusciterait, tandis que tous passent par la mort. Pour que l'argument soit complet, il faut que le sceptre de la mort ait été brisé, et qu'elle rende jusqu'à la dernière toutes les victimes qu'elle a faites.

23. Mais chacun en son rang : les prémices, *c'est* Christ; puis ceux qui sont de Christ, *seront vivifiés* en son avénement.

23. « *Mais chacun ;* » Christ aussi bien que les autres. § « *A son rang.* » Le dessein de l'Apôtre était probablement de combattre l'idée que la résurrection fût déjà passée; c'est pour cela qu'il dit, chacun en son rang, chacun à son moment, quand il sera appelé : Christ d'abord, puisque sa dignité lui assure le premier rang, qu'il est notre chef, et que notre résurrection dépend de la sienne, et les autres après lui, au temps qu'il jugera convenable. § « *Les prémices.* » (*Voy.* Note sur vers. 20.) § « *Ceux qui sont de Christ.* » L'Apôtre ne mentionne ici que les vrais chrétiens, tandis qu'au vers. 22 il étend à tous les hommes indistinctement la doctrine de la résurrection ; c'est parce que les chrétiens seuls peuvent trouver leur consolation dans cette doctrine, et que c'est à eux qu'il s'adresse dans ce moment. § « *En son avènement :* » quand il viendra pour juger le monde et recueillir les siens. Ce passage prouve que les morts ne ressusciteront pas avant le retour de Christ (*Voy.*

Matth. xxv), et renverse l'opinion de ceux qui s'imaginaient que la résurrection était déjà passée. (*Voy.* II Tim. II, 18.)

24. Et après viendra la fin, quand il aura remis le royaume à Dieu le Père, et quand il aura aboli tout empire, et toute puissance, et toute force.

24. « *Et après viendra la fin.* » Le sens est plutôt « ce sera alors la fin : » le mot « fin » marque proprement une limite, puis l'accomplissement d'une chose; c'est donc cet évènement même qui sera la fin; le grand œuvre de la rédemption sera achevé; les enfants de Dieu seront complètement rétablis, et la conduite de l'univers appartiendra de nouveau au Père, comme avant l'incarnation du Rédempteur.—On a quelquefois traduit ce mot, « la fin, » par « le reste, » ceux des morts qui « ne sont pas de Christ; » mais c'est une interprétation forcée; il représente ici la fin des choses humaines, des royaumes de la terre, la consommation de l'œuvre de Jésus-Christ, et le gouvernement du monde rendu au Père. § « *Quand il aura remis.* » Quand il aura rendu le dépôt qui lui avait été commis. Nous voyons par ce passage: 1° que le Seigneur Jésus avait été investi par son Père de l'office de médiateur (*Voy.* Note Matth. XVIII,18); 2° qu'il s'était acquitté de cet office; et 3° qu'il se prépare à rendre à Dieu la puissance qu'il avait reçue pour l'exécution de ce dessein. Une fois l'œuvre de la médiation accomplie, une fois l'Eglise délivrée du mal et introduite dans la gloire, il n'y aura plus lieu à cet arrangement particulier que le péché avait rendu nécessaire. Un gouverneur est chargé par son souverain d'aller ramener sous ses lois une province de son empire; il reçoit, pour cette mission, des pouvoirs extraordinaires; puis, sa tâche remplie, il abdique entre les mains de son maître l'autorité dont il avait été investie pour la circonstance. C'est ainsi que, son œuvre de rédemption achevée, le Fils remet ses pouvoirs au Père. Non pas, sans doute, que la seconde personne de la Trinité cesse d'exercer tout gouvernement. Jésus-Christ conserve encore la part, quelle qu'elle soit, qu'il avait avant son incarnation, dans l'administration du monde, en y ajoutant la gloire d'avoir racheté son Eglise du péché; mais il a renoncé au pouvoir qu'il avait revêtu pour un temps en sa qualité de médiateur. § « *Le royaume.* » Ce mot désigne souvent, dans le Nouveau Testament, le règne du Messie, ou la domination que Dieu exerce par lui. (*Voy.* Note Matth. III, 2.) Ici, il désigne d'une manière générale le pouvoir, la domination, la souveraineté. Dieu régnera, non pas par l'intermédiaire du Rédempteur, mais directement, par lui-même. § « *A Dieu,* » à Dieu, en tant que Dieu, et non plus en tant que médiateur. § « *Le Père.* » Ce mot est appliqué à Dieu, dans l'Ecriture, dans deux sens différents; il le présente, tantôt comme la première personne de la Trinité, tantôt d'une manière générale comme le Père de tous, et de tout ce qui existe. C'est dans ce dernier sens qu'il faut, je pense, le prendre ici; une fois l'œuvre de la rédemption terminée, le pouvoir revient naturellement au Dieu suprême, à Celui qui a créé et qui conserve tout ce qui existe. (*Comp.* Note vers. 28.) § « *Quand il aura,* etc. » Les mots « empire, puissance, force, » semblent être ici des termes généraux pour désigner tout ce qui, dans les royaumes ou les institutions de la

terre ou dans le cœur de l'homme, fait obstacle au développement, à la réalisation du royaume de Dieu, le péché, l'erreur, la mort, les puissances de l'enfer, etc. Voici, du reste, quelques remarques du professeur Bush, qui nous semblent pouvoir jeter quelque jour sur ce difficile passage. « Si l'on admet, dit-il, que le *royaume* mentionné dans ce verset comme devant être remis au Père, n'est pas le royaume de Christ proprement dit, mais la domination universelle et le renversement de tous les pouvoirs qui font obstacle au Père — et cette idée est favorisée par le verset 25 — le verset qui nous occupe en ce moment exprime identiquement la pensée qui se retrouve dans Apoc. XI, 15 : « Le septième « ange donc sonna de la trompette, et il se fit entendre dans le ciel de « grandes voix qui disaient : les royaumes du monde sont soumis à « notre Seigneur et à son Christ, et il régnera au siècle des siècles. » Nous croyons donc qu'il s'agit ici d'un changement qui enlèvera les royaumes de ce monde à leurs possesseurs actuels, despotiques et antichrétiens, pour les soumettre à la domination éternelle de Jésus-Christ. Dès lors, le passage entier pourrait être lu de la manière suivante : « Ce « sera alors la fin, c'est-à-dire, la consommation, l'accomplissement « des desseins de Dieu à l'égard de ce monde, le moment annoncé par « les Ecritures, où tous les pouvoirs hostiles à Dieu reconnaîtront son « souverain empire. »

25. Car il faut qu'il règne jusques à ce qu'il ait mis tous ses ennemis sous ses pieds.

25. « *Car il faut qu'il règne*, etc. » (Ps. II, 6-11, et Ps. CX, 1; *Comp.* av. Matth. XXII, 44-45.) Il est probable que Paul avait ces passages en vue quand il écrivait ces mots. Le sens est, il faut que le règne du Médiateur continue jusqu'à ce que son œuvre soit entièrement accomplie.

26. L'ennemi qui sera détruit le dernier, c'est la mort.

26. « *L'ennemi qui sera*, etc. » L'Evangile aura subjugué les oppositions du cœur humain, brisé le sceptre de Satan, et confondu toutes les religions fausses; il ne restera plus à vaincre qu'un seul ennemi, la mort. Mais cet ennemi sera détruit par la résurrection, et il le sera de deux manières : 1° la résurrection sera un triomphe de fait sur la mort, qui devra reconnaître en elle son vainqueur; 2° le règne de la mort aura cessé; personne ne mourra plus; les effets du péché seront ainsi arrêtés, et le royaume de Dieu sera rétabli.

27. Car *Dieu* a assujetti toutes choses sous ses pieds. Or, quand il est dit que toutes choses lui sont assujetties, il est évident que celui qui lui a assujetti toutes choses est excepté.

27. « *Car Dieu a assujetti*, » par ses promesses, et dans ses desseins. § « *Toutes choses sous ses pieds.* » Dieu l'a fait pour être le maître de toutes choses. (*Comp.* Matth. XXVIII, 18; Eph. I, 20-22.) Il est évident que Paul fait allusion ici à quelque promesse, à quelque prédiction concernant le Messie, quoiqu'il n'indique pas le passage qu'il cite. On trouve dans Ps. VIII, 6, appliqués à l'homme les mots que l'Apôtre emploie ici

pour Jésus-Christ ; aussi s'est-on demandé si ce psaume était messianique ou non. Mais il n'est pas nécessaire de supposer que dans la pensée de Paul, ce psaume se rapportait spécialement au Messie. Sa pensée est, que Dieu veut lui assujettir toutes choses ; et il se sert, pour l'exprimer, de quelques mots que lui fournit un psaume. — Il pourrait se faire d'ailleurs, que, sans se rapporter directement au Messie, le psaume 8 le concernât aussi, comme ayant revêtu la nature humaine. Toutes choses, y est-il dit, sont assujetties à la nature humaine : mais cela devait être vrai, plus encore du Messie que d'aucun autre homme. Ce n'est que dans le Messie que nous voyons se réaliser parfaitement cette parole : partout ailleurs, nous voyons que le contrôle de l'homme sur la nature est toujours, malgré ses conquêtes incessantes, incomplet et fragmentaire. Et comme ce psaume, pourtant, devait être littéralement vrai, il ne pouvait se réaliser complètement que dans la personne de Jésus-Christ. (*Comp.* Hébr. II, 6-9.) § « *Or quand il est dit*, etc. » Quand cette promesse est faite au sujet du Messie. § « *Il est évident*, » etc. » Paul semble avoir fait cette remarque : 1° pour éviter que les Grecs fissent aucun rapprochement injurieux au christianisme, en rappelant leur Jupiter, qui détrôna son père Saturne ; 2° pour prévenir toute supposition qui aurait fait le Fils supérieur au Père ; et la réserve dont l'Apôtre use ici nous montre que, quand l'œuvre de la médiation sera accomplie, le Père reprendra l'autorité qu'il exerçait avant l'incarnation. 3° Cette restriction a peut-être pour objet de donner à la pensée, à ce mot « toutes choses, » plus d'énergie encore, en montrant que, dans l'univers entier, il n'y avait que Dieu seul qui ne dût pas lui être soumis.

28. Et après que toutes choses lui auront été assujetties, alors aussi le Fils lui-même sera assujetti à celui qui lui a assujetti toutes choses ; afin que Dieu soit tout en tous.

28. « *Et après que.* » Ces mots impliquent évidemment que les événements dont il s'agit ne sont pas encore arrivés, malgré l'opinion que s'étaient formée quelques chrétiens de Corinthe. Paul anticipe sur cette époque, et se place dans ce moment au point de vue de l'avenir. § « *Alors aussi le fils lui-même.* » On a proposé de traduire « et *même alors* le Fils, etc. : » le sens serait que Jésus-Christ n'avait pas cessé un seul moment d'être soumis à Dieu, et que cet assujettissement continuerait *même alors* dans les mêmes conditions ; que Christ exercerait toujours la même autorité déléguée sur son peuple et dans son royaume. Mais cette explication soulève plusieurs objections : 1° elle est en désaccord avec celle qui a été adoptée dans tous les temps ; et il est difficile de croire que tout le monde se soit trompé jusqu'ici dans l'interprétation d'un passage ; 2° elle ne convient pas à la marche du raisonnement de l'Apôtre, qui fait évidemment allusion à quelque changement qui devait se produire dans l'exercice de l'autorité suprême ; 3° il n'est pas nécessaire d'admettre cette explication, pour concilier ce passage avec les prophéties qui assurent au règne de Christ une durée éternelle. (*Voy.* II Sam. VII, 16 ; Ps. XLV, 6 ; Es. IX. 6-7 ; Dan. II, 44 ; Luc. I, 32-33.) (*a*) Ce royaume en effet sera éternel, tandis que ceux

de la terre sont soumis à ces changements incessants. (b) Il sera éternel, parce que ceux qui reconnaîtront les lois de Dieu, y demeureront toujours fidèles. (c) Christ, en tant que Dieu, ne cessera jamais de régner. Son office de médiateur sera accompli quand l'Eglise sera entrée dans la gloire : mais en tant qu'il est un avec le Père, et lui-même appelé « Père d'éternité » (Es. IX, 6), il régnera toujours, même après avoir déposé l'autorité particulière dont il a été investi pour un temps. § « *Le fils lui-même.* » Le terme de Fils de Dieu ne s'applique à Jésus-Christ que par rapport à sa nature humaine, à son incarnation par le Saint-Esprit, et à sa résurrection d'entre les morts. (*Voy.* Note Rom. I, 4.) C'est dans ce sens qu'il faut le prendre ici : ce n'est pas la seconde personne de la Trinité, comme telle, qui sera assujettie à la première : c'est le Médiateur, c'est l'homme à qui cette dignité avait été commise, qui rendra le gouvernement à Dieu. Comme Dieu, il régnera ; comme homme, il n'exercera plus aucune domination distincte. Ce n'est pas à dire, évidemment, que l'union de la nature humaine et de la nature divine sera dissoute, ou que cette union ne puisse encore amener des résultats importants dans l'éternité ; mais le règne du médiateur passera dans les mains de Dieu. Les rachetés adoreront encore leur Rédempteur comme leur Dieu incarné (Apoc. I, 5-6 ; XI, 15), mais non comme exerçant encore le pouvoir qui a été nécessaire pour accomplir leur rédemption. § « *Afin que Dieu soit tout en tous.* » Afin qu'on puisse voir que Dieu règne en souverain sur l'univers entier. Je pense que par ce mot de Dieu, il faut entendre la Divinité dans les trois personnes qui la composent, c'est-à-dire la Trinité.

29. Autrement que feront ceux qui sont baptisés pour les morts, si absolument les morts ne ressuscitent point ? Pourquoi donc sont-ils baptisés pour les morts ?

29. « *Autrement que feront ceux*, etc. » L'Apôtre reprend ici la discussion qu'il avait interrompue au verset 19, relativement aux conséquences qu'entraînerait l'abandon de la doctrine de la résurrection. Il est possible qu'il fasse allusion, dans ce verset, à quelque coutume dont nous avons absolument perdu la trace : dans tous les cas, pour donner une idée de l'embarras qu'il a causé aux commentateurs, nous allons présenter quelques-unes des interprétations qu'on a proposées : 1° on a dit que le pluriel a été mis ici, comme il l'est quelquefois, pour le singulier, et que le mort dont il était ici question, c'était le Messie ; 2° d'autres ont dit que le mot *baptiser* devait être pris dans le sens de *purifier, nettoyer*, comme dans Marc VII, 4 ; Hébr. IX, 10 ; et le sens serait que les morts étaient lavés avec soin avant d'être ensevelis, dans l'attente de la résurrection ; 3° d'autres, que baptisés pour les morts voulait dire, baptisés *comme* morts, c'est-à-dire ensevelis avec Christ par le baptême, et regardés comme morts par cette immersion ; 4° d'autres, que Paul fait allusion à une sorte de baptême par substitution, où, quand une personne était morte sans avoir été baptisée, une autre l'était à sa place, sur le corps même du défunt. C'était, entr'autres, l'opinion de Tertullien et d'Ambroise. Mais cet usage, qui a régné en effet dans l'Eglise, n'y a été admis qu'après Paul, et probablement par

suite d'une fausse interprétation donnée à ce passage. On ne peut pas croire que l'Apôtre eût voulu fonder sa démonstration sur un usage aussi insensé et aussi contraire à l'Ecriture. Et d'ailleurs, s'il avait eu cette coutume en vue quand il écrivait ces mots, il aurait dit que deviendront (non pas ceux qui sont baptisés, mais) ceux pour qui d'autres sont baptisés? 5° Il reste encore deux opinions assez plausibles, dont l'une est probablement la vraie.

D'après la première, le mot de baptisés signifierait ici, comme dans Matth. XX, 22-23, et Luc. XII, 50, « accablés de souffrances », et s'appliquerait aux Apôtres. Voici quel serait alors le raisonnement de Paul : « Nous, apôtres, et en général nous, chrétiens, sommes exposés à des dangers et à des souffrances de toute nature pour les morts, c'est-à-dire pour notre foi en la doctrine de la résurrection des morts. Si donc notre foi à cet égard est sans fondement, il se trouvera que nous avons souffert en vain, et que Dieu nous a plongés dans toutes ces tribulations sans que nous ayons aucune compensation à attendre. Et pouvez-vous croire qu'il en soit ainsi? » — Cette opinion convient assez bien à la suite des pensées de l'Apôtre, et peut, à la rigueur, se justifier au point de vue grammatical; cependant il faut dire : 1° que le mot de *baptiser* n'a pas en général le sens qu'on lui donne pour ce passage, et qu'on ne doit pas, sans nécessité, lui enlever sa signification naturelle; 2° que le sens littéral du mot répond aussi bien que le sens figuré à cette interprétation; 3° qu'on ne lève pas, par ce moyen, la difficulté des mots « pour les morts; » 4° enfin, il aurait été beaucoup plus naturel, pour l'Apôtre, d'en appeler au baptême de tous les chrétiens, d'une manière générale, plutôt qu'au baptême d'un petit nombre qui couraient le risque du martyre.

La seconde opinion, la seule admissible, à notre avis, et qui se recommande par sa simplicité, est celle qui, laissant au mot baptiser sa signification ordinaire, traduit les mots « pour les morts » par, « en vue de la résurrection. » L'Apôtre dirait alors aux Corinthiens : « nous tous, chrétiens, avons été baptisés à cause de notre foi en l'Evangile; mais l'un des éléments essentiels de l'Evangile, c'est la doctrine de la résurrection. Nier cette doctrine, c'est renverser la foi chrétienne. Que deviendrions-nous donc, » nous tous qui avons été baptisés pour cette foi, si on ruine ainsi nos espérances? Pouvez-vous penser que nous soyons destinés à périr? Et si vous ne le pensez pas, vous êtes obligés d'admettre la doctrine que je défends auprès de vous. Il est évident qu'il y a une ellipse dans la phrase; il y a un mot à sous-entendre, et il nous semble qu'on lève la difficulté en disant, « baptisés pour notre foi en la résurrection des morts. » Doddridge, qui traduit par, baptisés à la place des morts, ajoute le commentaire suivant : les morts, ceux qui ont livré leur vie pour la cause de Christ, sont immédiatement remplacés par de nouveaux frères, comme, dans les rangs d'une armée, la place laissée vide par la mort d'un soldat est immédiatement occupée par un autre.

30. Pourquoi aussi sommes-nous en danger à toute heure!

30. « *Pourquoi aussi*, etc. » Paul avait plus que tout autre le droit de parler de ces dangers de toutes les heures. (*Comp.* II Cor. XI, 26.) Il n'avait d'autre objet, en endurant tous ces combats, que de propager les véri-

tés qui se liaient à cette glorieuse doctrine ; et si sa foi à cet égard n'avait été sûre d'elle-même, et sa conviction bien profonde, il ne se serait pas condamné aux fatigues continuelles de son ministère.

31. Par notre gloire que j'ai en notre Seigneur Jésus-Christ, je meurs de jour en jour.

31. « *Par notre gloire*, etc. » Plusieurs manuscrits portent, par *votre* gloire, et c'est sans doute la leçon la plus correcte. Le sens est probablement celui-ci : « Je proteste solennellement, au nom de la glorieuse espérance que j'ai de votre salut. » Il trouvait une joie profonde dans la pensée que son travail au milieu d'eux ne serait pas vain, et qu'ils seraient sauvés. C'était à ses yeux un fait certain ; mais un fait qui ne l'était pas moins, c'est qu'il mourait de jour en jour. — Chacun prête serment par les objets qui lui tiennent le plus à cœur ; on voit, par la formule que Paul emploie ici, de quel côté se portait le grand intérêt de sa vie. § « *Que j'ai en notre Seigneur Jésus-Christ.* » C'était seulement par la grâce de Jésus-Christ que Paul pouvait entretenir à leur égard cette glorieuse espérance. § « *Je meurs de jour en jour.* » (*Comp.* Rom. VIII, 36.) Les travaux que j'endure peuvent être comparés à une mort continuelle et dans un sens plus réel, ma vie même est constamment en danger. Allusion très-probable aux difficultés qu'il rencontrait à Ephèse dans le temps même où il écrivait cette lettre aux Corinthiens, et nouvelle preuve de la foi ardente avec laquelle il avait embrassé la doctrine de la résurrection.

32. Si j'ai combattu contre les bêtes à Ephèse par des vues humaines, quel profit en ai-je si les morts ne ressuscitent point ? Mangeons et buvons : car demain nous mourrons.

32. « *Si j'ai combattu contre les bêtes à Ephèse par des vues humaines.* » Ces derniers mots ont donné lieu à un grand nombre d'interprétations différentes. On a proposé, ou bien, si j'ai combattu, en suivant les principes des hommes ordinaires, c'est-à-dire, sans songer à la vie à venir ; ou bien, si j'ai lutté contre des adversaires que je pourrais, en parlant comme les hommes, comparer à des bêtes féroces ; ou bien, s'il m'est permis de parler, comme le font les hommes, d'évènements qui me concernent personnellement ; ou bien, si autant qu'il dépendait des hommes, j'ai été sur le point d'être livré aux bêtes, par les cris de la multitude soulevée contre moi (c'est l'opinion de Chrysostôme) ; ou bien, si j'ai eu, en effet, à combattre les bêtes féroces, etc. D'autres veulent voir dans ces mots, comme une formule de supposition : si, pour faire une supposition, j'avais eu, etc.

Nous pensons que les remarques suivantes pourront jeter quelque jour sur l'ensemble du passage.

1. Paul parle d'un fait réel qui s'est passé à Ephèse ; cela est évident ; il n'y a pas moyen d'admettre qu'il fasse ici une supposition. 2. Il s'agit d'un cas où sa vie avait été mise en un tel danger, qu'il considérait sa délivrance comme très-remarquable. (*Comp.* II Cor. I, 8-10.) 3. La coutume des Romains, de faire combattre contre des bêtes féroces les cri-

minels qu'ils avaient condamnés à mort, s'était répandue dans tout l'Orient. 4. L'interprétation la plus naturelle de ce passage est de supposer que Paul a eu, en effet, à soutenir un combat de cette nature à Ephèse. 5. L'état de choses qui régnait dans cette ville pendant le séjour de Paul permet aisément d'admettre que l'Apôtre ait été soumis à une semblable épreuve. 6. Le silence du livre des Actes à ce sujet ne prouve rien contre la réalité du fait. Nous n'avons aucune raison pour supposer que Luc ait voulu nous faire connaître tous les faits de la vie de Paul. Nous voyons plutôt par II Cor. XI, 24-27, que l'Apôtre courut de nombreux dangers que son historien ne rapporte pas ; et de plus, pendant le long séjour de Paul à Ephèse, il dût se passer beaucoup d'événements qui ne sont pas mentionnés dans Actes XIX. Il en est de même du passage auquel nous venons de renvoyer (II Cor. XI), où Paul exprime d'une manière générale les dangers auxquels il avait été exposé, sans entrer dans tous les détails. — *Voy.* aussi II Cor. XI, 23, « en danger de mort plusieurs fois. » 7. Les mots « par des vues humaines », peuvent signifier que sans une intervention toute particulière de Dieu, il allait devenir la proie des bêtes féroces. C'est là, je crois, la seule explication conforme au texte et à l'ensemble du raisonnement. § « *Quel profit en ai-je ?* » (*Voy.* Note vers. 19.) § « *Mangeons et buvons :* » paroles empruntées à Es. XXII, 13, où elles marquent le désespoir ou l'affaissement moral des Juifs qui ne croyaient pas possible de défendre Jérusalem contre les Assyriens. De même les hommes peuvent bien dire, s'il n'y a pas d'avenir pour nous au-delà du tombeau, à quoi bon nous soumettre dans ce monde à des privations et à des peines ? Jouissons plutôt de la vie, prenons du plaisir, mangeons et buvons, car dans quelques jours tout va être fini pour nous.

33. Ne soyez point séduits : les mauvaises compagnies corrompent les bonnes mœurs.

33. « *Ne soyez point séduits.* » Il y avait probablement dans la subtilité avec laquelle les faux docteurs de Corinthe présentaient leurs arguments contre la doctrine de la résurrection, et peut-être aussi, dans la propension des Corinthiens eux-mêmes pour des discussions abstraites, de quoi légitimer cette exhortation de l'Apôtre ; ne vous laissez point entraîner par des raisonnements captieux. § « *Les mauvaises compagnies,* etc. » Citation de Ménandre, un des auteurs comiques les plus célèbres d'Athènes. On voit par là que Paul était, jusqu'à un certain point du moins, versé dans la littérature grecque. (*Comp.* Note Actes XVII, 28.) Peut-être fait-il cette citation avec l'intention de prévenir en sa faveur l'esprit de ces Grecs de Corinthe, en leur montrant qu'il sait apprécier ce qu'il y a de vrai dans leurs auteurs. Ces mots nous apprennent : 1° qu'il y avait à Corinthe quelques hommes qui cherchaient à détourner les fidèles de la simplicité de la foi ; 2° qu'une liaison étroite avec des hommes qui ont des principes faux ou une vie coupable, tend à altérer la pureté des sentiments chez ceux qui recherchent leur intimité : le cœur, la conscience, l'esprit même, tout en est affecté. Outre l'influence directe qu'exercent ces personnes pour en entraîner d'autres au péché, il y a l'influence indirecte de leur conversation et de leur exemple. A force d'entendre répéter de mauvaises maximes ou de voir

des actions répréhensibles, on se familiarise avec elles et on sent diminuer l'horreur qu'elles inspiraient d'abord; on devient moins vigilant, moins spirituel, moins disposé à la prière, quand on vit habituellement avec des hommes mondains et sans principes. C'est pour cela que Jésus a voulu que ses disciples se retirassent du monde, et cherchassent plutôt la société les uns des autres : l'intérêt de leur foi même y était engagé.

34. Réveillez-vous *pour vivre* justement, et ne péchez point : car quelques-uns sont sans la connaissance de Dieu ; je vous le dis à votre honte.

34. « *Réveillez-vous*, etc. » (*Voy.* Note Rom. XIII, 11) : littéralement, réveillez-vous justement, et le sens est peut-être, réveillez-vous *comme cela est juste ;* sortez de ce sommeil qui vous a engourdis, dépouillez votre fausse sécurité ; *vous avez tout lieu* de concevoir de vives alarmes, car vous êtes environnés de dangers, dans cette voie de l'erreur et du vice où l'on veut vous conduire. § « *Et ne péchez point.* » Ne vous écartez pas de la sainteté ; n'embrassez pas une doctrine qui est non-seulement erronée, mais qui favorise le péché. L'expérience confirme partout la vérité de cette parole de l'Apôtre, et nous voyons l'abandon des doctrines du christianisme, de la résurrection en particulier, donner la main au relâchement dans la vie, et conduire au péché. « *Car quelques-uns*, etc. » Il y a parmi vous des hommes qui voudraient vous entraîner dans des erreurs funestes. § « *Je vous le dis à votre honte*, » à vous en tant qu'Eglise ; vous avez eu de nombreux moyens de connaître la vérité, c'est une grande honte qu'il y ait parmi vous des hommes étrangers à la grâce de Dieu pour nier la doctrine de la résurrection.

35. Mais quelqu'un dira : Comment ressuscitent les morts et en quel corps viendront-ils ?

35. « *Mais quelqu'un dira.* » Ce verset commence la seconde partie du chapitre, celle où l'Apôtre répond aux objections et montre de quelle manière les morts ressusciteront. — (*Voy.* l'analyse que nous avons présentée au commencement de ce chapitre.) § « *Comment ressuscitent les morts ?* » Je regarde ces mots comme la première objection que faisaient valoir les adversaires de la doctrine de la résurrection. Paul ne la développe pas tout au long ; il se contente de l'indiquer ; mais nous pouvons penser qu'elle ne différait pas beaucoup de celle qui a été faite de tout temps : « Comment est-il possible que les morts ressuscitent? Leur corps se dissout, il devient poussière, il se confond avec la terre, et comme elle, prête ses éléments aux plantes et aux arbres ; ou bien il est réduit en cendres, et ces cendres peuvent être dispersées à tous les vents ; ou bien il sera dévoré par des bêtes, par les poissons de la mer par les oiseaux, etc. Dans ces différents cas, comment pourra-t-on reconstituer, réorganiser les corps ? — La réponse à cette objection occupe les versets 36-38. § « *Et en quel corps viendront-ils ?* » Second objection à résoudre, ou peut-être, second point qui demandait une explication. Cette question aussi a été posée sous bien des formes : quel sera le corps de l'homme après la résurrection ? quelle forme aura-t-il

quelle taille, quelle nature, quelle organisation? le vieillard ressuscitera-t-il comme vieillard, le jeune homme comme jeune homme, etc.? A ces questions, que le génie subtil et raisonneur des Grecs avait probablement soulevées, l'Apôtre va répondre (vers. 39-50).

36. O fou! ce que tu sèmes n'est point vivifié s'il ne meurt.

36. « *O fou!* » Il était en effet bien déraisonnable de faire cette objection, quand la même difficulté se présentait au sujet d'un fait qu'on pouvait constater tous les jours. On comprendrait cette objection chez un homme qui n'aurait jamais entendu parler de la croissance du blé, qui ne saurait pas qu'un grain mis en terre se décompose et donne naissance successivement à un brin d'herbe, à un épi, et au grain nouveau qu'il renferme. Mais des hommes qui voient ce phénomène se reproduire sous leurs yeux tous les ans des millions de fois, comment peuvent-ils présenter une objection semblable? — C'est là, on le sent bien, un argument populaire, fondé sur une analogie réelle, mais qu'il ne faut pas prendre trop à la lettre. L'analogie existe, mais dans les limites suivantes : le grain confié à la terre ne meurt pas, malgré les premières apparences ; il en est de même du corps. § « *N'est point vivifié,* etc. » (*Voy.* Note Jean XII, 24.) La partie extérieure du grain périt, ou plutôt elle sert d'aliment au germe qu'elle renferme. De même le corps de l'homme redevient poudre, mais pour ressusciter plus glorieux et plus beau.

37. Et quant à ce que tu sèmes, tu ne sèmes point le corps qui naîtra, mais le grain nu, selon qu'il se rencontre, de blé, ou de quelque autre grain.

37. « *Et quant à ce que tu sèmes,* etc. » L'épi n'est en effet que le développement du germe qui a été déposé dans le sol ; il est de la même nature, il appartient exactement à la même famille que le grain qui lui a donné naissance. — Ce rapprochement indique que le corps humain, après la résurrection, sera, non pas identique, mais analogue à celui qui aura été déposé en terre ; il sera sujet aux mêmes lois, il appartiendra au même ordre de choses. § « *Mais le grain nu.* » Ces mots ont pour objet de rendre le fait plus remarquable encore, et de diminuer d'autant la force de l'objection. Si le grain peut, par le seul épanouissement de son germe, donner l'épi, avec sa tige, ses barbes, ses feuilles, et de nouveaux grains, comment peut-on dire qu'il n'y ait pas dans le corps humain, quelque germe caché qui produise un corps nouveau?

38. Mais Dieu lui donne le corps comme il veut, et à chacune des semences son propre corps.

38. « *Mais Dieu lui donne,* etc. » Le mot *corps* désigne la nature, la constitution du grain, ce qu'il y a en lui qui lui fait produire un épi. Paul attribue le tout à Dieu, pour montrer qu'il n'y a pas là de hasard, et que, soit dans la graine qui devient plante, soit dans le corps qui ressuscite, il faut reconnaître la main et la puissance de Dieu.

§ « *Comme il veut ;* » il n'y a pas de loi supérieure à la volonté de Dieu ; c'est toujours lui qui agit dans toute la nature. Paul veut probablement faire entendre par là que Dieu donnera à chacun le corps qu'il jugera convenable, tout en observant, sans doute, les lois générales. § « *Et à chacune des semences*, etc. » Dieu a établi des lois en vertu desquelles chaque semence produit un fruit qui lui est analogue ; le blé produit du blé, le riz du riz, etc. De même, à la résurrection, chacun aura un corps qui lui appartiendra en propre, qui sera fait pour lui en quelque sorte. Le méchant n'aura pas un corps fait pour la vie du ciel, ni le racheté un corps fait pour la perdition. — Voilà quant au fait de la résurrection ; il ne renferme pas, en lui-même, plus de difficulté que les phénomènes constants de la végétation : il n'y a donc pas lieu d'en contester la possibilité.

39. Toute chair n'est pas une même sorte de chair ; mais autre est la chair des hommes, et autre la chair des bêtes, et autre celle des poissons, et autre celle des oiseaux.

39. « *Toute chair n'est pas*, etc. » Ce verset et les suivants renferment la réponse à cette question (vers. 35) : « En quel corps viendront-ils ? » Voici quel est l'argument de l'Apôtre : il y dans le monde des corps de toute nature, de toute forme, et par conséquent, il n'y a rien d'absurde à affirmer que Dieu peut donner au corps humain une forme différente, et des propriétés supérieures à celles dont il jouit aujourd'hui. Tous les animaux sont composés d'un très-petit nombre d'éléments, et cependant, quelle variété ne trouve-t-on pas parmi eux, et que de différences dans la force, dans l'organisation, dans la beauté, dans les habitudes, etc. ! Le papillon aux vives couleurs et au vol léger a été d'abord un ver d'un aspect repoussant et qui rampait sur le sol. Qui pourrait croire, si l'expérience ne le montrait pas tous les jours, qu'un même insecte soit tour à tour chenille, chrysalide et papillon, et possède toutes les conditions d'existence qui conviennent à trois états si différents ? On le croit sur l'autorité des faits : on devrait aussi, sur l'autorité de la révélation, admettre que la résurrection pourra amener pour l'homme des transformations semblables. — Quant au mot *chair*, que nous traduisons ici par *corps*, voyez I Cor. v, 5 ; II Cor. iv, 11 ; Phil. i, 22 et 24, etc.

40. Il y a aussi des corps célestes et des corps terrestres ; mais autre est la gloire des célestes, et autre celle des terrestres.

40. « *Il y a aussi des corps célestes,* » les étoiles, etc. (vers. 41). § « *Et des corps terrestres,* » ou qui sont sur la terre ; les hommes, les animaux, peut-être même les végétaux, etc. Le sens est : « vous voyez des corps qui diffèrent entièrement les uns des autres, les corps célestes, par exemple, la lune ou le soleil, et les objets qui vous environnent sur la terre. Qu'y aurait-il donc d'étrange à ce qu'un corps appelé à vivre dans le ciel fût tout différent de ceux que nous voyons sur la terre ? » C'est là un argument populaire et bien propre à produire l'effet que Paul avait en vue. § « *Autre est la gloire*, etc. » Il est certain qu'il y a là

deux ordres de beauté tout-à-fait distincts : la splendeur des cieux est une belle chose, l'éclat des fleurs, le plumage des oiseaux, les pierres précieuses sont aussi de belles choses dans un genre différent. Pourquoi n'y aurait-il pas des différences entre le corps actuel de l'homme et son corps futur.

41. Autre est la gloire du soleil, et autre la gloire de la lune, et autre la gloire des étoiles ; car une étoile est différente d'une autre étoile en gloire.

41. « *Autre est la gloire du soleil*, etc. » Dans le verset précédent, Paul comparait deux classes de corps différentes ; ici, il compare ensemble les objets qui se trouvent dans la première de ces classes, et qui diffèrent les uns des autres à beaucoup d'égards. L'idée est donc que non-seulement les corps des saints ne seront pas, dans le ciel, ce qu'ils étaient sur la terre, mais qu'ils différeront encore l'un de l'autre. Tous seront glorieux, mais à des degrés divers.

42. *Il en sera* aussi de même en la résurrection des morts, *Le corps* est semé en corruption, il ressuscitera incorruptible.

42. « *Il en sera aussi*, etc. » Cette analogie porte sur deux points : sur le fait même de la résurrection et sur les degrés d'honneur qui pourront distinguer les corps. § « *Il est semé*, » par la mort, comme nous déposons la graine dans le sol. § « *En corruption*, » dans le tombeau, où il va tomber en poussière. § « *Il ressuscitera incorruptible.* » Après avoir, dans les versets précédents (vers. 36-41), montré par analogie que la résurrection n'est pas impossible, il affirme maintenant qu'elle aura lieu; et l'un des principaux caractères qu'il attribue au corps de l'homme après la résurrection, c'est qu'il sera incorruptible, inaccessible à ces maladies qui tendent aujourd'hui à le détruire et à le dissoudre. Que Dieu puisse faire cela, c'est ce dont personne ne doute; mais l'Apôtre nous donne l'assurance qu'il le fera en réalité : puissant motif de consolation pour ceux qui sont couchés ici-bas sur un lit de souffrances, ou qui frémissent en songeant qu'ils vont devenir bientôt la proie de la tombe.

43. Il est semé en déshonneur, il ressuscitera en gloire ; il est semé en faiblesse, il ressuscitera en force.

43. « *Il est semé en déshonneur*, » enfermé dans la terre, loin des regards humains, funèbre monument de la malédiction du péché. § « *Il ressuscitera en gloire;* » c'est-à-dire que, dépouillant tout ce que le corps actuel a d'informe et d'ignominieux, il sera adapté à un monde de gloire et deviendra semblable au corps glorifié de Jésus-Christ. (Eph. III, 21.) Nous ne pouvons guère, évidemment, nous faire de cet état qu'une idée négative ; il nous est plus facile de dire ce qu'il ne sera pas que de conjecturer ce qu'il sera ; qu'il nous suffise pour le moment de savoir qu'il ne sera pas sujet aux imperfections qui l'abaissent aujourd'hui. § « *Il est semé en faiblesse*, » exposé à mille maladies, caduc, fragile, périssable enfin. § « *Il ressuscitera en force :* » ces mots, probablement,

indiquent moins une force physique énorme que l'absence de ces faiblesses dont nous souffrons actuellement, des maladies, de la fatigue, etc. Les rachetés seront capables de vaquer au service de Dieu sans interruption, nuit et jour, sans avoir besoin de prendre de repos. (Apoc. VII, 15; *Comp.* XXII, 5.) Il n'y a, du reste, rien d'irrationnel à supposer que les forces physiques de l'homme et celles de son intelligence pourront recevoir dans le ciel un développement considérable. Mais sur ce point, il n'y a pas de révélation.

44. Il est semé corps animal, il ressuscitera corps spirituel. Il y a un corps animal, et il y a un corps spirituel.

44. « *Il est semé corps animal.* » Le mot traduit ici par *animal* signifie proprement doué du souffle, de la respiration, du principe vital; il se rapporte donc à tout animal, dans le sens le plus étendu de ce mot, et signifie ici que nous sommes assujettis aux mêmes lois qui régissent les animaux; les fonctions vitales sont les mêmes chez nous que chez eux; comme eux, nous avons besoin de nourriture, de repos, de sommeil; comme eux, nous ne pouvons entrer en relations avec le monde extérieur que par l'intermédiaire des sens; comme eux enfin, nous sommes sujets à la maladie et à la mort. § « *Il ressuscitera corps spirituel* : » non pas esprit pur, mais corps spirituel; c'est-à-dire que, tout en demeurant un corps, il sera affranchi de ces fonctions vitales qui le gouvernent aujourd'hui, et assez indépendant de la matière pour pouvoir se passer de toute nourriture. Aujourd'hui, notre corps est sans cesse menacé par la maladie et par la mort, et ne se soutient d'ailleurs que par les aliments et le sommeil. Mais alors, avec un corps moins assujetti à ces besoins matériels, nous pourrons exercer une activité continue sans avoir à craindre les défaillances, la faiblesse et la dissolution qui sont le partage de notre corps actuel. Tel est le sens de ce passage; c'est donc à tort qu'on l'a quelquefois cité pour prouver la beauté, la spiritualité pure, etc., des rachetés dans le ciel. Que ces idées soient vraies ou non, ce n'est pas sur ce passage qu'elles peuvent s'appuyer. § « *Il y a un corps*, etc. Il y a un corps animal; c'est ce qui est évident pour tous; mais il y a aussi un corps spirituel; et cela, nous devons l'admettre non pas d'après la même évidence, mais sur l'affirmation de l'Apôtre. La seule preuve qu'il allègue (vers. 45) est tirée de la révélation.

45. Comme aussi il est écrit : Le premier homme Adam a été fait en âme vivante; et le dernier Adam en esprit vivifiant.

45. « *Comme aussi il est écrit.* (Gen. II, 7.) C'est seulement à la première partie du verset que s'applique la citation. § « *Le premier homme*, etc. » La citation est faite d'après les Septante, avec l'addition des deux mots, « premier » et « Adam, » nécessaires à Paul pour faire comprendre de qui il parlait. Les mots « âme vivante » se rapportent encore (comme vers. 44, Note) à tout être doué de vie. Nous appelons âme, généralement, le principe supérieur et rationnel qui est en l'homme. Mais il est question ici plutôt du principe vital, de l'existence proprement dite, de cette « respiration de vie » qui lui est commune avec tous les animaux. Ni Paul ni Moïse ne prétendent assurément qu'il n'y eût en lui que

cela, mais enfin ce passage ne s'applique pas à l'âme humaine considérée dans sa nature divine et immortelle. § « *Le dernier Adam,* » ou le « second homme » (vers. 47). Christ semble être appelé *Adam* parce qu'il est, si l'on peut ainsi parler, la contre-partie d'Adam. Nous tenons de l'un, avec un corps animal, une nature périssable et mortelle; nous devrons à l'autre, la résurrection et l'immortalité. Nous relevons de l'un en tant qu' « âmes vivantes, » et de l'autre en tant que nous aurons des « corps spirituels. » Et il est appelé *le dernier* Adam, parce que personne après lui ne pourra affecter comme il l'a fait les destinées de l'humanité. Il est, au point de vue spirituel, ce qu'Adam a été au point de vue matériel, le chef de la race. C'est la seule fois que le nom d'Adam est donné à Christ, bien qu'on les voie fréquemment mis en parallèle. (Rom. V, 12-19.) § « *En esprit vivifiant.* » Ces derniers mots ne sont pas une citation. Paul les prononce en vertu de son autorité apostolique, à moins qu'il ne les présente comme résumant les enseignements des Ecritures au sujet du Messie, ou par allusion aux paroles dans lesquelles Jésus dit qu'il a la vie en lui-même. (*Voy.* Note Jean I, 4; V, 21 et 26.) Le mot esprit est ici appliqué à Christ par opposition à celui d' « âme vivante » qui vient d'être appliqué à Adam, comme pour impliquer, non-seulement que Jésus avait la vie, mais qu'il pouvait la communiquer à d'autres, et ressusciter les siens. C'est en définitive l'Esprit qui est la source de tout ce qui existe, puisque Dieu est Esprit, et Jésus, en tant que Dieu est Esprit aussi. Du reste, ce mot sert souvent à désigner sa nature spirituelle glorifiée, pour la distinguerdes a nature humaine. (Rom. I, 4; I Tim. III, 16; I Pier. III, 18.) L'Apôtre ne dit pas que Christ n'avait pas, en tant qu'homme, cette âme vivante qu'avait Adam; mais il avait aussi une nature spirituelle élevée qui le rendait capable de donner la vie aux morts.

46. Or ce qui est spirituel n'est pas le premier; mais ce qui est animal; et puis ce qui est spirituel.

46. « *Or*, etc. » (*Comp.* vers. 23.) Il y a un ordre à observer, et il est observé partout: dans le grain, qui se dissout avant de devenir un épi, et dans la résurrection de l'homme. Ce qui est imparfait doit céder la place à ce qui est parfait; ce qui est vil à ce qui est précieux. Dieu veut que les choses n'arrivent à la perfection que par le secours du temps, et par une certaine succession d'évènements. Le dessein de Paul, dans ce verset, semble être de montrer que la loi de la perfection était la même partout, et de confirmer ainsi ce qu'il avait dit, que la nature du second corps de l'homme serait supérieure à celle du premier. L'idée est développée dans les versets suivants.

47. Le premier homme *étant* de la terre, *est tiré* de la poussière; *mais* le second homme, *savoir* le Seigneur, *est* du ciel.

47. « *Le premier homme,* etc. » (*Voir* Gen. II, 7.) Il est clair que, sorti de la poudre, il en devait avoir le caractère et participer à sa nature périssable. § « *Mais le second.* » Christ (*Voy.* Note vers. 45): le second homme, puisqu'il marche à la tête d'une nouvelle humanité. § « *Savoir le Seigneur est du ciel;* » d'autres traduisent « est le Seigneur du ciel. » (*Comp.* ch. II, 8; le Seigneur de gloire.) Mais, dans les deux cas, le sens

est à peu près le même ; c'est que le second homme, ou Christ, étant du ciel, et faisant du ciel sa demeure, a un corps qui convient à son origine et au monde où il vit : un corps qui n'a rien de terrestre. Or le corps des saints doit être semblable à celui de leur chef, comme le corps des fils d'Adam a ressemblé à celui de leur père.

48. Tel qu'est celui qui est tiré de la poussière, tels aussi sont ceux qui sont tirés de la poussière ; et tel qu'est le céleste, tels aussi sont les célestes.

48. « *Tel qu'est celui,* etc. » Tel qu'était celui d'Adam, tel a été celui de ses descendants, frêle, corruptible, mortel. « *Et tel qu'est le céleste,* etc. » Le Seigneur Jésus, actuellement dans son corps glorifié, et les siens seront comme lui. « Il transformera notre corps vil, afin qu'il soit rendu conforme à son corps glorieux. » (Phil. III, 21.)

49. Et comme nous avons porté l'image de celui qui est tiré de la poussière, nous porterons aussi l'image du céleste.

49. « *Et comme nous avons,* etc. » Notre union avec Adam est telle que nous sommes périssables parce qu'il l'a été. C'est dans ce sens que l'Apôtre dit que nous portons son image. § « *Nous porterons aussi,* etc. » De même que la nature nous a fait ressembler à Adam, de même la foi au Seigneur Jésus nous unit à lui si étroitement que nous lui ressemblerons dans le ciel ; comme lui, nous aurons un corps spirituel adapté à ce ciel qui doit être notre séjour, et dégagé de toute infirmité. En d'autres termes, l'union que la foi établit entre le Sauveur et les rachetés est aussi intime que celle que la nature a fait régner entre Adam et sa postérité ; et dès lors les conséquences de la première sont aussi glorieuses que celles de la seconde ont été funestes.

50. Voici donc ce que je dis, mes frères : c'est que la chair et le sang ne peuvent point hériter le royaume de Dieu, et que la corruption n'hérite point l'incorruptibilité.

50. « *Voici donc ce que je dis, mes frères.* » Pour prévenir toute méprise sur sa pensée, l'Apôtre résume dans une affirmation large et générale tout ce qu'il vient d'exposer. Après avoir dit que Dieu *pouvait* nous donner un corps différent de celui que nous avons maintenant, il déclare solennellement que ce changement doit avoir lieu et aura lieu en effet. § « *C'est que la chair et le sang,* » c'est-à-dire nos corps actuels, avec leurs infirmités, et la dissolution qui les attend, ne sont pas faits pour un monde où tout sera stable, pur et immortel. § « *Ne peuvent point hériter.* » La gloire à venir est souvent présentée comme un héritage. (*Voy.* Note Rom. VIII, 17.) § *Le royaume de Dieu,* » le ciel, ainsi appelé parce que la volonté de Dieu y régnera sans partage. § « *Et que la corruption,* etc. » L'Apôtre se contente de poser le fait, sans nous dire pourquoi notre corps corruptible ne pourra pas entrer dans ce monde incorruptible. La raison en est peut-être que dans le ciel les communications auront lieu sans l'intermédiaire des sens, ou que des corps tels que les nôtres ne pourraient pas goûter les plaisirs, et vaquer aux occupations spirituelles de ce séjour, ou bien qu'ils ont besoin d'objets qui ne s'y trouveraient pas. Ils sont faits pour jouir des mets délicats, des objets

qui charment les sens, la vue, le toucher, etc; dans le ciel, l'âme saura savourer des joies plus pures; et un corps grossier comme le nôtre serait un obstacle à cette vie toute spirituelle.

51. Voici, je vous dis un mystère : Nous ne dormirons pas tous, mais nous serons tous transmués.

51. « *Voici, je vous dis.* » Ici commence le troisième sujet traité dans ce chapitre. — Quel sera le sort de ceux qui seront vivants lorsque Christ reviendra pour ressusciter les morts ? A cette question, qu'on n'aurait pas manqué de faire à Paul, il répond d'avance et directement comme nous allons le voir. § « *Un mystère.* » (Pour ce mot, *voy.* Note ch. II, 7). Une chose cachée, qui n'a pas encore été révélée. Il y avait là une question dont les Pharisiens et les docteurs ne s'étaient jamais préoccupés, qui n'avait pas encore attiré l'attention des Apôtres, et sur laquelle Jésus-Christ avait gardé le silence. La solution en était donc entièrement inconnue, et c'est cette solution que Paul s'apprête à donner. § « *Nous ne dormirons pas tous.* » On a dit, en se fondant sur ce passage, que Paul attendait le retour de Christ et la fin du monde pour une époque très-prochaine, puisqu'il pensait être témoin de ces évènements ; qu'en cela il s'était évidemment trompé, et que par conséquent il ne pouvait être inspiré. Voici ce que nous pouvons répondre à cela : 1° Paul, parlant ainsi à la première personne du pluriel (nous ne dormirons pas), se place au point de vue de l'ensemble des fidèles, dont il fait partie. Il considère comme un seul corps les chrétiens de tous les temps ; l'Eglise en masse doit ressusciter au dernier jour ; et dès lors il a le droit de dire, « nous chrétiens, » même quand il s'agit d'un fait auquel il sera personnellement étranger ; 2° nous qui vivrons, disait-il, et qui resterons à la venue du Seigneur, etc. » Les Thessaloniciens avaient interprété ces paroles comme indiquant que le monde tirait à sa fin, Paul apprenant cela, leur écrit de nouveau (II Thess. II), pour rectifier leurs idées sur ce sujet : il leur annonce que la fin du monde n'est pas encore près d'arriver ; qu'avant ce moment, il doit s'être passé des évènements importants, et que les paroles qu'il avait employées n'impliquaient pas qu'il s'attendît personnellement à assister à ces dernières scènes ; 3° ces expressions, « les derniers temps, les derniers jours, etc. » qu'on trouve dans le Nouveau Testament (I Jean II, 18; Hébr. I, 2, etc.), sont empruntées en général au langage des prophètes (Es. II, 2; Mich. IV, 1, etc), où elle servent à désigner le règne du Messie, la dernière période de l'histoire des hommes, mais sans que rien détermine, même d'une manière approximative, la durée de cette période ; 4° je ne vois pas en quoi la doctrine de l'inspiration sera compromise parce qu'on admettra que les Apôtres ont ignoré l'époque exacte où le monde doit finir ; ils n'avaient pas l'omniscience, tout le monde en convient ; leur inspiration, qui leur faisait connaître l'ordre des évènements, ne leur en fixait pas la date, et de même que dans un paysage certain défaut de perspective fait paraître sur un même plan des objets peut-être fort distants les uns des autres, de même, l'inspiration qui leur révélait l'avenir pouvait leur présenter comme contemporains des faits qui devaient être en réalité séparés dans le temps. Le Sauveur, d'ailleurs, avait dit expressément à ses disciples que « ce n'était pas à

eux de connaître les temps et les moments, etc. » (*Voy.* Notes Actes I, 7); et bien plus encore, « que... ni les anges qui sont au ciel, ni même le Fils, ne connaissaient ce jour, mais le Père seul. » (Marc XIII, 32.) Nous voyons enfin, au moins par un fait (Jean XXI, 23), que les Apôtres pouvaient se tromper sur la date des évènements. Il n'est donc pas contraire à la doctrine de l'inspiration de supposer que les Apôtres, instruits par Dieu de la suite et de la succession des évènements, ne l'avaient pas été également du moment auquel ils devaient s'accomplir. § « *Ne dormirons pas tous.* » ne seront pas tous morts. (*Voy.* Note ch. XI, 30.) § « *Mais nous serons tous transmués.* » On trouve sur ce passage des variantes assez considérables. La Vulgate porte » nous ressusciterons tous, mais nous ne serons pas tous changés ; » quelques manuscrits lisent, « nous dormirons tous, mais nous ne serons pas tous changés, etc. » Mais la vraie leçon est probablement celle de notre texte ; et le sens est que ceux qui seront en vie lors de la venue du Seigneur Jésus, subiront un changement qui les rendra propres au nouveau séjour qu'ils doivent habiter. Ce changement sera instantané (vers. 52), car il est évident que Dieu peut aussi bien transformer les vivants que ressusciter les morts; et comme les choses de ce monde toucheront à leur terme, il ne sera nullement nécessaire que ceux qui vivront passent par la mort. Les lois ordinaires ne s'appliqueront pas dans ces circonstances.

52. En un moment, en un clin d'œil, à la dernière trompette, car la trompette sonnera et les morts ressusciteront incorruptibles, et nous serons transmués.

52. « *En un moment ;* » littéralement, dans un atome de temps, instantanément. § « *En un clin d'œil ;* » la soudaineté du retour de Christ est comparée ailleurs à l'arrivée d'un larron dans la nuit. (II Pier. III, 10.) § « *A la dernière trompette.* » Le mot « dernière » est employé ici par figure, et signifie que cette trompette retentira pour annoncer au monde actuel les derniers moments de son existence. § « *Car,* etc. » (Matth. XXIV, 31 et Note Jean V, 25.)

53. Car il faut que ce corruptible revête l'incorruptibilité, et que ce mortel revête l'immortalité.

53. « *Car,* etc. » Il faut qu'il se fasse un changement ; peu importe d'ailleurs que ce soit par la mort et la résurrection, ou par une transformation subite. Le sens est, il faut que ce corps corruptible cède la place à un corps incorruptible : les justes qui vivront lors de la venue de Christ seront soudainement changés, et revêtus, comme Enoch et Elie, de gloire et d'immortalité.

54. Or, quand ce corruptible aura revêtu l'incorruptibilité, et que ce mortel aura revêtu l'immortalité, alors cette parole de l'Ecriture sera accomplie : La mort est détruite par la victoire.

54. « *Or, quand ce corruptible,* etc. » Cette citation est empruntée à Es. XXV, 8 ; elle résume la pensée du prophète plutôt qu'elle n'en reproduit les termes exprès : et l'usage que Paul fait ici de ces paroles prouve

qu'elles se rapportaient aux temps messianiques et à la résurrection des morts. § « *La mort est détruite*, etc. » En victoire, c'est-à-dire par une entière victoire. La puissance de la mort est absolument annulée.

55. Où est, ô mort ! ton aiguillon ? Où est, ô sépulcre ! ta victoire ?

55. « *Où est*, etc. » Cette exclamation triomphante commence la quatrième division de ce chapitre, concernant les conséquences pratiques de cette doctrine. Pour comprendre cette exclamation, il suffit de s'arrêter un instant pour songer à tous les ravages que la mort a causés, à cette faux qu'elle a promenée sur toute la terre, à ces générations qu'elle a régulièrement moissonnées, sans respecter ni l'âge, ni le talent, ni le mérite, ni l'amitié ; il suffit de voir couchés dans la tombe et vieillards, et jeunes gens, et jeunes filles, parents, amis, enfants.... il suffit de penser enfin à ce qu'elle va faire de nous-mêmes pour sentir ce qu'il y a de glorieux dans cette vérité, « la mort elle-même va finir son règne. » En présence d'une telle pensée, qui pourrait ne pas faire éclater sa joie ? § « *Ton aiguillon ?* Pour ce dernier mot, *voy.* Note Actes IX, 5. Il désigne probablement ici le dard empoisonné d'un reptile ; et Paul se réjouit parce que ce dard a perdu son venin. § « *O sépulcre* », littéralement, ô *hadès*. Ce dernier mot dénote proprement un lieu d'obscurité, puis le séjour des morts. Les Hébreux se représentaient *l'hadès*, ou scheol, comme une demeure sombre et silencieuse, située dans l'intérieur de la terre, où se rendaient les âmes des hommes après leur mort. (*Voy.* Note Es. XIV, 9.) Ici, ce mot peut très-bien se rapporter au sépulcre, comme représentant le pouvoir de la mort. § « *Où est ta victoire ?* » En effet, non-seulement la mort n'exercera plus son pouvoir, mais elle rendra toutes les victimes qu'elle à faites. — Le tour poétique de ce passage ne peut manquer de frapper tous les lecteurs et semble une réminiscence de Osée XIII, 14.

56. Or, l'aiguillon de la mort, *c'est* le péché ; et la puissance du péché, *c'est* la loi.

56. « *Or l'aiguillon de la mort.* » L'arme dont se sert la mort, ou bien ce qui cause la mort. Paul, dans ces mots, personnifie la mort, qu'il représente se servant du péché comme d'un aiguillon venimeux pour faire périr les hommes. L'idée, c'est que le péché est la cause de la mort, et de l'agonie et du trouble qui l'accompagnent. En elle-même, la mort ne devrait rien avoir d'alarmant pour un homme innocent, parce qu'il saurait qu'elle n'a aucun pouvoir sur lui. Si nous mourons aujourd'hui, et si cette pensée nous inspire de l'effroi, c'est que nous sommes pécheurs, et que nous craignons de comparaître devant un Dieu saint. § « *C'est le péché.* (*Voy.* Note Rom. V, 12.) § « *Et la puissance du péché.* » Son empire sur l'esprit et particulièrement le pouvoir qu'il a d'exciter nos alarmes à l'heure de la mort. § « *C'est la loi.* » (*Voy.* cette idée développée au long dans Rom. VII, 9-13, Notes.) Paul, en l'exprimant ici, avait probablement en vue les Juifs qui pensaient que la loi de Dieu pouvait enlever la crainte de la mort. Il n'y a que l'Evangile qui puisse détruire cet état de choses, briser l'empire du péché, et permettre à l'homme pardonné de mourir en paix. (*Voy.* Note Rom. IV, 15.)

57. Mais grâces à Dieu, qui nous a donné la victoire par notre Seigneur Jésus-Christ.

57. « *Mais grâces à Dieu* » (*Voy.* Note Rom. VII, 26.) § « *Qui nous a donné la victoire,* » à nous chrétiens. C'est à Dieu, en effet, que nous devons cette victoire, puisque c'est Lui qui nous a donné son Fils. § « *Par notre Seigneur Jésus-Christ.* » Par sa mort, qui a détruit le pouvoir de la mort, par sa résurrection, qui est un triomphe remporté sur le tombeau ; par sa grâce, qui nous donne l'espoir de la résurrection. (*Comp.* Note Rom. VII, 25 ; VIII, 37.)

58. C'est pourquoi, mes frères bien-aimés, soyez fermes, inébranlables, vous appliquant toujours avec un nouveau zèle à l'œuvre du Seigneur : sachant que votre travail ne vous sera pas inutile auprès du Seigneur.

58. « *C'est pourquoi, mes frères bien-aimés.* » Les glorieuses vérités que Paul venait d'exposer devaient porter des fruits chez les Corinthiens ; l'Apôtre les exhorte à élever leur vie à la hauteur de leurs espérances. § « *Soyez fermes,* » dans votre foi, sans vous laisser ébranler par les attaques de la philosophie. § « *Vous appliquant toujours,* etc. « L'œuvre du Seigneur, c'est tout ce que le Seigneur demande, tout ce qui peut servir à l'avancement de son règne au milieu des hommes. § « *Sachant, etc.* » Vous en recevrez la récompense, non-seulement dans l'approbation de votre conscience, mais dans l'éternelle félicité du ciel. § « *Auprès du Seigneur.* » Il est probable qu'on devrait traduire plutôt, « votre travail *selon le Seigneur* ne sera pas inutile : » les sacrifices que vous aurez faits pour lui ne seront pas sans compensation. Si les hommes sont attirés par la perspective des honneurs et de la richesse, vous chrétiens, ayez plutôt sous les yeux, pour vous exciter au renoncement, la perspective de la gloire à venir.

REMARQUES SUR LE CHAPITRE XV.

Ainsi se termine ce chapitre d'une inimitable beauté et d'une si grande puissance d'argumentation. Désormais donc le chrétien n'a plus à redouter la mort. Il pourra être exposé à des périls sans nombre, à des privations de toute nature, il sera abandonné de tous et finira par mourir lui-même; mais le tombeau ne sera pour lui qu'un lit de repos où, comme un guerrier fatigué des travaux de la journée, il attendra le réveil du dernier jour. La dissolution de son corps n'est pas une chose qu'il redoute, tant il est sûr de son immortalité. — Il n'y a que l'Évangile pour offrir à l'homme de tels mobiles et de si vastes espérances. Nul autre système religieux ne peut dissiper comme celui-ci les horreurs du tombeau. Quelle n'est donc pas la folie de l'homme qui rejette cette religion, qui met en évidence la vie et l'immortalité ! Qu'il faut être insensé pour repousser la doctrine de la résurrection, et pour marcher vers la tombe sans foi, sans avenir, sans espérance, sans Dieu! Et cependant, l'incrédulité triomphe quand elle parvient à ébranler chez un pauvre mourant sa croyance en l'immortalité et à lui persuader qu'il n'y a pas de Dieu dans le ciel. Etrange dégradation! Et comment se fait-il que tous les hommes, d'un commun accord, ne saluent pas le christianisme comme leur véritable et leur meilleur ami, comme la seule religion capable de leur donner la force de bien vivre et de les remplir de paix à l'heure de la mort?

CHAPITRE XVI.

Avec le quinzième chapitre finit la partie doctrinale de cette Epître. (*Voy.* l'Introduction.) Mais avant de terminer, Paul adresse aux Corinthiens quelques directions, particulièrement au sujet d'une collecte qui devait se faire pour les pauvres de la Judée. (Pour les détails, *voy.* les notes de ce chapitre.) Puis il annonce son intention de venir à Corinthe, et peut-être d'y passer l'hiver — intention qu'il ne put pas réaliser (*Voy.* Notes II Cor. I, 15-23), vu les circonstances qui se produisirent à Ephèse. En même temps il les informe que Timothée va se rendre chez eux, et qu'il a fait ce qu'il a pu pour déterminer Apollos à en faire autant. Enfin, après avoir mentionné avec autorité le nom de Stéphanas, « les prémices de l'Achaïe, » et ceux de Fortunat et d'Achaïque, par qui peut-être les Corinthiens avaient envoyé leur lettre, il finit par des salutations et des exhortations chrétiennes.

1. Touchant la collecte qui se fait pour les saints, faites comme j'en ai ordonné aux Eglises de Galatie.

1. « *Touchant la collecte*, etc. » L'emploi de l'article, en grec, devant le mot *collecte* montre que Paul en avait déjà parlé. Le sujet n'était pas nouveau pour les Corinthiens, et ils étaient préparés à comprendre ce qu'on aurait à leur dire. Aussi Paul se contente-t-il de donner quelques instructions sur la manière dont il faudrait faire cette cellecte. Le mot « saints » se rapporte indubitablement aux chrétiens pauvres et persécutés qui étaient en Judée. (*Voy.* Notes Rom. XV, 25-26.) § « *Comme j'en ai ordonné.* » Ce mot renferme plutôt l'idée d'un arrangement, de mesures conseillées, que celle d'un commandement. La collecte était volontaire dans toutes les Eglises (Rom. XV, 26; II Cor. IX, 2), et Paul ne prenait pas sur lui de les taxer comme il l'entendait. Du reste, cela n'était pas nécessaire. Les premiers chrétiens se faisaient remarquer par leur libéralité et leur empressement à venir au secours des pauvres. — Seulement, Paul suggère ici le même mode qu'il avait recommandé aux Galates pour recueillir les secours. § « *Aux Eglises de Galatie* » pour la Galatie. (*Voy.* Notes Act. XVI, 6.) On voit par Gal. I, 2, qu'il y avait plusieurs Eglises établies dans cette province. Quant à l'époque où Paul avait donné cet ordre, c'est ce qu'on ne sait pas. Il est bien probable toutefois que c'était à l'occasion de quelque visite faite à ces Eglises. (*Voy.* Act. XVI, 6.)

2. C'est que chaque premier jour de la semaine, chacun de vous mette à part chez soi ce qu'il pourra assembler, suivant la prospérité *que Dieu lui accordera ;* afin que, lorsque je viendrai, les collectes ne soient point à faire.

2. « *C'est que chaque premier jour de la semaine :* » grec, à l'un des sabbats. Les Juifs se servaient de ce mot sabbat pour marquer une période de sept jours. (Matth. XXVIII, 1 ; Marc XVI, 9; *Comp.* Lév. XXIII, 15; Deut. XVI, 9.) Il est admis par tout le monde qu'ici cela veut dire le premier jour de la semaine. § « *Chacun de vous,* » les pauvres comme les riches, chacun suivant ses moyens. § « *Mette à part chez lui,* » chez lui, où personne ne le verra, au lieu de chercher l'occasion de faire parade de sa générosité; chez lui, sans le secours d'appels pressants et pathétiques, mais par la seule impulsion de sa conscience; chez lui enfin, où il peut se rendre un compte exact de l'état de sa fortune. § « *Suivant la prospérité, etc.,* » suivant que ses affaires ont bien ou mal réussi. Cette règle que Paul prescrivait aux Corinthiens relativement aux aumônes, doit être la nôtre encore aujourd'hui. § « *Afin que,* » etc., » que chacun tienne son offrande toute prête, afin qu'il n'y ait pas de retard quand j'arriverai. Nous pouvons remarquer, à propos de cet important verset : 1° que nous trouvons ici une preuve évidente, que le premier jour de la semaine était considéré par les Corinthiens comme un jour consacré, mis à part pour l'accomplissement des devoirs religieux. Pourquoi, sans cela, le choisir de préférence à tout autre jour pour faire des aumônes? Il en était de même pour les Eglises de Galatie, et par conséquent, il est moralement certain que les autres Eglises devaient avoir reçu les mêmes instructions à cet égard. Cette considération nous montre que l'autorité des Apôtres avait, dès les premiers temps du christianisme, mis à part le premier jour de la semaine, ou le dimanche, comme un jour convenable pour des œuvres de piété et de charité; 2° en outre, Paul tenait à ce que les Corinthiens fussent systématiques dans leurs dons, qu'ils donnassent par principe, et non sous l'impulsion d'un sentiment momentané, et pour cela, qu'ils prissent une habitude régulière et constante; 3° Il est évident qu'il s'attendait à obtenir davantage, par ces petits dons fréquemment répétés, que si on avait donné une fois pour toutes. Combien ne s'accroîtraient pas les ressources des Eglises chrétiennes, si tous ceux qui les composent prenaient ainsi l'habitude de mettre de côté, semaine après semaine, ce qu'ils peuvent donner; 4° la règle posée par Paul est que nous devrions aider de nos secours toutes les bonnes œuvres, *suivant notre prospérité,* c'est-à-dire, suivant que Dieu a plus ou moins favorisé nos entreprises. Il y a là pour nous une dette de reconnaissance à acquitter, et si nous étions tous fidèles à ce devoir, on verrait bientôt disparaître cet esprit de mendicité qui se répand si aisément dans l'Eglise. En outre, jamais on ne verrait des œuvres entreprises pour l'avancement du règne de Dieu, entravées par l'absence des fonds qui leur sont nécessaires.

3. Puis, quand je serai arrivé, j'enverrai ceux que vous approuverez par vos lettres, pour porter votre libéralité à Jérusalem.

3. « *Ceux que vous approuverez par vos lettres;* » ceux à qui vous aurez donné des lettres de recommandation, en les chargeant de cet office. Si on place après le mot « approuverez, » la virgule qui, dans le texte grec, se trouve après le mot « lettres, » on aura un sens tout différent, et il faudrait lire alors, ceux que vous aurez choisis, ou approuvés, je les enverrai avec des lettres, je leur donnerai moi-même des lettres de recommandation pour les frères de Jérusalem. » (le mot « vos, » manque dans les manuscrits grecs.) On voit, en effet (vers. 4), que Paul était disposé à se rendre à Jérusalem; mais si les circonstances ne devaient pas lui permettre de le faire, il était tout naturel que du moins il donnât des lettres aux envoyés de Corinthe. § « *Votre libéralité,* » ou le fruit de de votre libéralité (votre faveur, votre bienfait). (*Comp.* II Cor. VIII, 4, 6, 7, 19.)

4. Et s'il est à propos que j'y aille moi-même, ils viendront aussi avec moi.

4. « *Et s'il est à propos,* etc. » Si vous jugez convenable que je les accompagne, pour les guider dans leur mission, je suis disposé à le faire. (Pour la manière dont Paul traitait les affaires pécuniaires, *voy.* Paley, *Horæ Paulinæ,* ch. IV, n° 1, 3, Note.

5. J'irai donc vers vous, ayant passé par la Macédoine : car je passerai par la Macédoine.

5. « *J'irai donc vers vous.* » Il avait eu le dessein de passer par Corinthe à l'occasion d'un voyage en Macédoine, mais il ne put pas réaliser ce projet. (*Voy.* Notes II Cor I, 15-17.) § « *Ayant passé par la Macédoine.* » Pour la situation de la Macédoine, *voy.* Note Act. XVI, 9. § « *Car je passerai,* etc. » Quoiqu'il eût abandonné l'idée de passer par Corinthe avant d'aller en Macédoine, il n'avait pourtant pas renoncé au projet en lui-même.

6. Et peut-être que je séjournerai parmi vous, ou même que j'y passerai l'hiver ; afin que vous me conduisiez partout où j'irai.

6. « *Afin que vous me conduisiez,* etc. » Que vous me fournissiez le moyen de faire les voyages que je croirai nécessaires. Les Apôtres avaient l'habitude de se faire suivre, dans leurs voyages, de quelques amis ou membres des Eglises. (*Voy.* Note Act. X, 23.)

7. Car je ne vous veux point voir maintenant en passant; mais j'espère que je demeurerai avez vous quelque temps, si le Seigneur le permet.

7. « *Car je ne veux point,* etc. » Il était survenu quelque circonstance qui l'avait porté à se rendre en Macédoine par une autre voie. § « *Mais j'espère,* etc. » A mon retour de Macédoine (vers. 5). § « *Si le Seigneur le permet.* » Même forme d'expression dans I Cor. IV, 19. (*Voy.* Note sur ce passage.)

8. Toutefois je demeurerai à Ephèse jusques à la Pentecôte.

8. « *Toutefois je demeurerai à Ephèse.* » On voit par là que c'est d'Ephèse que cette Epître a été écrite; c'est par des indications fortuites, comme celle-ci, que l'on peut souvent fixer ou le lieu, ou la date d'un des écrits du Nouveau Testament. Pour la situation d'Ephèse, *voy.* Note Act. XVIII, 19. § « *Jusqu'à la Pentecôte.* » Pour cette fête juive, *voy.* Note Act. II, 1. Comme il y avait beaucoup de Juifs à Corinthe, et probablement dans l'Eglise, Paul était bien sûr d'être compris en employant une expression qui d'ailleurs lui était naturelle, puisqu'il était Juif lui-même par son origine et son éducation. Il est à croire aussi que les chrétiens avaient pour ce jour un respect particulier, puisque c'était celui où le Saint-Esprit était descendu sur les Apôtres et les fidèles à Jérusalem. (Act. II.)

9. Car une grande porte et *de grande* efficace, m'y est ouverte; mais il y a plusieurs adversaires.

9. « *Car une grande porte, etc.* » L'occasion se présente à moi de faire un bien considérable. Le mot « porte, » par une image facile à saisir, désigne souvent le moyen de faire une chose. (Act. XIV, 27; II Cor. II, 12; Col. IV, 3.) Et il est possible que ces circonstances, qui promettaient du succès à la prédication de Paul, aient été une des raisons qui l'empêchèrent de faire le détour de Corinthe pour aller en Macédoine. § « *Mais il y a plusieurs adversaires,* » soit Juifs, soit partisans de Démétrius. (*Voy.* Act. XIX.) Une grande porte ouverte, et de violents adversaires: nous pouvons remarquer à ce propos : 1° que souvent l'opposition à l'Evangile s'accroît en proportion même des progrès qu'il fait. C'est quand le règne de Christ s'avance, que les ennemis de Dieu sont le plus alarmés, et s'efforcent le plus de le combattre ; par conséquent, s'il ne faut pas, de propos délibéré, faire des ennemis à l'Evangile, il ne faut pas non plus se décourager pour l'opposition qu'il rencontre. Bien loin de là, cette opposition vaut mieux que le calme plat de l'indifférence, et est souvent un signe que Dieu agit dans les cœurs ; 2° l'exemple de Paul apprend aussi à tous les pasteurs quelle conduite ils doivent tenir en pareille circonstance ; leur poste, c'est celui du danger ; jamais il ne leur est plus nécessaire de demeurer au milieu de leur troupeau, que quand les efforts de l'ennemi s'accroissent et que les faibles peuvent être ébranlés.

10. Que si Timothée vient, prenez garde qu'il soit en sûreté parmi vous : car il s'emploie à l'œuvre du Seigneur comme moi-même.

10. « *Que si Timothée vient.* » Paul leur avait envoyé Timothée (*Voy.* Note ch. IV, 17-18); cependant, comme il avait beaucoup d'Eglises à visiter, il n'était pas absolument certain qu'il allât à Corinthe. § « *Prenez garde, etc.* » Timothée était alors un tout jeune homme. (Act. XVI, 1-3; I, IV, 12.) Il aurait pu se trouver embarrassé au milieu de l'opulente Corinthe, et Paul invite les frères de cette ville à le recevoir avec bonté et

bienveillance. Peut-être y a-t-il dans ces mots quelque allusion aux faux docteurs qui pourraient attaquer Timothée, et auxquels il aurait à résister. Paul demanderait alors à l'Eglise de l'assister dans la défense de la vérité.

11. Que personne donc ne le méprise; mais conduisez-le en toute sûreté, afin qu'il vienne me trouver: car je l'attends avec les frères.

11. « *Que personne donc ne le méprise,* » à cause de sa jeunesse et de son inexpérience. (*Comp.* I Tim. IV, 12.) Quand un ministre de l'Evangile se conduit d'une manière digne de sa vocation, sa jeunesse ne doit pas être, même pour des chrétiens avancés en âge, un motif pour lui refuser leur confiance, ou pour manquer du respect dû à ses hautes fonctions; c'est plutôt le contraire qui devrait avoir lieu. § « *Mais conduisez-le,* etc. » Quand il vous quittera pour revenir près de moi. (*Voy.* Note vers. 6.) § « *Car je l'attends avec les frères.* » Eraste accompagnait Timothée dans son voyage (Act. XIX, 22), et probablement il y en avait d'autres avec lui. Tite aussi avait été envoyé à Corinthe. (II Cor. XII, 17-18.)

12. Quant à Apollos, notre frère, je l'ai beaucoup prié d'aller vers vous avec les frères; mais il n'a nullement eu la volonté d'y aller maintenant: toutefois il y ira quand il en aura la commodité.

12. « *Quant à Apollos, notre frère,* etc. » (*Voy.* Note ch. I, 12.) § « *Mais il n'a nullement,* etc. » Apollos pouvait avoir des occupations qui le retenaient à Ephèse. On ne sait pas pourquoi il avait quitté Corinthe; on a supposé que c'était à cause des dissensions qui divisaient cette Eglise; s'il en est ainsi, le même motif aurait bien pu l'empêcher aussi d'y revenir alors. Les Pères latins assurent, du moins, qu'il y retourna lorsque les différends eurent cessé. § « *Toutefois, il y ira,* etc. » Les Corinthiens semblent avoir voulu faire d'Apollos un chef de parti (ch. I, 12); et peut-être, sans cette assurance que Paul leur donne ici, auraient-ils pu croire qu'il était offensé de leur conduite envers eux : maintenant, au contraire, ils n'ont aucune raison de douter de sa bienveillance à leur égard.

13. Veillez, soyez fermes en la foi, portez-vous vaillamment, fortifiez-vous.

13. « *Veillez,* » Expression fréquemment usitée dans le Nouveau Testament. (Matth. XIV, 41-42; Marc XIII, 35; Act. XX, 31; I Thess. V, 6, etc.) Paul exhorte les Corinthiens à se bien tenir sur leurs gardes, et, comme des sentinelles vigilantes, à écarter les maux qui les menaçaient, à se défendre de l'influence des faux docteurs, à protéger la vérité, leur foi, leur salut contre les ennemis de leurs âmes. § « *Soyez fermes en la foi.* » (*Comp.* Note, ch. XV, 1.) Gardez fermement la vérité que vous avez reçue, sans vous laisser ébranler par les artifices et les sophismes de quelques séducteurs. § « *Portez-vous vaillamment,* » littéralement soyez hommes,

Le mot ne se retrouve pas ailleurs dans le Nouveau Testament, bien qu'il soit fréquemment employé par les Septante et les auteurs classiques. C'est dans le même sens que nous parlons d'un caractère *mâle* ou *viril*. « § *Fortifiez-vous.* » (*Comp.* Eph. VI, 10.)

14. Que toutes vos affaires se fassent en charité.

14. « *Que toutes vos affaires.* » (*Voy.* ch. XIII et XIV, 1.) L'Apôtre répète ici cette instruction, à cause de sa grande importance, et parce qu'elle forme comme un résumé de toute l'Epître. C'est une règle bien simple, et si on l'observait, tout irait bien.

15. Or, mes frères, vous connaissez la famille de Stéphanas, *et vous savez* qu'elle est les prémices de l'Achaïe, et qu'ils se sont entièrement appliqués au service des saints.

15. « *La famille de Stéphanas.* » (*Voy.* Note ch. I, 16.) Il est probable que plusieurs membres de cette famille, peut-être tous, avaient été convertis à la foi chrétienne. § « *Elle est des prémices de l'Achaïe.* » (*Voy.* Note Rom. XVI, 5 ; et pour l'Achaïe, Note Act. XVIII, 12.) § « *Et qu'ils se sont,* etc., » ils se sont dévoués au service des chrétiens, en aidant les pasteurs, en exerçant l'hospitalité, en accompagnant les Apôtres dans leurs voyages, etc.

16. Je vous prie de vous soumettre à eux, et à chacun de ceux qui s'emploient à l'œuvre *du Seigneur*, et qui travaillent avec nous.

16. « *Je vous prie de vous soumettre à eux,* » de leur témoigner des égards, de reconnaître ce qu'ils ont fait en les traitant avec honneur. § « *Et à chacun de ceux,* etc. « Il est probable que, vu l'importance de la position de Corinthe et le grand nombre de personnes que son commerce attirait, il y avait là alors, ou il pourrait y venir bientôt, quelques amis de Paul pour aider à l'œuvre de l'évangélisation.

17. Or je me réjouis de la venue de Stéphanas, de Fortunat et d'Achaïque ; parce qu'ils ont suppléé à ce que vous ne pouvez pas faire pour moi.

17. « *Or je me réjouis,* etc. » Je suis heureux que Stéphanas, le premier fruit de mes travaux en Achaïe, soit venu me prêter secours à Ephèse. — Stéphanas avait probablement été chargé, comme l'un des membres les plus respectés de l'Eglise, de porter à Paul la lettre des Corinthiens (ch. VII, 1.) § « *Fortunatus et Achaïque,* » personnages inconnus : le premier est pourtant mentionné dans la lettre que Clément de Rome écrivait aux Corinthiens. § « *Car ils ont suppléé,* etc. » On ne sait pas, et rien n'indique de quoi Paul veut parler ici. S'agit-il de secours matériels que les Corinthiens mettaient peu d'empressement à lui faire parvenir ? de détails circonstanciés qu'ils négligeaient de lui donner sur la marche de l'Eglise ? On a proposé différentes explications. Quant à moi, il me semble plus naturel d'admettre que Paul, au

lieu de faire un reproche aux Corinthiens, leur fait part de la joie qu'il a éprouvée de l'arrivée de leurs envoyés : j'ai trouvé, leur dit-il, dans leur commerce, et dans leur communion chrétienne, la consolation que vous ne pouviez pas m'offrir, vous Corinthiens, puisque je suis éloigné de vous.

18. Car ils ont récréé mon esprit et le vôtre : ayez donc de la considération pour de telles personnes.

18. « *Car ils ont récréé mon esprit ;* » ils m'ont donné des renseignements sur l'état des choses dans votre Eglise, et leur société m'a été particulièrement agréable. § « *Et le vôtre.* » Le sens de ce mot semble être que cette visite des envoyés de Corinthe ferait du bien aux uns comme aux autres, que Paul en avait retiré de la consolation, et que les Corinthiens eux-mêmes gagneraient à voir se resserrer le lien qui les unissait. § « *Ayez donc*, etc. » (*Voy.* Notes vers. 15 et 16.) L'Apôtre veut évidemment recommander par là aux Corinthiens de les bien recevoir à leur retour et d'accueillir avec déférence les avis qu'ils leur porteraient de sa part.

19. Les Eglises d'Asie vous saluent. Aquilas et Priscille, avec l'Eglise qui est en leur maison, vous saluent affectueusement en *notre* Seigneur.

19. « *Les Eglises d'Asie,* » de l'Asie Mineure, (*Voy.* Note Act. II, 9), et quelquefois même, de cette portion de l'Asie Mineure dont Ephèse était la capitale. (*Voy.* Note Act. XVI, 6.) C'est sans doute de cette région qu'il s'agit ici. § « *Vous saluent.* » (*Voy.* Note Rom. XVI, 3.) § « *Aquile et Priscille.* » (*Voy.* Note Act. XVIII, 26.) § « *Avec l'Eglise*, etc. » (*Voy.* Note Rom. XVI, 5.) § « *Vous saluent*, etc. » En vous souhaitant les bénédictions du Seigneur.

20. Tous les frères vous saluent. Saluez-vous l'un l'autre par un saint baiser.

20. « *Tous les frères*, etc. » Tous les chrétiens que Paul connaissait à Ephèse prenaient un profond intérêt à l'Eglise de Corinthe. § « *Par un saint baiser.* » (*Voy.* Note Rom, XVI, 16.)

21. La salutation est de la propre main de moi, Paul.

21. « *La salutation*, etc. » (*Voy.* Note Rom. XVI, 22.) Paul était habitué à employer, pour écrire, la main d'une autre personne ; puis, pour sanctionner ce qui avait été écrit, il y apposait sa signature, et exprimait ses vœux chrétiens à ceux qui devaient recevoir sa lettre. (*Comp.* II Thess. III, 17 ; Col. IV, 18.) — On ne sait pas, du reste, pourquoi il employait la main d'un secrétaire.

22. S'il y a quelqu'un qui n'aime point le Seigneur Jésus-Christ, qu'il soit anathème ! Maranatha !

22. « *Si quelqu'un*, etc. » L'Apôtre veut, en terminant son Epître, diriger l'esprit des Corinthiens vers ce qui forme l'objet essentiel de la religion, l'amour du Seigneur Jésus, et le détourner en même temps

des discussions où ils étaient engagés. Ce passage implique que ces disputes au sujet de questions d'une importance secondaire renferment un grand danger, et peuvent étouffer dans les cœurs l'amour du Sauveur. § « *Qu'il soit anathème.* » (*Voy.* Note ch. XII, 3.) Ce mot signifie proprement, maudit, voué à la destruction. L'idée ici est que celui qui n'aime pas le Seigneur Jésus doit être maudit de Dieu : quelles que soient ses circonstances extérieures, ses talents, son rang, sa fortune, ses connaissances, et même son activité religieuse, s'il n'a pas l'amour du Sauveur, il ne peut pas être sauvé. (*Comp.* Jean III, 36 ; Marc XVI, 16, et Note sur ce dernier passage.) § « *Maranatha,* » mot composé de deux mots syriaques, Moran Etho, « le Seigneur vient, » Paul semble employer cette expression ici : 1° pour donner plus de solennité à son affirmation ; 2° pour rappeler que, si les pouvoirs humains n'avaient aucun contrôle à exercer sur les sentiments intimes, si l'état ne pouvait pas punir l'incrédulité, il y avait cependant un Dieu à la vengeance duquel n'échapperaient pas ceux qui n'auraient pas aimé le Seigneur. — Il est probable, du reste, que c'était là une expression usuelle parmi les Juifs : l'Apôtre ne l'aurait pas employée si ses lecteurs n'avaient pas dû la comprendre. Chez eux elle signifiait probablement que la personne qui avait été ainsi *dévouée* devait être détruite, parce que le Seigneur viendrait pour détruire ses ennemis. — L'Apôtre écrivit de sa propre main cette déclaration, comme résumé de tout ce qu'il avait dit, et afin qu'on y prêtât une plus grande attention. Il n'y a pas en effet dans toute la Bible de déclaration plus solennelle et qui doive recevoir plus sûrement son accomplissement.

23. Que la grâce de notre Seigneur Jésus-Christ soit avec vous !

23. « *Que la grâce,* etc. » (*Voy.* Note Rom. XVI, 20.)

24. Mon amour *s'étend* à vous tous en Jésus-Christ. Amen.

24. « *En Jésus-Christ,* » par Jésus-Christ, à vous tous en tant que vous êtes chrétiens. C'est une expression qui marque la tendresse que Paul avait pour ses frères en la foi, et par laquelle il termine souvent ses Epîtres : et elle est particulièrement remarquable ici, si nous nous souvenons de la manière dont les Corinthiens l'avaient traité.

Quant à la suscription de cette Epître, il est évident qu'elle a été ajoutée après coup par quelque copiste mal informé, et que nous n'avons pas à en tenir compte. Tout indique que l'Epître a été écrite à Ephèse, et non à Philippes. (*Voy.* notre Introduction.) Et il est également absurde de prétendre que ce soit Timothée qui l'ait portée aux Corinthiens. (*Voy.* Notes ch. XVI, 10-13, et IV, 17.) Du reste, la plupart de ces suscriptions étant erronées (*Voy.* Note sur la fin de l'Épître aux Romains), il vaudrait mieux les supprimer absolument.

FIN DE LA PREMIÈRE ÉPITRE.

DEUXIÈME ÉPITRE AUX CORINTHIENS.

INTRODUCTION.

§ I. — But de l'Epître.

Dans notre introduction à l'Epître précédente, nous avons donné des détails sur la ville de Corinthe, raconté l'histoire de l'Eglise qui s'y était formée, et les raisons qui avaient déterminé l'Apôtre à écrire sa première lettre. Pour bien comprendre celle que nous allons examiner, il faut que le lecteur se rappelle aussi distinctement que possible ces faits. On a vu que le but principal de Paul avait été de réprimer certains désordres graves qui s'étaient glissés dans l'Eglise de Corinthe. Il s'y était employé avec la plus grande fidélité, soit en répondant aux questions qui lui avaient été soumises, soit en signalant les abus qu'il avait appris de la bouche de quelques membres de la famille de Chloé. Le langage de la plus grande partie de l'Epître avait en conséquence dû être sévère, et l'on peut dire que sous ce rapport Paul avait fait preuve d'un énergique dévouement à la cause de son maître.

Naturellement, après une lettre pareille, l'Apôtre avait

du se préoccuper de l'accueil qui lui serait fait et des résultats qu'elle produirait. Elle avait été envoyée d'Ephèse, où Paul se proposait alors de rester jusqu'après la Pentecôte suivante. (I Cor. xvi, 8.) De là il avait compté se rendre en Macédoine et ensuite faire le voyage de Corinthe (I Cor. xvi, 5-7) ; mais, avant de visiter de nouveau l'Eglise de ce lieu, il lui importait de savoir quelle réception y aurait été faite à sa lettre. Dans ce but, il avait envoyé Timothée et Eraste devant lui en Macédoine et en Achaïe (Act. xix, 22; I Cor. xvi, 10), en chargeant le premier de travailler à rétablir l'ordre dans l'Eglise de Corinthe. Il paraît qu'il avait en outre donné à Tite la mission d'aller observer les effets produits par son Epître et de revenir lui en rendre compte. (II Cor. ii, 13 ; vii, 6-16.) Ces renseignements devaient nécessairement influer sur sa ligne de conduite subséquente à l'égard des Corinthiens. Un cas de discipline important, son autorité d'apôtre, les intérêts de la religion dans une ville considérable et dans une Eglise qu'il avait fondée lui-même, tout se trouvait ici en jeu. Ce fut dans ces pensées qu'il quitta Ephèse et se rendit à Troas, où il paraît qu'il avait donné rendez-vous à Tite (Notes sur ch. ii, vers. 13), mais où il ne le trouva pas. L'ayant enfin rejoint en Macédoine (ch. vii, 5, 6), il apprit de lui que sa première lettre avait produit l'effet désiré. La discipline avait été rétablie, les abus corrigés, du moins en grande partie, et les Corinthiens avaient manifesté un vrai repentir. A ces bonnes nouvelles, le cœur de l'Apôtre s'était réjoui, et ce fut évidemment sous l'influence de ces dispositions qu'il écrivit cette seconde lettre.

Tite ayant passé quelque temps à Corinthe, avait pu s'y faire une juste idée de l'état de l'Eglise et des partis qui l'avaient troublée. L'Epître est en conséquence destinée en grande partie à combattre les vues du parti opposé à l'Apôtre et à se justifier de quelques-unes des accusations intentées contre lui. Elle fut, comme la première, portée par

Tite, dont l'intervention ne pouvait que contribuer de nouveau à en assurer les bons résultats.

§ II. — Des sujets traités dans cette Epître.

Tout le monde s'accorde à reconnaître qu'aucun plan bien déterminé n'a présidé à la composition de cette lettre. L'Apôtre paraît y traiter, suivant qu'ils se présentent à son esprit, des sujets divers, mais tous importants pour l'Eglise ; et il le fait, comme d'habitude, avec beaucoup de force et d'à-propos, mais sans s'astreindre à cet ordre régulier qu'on remarque, par exemple, dans sa lettre aux Romains ou dans sa première aux Corinthiens. Voici les principaux de ces sujets :

1° Il mentionne ses souffrances particulières et notamment les épreuves par lesquelles il avait récemment passé en Asie. Il rend grâces à Dieu d'en avoir été délivré et déclare que si Dieu l'a ainsi éprouvé, c'est afin qu'il puisse mieux consoler ceux qui seraient appelés à souffrir de la même manière. (chap. I, 1-12).

2° Il se justifie d'un reproche d'inconstance que lui faisaient ses ennemis. Ayant promis aux Corinthiens de les visiter, et cette promesse n'ayant pas encore été remplie, ces gens attribuaient ce retard à la légèreté ou à la crainte qu'il aurait eue de se trouver en face d'eux. Paul leur répond que la véritable raison de cette conduite avait été le désir de les « épargner » (chap. I, 13-24).

3° Le crime de l'incestueux l'avait profondément affligé. Dans sa première lettre, il s'était longuement étendu sur la conduite que l'Eglise devait tenir à l'égard de cet homme, et il avait ensuite jugé bon de ne pas visiter Corinthe avant de savoir si ses directions avaient été suivies. Sachant maintenant qu'elles l'ont été, il exhorte les Corinthiens à pardonner au coupable et à le recevoir de nouveau dans leur communion (chap. II, 1-11).

4° L'Apôtre décrit, d'abord le désappointement qu'il avait éprouvé en ne rencontrant pas Tite à Troas, puis sa joie quand, arrivé en Macédoine, il y avait appris enfin les bons résultats de sa première lettre et des efforts tentés par lui pour le bien de l'Eglise (chap. II, 12-17).

5° Paul justifie son caractère d'apôtre, en déclarant qu'il n'avait pas besoin auprès des Corinthiens de lettres de recommandation, puisqu'ils savaient dans quel esprit il avait exercé son ministère au milieu d'eux. Il prend de là occasion de mettre en relief la dignité et l'importance du ministère évangélique, en le comparant, au point de vue de l'autorité et de la permanence, au ministère qu'avait autrefois remplit Moïse (chap. III, 1-18).

6° Dans les chapitres IV et V, il établit les principes qui présidaient à ce ministère. Il était, comme les autres apôtres, sujet à beaucoup d'épreuves et d'afflictions, mais il les supportait dans l'espérance de la vie éternelle, en agissant continuellement en vue du monde à venir, et en exhortant tous les hommes à faire leur paix avec Dieu.

7° Continuant le même sujet, il montre, avec une grande beauté de langage, dans quel esprit ses compagnons d'apostolat et lui s'acquittaient de leur mandat, sans se laisser abattre par les épreuves (ch. VI, 1-10).

8° Après avoir ainsi revendiqué ses titres au respect des Corinthiens et rappelé l'affection profonde qu'il leur a vouée, il les exhorte vivement à éviter d'avoir avec les infidèles des rapports qui pourraient nuire à leur piété, ou compromettre l'honneur de l'Evangile dont ils faisaient profession. Ces rapports paraissent avoir été surtout des mariages peu convenables et la participation à des actes idolâtres (chap. VI, 11-18).

9° Dans le chapitre VII, il revient sur le voyage de Tite à

Corinthe et sur la joie qu'il a ressentie en apprenant de lui les effets de sa première lettre.

10° Dans les chapitres VIII et IX, l'Apôtre s'étend sur un sujet qui lui était cher, sur la collecte qu'il faisait en faveur des pauvres chrétiens de la Judée qui souffraient de la disette. Ayant commencé cette bonne œuvre en Macédoine, il n'avait pas craint d'annoncer que les Corinthiens y prendraient une part libérale et chargeait Tite de recueillir leurs aumônes.

11° Dans le chapitre X et dans les suivants, jusques à la fin de l'Epître, Paul se justifie des accusations portées contre lui par ses adversaires, en se comparant à eux, en rappelant les bénédictions que Dieu a répandues sur ses travaux, et par d'autres arguments qui mettaient hors de toute contestation l'autorité de son apostolat.

En traitant ces nombreux sujets, l'Apôtre se montre animé d'une si profonde sollicitude pour la prospérité de l'Eglise de Corinthe, qu'il était impossible que celle-ci n'en fût pas frappée. En somme, l'Epître est substantiellement du même genre que la première. Toutes deux furent écrites à une Eglise où s'étaient produits des dissensions et de fâcheux désordres ; elles avaient pour but de provoquer une réforme et offrent un modèle de la manière dont il faut procéder en matière de discipline. Quoique les maux auxquels l'Apôtre voulait remédier fussent locaux, les grands principes qui s'y trouvaient engagés intéressent l'Eglise de tous les âges et de tous les pays, et nulle part mieux qu'ici cette Eglise n'apprendra, d'une part, comment l'ordre doit être maintenu, et, de l'autre, comment le chrétien calomnié peut répondre à ses ennemis.

§ III. — Où et quand cette Epître fut-elle écrite ?

Elle fut évidemment écrite de Macédoine et envoyée par Tite (chap. VIII, 1-14, et IX, 3), selon toute apparence à peu près un an après la première. L'Apôtre était alors en route pour se rendre à Corinthe et comptait y arriver bientôt. Il y a tout lieu de penser que cette seconde lettre reçut dans cette ville le même accueil que la première, et qu'elle aussi produisit les salutaires effets en vue desquels l'Apôtre l'avait écrite.

NOTES EXPLICATIVES ET PRATIQUES

SUR LA

DEUXIÈME ÉPITRE

AUX CORINTHIENS

CHAPITRE PREMIER.

Ce chapitre comprend :

1° La salutation et la bénédiction apostoliques par lesquelles Paul commence toutes ses lettres, et qui, comme expression d'intérêt pris au bien des troupeaux, convenaient si bien sous la plume d'un homme inspiré de Dieu (vers. 1 et 2).

2° Une vive exposition des consolations que Dieu avait accordées à l'Apôtre, afin qu'il pût à son tour travailler à consoler les autres (vers. 3-7).

3° Un récit succinct des épreuves par lesquelles l'Apôtre avait passé à Ephèse et dont il avait été délivré, avec exhortation aux Corinthiens de s'unir à lui pour bénir Dieu de ces délivrances, et témoignage que l'Apôtre se rend à lui-même d'avoir gardé une bonne conscience en toutes choses, notamment en ce qui concernait ses rapports avec les Corinthiens (vers. 8-12).

4° Une allusion à ce que Paul leur avait déjà écrit, et l'espérance exprimée qu'ils recevraient toujours ses communications comme celles d'un homme qui les aimait et ne voulait que leur bien (vers. 13 et 14).

5° Une première et courte justification de sa conduite quant à ce voyage à Corinthe que l'Apôtre avait projeté, et que ses adversaires lui reprochaient de n'avoir pas accompli. Son intention de leur faire cette visite avait été bien réelle. S'il n'y avait pas encore donné suite, ce n'était ni par légèreté ni par duplicité, comme ils auraient dû en être persuadés par la manière dont il leur avait prêché la doctrine du Seigneur. Comme Dieu est fidèle dans toutes ses promesses, de même il n'y avait jamais eu en lui de *oui* et de *non ;* son seul but, en différant ce voyage, avait été de les épargner, c'est-à-dire d'échapper, en leur laissant le temps de se repentir, à la nécessité d'exercer à leur égard les rigueurs d'une discipline sévère.

1. Paul, apôtre de Jésus-Christ par la volonté de Dieu, et le frère Timothée : à l'Eglise de Dieu qui est à Corinthe, avec tous les saints qui sont dans toute l'Achaïe.

1. « *Paul, apôtre,* etc. » (*Voy.* Notes sur Rom. I, 1; I Cor. I. 1.) § « *Par la volonté,* » ou conformément à cette volonté. (*Voy.* Note sur I Cor. I, 1.) § « *Et le frère Timothée.* » C'était la coutume de Paul que d'associer ainsi quelqu'un aux lettres qu'il écrivait. Dans la première, adressée aux Corinthiens, c'était Sosthènes qu'il avait nommé. (*Voy.* Notes sur I Cor. I, 1.) Le nom de Timothée se retrouve au même titre dans les Epîtres aux Philippiens et aux Colossiens. Nous voyons par la première aux Corinthiens (ch. XVI, 10), que Paul avait envoyé Timothée à Corinthe, ou que du moins il avait pensé que ce disciple pourrait s'y rendre. L'ayant ensuite envoyé avec Eraste en Macédoine (Act. XIX, 21 et 22), il avait espéré les y suivre, dans l'intention de se rendre avec eux en Achaïe. Il paraît, d'après ce passage-ci, que Timothée était revenu de ce voyage et se trouvait en ce moment avec Paul. Les raisons de l'Apôtre pour le nommer en tête de cette lettre, peuvent avoir été les suivantes : 1° Timothée ayant récemment visité les chrétiens de Corinthe, il était tout simple qu'il leur envoyât ses fraternelles salutations, et qu'en outre son nom et son influence concourussent à produire les bons effets que Paul attendait de sa lettre; 2° ayant l'intention de faire de Timothée son compagnon de travail et prévoyant, en raison de son âge, qu'il lui survivrait et serait, après lui, chargé du soin des Eglises, il pouvait être utile de donner de l'autorité au ministère de ce frère, en montrant qu'il le regardait comme richement qualifié pour une œuvre si importante; 3° Timothée pouvait avoir de l'influence sur le parti qui avait calomnié Paul en l'accusant d'inconstance ou de légèreté quant à son dessein de visiter Corinthe. Or, Paul ayant eu l'intention d'aller dans cette Eglise en partant d'Ephèse, et ayant ensuite changé d'avis, il importait que cette résolution ne pût être attribuée qu'à des motifs sérieux ; et comme Timothée connaissait sans doute ces motifs, son témoignage pouvait être à cet égard très-utile. (*Voy.* ch. I, vers. 13-16.) § « *A l'Eglise de Dieu,* etc. » (*Voy.* Notes sur I Cor. I, 2.) § « *Avec tous les saints qui sont dans toute l'Achaïe.* » L'Achaïe se prenait quelquefois pour toute la Grèce, mais c'était proprement la province dont Corinthe était la capitale. Elle se trouvait entre la Thessalie au nord et le Péloponèse au sud. Selon toute apparence, il y avait des chrétiens dans toute l'Achaïe, et il est probable que de petites Eglises y avaient été constituées, soit par l'Apôtre, soit par d'autres prédicateurs de l'Evangile. Nous voyons, entr'autres, par Rom. XVI, 1, qu'il en existait une à Cenchrée, l'un des deux ports de Corinthe. L'intention de Paul était sans doute que des copies de sa lettre circulassent dans ces Eglises.

2. *Que* la grâce et la paix *vous soient données* par Dieu notre Père et par le Seigneur Jésus-Christ.

2. « *Que la grâce, etc.* » C'était là la salutation chrétienne ordinaire. (*Voy.* Notes sur Rom. I, 7 ; I Cor. I, 3.)

3. Béni soit Dieu, qui est le Père de notre Seigneur

Jésus-Christ, le Père des miséricordes, et le Dieu de toute consolation.

3. « *Béni soit Dieu.* » Ces mots, si vifs et si pleins d'onction, sont comme le cri d'un cœur rempli de joie et de reconnaissance, au souvenir de la lettre qu'il avait déjà écrite aux Corinthiens, et à la pensée que depuis cette première lettre, il avait été appelé à passer par une épreuve sévère, mais dont il avait été miséricordieusement délivré. Doddridge a remarqué que onze des Epîtres de Paul commencent ainsi par des exclamations de louange, de joie et de reconnaissance. Souvent affligé, mais toujours puissamment consolé, l'Apôtre donnait ainsi essor aux sentiments de son âme, et ces passages sont précieux pour nous, parce qu'ils nous montrent que le chrétien trouve des raisons de louer Dieu même au sein des tribulations. *Béni* est ici synonyme de *louer*. Ce mot est souvent employé dans ce sens. (*Comp.* Eph. I, 3.) § « *Le Père de notre Seigneur Jésus-Christ.* » L'Apôtre rappelle ici la relation du Père avec le Fils par un mouvement tout naturel de sa foi. Il ne connaissait pas d'autre Dieu que le Père de Jésus-Christ, pas d'autre consolation que celles qui passaient par l'intermédiaire du Fils. C'est au nom du Rédempteur qu'il faut prier, et par lui aussi que doivent être présentées au Père les bénédictions auxquelles il a droit. § « *Le Père des miséricordes,* etc. » Cette façon de parler est à peu près synonyme de *Père miséricordieux*, mais elle a cependant plus d'énergie. Les Hébreux employaient souvent le mot de *père* pour désigner l'auteur de la source d'une chose ; dans ce sens, Dieu est appelé « le Père des miséricordes, » parce que la miséricorde procède de lui aussi directement qu'un fils procède de son père. § « *Et le Dieu de toute consolation.* » Un des attributs les plus glorieux du Père des fidèles est de répandre dans leurs âmes les consolations dont ils ont besoin, et lui seul les peut produire effectivement. Voilà pourquoi saint Paul, qui l'avait éprouvé personnellement, lui donne ces doux noms de Père des miséricordes et de Dieu de toute consolation.

4. Qui nous console dans toute notre affliction, afin que par la consolation dont nous sommes consolés de Dieu, nous puissions consoler ceux qui sont en quelque affliction que ce soit.

4. « *Qui nous console.* » Paul se rappelle ici les consolations accordées soit à lui, soit à ses compagnons dans l'apostolat, et qui sans doute consistaient dans les promesses du Seigneur, dans les influences bénies du Saint-Esprit, qui a été appelé « le Consolateur, » et dans les espérances de la vie éternelle fondées sur la parole du Rédempteur. § « *Afin que nous puissions consoler.* » L'Apôtre ne veut pas dire que ce soit là *le seul* but des grâces qu'il a reçues, mais que tel est l'un des principaux buts que Dieu se propose en consolant les ministres de l'Evangile. Il leur fait faire l'expérience personnelle du pouvoir de ces consolations, et se sert ensuite d'eux pour soutenir, encourager et fortifier l'Eglise, au moyen des principes et des espérances qui les ont soutenus eux-mêmes. On ne console bien les autres, en effet, qu'après avoir senti soi-même la valeur des consolations qu'on peut leur offrir.

Il s'agit évidemment, dans ce passage, des consolations que fournissent à l'âme l'assurance du pardon des péchés et l'espoir de la vie éternelle. Richement bénis sous ce rapport, Paul et les autres Apôtres étaient parfaitement bien qualifiés pour consoler ceux qui avaient à supporter les mêmes épreuves.

5. Car comme les souffrances de Christ abondent en nous, de même notre consolation abonde aussi par Christ.

5. « *Les souffrances de Christ.* » Les souffrances qu'avaient à supporter les Apôtres se rattachaient à la cause de Christ et venaient de leurs efforts pour avancer cette cause. Elles étaient donc de la même nature que celles de Christ lui-même, provenant comme les siennes de la haine, du mépris et des persécutions dirigées contre eux par les ennemis de la vérité. (*Comp.* Col. I, 24.) Pierre dit, dans le même sens, que les chrétiens « participent aux souffrances de Christ. » (I Pier. IV, 13.) § « *De même notre consolation abonde par Christ,* » c'est-à-dire par son moyen ou par son entremise. Le sentiment de la présence de Christ, sa grâce toute-puissante, la force de son amour agissant dans le cœur, les succès accordés à son Evangile et l'attente des récompenses réservées aux siens, tels étaient sans doute les motifs qui soutenaient Paul dans ses épreuves, et telles seront, dans tous les temps, les célestes consolations des chrétiens opprimés, persécutés ou calomniés au service de leur Maître. Il est impossible que Christ n'en fasse pas faire l'expérience à ceux qui l'aiment.

6. Et soit que nous soyons affligés, *c'est* pour votre consolation et pour votre salut; qui se produit en endurant les mêmes souffrances que nous endurons aussi ; soit que nous soyons consolés, *c'est* pour votre consolation et pour votre salut.

6. « *Et soit que nous soyons affligés.* » Ces paroles, qui exposent l'une des raisons pour lesquelles les Apôtres étaient soumis à l'affliction, sont de celles qui montrent que si saint Paul n'avait pas été inspiré, on aurait pu le dire habile dans l'art d'écrire. Rien n'était plus propre à lui concilier le respect et l'affection des Corinthiens que de leur rappeler des souffrances endurées pour eux, car il nous est impossible de ne pas nous sentir bien disposés à l'égard d'une personne qui a souffert en vue de nous ou à notre profit ; et c'est là, en fait, le plus grand des motifs que portent les chrétiens à aimer Jésus-Christ. § « *C'est pour votre consolation et pour votre salut.* » L'Apôtre fait sans doute allusion aux souffrances qu'il avait endurées à Ephèse. Il ne veut pas dire que ces épreuves fussent spécialement destinées à consoler les Corinthiens ; mais comme il les avait endurées en travaillant à répandre les grandes doctrines du salut, il pouvait dire en toute vérité qu'elles devaient tourner au profit des Corinthiens, sans compter que, comme il avait déjà dit au verset 4, elles l'avaient rendu plus capable encore de les consoler dans leurs propres afflictions, au moyen de l'expérience qu'il avait acquise et de l'exemple de patience que Dieu l'avait aidé à donner. § « *Qui se produit,* » ou s'avance et s'affermit. C'est un enseignement constant des Ecritures

que la patience dans l'affliction tend à affermir l'homme dans les voies du salut. (*Voy.* Notes sur Rom. v, 3-5.) § « *En endurant avec résignation et patience,* » comme Dieu nous a donné à nous-mêmes de le faire. § « *Soit que nous soyons consolés.* (*Voy.* vers. 4.) Le sens général du passage est que tout ce qui était arrivé à l'Apôtre, soit en fait de souffrances, soit en fait de consolations, avait pour but le bien de l'Eglise, et qu'en conséquence, les Corinthiens devaient se regarder comme y étant directement intéressés.

7. Or l'espérance que nous avons de vous est ferme, sachant que comme vous êtes participants des souffrances, de même aussi *vous le serez* de la consolation.

7. « *L'espérance que nous avons,* etc. » Nous sommes assurés qu'ayant été sauvés par Christ, vous endurcrez les souffrances de manière à ce qu'elles vous affermiront davantage dans les voies du salut. On ne sait pas de quelles épreuves particulières les Corinthiens avaient eu déjà à souffrir; mais sans doute que, comme toutes les premières Eglises, ils avaient dû lutter contre des oppositions et des persécutions. Cette communauté de souffrances était admirablement propre à unir entre eux les chrétiens, car rien ne nous inspire une affection plus vive pour nos frères que de savoir qu'ils souffrent les mêmes maux, ou goûtent les mêmes jouissances que nous dans un même esprit et en tendant au même but.

8. Car, mes frères, nous voulons bien que vous sachiez notre affliction qui nous est arrivée en Asie : *c'est* que nous avons été chargés excessivement au-delà de ce que nous pouvions porter ; tellement que nous avions perdu l'espérance de conserver notre vie.

8. « *Nous voulons bien,* etc., » afin que vous puissiez mieux sympathiser avec nous et nous aider plus chaleureusement de vos prières (vers. 11). § « *Notre affliction qui nous est arrivée en Asie.* » Ce mot d' « Asie » est employé souvent pour désigner cette partie de l'Asie Mineure dont Ephèse était la capitale. (*Voy.* Notes sur Act. II, 9.) Mais quelles étaient les afflictions que Paul mentionne ici? Les commentateurs sont loin d'être d'accord sur ce point. Suivant les uns, il s'agit de ce qu'il avait souffert à Lystres (Act. XIV, 6, 19, 20), où il n'avait échappé à la mort que comme par miracle; mais ce fait était déjà ancien, et les paroles de ce verset supposent quelque chose de plus récent. D'autres pensent qu'il s'agit plutôt des embûches dressées par les Juifs à l'Apôtre avant son départ pour la Macédoine. (Act. XXII, 3.) D'autres encore, en plus grand nombre, croient que l'Apôtre entend parler du tumulte soulevé contre lui par Démétrius et ses ouvriers. (Act. XIX.) On peut cependant objecter à cette opinion que Paul n'ayant pas été au théâtre (vers. 31), n'avait pas en réalité couru des dangers assez grands pour justifier l'énergie des expressions dont il se sert ici, et l'on pense, en conséquence, qu'il s'agirait plutôt du danger qu'il courut à Ephèse lorsqu'il dut y combattre contre les bêtes. (I Cor. XV, 32.) Toutes ces opinions pourraient peut-être se concilier, en admettant que Paul avait ici en vue

l'ensemble des persécutions dont il avait eu à souffrir en Asie avant son départ pour la Macédoine, y compris tous les faits rappelés plus haut, et qui plusieurs fois sans doute avaient mis sa vie en danger. C'est l'explication qui me semble la plus probable. § « *Chargés excessivement.* » Le mot grec semble désigner un poids accablant; il revient plusieurs fois avec la même nuance de sens dans les Epîtres de l'Apôtre. (Rom. VII, 13; Gal. I, 13; II Cor. IV, 17.) § « *Tellement que nous avions perdu l'espérance,* etc. » C'était sans doute là un de ces « dangers de mort » auxquels Paul fait allusion plus loin (ch. XI, 23). L'Apôtre avait, on n'en saurait douter, puisé dans cette vue de la mort, qu'il avait eu si souvent à contempler en face, un courage et une fidélité qui ne purent que contribuer puissamment au succès de son ministère. Il avait dû souvent prêcher l'Evangile comme un homme qui s'attendait à le prêcher pour la dernière fois.

9. Car nous nous sommes vus comme si nous eussions reçu en nous-mêmes la sentence de mort ; afin que nous n'eussions point de confiance en nous-mêmes, mais en Dieu qui ressuscite les morts.

9. « *Car nous nous sommes vus,* etc. » En d'autres termes, nous nous regardions comme irrévocablement condamnés à mort. Soit qu'il y ait eu réellement un jugement prononcé par des magistrats, soit que la fureur populaire eût été portée à son plus haut degré, l'Apôtre s'était, dans les dangers auxquels il fait allusion, regardé comme voué à une mort certaine et immédiate. § « *Afin que nous n'eussions,* etc., » ou en sorte que nous n'avions plus de confiance en nous-mêmes. Admirable passage, où l'Apôtre montre, sans songer à s'en vanter, que l'approche d'une mort violente n'avait eu d'autre effet sur son âme que de la faire renoncer à toute confiance en elle-même, pour s'abandonner sans réserve à la volonté de son Dieu, qui seul pouvait ou délivrer son serviteur de ce péril, ou le soutenir d'une manière efficace à ses derniers moments. Tels doivent être et tels ont toujours été les sentiments du vrai chrétien dans des circonstances semblables. § « *Mais en Dieu qui ressuscite les morts.* » A cette heure de suprême danger, la certitude de la résurrection avait été la grande consolation de l'Apôtre, et, semble-t-il dire, la délivrance de ce danger a été tellement l'œuvre de Dieu qu'elle peut être regardée comme une véritable résurrection.

10. Et qui nous a délivrés d'une si grande mort, et qui nous en délivre, et en qui nous espérons qu'il nous en délivrera aussi à l'avenir.

10. « *Et qui nous a délivrés d'une si grande mort.* » Ce mot de *grande* indique que la mort s'était présentée à l'Apôtre sous un aspect terrible, et favoriserait l'idée qu'il avait ici en vue son combat contre les bêtes féroces. (*Voy.* Notes sur le vers. 8.) Quoi qu'il en soit, le danger avait été tel qu'il aurait été impossible d'attribuer la délivrance à un autre pouvoir qu'à celui de Dieu. Dans toute espèce de péril, c'est Dieu qui préserve ou délivre, mais il est des cas où son intervention se révèle avec plus d'éclat que dans d'autres. L'Apôtre ne dit pas si ce fut d'un

miracle ou de quelques moyens providentiels ordinaires que Dieu se servit pour le délivrer; mais l'intervention divine en sa faveur ne faisait évidemment aucun doute dans son esprit. § « *Et qui nous en délivre*, etc. » Paul, exposé tous les jours à de graves dangers, sentait à chaque instant que Dieu le gardait, et instruit par l'expérience qu'il avait faite à cet égard de la miséricorde divine, il était convaincu que cette protection toute-puissante le couvrirait jusqu'à ce qu'il eût terminé sur la terre l'œuvre qu'il avait à y faire.

11. Etant aussi aidés par la prière que vous faites pour nous, afin que des actions de grâces soient rendues pour nous par plusieurs personnes, à cause du don qui nous aura été fait en faveur de plusieurs.

11. « *Etant aussi aidés par la prière*, etc. » Quelques interprètes ont joint ces mots au verset précédent, comme si l'Apôtre avait demandé des prières uniquement en vue des dangers présents ou à venir; mais le sens général du verset n'admet pas cette sorte de restriction. Les chrétiens de Corinthe avaient sans doute déjà prié pour Paul, et c'est au secours de ces prières qu'il attribuait une part dans ses délivrances passées aussi bien que celles de l'avenir. La construction de cette phrase est, dans le texte comme dans la version, un peu embarrassée, mais le sens est clair. Les dons ou les délivrances dont l'Apôtre avait été ou pouvait être encore l'objet, ayant pour but le salut d'un grand nombre, il était juste que les prières de l'Eglise les demandassent à Dieu, et que tous s'unissent ensuite pour en rendre grâces. C'est là la communion des saints sur la terre. L'Eglise étant une, ses membres sont nécessairement appelés à s'attrister et à se réjouir de ce qui arrive à quelques-uns d'entre eux. Saint Paul, en rappelant ce fait aux Corinthiens, donnait une preuve d'humilité, et rien ne pouvait, mieux qu'un pareil langage, exciter dans leur âme les sentiments d'affection et de filiale sollicitude dont il avait besoin de les sentir animés. L'Apôtre nous montre aussi dans ce passage qu'il ne suffit pas de demander à Dieu des grâces, mais qu'il faut aussi savoir le bénir après les avoir obtenues, — devoir important, qu'il nous arrive trop souvent de négliger.

12. Car c'est ici notre gloire, *savoir*, le témoignage de notre conscience, de ce qu'en simplicité et sincérité devant Dieu, et non point avec une sagesse charnelle, mais selon la grâce de Dieu, nous avons conversé dans le monde, et particulièrement avec vous.

12. « *Car c'est ici notre gloire*, etc. » La liaison de ce verset avec ce qui précède a été expliquée de deux manières. Ou bien l'Apôtre, demandant aux Corinthiens le secours de leurs prières, veut leur rappeler ici ses titres à obtenir d'eux cette marque d'affection ; ou bien, se reportant encore au souvenir de ces dangers de mort qu'il avait courus, il se félicite de ce qu'en présence de cette fin prochaine et violente, il ait pu trouver dans le témoignage de sa conscience un motif de se tranquilliser et de se confier entièrement en son Dieu. Quoi qu'il en soit, ce ver-

set sert évidemment de transition à l'Apôtre pour arriver à quelques-uns des sujets particuliers sur lesquels il veut appeler l'attention des Corinthiens. Les adversaires qu'il avait dans cette ville l'accusaient de légèreté, peut-être même de duplicité. Il devait se justifier de ces reproches, et c'est à cela qu'il va travailler en déclarant, dès l'abord, qu'il peut hardiment en appeler au témoignage de sa conscience. § « *En simplicité.* » Le mot grec employé ici se retrouve plus loin, au chapitre XI, verset 3. Il désigne la candeur, la franchise et cette droiture de cœur, de langage et d'action, qui dédaigne toute espèce de ruses, de détours ou d'artifices et va directement au but qu'elle se propose. § « *Et sincérité devant Dieu.* « Il y a dans le grec « sincérité de Dieu, » locution qui peut ou être une façon de parler hébraïque pour désigner la plus parfaite sincérité, comme on disait : « les montagnes de Dieu » pour dire « les montagnes les plus élevées, » ou bien, rappeler tout simplement que la sincérité, de même que toutes les autres vertus chrétiennes, est l'œuvre de Dieu dans le cœur des siens. Le mot grec traduit avec raison par *sincérité* est d'une grande énergie. Il exprime littéralement une pureté telle qu'on peut sans rien craindre l'examiner à la lumière du soleil. § « *Et non point avec une sagesse charnelle,* » c'est-à-dire à la manière des gens du monde, qui usent de détours et emploient sans scrupule, pour arriver à leurs fins, des moyens qui paraissent sages et d'une bonne politique, mais où ne sont respectées ni la simplicité ni la sincérité. On voit quelquefois, hélas ! jusque dans le sein de l'Eglise, paraître les effets de cette sorte de sagesse que l'Apôtre appelle à bon droit charnelle. § « *Selon la grâce de Dieu.* » Suivant que Dieu nous a inspirés. On voit que l'Apôtre ne laisse échapper aucune occasion de rappeler que, comme il le dit ailleurs, « toute notre capacité vient de Dieu. § « *Nous avons conversé ;* » Ce mot, littéralement reproduit du grec, signifie proprement l'acte de se tourner ou de se diriger vers un but. Il est ici synonyme de *se conduire,* et a été rendu de cette manière dans d'autres versions. § « *Dans le monde,* » en toute circonstance et partout où nous avons été. § « *Et particulièrement avec vous,* » c'est-à-dire dans ces rapports avec vous que quelques-uns vous ont représentés sous de fausses couleurs, comme si j'avais manqué de simplicité et de sincérité.

13. Car nous ne vous écrivons point d'autres choses que celles que vous lisez, et que même vous connaissez ; et j'espère que vous les reconnaîtrez aussi jusques à la fin.

13. Il y a quelque obscurité dans ce verset. Théodore du Bèze et d'autres interprètes l'entendent uniquement des écrits de l'Apôtre, que ses ennemis auraient accusés de n'être pas très-clairs, et peut-être même d'être conçus d'une manière assez ambiguë pour que l'auteur pût les interpréter à son gré. Mais on ne voit nulle part Paul prendre la peine de justifier ses écrits. Il est donc plus simple d'appliquer ce passage au sujet même qu'il touchait en ce moment, c'est-à-dire à la manière de se conduire avec les Corinthiens. Ce que je vous écris ici même, dit-il, au sujet de la simplicité de la droiture que j'apporte dans toutes mes actions, est conforme à ce que vous avez déjà vu de moi comme à ce que vous connaissez d'ailleurs de ma vie, et j'espère bien que rien à l'avenir ne viendra le démentir. Tel est évidemment le sens du passage, dé-

terminé par le souvenir des accusations dirigées contre Paul par ses adversaires, et surtout par le reproche de n'avoir pas tenu sa promesse de se rendre à Corinthe. § « *Que même vous connaissez.* » Le mot de l'original exprime une connaissance parfaite, approfondie. Les Corinthiens ayant vu Paul à l'œuvre, n'auraient pas dû douter un instant de cette parfaite droiture d'intention et de conduite qu'il revendique ici. § « *Et j'espère*, etc. » On sent ici le langage d'un homme ferme dans ses principes, qui compte bien que Dieu lui fera la grâce de ne jamais s'en départir.

14. Selon que vous avez reconnu en partie que nous sommes votre gloire, comme vous êtes aussi la nôtre pour le jour du Seigneur Jésus.

14. « *Selon que vous avez reconnu.* L'Apôtre insiste sur cette connaissance que les Corinthiens devaient avoir de sa sincérité. § « *En partie,* » c'est-à-dire un certain nombre d'entre vous au moins. § « *Que nous sommes votre gloire,* » que vous nous regardez bien comme un Apôtre, et qu'ayant été appelés par nous à l'Evangile, vous reconnaissez notre autorité et vous souvenez avec joie de nos travaux parmi vous. § « *Comme vous êtes aussi la nôtre.* » L'existence de l'Eglise de Corinthe était un fruit précieux des travaux de l'Apôtre; il pouvait s'en réjouir devant les hommes et devait s'en réjouir au jour du jugement, non par orgueil, mais dans un sentiment profond de reconnaissance envers Dieu, qui s'était servi de lui pour accomplir cette œuvre. Ce passage implique l'existence d'un sentiment mutuel de confiance et d'amour qui résume bien les rapports d'un père spirituel avec ses enfants. Heureux les pasteurs et les troupeaux entre lesquels on peut dire que de tels rapports existent!

15. Et dans une telle confiance, je voulais premièrement aller vers vous, afin que vous eussiez une seconde grâce.

15. « *Dans une telle confiance,* » c'est-à-dire, bien persuadé que la majorité de l'Eglise me rend ce témoignage et m'aurait accueilli en conséquence. § « *Je voulais;* » j'avais formé le dessein. § « *Premièrement.* » Allusion évidente à une promesse exprimée dans la première Epître (ch. XVI, 5). Ayant ensuite renoncé à ce dessein, Paul va donner les raisons de ce changement de vues. § « *Une seconde grâce.* » Le premier séjour de Paul à Corinthe avait été une source abondante de grâce et de joie pour ceux qui avaient écouté sa parole ; une seconde visite ne pouvait qu'ajouter à ces biens et qu'être par conséquent pour les croyants un second ou nouveau sujet de joie. Au lieu du mot traduit par « grâce » ou « don, » quelques manuscrits en portent un qui signifie « joie. »

16. Et passer de chez vous en Macédoine, puis de Macédoine revenir vers vous, et être conduit par vous en Judée.

16. « *Passer de chez vous,* etc. » Passer par Corinthe pour se rendre d'Ephèse en Macédoine n'était pas le chemin direct; un simple coup d'œil sur la carte fera voir que la voie la plus courte était au contraire celle que l'Apôtre avait fini par prendre, c'est-à-dire de se rendre direc-

tement à Troas. La première partie de son projet primitif avait donc été abandonnée. § « *En Macédoine.* » Cette partie de la Grèce était bornée au nord par la Thrace, au sud par la Thessalie, à l'ouest par l'Epire, et à l'est par la mer Egée. (*Voy.* Notes sur Act. XVI, 9.) § « *Et être conduit*, etc. » (*Voy.* Notes sur I Cor. XVI, 6.) § « *En Judée* » où l'Apôtre devait porter le produit des collectes faites dans les Eglises des Gentils en faveur des saints de Judée. (*Voy.* Notes sur Rom. XV, 25, 26; *Comp.* avec I Cor. XVI, 3, 4.)

17. Or, quand je me proposais cela, ai-je usé de légèreté? Ou les choses que je pense, les pensé-je selon la chair, en sorte qu'il y ait eu en moi : Oui, oui : et *puis :* Non, non?

17. « *Quand je me proposais cela,* » ou en formant ce projet. § « *Ai-je usé de légèreté?* » Le mot grec indique, absolument, comme le mot français, d'abord la légèreté de poids, puis, par une extension de sens toute naturelle, la légèreté d'esprit, le défaut de solidité et l'amour du changement. Sans doute que quelques-uns des adversaires de Paul avaient formulé ce reproche. § « *Selon la chair,* » c'est-à-dire dans mon intérêt privé, ou en ne consultant que mes convenances personnelles, comme l'aurait pu faire un homme du monde. Les Corinthiens devaient savoir à quoi s'en tenir à cet égard. L'histoire entière de Paul montre que jamais homme ne fut moins influencé que lui dans toutes ses actions par des vues charnelles ou intéressées. § « *En sorte qu'il y ait eu en moi, oui, oui ; et : non, non?* » La construction grammaticale de ce membre de phrase offre des difficultés qui ont fait penser à quelques interprètes que c'était une sorte de locution proverbiale, mais le sens est clair. Dire tantôt oui et tantôt non, faire des promesses et ensuite les retirer, est le propre des hommes légers, ou des hommes qui ne cherchent en tout que leur intérêt ou leur plaisir personnels. C'était une manière pittoresque de dépeindre les dispositions que l'Apôtre déclare n'avoir pas été le mobile de sa conduite.

18. Mais Dieu est fidèle, que notre parole de laquelle j'ai usé envers vous, n'a point été oui et non.

18. « *Dieu est fidèle.* » Cette manière d'invoquer le témoignage de Dieu rappelle l'expression si souvent employée dans l'Ancien Testament. « L'Eternel est vivant. » Dieu, qui est fidèle et vrai dans toutes ses paroles et qui connaît les cœurs, semble dire l'Apôtre, m'est témoin que etc. § « *Notre parole.* » Ce mot peut se rapporter uniquement à la promesse dont il est ici question, mais il est plus probable, et la suite semble prouver que l'Apôtre lui donnait un sens général en l'appliquant à tout ce qu'il avait dit ou prêché à Corinthe. En rien et dans aucun de ses discours, il était sûr de n'avoir jamais parlé par légèreté ou dans des vues charnelles.

19. Car le Fils de Dieu, Jésus-Christ, qui a été prêché par nous entre vous, savoir : par moi, et par Silvain, et par Timothée, n'a point été oui et non ; mais il a été oui en lui.

19. « Dans ce verset et dans le suivant, Paul établit qu'il s'est toujours regardé comme obligé de parler en toute vérité par deux raisons :

d'abord parce que Jésus-Christ a toujours parlé de cette manière, et ensuite parce que Dieu se montre fidèle dans toutes ses promesses. Serviteur de son Sauveur et de son Dieu, il était impossible que Paul ne regardât pas comme une obligation sacrée de les imiter l'un et l'autre à cet égard. § « *Le Fils de Dieu.* » (*Voy.* sur le sens de ce mot les Notes sur Rom. I, 4.) § « *Jésus-Christ.* » Ce nom représente ici la doctrine du Sauveur, soit quant à ce qui le concernait lui-même, soit quant à l'ensemble des points sur lesquels avait porté son enseignement. § « *Par Silvain.* » Silvain, que le livre des Actes nomme *Silas*, se trouvait avec Paul à Philippes lorsqu'il y fut jeté en prison (Act. XVI); il accompagnait également l'Apôtre et Timothée lors de leur première visite à Corinthe. Paul a montré le cas qu'il faisait de ce disciple en adjoignant son nom au sien dans quelques-unes de ses Epîtres. (I Thess. I, 1; II Thess. I, 1.) § « *N'a point été oui et non, mais il a été oui en lui.* » Ni Paul, ni ses compagnons n'avaient pu enseigner que Jésus eût été léger ou mobile, soit dans ses paroles, soit dans ses actes. La véracité était au contraire un des caractères les plus frappants de ses discours comme de sa vie. Il s'était appelé lui-même la vérité. (Jean XIV, 6; *Comp.* avec Apoc. III, 7 et 14.) Sa parole avait toujours été simple, sans fard, sans exagération. Il n'avait jamais déguisé la vérité, jamais usé de réserves mentales, jamais trompé; il était venu au monde, avait-il dit, « pour rendre témoignage à la vérité » (Jean XVIII, 37), et comme le prophète l'avait dit à l'avance, il n'y avait jamais eu « de fraude dans su bouche. » Cela étant, comment Paul, qui prêchait l'imitation de Jésus-Christ, aurait-il pu se montrer léger ou inconstant dans ses paroles ?

20. Car tout autant qu'il y a de promesses de Dieu, elles sont Oui en lui, et Amen en lui, à la gloire de Dieu par nous.

20. « *Car tout autant qu'il y a de promesses en Dieu*, etc. » Dieu a promis par Christ le pardon des péchés, la sanctification par le Saint-Esprit, la consolation dans les souffrances, l'assistance dans les tentations, la paix dans la mort, puis enfin la vie éternelle, et toutes ces grâces sont certaines, irrévocables; elles sont *oui* et *amen*, car il est impossible que Dieu revienne sur ce qu'il a décrété ou reprenne ce qu'il a donné. On sait que le mot *amen* signifie « en vérité, « certainement, » ou plutôt « le ferme, le fidèle, le certain. » Jésus lui-même est appelé l'*Amen*, c'est-à-dire le véritable. (Apoc. III, 14.) Ces deux expressions, accolées l'une à l'autre, expriment une immuable affirmation et ont pour but de faire comprendre à quel point il était impossible que Paul, envoyé par un tel Dieu, pût se montrer léger ou inconstant dans sa conduite. § « *A la gloire de Dieu par nous.* » C'est par nous ou en nous, apôtres, pasteurs ou simples membres de l'Eglise, que se manifeste cette immutabilité des promesses divines, et c'est en cela même que brille la gloire de Dieu.

21. Or celui qui nous affermit avec vous en Christ, et qui nous a oints, *c'est* Dieu.

21. « *Or celui qui nous affermit*, etc. » Paul s'étant étendu longuement sur sa véracité, ne veut pas qu'on puisse l'accuser de trop de confiance

en lui-même ou de vanterie. Suivant son usage constant de rendre à Dieu la gloire de tout ce qui est bon, il se hâte donc de déclarer que cette vertu lui vient d'en haut comme toutes celles dont les Corinthiens pouvaient se rendre à eux-mêmes le témoignage. § « *Qui nous a oints.* » Ce *nous* semble désigner non-seulement l'Apôtre, mais en général les chrétiens. Quant à l'onction, l'usage était d'oindre, en les installant dans leurs fonctions, les rois, les prophètes et les prêtres. (*Voy.* Exod. XXVIII, 41; XL, 15; I Sam. X, 1; XV, 1; II Sam. II, 4; I Rois XIX, 16; Es. XLI, 1. etc.) Le Messie avait reçu ce titre *d'Oint* en vue de sa triple fonction de prophète, de sacrificateur et de roi. Mais l'Evangile le donne aussi aux chrétiens, comme ayant été consacrés ou mis à part pour le service de Dieu. C'est dans ce sens qu'il est dit (I Jean II, 20) que nous sommes « oints du Saint-Esprit, » et plus loin (vers. 27), que « l'onction que nous avons reçue demeure en nous. » L'onction accomplie sur la personne des rois, des prophètes et des sacrificateurs était un emblème des grâces du Saint-Esprit répandues comme de l'eau sur eux pour les rendre capables de remplir leur tâche. (*Voy.* Prov. I, 23; Es. XLIV, 23; Joël II, 28; Zach. XII, 10; Act. X, 45.) Or, comme les chrétiens, eux aussi, sont placés par la grâce de Dieu sous l'influence du Saint-Esprit, l'Ecriture nous parle tout naturellement d'eux comme ayant aussi reçu *l'onction* qui les a mis à part, et comme consacrés pour l'œuvre qu'ils ont à faire. § « *C'est Dieu.* » Notons encore ici cette habitude constante de Paul de rapporter tout ce qu'il y a de bon à la grâce de Dieu.

22. Qui aussi nous a scellés, et nous a donné les arrhes de l'Esprit en nos cœurs.

22. « *Qui aussi nous a scellés.* » En marquant un écrit ou un objet quelconque d'un cachet ou d'un sceau, on le déclare authentique, on lui donne de l'autorité, on en confirme la valeur. Appliqué aux personnes, ce mot de *scellés* signifie donc qu'elles sont approuvées ou reconnues. C'est ainsi qu'il est dit des serviteurs de Dieu qu'ils sont marqués sur leurs fronts (Apoc. VII, 3; *Comp.* Ezéch. IX, 4), et du Sauveur lui-même que Dieu l'a « approuvé de son cachet. » (Jean VI, 27.) C'est-à-dire que le Saint-Esprit donné aux fidèles montre et garantit qu'ils appartiennent à Dieu. Après les avoir renouvelés et sanctifiés, il produit dans leur cœur une joie et des désirs auxquels ils reconnaissent eux-mêmes qu'ils sont approuvés de Dieu, qu'ils sont ses enfants d'adoption, que leurs espérances ne sauraient être vaines et qu'en conséquence leur salut est certain, absolument de même qu'un cachet ou un sceau appliqué sur un document quelconque lui donne un caractère irréfragable de certitude. Il n'y a rien là de miraculeux; ce sont les opérations ordinaires du Saint-Esprit; la foi, l'espérance, la paix, la soumission à la volonté de Dieu, l'esprit de prières et de louanges; tout cela est comme le sceau de la grâce et la garantie certaine du salut. § « *Et nous a donné les arrhes.* » Des arrhes sont un gage, une partie du paiement qu'on donne pour assurer la validité d'un achat ou d'une transaction, et donner la certitude que le prix entier sera payé. Cette expression ne se lit que deux autres fois dans le Nouveau Testament (plus loin, ch. V, vers. 5, et Ephés. I, 14) toujours en parlant du Saint-Esprit et de ses effets dans l'âme des fidèles. Ces effets sont bien comme un gage,

comme une partie du prix que Dieu nous offre dans son alliance. Ce qui caractérise ce paiement partiel qu'on appelle des arrhes, c'est : 1° qu'il est de même nature que le paiement, et 2° qu'il assure le paiement du prix intégral. Il en est de même pour les fruits de la grâce dans le cœur du fidèle : 1° les joies qu'il en ressent sont bien de la même nature que celles qui lui sont assurées dans le ciel; il n'y a de différence que dans le degré, en ce sens qu'il ne reçoit ici-bas qu'une petite partie de ce qui l'attend; et 2° ces joies lui donnent la pleine et entière certitude qu'il recevra tout ce que Dieu lui a promis, absolument comme les premières gerbes recueillies dans un champ sont les arrhes, ou la garantie d'une moisson complète, ou comme un marchand à qui l'on a donné des arrhes peut se promettre de recevoir le prix entier de sa marchandise.

23. Or j'appelle Dieu à témoin sur mon âme, que ç'a été pour vous épargner que je ne suis pas encore allé à Corinthe.

23. « *Or j'appelle Dieu à témoin*, etc. » Plusieurs commentateurs ont remarqué avec raison que c'est par ce verset que devrait commencer le chapitre second, parce qu'il conduit plus naturellement au sujet que l'Apôtre développera dans ce chapitre, c'est-à-dire à la véritable raison qui l'avait empêché de réaliser son projet d'aller visiter l'Eglise de Corinthe. Dans ses *Horæ Paulinæ*, le savant Dr Paley a prouvé, d'une manière qu'on pourrait appeler irréfutable, que ce changement dans les projets de l'Apôtre avait eu lieu antérieurement à sa première lettre. Ayant appris les désordres survenus dans cette Eglise, il lui avait paru préférable de commencer par écrire une lettre sévère, destinée à faire rentrer les Corinthiens en eux-mêmes, et naturellement sans leur parler alors de cet ajournement de sa visite projetée. Maintenant, que les nouvelles sont meilleures, il veut qu'on sache la vraie raison de ce retard, et c'est ce qu'il va dire en toute franchise. § « *Sur mon âme;* » il y a dans le grec *contre mon âme*, et la solennité de cette invocation se comprend assez d'elle-même pour pouvoir se passer de commentaire. § « *Pour vous épargner.* » En se rendant à Corinthe après les mauvaises nouvelles qu'il en avait reçues, l'Apôtre n'aurait pu, en sa qualité d'Apôtre, se dispenser d'infliger à l'Eglise une discipline sévère, et probablement d'en expulser quelques membres. C'est à quoi il avait voulu échapper en essayant de ramener cette Eglise par une lettre pleine à la fois d'affection et d'avertissements sérieux; il n'y avait donc eu dans sa détermination ni défaut d'attachement, ni oubli de ses promesses, et maintenant que le mal avait été réparé, il pouvait sans inconvénient signaler le vrai motif de son changement de projet.

24. Non que nous dominions sur votre foi, mais nous contribuons à votre joie ; puisque vous êtes demeurés fermes dans la foi.

24. « *Non que nous dominions sur votre foi*, etc. » Le sens de ces paroles me paraît être celui-ci : Dans ce que j'ai fait, je n'ai voulu ni maîtriser vos consciences, ni contraindre en quelque sorte votre foi, mais

uniquement contribuer à augmenter encore votre joie chrétienne, parce que, malgré tout ce qui s'était passé, je savais que vous étiez restés fermes dans la foi, c'est-à-dire attachés à la doctrine de Christ et disposés à écouter ceux qu'il a chargés de vous la prêcher. Bien que les Apôtres eussent reçu la mission d'annoncer l'Evangile et de fonder des Eglises, nous ne voyons nulle part qu'ils aient voulu imposer leurs croyances ou leur volonté, comme s'ils avaient la « domination sur les héritages du Seigneur. » (I Pier. v,3.) C'était toujours, au contraire, aux voies de la persuasion qu'ils avaient recours, et Paul en avait ici donné la preuve. En se rendant auprès des Corinthiens, il aurait dû recourir à des mesures rigoureuses qui auraient peut-être paru à quelques-uns un abus d'autorité, tandis qu'au moyen de sa lettre il avait atteint son but, tout en leur faisant éprouver cette joie que des hommes sérieux et croyants ressentent toujours quand ils ont obéi à de justes et fraternelles représentations. § « *Vous êtes demeurés fermes dans la foi.* » (*Voy.* I Cor. xv, 1 et Note.) Tout en laissant de grands désordres se glisser dans leur Eglise, les Corinthiens avaient conservé leur croyance à l'Evangile. L'Apôtre les en avait déjà félicités dans sa première lettre, et pouvait d'autant mieux y revenir ici, qu'ils lui avaient donné, par l'accueil fait à ses avis, une nouvelle preuve de cet attachement à l'Evangile qu'il leur avait prêché. — Ce passage renferme une grande leçon à l'usage des conducteurs de l'Eglise. Il leur montre dans quel esprit ils doivent diriger, exhorter ou censurer leurs troupeaux. Quoique divinement inspiré, Paul ne voulait pas dominer sur la foi des fidèles. Que penser de ceux qui, de nos jours, ont la prétention de vouloir imposer leurs croyances, et en particulier de ce pouvoir papal qui a si longtemps tyrannisé les consciences et voudrait les tyranniser encore ? La foi doit être libre, et sans liberté une religion véritable n'est pas possible. La « domination sur les héritages du Seigneur » ne peut enfanter que l'hypocrisie ou l'incrédulité.

REMARQUES SUR LE CHAPITRE PREMIER.

1° La première réflexion pratique que suggère l'étude de ce chapitre, c'est que Dieu seul est la source des vraies consolations dans les épreuves de la vie. Ces épreuves peuvent être très-diverses, très-nombreuses et très-sévères, mais de quelque nature qu'elles soient : maladies, pertes d'amis, pertes de fortune, mécomptes, pauvreté, injures ou calomnies de la part des méchants, c'est en vain que l'on cherche ailleurs qu'en Dieu la force de les supporter, parce que Dieu seul nous en fait connaître le but et nous donne, comme « Père des miséricordes, » l'assurance qu'elles ne sont pas l'effet d'une aveugle destinée, mais les dispensations d'un maître bienveillant et tout sage, qui ne veut que notre bonheur. C'est dans cette connaissance, fruit de l'amour divin, que le chrétien trouve comme l'Apôtre lieu de bénir son Père céleste jusqu'au sein des souffrances, au milieu des dangers et même en présence de la mort. Et jamais ces consolations ne se présentent à l'âme plus abondantes et plus efficaces que lorsque les souffrances dont elles soulagent sont endurées pour la cause de Christ. Un autre de leurs effets est de rendre ceux qui sont ainsi éprouvés et consolés plus actifs et plus aptes à consoler à leur tour ceux qui souffrent des mêmes maux.

2° Les effets que Paul nous dit avoir été produits sur lui par la perspective d'une mort imminente et humainement inévitable, nous apprennent ce que les dangers de cette nature doivent nous inspirer. C'est une confiance de plus en plus complète en Celui qui est le Maître de la vie et de la mort ; puis, après la délivrance, s'il plaît à Dieu de l'accorder, une vive reconnaissance et une vie de plus en plus consacrée au service du Seigneur et à la pratique du bien. Ajoutons que toute guérison d'une maladie grave peut être considérée comme une sorte de résurrection et contribuer ainsi à nous faire marcher d'un pas plus ferme en nouveauté de vie.

3° Les témoignages que l'Apôtre peut se rendre à lui-même montrent les précieux effets d'une conduite pleine de droiture et de simplicité, dirigée d'après des principes élevés et non par des vues ambitieuses, personnelles ou artificieuses. Ainsi s'acquiert une bonne conscience qui, devant des accusations malveillantes ou des interprétations inconsidérées, ne craint pas d'en appeler hautement aux faits et de prendre Dieu à témoin de ce qu'elle avance.

4° Comme disciple de Christ, racheté par lui et appelé à le prendre pour modèle, le chrétien ne saurait se montrer trop scrupuleux en ce qui concerne le respect dû à la vérité. Puisque le croyant sait que toutes les promesses de son Dieu sont *oui* et *amen*, qu'il parle et agisse toujours de telle manière que tous les hommes, soit dans l'Eglise, soit dans le monde, sachent qu'ils peuvent en toutes choses se fier à ses promesses.

5° Quels magnifiques priviléges que ceux du chrétien, et que ses joies sont grandes, s'il sait se les approprier par la foi ! Il a été scellé, marqué de Dieu pour devenir héritier du royaume des cieux, et non-seulement il a reçu la promesse, ainsi ratifiée, de cette gloire et de cette félicité, mais il lui en a été donné comme les arrhes dans les sentiments de joie, de paix, de confiance et d'amour, qui sont pour l'âme réconciliée avec son Dieu, comme le ciel anticipé sur la terre. C'est l'œuvre du Saint-Esprit en elle. En lui promettant miséricordieusement le salut, Dieu a comme contracté envers elle un engagement dont elle éprouve déjà la valeur et qu'elle est sûre de voir fidèlement rempli.

CHAPITRE II.

Dans ce chapitre, l'Apôtre continue les explications commencées au verset 23 du chapitre précédent. Il adresse ensuite aux Corinthiens des conseils sur les suites à donner à l'acte de sévère discipline qu'ils avaient accompli d'après sa première lettre; puis, amené par le récit de ses préoccupations à parler de son voyage en Macédoine, il rend grâces à Dieu des nouvelles bénédictions répandues sur son ministère dans ce pays.

1. Mais j'avais résolu en moi-même de ne revenir point chez vous avec tristesse.

1. « *Avec tristesse.* » C'est-à-dire comme le prouve le verset suivant, dans des circonstances et avec des dispositions qui tout en m'attristant personnellement m'auraient forcé à vous attrister vous-mêmes. C'était, comme on l'a vu déjà (ch. I, vers. 23), dans le but d'échapper à cette nécessité que l'Apôtre avait mieux aimé écrire que de faire d'emblée le voyage antérieurement projeté.

2. Car si je vous attriste, qui est-ce qui me réjouira, à moins que ce ne soit celui que j'aurai moi-même affligé?

2. « *Car si je vous attriste*, etc. » Si, au lieu d'écrire, l'Apôtre s'était rendu en personne à Corinthe, il y serait arrivé avec tristesse comme ayant à remplir une tâche pénible ; en exerçant la discipline rigoureuse dont l'état de l'Eglise lui aurait fait un devoir, il aurait nécessairement répandu dans cette Eglise une profonde tristesse, et alors de qui aurait-il pu recevoir les consolations dont son cœur aurait eu besoin ? On sent ici comme respirer la profonde affection que Paul portait à l'Eglise de Corinthe et le retour qu'il en attendait.

3. Et je vous ai même écrit ceci, afin que quand j'arriverai, je n'aie point de tristesse de la part de ceux de qui je devais recevoir de la joie, m'assurant de vous tous que ma joie est celle de vous tous.

3. « *Et je vous ai même écrit ceci.* » Le sens du passage indique que le mot de *ceci* désigne la première lettre et selon toute apparence ce qui concernait d'abord l'incestueux, puis les autres désordres survenus dans l'Eglise. (I Cor. V.) § » *Afin que quand j'arriverai*, etc. » La discipline une fois appliquée et les désordres réparés, comme il avait suffi de la lettre de l'Apôtre pour l'obtenir, Paul pouvait se rendre à Corinthe sans crainte d'avoir à y affliger les autres en s'affligeant lui-même ; il ne pouvait plus désormais qu'y être accueilli avec joie. § « *M'assurant de vous tous*, etc. » C'est-à-dire bien persuadé que l'affection que vous me portez est telle que vous vous réjouissez de tout ce qui peut me rendre heureux. L'Apôtre s'était souvenu qu'il avait à Corinthe des ennemis, ou tout au moins des hommes peu disposés à reconnaître son autorité, mais il avait compté sur l'attachement de l'Eglise, et les effets de sa première lettre lui avaient prouvé que cette confiance était bien fondée.

4. Car je vous ai écrit dans une grande affliction et angoisse de cœur, avec beaucoup de larmes ; non afin que vous fussiez attristés, mais afin que vous connussiez la charité toute particulière que j'ai pour vous.

4. « *Je vous ai écrit dans une grande affliction*, etc. » La première lettre avait pu paraître bien sévère, et il est probable que les ennemis de l'Apôtre en avaient pris l'occasion de l'accuser d'orgueil ou de dureté. Paul

va au-devant de ce reproche en affirmant qu'il lui en avait, au contraire, beaucoup coûté d'employer avec eux un langage pareil, qu'il l'avait fait en pleurant; non pour les affliger, mais uniquement dans le but de leur montrer la sincère et profonde affection qu'il leur avait vouée, puisque la plus grande preuve de charité qu'on puisse donner à un ami est de le reprendre de ses péchés. Ce passage, rapproché de beaucoup d'autres du même genre, donne une admirable idée du cœur de l'Apôtre. Avec cette indomptable fermeté de caractère qui lui faisait braver tant de périls et supporter tant de souffrances, il savait s'attendrir, être affligé, éprouver de l'angoisse et verser des larmes qu'il ne rougissait pas d'avouer; mais tout cela seulement quand le service de son Maître était en cause, quand les hommes résistaient aux appels de la grâce; ou quand, après avoir fait profession de la vérité, ils se conduisaient de manière à déshonorer l'Evangile. Tel est le caractère du vrai pasteur des âmes. (*Comp.* avec Act. XX, 31, et Philip. III, 18.)

5. Que si quelqu'un a été cause de cette tristesse, ce n'est pas moi *seul* qu'il a affligé, mais en quelque sorte (afin que je ne le surcharge point) c'est vous tous *qu'il a attristés*.

5. « *Que si quelqu'un*, etc. » Il s'agit ici de l'incestueux contre lequel l'Eglise de Corinthe avait dû procéder. C'était son péché qui avait surtout causé l'affliction de l'Apôtre, et l'Eglise tout entière avait dû souffrir, d'abord de voir se produire dans son sein un pareil désordre et ensuite d'avoir à le réprimer par une mesure rigoureuse. Personnellement, Paul n'avait pas eu à se plaindre de cet homme, mais comme apôtre et comme membre de l'Eglise, il avait eu sa part dans ce grand sujet d'affliction. § « *Afin que je ne le surcharge point.* » Mauvaise traduction : il y a dans le texte, et les autres traducteurs français ont bien rétabli *vous* au lieu de *le*. Le sens est clair. Si l'Apôtre seul s'était affligé du crime de l'incestueux, l'Eglise de Corinthe n'aurait pas été excusable, mais en sévissant contre le coupable, elle avait fait paraître sa douleur, et par conséquent, Paul la décharge ici de tout reproche à cet égard.

6. C'est assez pour un tel homme de cette censure qui *lui a été faite* par plusieurs.

6. « *C'est assez*, etc. » La censure infligée par l'Eglise ayant, à ce qu'il paraît, produit tous les effets désirables, l'Apôtre va demander que le coupable soit reçu de nouveau dans la communion de l'Eglise. L'application de la peine avait prouvé suffisamment que l'Eglise ne voulait pas souffrir dans ses rangs un si grand mal; le coupable de son côté, écoutant la verge, s'était humilié et avait rompu avec le péché. C'est assez, dit l'Apôtre, et maintenant vous pouvez faire grâce. Il faut remarquer, ici et dans tout le passage, l'admirable bonté avec laquelle l'Apôtre parle de cet homme, dont la conduite l'avait si profondément affligé et embarrassé. Il ne prononce pas son nom ; il ne rappelle pas la nature de son crime; il ne lui applique pas une épithète flétrissante,

de sorte que la lettre de Paul pouvait être lue dans d'autres Églises sans que personne pût ou connaître le coupable, ou même le deviner et lui vouer le mépris que sa faute aurait mérité sans le repentir dont elle avait été suivie. Voilà bien la charité chrétienne. § « *Par plusieurs,* » par l'Eglise, ou plutôt par quelques membres chargés de la représenter. (*Voy.* I. Cor. v, 4 et Notes.) On voit par cette expression que les prescriptions de Paul avaient été suivies, et que l'Eglise apostolique ne reculait pas devant l'obligation de maintenir dans ses rangs une discipline sévère.

7. De sorte que, vous devez plutôt lui faire grâce et le consoler, afin qu'un tel homme ne soit point accablé par une trop grande tristesse.

7. « *Vous devez plutôt lui faire grâce,* » plutôt que de laisser peser plus longtemps sur lui le poids de cette censure. L'Eglise avait fait son devoir en témoignant l'horreur qu'elle ressentait pour le mal; le coupable avait fait aussi son devoir en se repentant, en s'humiliant, et sans doute en se séparant de la femme qui avait attiré sur lui ce malheur; donc celui-ci pouvait être réconcilié avec l'Eglise, mais cependant, qu'on le remarque, à titre de *grâce* ou de faveur à laquelle il n'avait aucun droit et qu'il devrait uniquement aux sentiments charitables de l'Eglise. § « *Et le consoler.* Encore un mot où apparaît la tendre charité de l'Apôtre. Il ne veut pas seulement qu'on fasse grâce au pénitent en le réadmettant dans l'Eglise, mais qu'après cela on oublie sa faute, et qu'au lieu de la lui rappeler, soit par des reproches, soit par un reste d'éloignement et de froideur, on s'emploie à le consoler, à lui rendre la confiance et le courage que les conséquences de sa faute pouvaient lui avoir fait perdre. § « *Accablé par une trop grande tristesse,* » et rendu incapable de se relever entièrement de sa chute ou d'être encore utile dans l'Eglise. L'énergie des termes grecs employés ici par l'Apôtre pourrait donner lieu de croire qu'il regardait l'amère douleur manifestée par le pénitent comme capable de compromettre son existence.

8. C'est pourquoi je vous prie de ratifier envers lui votre charité.

8. « *De ratifier envers lui votre charité,* » en lui donnant des preuves d'affection qui ne puissent laisser aucun doute sur sa parfaite réintégration dans vos rangs. Peut-être l'Apôtre entendait-il par là quelque acte public, aussi éclatant que la sentence d'excommunication avait pu l'être.

9. Car c'est aussi pour cela que je vous ai écrit, afin de vous éprouver et de connaître si vous êtes obéissants en toutes choses.

9. « *Car c'est aussi pour cela que je vous ai écrit,* etc. » Pour cela, c'est-à-dire que l'Apôtre avait saisi cette occasion de voir jusqu'où irait l'obéissance de l'Eglise de Corinthe. Maintenant que l'épreuve avait été faite et qu'elle avait mis au jour la fidélité du corps en même temps

que ramené le coupable au bien, l'Apôtre n'avait plus à demander que l'octroi d'un pardon sincère et complet.

10. Or, à celui à qui vous pardonnez quelque chose, je pardonne aussi : car de ma part aussi, si j'ai pardonné quelque chose à celui à qui j'ai pardonné, *je l'ai fait* à cause de vous, devant la face de Christ.

10. « *Or à celui à qui vous pardonnez*, etc. » Ces mots expriment une entière confiance dans les sentiments et dans les procédés des chrétiens de Corinthe, soit dans ce cas particulier, soit sans doute en général. L'Apôtre savait peut-être déjà que les Corinthiens étaient enclins à faire grâce et veut les exciter ainsi à suivre les inspirations de leur charité en les assurant que non-seulement il y acquiescera de tout son cœur, mais que même il a déjà pardonné. § « *A cause de vous*, dans le but de continuer à rétablir la paix et la joie dans votre Eglise. § « *Devant la face de Jésus-Christ*, » c'est-à-dire au nom et par l'autorité de Christ. C'était comme apôtre que Paul donnait cette nouvelle direction, et il le faisait en se plaçant devant le chef suprême de l'Eglise, en s'inspirant de son esprit et sans doute en pensant au compte qu'il aurait un jour à lui rendre de tous ses actes.

11. Afin que Satan n'ait pas le dessus sur nous : car nous n'ignorons pas ses machinations.

11. « *De peur que Satan*, » le grand adversaire, toujours prêt à tirer profit des fautes de ceux que la bonté divine a soustraits à son joug. § « *N'ait pas le dessus sur nous*. » Si les Corinthiens n'avaient pas pardonné sincèrement au coupable repentant, ils auraient, par leurs ressentiments ou par des mesures de sévérité désormais inopportunes, prêté le flanc aux attaques de Satan, qui s'en serait prévalu, soit pour les endurcir eux-mêmes dans leur défaut de charité, soit pour s'emparer par le découragement de l'âme du pénitent. Il suffit, pour bien comprendre ceci, de se rappeler la haute importance que le christianisme assigne au pardon des offenses. § « *Car nous n'ignorons pas ses machinations*, » ses ruses, son artificieuse malice. Sachant au besoin se déguiser en ange de lumière, il aurait pu se prévaloir contre les Corinthiens d'un zèle malentendu à ne pas pardonner sous le prétexte que le péché avait été trop grave ou trop éclatant.

12. Au reste, étant venu à Troas pour l'Evangile de Christ, quoique la porte m'y fût ouverte par le Seigneur,

12. « *Au reste*, etc. » Ce verset et le suivant montrent encore avec quel intérêt mêlé d'anxiété l'Apôtre s'était préoccupé des affaires religieuses de Corinthe. Venu d'Ephèse à Troas avec l'espoir d'y trouver Tite, qui devait lui apporter des nouvelles, et ne l'y trouvant pas, il ne s'était pas senti assez libre d'esprit pour profiter des facilités que cette ville lui offrait pour la prédication de la vérité, et était sur-le-champ parti pour la Macédoine où, comme on l'a vu plus haut, Tite l'avait enfin rejoint. § « *Troas*. » Ville de Phrygie ou de Mysie, située sur l'Hellespont, entre

Troie au nord, et Assos au midi. (Note sur Act. XVI, 8.) Elle se trouvait sur la route pour se rendre d'Ephèse en Macédoine. § « *Quoique la porte m'y fût ouverte par le Seigneur,* » c'est-à-dire que j'y eusse trouvé des gens disposés à écouter la prédication de l'Evangile. On voit que l'Apôtre a soin de rapporter à Dieu jusqu'aux facilités qui s'offrent à lui dans l'exercice de son ministère.

13. Je n'ai pourtant point eu de relâche en mon esprit, parce que je n'ai pas trouvé Tite, mon frère ; mais, ayant pris congé d'eux, je m'en suis venu en Macédoine.

13. « *Ayant pris congé d'eux,* » des chrétiens du lieu, ou peut-être seulement des personnes qui l'avaient favorablement accueilli. § « *En Macédoine.* » (*Voy.* Note sur Act. XVI, 9.) Ce départ est un des rares exemples où l'on ait vu Paul quitter un champ de travail qui semblait s'ouvrir devant lui. Rien ne pouvait mieux montrer aux Corinthiens combien il avait à cœur tout ce qui les concernait.

14. Or grâces *soient rendues* à Dieu, qui nous fait toujours triompher en Christ, et qui manifeste par nous l'odeur de sa connaissance en tous lieux.

14. « *Or grâces soient rendues à Dieu,* » de deux choses sans doute : d'abord, de ce qu'en Macédoine l'Apôtre avait enfin trouvé Tite et reçu de sa bouche les nouvelles si vivement désirées, et ensuite de ce que les succès de sa prédication en Macédoine l'avaient empêché de regretter son départ de Troas au moment où une porte s'y était ouverte devant lui. § « *Qui nous fait toujours triompher.* » Quoique habitué à ces bénédictions d'en haut, l'Apôtre ne négligeait jamais d'en signaler la cause et la valeur. Le mot de *triompher* ne se trouve dans tout le Nouveau Testament qu'ici et au chapitre II de l'Epître aux Coloss. (vers. 15). C'est une allusion manifeste à ces processions pompeuses qui, chez les Grecs et les Romains, se faisaient en l'honneur des généraux victorieux au retour d'une expédition glorieuse, dans laquelle ils avaient humilié les ennemis de la patrie ou subjugué un peuple. Précédé ou suivi des prisonniers de marque qu'il avait faits et des dépouilles les plus précieuses de l'ennemi, le triomphateur faisait son entrée dans la capitale, sur un char splendide traîné par des chevaux, et quelquefois par d'autres animaux, tels que des éléphants, ou même des lions et des tigres. Les Corinthiens n'étaient pas étrangers à ce genre de cérémonies, puisque environ 147 ans avant Jésus-Christ, le consul romain Lucius Mummius avait conquis cette ville, ainsi que toute l'Achaïe, et obtenu pour ce fait les honneurs du triomphe avec le surnom d'*Achaïcus*. En se servant ici de ce terme, Paul montre quelle haute valeur il attachait aux victoires qu'il lui était donné de remporter sur l'ignorance et les superstitions du monde païen. § « *En Christ,* » c'est-à-dire à son service et avec son secours. § « *Qui manifeste,* » qui répand au loin. § « *L'odeur.* » Le mot grec employé ici désigne toujours, dans le Nouveau Testament, une bonne odeur, un parfum. (Jean XII, 3 ; Ephès. V, 2 ; Philip. IV, 18.) C'est encore une allusion aux pompes triomphales, dans lesquelles on jetait des fleurs devant le triomphateur, et où l'on brûlait sur les autels de

l'encens, dont la douce odeur se répandait au loin. Pour l'Apôtre, comme pour tous les chrétiens, la connaissance de Christ, si douce et si bienfaisante à l'âme de ceux qui savent l'apprécier, ne pouvait être mieux comparée qu'à un parfum.

15. Car nous sommes la bonne odeur de Christ de la part de Dieu, en ceux qui sont sauvés, et en ceux qui périssent.

15. « *Car nous sommes*, etc. » « Nous, » les ministres de Jésus-Christ, chargés de répandre sa connaissance et appelés à triompher en son nom. L'Apôtre, dans ce passage, répond aux accusations de ses détracteurs, en établissant que quel que fût le résultat de ses efforts pour concourir au salut des hommes, il était bien sûr que son travail et son dévouement, quant à la prédication de l'Evangile, étaient approuvés de Dieu, et que cette approbation se mesurait moins à ses succès qu'à sa fidélité. § « *La bonne odeur,* » comme celle des parfums employés dans les pompes triomphales. Le mot de l'original se retrouve dans Ephès. v, 2, et Phil. IV, 18, appliqué partout à des choses ou à des personnes agréables à Dieu. La version des Septante s'en sert pour désigner l'encens qui se brûlait dans le temple, et même les sacrifices mosaïques en général. (Gen. VIII, 21; Exod. XXIX, 18, 26, 41; Lév. I, 9, 13, 17, etc.) Ces parfums étaient censés agréables à Dieu; de là la comparaison que l'Apôtre en fait avec son ministère. § « *De Christ,* » c'est-à-dire que c'est Christ qui, en nous rachetant et en nous choisissant pour ses ministres, nous offre lui-même à Dieu comme un parfum. § « *En ceux qui sont sauvés et en ceux qui périssent.* » La première des deux idées exprimées dans ces mots ne présente aucune difficulté. Le salut des hommes étant ce que Dieu a voulu par le don de son Fils, il va de soi que ce salut obtenu ne peut que lui être agréable. Mais comment entendre les derniers mots du verset? Ils signifient évidemment qu'il y a des hommes qui périssent parce qu'ils ne veulent pas de l'Evangile, et que, malgré cela, le ministère de ceux qui leur prêchent l'Evangile reste agréable à Dieu. Cette assertion paraît rude, mais il faut observer : 1° que l'Apôtre ne dit pas que la perte de ces hommes obstinés soit agréable à Dieu; il ne s'agit que du ministère des prédicateurs, qui peuvent compter sur l'approbation du Seigneur, non en raison des succès accordés à leurs efforts, mais en raison de leur fidélité, de leur zèle et de leur activité; 2° que si les incrédules périssent, leur perte ne diminue nullement, en effet, la valeur d'un ministère fidèle, qui a eu pour but, au contraire, de les sauver; et 3° que s'ils périssent, ce n'est pas la faute non plus de l'Evangile. Cette doctrine est prêchée à tous, elle convient à tous, elle a des directions et des encouragements pour tous. Son but est de sauver, non pas de perdre, et l'on peut mettre ses ennemis les plus déclarés au défi de citer un seul de ses enseignements qui puisse avoir pour fin ou pour effet de rendre les hommes misérables. Qu'on ne lui attribue donc pas la perte de ceux qui le repoussent. Un ancien père de l'Église, Théodoret, a sur ce sujet un beau passage. « Cette bonne odeur « de l'Evangile de Christ, dit-il, nous la portons à tous. Tous, à la vé« rité, ne font pas l'expérience de sa vertu salutaire. Mais à qui la

« faute? Il est des yeux malades à qui la lumière du jour est nuisible.
« Cela veut-il dire que le soleil soit la cause de leur mal? Les gens qui
« ont la fièvre trouvent de l'amertume jusque dans le miel : est-ce pour
« cela que le miel soit amer? On dit que les vautours ont horreur des
« doux parfums de la myrrhe; la myrrhe en est-elle moins parfumée?
« De même, si quelques-uns sont sauvés pendant que d'autres périssent,
« l'Evangile n'en conserve pas moins son prix, et nous, qui le prêchons,
« nous n'en restons pas moins ce que nous sommes. » Ajoutons que ceux qui périssent auraient péri tout aussi bien sans l'Evangile, puisqu'ils sont, comme le reste des hommes, sous le poids de la condamnation, et, encore une fois, que ce qui les fait périr, ce n'est ni l'Evangile, ni ceux qui le prêchent, mais leurs propres péchés et leur obstination à ne pas vouloir du salut qui leur est présenté. Rien dans tout cela ne peut empêcher la prédication du salut d'être un parfum de bonne odeur, devant Dieu comme devant les hommes.

16. A ceux-ci une odeur mortelle qui les tue; et à ceux-là une odeur vivifiante qui les conduit à la vie. Mais qui est suffisant pour ces choses?

16. « *Une odeur mortelle qui les tue.* » L'Evangile repoussé avec obstination, aggrave la culpabilité de ceux que leurs péchés condamnent déjà. (*Voir* Notes sur le vers. 15.) C'est l'effet de toute grâce offerte et non acceptée que d'appeler une responsabilité plus grande sur celui qui la refuse. Il paraît, du reste, que les manières de parler qu'emploie ici l'Apôtre étaient d'un assez fréquent usage chez les Juifs. Ainsi, dans l'un de leurs vieux auteurs, on lit ce passage : « Comme l'abeille rapporte
« du miel à son maître, mais pique les étrangers, de même font les pa-
« roles de la loi... Elles sont une saveur de vie pour Israël, et une sa-
« veur de mort pour les hommes du monde. » Et dans un autre : « Si
« quelqu'un fait attention à la loi, pour la loi elle-même, cette loi est
« pour lui un parfum de vie; mais si quelqu'un n'y fait pas attention,
« elle devient pour lui un parfum de mort. » Un troisième enfin, se rapprochant davantage encore de notre texte, dit : « La parole de la loi,
« qui est sortie de la bouche de Dieu, est une odeur de vie pour les Israé-
« lites et une odeur de mort pour les Gentils. » § « *Une odeur vivifiante qui les conduit à la vie.* » Le mot « vie » signifie ici, comme en beaucoup d'autres endroits, le salut, en tant qu'il est opposé : 1° à la mort dans le péché, qui est la condition naturelle de l'homme; 2° à la mort du corps sans espoir de résurrection; et 3° enfin, à la mort seconde, c'est-à-dire aux peines éternelles réservées aux méchants. (*Voy.* Notes sur Rom. vi.) L'Evangile est une odeur vivifiante ou qui donne la vie pour les croyants, parce qu'il leur apprend à sortir d'entre les morts et à saisir cette vie éternelle dont Jésus-Christ seul a les promesses. § « *Mais qui est suffisant pour ces choses.* » Ici l'Apôtre, tout pénétré et comme effrayé de la grandeur d'un ministère qui met devant les hommes la vie ou la mort, fait un retour sur lui-même, et semble se demander comment il se peut qu'une telle responsabilité pèse sur lui. Sentiment bien naturel, et que doivent éprouver tous ceux qui ont à parler de l'Evangile à leurs semblables, car si un homme tel que saint Paul s'est reconnu si insuf-

fisant pour une telle tâche, que doit-il en être des autres? On peut remarquer cependant que cette humilité de l'Apôtre, loin de nuire à son activité, l'excitait au contraire, tout en lui faisant mieux comprendre la nécessité de chercher sa force en Dieu. Les lecteurs de ses Epîtres savent que cette idée y revient sans cesse sous des formes différentes.

17. Or nous ne falsifions pas la parole de Dieu, comme font plusieurs ; mais nous parlons de Christ avec sincérité, comme de la part de Dieu, et devant Dieu.

17. *Or nous ne falsifions pas*, etc. « Le verbe traduit ici par « falsifier » ne se trouve nulle part ailleurs dans le Nouveau Testament ; il ne se lit pas non plus dans la version des Septante; mais son étymologie en spécifie suffisamment le sens. Il vient d'un mot qui désignait, chez les Grecs, un marchand de vin en détail, et comme les gens de cet état étaient, chez les anciens déjà, connus pour dénaturer et falsifier leur marchandise, le peuple avait formé de leur nom un verbe qui s'appliquait à toute falsification opérée en affaiblissant la valeur d'une substance, comme on le fait, soit en mêlant de l'eau au vin, soit en y ajoutant des substances étrangères. Cela dit, le sens de notre passage est clair. Chargé de prêcher une doctrine qui a pour résultat la vie ou la mort de ceux à qui elle est prêchée, l'Apôtre s'est acquitté de sa mission en conscience, donnant ce qu'il a reçu et ne se permettant, ni dans un sens ni dans un autre, le moindre changement aux enseignements du Seigneur. On voit par ses paroles que d'autres docteurs (par où il désigne probablement quelques-uns des hommes qui avaient troublé l'Eglise de Corinthe) ne se montraient pas aussi scrupuleux. Quelques-uns d'entre eux judaïsaient ; d'autres mêlaient aux enseignements du Seigneur les subtilités de la philosophie grecque, ou peut-être les interprétaient de manière à en affaiblir la force et à les accommoder aux goûts et aux convictions de l'homme naturel. Ces infidélités dans la prédication de la vérité sont un des périls les plus redoutables auxquels la malice humaine expose la parole de Dieu, et c'est, de nos jours surtout, par les *falsifications* d'une vaine et orgueilleuse philosophie, décorée du nom de science, que l'ennemi des âmes s'efforce de détruire l'œuvre de Dieu dans ces âmes. Ce procédé, plus perfide et plus funeste que toute espèce de persécution, ne saurait être, de la part des chrétiens, l'objet d'une trop grande défiance ; ils n'y peuvent échapper qu'en restant fortement attachés aux docteurs qui, comme saint Paul, *parlent de Christ avec sincérité, comme de la part de Dieu et devant Dieu.* Ces belles expressions n'ont pas besoin de commentaire. (*Voir* nos Notes sur le ch. I, vers. 12.)

REMARQUES SUR LE CHAPITRE II.

1° Saint Paul nous donne dans ce chapitre, comme dans tout l'ensemble de sa conduite à l'égard des Corinthiens, un bel exemple de ce que doit être la discipline chrétienne au sein de l'Eglise. Il y déploie tout à la fois une grande fermeté et une grande douceur. Rien dans ses paroles n'est de nature à blesser les sentiments de l'offenseur. C'est avec larmes qu'il le censure ; ses égards vont jusques à ne pas le nommer, et dès qu'il a entendu parler de repentir, il se montre empressé à pardonner. Ainsi doivent faire, dans des cas semblables, les individus aussi bien que les Eglises.

2° Ce que saint Paul dit ici de sa manière d'exercer le ministère sacré et des succès accordés à son travail, doit être pris en sérieuse considération, non-seulement par les ministres du saint Evangile, mais par tous les chrétiens. Pouvant se rendre le témoignage d'avoir été fidèle, sincère, actif, dévoué, il était sûr d'être agréable à Dieu, quel que fût d'ailleurs le résultat de sa prédication. En présence d'une si grande tâche, il se demandait : qui est suffisant pour ces choses ? mais ne se sentait pas moins puissamment encouragé à s'acquitter de sa mission.

3° La déclaration apostolique que la prédication de l'Evangile peut être en « odeur de mort, » pour ceux qui l'entendent, est un enseignement bien propre à faire naître les plus sérieuses réflexions. Quelle immense responsabilité pèse tout à la fois et sur ceux qui le prêchent et sur ceux à qui on le prêche ! Et quelle scène solennelle que celle de ce dernier jour, où les effets de cet Evangile seront mis en lumière chez ceux que son odeur aura « tués, » c'est-à-dire, rendus plus coupables encore, aussi bien que chez ceux que cette même odeur aura « conduits à la vie ? »

CHAPITRE III.

Dans ce chapitre et dans le suivant, l'Apôtre, continuant le sujet qu'il vient d'aborder, fait entre le ministère de l'Ancienne Alliance et celui de la Nouvelle, une comparaison dont les développements sont admirablement propres à faire comprendre la supériorité de l'Evangile sur la loi mosaïque.

1. Commençons-nous de nouveau à nous recommander nous-mêmes ? Ou avons-nous besoin, comme quelques-uns, de lettres de recommandation envers vous, ou de lettres de recommandation de votre part ?

1. « *Commençons-nous de nouveau*, etc. » En suivant ses idées, l'Apôtre semble ici éprouver une crainte. C'est qu'à propos de ce qu'il a dit des succès accordés à son ministère (ch. II, vers. 14) et de sa fidélité, opposée à la conduite de certains docteurs (II, vers. 7) on ne lui fasse le reproche de se vanter lui-même outre mesure, et c'est à cette objection qu'il va répondre. § « *Ou avons-nous besoin*, etc. » On pourrait inférer de ces mots que quelques-uns des faux docteurs qui troublaient l'Eglise de Corinthe étaient venus dans cette ville munis de lettres de recommandation. Cette usage était d'autant plus répandu chez les anciens, qu'avec le peu de facilité qu'offraient les voyages, ils avaient plus besoin de pouvoir compter sur le bon accueil de l'hospitalité. L'Apôtre déclare que quant à lui il n'avait pas l'habitude de recourir à ce moyen de se fair

bien accueillir. Il était arrivé à Corinthe sans lettres, et il n'en avait pas demandé aux Corinthiens pour d'autres Eglises, sans doute parce qu'il comptait avant tout sur le secours de Dieu, puis sur les effets de ses pouvoirs miraculeux, de son zèle et de l'affection qu'il saurait déployer en annonçant l'Evangile. Il ne paraît pas que les Apôtres aient jamais à cet égard agi autrement que Paul. On ne saurait cependant conclure de là que l'usage des lettres de recommandation soit en lui-même mauvais. Nous voyons (Act. XVIII, 27) les chrétiens d'Ephèse en faire usage en faveur d'Apollos.

2. Vous êtes vous-mêmes notre lettre, écrite dans nos cœurs, connue et lue de tous les hommes.

2. « *Vous êtes vous-mêmes notre lettre.* » (*Comp.* I Cor. IX, 2). Cette belle parole de l'Apôtre présente un sens parfaitement clair. La conversion d'un grand nombre d'âmes et la fondation d'une Eglise dans une ville aussi corrompue que Corinthe, dues l'une et l'autre au ministère de Paul et de ses compagnons d'œuvre, étaient des faits de notoriété publique ; ils rendaient au caractère de l'Apôtre un témoignage plus éclatant que n'auraient pu le faire les lettres de recommandation les plus louangeuses. C'était une lettre vivante en quelque sorte, qu'il tenait de Dieu lui-même, et bien suffisante, soit pour lui inspirer à lui-même une entière confiance, soit pour lui assurer un accueil favorable partout où il pourrait aller prêcher. § « *Ecrite dans nos cœurs.* » Quelques manuscrits portent « dans *vos* cœurs. » Ce changement n'apporterait aucune modification importante au sens, mais ne paraît pas justifié. L'idée que Paul garde précieusement dans son cœur le souvenir de ce qu'il a plu au Seigneur d'opérer à Corinthe par son ministère, répond trop bien à ce que nous savons de l'affection qu'il portait aux Eglises et à l'ensemble de sa conduite à l'égard des Corinthiens, pour que chacun ne le comprenne pas. Ce souvenir, plein tout à la fois de reconnaissance envers Dieu et d'affection pour ses enfants en la foi, lui était plus précieux que n'auraient pu l'être les témoignages humains les plus recommandables. Il faut se rappeler en outre, à la lecture de ce passage, que ce qui préoccupait l'Apôtre était bien plus l'approbation divine que celle des hommes, et que rien ne pouvait mieux lui garantir cette approbation que les bénédictions accordées à ses travaux apostoliques. § « *Connue et lue de tous les hommes.* » Corinthe étant une ville considérable et célèbre dans l'ancien monde, il suffisait de savoir ce que Paul avait été capable d'y faire pour convaincre tout le monde que Dieu l'avait bien appelé à la charge d'apôtre.

3. Car il paraît en vous que vous êtes la lettre de Christ, dressée par notre ministère, et écrite, non avec de l'encre, mais par l'esprit du Dieu vivant ; non sur des tables de pierre, mais sur les tables charnelles du cœur.

3. « *Car il paraît en vous;* » « en vous, » c'est-à-dire dans ce que vous étiez comparé à ce que vous êtes devenus. § « *Que vous êtes la lettre de Christ,* » la preuve que Christ lui-même a fournie de l'efficacité de notre ministère. C'est lui qui vous a convertis, mais en se servant de nous et

en témoignant ainsi que notre ministère procédait bien de lui. § « *Ecrite, non avec de l'encre,* » substance qui peut s'effacer, ou sous forme de lettre, que tout le monde ne peut pas lire. § « *Mais par l'esprit du Dieu vivant,* » par cet Esprit qui en agissant sur vos cœurs a produit en vous de si grands changements, et vous a remplis de ces grâces spirituelles dont l'ensemble révèle clairement que nous n'avons pas travaillé en vain. « *Non sur des tables de pierre.* » Ceci est une allusion manifeste aux tables de la loi qui, données à Moïse sur le mont Sinaï, devaient, au retour du prophète vers les Israélites, lui servir en quelque sorte de lettres de recommandation en témoignant qu'il avait bien reçu de Dieu une grande et sainte mission. (*Comp.* vers. 7.) Selon toute apparence, les faux docteurs de Corinthe étaient des Juifs et avaient insisté beaucoup sur l'origine divine et sur la permanence des institutions mosaïques. Paul, sans déverser le moindre mépris sur les tables de la loi, maintient cependant que les témoignages rendus, à son ministère par la conversion des païens a plus de valeur encore. § « *Mais sur les tables charnelles du cœur,* » c'est-à-dire sur une substance plus précieuse encore et moins périssable que la pierre, puisque aucune main humaine ne pouvait en effacer ce que le Saint-Esprit lui-même y avait écrit, et qu'en outre il s'agissait ici d'effets qui devaient conduire au ciel, par conséquent durer pendant l'éternité. Par ces images si simples, mais si frappantes, l'Apôtre introduit le parallèle qu'il va faire entre le ministère de Moïse et le ministère de la Nouvelle Alliance, dont les Apôtres furent revêtus les premiers.

4. Or nous avons une telle confiance en Dieu par Christ.

4. « *Or nous avons une telle confiance en Dieu.* » Ainsi béni dans ses travaux, et muni de cette lettre de recommandation, si supérieure à toutes les autres, l'Apôtre se présente devant Dieu comme devant les hommes, sans l'ombre d'un doute sur la valeur de la mission qui lui a été confiée, § « *Par Christ:* » qui a fait de lui l'instrument de sa volonté. C'est l'habitude de Paul, visible dans ses écrits comme dans son histoire, de rapporter à Christ tous ses succès, toutes ses joies, toute sa force et d'en faire l'éternel fondement de sa confiance en Dieu.

5. Non que nous soyons capables de nous-mêmes de penser quelque chose comme de nous-mêmes ; mais notre capacité *vient* de Dieu.

5. « *Non que nous soyons capables de nous-mêmes, etc.* » En voyant Paul parler avec tant d'assurance des effets de son ministère, de ses triomphes, ou de sa parfaite conviction qu'il était l'envoyé de Dieu, quelqu'un aurait pu le taxer d'orgueil. A cela l'Apôtre répond en rejetant loin de lui l'idée d'être ou de pouvoir en ceci quelque chose par lui-même. Le mot traduit ici par « penser » signifie proprement raisonner, déduire ; on pourrait traduire par « trouver par le raisonnement. » Paul entend par là que de lui-même il n'aurait pu ni recevoir l'Evangile, ni le faire accepter par personne, et qu'il aurait par conséquent été insensé de compter sur lui-même, puisque toute « capacité vient de Dieu. » Cette dernière parole ne saurait être trop méditée. Que peut l'intelli-

gence humaine, même la plus élevée, si Dieu ne lui permet de s'exercer, soit en éloignant d'elle toute cause de distraction ou de trouble, soit en lui conservant, dans la santé du corps ou dans le libre jeu des organes, des auxiliaires dont elle ne saurait se passer ?

6. Qui nous a aussi rendus capables d'être les ministres du Nouveau Testament, non de la lettre, mais de l'Esprit : car la lettre tue, mais l'Esprit vivifie.

6. « *Qui nous a aussi rendus capables*, etc. » L'Apôtre semble ici répondre à son exclamation du chapitre précédent (vers. 16), « qui est suffisant pour ces choses ? » C'est le sentiment qu'il exprimera plus loin encore en rapportant que le Seigneur lui a dit : « Ma grâce te suffit » (chap. XII, 9). Qu'on ne l'accuse donc pas d'une confiance exagérée ou fondée sur une trop haute opinion de lui-même. C'est de Dieu seul que lui vient tout ce qu'il possède. § « *Les ministres du Nouveau Testament,* » ou de la Nouvelle Alliance, en opposition avec celle dont Moïse avait été le prophète. (*Voy.* Notes sur Matth. XXI, 28.) § « *Non de la lettre,* » c'est-à-dire du sens littéral et apparent séparé du sens spirituel. (*Voy.* Note sur Rom. II, 27, 29 ; VII, 6.) Les Juifs et leurs docteurs, s'attachant à la lettre de l'Ancien Testament, n'en avaient compris que très-imparfaitement la véritable signification. De là leur attachement exagéré aux rites et aux observances extérieures, leur culte tout cérémoniel, froid, trop souvent hypocrite, et de là aussi l'endurcissement qui leur fit rejeter le Messie promis à leurs pères, et que tout, pourtant, dans l'Ancienne Alliance, avait été destiné à préfigurer ou à préparer. § « *Car la lettre tue.* » (*Comp.* Notes sur Rom. IV, 15 ; VII, 9 et 10.) L'Apôtre veut dire que cette manière d'interpréter la loi ne pouvait produire dans l'âme que le sentiment du péché et de la condamnation, c'est-à-dire de la mort spirituelle, sans y ajouter l'idée de pardon et de résurrection spirituelle. § « *Mais l'esprit vivifie ;* l'esprit de la loi, le sens caché et mystique de l'Ancienne Alliance préparait la Nouvelle, où se trouvait unie à la révélation du péché l'assurance du pardon, de l'expiation par Christ et par conséquent de la vie bienheureuse assurée aux croyants. Plus loin (au vers. 17), cet esprit est appelé Christ, en tant que Christ est comme la clé et l'explication de l'Ancienne Alliance. Hors de lui, en effet, la connaissance de la loi ne peut enfanter que la crainte et le désespoir, tandis qu'en lui elle produit l'espoir et *vivifie* dès à présent l'âme que le péché tuait.

7. Or, si le ministère de mort, *écrit* avec des lettres et gravé sur des pierres, a été glorieux, tellement que les enfants d'Israël ne pouvaient regarder le visage de Moïse, à cause de la gloire de son visage, laquelle devait prendre fin,

7. « *Or si le ministère de mort*, etc. » Amené accidentellement à comparer les institutions mosaïques avec celle de la Nouvelle Alliance, l'Apôtre va s'étendre sur ce point en montrant la supériorité du ministère évangélique sur celui qu'avaient fondé les institutions mosaïques. On sait que « ministère » signifie proprement « service » et que dans le

Nouveau Testament ce mot désigne les divers emplois exercés dans l'Eglise. (*Voy.* Act. I, 17, 25 ; Rom. XI, 13 ; I Cor. XII, 5, etc.) Appliqué ici aux institutions mosaïques, il paraît en désigner l'ensemble, pris au moment même où Moïse les promulgua en descendant du Sinaï, les tables de pierre dans les mains et le front rayonnant d'un miraculeux éclat. Tout cet appareil, si l'on peut dire ainsi, était glorieux ; mais comme, en définitive, la loi n'aboutissait qu'à constater la culpabilité et qu'à faire redouter la condamnation, il n'y avait là qu'un ministère de mort. (*Voy.* note sur le vers. 6.) § « *A été glorieux,* » pour le peuple qui en avait été l'objet, et pour Moïse qui l'avait exercé. § « *Ne pouvaient regarder,* etc. » (Exod. XXXIV, 29, 30.) § « *La gloire de son visage.* » C'était, à ce qu'il paraît, comme un rayonnement ou un tel éclat de lumière, qu'on ne pouvait pas plus y arrêter ses regards que l'on ne peut fixer le soleil. Ce fait, évidemment miraculeux, avait eu pour but de faire comprendre que Moïse s'était réellement approché de ce Dieu qui, d'après les livres saints, se manifestait aux Juifs dans cette éclatante lumière à laquelle ils donnaient le nom de *Schechina.* § « *Laquelle devait prendre fin.* » On peut entendre cela, ou bien des circonstances au milieu desquelles la loi fut donnée, comme les tonnerres et l'éclat subséquent du visage de Moïse, ou bien de l'ensemble des institutions mosaïques qui devaient être abrogées pour faire place aux institutions plus spirituelles et plus permanentes de l'Evangile.

8. Comment le ministère de l'Esprit ne sera-t-il pas plus glorieux.

8. « *Comment le ministère de l'Evangile,* etc. » La pensée est : si le ministère de l'Ancienne Alliance, qui donnait la mort et ne devait durer qu'un temps, était déjà glorieux, que sera-ce du nouveau ministère institué par Jésus-Christ ? On aurait pu s'attendre à voir l'Apôtre appeler ce dernier «le ministère de vie » par opposition « au ministère de mort » du verset précédent ; mais l'idée est la même, et l'expression choisie par l'Apôtre la rend avec plus d'énergie. Le Saint-Esprit, par lequel ministère de la Nouvelle Alliance s'obtient, est la source de la vie spirituelle, et comme ce ministère consistait surtout dans la prédication de l'Evangile c'était bien le Saint-Esprit qui en avait rendu les Apôtres capables, en même temps qu'il avait agi sur les âmes pour leur faire accepter la doctrine de la vie. § « *Plus glorieux.* » Le ministère mosaïque tendait à condamner, tandis que celui de l'Evangile justifie ; le premier avait ses lois gravées sur la pierre, tandis que le second les gravait dans le cœur par l'action dn Saint-Esprit, et enfin l'un devait prendre fin, tandis que l'autre devait durer jusqu'à la fin des siècles et avoir pour résultat la vie éternelle (vers. 11).

9. Car si le ministère de la condamnation a été glorieux, le ministère de la justice le surpasse de beaucoup en gloire.

9. « *Le ministère de la condamnation.* » (*Voy.* Note sur le vers. 6.) § « *Le ministère de la justice,* » ou plutôt de la justification. La loi de Moïse condamnait, la parole de Christ annonce le pardon ; de là, répète l'Apôtre,

la supériorité de celle-ci sur la première. La loi mettait surtout en lumière la justice de Dieu, tandis que l'Evangile place en quelque sorte au premier rang sa miséricorde. Les circonstances dans lesquelles s'étaient révélées les deux alliances concourent de plus à rendre la seconde plus glorieuse. Dans la première, Dieu ne s'était montré qu'à Moïse sur le Sinaï, tandis que dans la seconde, son Fils unique et bien-aimé s'est fait homme, et qu'après avoir souffert sur la croix pour le péché, il a été ressuscité et il est remonté triomphalement dans les cieux. Le ministère nouveau, enfin, produit dans les âmes, même dès ici-bas, des effets bien plus beaux et plus glorieux que le premier. Celui-ci ne pouvait donner que le sentiment du péché et la crainte des jugements de Dieu, tandis que l'autre remplit les cœurs de joie, de paix, d'espérance, et qu'en y produisant ces sentiments, il fait en quelque sorte descendre le ciel sur la terre, surtout au moment où le fidèle s'apprête à quitter la vie présente.

10. Et même le *premier ministère*, qui a été glorieux, ne l'a pas été autant que *le second*, qui l'emporte de beaucoup en gloire.

10. « *Et même*, etc. » Ce verset et le suivant sont suffisamment expliqués par ce qui précède. Il importe cependant de remarquer que, tout en démontrant la supériorité du ministère évangélique, l'Apôtre a bien soin de répéter que le ministère mosaïque avait été glorieux et que c'est seulement par comparaison avec l'autre qu'on peut le taxer d'infériorité.

11. Car si ce qui devait prendre fin a été glorieux, ce qui est permanent est beaucoup plus glorieux.

11. « *Ce qui devait prendre fin.* » Ici, comme partout dans le Nouveau Testament, on voit apparaître cette idée que les institutions mosaïques n'étaient que des figures et des types destinés, dans les desseins du Seigneur, à cesser d'être en vigueur dès que les faits ou les doctrines dont ils étaient l'ombre auraient été accomplis ou révélés plus clairement par le ministère évangélique. § « *Ce qui est permanent,* » ce qui demeure, ce qui dure à toujours. Ce caractère de permanence est assigné à l'Evangile : 1° parce qu'il ne sera, lui, remplacé par aucune autre économie religieuse, mais qu'il durera jusqu'à la consommation des siècles; 2° parce que ses effets sur le cœur sont tellement suffisants qu'ils n'auront pas besoin d'être complétés par une autre révélation ; et 3° parce que les âmes qu'il aura délivrées jouiront de la vie éternelle. De là, répète l'Apôtre, cette excellence, supérieure à toutes les gloires, bien réelles pourtant, de l'économie mosaïque.

12. Ayant donc une telle espérance, nous usons d'une grande hardiesse de parler.

12. « *Ayant donc une telle espérance.* » Pleinement persuadé de tout ce qu'il vient de dire et pénétré de la supériorité de cet Evangile dont il est le ministre, l'Apôtre en tire cette conclusion que, dans l'exercice de ce ministère, il peut aller hardiment en avant, sans rien cacher et sans

rien craindre. § « *Nous usons d'une grande hardiesse,* » ou d'une grande liberté, c'est-à-dire, comme le montre le contexte, sans avoir besoin de recourir à des figures, à des allégories, ou à des façons de parler obscures et subtiles, telles que les docteurs juifs et les philosophes de l'antiquité avaient coutume d'en employer. Complet comme il l'est en tout ce qui concerne le salut des âmes, l'Evangile doit être prêché en toute simplicité et avec une indépendance qui laisse de côté toute espèce de déguisement ou de détour.

13. Et nous ne sommes pas comme Moïse, qui mettait un voile sur son visage, afin que les enfants d'Israël ne regardassent point à la consommation de ce qui devait prendre fin.

13. « *Nous ne sommes pas comme Moïse,* » c'est-à-dire nous n'avons pas besoin d'user du même procédé. § « *Qui mettait un voile sur son visage, afin que.* » Le récit de l'Exode (ch. XXXIV, 33) semble indiquer que ce voile avait uniquement pour but de permettre aux Israélites de fixer leurs regards sur le visage du prophète, auquel ses entretiens avec Dieu avaient donné un éclat miraculeux, et nous avons vu plus haut (vers. 7) l'Apôtre exprimer aussi cette idée; mais ici il semble lui assigner encore un autre caractère, celui d'avoir été un type ou une figure de la dispensation mosaïque elle-même. Les Juifs, veut dire l'Apôtre, ne devaient pas discerner clairement le sens complet et toute la portée des institutions que Moïse leur rapportait du haut du Sinaï. Il y avait là, pour eux, un voile qui ne devait disparaître que plus tard, lorsque Jésus-Christ lui-même viendrait le lever. § « *A la consommation,* » ou plutôt « à la fin de ce qui devait disparaître. » Comme le voile jeté sur le visage de Moïse empêchait de le voir, de même il y avait caché, sous les figures et les types de la loi mosaïque, un but, une fin, que les Israélites n'avaient pas été capables de découvrir, et cette fin, dit ailleurs l'Apôtre (Rom. x, 4), « c'était Christ. » Aujourd'hui que cette *fin* s'est révélée, nous n'avons plus, dit l'Apôtre, qu'à l'annoncer librement, car, quel qu'en soit l'éclat, les esprits ne sont plus incapables de l'apercevoir. En ceci le temps des figures est passé, parce que les choses représentées par ces types et mises en quelque sorte sous le voile, sont passées. Il faut se rappeler, en lisant ces passages, que Paul avait à combattre à Corinthe l'influence de quelques docteurs judaïsants. (Voir plus loin ch. XI.)

14. Mais leurs entendements sont endurcis : car jusques à aujourd'hui ce même voile, qui est aboli par Christ, demeure dans la lecture de l'Ancien Testament, sans être ôté.

14. « *Sont endurcis,* » rendus incapables de discerner et d'apprécier. Le même mot est appliqué ailleurs au cœur (Marc VI, 52; VIII, 17); aux personnes (Rom. XI, 7), et aux yeux (Job XVII, 7). L'Apôtre se borne à constater ici le fait, sans en indiquer la cause, comme le Seigneur l'avait déjà fait à plusieurs reprises. § « *Jusques à aujourd'hui, etc.* » Jusqu'au moment où l'Apôtre écrivait, la grande masse du peuple juif s'était en effet refusée à voir dans la personne de Christ, qui était « la

fin de la loi, » l'accomplissement des types et des prophéties ; sous ce rapport, il restait donc pour le peuple comme un voile sur l'enseignement qu'ils avaient reçu de Moïse. § « *Qui est aboli par Christ* » ou en Christ, puisque toutes les prophéties et les figures ont été accomplies en lui et que maintenant ce que les Juifs n'avaient pu comprendre se trouve expliqué pour quiconque admet Christ comme le Messie. § « *De l'Ancien Testament,* » en grec, de « l'Ancienne Alliance. » Ce passage est le seul de la Bible où les saintes Ecritures données au peuple juif soient appelées Ancien Testament, et il est aisé de comprendre qu'ils n'employassent pas eux-mêmes cette expression. Paul lui donne évidemment ici le sens que, depuis lors, les chrétiens y ont toujours attaché, et on ne saurait douter qu'il n'entendît par là la collection tout entière des livres sacrés du peuple juif.

15. Mais jusques à aujourd'hui, quand on lit Moïse, le voile demeure sur leur cœur.

15. « *Jusques à aujourd'hui.* » Paul écrivait cette lettre environ trente ans après la mort du Seigneur. Mais ce qu'il dit ici de l'obstination du peuple juif à repousser la lumière est encore aussi vrai de nos jours qu'alors, et il y a dans la vérité du tableau qu'il en trace une de ces preuves incidentes qui démontrent la vérité du Nouveau Testament. On trouverait difficilement, peut-être, chez un autre peuple une persistance dans ses erreurs telle qu'au bout de dix-huit siècles on puisse dire de lui qu'il est encore le même. § « *Quand on lit Moïse,* » comme on le faisait constamment dans les synagogues. (*Voy.* Note sur Luc IV, 16.) § « *Le voile demeure sur leur cœur.* » Ils ne découvrent ni le sens, ni la beauté de leur propre loi.

16. Mais quand il se sera converti au Seigneur, le voile sera ôté.

16. « *Mais quand il se sera converti.* » « Il » se rapporte ici au peuple juif. Ce passage est donc de ceux où l'Esprit de Dieu annonce formellement qu'Israël finira par reconnaître que Jésus-Christ a été le Messie promis à ses pères. Saint Paul a développé ce sujet d'une manière plus étendue dans son Epître aux Romains. (Ch. XI, *voir* Notes sur ce chapitre.) § « *Le voile sera ôté.* » Ils comprendront ce qu'ils n'ont pas encore compris et verront ce qu'ils se sont refusés à voir jusqu'ici. Il y a peut-être ici une allusion à ce beau passage d'Esaïe (XXV, 7) : « Il enlèvera en cette montagne l'enveloppe épaisse qu'on voit sur tous les peuples, et la couverture qui est étendue sur toutes les nations. » Ce verset pourrait, du reste, être regardé comme annonçant la conversion du peuple juif tout entier et comme en masse.

17. Or le Seigneur est cet Esprit-là ; et où est l'Esprit du Seigneur, là est la liberté.

17. « *Or le Seigneur.* » Ce mot de « Seigneur » désigne ici Jésus-Christ, comme au verset précédent, et comme dans tous les autres passages du Nouveau Testament où rien dans le contexte n'indique qu'il s'applique à Dieu. C'était le nom par lequel les Apôtres le désignaient habituelle-

ment. (Jean xx, 13; xxi, 7, 12; Ephès. iv, 1, 5, etc.) § « *Est cet Esprit-là,* » l'esprit dont il est parlé plus haut dans les versets 6 et 8. Saint Paul voulant expliquer, dans cette partie de sa lettre, la clarté d'enseignement et de parole qui caractérisait le ministère de la Nouvelle Alliance, en opposition avec l'obscurité dans laquelle les Juifs étaient restés sur le sens même de leurs institutions, a dit (vers. 6) que les Apôtres n'étaient pas les ministres de « la lettre qui tue, mais de l'Esprit qui vivifie ; » il explique ici sa pensée en ajoutant que cet Esprit c'est Jésus-Christ, c'est-à-dire, au sens spirituel, le but, la substance et comme tout le fond de l'Ancien Testament, puisque les figures, les types et les prophéties devaient trouver en lui, et en lui seul, leur parfait accomplissement. § « *Et où est l'Esprit du Seigneur, là est la liberté.* » La liberté, c'est-à-dire cette « hardiesse de parole » que l'Apôtre s'est attribuée au verset 12. Christ, une fois reconnu pour le Messie, donnait à tout l'Ancien Testament une clarté qu'il n'avait pas pour les Juifs, de sorte que Paul pouvait et devait parler des choses de Dieu avec une liberté complète, comme un homme pour lequel la vérité n'était plus couverte d'un voile. Et tel est bien en effet le caractère de l'enseignement chrétien : affranchissement des idées étroites ou fausses que les Juifs s'étaient faites quant au Messie; affranchissement de l'esclavage du péché; liberté des enfants de Dieu qui, heureux d'avoir des notions aussi claires que l'homme peut en avoir sur leur Dieu et sur leur Rédempteur, peuvent sans crainte exposer leurs vues et leurs espérances devant le monde entier.

18. Ainsi nous tous qui contemplons, comme en un miroir, la gloire du Seigneur à face découverte, nous sommes transformés en la même image de gloire en gloire, comme par l'Esprit du Seigneur.

18. « *Ainsi nous tous,* » nous tous chrétiens, par opposition aux Juifs. L'Apôtre généralise ce qu'il a dit d'abord des Apôtres, afin de mieux faire ressortir encore la supériorité de l'Evangile sur la loi mosaïque. § « *Qui contemplons comme en un miroir à face découverte;* » sans être gênés ou arrêtés par ces obscurités dont le voile jeté sur la figure de Moïse était l'emblème. Le mot de « miroir » ne se rencontre qu'ici dans le Nouveau Testament, mais son sens est clair. On sait que les miroirs des anciens étaient en métal poli et reflétaient les objets avec une grande force et un grand éclat. L'Apôtre dit que l'Evangile reflète de la même manière les perfections infinies et les œuvres magnifiques de Dieu dans l'ordre de la grâce, de sorte que les chrétiens, en contemplant cet Evangile, en sont éclairés d'une lumière auprès de laquelle les connaissances des Juifs n'étaient rien. § « *La gloire du Seigneur,* » les perfections divines, telles qu'elles se sont révélées dans la personne et dans l'œuvre de Jésus-Christ. § « *Nous sommes transformés.* » Une vive lumière, comme celle d'un miroir éclairé par les rayons du soleil, illumine la figure de celui qui la contemple ; de même, le chrétien qui contemple la gloire du Seigneur en Christ, répercute en quelque sorte cette gloire en sa personne et devient par cela même un image de celui qu'il contemple. Cette comparaison est d'une grande beauté. Chacun sait qu'en vivant

habituellement avec les personnes, nous prenons, sans même le vouloir, leurs manières, leurs habitudes, leurs vues. Malheureusement, cette faculté de se transformer en quelque sorte à la ressemblance des autres est pour la plupart des hommes une source de corruption et de péché. Mais pour le chrétien, la contemplation de Christ est la source d'une grande amélioration ; il se forme ainsi à la ressemblance de son Maître, en adoptant graduellement les sentiments qui brillèrent en lui, et en devenant son imitateur en pureté. C'est un privilége spirituel dont les Juifs ne pouvaient jouir, parce que Dieu était resté pour eux comme couvert d'un voile. § « *De gloire en gloire.* » Cette transformation du chrétien à la ressemblance de Christ ne s'accomplit pas tout d'un coup, mais une fois commencée elle s'accroît sans cesse. C'est ainsi qu'il est dit de la vie des justes qu'elle « est comme la lumière resplendissante qui augmente son éclat jusqu'à ce que le jour soit en sa perfection. » (Prov. IV, 18.) § « *Comme par l'Esprit du Seigneur,* » ou bien « par cet Esprit qui est le Seigneur. » (Vers. 6 et 17.) L'idée est que pour arriver à cette transformation si désirable, il ne suffit pas de contempler la gloire de Dieu, mais qu'il y faut encore, comme en tout ce regarde le salut des âmes, l'action toute-puissante de ce Saint-Esprit que Jésus a promis et donne aux siens.

REMARQUES SUR LE CHAPITRE III.

1° Les premiers versets de ce chapitre nous montrent d'une manière admirable ce que doit être le ministère évangélique et le témoignage que les hommes que Dieu y appelle doivent aspirer à pouvoir se rendre à eux-mêmes. Quand Dieu s'est servi d'eux pour instruire les ignorants, pour convertir les incrédules, pour ramener les pécheurs, pour répandre parmi tous l'esprit de prière, la douceur, la patience, la charité, on peut être certain que leur ministère est de Dieu, et ce sceau apposé à leur travail est plus significatif que tous les éloges ou toutes « les lettres de recommandation » qui leur viendraient de la part des hommes.

2° Le verset 5 rappelle cependant aux pasteurs, et en général à tous les chrétiens, que quels que puissent être ou leurs talents ou leurs succès, ils ne doivent point s'en enorgueillir, mais se rappeler toujours qu'ils n'ont rien qu'ils ne l'aient reçu, et en rendre grâce à l'auteur de tout bien.

3° La vraie religion ne consiste pas en cérémonies, en rites ou en formes extérieures. C'est une puissance intérieure et vivante qui agit sur le cœur pour le changer et le purifier. Hors de là, il n'y a qu'une lettre qui tue. Ce qu'il faut pour donner l'assurance du salut, c'est « l'Esprit qui vivifie. »

4° Les chrétiens ne sauraient être trop reconnaissants de l'immense supériorité de l'Evangile qu'ils ont reçu, sur la loi donnée au peuple juif. La loi, sans la promesse et le don d'un Sauveur, n'aboutit qu'à désespérer l'homme en le convainquant de péché, tandis que l'Evangile lui annonce le pardon.

5° L'Apôtre, en parlant de son ministère, apprend aux prédicateurs comment ils doivent prêcher, avec hardiesse, clarté, sans déguiser ou voiler cette vérité qui doit être portée à la connaissance de tous.

6° Pour comprendre l'Ancien Testament, il faut se rappeler que Jésus-Christ peut seul l'expliquer et le placer, en quelque sorte, sous la lumière du Nouveau Testament. Cette première Alliance était déjà glorieuse, mais d'une gloire qui ne s'est pleinement révélée que quand Christ en a réalisé les promesses. On pourrait, sans cette précaution, lire l'Ancien Testament toute sa vie sans en tirer un profit réel.

7° Contempler, c'est-à-dire méditer attentivement et sans cesse la personne et l'œuvre de Christ, où la gloire de Dieu se manifeste avec tant d'éclat, est un admirable moyen d'arriver à se former à cette ressemblance de Christ qui constitue la perfection chrétienne. Mais c'est toujours sous l'influence du Saint-Esprit qu'il faut user de ce moyen de satisfaction.

CHAPITRE IV.

Dans ce chapitre, l'Apôtre continue le sujet traité dans le précédent. Après avoir décrit la supériorité du ministère évangélique sur les institutions mosaïques, il va dire quelles sont les conséquences de cette supériorité, soit quant au monde, soit quant à l'Eglise en général, soit quant aux Apôtres eux-mêmes, qu'elle encourageait et fortifiait dans les souffrances du temps présent.

1. C'est pourquoi, ayant ce ministère selon la miséricorde que nous avons reçue, nous ne nous relâchons point.

1. « *C'est pourquoi,* » c'est-à-dire puisque la lumière évangélique, dont nous sommes les dispensateurs, brille d'un éclat si grand. § « *Selon la miséricorde.* » Paul ne laisse jamais échapper l'occasion de rappeler qu'il n'est ce qu'il est que par la grâce de Dieu, et non point en raison de ses mérites. Peut-être y a-t-il même ici, au moins dans sa pensée, une allusion à son ancienne qualité de persécuteur de l'Eglise. Jamais le chrétien ne rend plus vivement gloire à Dieu de tout le bien qu'il en a reçu que lorsqu'il se souvient d'avoir été un blasphémateur ou un adversaire de la vérité. (*Comp.* avec I Tim. I, 13.) § « *Nous ne nous relâchons point.* » Le mot de l'original signifie proprement « succomber dans la peine, devenir lâche ou paresseux ; » en l'employant ici, l'Apôtre a sans doute en vue le découragement qu'auraient pu produire en lui les difficultés de son ministère, s'il n'avait été soutenu sans cesse par les grands motifs qu'il vient de retracer. (*Comp.* avec I, 8-10, et II, 14.)

2. Mais nous avons entièrement rejeté les choses honteuses que l'on cache, ne marchant point avec ruse, et ne falsifiant point la parole de Dieu, mais nous rendant approuvés à toute conscience des hommes devant Dieu, par la manifestation de la vérité.

2. « *Nous avons entièrement rejeté.* » Le terme grec emporte l'idée de repousser avec dédain, avec aversion. § « *Les choses honteuses que l'on cache,* » c'est-à-dire toute espèce de dissimulation, qui suppose toujours un fond de faiblesse ou de vice, et par conséquent tous les artifices au moyen desquels de faux docteurs parviennent à tromper leurs disciples. § « *Ne marchant point avec ruse,* » comme l'avaient fait ou le faisaient peut-être encore quelques-uns des hommes qui avaient troublé l'Eglise de Corinthe. (Note sur I, 12.) Un des caractères essentiels de la vérité est de n'avoir pas besoin d'être soutenue au moyen de procédés obliques ou artificieux. § « *Ne falsifiant point la parole de Dieu ;* » en y mêlant des traditions juives, ou peut-être en cherchant par des accommodements à la rendre plus agréable au cœur dépravé de ceux qui l'entendent. § « *Mais nous rendant approuvés à la conscience,* » « approuvés » c'est-à-dire recommandables, ou ayant droit à se faire écouter. La conscience, cette faculté de l'homme qui le rend capable de discerner le bien et le mal et à se prononcer pour le premier, est, sous l'influence du Saint-Esprit, un des facteurs de l'œuvre qu'est destinée à produire la prédication de l'Evangile. Saint Paul veut dire que la vérité, prêchée telle qu'elle est, sans détour. sans équivoque, sans mélange d'aucune idée ou d'aucune tradition humaine, ne saurait manquer d'agir sur la conscience des hommes, et qu'alors même qu'ils ne la reçoivent pas, ils sont intérieurement forcés de reconnaître que le prédicateur s'acquitte fidèlement de son mandat. Et tel est bien, en effet, l'impression que produit une prédication simple, nette et fidèle. L'Evangile ne plaît pas; les incrédules et les mondains en redoutent la sévérité, quant aux sacrifices qu'il peut exiger ; mais, malgré toutes leurs préventions, ils sont contraints de reconnaître, plus ou moins ouvertement, la sublimité de ses doctrines, la sainteté de ses préceptes, et le prix infini de ses promesses. Les prédicateurs de tous les temps doivent, en conséquence, ne rien mêler à leurs enseignements qui puisse affaiblir ce caractère vraiment divin de l'Evangile. Plus leur prédication sera simple et éloignée de tout artifice philosophique ou mondain, plus ils se rendront recommandables à la conscience de tous. (*Voy.* Jean VIII, 9; Rom. II, 15; I Cor. X, 25, 27, 29.) § « *Devant Dieu ;* » nous rappelant qu'il est un Dieu de vérité et qu'en conséquence nous ne pourrions que l'offenser en mêlant la ruse ou l'artifice au message dont il nous a chargés. § « *Par la manifestation de la vérité.* » En présentant la vérité sans voiles, sans déguisement et sans chercher même à adoucir ce qu'elle peut avoir de choquant pour les cœurs qui ne veulent pas d'elle.

3. Que si notre Evangile est encore voilé, il ne l'est que pour ceux qui périssent.

3. « *Que si notre Evangile.* » Paul dit *notre* Evangile, parce qu'il était l'un des hommes chargés de le prêcher. (*Comp.* avec Rom. XVI, 25.) § « *Est encore voilé,* » reprise de l'image employée plus haut (ch. III, vers. 13, 15). L'Evangile, suivant l'Apôtre, reste bien, à la vérité, caché et obscur encore pour quelques-uns, mais il va dire pour qui. § « *Pour ceux qui périssent,* » ou qui sont perdus parce qu'ils se refusent à voir la lumière, absolument comme le soleil resterait obscur pour un

homme qui s'obstinerait à tenir les yeux fermés. Ce n'est pas la faute de l'Evangile, mais la leur. (*Voy.* Notes sur le chap. II, vers. 15.) Cette remarque n'est nullement en opposition avec ce que l'Apôtre a dit dans le verset précédent sur les effets d'une prédication fidèle, quant à la conscience de tous, car à moins d'avoir, à force d'endurcissement, perdu cette précieuse faculté de discerner le bien du mal, le pécheur reconnaît bien l'excellence de la vérité : seulement, les passions l'aveuglent et lui font justifier ainsi cette Parole du Sauveur que « les hommes ont mieux aimé les ténèbres que la lumière, parce que leurs œuvres étaient mauvaises. » (Jean III, 19.)

4. Desquels le dieu de ce siècle a aveuglé les entendements, *c'est-à-dire*, des incrédules ; afin que la lumière de l'Evangile de la gloire de Christ, lequel est l'image de Dieu, ne leur resplendît point.

4. « *Desquels,* » ou plutôt, comme le porte une autre traduction, *savoir pour ceux dont...* § « *Le Dieu de ce siècle.* » Evidemment, l'Apôtre désigne par cette expression Satan, cet être mystérieux et malfaisant qu'on voit appelé ailleurs « le prince de ce monde » (Jean XII, 31) ; le « prince de la puissance de l'air (Eph. II, 2) ou « les gouverneurs des ténèbres de ce siècle » et « les malices spirituelles qui sont dans les airs. » (Eph. VI, 12.) Le nom de « Dieu » lui est ici appliqué, non qu'il possède les attributs de la divinité, mais parce qu'il reçoit en réalité les hommages des hommes du siècle ou du monde, c'est-à-dire de la masse du genre humain, naturellement plongée dans le péché. Il est leur dieu, puisqu'ils obéissent à sa volonté et concourent à l'exécution de ses desseins. (*Voy.* Notes sur I Cor. X, 20.) Cela était vrai des idolâtres, qui avaient fait l'œuvre de Satan en ôtant au Créateur la gloire qui lui était due pour l'attribuer aux créatures, et cela est vrai de toute cette masse d'hommes qui prend pour règle une autre volonté que la volonté du Dieu tout-puissant et saint. Les injustices, les fraudes, les violences, les meurtres, les adultères et les impudicités, les querelles et les guerres, tout ce qui, dans les affaires ou dans les plaisirs, n'est pas conforme à la volonté divine, est représenté comme l'œuvre de Satan et fait véritablement de lui, pour ceux qui s'y adonnent, le dieu qui les gouverne. Ce triste état de choses reste vrai de nos jours, comme au temps où l'Apôtre écrivait, pour toutes les âmes qui n'ont pas reçu l'Evangile et n'en ont pas éprouvé l'influence régénératrice. § « *A aveuglé les entendements,* » des incrédules. L'obstination de ceux qui refusent de croire à l'Evangile est constamment appelée dans l'Ecriture un aveuglement. (Matth. XXIII, 16, 17, 26 ; Luc IV, 18 ; Jean IX, 39 ; XII, 50 ; Rom. XI, 7, etc.) Ils sont en effet aveugles au sens où l'est un homme qui ferme volontairement les yeux ou qui les aurait bandés. Cet état de leur âme est, nous apprend ici l'Apôtre, l'œuvre du prince des ténèbres. Satan aveugle les hommes de différentes manières, dont les suivantes sont les principales : 1° il exerce une influence directe sur leur esprit. Pourquoi n'aurait-il pas ce pouvoir ? Une multitude de faits ne prouvent-ils pas qu'il lui appartient encore comme au temps de Jésus-Christ, où on voit qu'il troublait la raison de certains démoniaques

d'une manière si affreuse? 2° Il y emploie la fausse philosophie du monde, dont on peut dire, la plupart du temps, qu'elle semble n'avoir été inventée que pour séduire les hommes et leur ôter tout repos. 3° Il a répandu dans le monde l'ignorance, la superstition et l'idolâtrie, ces terribles agents dont l'effet immanquable est d'affaisser l'intelligence, de pervertir la volonté, de dégrader l'être moral tout entier, et dont l'empire est tellement bien établi sur l'esprit humain, qu'on ne peut s'empêcher d'en attribuer la force à un pouvoir surnaturel et méchant. 4° Il fait briller aux yeux des hommes, comme des lueurs trompeuses, ces biens, ces attraits de la terre dont l'Evangile nous apprend qu'il essaya le pouvoir sur le Sauveur lui-même. Chacun sait à quel point les passions, et l'amour du péché, si facilement éveillés dans le cœur de l'homme, rendent l'âme inaccessible aux lumières de la raison, aux inspirations de la conscience et surtout aux divins enseignements de l'Evangile. Mieux que personne encore Satan le sait, et de là l'activité avec laquelle il déploie, devant ceux qui ne se défient pas de lui, toutes les séductions du monde présent, les fumées de l'ambition, les attraits du plaisir, et cette immense quantité d'établissements propres à favoriser l'immoralité, tels que maisons de jeu, théâtres, salles de bals, cabarets ou cafés, etc. § « *Afin que la lumière*, etc. » Voilà l'explication de tout ce que l'adversaire fait pour aveugler les hommes. Il hait l'Evangile et ne veut pas qu'il se répande. Opposé depuis le commencement à la lumière, qui est tout à la fois l'emblème et l'instrument du bien, et dont l'Evangile est la diffusion la plus éclatante, il la haïra jusqu'à la fin; et l'étouffer dans l'esprit des hommes restera toujours sa grande affaire, parce que, si elle s'empare des âmes, elle les arrache à son empire pour les ranger sous la loi de Dieu contre lequel il s'est révolté. Dans ce but, peu importe à Satan ce que les hommes seront ou feront, pourvu qu'ils ne deviennent pas chrétiens. Qu'ils soient riches ou pauvres, moraux aux yeux du monde ou plongés dans les vices les plus dégradants, savants ou ignorants, considérés ou couverts de mépris, il les prendra tels quels, et leur laissera la plus entière liberté d'action jusqu'au moment où leurs yeux paraîtront vouloir s'ouvrir à la lumière. § « *L'Evangile de la gloire de Christ,* » locution hébraïque, qu'on pourrait rendre par «le très-glorieux Evangile»; glorieux, surtout parce que c'est en lui que se manifestent toutes les grandeurs et toute la sainteté de celui qui l'a donné au monde et qui a pu dire de lui-même: « Je suis la lumière du monde » § « *Lequel est l'image de Dieu.* » Christ est l'image de Dieu, d'abord en vertu de sa nature divine, de sa participation pleine et entière aux attributs et aux perfections de la Divinité (Col. I, 15; Hébr. I, 3), et, ensuite, en sa qualité de médiateur, comme ayant fait rayonner devant les hommes la gloire de son Père. Sous ce double rapport, Christ est l'objet de la haine infernale de Satan, qui, par conséquent, ne cessera de faire tous ses efforts pour empêcher que cette image du Dieu invisible soit aperçue et reçue par les hommes.

5. Car nous ne nous prêchons pas nous-mêmes, mais nous prêchons Jésus-Christ le Seigneur ; et *nous déclarons* que nous sommes vos serviteurs pour l'amour de Jésus.

5. « *Car nous ne nous prêchons pas nous-mêmes.* » Ces paroles ne se rapportent pas immédiatement aux idées renfermées dans les deux versets précédents, mais à ce que l'Apôtre a dit plus haut (ch. II, 17, et IV, 1, 2) de la nature de son ministère et de la manière dont il s'en acquittait. D'autres hommes, ces faux docteurs auxquels il a déjà fait plusieurs fois allusion, avaient, en répandant leurs principes, pu se laisser guider par des motifs personnels d'intérêt ou d'orgueil ; mais lui, Paul, et ses collègues dans l'apostolat, n'avaient obéi à aucun motif de ce genre. Les prédicateurs qui se prêchent eux-mêmes sont ceux qui ne se proposent d'autre but que d'acquérir de l'autorité, ceux qui prêchent leurs propres idées, ceux qu'on voit toujours prêts à mettre au premier rang leur personnalité ou qui ne voient dans la prédication qu'un moyen de s'élever ou de se procurer une agréable existence. Or, à tous ces égards, l'histoire entière de Paul prouve qu'il pouvait en toute sincérité se rendre le témoignage de ne pas se prêcher lui-même. § « *Mais nous prêchons Jésus-Christ, le Seigneur.* » Voilà bien le seul objet du ministère évangélique : tellement son seul but qu'autrement ce ministère n'aurait pas été institué, et que s'il s'y mêle autre chose, ce but n'est pas atteint. Le mot de « Christ » signifie proprement « oint ou consacré, » et désigne le Messie promis aux Juifs. (*Voy.* Note sur Matth. I, 1.) Dans l'Evangile, il est le plus souvent un simple nom propre, mais toujours cependant en impliquant l'idée que Jésus était le Messie. Quant au mot de « Seigneur, » il se trouve quelquefois uni au nom de Dieu. Lorsqu'il est seul, il désigne ordinairement Jésus (Marc XI, 13 ; Jean XX, 25 ; Act. I, 24), mais toujours dans le but de rappeler qu'à Jésus appartient le gouvernement de l'Evangile et du monde. D'après ces indications « prêcher Christ le Seigneur » c'est : 1° prouver que Jésus a bien été le Messie annoncé par les prophètes, travail indispensable quand il s'agissait de la conversion des Juifs, mais qui ne l'est pas moins de nos jours encore, puisque l'accomplissement de cette grande prophétie est une des preuves les plus incontestables de la divinité du christianisme ; 2° proclamer les grandes vérités qu'il a lui-même enseignées sur Dieu, sur le but de sa venue au monde, sur la corruption de la nature humaine et sur les moyens employés par la miséricorde divine pour sauver les hommes ; 3° faire bien connaître et bien apprécier la vie, cest-à-dire les actes et les paroles de ce Sauveur, qui nous a été donné comme un modèle afin que nous marchions sur ses traces ; 4° exposer fidèlement le but et les effets de sa mort, sans laquelle il n'y a point d'expiation des péchés, et dans laquelle se sont manifestées d'une manière si saisissante les compassions divines ; et 5° enfin annoncer et rappeler sans cesse le grand fait de sa résurrection, par laquelle il a été déclaré Fils de Dieu avec puissance, et qui prouve tout à la fois, d'une manière irrésistible pour qui l'admet, que Christ est le Sauveur, et que nous-mêmes nous ressusciterons des morts. — Ainsi se trouvera hautement établie la *Seigneurie* de Jésus-Christ, c'est-à-dire sa toute-puissante autorité sur l'Eglise et sur le monde, puisque Dieu a mis toutes choses sous ses pieds. (*Comp.* Psaume II, 6 ; Es. IX, 6, 7 ; Matth. XXVIII, 18 ; Jean XVII, 2 ; Ephés. I, 20 ; Hébr. II, 8.) § « *Nous sommes vos serviteurs pour l'amour de Christ.* » Chargés d'un ministère glorieux et ne l'exerçant point pour eux-mêmes, que voulaient donc les Apôtres ? Uniquement le salut des âmes pour

l'amour de Christ, et de là tout à la fois leur humilité et leur désintéressement. Ne cherchant point à « dominer sur les héritages du Seigneur » I Pierre v, 3), ils restaient les serviteurs de Christ dans son Eglise, comme ils l'étaient de sa personne, et consacraient à ce service tout ce qu'ils avaient de lumière, de capacité, de talents, de force et de temps. Grand exemple donné aux ministres de l'Evangile dans tous les temps et dans tous les lieux ! Oh ! que les résultats de leurs efforts seraient plus grands, si tous pouvaient dire, avec autant de vérité que Paul, qu'ils ne se prêchent point eux-mêmes, mais qu'ils prêchent *Christ le Seigneur*, et qu'ils sont en Christ, les serviteurs de ceux vers lesquels ils sont envoyés !

6. Car Dieu, qui a dit que la lumière resplendît des ténèbres, *est celui* qui a relui dans nos cœurs, pour manifester la connaissance de la gloire de Dieu qui se trouve en Jésus-Christ.

6. « *Car Dieu, qui a dit*, etc. » Les Apôtres n'avaient ni trouvé par eux-mêmes, ni reçu d'aucune tradition ou d'aucun enseignement humain cette vérité que Paul appelle ici « la gloire de Dieu. » Elle avait été communiquée directement par Celui qui est la vérité même, par ce Dieu qui avait fait briller la lumière dans leur âme, absolument comme il avait, lors de la création, fait briller sur le monde la lumière physique, (Gen. i, 3) par un simple commandement de sa parole toute-puissante. On sait que les mots de Moïse relatifs à cette œuvre du Créateur : « Que la lumière soit et la lumière fut, » ont été cités souvent par les rhéteurs comme un exemple de sublime. La parole de l'Apôtre semble plus forte encore. Dieu y est représenté comme ayant resplendi lui-même dans l'esprit des Apôtres, parce qu'il est tout à la fois lumière et auteur de la lumière. Partout, du reste, dans la Bible, la lumière est donnée comme l'emblème de la connaissance, de la pureté et de la vérité. (*Voy.* Note sur Jean i, 4, 5.) Ce passage, appliqué aux chrétiens en général, nous apprend que, naturellement, l'esprit humain est plongé dans les ténèbres, comme l'était la terre avant l'ordre donné à la lumière de paraître, et que même il aime mieux les ténèbres que la lumière (Jean iii, 19) ; mais qu'en le convertissant à lui, Dieu l'éclaire et le rend capable de discerner tout ce qu'il y a de vrai, de beau, d'excellent dans « la connaissance de sa gloire. » Sous cette action toute miséricordieuse, on voit souvent les chrétiens les plus simples et les moins versés dans les lettres humaines, l'emporter de beaucoup sur les esprits cultivés et sur les génies éclatants. Si l'on demande, là-dessus, comment Dieu opère cette illumination spirituelle, nous répondons qu'il le fait : 1° par sa Parole, soit écrite, soit prêchée ; 2° par les dispensations de sa providence, dont il révèle au cœur le sens et le but, et 3° surtout par l'influence mystérieuse, mais directe et toute-puissante de son esprit, qui continue dans tous les chrétiens, quoique à des degrés et par des modes divers, l'œuvre d'illumination qu'il avait accomplie chez les premiers prédicateurs de l'Evangile. (*Voy.* Note sur I Cor. ii, 10-15.) § « *Pour manifester*, c'est-à-dire pour nous rendre capables de faire luire devant les hommes cette précieuse connaissance. § « *De la gloire de Dieu qui se trouve en*

Christ, » ou qui brille et se réfléchit en Christ, dans son œuvre et dans sa personne. (*Voy.* Note sur ch. II, vers. 10 et suiv.). Il y a de nouveau ici une allusion indirecte au voile qui, en Moïse, avait dérobé aux regards du peuple la gloire de Dieu, tandis qu'aujourd'hui elle éclate sans voile aux yeux de quiconque regarde Christ, « la splendeur de la gloire de Dieu et l'image empreinte de sa personne. » C'est par et en ce divin Médiateur seul, que se voient les perfections infinies qui constituent la gloire de Dieu.

7. Mais nous avons ce trésor dans des vaisseaux de terre, afin que l'excellence de cette force soit de Dieu, et non pas de nous.

7. « *Mais nous avons ce trésor.* » Plus l'Apôtre considère l'origine du message dont il a été chargé, plus il se sent ramené au sentiment de sa faiblesse personnelle et pressé de donner gloire à Dieu. Le nom de trésor est ici donné à la connaissance de la gloire de Dieu en Christ, dans le même sens où Christ lui-même a appelé le royaume de son Père « un trésor caché dans un champ » et une « perle de grand prix. » (Matth. XIII, 46 et suiv.) § « *Dans des vaisseaux de terre.* » Le mot de l'original implique l'idée de vaisseaux faits de coquillages, sans doute parce que autrefois, chez les Orientaux, on se servait de coquillages brûlés pour fabriquer de la poterie grossière. Il désigne en conséquence des vases d'une nature grossière, fragile, et formant par cela seul contraste avec la richesse de leur contenu. Inutile de dire que cette image, où se manifeste la profonde humilité de l'Apôtre, convient dans tous les temps, et mieux encore que dans le cas des Apôtres, aux ministres chargés de la prédication de l'Evangile. Non-seulement ils sont au physique des êtres faibles, mais leur esprit reste sujet aux incertitudes, leur cœur accessible au péché, et de quelques dons qu'ils soient doués, c'est toujours dans des « vases de terre » qu'ils portent le « trésor » dont la distribution leur est confiée. § « *Afin que l'excellence de cette force;* » locution hébraïque pour exprimer la plus haute force, la plus grande puissance. Il s'agit ici sans doute, avant tout, de la puissance intrinsèque de l'Evangile pour éclairer les âmes et convertir les cœurs; mais on pourrait l'entendre aussi des dons ou des pouvoirs miraculeux qui avaient été confiés aux Apôtres dans le but de confirmer leur prédication et qui formaient, en effet, un si frappant contraste avec leur condition d'hommes simples, faibles et dénués de tout éclat humain. § « *Soit de Dieu,* » c'est-à-dire, afin que toute la gloire en soit rendue à Dieu, qu'on ne nous en attribue rien à nous-mêmes, et qu'en conséquence les hommes reçoivent notre message comme venant d'en haut. L'Evangile ne pouvait déployer son autorité souveraine qu'à cette condition. « Dieu s'est servi des choses folles, faibles et viles de ce monde pour rendre confuses les sages et les fortes, afin que nulle chair ne se glorifie devant lui. (I Cor. I, 27, 28 et 29.)

8. Etant affligés à tous égards, mais non pas réduits entièrement à l'étroit; étant en perplexité, mais non pas sans secours.

8. « *Etant affligés à tous égards*, etc. » En traçant le tableau qui suit et qu'on a toujours, à bon droit, regardé comme un des plus beaux passages de ses écrits, Paul a pour but de faire mieux comprendre encore quelle disproportion il y avait entre la faiblesse naturelle des Apôtres et la grandeur du ministère qu'ils exerçaient, grandeur telle qu'au milieu de toutes leurs infirmités le Seigneur les soutenait comme à main-forte et à bras étendu. Peut-être joignait-il aussi à ce but la pensée de ramener à lui ceux des Corinthiens qui s'étaient opposés à son ministère, en leur rappelant, encore une fois, ce qu'il avait souffert dans l'exercice de ses fonctions. Le mot traduit ici par *affligés* signifie proprement « pressés » d'une manière tout à la fois alarmante et pénible, comme on peut l'être dans une foule. Il désigne évidemment les dangers et les épreuves de tout genre dont l'Apôtre était entouré et qu'il rencontrait pour ainsi dire à chaque pas. (*Voir* plus loin ch. VII, vers. 5.) § « *Mais non pas réduits entièrement*, etc. » Cette traduction ne rend que très-légèrement la force de l'original. Le terme employé par l'Apôtre répond à celui du premier membre de la phrase. Il signifie proprement : être tellement serré qu'on en ait perdu la force de se mouvoir. La version syriaque porte : « En toutes choses, nous sommes pressés, mais non étouffés. » L'idée évidente de l'Apôtre est qu'au milieu de toutes ses épreuves il ne se sentait cependant ni découragé, ni incapable de continuer ses travaux. § « *En perplexité*. L'étymologie du mot ainsi traduit emporte l'idée d'un homme qui a perdu sa route et qui, ne sachant plus de quel côté diriger ses pas, se trouve dans une douloureuse incertitude. Telle devait être souvent, en effet, la position des Apôtres, en présence de tant d'obstacles et des ennemis de toute espèce qu'ils trouvaient devant eux. § « *Mais non pas sans secours*. » Ici l'expression grecque serre l'image de plus près qu'on n'a pu le faire dans la traduction; elle signifie proprement que la route n'est pas tellement perdue qu'on ne finisse par la retrouver, ou que l'embarras n'est pas tel qu'on n'arrive à en sortir. Le mot français de « ressource » conviendrait peut-être mieux ici que celui de « secours. »

9. Etant persécutés, mais non pas abandonnés; étant abattus, mais non pas perdus.

9. « *Etant persécutés*. » Le livre des Actes tout entier prouve à quel point cette parole était vraie. § « *Mais non pas abandonnés*, » par le Seigneur, qui, dans toutes les épreuves des Apôtres, leur avait montré que sa promesse d'être avec eux n'était pas une promesse vaine. § « *Abattus*, » ou jetés par terre, comme des hommes en apparence vaincus par leurs ennemis. § « *Mais non pas perdus*, » perdus sans ressource, ou tués. Ici encore, le livre des Actes confirme les expressions de Paul en nous montrant les Apôtres regardés parfois comme des hommes morts, mais remis bientôt après en état de continuer leurs travaux.

10. Portant toujours partout en notre corps la mort du Seigneur Jésus, afin que la vie de Jésus soit aussi manifestée en notre corps.

10. « *Portant toujours partout en notre corps la mort de Jésus*, etc. » Ce passage, qui a embarrassé quelques commentateurs, a pour but de dépein-

dre d'une manière énergique la grandeur des périls que l'Apôtre avait courus. Ce que l'Apôtre dit aux Galates (ch. VI, 17) : « Je porte en mon corps les flétrissures (ou les marques) du Seigneur Jésus, » en est probablement l'explication la plus exacte. Bien des fois, en effet, Paul s'était vu exposé à souffrir dans son corps comme son Maître avait souffert, et à mourir, lui aussi, de mort violente. C'est ce qui lui avait fait dire déjà (I Cor. XV, 31) que tous les jours il mourait en Christ, et lui fera répéter plus loin qu'il a été en danger de mort (proprement « en mort ») plusieurs fois. De ces assauts livrés à sa vie par la rage des persécuteurs, son corps portait peut-être des traces apparentes et propres à rappeler la mort du Sauveur. § « *Afin que la vie de Jésus soit aussi manifestée dans notre corps.* « Etre rendu conforme à Christ en toutes choses est le grand but et l'objet perpétuel des désirs du chrétien. Si Paul a souffert de la violence des hommes comme son Maître, et s'il en porte encore les traces, il a aussi cette glorieuse perspective d'avoir part à ses triomphes. C'est là ce qui le console, ce qui le soutient. Les ennemis de Christ n'ont tué son corps que pour un moment; il en est de même, pour ses disciples, et quand ils périraient comme lui sous les coups, ils savent que Christ est la résurrection et la vie, et que, par conséquent, cette vie qu'il leur a promise sera rendue à leurs corps. (*Comp.* avec Colos. I, 24 ; Philip. III, 21 ; Act. XXVI, 7.)

11. Car nous qui vivons, nous sommes toujours livrés à la mort pour l'amour de Jésus, afin que la vie de Jésus soit aussi manifestée en notre chair mortelle.

11. « *Car nous qui vivons.* » Ceux des Apôtres qui vivaient encore à l'heure où Paul écrivait. On sait que depuis longtemps Jacques était mort (Act. XII, 2), et selon toute apparence le collége apostolique avait perdu déjà d'autres de ses membres. § « *Nous sommes toujours livrés,* etc. » Ces mots répètent en éclaircissant ceux du verset précédent. (*Comp.* avec I Cor. XV, 31 et Notes.)

12. De sorte que la mort se déploie en nous, mais la vie en vous.

12. « *De sorte que la mort se déploie en nous.* » Le mot grec traduit ici par « se déploie » signifie proprement « agit, ou opère avec force ; » c'est de lui ou du moins de la même source qu'est dérivé notre mot français *d'énergie.* L'Apôtre veut évidemment dire que sa vie d'apôtre est comme une mort sans cesse répétée, en raison des dangers qu'il courait à chaque instant. § « *Mais la vie en vous.* On peut entendre ici ce mot de « vie » de deux manières : ou bien Paul veut tout simplement mettre en opposition avec sa vie, si constamment agitée, la vie des Corinthiens exempte de tout danger de mort ; ou bien il s'agit, dans sa pensée, de la vie éternelle et de l'espérance que les Corinthiens en avaient, et que contribuaient à affermir en eux ses travaux apostoliques. Ce dernier sens paraît plus conforme au contexte et au but que se propose l'Apôtre dans cette partie de la lettre. (*Voir* surtout vers. 15.) Il est facile de concevoir, en effet, que les souffrances et l'abnégation des Apôtres étaient, dans les plans du Seigneur, un puissant moyen d'édi-

fication pour l'Eglise. On voit, dans toute l'Epître, que Paul ne craignait pas d'insister sur cette idée.

13. Or, ayant un même esprit de foi, selon qu'il est écrit: J'ai cru, c'est pourquoi j'ai parlé, nous croyons aussi, et c'est aussi pourquoi nous parlons.

13. « *Un même esprit de foi,* » c'est-à-dire le même esprit que celui qui a dicté la citation qui va suivre. Le même esprit de foi ne signifie autre chose ici que la même foi. § « *J'ai cru, c'est pourquoi j'ai parlé.* » Ces paroles se lisent au psaume CXVI, vers. 10. Profondément affligé, au moment où il les émettait, le Psalmiste proclamait ainsi qu'il avait mis toute sa confiance en Dieu, et que ce sentiment lui avait dicté des prières miséricordieusement exaucées. En citant ce passage, l'Apôtre ne veut pas dire que le Psalmiste eût alors en vue la prédication de l'Evangile, ni que les circonstances de l'un et de l'autre fussent absolument pareilles; mais il y avait entre eux cette ressemblance que tous deux, dans leurs maux, étaient animés d'une même foi, et pressés également de rendre témoignage au Dieu qui les couvrait de sa miséricordieuse protection. § « *Nous croyons aussi,* etc. » Les Apôtres avaient une foi plus claire et plus affermie encore que celle du Psalmiste; ils croyaient au Christ et à ses promesses, et c'est, suivant l'expression du Seigneur lui-même, « de l'abondance du cœur que la bouche parle. » (Matth. XII, 34.). Il n'y a de prédication de l'Evangile solide et efficace que celle qui part d'une conviction profonde. (*Voir* Note sur Act. IV, 20.)

14. Sachant que celui qui a ressuscité le Seigneur Jésus, nous ressuscitera aussi par Jésus, et nous fera comparaître en sa présence avec vous.

14. « *Sachant,* » d'une science certaine, c'est-à-dire étant bien fermement persuadés, en raison des révélations du Seigneur. § « *Nous ressuscitera aussi.* Nous, tous les chrétiens. C'était cette assurance qui soutenait les Apôtres dans leurs nombreuses afflictions, et on voit qu'ils ne se lassaient jamais de ramener cette grande perspective devant les yeux de ceux auxquels ils parlaient. § *Par Jésus,* par l'intermédiaire de Christ, et en vertu du pouvoir qui lui appartenait comme Fils de Dieu. § « *Et nous fera comparaître.... avec vous.* » Nous tous, vous comme nous, puisque nous avons tous été rachetés ensemble, au prix du même sang, et en vue de la même félicité. Non-seulement Christ ressuscitera les siens, mais encore il les fera comparaître devant son Père et les lui présentera dans le royaume de la gloire, comme les fruits de son œuvre sur la terre et comme autant d'âmes amenées à son service.

15. Car toutes choses sont pour vous, afin que cette grande grâce abonde à la gloire de Dieu, par le remercîment de plusieurs.

15. « *Car toutes choses;* » toutes les choses rappelées ou impliquées dans ce qui précède, c'est-à-dire tout à la fois les perspectives de la vie à venir et ces souffrances des Apôtres qui contribuaient à affermir les

espérances de l'Église. § « *Sont pour vous,* » ont pour but d'avancer l'œuvre de votre salut et de rendre votre joie parfaite. On comprend combien de pareilles expressions étaient propres à concilier à l'Apôtre les cœurs de ceux auxquels il les adressait. § « *Afin que cette grande grâce abonde.* » Afin que l'assurance de ce grand salut devienne de plus en plus vive et soit accordée à un plus grand nombre d'âmes. § « *Par le remercîment* » par les actions de grâces rendues à l'auteur du salut par les rachetés, proclamant sa gloire devant les hommes et devant les anges. De là le zèle et l'abnégation des Apôtres dans l'exercice de leur ministère. Ils enduraient tout avec joie, dans l'espoir d'en amener un nombre toujours croissant à la possession du salut.

16. C'est pourquoi nous ne nous relâchons point ; mais quoique notre homme extérieur se détruise, toutefois l'intérieur est renouvelé de jour en jour.

16. « *C'est pourquoi :* « dans la pensée que, travaillant à la conversion des âmes, le secours de Dieu nous est acquis dans l'accomplissement de cette tâche. § « *Nous ne nous relâchons point.* » (*Voy.* le 1er verset du chapitre et Notes.) § « *Quoique notre homme extérieur se détruise.* » Cet homme extérieur est évidemment le corps, la vie corporelle. Il se détruisait ou s'affaiblissait en Paul, non-seulement par l'effet naturel et ordinaire des années, mais encore par les fatigues, les dangers et les mauvais traitements auxquels l'exposait l'exercice du ministère apostolique. § « *Toutefois l'intérieur est renouvelé de jour en jour.* » L'homme intérieur, opposé au corps, est l'âme. (*Comp.* Rom. VII, 22.) Celle-ci, dit l'Apôtre, loin de perdre sa vigueur dans les rudes labeurs de l'apostolat, se sent au contraire de plus en plus encouragée, fortifiée et comme rajeunie. Elle discerne la vérité d'une manière toujours plus claire, sent de plus en plus que la force du Seigneur est avec elle et se nourrit chaque jour davantage des célestes espérances de vie et d'immortalité qui l'animent à livrer les saints combats de la foi. Il y a, dans cette déclaration de l'Apôtre, un fait d'expérience qui s'est produit et se produira jusqu'à la consommation des siècles dans la personne de tous ceux qui se consacrent sans réserve au service de Christ et au bien de leurs semblables. — Remarquons encore sur ce beau passage que l'Apôtre y met à néant les doctrines du matérialisme. Qu'y a-t-il, en effet, de plus opposé à cet affreux système, que cet homme intérieur ou cette âme qui se fortifie à mesure que le corps s'affaiblit et s'achemine vers sa dissolution ?

17. Car notre légère affliction, qui ne fait que passer, produit en nous un poids éternel d'une gloire souverainement excellente.

17. « *Car*, etc. » Dans ce verset et le suivant, l'Apôtre va dire ce qui renouvelle et soutient en lui l'homme intérieur, et la raison qu'il en donne est peut-être, au point de vue du langage, une des paroles les plus magnifiques qui soient sorties de sa plume. Un critique célèbre, l'examinant dans la langue originale, n'a pas craint de dire qu'on ne trouve rien de plus beau dans les célèbres harangues de Démosthènes.

§ « *Notre légère affliction qui ne fait que passer.* » Les afflictions qui formaient la part des Apôtres étaient : le besoin, les fatigues, les dangers de toute nature, les dédains du monde, les outrages, la prison, les naufrages, la perspective continuelle d'une mort violente, etc. (*Voy.* plus haut v, 7-10 et plus loin chap. XI, 23-27.) Voilà ce que l'Apôtre appelle une affliction « légère » et quoiqu'il eût souffert toutes ces choses depuis le moment (déjà bien éloigné à la date de cette lettre) où il s'était consacré au service de Christ, il ajoute que cette affliction « ne fait que passer. » Quelle force d'âme et quelle efficacité de la foi se révèlent dans cette manière de parler ! Le mot traduit ici par « léger » s'applique ordinairement à un fardeau, et c'est celui que le Sauveur emploie quand il dit « mon fardeau est léger. » (Matth. XI, 30.) Le terme rendu par « qui ne fait que passer » est un adverbe qui marque l'*instantanéité* la plus rapide. § « *Produit en nous.* » L'affliction du chrétien le conduit à la gloire : 1° parce qu'elle le détache du monde présent ; 2° parce qu'elle purifie son cœur en lui faisant haïr le péché, source de toutes les misères humaines ; 3° parce qu'elle l'habitue à chercher sa force et ses consolations en Dieu ; 4° parce qu'elle l'incite à contempler sans cesse cette paix et cette félicité qui lui sont assurées dans les cieux ; et 5° parce que Dieu, dans sa bonté, se sert de ce moyen pour le préparer à la gloire (Es. XLVIII, 10) et lui a promis cette gloire comme dédommagement à ses souffrances. § « *Un poids éternel.* » Ces deux mots font contraste avec les caractères assignés à l'affliction. Celle-ci était légère, le bonheur des cieux est « un poids, » c'est-à-dire une chose ayant de la valeur, comme le serait un objet en or ou en argent, ou une couronne chargée d'ornements précieux et de diamants. De plus, l'affliction ne fait que passer, tandis que le bonheur céleste est « éternel. » On peut remarquer ici qu'en comparant entre eux des objets ou même des événements, nous serons presque toujours amenés naturellement à mettre en opposition les caractères ici désignés par l'Apôtre. § « *D'une gloire.* » Chez les Hébreux le mot de « gloire » désignait quelquefois aussi le poids d'une chose. Peut-être ce double sens était-il en ce moment dans la pensée de l'Apôtre. Sans cesse, du reste, dans le Nouveau Testament, la paix et les joies du ciel sont appelées la gloire. § « *Souverainement excellente.* » Cette locution ne rend que très-imparfaitement l'énergie du texte, qu'il était peut-être impossible de mieux traduire. Il y a proprement : « d'une excellence au-dessus ou au-delà de l'excellence. » Il semble que l'Apôtre ait inutilement cherché dans le langage humain un terme assez fort pour exprimer l'indicible supériorité de la vie à venir sur la vie présente.

18. Quand nous ne regardons point aux choses visibles, mais aux invisibles : car les choses visibles ne sont que pour un temps, mais les invisibles sont éternelles.

18. « *Quand nous ne regardons,* » etc. Voilà le procédé spirituel au moyen duquel l'Apôtre savait, et le chrétien saura toujours supporter les afflictions du temps présent et jouir à l'avance des biens inappréciables du ciel. Si les regards de l'âme se portent trop souvent et se tiennent fixés sur les afflictions, elles lui paraîtront nécessairement plus dures et plus longues encore qu'elles ne le sont en réalité ; mais si, avec l'aide

du Saint-Esprit, elle vit dans une contemplation habituelle des biens qui l'attendent au-delà de la tombe, elle ne voit plus dans la souffrance que des épreuves légères et qui ne durent qu'un instant. § « *Qu'aux choses visibles ;* aux choses de ce bas monde : la pauvreté, les inquiétudes, les souffrances physiques, la persécution, etc., et en même temps, aux choses dont ces maux sont la privation, telles que les richesses, le repos, la santé, la paix, etc. § « *Mais aux invisibles,* » aux choses du ciel. (Hébr. XI, 1.) § « *Les choses visibles ne sont que pour un temps.* » Dans ces mots l'Apôtre, suivant son idée, à sans doute en vue les afflictions; mais cela est vrai de toutes les choses de la terre, des richesses, de la réputation, du plaisir, de la force, etc. » Tout ce qui tient au monde est périssable ; de là la folie du prix qu'on y attache, ou des regrets qu'en inspire la privation. § « *Mais les invisibles sont éternelles.* » Tel est bien le caractère essentiel, capital de tous les objets que la foi nous révèle et nous apprend à contempler. *Dieu* est éternel, et partant ne fera jamais défaut à qui se confie en lui; *Christ* est éternel, et ne cessera jamais de nous être un sauveur; *les amis du fidèle* sont immortels comme lui, et il n'en sera jamais plus séparé. *Le repos et les joies ineffables* promises aux élus sont éternels, et la crainte de les perdre n'en empoisonnera plus la jouissance. Comment entrer dans le sentiment et se placer au point de vue de l'Apôtre dans l'application qu'il fait de ces idées sans éprouver comme lui que « les souffrances du temps présent ne sont point comparables à la gloire à venir, qui doit être manifestée en nous. » (Rom. VIII, 18.)

REMARQUES SUR LE CHAPITRE IV.

1° Il y a dans ce chapitre de grandes leçons à l'adresse des hommes chargés de prêcher l'Evangile à leurs frères. Les paroles et l'exemple de l'Apôtre Paul leur montrent qu'ils ne doivent jamais ni se laisser abattre ni se relâcher. Quelque accueil qui soit fait à leurs exhortations, quelques épreuves qu'ils puissent avoir à traverser, ils seront heureux et forts, si leur conscience peut leur rendre ce témoignage qu'ils annoncent fidèlement la vérité, telle que Dieu la leur a fait connaître, et qu'ils la prêchent comme elle doit-être prêchée, avec simplicité et droiture, sans recourir à de vains artifices ou à des déguisements mensongers. Le grand, l'unique objet du ministère sacré est de faire connaître le Seigneur Jésus-Christ du plus grand nombre d'âmes possible. Malheur donc au ministre négligent ou infidèle qui laisse passer les âmes devant lui sans leur dire qu'il n'y a pour elle de paix et de salut qu'en cet adorable Sauveur ! Ainsi entendu, le ministère de la Parole est une œuvre sainte, une vocation des plus glorieuses, mais qui fait reposer sur ceux qui l'ont reçue la plus grave responsabilité que l'esprit puisse concevoir. Saint Paul et les autres apôtres l'avaient compris, et de là leur infatigable activité, leur zèle intrépide, leur parfaite abnégation d'eux-mêmes. Que leurs successeurs suivent ces nobles exemples, et qu'ils ne comptent sur d'autre repos que sur celui qui les attend au-delà de la tombe (vers. 1, 2, 5, 7, 13). Tous les chrétiens devant, du reste, se regarder comme appelés à prêcher l'Evangile, tous ont à s'appliquer cette partie de l'enseignement apostolique.

2° Le monde auquel nous appartenons par notre naissance est un pauvre monde, aveugle de toutes les manières. L'esprit du mal y règne et ne néglige rien de tout ce qui peut, en obscurcissant l'intelligence des hommes, les empêcher de se tourner vers l'Evangile et de lui donner leur cœur. Il leur fait voir les objets sous un faux jour. Sous cette déplorable influence, les richesses, les honneurs, les plaisirs paraissent avoir infiniment plus de valeur, qu'ils n'en ont; l'homme leur demande un bonheur qu'ils ne peuvent lui donner, et, sous l'empire de ces illusions sans cesse renaissantes, son âme reste inaccessible aux grands intérêts de l'humanité. Tout cela est l'œuvre de Satan. On peut concevoir un monde plus coupable encore et plus misérable que celui-ci; tel sera sans doute l'enfer; mais là même les entendements ne seront pas frappés d'autant d'aveuglement, car le mal y paraîtra mal, toute illusion en sera bannie. De là la nécessité de se défier de la puissance du prince des ténèbres, de veiller et de s'armer contre elle de toutes les armes de Dieu. Et que l'homme ne se trompe pas encore lui-même à cet égard, en se figurant que l'intervention de Satan dans les illusions qui le perdent dégage sa propre responsabilité. Le malheureux qui tombe dans un précipice parce qu'il s'est laissé entraîner par une fausse lueur ou par un ennemi perfide, n'en est pas moins la victime de son imprudence. Tout homme, d'ailleurs, s'il veut être de bonne foi, reconnaîtra que lorsqu'il cède à la voix du tentateur, il le fait volontairement, qu'il n'y a nullement été forcé, et qu'en conséquence il ne peut s'en prendre qu'à lui (vers. 4).

3° Ainsi plongé dans l'aveuglement, la condition de l'homme serait épouvantable si le Dieu qui éclaira jadis le monde physique en disant « que la lumière soit, » n'éclairait également le monde moral par sa Parole, qui s'est fait chair en Jésus-Christ, et par son Saint-Esprit qu'il donne en Christ à tous ceux qui le cherchent; c'est à illuminer ainsi les âmes pour les sauver que Dieu met sa gloire, et cette gloire brille avec d'autant plus d'éclat dans cette œuvre que pour prêcher l'Evangile Dieu n'a pas choisi des grands, des savants, des puissants de ce monde, mais des hommes simples, sans force et destitués de tout ce qui frappe le plus les regards du monde; c'est bien, dès-lors, à Dieu et rien qu'à Dieu que doivent être attribués les succès obtenus par leurs travaux (vers. 6 et 7).

4° Ce que ce chapitre nous fait entrevoir des souffrances endurées par les Apôtres, nous montre à quel prix le christianisme s'est établi et ce qu'il a coûté. Né pour ainsi dire dans les douleurs et les agonies du Sauveur, il lui a fallu, pour grandir, les douleurs et les agonies des Apôtres, et, comme on l'a dit souvent, c'est du sang des martyrs qu'il a tiré son accroissement, jusqu'au jour où nos glorieux réformateurs ont, à leur tour, été persécutés à cause de lui. Ces faits si frappants, et qu'on peut comme suivre à la trace depuis plus de dix-huit siècles, ne sauraient être médités sans accroître, d'une part, le cas que nous faisons pour nous-mêmes d'une religion qui a coûté si cher, et, d'autre part, l'obligation qui en résulte pour nous d'annoncer à notre tour cette foi, prêts à souffrir ou à mourir pour elle à l'exemple des martyrs (vers. 8 et 9).

5° Quelle admirable appréciation des afflictions du siècle présent et des félicités du siècle à venir, que celle qu'on lit dans les derniers versets de ce chapitre! Tous appelés à souffrir, d'une manière ou d'une autre, les chrétiens ne se sentent jamais complètement abandonnés de Dieu, et l'espoir qui les soutient est de ceux qui ne trompent pas. Semblables sous ce rapport, à Jésus-Christ, leur frère et leur sauveur, ils savent qu'ils ressusciteront comme lui, pour aller le rejoindre au sein de cette gloire qu'il leur a promise, et dont « le poids infiniment excellent » l'emporte autant sur les afflictions ou sur les biens de ce monde que les cieux sont élevés par-dessus la terre. Tout ici-bas se détériore et meurt; tout dans le ciel est permanent, inaltérable, éternel. Qu'il est donc insensé, l'homme qui s'attache aux choses visibles, et que sage au contraire celui qui accepte de Dieu, comme son plus grand trésor, cette assurance de la gloire qui, dès le moment où le cœur la reçoit, devient la source des jouissances les plus douces et d'une paix intérieure que rien ne peut plus troubler! (Vers. 8-18.)

CHAPITRE V.

1. Car nous savons que si notre habitation terrestre de *cette* tente est détruite, nous avons un édifice, *qui vient* de Dieu ; *savoir*, une maison éternelle dans les cieux, qui n'est point faite de main.

1. *Car.* » Ce mot seul suffirait à montrer que ce chapitre fait suite au précédent et qu'il en a été séparé à tort par ceux auxquels est due la division des chapitres. L'Apôtre continue, en effet, à exposer les grands motifs d'encouragement et de force qui soutenaient ses collègues et lui dans l'exercice du ministère évangélique. Mais il faut se rappeler, en le lisant, que les consolations qu'il signale sont le partage de tous les croyants dans l'épreuve, aussi bien qu'elles étaient celui des Apôtres. § « *Nous savons.* » Ce mot, dans la bouche ou sous la plume des auteurs du Nouveau Testament, désigne toujours une source de certitude, une assurance dégagée de toute espèce de doute. Le Sauveur s'en était servi dans ce sens (Jean III, 11 ; IV, 22) et en cela les disciples suivirent son exemple. (Jean XXI, 24 ; II Cor. IV, 14 ; I Jean II, 3, 5.) En tout ce qui concerne la grande affaire du salut, le chrétien sait de science certaine, parce qu'il a été enseigné de Celui qui ne peut ni se tromper, ni vouloir tromper. § « *Que si notre habitation terrestre de cette tente est détruite.* » L'Apôtre a déjà appliqué l'épithète de terrestre au corps humain (I Cor. XV, 40), et c'est évidemment de ce corps qu'il s'agit ici. L'image d'une tente dans laquelle ce corps vit ici-bas, est frappante de justesse. Rien ne diffère plus d'une habitation permanente qu'une tente, qu'au moment marqué on replie en un instant. La version syriaque paraphrase le passage en disant : « Car nous savons que si notre demeure sur la terre, qui est notre corps, doit être détruite. » Le mot grec traduit ici par « détruire, » renferme l'idée de rompre les liens qui unissent entre elles les différentes parties d'un corps, de dissoudre. Il peut, en parlant du

corps humain, s'appliquer tout aussi bien à une mort violente qu'à une dissolution naturelle, produite par l'âge ou les fatigues. (*Comp.* avec Job IV, 19; I Pierre I, 13, 14.) § « *Nous avons un édifice qui vient de Dieu*, etc. » Quelle est la pensée précise de l'Apôtre dans ces mots? Faut-il entendre, par l'édifice à venir dont il parle, ces demeures célestes que le Seigneur prépare à ses disciples (Jean XIV, 2), ou bien l'Apôtre désigne-t-il ainsi le corps incorruptible et glorieux dont les âmes des saints seront revêtues à la résurrection? La seconde interprétation paraît de beaucoup la plus probable, comme s'accordant mieux avec le contexte. (*Voy.* Notes sur vers. 8.) En tout cas, l'Apôtre établit, comme contraste entre cette habitation future et la vie de la terre, que la première sera donnée par Dieu sans intervention humaine, qu'elle sera permanente ou éternelle et qu'elle sera dans les cieux, séjour de toute paix, de toute force et de toute joie. En ajoutant qu'elle n'est point « faite de main d'homme, » il veut sans doute faire mieux ressortir encore le caractère d'indestructibilité qui distingue ce nouveau mode d'existence. Les Corinthiens devaient d'autant mieux comprendre toute cette argumentation de Paul que dans sa première lettre il s'était longuement étendu sur ce sujet. (I Cor. XV, 35 et suiv.)

2. Car c'est aussi pour cela que nous gémissons, désirant avec ardeur d'être revêtus de notre domicile qui est du ciel.

2. « *Et c'est aussi pour cela ;* » à cause de l'immense supériorité de notre habitation future sur notre demeure terrestre. § « *Que nous gémissons*, etc.; » que nous désirons avec une sorte d'impatiente ardeur. § « *D'être revêtus de notre domicile qui est du ciel.* » Ici l'Apôtre, dans la vivacité de ses espérances, change à un certain point d'images. Cette existence nouvelle, comparée d'abord à une maison, devient un vêtement; mais l'idée est toujours la même et les deux images sont aussi vraies l'une que l'autre. Un commentateur anglais fait sur ce passage une supposition qui peut être contestée, mais qui n'est pas dépourvue cependant de toute vraisemblance. C'est que l'Apôtre aurait eu ici plus spécialement dans sa pensée le changement subit dont il parle ailleurs comme devant s'opérer chez ceux qui seront vivants à l'avènement du Seigneur. (I Cor. XV, 51, 52; I Thess. IV, 17.) S'attendant peut-être encore alors à voir Christ arriver bientôt, Paul aurait soupiré après la prompte réalisation de cette transformation sans avoir à passer par la mort.

3. Si toutefois nous sommes trouvés vêtus, et non point nus.

3. « *Si toutefois nous sommes trouvés vêtus et non point nus.* » Ce verset a donné lieu à beaucoup d'interprétations, mais qui toutes reviennent au fond à ceci, que Paul, voyant des yeux de la foi cette demeure céleste réservée à l'âme des élus, se demande tout-à-coup, par un retour sérieux sur lui-même et sur ceux auxquels il s'adresse, s'ils seront tous au nombre de ces élus justifiés par la foi en Christ, auxquels est promis l'édifice céleste ou le corps glorieux dont il parle. Ce serait ainsi dans un sentiment d'humilité que l'Apôtre aurait écrit cette sorte de parenthèse. Il ne faudrait cependant pas en conclure que les âmes des saints

seules seront revêtues d'un nouveau corps dans la vie future, et que celles des réprouvés en seront privées ; l'idée d'une âme sans corps est peu admissible ; mais la nouvelle habitation des saints seuls sera glorieuse et digne d'envie.

4. Car nous qui sommes dans cette tente, nous gémissons étant chargés ; vu que nous désirons, non pas d'être dépouillés, mais d'être revêtus ; afin que ce qui est mortel soit absorbé par la vie.

4. « *Nous gémissons, étant chargés.* » Paul revient ici à l'idée émise déjà au verset 2. Il a, et tous les chrétiens avec lui, un désir d'autant plus vif de quitter cette terre, pour entrer dans la gloire, que le fardeau des afflictions humaines est difficile à porter. (*Voy.* Notes sur ch. IV, 7, 10.) § « *Non pas d'être dépouillés*, etc. » Non pas, cependant, dit Paul, que nous portions avec impatience ce fardeau, ni que ce soit là le principal motif qui nous fait désirer le repos du ciel, mais parce que la beauté du vêtement nouveau, ou en d'autres termes, l'excellence de ce corps céleste qui nous est promis, nous attire et nous fait prendre en pitié notre demeure actuelle. L'Apôtre a plus d'une fois, dans ses Epîtres, exprimé des idées pareilles. (*Voir* plus loin, au vers. 8, et *Comp.* avec Philip. I, 23 ; II Tim. IV, 6-8.) § « *Afin que ce qui est mortel*, etc.; » afin qu'en nous ce qui doit mourir ait complètement fait place à ce qui ne mourra jamais. (*Comp.* avec I Cor. XV, 54.)

5. Or, celui qui nous a formés à cela même, *c'est* Dieu ; qui aussi nous a donné les arrhes de l'Esprit.

5. « *Or celui qui nous a formés à cela*, etc., » c'est-à-dire, celui qui nous a préparés à ces hautes destinées et qui nous en a donné l'assurance, c'est Dieu. Il est évident, d'après tout l'enseignement de l'Apôtre, que par cette préparation il entendait l'œuvre de la grâce, régénérant les âmes et les sanctifiant. (*Comp.* Ephès. II, 10.) § « *Qui aussi nous a donné les arrhes de l'Esprit.* Sur ce mot d'arrhes, *voir* nos Remarques sur chapitre I, 22. Les opérations et les témoignages du Saint-Esprit dans l'âme convertie sont pour elle les gages certains de ce bonheur céleste dont elle a reçu la promesse.

6. Nous avons donc toujours confiance ; et nous savons que logeant dans ce corps, nous sommes absents du Seigneur.

6. « *Nous avons donc toujours confiance.* » Le mot traduit ici par « avoir confiance » désigne une confiance joyeuse et qui remplit de courage; il répond parfaitement aux dispositions de l'Apôtre, qui conservait au milieu de ses épreuves la joie de l'espérance, non par instants seulement, mais en toute circonstance, toujours. § « *Logeant dans ce corps,* » c'est-à-dire aussi longtemps que nous sommes sur la terre. § « *Nous sommes absents du Seigneur,* » loin de Jésus-Christ, notre bien suprême et notre vie véritable. (*Voy.* Notes sur Act. I, 24 ; *Comp.* Philip. I, 23.)

7. Car nous marchons par la foi et non par la vue.

7. « *Car nous marchons par la foi,* etc. » Dans les auteurs sacrés le mot de « marcher » est souvent synonyme de « vivre » ou de « se conduire. » (*Voir* entr'autres Rom. IV, 12; VI, 4.) Marcher par la foi, c'est donc agir en tout sous l'influence des grands motifs que fournit la foi, et ici particulièrement, de l'espoir de la résurrection et de la vie éternelle. Les gens du monde agissent bien quelquefois sous l'influence de choses qu'ils n'ont pas vues, d'espérances qui parlent à leur imagination, mais dans ces cas même, ils marchent par la vue, parce qu'ils agissent toujours dans la pensée des biens qui se voient, ou qui sont de la terre, tels que les richesses, les dignités, les plaisirs. Le chrétien, au contraire, a, pour mobile suprême de sa vie, des choses qu'il n'a pas vues et qu'il n'espère voir que dans une meilleure vie. Il n'a vu des yeux de la chair ni Dieu le Père, ni le Fils, ni le Saint-Esprit, ni la gloire du ciel, mais il y croit avec autant de force que s'il les avait vues (Hébr. XI, 1), et de là toute la direction qu'il donne à sa vie. Comment ferait-il autrement ? Il sait : 1° que ces biens lui sont promis ; 2° que la mort même, loin de l'en priver, lui en ouvrira la pleine possession ; 3° qu'il n'éprouvera dans cette possession ni mécompte, ni satiété, et qu'enfin il en jouira éternellement.

8. Nous avons, *dis-je*, de la confiance ; et nous aimons mieux être absents de ce corps, et être avec le Seigneur.

8. « *Nous aimons mieux être absents de ce corps.* » Cette ferme et joyeuse attente que nous devons à notre foi, est tellement vive que nous voudrions la voir se réaliser sur-le-champ par notre départ de ce corps ou de cette vie. (*Comp.* Philip. I, 23.) § « *Et être avec le Seigneur,* » avec Christ, auteur de la joie des élus et dont la présence sera pour eux le ciel. Ce désir et cette sorte de hâte de l'Apôtre nous montrent : 1° que les âmes des saints ne seront pas comme annihilées ou absorbées en Dieu, ainsi que l'enseigne la mensongère philosophie des Orientaux ; et 2° qu'elles ne passeront pas par un état intermédiaire, semblable à la rêverie du purgatoire inventée par l'Eglise romaine, ou par une sorte de résidence commune, où pour un temps, au moins, elles seraient confondues avec les âmes des réprouvés, comme se le sont figuré d'autres rêveurs, mais qu'elles iront sur-le-champ auprès du Seigneur, pour habiter avec lui dans ce lieu « qu'il est allé leur préparer. » Le contempler dans sa gloire sera une de leurs félicités (Apoc. III, 21), le lecteur se souviendra que telle était bien la promesse faite par le Seigneur lui-même au brigand qui se convertit à lui sur la croix. (Luc XXIII, 43.)

9. C'est pourquoi aussi, nous nous efforçons de lui être agréables, et présents et absents.

9. « *C'est pourquoi aussi.* » En raison de tout ce qui vient d'être dit, parce que nous avons l'assurance de cette vie de gloire et de félicité. § « *Nous nous efforçons.* » Le terme grec a une force toute particulière. Il signifie proprement, « nous recherchons comme un honneur, nous mettons notre gloire à », et s'emploie ordinairement dans le Nouveau Testa-

ment pour exprimer des efforts ardents et soutenus. (Rom. XV, 20; I Thess. IV, 11.) § « *De lui être agréable;* en nous appliquant à faire sa volonté de manière à recevoir de lui des preuves de son approbation. (*Comp.* avec Rom. XII, 1; XIV, 18; Ephès. V, 10; Philip. IV, 18; Tite II, 9.) § « *Et présents et absents,* » c'est-à-dire, dès ici-bas comme lorsque nous serons réunis à lui. Sur la terre comme dans le ciel, plaire au Seigneur est la grande affaire du chrétien, le mobile constant de toutes ses pensées et de sa vie entière. (*Comp.* avec Rom. XIV, 7 et 8.)

10. Car il nous faut tous comparaître devant le tribunal de Christ, afin que chacun remporte en son corps selon ce qu'il aura fait, soit bien, soit mal.

10. « *Car il nous faut.* » Il est ordonné; il nous a été annoncé. C'est un autre motif qui doit porter le chrétien à mener une vie sainte. § « *Tous,* » tous les hommes sans exception, Juifs ou Gentils, esclaves ou libres, jeunes ou vieux, riches ou pauvres; personne n'y saurait échapper. (Apoc. XX, 12.) Quelques commentateurs ont pensé que Paul faisait allusion à l'opinion, répandue parmi les Juifs de son temps, que les Gentils seuls auraient à passer en jugement au dernier jour, mais cette supposition paraît peu fondée. L'idée qui domine en ce moment dans l'esprit de l'Apôtre est d'une trop haute portée pour qu'on puisse lui assigner un point de vue si restreint. § « *Comparaître :* proprement, être manifesté ou mis en lumière, de sorte que tout ce qui est en nous vienne au grand jour, les pensées les plus secrètes de nos cœurs aussi bien que tous les actes de notre vie. § « *Devant le tribunal de Christ,* » à qui ont été conférés le pouvoir et la fonction de juger les vivants et les morts. (Jean V, 27; Act. X, 42; XVII, 31.) *Voy.* aussi ce que le Seigneur dit lui-même de ce jugement, Matth. XXV. § « *Afin que chacun remporte,* » ou reçoive. (Ephès. VI, 8; Col. III, 25.) § « *En son corps.* » Ces mots peuvent être joints, comme ils le sont dans cette traduction, au mot « remporter, » et alors ils confirment ce que l'Apôtre a dit plus haut des nouveaux corps dont les âmes seront revêtues après la résurrection ; ou bien ils peuvent être reportés à la fin du verset, comme l'ont fait d'autres traducteurs, et alors ils désignent la vie présente, en tant que c'est durant son cours que les hommes auront fait le bien ou le mal d'après lequel leur sentence sera prononcée. Ce second sens est le plus vraisemblable. § « *Selon ce qu'il aura fait, soit bien, soit mal.* » Aux yeux de celui qui lit dans les cœurs, les pensées et les désirs sont des actes, de sorte que rien n'échappera à cette grande manifestation du dernier jour; il faut que tout soit ainsi mis au jour pour que Dieu soit reconnu juste dans ses voies par ceux-là même qu'il jugera. Les élus ne craindront pas ce jugement, parce qu'ils savent que le sang de Christ les a purifiés de tout péché, et les méchants ne pourront pas y échapper. Ce verset présente, en un résumé aussi concis qu'énergique, tout ce qu'il y a de capital à croire et à méditer quant au jugement dernier.

11. Connaissant donc combien le Seigneur doit être craint, nous sollicitons les hommes à la foi, et nous sommes manifestés à Dieu, et je m'attends aussi que nous sommes manifestés en vos consciences.

11. « *Connaissant donc.* » Ici, saint Paul, ramené par ce qu'il vient de dire au sentiment de sa responsabilité d'apôtre, revient directement à parler de son ministère, pour expliquer de nouveau dans quel esprit et avec quel sérieux il s'en est acquitté à l'égard des Corinthiens. § « *Combien le Seigneur doit être craint.* » Craint dans cette manifestation redoutable, en effet, du dernier jour, où il paraîtra armé du pouvoir suprême et où un mot de sa bouche précipitera les âmes rebelles dáns le feu qui ne s'éteint point. Saint Paul, en se plaçant devant cette imposante perspective, en est troublé lui-même, mais n'en comprend que mieux avec quelle ardeur il doit exhorter les hommes à fuir la colère à venir. § « *Nous sollicitons,* » nous conjurons, nous nous efforçons de persuader. Le choix de ce terme est remarquable en ce qu'il montre quel est le vrai caractère de la prédication chrétienne. Ce n'est ni une vaine déclamation, ni une sorte de contrainte morale, ni une perpétuelle menace ; c'est une exhortation pressante, mais toujours charitable, une prière, variée sans doute dans ses formes, mais provenant toujours d'une vive et profonde sollicitude pour les âmes. Jésus pleurait sur Jérusalem et reprochait tendrement aux Juifs de ne pas vouloir venir à lui pour avoir la vie. Tel est le grand modèle que doit, à l'exemple de Paul, se proposer tout prédicateur de la parole sainte. Il n'en saura pas moins dénoncer les justes jugements de Dieu en déclarant aux pécheurs que c'est une chose terrible que de tomber entre ses mains. (Héb. x. 31.) § « *Nous sommes manifestés à Dieu.* » Dieu sait qu'en parlant ainsi, nous sommes sincères et n'avons en vue que l'avancement de son règne et le salut des âmes. § « *Et je m'attends aussi,* etc. » J'aime à penser que vous-mêmes, au fond de vos consciences, me rendez aussi ce témoignage. C'est ce que l'Apôtre a déjà dit en d'autres termes, chapitre IV, verset 2. Cet appel à la conscience des Corinthiens s'adressait surtout à ceux qui avaient prêté l'oreille aux insinuations des adversaires de Paul ou des faux docteurs intéressés à décrier son ministère.

12. Car nous ne nous recommandons pas de nouveau à vous, mais nous vous donnons occasion de vous glorifier de nous ; afin que vous ayez *de quoi répondre* à ceux qui se glorifient de l'apparence, et non pas du cœur.

12. « *Nous ne nous recommandons pas nous-mêmes.* » Si Paul parle comme il vient de le faire, ce n'est point par vaine gloire ou par vanterie. § « *Mais nous vous donnons,* etc. » Le sens est aussi clair que la pensée est heureuse et pleine d'affection. Vous avez, semble dire l'Apôtre aux Corinthiens, été amenés à l'Evangile par mon ministère, et vous me regardez avec raison comme votre père spirituel ; mais on a cherché à vous enlever cette affection pour moi, en mettant en doute peut-être l'autorité de mon apostolat ou la droiture de mes intentions. Eh bien ! en vous affirmant que cet apostolat me vient de Dieu, en vous expliquant dans quel esprit je l'exerce, je vous fournis les moyens de répondre à ceux qui vous troublent ; vous pourrez leur montrer que votre confiance en moi n'est pas mal fondée. § « *Qui se glorifient de l'apparence et non pas du cœur.* » Nous ne connaissons pas assez les adversaires de Paul à Corinthe pour savoir de quoi ils se glorifiaient : sans doute de quel-

ques avantages extérieurs, tels que le rang, l'éloquence ou la science humaine. A tous ces égards, l'Apôtre ne prétend point lutter avec eux, mais son cœur est honnête, sa conscience droite, il aime les Corinthiens; en tout cela nul n'a plus que lui droit à l'estime et à l'affection de l'Eglise.

13. Car soit que nous soyons dans l'extase, *nous sommes unis* à Dieu; soit que nous soyons de sens rassis, *nous le sommes* à vous.

13. « *Car soit que nous soyons dans l'extase.* » Selon toute apparence, les adversaires de l'Apôtre, prenant prétexte de son enthousiasme, de sa ferveur, de sa vive éloquence et peut-être aussi de ses moments de communion intime avec Dieu, l'accusaient d'avoir l'esprit dérangé. Nous voyons dans le livre des Actes que Festus porta sur lui un jugement de ce genre (Act. XXVI, 24), et dans l'Evangile que les parents de Jésus-Christ avaient eu de lui une idée toute pareille. (Marc III, 21.) Sans discuter ici cette accusation mensongère, l'Apôtre la réfute d'un seul mot en attribuant à ses rapports avec le Seigneur tout ce qui peut y avoir donné lieu. Le mot traduit par « être en extase » signifie proprement « être hors de soi » sous l'influence d'une émotion véhémente, et, par suite, il désigne quelquefois l'égarement de l'esprit. (Luc XXIV, 22; Act. VIII, 9, 11.) C'est dans tous les temps que les hommes zélés pour le service de Dieu ont été traités d'enthousiastes ou de fous, et de nos jours encore, ils doivent s'y attendre de la part des incrédules, quelquefois même de la part des chrétiens plus froids ou, comme on dit, plus raisonnables qu'eux. Qu'ils se consolent cependant de ces jugements injustes. Les fous, devenus tels pour cause de religion, sont moins nombreux que ceux à qui le péché renverse l'esprit, et les plus grands insensés sont ceux qui marchent vers l'éternité sans se mettre en peine du sort qui les y attend. § « *Nous sommes unis à Dieu,* ou plutôt : c'est pour Dieu, pour son service, pour sa gloire, et dans une communion tellement étroite qu'elle échappe à l'appréciation des hommes. § « *Soit que nous soyons de sens rassis.* » au jugement des adversaires eux-mêmes. § « *Nous sommes à vous,* » ou « c'est pour vous, pour votre bien, dans votre intérêt. On pourrait inférer de ce passage que dans certains cas l'Apôtre modérait lui-même les élans de son zèle dans l'intérêt de l'Eglise et par prudence. C'est peut-être ce qu'il appelle ailleurs se faire tout à tous. (I Cor. IX, 22.)

14. Parce que la charité de Christ nous unit étroitement: tenant ceci pour certain, que si un est mort pour tous, tous aussi sont morts.

14. « *Parce que la charité de Christ,* etc. » Voici un autre élément du zèle que l'Apôtre déploie au service de Dieu. Au verset 11, il a parlé de la crainte du jugement divin, c'est maintenant de la charité de Christ qu'il va être question. Mais que faut-il entendre ici par cette charité? Est-ce l'amour de Jésus pour les hommes ou l'amour de ceux-ci pour leur Sauveur? Cette expression se rencontre dans les écrits de Paul avec les deux sens. (Par exemple, Rom. V, 8 et Rom. VIII, 35.) L'un et

l'autre répondraient ici au but de l'Apôtre, mais le premier paraît s'accorder mieux avec le contexte. § « *Nous unit étroitement*, » ou nous serre, nous presse, nous étreint de manière à nous donner une vive et puissante impulsion. § « *Tenant ceci pour certain.* » Encore une de ces expressions qui indiquent la fermeté de la foi et montrent que les Apôtres n'étaient pas des docteurs cherchant la vérité, mais des docteurs sûrs de la posséder et de l'enseigner. § « *Que si l'un est mort pour tous.* » Le mot de *pour* signifie « au lieu de, à la place de ». (*Voy.* plus loin, vers. 20 « ambassadeurs *pour* Christ » et Philém. 13.) C'est donc ici un des nombreux passages sur lesquels s'appuie la doctrine de la substitution de Jésus-Christ aux pécheurs dans les souffrances qu'il endura pour l'expiation des péchés. (*Voy.* Notes sur Rom. III, 24 et 25.) Le mot de « tous » n'a pas moins d'importance. Il en résulte qu'aucune nation, aucune classe de l'humanité, et qu'aucun pécheur quelconque, qui se convertit à Christ, n'est privé des mérites de l'expiation par le sang de la croix, que ces mérites sont au contraire applicables à tous et pleinement suffisants pour les sauver tous. C'est la doctrine constante de l'Ecriture. (*Voy.* entr'autres Héb. II, 9; Jean III, 16; I Tim. II, 6; I Jean II, 2; Marc XV, 15, 16, etc.) On peut sans doute se demander à ce propos pourquoi tous ne sont pas effectivement lavés et purifiés par ce sang, et comment il se fait que les souffrances expiatoires de Christ restent inutiles pour un si grand nombre. Mais c'est là le secret du Seigneur, et il ne nous appartient jamais de dire que Dieu a fait quelque chose en vain. Il faut savoir, à cet égard, comme à bien d'autres, s'en remettre à la sagesse miséricordieuse du Seigneur, en retenant avec amour cette ferme conviction qu'il est mort pour nous tous et que quiconque invoquera Christ comme son Sauveur sera rendu participant des fruits de sa mort. § « *Tous aussi sont morts.* » On pourrait traduire « tous étaient morts, » et suivant que l'on admettra l'une ou l'autre de ces traductions, le sens du passage est différent. Dans le premier cas, l'Apôtre veut dire que tous ceux pour lesquels Jésus-Christ est mort doivent mourir aussi au péché pour renaître à la justice, et, dans cette nouvelle vie, se consacrer entièrement au service de celui qui est mort pour eux. Ces mots se rapporteraient ainsi plus directement à l'idée exprimée dans le verset précédent. En admettant au contraire le second sens, qui paraît le plus naturel, ils ne font qu'expliquer pourquoi il a fallu que Jésus mourût pour tous. Il a fallu que tous fussent rachetés ou délivrés parce que tous étaient morts, de cette mort spirituelle que l'Ecriture présente surtout comme le fruit du péché. (Ephès. II, 1; *Comp.* avec Rom. V, 15.) Le pécheur n'échappe à cet état de perdition et de mort que lorsqu'il est revenu à celui que l'Esprit Saint avait appelé le « Prince de la vie » et qui a pu dire de lui-même : « Je suis la vie. »

15. Et qu'il est mort pour tous, afin que ceux qui vivent ne vivent plus pour eux-mêmes, mais pour celui qui est mort et ressuscité pour eux.

15. « *Et qu'il est mort pour tous.* » Ce verset montre l'effet produit sur Paul par la croyance à la mort de Christ pour le salut des âmes. C'est

cette croyance qui avait été le grand mobile de toute sa vie d'apôtre, et elle doit exercer le même empire sur la vie de tous les croyants. § « *Afin que ceux qui vivent*, etc., » les chrétiens, ceux qui ont retrouvé en Christ cette vraie vie mentionnée au verset précédent. Saint Paul fait ici une distinction entre ceux pour lesquels Jésus-Christ est mort et ceux qui vivent réellement. Le sang de la croix a coulé pour tous, mais tous ne sont pas purifiés par lui parce qu'ils ne cherchent pas en lui leur salut, Pour ceux-ci, l'amour de Christ ne porte pas ses fruits de vie parce qu'ils le dédaignent ou le rejettent, tandis que les croyants sont poussés par cet amour à se consacrer entièrement au service de leur Sauveur. § « *Ne vivent plus pour eux-mêmes*, » ne cherchent plus leur plaisir ou leur intérêt propre. C'est le renoncement à soi-même, que Christ a déclaré indispensable pour être son disciple. (Matth. XVI, 24; Luc IX, 23.) Les hommes vivent pour eux-mêmes : 1° quand ils ne donnent à leur vie d'autre but que la volupté, la fortune ou la réputation ; 2° quand ils n'ont aucun égard aux droits ou à l'intérêt d'autrui ; 3° quand ils ne se montrent pas moins insensibles aux besoins soit temporels, soit spirituels des autres,et ne se regardent nullement comme obligés de rien faire pour y pourvoir ; 4° quand ils n'ont pour mobile de leurs actions que l'agrandissement de leur famille qui est comme un épanouissement de leur personnalité ; et 5° quand même, en s'occupant de leur salut, ils ne le recherchent qu'en vue d'eux-mêmes ou que dans la crainte de la colère à venir et non en vue de la gloire de Dieu. Beaucoup de gens en effet se montrent égoïstes jusque dans leur religion, ne lui faisant que le moins de sacrifices qu'ils peuvent, cherchant à faire prévaloir avant tout, dans l'Eglise, leurs vues particulières, et laissant ainsi peser dans toute leur vie l'absence complète d'une véritable abnégation. § « *Mais pour celui*, etc » Voici l'opposé de ce qu'on vient de voir. Si nous vivons pour Christ, nous voulons qu'il soit honoré, et les premiers nous nous donnons à lui, avec tout ce que nous pouvons avoir d'intelligence, de force, de talents ou d'avantages quelconques, soit du corps, soit de l'esprit. A lui, à son service, notre temps, notre argent, le produit de notre travail, l'influence que nous pouvons obtenir par notre rang ou nos qualités personnelles. Comme l'esclave d'autrefois n'avait rien en propre, mais était regardé comme la propriété de son maître, et comme il était obligé d'aller partout où son maître l'envoyait ou de faire tout ce qui lui était commandé, sans se permettre d'exprimer une volonté qui lui fût personnelle, de même le vrai chrétien, qui vit pour son maître, n'a rien et n'est rien que ce que celui-ci veut qu'il possède ou qu'il soit. Et cela en vertu du même principe : l'esclave selon la chair parce qu'il avait été acheté à prix d'argent ; le serviteur de Christ, parce qu'il a été racheté au prix du sang versé sur la croix (Note sur I Cor. VI, 20; *Comp.* avec I Pierre I, 18, 19); mais avec cette différence capitale, cependant, que chez l'esclave, ce service est forcé, pénible, souvent accompagné d'impatience et de haine, tandis que chez le chrétien, il est volontaire, dicté par la reconnaissance et toujours accompagné d'une douce et sainte joie. § « *Et ressuscité pour eux.* » Nous devons vivre pour Christ, non-seulement parce qu'il est mort, mais encore parce qu'il est ressuscité pour nous, mettant ainsi en évidence la vie et l'immortalité (II Tim. I, 10), et nous donnant l'inébranlable espérance d'aller le rejoindre dans cet autre monde où ne pourront vivre avec lui que ceux qui auront vécu pour lui dans le monde présent.

16. C'est pourquoi, dès à présent, nous ne connaissons personne selon la chair; même quoique nous ayons connu Christ selon la chair, toutefois nous ne le connaissons plus *ainsi* maintenant.

16. « *C'est pourquoi dès-à-présent.* » Ces mots « dès-à-présent » n'indiquent pas le moment où Paul écrivait, mais celui où il avait reçu dans son âme les grandes doctrines qu'il vient de retracer. § « *Nous ne connaissons personne.* » Le mot de connaître est évidemment employé ici dans le sens de juger, d'estimer ou de se laisser influencer par les idées d'un personnage quelconque. § « *Par la chair,* » c'est-à-dire d'après des motifs ou des apparences autres que ceux qui doivent influer sur le jugement d'un homme qui vit en Christ. « Saint Paul entendait sans doute par là : 1° que dans ses jugements sur un homme il ne tenait aucun compte de sa qualité de Juif ou de Gentil, puisque Christ était mort et ressuscité pour les uns comme pour les autres ; 2° que ni le rang, ni la fortune, ni aucune distinction humaine n'influait davantage sur ses jugements ; et 3° peut-être, dans un sens plus personnel, encore que pour se dévouer à Christ, il s'était séparé de ses anciens amis et de sa parenté, qui n'auraient pas manqué de chercher à le détourner de cette carrière apostolique, où il trouvait peu d'avantages temporels, et où l'avaient au contraire assailli tant de dangers et de souffrances. Avant d'avoir cru en Christ, Paul avait pu se glorifier de beaucoup de choses (Philip. IV, 6), mais après sa conversion il n'avait plus tenu compte ni de la chair ni du sang (Gal. I, 16) et avait fidèlement observé le précepte du Sauveur quant à l'abandon de tout pour le suivre. (Luc XIV, 26.) § « *Même quoique nous ayons connu Christ selon la chair.* » Quoique Christ se fût montré miraculeusement à Paul depuis sa conversion, le contexte montre qu'il s'agit ici d'autre chose que de cette manifestation. L'Apôtre veut dire sans doute qu'autrefois, comme Juif, il avait partagé, à l'égard du Messie promis, toutes les vues erronées de ses compatriotes. Il avait espéré voir surgir un prince puissant, un successeur brillant des David et des Salomon, appelé à délivrer son peuple de toute domination étrangère, — vues charnelles, qui, comme on sait, furent un des plus grands obstacles au succès de l'Evangile parmi les Juifs. § « *Toutefois nous ne le connaissons plus ainsi maintenant.* » Aujourd'hui, nos idées sont complètement différentes quant au caractère du Messie. Nous ne voyons plus en lui qu'un libérateur spirituel, que le Sauveur des âmes, qu'il faut honorer, aimer et servir, non parce qu'il a été riche, puissant ou glorieux, mais parce qu'il est mort pour nos péchés, et qu'en ressuscitant il nous a ouvert les perspectives du ciel. Ce changement survenu dans les vues de l'Apôtre, est une image frappante de ce qui se passe dnns toute âme d'homme au moment où elle se convertit à Christ. Jusque-là elle avait pu se faire sur le Sauveur les idées les plus fausses, produisant peut-être le mépris ou l'hostilité ; mais une fois touchée de la grâce, Christ lui apparaît

sous son vrai caractère, comme la source de toute paix, de toute sainteté, de toute véritable grandeur, et elle aussi peut s'écrier dès-lors, qu'elle ne connaît plus Christ comme elle l'avait connu aux jours de son ignorance.

17. Si donc quelqu'un est en Christ, il est une nouvelle créature ; les choses vieilles sont passées : voici, toutes choses sont faites nouvelles.

17. « *Si donc quelqu'un est en Christ.* » Être en Christ, c'est être uni à lui de la manière la plus étroite, comme le sarment l'est au cep (Jean XV, 1-6), de manière à vivre de la même vie, et à tirer de lui toute sa force et toute sa gloire. Le mot *donc* indique que cette union s'opère par suite du changement mentionné au verset précédent, et la forme générale de la phrase prouve que tous les hommes peuvent participer à cette union avec Christ, quels qu'ils aient été avant de se convertir à lui. § « *Il est une nouvelle créature.* » Il est, c'est-à-dire il est devenu par le fait même de sa conversion. Le mot rendu ici par « créature » désigne, dans le Nouveau Testament, tantôt la création en général, tantôt un être créé quelconque, et tantôt plus particulièrement l'homme. (Marc X, 6 ; Rom. I, 20; Marc XVI, 15.) Ici il désigne l'être moral et avec l'épithète de « nouvelle (qui se retrouve Gal. VI, 15) « le nouvel homme créé par Dieu en justice et en sainteté. » (Ephés. IV, 24.) Tel est bien en effet le phénomène moral qui s'opère dans l'homme converti. C'est une véritable création nouvelle dont l'Apôtre ne décrit pas le monde, mais dont les effets sont patents. Deux idées capitales sont impliquées dans ces mots de l'Apôtre : c'est : 1° que la conversion du pécheur est l'œuvre de la puissance divine, absolument comme la création physique ; et 2° qu'il s'opère dans l'âme convertie une transformation telle qu'on peut l'appeler en toute vérité une « nouvelle créature. » § « *Les choses vieilles sont passées.* » Il en était ainsi pour les Juifs et les Gentils du temps de l'Apôtre, et il en sera toujours ainsi, pour toute âme qui se donne à Jésus par la foi. 1° Pour les Juifs, ces vieilles choses passées étaient les fausses idées sur le caractère et le règne du Messie ; 2° pour les Gentils, l'attachement aux idoles ou aux vains systèmes de la philosophie humaine ; 3° pour les âmes de tous les temps et de tous les lieux, c'est le péché, avec tout ce qui le produit et tout ce qu'à son tour il enfante : les erreurs, les préjugés, les attachements terrestres, les habitudes vicieuses ou mondaines, la sensualité, l'orgueil, la vanité, l'avarice, l'ambition ; toute cette vieille nature, ces vieilles choses de l'homme qui ne vivait que pour lui, sont passées pour celui qui a commencé de vivre pour Christ, § « *Voici toutes choses sont faites nouvelles.* » Tout est nouveau, en effet, pour l'âme convertie. Vues, manière d'envisager les choses, motifs et principe de conduite, plans, desseins, habitudes, emploi de l'intelligence, désirs du cœur, direction de la vie dans les petites choses comme dans les grandes, c'est comme un autre monde ; il est impossible peut-être de voir sur la terre un changement plus radical que celui-là. La Bible semble un livre nouveau, la vie chrétienne une carrière nouvelle ; dans bien des cas la nature physique elle-même semble prendre, pour l'âme qui a trouvé la paix avec Dieu, une physionomie toute nouvelle, qui lui ouvre

une source inconnue de jouissances aussi pures que douces, car alors elle voit toute la beauté, toute la grandeur de ces œuvres de Dieu qu'elle n'entrevoyait auparavant qu'à travers ce sombre voile jeté sur l'humanité par le péché.

18. Or tout cela *vient* de Dieu, qui nous a réconciliés avec lui par Jésus-Christ, et qui nous a donné le ministère de la réconciliation.

18. « *Or tout cela vient de Dieu.* » Ici l'Apôtre, entraîné un instant loin du sujet spécial qu'il traite, y revient en remarquant que toutes ces merveilles morales qu'il vient de décrire n'ont pas été opérées par son ministère ou par celui de ses collègues, mais uniquement par Dieu, grande vérité qu'il ne perdait jamais de vue et qu'il ne permettait pas aux autres d'oublier. (*Comp.* I Cor. III, 6, 7.) § « *Qui nous a réconciliés avec lui.* » Il s'agit évidemment non pas des Apôtres seulement, mais de tous les chrétiens, juifs ou grecs, et à quelque condition qu'ils appartinssent. Tous avaient autrefois été ennemis de Dieu, transgresseurs de ses lois, adonnés à leur propre sens, orgueilleux, sensuels, rebelles au gouvernement divin, et Dieu, de son côté, ne pouvait prendre plaisir à voir ainsi son autorité méconnue et ses lois violées. Il y avait donc là une rupture, une séparation profonde, à laquelle une réconciliation formelle pouvait seule porter remède ; il fallait un acte de pardon pour que Dieu pût encore traiter l'homme comme un ami. C'est cet acte que l'Apôtre rappelle ici. Le mot grec traduit par « réconcilier » signifie proprement échanger une chose contre une autre, mais dans le Nouveau Testament il s'applique toujours aux personnes dans le sens que nous lui donnons. (Note sur Rom. V, 10.) Evidemment, dans cette sorte d'arrangement ou de réconciliation, il ne peut y avoir de changement que chez l'homme, car Dieu est immuable : c'est pour cela que l'Apôtre dit « nous a réconciliés » et plus loin « a réconcilié le monde *avec lui.* » En Dieu il y avait bien des obstacles à cette réconciliation. Sa suprême justice, son inaltérable sainteté, qui ne sauraient pactiser avec le mal, la nécessité de maintenir l'autorité de ses lois en punissant les transgresseurs. Pour obvier à cela, Dieu a conçu et réalisé l'œuvre de l'expiation par la mort du Rédempteur. Mais ce grand fait n'a produit en lui aucun changement. On se fait souvent de fausses idées sur ce point. Quelques-uns parlent de Dieu comme s'il avait d'abord été dur, inflexible, impitoyable, pour devenir ensuite, après la réconciliation, doux, compatissant, presque faible. Rien de pareil en Dieu. S'il a donné son fils, c'est au contraire parce qu'il était déjà compatissant, c'est par amour pour l'homme, absolument de même qu'un père qui courrait au secours de son fils en danger de mort, le ferait, non pour pouvoir l'aimer à l'avenir, mais parce qu'il l'aimait auparavant. La Rédemption n'est pas l'origine ou la cause, mais simplement la manifestation du grand amour de Dieu pour l'homme. (Jean III, 16.) § « *Par Jésus-Christ;* » à titre de médiateur, et de médiateur parfaitement qualifié pour un tel office, car : 1° par sa double nature d'homme-Dieu, il se trouvait comme entre les deux partis, de sorte qu'il pouvait, suivant l'expression de Job, mettre la main sur toutes les deux. (Job IX, 33.) Il connaissait le Père mieux que personne (Matth. XI, 27), et il savait parfaitement ce qu'il y a dans l'homme

(Jean II, 25) ; 2o Il aimait Dieu et l'homme d'un même amour, également ferme, d'une part, à revendiquer les droits suprêmes de son Père, et de l'autre, à plaider cette cause de l'homme pour laquelle il s'est donné ; 3o pour effectuer cette réconciliation, il était prêt à souffrir de la part de Dieu tout ce qui avait été jugé nécessaire pour manifester la haine du péché, et de la part des hommes les injures, les outrages et la persécution. De cette manière, il a fait tout ce qu'il fallait pour arriver au but. Par ses souffrances, il a maintenu les droits de la justice divine, et par l'action de son Esprit, il surmonte la répugnance du pécheur à être réconcilié, il change son cœur et fait à son père un ami de cette créature dont le péché lui avait aliéné le cœur et l'obéissance. § « *Qui nous a donné* ; » à nous, apôtres ou prédicateurs de l'Evangile. § « *Le ministère de la réconciliation;* le soin d'annoncer au monde la nature, l'importance et les conditions de cette réconciliation. (*Voy.* le vers. 20.)

19. Car Dieu était en Christ, réconciliant le monde avec soi, en ne leur imputant point leurs péchés, et il a mis en nous la parole de la réconciliation.

19. Ce verset renforce en quelque sorte l'idée renfermée dans le précédent ; c'est un de ces passages où Paul semble prendre à tâche de condenser en quelques mots tout le plan de la rédemption. § « *Dieu était en Christ,* c'est-à-dire agissait en lui et par lui pour l'accomplissement de son œuvre de miséricorde. § « *Réconciliant le monde avec soi ;* » le monde, c'est-à-dire tous les hommes (*voir* le vers. 14). Le monde en général ne cherchait pas cette réconciliation, ou si quelques hommes en sentaient le besoin, ils étaient incapables d'y travailler avec succès par eux-mêmes; Dieu seul la voulait, et son amour seul pouvait l'opérer. (Rom. v, 8.) » *En ne leur imputant point leurs péchés,* » en ne tenant point compte de leurs transgressions, c'est-à-dire en les leur pardonnant. Pour le sens du mot imputer, *voir* Rom. IV, 2, 3, et les Notes. C'est bien là le caractère essentiel de cette œuvre de réconciliation : Dieu *voulait* pardonner, et à trouvé le moyen de le faire sans renoncer aux droits de sa justice et sans ruiner l'autorité des lois, que l'homme aurait méprisées, si leur transgression n'avait pas rendu une expiation nécessaire. § « *Et il a mis en nous la parole,* etc. » Quelques commentateurs ont cherché une différence de sens entre le mot de « parole » et celui de ministère, employé au verset précédent, mais sans fondement. L'un et l'autre expriment évidemment la même idée, assez importante pour que l'Apôtre ne craigne pas d'y revenir.

20. Nous sommes donc ambassadeurs pour Christ, et c'est comme si Dieu vous exhortait par notre ministère; nous vous supplions *donc* pour *l'amour de* Christ, de vous réconcilier avec Dieu.

20. « *Nous sommes donc ambassadeurs pour Christ.* » Littéralement, nous faisons l'office d'ambassadeurs. Un ambassadeur, fonctionnaire de haut rang et de grande autorité, est chargé de dire et de faire ce que le prince ne saurait faire lui-même, et à ce titre, sa personne est revêtue d'un caractère tout à la fois auguste et sacré. Mais il ne peut rien

changer aux vues et aux plans du maître qui l'emploie, et doit en toutes choses suivre aussi fidèlement que possible les instructions qu'il a reçues. Il en est de même des représentants ou des ambassadeurs de Christ auprès des hommes. Envoyés pour faire connaître les plans du Seigneur, ils n'y peuvent rien changer, et seraient des prévaricateurs s'ils y substituaient leurs vues propres, ou si en s'acquittant de leurs fonctions, ils n'avaient en vue que leur intérêt particulier. Ces fonctions sont cependant de la plus haute importance, de sorte qu'une grande responsabilité pèse sur eux, mais que par cela même aussi ils ont droit à être honorés et surtout écoutés avec attention, comme apportant de la part du Roi des rois le plus grand message que la terre ait jamais reçu. § « *C'est comme si Dieu nous exhortait;* » puisque nous ne vous disons rien que nous n'ayons charge de vous dire. Quelle idée ces paroles donnent de la dignité du ministère évangélique et du crime de ceux qui le méprisent ou le repoussent! § « *Nous vous supplions donc pour l'amour de Christ,* » ou plus exactement : *au lieu, à la place* de Jésus-Christ, en vertu de ce mandat d'ambassadeur qu'il nous a confié, § « *De vous réconcilier avec Dieu.* » Voilà bien en effet toute la teneur du mandat (vers. 19). Dieu a arrêté le plan de la réconciliation, Christ l'a réalisé, mais il reste à l'homme de l'accepter, de renoncer à son hostilité contre Dieu, d'abandonner ses péchés, d'embrasser en un mot le salut, et c'est à les y exhorter, comme le ferait Jésus-Christ lui-même, que consiste la charge de ses ambassadeurs. Ils ne peuvent y parvenir que par l'action de grâce, mais cette grâce leur est offerte, comme couronnement de tout ce que Christ a fait pour eux.

21. Car il a fait celui qui n'a point connu de péché être péché pour nous, afin que nous devinssions justes devant Dieu par lui.

21. « *Car il a fait,* etc. » Ce verset a pour but de nous faire comprendre la grande, la principale raison que l'homme a d'accepter la réconciliation avec Dieu, savoir ce que Christ a souffert pour lui. Il y a pour l'amener à embrasser le salut d'autres arguments à faire valoir. On peut, il faut même faire appel à sa raison et à sa conscience, lui représenter les funestes effets du péché, lui rappeler les droits du Créateur à être obéi, faire paraître devant lui les joies du ciel et les terreurs de l'enfer; mais après tout, l'argument le plus énergique et le plus efficace est celui qui se tire de l'incarnation du Fils de Dieu et de sa mort pour l'expiation des péchés. Les auteurs sacrés y reviennent sans cesse, et dans tous les temps, l'expérience a prouvé que c'est là le levier le plus puissant pour arracher les âmes à leur opposition aux plans miséricordieux de leur Père céleste. § « *Etre péché pour nous.* » Littéralement « il (Dieu) a fait péché pour nous celui qui n'a point connu de péché. » Mais quel est le sens exact de cette locution si concise? Evidemment, elle ne saurait signifier, de quelque manière ou en quelque mesure que ce soit, que Christ ait péché. Cela serait directement contraire à l'enseignement constant des Apôtres qui nous disent que Christ a été parfaitement saint et pur. (I Pier. II, 22; Hébr. VI, 26, etc.) La doctrine de la parfaite sainteté du Rédempteur est une de celles qu'il est impossible d'attaquer ou d'affaiblir sans renverser de fond en comble tout le système de

la rédemption, car comment aurait-il pu expier les péchés des autres, s'il avait eu, à un degré quelconque, à souffrir pour les siens propres? Ces mots « Dieu l'a fait péché » doivent donc être entendus autrement. Les interprètes se partagent à cet égard. Suivant les uns, cela veut dire que Dieu a traité le Rédempteur comme s'il avait été pécheur; les autres donnent ici au mot de « péché » le sens d'offrande ou de victime du péché; manière de parler qu'on trouve en effet quelquefois dans les écrivains de l'Ancien Testament. Mais ces deux sens ne diffèrent qu'au point de vue grammatical, et l'idée reste parfaitement une et claire. C'est que Christ n'avait péché en rien, mais qu'il a pris, en face de la justice divine, la place de l'homme pécheur; qu'il a plu à Dieu de faire tomber sur lui les souffrances méritées par le péché et que c'est à cette substitution mystérieuse, mais merveilleusement efficace, que l'homme doit sa réconciliation avec Dieu. § « *Afin que nous devinssions justes devant Dieu.* » Littéralement : afin que nous devinssions justice. Voilà la fin, et en quelque sorte la consommation de l'œuvre réconciliatrice de Christ. Il a été fait péché pour nous, afin que nous devenions justice, ou sainteté pour lui et en lui, c'est-à-dire, afin que nous puissions être traités par Dieu comme si nous avions toujours été justes. Il y a donc là comme une substitution double : Christ juste mis à la place du pécheur devant la justice divine, l'homme pécheur mis à la place du juste devant Dieu. Grande et capitale doctrine, fondement des espérances du chrétien, admirable démonstration de la miséricorde céleste, et raison sans réplique, pour qui la comprend, de donner son âme à Celui qui, dans son grand amour, a livré pour nous son Fils à la mort de la croix !

REMARQUES SUR LE CHAPITRE V.

1° Les chrétiens peuvent avoir la ferme assurance d'être reçus dans le ciel. Paul l'avait, et on ne voit aucune raison pour que les autres ne l'aient pas. Celui qui hait le péché, qui s'en préserve avec soin, parce qu'il aime Dieu et qu'il croit avoir été racheté par Christ, peut et doit être aussi sûr de cela qu'il peut l'être de toute autre chose. Les promesses de Dieu sont trop positives pour qu'on en puisse douter, et rien au monde ne peut inspirer au chrétien plus de zèle, de courage et d'amour du bien qu'une semblable assurance (vers. 1).

2° Nos corps terrestres sont fragiles et notre vie est sujette à mille maux. C'est pourquoi le chrétien, assuré d'une meilleure existence après celle-ci, peut désirer de déloger de ce monde, pourvu que dans ce désir même il reste soumis à la volonté de son Père céleste, et qu'il ne le prenne pas pour une marque de sainteté extraordinaire qui mettrait en lui de l'orgueil. Cette ferme et confiante attente de la vie des cieux est, comme toutes les autres grâces spirituelles, un bienfait de Dieu, les arrhes de son Saint-Esprit dans nos cœurs (vers. 2-9).

3° La pensée d'un jugement inévitable, solennel, décisif, par lequel tous ont à passer, est une de celles qui ne peuvent se présenter trop souvent à notre esprit. Quel moment, et avec quel saint tremblement nous devons nous y préparer, en songeant que d'un instant à l'autre nous pouvons être appelés à paraître devant le tribunal de Christ, où tout sera manifesté (vers. 10).

4° Si nous sommes pénétrés nous-mêmes de l'attente de ce grand jour et de la gravité de ses conséquences pour tous, avec quelle sainte et active sollicitude n'exhorterons-nous pas les hommes à saisir par la foi le grand salut que Christ nous a acquis (vers. 11) ?

5° Les hommes étant tous naturellement pécheurs, et le péché ne pouvant être admis au ciel, il s'ensuit nécessairement que, pour arriver à ce grand but de l'existence humaine, il faut que nous éprouvions tous ce grand changement que l'Evangile appelle la seconde naissance et en vertu de laquelle nous devenons de nouvelles créatures, aimant Dieu au lieu de le haïr, et le servant avec autant de fidélité que l'homme naturel met d'obstination ou de légèreté à lui désobéir (vers. 14-17).

6° Quel amour que celui que Dieu nous a témoigné en concevant et en exécutant le plan de suprême réconciliation que l'Apôtre nous retrace dans les derniers versets de ce chapitre ! L'homme n'y avait aucun droit, Dieu n'y pouvait rien gagner, mais sa miséricorde l'a voulu. De quelle admiration, de quelle reconnaissance et de quel désir de se consacrer à Dieu, la contemplation de cette œuvre ne doit-elle pas pénétrer l'âme du chrétien !

CHAPITRE VI.

Dans ce chapitre, Paul va continuer à exposer la nature du ministère évangélique dont il a été chargé. Il en rappelle encore la grandeur et en retrace de nouveau avec plus de détails les difficultés, mais pour achever en disant aux Corinthiens que tout ce qu'il attend d'eux, en retour de ses travaux et de l'amour qu'il leur a voué, c'est qu'ils se séparent du monde et du mal, pour s'adonner tout entiers au service de Dieu. Toute cette argumentation de l'Apôtre et les conclusions qu'il en tire sont d'une saisissante beauté.

1. Ainsi donc, étant ouvriers avec lui, nous vous prions aussi, que vous n'ayez point reçu la grâce de Dieu en vain.

1. « *Etant ouvriers avec lui,* » c'est-à-dire appelés, non pas à opérer la réconciliation de l'homme avec Dieu, ce que Dieu seul a pu faire et a fait, mais à répandre parmi les hommes la connaissance de cet immense bienfait. Quelques interprètes ont pensé que ces mots concernaient seulement les coopérateurs de Paul dans le ministère, comme s'il voulait dire : « mes collègues et moi nous nous unissons ensemble pour vous prier; » mais le contexte ne justifie pas cette interprétation. § « *Que vous n'ayez pas reçu la grâce de Dieu en vain.* » La « grâce de Dieu » est évidemment ici l'offre de la réconciliation et du pardon. Cette grâce est donnée, le bénéfice qui en résulte est assuré, mais il faut l'accepter, la

saisir. Les Corinthiens faisaient profession d'y croire, mais l'Apôtre craignait que quelques-uns d'entre eux, au moins, ne se fissent des illusions quant au prix qu'ils y attachaient, ou aux fruits de sainteté qu'ils lui faisaient porter ; c'est pourquoi il les prie de faire en sorte que ce bienfait ne soit pas perdu pour eux. Il les avait déjà, dans le même sens, supplié de se réconcilier avec Dieu (ch. v, 20).

2, Car il dit : Je t'ai exaucé au temps favorable, et t'ai secouru au jour du salut. Voici maintenant le temps favorable, voici maintenant le jour du salut.

2. « *Car il dit.* » Dans Esaïe XLIX, 8. Cette citation, faite en forme de paraphrase, a pour but de rendre plus pressante l'exhortation de l'Apôtre à saisir la grâce offerte en Christ. Dans Esaïe, ces paroles s'adressent au Messie lui-même, auquel le Père promettait ainsi de sauver le monde par lui. Paul, en les citant, s'attache moins à ce sens particulier qu'à l'idée générale, qui est que l'avènement du Messie devait être pour le monde un temps de grâce et de pardon. C'est en effet depuis la venue de Christ comme Sauveur qu'est arrivé le temps favorable, le seul temps vraiment propice pour s'approcher de Dieu, pour rechercher sa grâce et se consacrer à son service. § « *Je t'ai exaucé,* » toi, Messie, dans ta demande ou ton offre de te dévouer pour le salut du genre humain. (*Comp.* avec Ps. II, 8.) § « *Au temps favorable.* » Au temps marqué dans les conseils éternels de la sagesse et de la miséricorde pour accomplir l'œuvre de la rédemption. § « *Et t'ai secouru au jour du salut* » dans l'œuvre d'amour que tu as entreprise pour opérer ce salut. § « *Voici maintenant le temps favorable,* etc. » Après avoir rappelé la promesse faite au Messie et en lui à son Eglise, l'Apôtre en fait une application plus directe aux Corinthiens. Voici, dit-il : le Messie est venu, les temps de salut prédits par Esaïe sont arrivés. Par la prédication de l'Evangile, le monde se trouve placé sous une économie de grâce, hâtez-vous donc d'embrasser cette grâce qui vous est offerte, afin que vous n'ayez pas été en vain les objets d'un si grand amour. Ces exhortations sont, du reste, vraies de nos jours comme au temps de l'Apôtre, puisque l'Evangile est toujours prêché et qu'aucun autre nom que celui de Christ n'a été donné aux hommes pour les sauver. Cette idée d'un temps favorable, d'un jour de salut, implique nécessairement, d'ailleurs, qu'il viendra un temps qui ne sera plus favorable, un jour où le salut ne pourra plus être saisi. Cela peut arriver de deux manières : ou par l'endurcissement de l'âme, qui contriste le Saint-Esprit et rend la conscience insensible aux appels de la grâce ; ou par la mort, qui ne laisse plus la porte ouverte au repentir et à la conscience. « Aujourd'hui donc, si vous entendez la voix de Dieu, n'endurcissez pas vos cœurs », dit ailleurs le Saint-Esprit. (Ps. XCV, 8; Héb. III, 8.)

3. Ne donnant aucun scandale en quoi que ce soit, afin que notre ministère ne soit point blâmé.

3. « *Ne donnant aucun scandale.* » La parenthèse achevée, Paul revient aux titres qu'il possède à la confiance et à l'attention des Corinthiens. Il peut d'autant mieux les exhorter comme il le fait que ni lui, ni ses col-

lègues dans l'apostolat n'ont donné le moindre sujet de blâmer leur ministère, c'est-à-dire d'en mal juger et par conséquent de mépriser ou rejeter la religion qu'ils avaient charge de prêcher. Leur abnégation d'eux-mêmes, la pureté de leur vie et la prudence de leurs actes ne pouvaient au contraire qu'exciter leurs auditeurs à les écouter. (*Comp.* Matth. x, 16; I Cor. VIII, 13; x, 32, 33.) § « *Afin que notre ministère ne soit point blâmé.* » Il s'agit moins ici du ministère particulier de Paul ou de ses collègues que du ministère évangélique en général. Le ministère ne saurait être trop honoré, mais il ne l'est jamais aussi bien que par la fidélité et la vertu chrétienne de ceux que Christ appelle à l'exercer. Ceux-ci doivent bien se pénétrer de cette idée et ne rien faire qui, sous ce rapport, puisse scandaliser les troupeaux, en diminuant leur confiance et en leur fournissant l'occasion de mettre en doute la puissance de la foi sur les cœurs.

4. Mais nous rendant recommandables en toutes choses, comme ministres de Dieu, en grande patience, en afflictions, en nécessités, en angoisses.

4. « *Mais nous rendant recommandables en toutes choses ;* » en nous conduisant de manière à montrer que nous venons au nom du Seigneur pour nous acquitter du message qu'il nous a confié, et cela en tout, dans nos actions comme dans nos paroles, et dans les petites choses comme dans les grandes. § « *En grande patience,* » c'est-à-dire par notre patience à supporter les maux dont l'énumération rapide va suivre. Rien ne montre mieux l'efficacité de la foi que cette constance calme et résignée qu'on voit briller dans la vie de Paul et des autres apôtres. § « *En afflictions, en nécessités, en angoisses.* » Dans le texte grec, chacun de ces trois mots renforce l'idée du précédent, le premier pouvant exprimer en général toutes sortes d'épreuves, le second désignant la privation des choses les plus nécessaires à la vie, et le troisième donnant l'idée de dangers ou de souffrances tels que l'âme ne sait plus comment s'y soustraire ou en triompher.

5. En blessures, en prisons, en troubles, en travaux, en veilles, en jeûnes.

5. Ici l'Apôtre spécifie et détaille en quelque sorte quelques-unes des épreuves de son ministère. § « *En blessures.* » Au chapitre XI (vers. 24 et 25), il nous dira qu'il avait été fouetté cinq fois, battu de verges trois fois, puis lapidé, et tous ces mauvais traitements ne pouvaient manquer de laisser après eux de traces douloureuses. § « *En prisons,* » comme à Philippes. (Act. XVI, 24 et suiv.) § « *En troubles,* » c'est-à-dire selon toute apparence, dans les émeutes populaires qu'excitait parfois la prédication de l'Evangile, comme à Corinthe (Act. XVIII, 10), à Philippes (Act. XVI, 19), à Lystres et à Derbe (Act. XIV, 19), à Ephèse (Act. XIX). § « *En travaux,* » de toute espèce, inhérents à l'exercice du ministère, ou peut-être aussi, en ces travaux manuels auxquels Paul n'avait pas cessé de s'adonner pour subvenir aux besoins de son existence. § « *En veilles,* » occasionnées soit par les soins du ministère, soit par la préoccupation des intérêts de l'Eglise, soit par des incidents de voyage. (*Comp.* ch. XI,

27.) § « *En jeûnes,* » imposés par les circonstances, comme dans les prisons ou en voyage, mais quelquefois aussi volontaires comme il n'est pas douteux que Paul ne s'en imposât par dévotion, pour mieux vaquer à la prière ou pour mortifier son corps. (I Cor. IX, 27.)

6. En pureté, par la connaissance, par un esprit patient, par la douceur, par le Saint-Esprit, par une charité sincère.

6. « *En pureté,* » par une vie pure, sainte, réglée en tout par la volonté de Dieu. Après avoir mentionné d'abord la patience dans les diverses épreuves, dont il a spécifié quelques-unes, l'Apôtre va parler d'autres effets de la foi qui avaient rendu son ministère recommandable, et comme de raison, il commence par cette sainteté de vie qui doit être la première qualité du ministère de l'Evangile. § « *Par la connaissance.* » Quelques interprètes ont donné ici à ce mot le sens de prudence, de circonspection, mais il est plus simple de s'en tenir au sens ordinaire, car quoi de plus essentiel pour le prédicateur d'une doctrine que de le connaître à fond et de l'enseigner sans erreur ? § « *Par un esprit patient,* » c'est-à-dire, probablement, disposé à supporter les contradictions et même les injures, dans le sens où l'Apôtre dit ailleurs que « la charité est patiente. » (I Cor. XIII, 4.) § « *Par la douceur.* » (*Comp.* encore avec I Cor. XIII, 4.) § « *Par le Saint Esprit;* » en laissant apercevoir dans toute notre conduite les influences sanctifiantes de cet esprit qui change le cœur et purifie la volonté. (*Comp.* avec Galat. v, 22 et suiv.) § « *Par une charité sincère.* » Cette charité réelle et sans hypocrisie est pour le ministre de Jésus-Christ la condition indispensable de tout succès. (*Comp.* avec Rom. XII, 9.)

7. Par la parole de la vérité, par la puissance de Dieu, par les armes de la justice que l'on porte à la main droite et à la main gauche.

7. « *Par la parole de la vérité.* » En prêchant fidèlement ce que Christ nous a chargés de prêcher, sans y mêler les enseignements d'une fausse philosophie ou des traditions qui en altèrent le sens. § « *Par la puissance de Dieu,* » se manifestant soit par les dons miraculeux, soit par les succès accordés à la prédication des Apôtres. Le pouvoir de faire des miracles rendait le ministère des apôtres recommandable, surtout parce qu'ils n'en faisaient usage que dans l'intérêt de leur Maître ou pour le salut des âmes, et jamais dans des vues personnelles de profit ou de vaine gloire. § « *Par les armes de justice,* etc. » Par cette allusion à l'équipement des guerriers anciens, qui portaient d'une main l'épée ou la lance, et de l'autre le bouclier, l'Apôtre veut sans doute indiquer la résolution avec laquelle le ministre de Christ doit marcher à la rencontre des ennemis de son Maître et à la conquête des âmes; mais en ajoutant que ses armes sont des « armes de justice, » il rappelle que c'était par la parole et par la force de la vérité seules qu'ils poursuivaient cette sainte guerre. (*Voy.* plus loin ch. x, vers. 4.)

8. Parmi l'honneur et l'ignominie, parmi la calomnie et la bonne réputation.

8. « *Parmi l'honneur et l'ignominie.* » Après les dispositions intérieures, l'Apôtre mentionne les circonstances extérieures où s'étaient déployées ces dispositions. Ces circonstances avaient été très-diverses. Quoique le plus souvent mal accueillis et mal traités, les prédicateurs de l'Evangile avaient aussi reçu de nombreuses marques de respect. Les populations ou certains individus avaient quelquefois été frappés de leur éloquence ou de leur pouvoir. (Act. XIII; XIV; XXVIII, 7.) Les Eglises qu'ils avaient fondées ne pouvaient manquer de leur donner des preuves de reconnaissance et de vénération, et l'on sait qu'en présence des démonstrations de ce genre, le ministre de l'Evangile doit se garder du péché de l'orgueil ou de la confiance en lui-même. Les Apôtres avaient su, dans ce cas, rester humbles, comme ils s'étaient montrés patients et doux dans les cas contraires. § *Parmi la calomnie et la bonne réputation.* » Souvent calomniés, ou soupçonnés de mauvaises intentions, les Apôtres s'étaient souvenus que tel avait été le partage de leur Maître, et prenant leur parti d'être comme lui en butte à la méchanceté des adversaires, ils n'avaient pas cessé pour cela de continuer leur œuvre. Résignés à cet égard, ils avaient, avec la même égalité d'âme, résisté aux tentations qui naissent d'un traitement plus bienveillant; les éloges ne les avaient pas plus détournés de Dieu que les injures. Heureux les ministres de l'Evangile ou tout autre chrétien qui sait résister également bien à l'une et à l'autre de ces épreuves !

9. Comme séducteurs, et *toutefois* étant véritables ; comme inconnus, et *toutefois* étant reconnus ; comme mourants, et voici, nous vivons ; comme châtiés, et *toutefois* non mis à mort.

9. « *Comme séducteurs.* » Traités comme des imposteurs indignes de confiance. Ceci peut-être une allusion aux faux docteurs, qui avaient cherché à enlever à l'Apôtre l'affection des Corinthiens, ou plus probablement aux procédés haineux des prêtres juifs ou des philosophes contre les prédicateurs de la foi. Paul réfutait quelquefois ces accusations perfides, mais le plus souvent il les méprisait, en se remettant à Dieu du soin de le venger. (*Comp.* Ps. XXXVII, 1-4.) § « *Et toutefois véritables,* » c'est-à-dire, n'enseignant jamais que la vérité. § « *Comme inconnus,* » allant de lieu en lieu pour prêcher l'Evangile sans lettres de recommandation, sans éclat, sans rien de ce qui assure des égards, en étrangers exposés à tous les inconvénients de cette manière de se présenter, mais ne s'en conduisant pas moins en toutes choses comme doivent le faire des chrétiens toujours en présence de leur Dieu, et non moins fidèles et purs devant ceux qui ne les connaissent pas que lorsqu'ils sont entourés de leurs amis. § « *Et cependant connus,* » ayant, malgré tous les désavantages de notre position suivant le monde, réussi à nous faire connaître comme des hommes vrais, et comme les messagers de la bonne parole de Dieu. Jamais hommes partis de si bas, et si inconnus à leur entrée dans le monde, sont-ils parvenus à une célébrité pareille à celle qu'ont conquise les Apôtres ? « *Comme mourants,* » regardés comme des victimes destinées à périr, et par le fait exposés constamment à perdre la vie et ayant été condamnés plus d'une fois à la mort. (Note sur I Cor.

xv, 31.) § « *Et voici, nous vivons.* » Cette exclamation de « voici » semble indiquer que l'Apôtre s'étonne lui-même d'avoir échappé à tant de dangers. § « *Comme châtiés.* » Ceci pourrait se rapporter encore aux coups, aux emprisonnements et aux autres châtiments humains dont les Apôtres avaient eu si souvent à souffrir ; mais il est plus probable qu'il s'agit ici d'autres épreuves, c'est-à-dire des châtiments que Dieu inflige aux siens comme un père qui châtie ses enfants. C'est du moins le sens ordinaire du mot ici employé. (I Cor. xi, 32; Apoc. iii, 19; Hébr. xii, 6.) § « *Et toutefois, non mis à mort,* » jamais abandonnés de Dieu au point d'être accablés sous la grandeur des souffrances, ou par la méchanceté des adversaires.

10. Comme attristés, et *toutefois* toujours joyeux ; comme pauvres, et *toutefois* enrichissant plusieurs ; comme n'ayant rien, et *toutefois* possédant toutes choses.

10. « *Comme attristés et toutefois toujours joyeux.* » Attristés souvent par les traverses et les difficultés de la vie, et paraissant aux yeux des hommes devoir en être comme écrasés, mais ayant dans le cœur cette paix, cette joie que donnent le sentiment de la réconciliation avec Dieu, l'assurance de son amour et ces espérances de la vie éternelle dont il a été question plus haut. Ces paroles sont applicables aux chrétiens de tous les temps, que les mondains regardent comme voués à une vie de tristesse, parce qu'ils les voient sérieux, mais qui, dans leur for intérieur, comprennent comment Paul a pu parler comme il parle ici, et leur donner dans une autre de ses Epîtres le précepte d'être « toujours joyeux. » (I Thess. v, 16.) § « *Comme pauvres et toutefois enrichissant plusieurs* » pauvres des biens de ce monde, mais riches des biens de la grâce et en faisant part aux autres avec largesse. Il paraît certain que les Apôtres étaient pauvres (Act. iii, 6), mais quelles richesses plus précieuses auraient-ils pu posséder ou communiquer aux autres que l'assurance du salut et toutes les joies qui en résultent? Ils avaient, de plus, à diverses reprises, enrichi quelques-uns de leurs semblables en leur rendant miraculeusement la santé ou même la vie. § « *Comme n'ayant rien et toutefois possédant toutes choses.* » N'ayant ni maisons, ni terres, mais ayant ce que le Seigneur lui-même a appelé « la seule chose nécessaire, la perle de grand prix. » Dans un autre sens aussi on peut dire que le chrétien *possède* des choses qui, au point de vue légal, ne sont pas sa propriété. Ainsi les œuvres de la création, de splendides paysages, et les merveilles de l'industrie peuvent, sans lui appartenir, devenir pour lui une source de jouissances, parce qu'il les contemple avec admiration et sait en rapporter la gloire à ce Dieu dont il se plaît à voir partout la main. Comparez ce passage avec ce que Paul dit des privilèges du chrétien dans son Epître aux Romains. (Ch. viii, 30 et suiv.)

11. O Corinthiens ! notre bouche est ouverte pour vous, notre cœur s'est élargi.

11. « *O Corinthiens ! notre bouche est ouverte pour vous,* » c'est-à-dire nous vous parlons en toute liberté. Plein de son sujet, l'Apôtre s'excuse en quelque sorte de la vivacité avec laquelle il vient de parler, mais

pour en venir, par une transition affectueuse, à tirer la conclusion qu'il n'a pas perdue de vue un instant. § « *Notre cœur s'est élargi,* » s'est ouvert avec vous, comme le cœur d'un ami parlant à son ami. On sent ici le langage d'une vive et profonde affection.

12. Vous n'êtes point à l'étroit au dedans de nous, mais vous êtes à l'étroit dans vos entrailles.

12. « *Vous n'êtes point à l'étroit au-dedans de nous.* » Vous avez une grande place dans notre amour fraternel. § « *Mais vous êtes à l'étroit dans vos entrailles.* » Traduction inexacte. Il y a littéralement : « Vous êtes rétrécis dans vos entrailles, » c'est-à-dire, évidemment, dans l'affection que vous nous portez. Le mot rendu par entrailles se prenait chez les Grecs, non, comme chez nous, pour les viscères abdominaux en général, mais pour les parties les plus nobles de l'intérieur du corps, le cœur, les poumons, etc., et par conséquent, pour le siége des émotions et des sentiments affectueux d'une grande vivacité. L'Apôtre adresse ici incidemment aux Corinthiens le reproche de ne pas l'aimer autant qu'il les aimait. C'était sans doute une allusion aux faux docteurs qu'ils avaient écoutés, et qui avaient cherché plus ou moins directement à les détacher de lui.

13. Or, pour nous traiter de la même manière (je vous parle comme à mes enfants), élargissez-vous aussi *à notre égard.*

13. « *Or pour nous traiter de la même manière ;* » pour répondre à notre affection, ou, comme Osterwald traduit, pour nous rendre la pareille. § « *Je vous parle comme à des enfants :* » touchante expression des sentiments affectueux qui unissent un père spirituel à ceux qu'il a comme engendrés dans la foi, § « *Elargissez-vous aussi à notre égard ;* aimez-nous comme nous vous aimons, et, par conséquent, ouvrez vos âmes aux affectueux conseils que le ministère dont je viens de vous parler m'appelle à vous donner,

14. Ne portez pas un même joug avec les infidèles : car quelle participation y a-t-il de la justice avec l'iniquité ? et quelle communication y a-t-il de la lumière avec les ténèbres ?

14. « *Ne portez pas un même joug avec les infidèles.* » Voici ces conseils que l'amour de Paul pour les Corinthiens lui inspire, et qu'il les exhorte à recevoir aussi avec amour. Le mot rendu ici par « porter un même joug, » signifie proprement « être *mis à tort* sous le même joug, » être mal assorti, comme on le pourrait dire de deux bœufs d'une taille très-inégale, ou de deux animaux de différentes espèces ; cette nuance de sens est essentielle à remarquer pour bien comprendre l'idée de l'Apôtre. Cette idée est qu'il existe, entre les vrais chrétiens et les infidèles, une telle dissemblance de vues et de sentiments qu'il ne saurait exister entre eux d'union ou d'association convenable. Quelques commentateurs ont pensé qu'il ne s'agissait ici que de mariages,

mais rien ne force à restreindre ainsi la pensée de l'Apôtre. Il semble au contraire plus conforme au contexte de l'étendre à toute espèce de relations étroites, de liens d'amitié ou de communauté de vie, soit quant aux pratiques idolâtres, soit quant à l'incrédulité, soit quant aux habitudes et aux voies corrompues du monde. Le mot « infidèles » désigne évidemment ici « les non-croyants, les non-chrétiens.

Ce précepte de l'Apôtre pose une des règles de conduite chrétienne les plus importantes. Le lecteur ne sera donc pas surpris que nous nous arrêtions quelques instants à en rechercher toute la portée. Appliqué aux chrétiens de nos jours, jusqu'à quel point faut-il en presser l'application ? Le chrétien doit-il renoncer à toute espèce de relations avec les mondains, rompre avec ceux de ses amis qui ne partagent pas ses convictions et vivre au sein de la société comme un reclus, complètement étranger aux affaires ou aux avantages du monde ? En réponse à ces graves questions, nous poserons quelques principes.

I. Il y a, dans la vie du monde présent, toute une catégorie d'actes, de sentiments et de pensées qui sont en quelque sorte marqués au coin du péché, irréconciliables, comme tels, avec les principes du christianisme et auxquels, par conséquent, la lettre comme l'esprit de l'Evangile defend au chrétien de participer à aucun degré quelconque. On peut ranger sous ce titre: 1° l'idolâtrie, sous quelque forme qu'elle se présente. On sait à cet égard avec quelle inébranlable fermeté les anciens chrétiens se montrèrent pénétrés de respect pour la défense d'y participer et comment ils ont été noblement imités en cela par nos pères ; 2° le péché, le vice, la licence marchant le front découvert, (I Tim. v, 22, II Jean 11) ; 3° tous les actes, transactions commerciales, affaires industrielles ou autres, dans lesquels se trouvent mêlées la fraude et les tromperies, ou qui ont pour résultat de favoriser la corruption, de ruiner les âmes ou les corps des hommes, comme le commerce des liqueurs spiritueuses, l'exploitation des goûts de dissipation ou de libertinage (Ephès. v, 11) ; 4° les amusements et les plaisirs purement mondains, dont le péché est l'élément principal, et auxquels il est impossible de prendre part sans perdre de vue, au moins momentanément, les principes et les sentiments de la vie chrétienne, tels que le théâtre, le bal, les fastueuses parties de plaisir, ou les brillantes fêtes du monde. Dans toutes ces choses, il est évident que la mondanité, ou ce que l'Apôtre appelle l'infidélité règnent en souveraines et qu'un vrai disciple de Christ ne doit ni se lier d'amitié ou former d'association avec ceux qui s'y adonnent, ni leur prêter l'appui de sa présence ou de son approbation, même tacite. Tout cela est du monde, et l'amour du monde est inimitié contre Dieu. (Jacq. IV, 4; *Comp.* avec I Cor. v, 10).

II. La vie sociale comprend un grand nombre d'autres actes, sujets sans doute encore à être entachés de péché, mais auxquels le chrétien peut cependant participer sans renoncer à ses principes ou à leur manifestation, sans cesser de se montrer sérieux, probe, saint, et où cette participation peut même devenir utile aux autres. Tels sont, par exemple : 1° le commerce et l'industrie, exempts de toute fraude, de tout gain illicite ou exagéré, même alors que ce genre d'affaires met en rapport avec des hommes dont la religion ne dirige pas toute la vie; 2° les occupations scientifiques ou littéraires, poursuivies dans u esprit chrétien ; 3° les rapports d'affections avec des voisins, des amis, et des parents, à plus forte raison ceux de l'union conjugale, pourvu que dans ces rapports la partie chrétienne ne perde jamais de vue ses principes et son devoir de chercher le salut des âmes ; 4° les devoirs du citoyen et les relations qui en découlent pour le magistrat, l'employé, l'électeur, à condition d'apporter, dans ce genre d'actes comme dans tous les autres, le sérieux et la droiture qui conviennent au chrétien ; 5° les entreprises ou les travaux qui ont pour but la prospérité publique, toutes les fois qu'il ne s'y trouve rien que de conforme aux principes de la charité ; 6° enfin les œuvres de bienfaisance ou de charité. Il est certain qu'à tous ces égards, le chrétien peut être appelé à soutenir des relations avec des incrédules ou des mondains, et qu'à moins de renoncer à toute espèce de sociabilité et même à quelques-uns de ses devoirs, il ne saurait se séparer entièrement d'eux. Mais, même dans ces relations indispensables, il doit se rappeler sans cesse le précepte apostolique : veiller avec soin sur lui-même et se défier de ses propres forces. Rien n'est plus dangereux pour le maintien de la sainteté, que l'entraînement des affaires ou la force de l'exemple.

§ « *Car quelle participation*, etc. » Dans le reste de ce verset et dans les versets suivants, l'Apôtre expose, avec l'énergique vivacité qui le distingue, les raisons pour lesquelles le chrétien doit se séparer des infidèles. Le mot de « justice » désigne évidemment ici la sainteté en général, et celui « d'iniquité » le péché sous toutes ses formes et à tous les degrés. § « *Et quelle communication*, etc. » Quel rapport possible, quel point de réunion ou d'accord? La « lumière » désigne ici, comme le plus souvent dans le Nouveau Testament, la vertu, le bien (Matth. IV, 16 ; V, 16 ; Jean I, 4 ; Rom. II, 19), et « les ténèbres, » opposées à la lumière, sont l'emblème de l'erreur, de l'ignorance et du mal. Eclairés de la lumière d'en haut, les chrétiens n'ont plus rien à faire avec les œuvres de ténèbres. (Ephès. V, 11.)

15. Et quel accord y a-il de Christ avec Bélial ? ou quelle part a le fidèle avec l'infidèle ?

15. *Et quel accord*, » Quel moyen d'associer, de mettre sur la même ligne ? Le mot grec signifie littéralement, « unisson, harmonie, » et cette image empruntée à l'art musical répond d'autant mieux à la pensée de l'Apôtre, qu'elle reçoit une force nouvelle de la manière dont il l'associe aux noms qui suivent. § « *De Christ avec Bélial.* » De Christ, auteur et représentant de tout bien, et de Bélial ou de Satan (car ces deux noms désignent évidemment le même être) auteur du mal et père du mensonge. Le mot hébreu de *Bélial* signifie proprement, « chose sans valeur » et par suite « méchanceté. » Les païens et les méchants sont représentés dans l'Evangile comme placés sous l'influence de Satan (II Tim. II, 26 ; *Comp.* avec Jean VIII, 44.) Impossible, par conséquent, que ceux qui aiment Christ se soumettent volontairement, et en quelque degré que ce soit, à un joug pareil. § « *Ou quelle part ;* » que peut-il y avoir de commun ? Le mot grec s'applique généralement à une part d'héritage (Luc X, 42 ; Act. VIII, 21 ; Col. I, 12.) § « *Le fidèle avec l'infidèle,* » le chrétien qui croit en Jésus et l'aime, avec le païen, l'incrédule, le mo-

queur, ou le mondain qui montre par sa vie entière à quel point son cœur est étranger à la foi.

16. Et quelle convenance y a-t-il du temple de Dieu avec les idoles ? Car vous êtes le temple du Dieu vivant, selon ce que Dieu a dit : J'habiterai au milieu d'eux, et j'y marcherai ; et je serai leur Dieu, et ils seront mon peuple.

16. « *Quelle convenance,* » c'est-à-dire quelle possibilité de juxtaposer, ou de mettre sur la même ligne des choses aussi dissemblables qu'un temple consacré au service du vrai Dieu et des idoles qui ne doivent leur existence qu'à l'ignorance et au mensonge ? Un savant critique a signalé l'énergique beauté de ce passage « auquel, dit-il, on trouverait difficilement quelque chose de supérieur dans les auteurs classiques les plus vantés. » § « *Car vous êtes le temple du Dieu vivant.* » Les Corinthiens connaissaient déjà cette manière de parler. (*Voy.* I Cor. III, 16, 17, et nos Notes sur ce passage. § « *Selon ce que Dieu a dit,* » en substance, sinon à la lettre, dans plusieurs endroits de l'Ancien Testament. (Ex. XXIX, 45 ; Lév. XXVI, 12; Ezéch. XXVII, 37.) § » *J'habiterai au milieu d'eux,* etc. » Cette promesse, en tant qu'elle concernait les Juifs, se rapportait sans doute à cette *scheschina,* qui était le symbole visible de la présence de Dieu au milieu de son peuple. (Notes sur I Cor. III, 16, 17.) Appliquée aux chrétiens, elle signifie que le Saint-Esprit descend en eux et y demeure, pour les éclairer, les protéger et les sanctifier. (Rom. VIII ; Col. III, 16 ; II Tim. I, 14.) § « *Et j'y marcherai.* » Je ne les abandonnerai plus, allusion probable à la présence de Dieu dans les marches de l'ancien peuple à travers le désert. § « *Et je serai leur Dieu,* etc., » le Dieu qu'ils adoreront, auquel ils se confieront, au service duquel ils se consacreront, et dont en conséquence ils seront le peuple. Toutes ces promesses, prises dans leur sens le plus spirituel, s'appliquent parfaitement bien au chrétien et sont un des priviléges dont se réjouit sa foi.

17. C'est pourquoi sortez du milieu d'eux, et vous en séparez, dit le Seigneur ; et ne touchez à aucune chose souillée, et je vous recevrai.

17. « *Sortez du milieu d'eux et vous en séparez.* » N'ayez rien de commun avec les idolâtres, les infidèles et les méchants. Ces paroles sont empruntées, avec un léger changement, au prophète Esaïe (ch. LII, 11). Là, Dieu exhortait les Juifs à sortir de Babylone, lieu de leur exil, pour retourner dans leur pays ; mais Babylone était souvent, dans le langage des Ecritures, l'emblème de l'orgueil, de l'arrogance, de la corruption, de tout ce que Dieu condamnait, et c'est sans doute sous l'impression de ce souvenir que Paul se sert de ce passage, pour exprimer le devoir du chrétien en présence des infidélités et des péchés du monde. § « *Et ne touchez à aucune chose souillée.* On sait avec quelle scrupuleuse horreur les Juifs devaient éviter l'usage ou même le contact de tout ce que la loi déclarait souillé. De même les chrétiens, dans un sens plus spirituel, doivent s'abstenir de tout ce qui est contraire à la sainteté du Dieu à la ressemblance duquel ils sont appelés à se former, et quoi de plus incompatible avec cette sainteté que les erreurs de l'impiété ou

que les goûts dépravés de la mondanité et de la légèreté? § « *Et je vous recevrai,* » je vous traiterai avec faveur, comme des amis et des enfants bien-aimés. Quoique ces paroles et celles du verset suivant aient l'apparence d'une citation, elles ne se lisent nulle part, du moins mot à mot, dans l'Ancien Testament. Mais il s'y trouve en plusieurs endroits des expressions équivalentes. (II Sam. VII, 14; Jérém. XXXI, 9, etc.) Il y a lieu de croire que ces passages étaient dans l'esprit de l'Apôtre, comme répondant à sa pensée du moment, et comme des promesses tout aussi précieuses pour les chrétiens qu'elles avaient pu l'être pour l'ancien peuple de Dieu. Peut-être aussi, parlait-il ici directement de la part de Dieu, et en prophète non moins inspiré que ceux de l'Ancien Testament. Cette dernière opinion est celle de plusieurs savants commentateurs et entre autres de Grotius.

18. Et je vous serai pour Père, et vous me serez pour fils et pour filles, dit le Seigneur tout-puissant.

18. § « *Je vous serai pour Père,* etc. » Dieu est un Père qui protége, instruit, conseille, guide et console ses enfants; mais il n'agit ainsi dans leur âme que si, se confiant entièrement à lui, ils s'affranchissent de toute autre influence, ils se séparent de ceux avec lesquels il leur commande de n'avoir rien de commun. § « *Vous me serez pour fils et pour filles.* » Cette promesse est faite à tous; elle met sur la même ligne l'homme et la femme, le savant et l'ignorant, le grand et le petit, le méprisé du monde et celui que le monde honore. Quel privilége que celui d'être ainsi appelé enfant de Dieu, et quel titre plus glorieux que celui-là pourrait être ambitionné par l'homme? § « *Dit le Seigneur tout-puissant.* » Cette expression de « Tout-Puissant » ne se trouve dans tout le Nouveau Testament qu'ici et dans quelques passages de l'Apocalypse (I, 8; IV, 8; XI, 17; XV, 3; XVI, 7, 14; XIX, 6, 15; XXI, 22.) L'Apôtre l'emploie sans doute pour peindre d'un seul trait l'infinie supériorité du vrai Dieu sur les idoles, si complètement incapables de rien faire pour protéger ou bénir leurs adorateurs.

REMARQUES SUR LE CHAPITRE VI.

1° On peut, par négligence, par légèreté, ou par attachement au péché, s'exposer au danger d'avoir reçu la grâce de Dieu en vain, et il y a pour l'acceptation efficace de cette grâce un moment après lequel elle n'est plus possible. Quel motif à se convertir sans délai, si le cœur ne s'est pas encore tourné vers Dieu, ou à faire immédiatement porter à sa foi des fruits convenables, si cette foi a pris naissance dans l'esprit! (Vers. 1 et 2.)

2° Le tableau que saint Paul trace des souffrances endurées par les Apôtres pour le service de Christ nous montre ce qu'il en a coûté pour que le christianisme arrive jusqu'à nous et que nous en recueillions les bénéfices. Nous y voyons, en outre, un exemple magnifique de ce que les ministres de l'Evangile et tous les chrétiens doivent être prêts à faire ou à souffrir pour la même cause (vers. 3-5).

3° Dans toutes les situations de la vie, dans la bonne comme dans la mauvaise fortune, le chrétien doit montrer sa foi par la pureté de sa conduite. C'est le service auquel il est tenu envers le Dieu qui l'aime, et en même temps aussi le moyen le plus efficace de concourir à l'extension du règne de Christ et au salut des âmes. C'est à cette sorte de prédications, peut-être, que les méchants et les hommes du monde eux-mêmes résistent le moins (vers. 6-10).

4° L'amour de son troupeau est, pour un pasteur dévoué, la plus précieuse comme la plus légitime des récompenses. Et quand elle est accordée à ses prières, c'est pour lui un précieux moyen de travailler avec plus de succès encore à la conversion et à l'édification des âmes. Heureux les pasteurs et les Eglises entre lesquels peuvent s'échanger des assurances pareilles à celles qu'exprime ici l'Apôtre! (Vers. 11-13.)

5° Le vrai chrétien, qui veut vivre en disciple de Christ et recueillir les fruits de sa foi, doit se séparer du monde léger, vicieux et corrompu qui l'entoure. Le maintien de la foi, le développement de la piété et le progrès dans les voies de la sanctification, sont à ce prix. Des principes complètement différents doivent conduire à une pratique complètement différente aussi; ce sera toujours se faire une illusion fatale que de chercher à concilier le service ou l'amour de Dieu avec l'amour et le service du monde (vers. 14-16).

6° Nous sommes les temples de Dieu; il est avec nous; il est notre Père, et nous sommes ses enfants. Quels privilèges! Quelle gloire! Et que sont toutes les dignités, tous les plaisirs et tous les biens de la terre au prix de l'honneur et des joies attachés à une pareille condition!

CHAPITRE VII.

Le premier verset de ce chapitre aurait dû être joint au chapitre précédent, dont il complète en quelque sorte l'argumentation. Dans le reste du chapitre, l'Apôtre, revenant encore sur les titres qu'il possède à l'attachement des Corinthiens, les confirme en quelque sorte, par l'expression de la joie qu'il a ressentie en recevant de Corinthe de bonnes nouvelles par son disciple Tite. La profonde affection qu'on sent dans tout ce passage ne pouvait manquer de toucher le cœur de l'Eglise qui en était l'objet.

1. Or donc, mes bien-aimés, puisque nous avons de telles promesses, nettoyons-nous de toute souillure de la chair et de l'esprit, perfectionnant votre sanctification en la crainte de Dieu.

1. « *Or donc, puisque nous avons de telles promesses*, » les promesses rappelées à la fin du chapitre précédent : l'assurance d'avoir Dieu pour père et d'être traités par lui comme des enfants bien-aimés. § « *Nettoyons-nous*, etc. » Purifions-nous, sanctifions-nous. On voit par ces paroles que Paul, tout en proclamant avec autant de force que personne l'action

souveraine de la grâce dans l'œuvre du salut, ne craignait pas d'indiquer à l'homme, avec une égale énergie, la part d'action qui lui revient dans cette œuvre. Il parle ici aux chrétiens comme si leur purification dépendait uniquement de leurs efforts. Toute sainteté vient de Dieu, mais les effets du Saint-Esprit, par lequel il la produit en nous, sont de nous porter à faire de courageux efforts pour vaincre le péché. Celui-là ne sera jamais pur qui comptera le devenir sans avoir à lutter contre son propre cœur; mais les promesses divines, rappelées ici par l'Apôtre, sont admirablement propres à nous encourager et à nous aider dans l'accomplissement de cette tâche. § « *De toute souillure de la chair et de l'esprit.* » Le mot rendu ici par « souillure » ne se trouve nulle part ailleurs dans le Nouveau Testament; mais son sens n'en est pas moins bien déterminé. Il désigne tout ce qui salit, tache ou flétrit. Par « souillure de la chair, » l'Apôtre entend les appétits sensuels et les passions grossières auxquels le corps sert d'instrument, et par « souillures de l'esprit, » ces inclinations, ces désirs, ces pensées mauvaises, dont le Sauveur a dit qu'elles sortent du cœur et qu'elles souillent l'homme. (Matth. XV, 19.) Telles sont, outre les convoitises qui conduisent à la souillure du corps, l'orgueil, l'avarice, l'ambition, l'amour de la vengeance, etc., moins repoussantes, plus faciles à dissimuler, et rarement condamnées par les gens du monde. Ces convoitises ne sont, pour cela, ni moins contraires à la volonté de Dieu, ni moins destructives de la pureté chrétienne, que les vices grossiers ou les désordres de la chair. C'est toujours le péché. Si on lui laisse l'empire sur l'esprit, il envahit l'être tout entier pour en souiller toutes les parties d'une manière inégale peut-être, mais toujours fatale. § « *Perfectionnant votre sanctification.* § Perfectionnant, c'est-à-dire menant à bonne fin. L'œuvre de la sanctification avait été commencée dans l'âme des Corinthiens, l'Apôtre les exhorte maintenant à la pousser, à y mettre la dernière main. Tel est, en tout temps, le devoir du chrétien. L'Apôtre ne s'amuse pas à demander si l'homme est jamais parvenu à la perfection ou s'il peut y parvenir. La question n'est pas là. Si personne n'est arrivé ou ne peut se flatter d'arriver jamais à ce point suprême de sainteté auquel le chrétien doit viser, cela prouve seulement combien nous sommes habituellement esclaves du péché et ennemis de Dieu, mais sans diminuer en rien l'obligation sainte et immuable de nous former à la ressemblance de Dieu qui est tout parfait. (Matth. V, 48; I Pierre I, 15.) Perfection dans l'amour du Seigneur et dans l'accomplissement de ses devoirs religieux, perfection dans l'amour du prochain, perfection dans les pensées habituelles de l'esprit, perfection dans les désirs du cœur et dans les délicatesses de la conscience, perfection dans les actes, perfection dans les paroles, perfection en tout et toujours, tel est l'idéal du racheté de Christ, de l'enfant de Dieu; et si quelqu'un, se croyant chrétien, ne désire pas sincèrement d'arriver à ce but, on peut lui déclarer hardiment qu'il se fait illusion sur le véritable état de son âme. § « *En la crainte de Dieu.* » Dans un saint respect pour sa volonté souveraine, et dans la crainte de ne jamais assez répondre à cet immense amour qu'il nous a témoigné en faisant de nous « ses fils ou ses filles. » L'Apôtre avait probablement en vue ici l'effet salutaire que produit sur l'âme la pensée de la toute-présence de ce Dieu parfaitement saint, auquel nous devons nous efforcer de ressembler. La présence d'un étranger, quelquefois d'un simple enfant, suffit pour empêcher la perpétration d'actes coupables, à combien plus forte raison la présence de Dieu, rendue comme manifeste par la foi, ne nous aidera-t-elle à nous préserver des souillures de la chair et de l'esprit?

2. Recevez-nous : nous n'avons fait tort à personne ; nous n'avons corrompu personne ; nous n'avons pillé personne.

2. « *Recevez-nous,* » faites-nous, dans vos affections, cette place plus large que nous nous sommes plaint de n'avoir pas encore (chap. VI, 13). L'Apôtre, après la magnifique digression qui a rempli la fin du chapitre précédent et le commencement de celui-ci, revient à son sujet, c'est-à-dire à la nature de ses relations avec les Corinthiens. § « *Nous n'avons fait tort à personne.* » Peut-être quelques-uns des Corinthiens avaient-ils trouvé que dans l'affaire de l'incestueux, Paul s'était montré sévère au point de nuire à cet homme. Dans ce cas, ce serait à ce reproche que l'Apôtre répondrait ici, mais peut-être aussi, et plus probablement même, il entend parler de sa conduite en général. Heureux l'homme qui, après un long séjour dans un cercle social, dont tous les regards ont été tournés vers lui, peut se rendre à lui-même un témoignage comme celui-ci, sans craindre d'être démenti par personne! (*Comp.* avec Actes XX, 33.) § « *Nous n'avons corrompu personne.* Nous n'avons, ni par nos préceptes, ni par de mauvais exemples, entraîné personne dans le mal. Le mot traduit ici par « corrompu » signifie en général diminuer la valeur d'une chose, et appliqué aux choses morales, gâter, corrompre. § « *Nous n'avons pillé personne,* » littéralement, nous n'avons cherché des profits illicites au détriment de personne, nous n'avons jamais usé de fraude. C'était sans doute dans des vues d'intérêt, ou en recourant à des procédés trompeurs que les faux docteurs répandaient leurs doctrines. Rien de pareil ne pouvait être allégué contre les prédicateurs de l'Evangile.

3. Je ne dis point ceci pour vous condamner : car je vous ai déjà dit que vous êtes dans nos cœurs à mourir et à vivre ensemble.

3. « *Pour vous condamner;* » pour le plaisir de vous trouver en faute, pour vous juger avec trop de sévérité, comme le pourrait faire un homme qui n'aurait pas pour vous une vive affection. En déclarant n'avoir fait de tort à personne, l'Apôtre avait adressé implicitement un reproche aux Corinthiens, qui n'auraient pas dû le mettre ainsi dans la nécessité de se justifier; c'est ce reproche qu'il adoucit dans ces premiers mots du verset. § « *Car je vous ai dit,* » (Chap. VI, 11 et 12.) § « *A mourir et à vivre ensemble,* » paroles d'affection dont l'énergie se comprend mieux encore qu'on ne la pourrait expliquer. Elles emportent l'idée que si telle était la volonté de Dieu, l'Apôtre aurait été heureux de vivre auprès des Corinthiens jusqu'au terme de sa carrière terrestre.

4. J'ai une grande liberté envers vous ; j'ai grand sujet

de me glorifier de vous ; je suis rempli de consolation, je suis plein de joie dans toute notre affliction.

4. « *J'ai une grande liberté envers vous.* » Je puis en toute franchise dire ce que je pense de vous. Il y a sans doute encore ici une sorte d'adoucissement aux plaintes dictées à Paul par les injustes accusations dont il avait été l'objet de la part de quelques personnes malintentionnées. § « *J'ai grand sujet de me glorifier de vous.* » Allusion anticipée à ce que l'Apôtre va dire du bon accueil fait à sa première lettre, aux récits satisfaisants de Tite et peut-être aussi à ce qu'il dira plus loin (chap. IX) de la bonne opinion qu'il s'était faite de l'empressement des Corinthiens à prendre part à la collecte pour les saints de Judée, dont il s'occupait alors. § « *Je suis rempli de consolation.* » Une des plus grandes consolations qui puissent soutenir le chrétien et surtout le pasteur dans ses épreuves ou ses travaux, c'est de pouvoir rendre témoignage de la fidélité de ses compagnons de foi. § « *Plein de joie,* le mot de l'original désigne une joie très-grande, une joie qui surabonde et qu'on ne sait comment exprimer. § « *Dans toute notre affliction.* » (Comp. avec ch. I. 4.)

5. Car après être venus en Macédoine, notre chair n'a eu aucun relâche ; mais nous avons été affligés en toutes manières, *ayant* eu des combats au dehors, et des craintes au dedans.

5. « *Après être venus en Macédoine.* » *Voy.*, pour les motifs de ce voyage, nos Notes sur le chapitre I, 16; II, 12, 13. § « *Notre chair n'a eu aucun relâche.* » Par ces mots, l'Apôtre veut dire sans doute que l'état de son âme avait influé sur son corps, comme il arrive à tous dans des temps de grande agitation. § « *Des combats au dehors ;* » sans doute avec les adversaires, surtout israélites, qui, partout où l'Evangile était annoncé, s'opposaient avec plus ou moins de violence à sa prédication, comme on le voit presque à chaque page dans le livre des Actes. § « *Et des craintes au dedans.* » Allusion probable aux incertitudes de l'Apôtre sur l'accueil que les Corinthiens auraient fait à sa première lettre. Tite, envoyé à Corinthe par lui, ne l'ayant pu rejoindre qu'en Macédoine, l'esprit de l'Apôtre était resté longtemps dans cette incertitude, et tout ce qu'il va dire montre à quel point son âme avait été troublée à ce sujet. Les Corinthiens auraient-ils le courage d'exercer la discipline dont il leur avait tracé le devoir ? La sévérité de son langage ne les aurait-elle point irrités contre lui? Les faux docteurs qui avaient troublé l'Eglise n'auraient-ils point le dessus? — Tout autant de questions angoissantes pour l'âme du fidèle et affectueux ministre de Christ.

6. Mais Dieu, qui console les abattus, nous a consolés par la venue de Tite.

6. « *Mais Dieu, qui console les abattus.* » (Comp. avec chap. I, 4.) § « *Par la venue de Tite,* » disciple bien-aimé, et dans ce cas porteur de bonnes nouvelles.

7. Et non-seulement par sa venue, mais aussi par la con-

solation qu'il a reçue de vous : car il nous a raconté votre grand désir, vos larmes, votre affection ardente envers moi ; de sorte que je m'en suis extrêmement réjoui.

7. « *Non-seulement par sa venue.* » L'Apôtre n'ayant pas trouvé Tite à Troas, comme il s'y attendait, avait naturellement pu craindre qu'il ne fût malade ou qu'il ne lui fût arrivé quelque accident. § « *Mais aussi par la consolation qu'il a reçue de vous.* » Tite, bien reçu des Corinthiens et ayant eu la joie de voir le bon effet produit par la lettre de l'Apôtre, ne pouvait qu'avoir dissipé les inquiétudes et partout réjoui le cœur de Paul. § « *Votre grand désir.* » Quelques interprètes ont cru qu'il s'agissait ici du désir de voir l'Apôtre, mais il est plus naturel d'entendre ces mots du désir d'obéir à ses conseils en réformant les abus repris dans sa lettre. § « *Vos larmes,* » produites sans doute par un vif repentir. § « *Votre affection ardente;* » littéralement : « votre zèle envers moi : ce qui désigné sans doute encore un vif empressement à suivre les directions de l'Apôtre et peut-être aussi à entendre de la bouche de Tite tout ce qu'il avait eu à raconter de leur ami commun. § « *De sorte que,* etc. » littéralement : je me suis réjoui d'autant plus de le revoir que ses récits étaient tels que mon cœur les désirait.

8. Car bien que je vous aie attristés par ma lettre, je ne m'en repens point, quoique je m'en fusse *déjà* repenti, parce que je vois que si cette lettre vous a affligés, ce n'a été que pour peu de temps.

8. « *Car bien que je vous aie attristés,* etc. » En raison des justes reproches et des conseils sévères que ma lettre contenait. § « *Je ne m'en repens point,* » parce que cette lettre était l'accomplissement d'un devoir et qu'en outre elle avait porté les fruits que l'Apôtre en attendait. § « *Quoique je m'en fusse repenti.* » Après avoir écrit cette lettre, l'Apôtre, sous l'influence de la tendre affection qu'il portait aux Corinthiens, s'était sans doute demandé s'il avait bien suivi la meilleure marche, s'il n'avait point été trop sévère, etc., absolument comme le ferait un père réduit à la douloureuse nécessité de punir un fils bien-aimé. Il ne s'agit pas ici d'une repentance comme celle qui suit une faute. Inspiré du Saint-Esprit, l'Apôtre n'avait pas à cet égard le moindre doute, mais seulement de cette sorte d'anxiété qu'éprouve toute âme affectueuse quand elle doit recourir à des mesures de rigueur. Le mot grec rendu ici par celui de « repentir » n'est du reste pas le même que celui qui désigne ordinairement la repentance après le péché. Il exprime un regret de ce qu'une chose est arrivée, plutôt que ce qu'on appelle proprement la repentance. § « *Par ce que je vois,* etc., » par les récits de Tite.

9. Je me réjouis *donc* maintenant, non de ce que vous avez été affligés, mais de ce que vous avez été attristés à repentance : car vous avez été attristés selon Dieu, de sorte que vous n'avez reçu aucun dommage de notre part.

9. « *Je me réjouis donc maintenant,* etc. » Le vrai pasteur ne reprend pas et n'exerce pas la discipline pour le vain et malin plaisir de faire

de la peine ou d'humilier, mais uniquement dans l'intérêt du royaume de Dieu et en vue même du salut de ceux qu'il exhorte à se corriger. § « *Mais de ce que vous avez été attristés de repentance,* » de ce que la tristesse occasionnée par mes réprimandes vous a incités à vous repentir et à vous corriger. Le mot traduit ici par « repentance » n'est pas celui dont il s'est servi au verset précédent. C'est celui qui désigne ordinairement ce profond regret d'avoir mal fait, suivi d'un changement d'esprit, de vues et par conséquent de conduite que l'Evangile nous présente comme le premier pas du cœur dans les voies du salut. (*Comp.* avec Hébr. XII, 17.) § « *Attristés selon Dieu.* » *Voy.* le verset suivant et Notes. § « *De sorte que vous n'avez reçu,* etc. » L'idée de l'Apôtre, développée dans le verset suivant, est que bien loin de leur avoir été nuisible en quoi que ce soit, la tristesse que leur avaient occasionnée ses justes sévérités leur avait au contraire été d'une grande utilité. Cette remarque s'applique à toute réprimande fraternelle adressée à des chrétiens par des pasteurs ou des amis fidèles.

10. Puisque la tristesse qui est selon Dieu produit une repentance à salut, dont on ne se repent jamais ; mais la tristesse de ce monde produit la mort.

10. « *Puisque la tristesse qui est selon Dieu.* » Ces mots, si souvent cités et si dignes de l'être, désignent : 1° une tristesse conforme, non pas à ce que Dieu éprouve, puisqu'il ne peut ni s'attrister ni se repentir, mais à ce qu'il veut et réclame de nous. Elle naît dans l'âme quand cette âme en vient à considérer le péché au même point de vue que Dieu le considère, c'est-à-dire, comme l'infraction des lois les plus saintes et par conséquent comme le plus grand mal qui puisse atteindre l'homme ; 2° une tristesse qui a Dieu pour objet, c'est-à-dire qui naît moins des tristes conséquences du péché, soit pour la vie présente, soit pour l'éternité, que de ce fait que le péché est une offense contre le Dieu d'amour et de sainteté, une violation de ses lois, un mépris de sa majesté souveraine et un déplorable acte d'ingratitude à son égard. C'était la tristesse ressentie par David, quand il écrivait : « J'ai péché contre toi, « contre toi proprement, etc. (Ps. LI, 4) ; 3° enfin une tristesse qui conduit à Dieu, pour obtenir de lui pardon et consolation. Dans une tristesse selon le monde, l'homme cherche ses consolations ailleurs ; il les demande à l'oubli, à l'étourdissement, à la dissipation des affaires ou des plaisirs, tandis que « l'attristé selon Dieu » n'a de recours qu'à celui-là même qu'il s'afflige d'avoir offensé. § « *Produit une repentance à salut,* » c'est-à-dire un changement salutaire, une véritable réforme de la vie. Un simple regret, provenant peut-être uniquement des inconvénients temporels du péché, est presque toujours fugitif et ne produit, quand il produit quelque chose, qu'une réforme partielle et extérieure, tandis que la tristesse selon Dieu a pour fruit le changement des affections et des désirs du cœur, qui sont les sources de la vie spirituelle. § « *Dont on ne se repent jamais,* » à cause de la paix et des joies intérieures qui en sont le résultat et la consolation suprême. L'expérience confirme avec éclat cette remarque de l'Apôtre. Qui a jamais entendu un chrétien regretter de s'être converti, d'avoir renoncé au mal pour

s'attacher fortement au bien, d'avoir servi Christ trop fidèlement ou trop longtemps ? § « *Mais la tristesse de ce monde.* » La tristesse inspirée par d'autres motifs que le regret d'avoir offensé Dieu, tels que la perte de sa fortune ou de ses amis, les suites amères du désordre et du vice quant à la santé, à la réputation, à la position sociale, etc., etc. § « *Produit la mort,* » en ce sens, d'abord, qu'elle abat tout à la fois l'âme et le corps, que quelquefois même elle a pour résultat la mort de ce dernier, et que, dans tous les cas, elle ne peut qu'aboutir à la mort éternelle, puisqu'elle n'inspire ni le recours à Dieu, ni aucun de ces mouvements par lesquels l'âme s'approprie les moyens de salut accordés en Jésus-Christ au pécheur qui se repent.

11. Car voici, cela même que vous avez été attristés selon Dieu, quel soin n'a-t-il pas produit en vous ! quelle satisfaction ! quelle indignation ! quelle crainte ! quel grand désir ! quel zèle ! quelle vengeance ? Vous vous êtes montrés de toutes manières purs dans cette affaire.

11. « *Car voici, cela même*, etc. » Comme vous en êtes vous-mêmes la preuve. Après avoir posé le principe, l'Apôtre en trouve dans ce qui s'est passé chez les Corinthiens un exemple qu'il veut faire ressortir encore. § « *Quel soin,* etc. ! » plus littéralement : quelle hâte, quelle promptitude à faire disparaître les désordres signalés par la première lettre de l'Apôtre ! Tel est le premier effet de la vraie repentance. C'est sur-le-champ, sans atermoiements, que le vrai pénitent rebrousse chemin vers les témoignages de l'Eternel et se met à l'œuvre pour corriger ce qui doit être corrigé. § « *Quelle satisfaction !* » ou plutôt « quelles excuses ! » quelle apologie ! car c'est dans ce sens que le même mot se lit ailleurs. (Act. XXII, 1 ; II Tim. IV, 16.) Non pas, sans doute, que les Corinthiens eussent nié ou cherché à justifier les procédés que l'Apôtre leur avait reprochés. Mais ces fautes avaient, selon toute apparence, été personnelles à quelques-uns, et l'Eglise réveillée avait pu, comme corps, en décliner la responsabilité, du moins en partie. Peut-être existait-il encore d'autres circonstances atténuantes, qu'on avait pu faire valoir avec un empressement propre à montrer à quel point la justesse des réprimandes de l'Apôtre était reconnue. § « *Quelle indignation !* » Contre le péché et peut-être contre ceux qui par leurs désordres avaient attiré la censure apostolique sur le troupeau. § « *Quelle crainte !* » de ne pas faire assez pour réprimer le mal, ou peut-être de ne pas réussir à apaiser le légitime mécontentement de l'Apôtre en faisant cesser les motifs qui l'avaient affligé. § « *Quel zèle !* » quelle grande ardeur à suivre les directions apostoliques, soit par attachement pour Paul, soit pour obéir à une conscience réveillée. § « *Quelle vengeance !* » Ce mot est souvent, dans le Nouveau Testament, synonyme « d'acte de justice, » et c'est évidemment le sens qu'il faut lui donner ici. (Luc XXI, 22 ; II Thess. I, 8 ; I Pier. II, 14.) Les Corinthiens s'étaient hâtés d'infliger à l'impudique la punition ecclésiastique dont Paul l'avait jugé digne. § « *Vous vous êtes montrés,* etc. » Vous vous êtes, après la réception de ma lettre, conduits à tous égards de la manière la plus droite, de sorte qu'il n'y a plus lieu de vous infliger le moindre blâme.

12. Quoi que je vous aie donc écrit, ce n'a point été à cause de celui qui a commis la faute, ni à cause de celui envers qui elle a été commise, mais pour faire voir parmi vous le soin que j'ai de vous devant Dieu.

12. « *Quoique,* etc. » L'Apôtre revient encore ici sur les motifs qui avaient dicté sa première lettre. Ces motifs n'étaient pas tant l'indignation contre l'incestueux, ou l'intérêt pris à la victime de ces désordres, c'est-à-dire au propre père du coupable (I Cor. V, 1), que la sollicitude de l'Apôtre à l'égard de l'Eglise qu'un tel scandale troublait et déshonorait. Tel doit bien être le caractère de la discipline exercée dans l'Eglise. Il faut s'y préoccuper davantage des intérêts généraux de la communauté et de la cause de Christ que des intérêts privés de tels ou tels membres de l'Eglise.

13. C'est pourquoi, nous avons été consolés de ce que vous avez fait pour notre consolation ; mais nous nous sommes encore plus réjouis de la joie qu'a eue Tite, en ce que son esprit a été récréé par vous tous.

13. « *C'est pourquoi nous avons été consolés,* etc., » ou bien, suivant une autre traduction : « votre consolation nous a consolés ; » c'est-à-dire que la consolation que les Corinthiens avaient trouvée dans le retour au bien et dans leur empressement à suivre les directions de l'Apôtre avait été une source de consolation pour celui-ci. Comment d'ailleurs un pasteur si affectionné n'aurait-il pas salué avec bonheur un changement si ardemment désiré? § « *Mais nous nous sommes encore plus réjouis,* etc. » L'Apôtre dira pourquoi dans les versets suivants. Il avait déjà mentionné avec joie l'accueil fait à Tite par les Corinthiens. (*Voy.* plus haut, vers. 7.)

14. Parce que, si en quelque chose je me suis glorifié de vous dans ce que je lui en *ai dit*, je n'en ai point eu de confusion ; mais comme nous avons dit toutes choses selon la vérité, ainsi ce dont je m'étais glorifié *de vous dans ce que j'en ai dit* à Tite, s'est trouvé être la vérité *même*.

14. « *Parce que si en quelque chose je me suis glorifié de vous.* » On voit par ce passage qu'en envoyant Tite à Corinthe, l'Apôtre lui avait promis un accueil affectueux, et que déjà alors il avait eu une confiance entière dans la docilité de cette Eglise. Paul se félicite ici de n'avoir à cet égard éprouvé aucun mécompte ; toutes ses prévisions s'étaient au contraire réalisées.

15. C'est pourquoi, quand il se souvient de l'obéissance de vous tous, et comment vous l'avez reçu avec crainte et tremblement, son affection pour vous en est beaucoup plus grande.

15. « *Comment vous l'avez reçu avec crainte et tremblement.* « (*Voy.* plus

haut vers. 11.) § « *Son affection pour vous,* » le mot d'entrailles, déjà employé par l'Apôtre au verset 12, est celui que l'on a rendu ici par affection ; il désigne un attachement dont le siége est au plus profond du cœur.

16. Je me réjouis donc de ce qu'en toutes choses je me puis assurer de vous.

16. *Je me réjouis donc,* etc. » Je vois maintenant, par les faits, qu'en toutes choses vous êtes décidés à suivre les lois divines et à vous comporter en fidèles disciples de Christ. « Cette partie de l'Epître, dit un pieux et savant critique (Doddrige) est d'une admirable sagesse, pour ne pas dire habileté. L'Apôtre ne veut pas seulement remercier les Corinthiens de ce qu'ils ont fait en vertu de sa première lettre, non-seulement encore saisir cette occasion de leur rappeler le grand amour qu'il leur a voué, mais encore les préparer à accueillir favorablement ce qu'il va leur dire dans les chapitres suivants au sujet de la collecte, pour leurs frères de Judée, et rien n'était plus propre à atteindre ce but que tout ce qu'il leur dit ici. » Les assurances données sur leur compte à Tite avaient été pleinement justifiées par les faits (vers. 14); de même en serait-il, l'Apôtre n'en doutait pas, de ses prévisions quant à la libéralité des Corinthiens; et sa confiance à cet égard était telle qu'il n'avait pas craint de l'exprimer déjà aux Eglises de Macédoine (ch. IX, vers. 2). Ce dernier verset du chapitre peut-être envisagé comme une transition au nouveau sujet que l'Apôtre va traiter.

REMARQUES SUR LE CHAPITRE VII.

1° Le premier verset de ce chapitre indique, d'une manière admirable, l'effet que doivent produire sur le chrétien les espérances qu'il fonde sur les promesses de son Dieu. Si ces espérances sont réelles et vivantes, il ne peut plus ni pactiser avec le péché, ni faire autrement que de travailler à se perfectionner, jusqu'à ce moment où, reçu dans le ciel, il n'aura plus de combats à livrer contre le mal et sera, sous ce rapport, rendu parfaitement semblable à son Père céleste. Et que cette dernière perspective est bien propre à enflammer son zèle dans l'accomplissement de sa tâche !

2° Il est souvent pénible d'avoir à faire entendre à des frères qu'on aime des paroles sévères d'avertissement ou de correction. Mais c'est un devoir dont on ne saurait se dispenser sans infidélité. Dans toute sa conduite avec les Corinthiens, saint Paul nous montre qu'il faut savoir surmonter cette répugnance et parler avec une entière franchise, en se confiant au Seigneur, quant aux résultats.

3° On ne saurait trop se rendre attentif à la distinction que l'Apôtre fait dans ce chapitre entre la tristesse selon le monde et la tristesse selon Dieu, celle-ci conduisant à la repentance et à la conversion, celle-là n'enfantant que des regrets inutiles, des accablements sans valeur morale, des souffrances sans consolation, et n'aboutissant qu'à la mort soit du corps, soit de l'âme.

4° Si l'exercice de la discipline est nécessaire pour la prospérité de l'Eglise, il faut s'abstenir avec soin de tout ce qui lui donnerait un caractère passionné ; n'avoir jamais, en l'exerçant, d'autre but que la gloire de Dieu et le bien du troupeau, et la dégager de toute personnalité qui pourrait ou en affaiblir l'autorité, ou peut-être même provoquer de nouveaux péchés.

CHAPITRE VIII.

Dans ce chapitre et dans le suivant, l'Apôtre traite un sujet qui lui tenait beaucoup au cœur, celui de la collecte qu'il avait entrepris de faire en faveur des frères pauvres de la Judée. Il en avait déjà parlé aux Corinthiens (I Cor. XVI, 1 et suiv.; *Comp.* avec Rom. XV, 26) ; il paraît même, d'après ce chapitre-ci (vers. 6-17), que Tite l'avait déjà commencée, mais que des causes non-indiquées l'avaient empêché de la terminer. Dans cet état de choses, l'Apôtre sent le besoin d'adresser aux Corinthiens de vives exhortations, qui sont devenues pour les chrétiens de tous les âges un enseignement précieux, sur le devoir de la bienfaisance chrétienne et sur les dispositions qu'il faut y apporter.

1. Au reste, mes frères, nous voulons vous faire connaître la grâce que Dieu a faite aux Eglises de Macédoine.

1. « *La grâce que Dieu a faite.* » Ces mots, placés comme en tête de ce qui concerne la collecte recommandée par l'Apôtre, rappellent dès l'abord le vrai caractère de la bienfaisance chrétienne. Ce n'est pas une charge, une sorte d'impôt rude à payer, mais une grâce, c'est-à-dire un privilége et une source de joie. Ils impliquent, en effet : que Dieu met lui-même dans l'âme des fidèles les dispositions qui portent à l'exercice de cette partie de la charité chrétienne ; et 2° que le fidèle voit dans l'obligation de venir en aide à ses frères une marque de l'amour de son Dieu, et un honneur dont il doit saintement s'enorgueillir, car il sait parfaitement que Dieu pourrait sans lui pourvoir aux nécessités des pauvres. § « *Aux Eglises de Macédoine,* » celles de Philippes, de Thessalonique et de Berée. Pour ce qui concerne la Macédoine, *voy.* nos Notes sur Act. XVI, 9, et sur Rom., XV, 26. Des Eglises dont il s'agit, celle de Philippes paraît avoir été remarquable par sa libéralité (Philip. IV, 10, 15, 16, 18), mais toutes devaient avoir donné abondamment, puisque l'Apôtre leur rend plus loin ce témoignage (ch. IX, 2.).

2. C'est qu'au milieu de leur grande épreuve d'affliction, leur joie a été augmentée, et que leur profonde pauvreté s'est répandue en richesses par leur prompte libéralité.

2. « *C'est qu'au milieu de leur grande épreuve;* » c'est-à-dire dans les circonstances où on les aurait supposées peu capables de venir en aide aux autres. L'épreuve dont il s'agit était sans doute quelque persécution dirigée contre elles, probablement par les Juifs. (Act. XVI, 20 ; XVII, 5.) § « *Leur*

joie a été augmentée, » soit par le redoublement de piété vivante que produit souvent la persécution, soit par le plaisir même qu'elles avaient pris à donner. § « *Et que leur profonde pauvreté,* » provenant sans doute de ce qu'au commencement, c'était parmi les pauvres surtout que l'Evangile avait fait des recrues, et peut-être aussi des persécutions mentionnées dans les paroles précédentes. (*Comp.* Héb. x, 34.) § « *S'est répandue en richesses,* etc. » Il y a littéralement dans le texte « a abondé dans les richesses de leur libéralité. » Le sens est que ces Eglises, quoique pauvres, avaient contribué avec une joie et une libéralité que leur pauvreté rendait dignes d'être citées en exemple. (*Comp.* Rom. XII, 8 ; II Cor. IX, 11, 13.)

3. Car je suis témoin qu'ils ont été volontaires *à donner* selon leur pouvoir, et même au-delà de leur pouvoir.

3. « *Car je suis témoin.* » Ayant fondé ces Eglises et passé beaucoup de temps auprès d'elles, l'Apôtre pouvait mieux que personne leur rendre ce témoignage. § « *Qu'ils ont été volontaires,* » qu'ils s'y sont portés d'eux-mêmes, sans qu'il y ait eu besoin de les y pousser, sans contrainte. (*Comp.* avec ch. IX, 7.) § « *Même au-delà de leur pouvoir,* » noble hyperbole, qui montre que la libéralité des Macédoniens avait dépassé les prévisions de l'Apôtre et que pour l'exercer ils n'avaient reculé devant aucun sacrifice.

4. Nous pressant, avec de grandes prières, de recevoir la grâce et la communication de cette contribution en faveur des saints.

4. « *Nous pressant avec de grandes prières.* » Il semble, d'après ces paroles, que l'Apôtre avait eu à modérer plutôt qu'à exciter la libéralité de ces Eglises de Macédoine. § « *De recevoir la grâce et la communication de cette contribution,* » c'est-à-dire d'accepter et de nous charger de transmettre le produit de leurs aumônes. § « *En faveur des saints.* » Probablement de Judée. Le livre des Actes nous montre Paul et Barnabas chargés de porter à Jérusalem des secours obtenus de la même manière des chrétiens d'Antioche. (Act. XI, 28-30.)

5. Et ils n'ont pas fait seulement comme nous l'avions espéré, mais ils se sont donnés premièrement eux-mêmes au Seigneur, et puis à nous, par la volonté de Dieu.

5. « *Ils n'ont pas fait seulement comme nous l'avions espéré.* » C'est-à-dire : ils ont donné au-delà de ce que nous attendions, sachant combien ils étaient pauvres. § « *Mais ils se sont donnés premièrement eux-mêmes au Seigneur,* » expression énergique pour peindre la joyeuse promptitude avec laquelle ces chrétiens avaient fait à Dieu la consécration d'eux-mêmes et de tout ce qu'ils possédaient. Après s'être donné soi-même à Dieu, comment ne pas donner pour lui tout ce qu'on a reçu de sa bonté? § « *Et puis à nous,* » s'abandonnant entièrement à nos directions, comme ils avaient répondu à toutes nos espérances. § « *Par la volonté de Dieu,* » dont la grâce avait mis en eux ces dispositions. On voit que l'Apôtre

ne perd jamais de vue cette grande vérité, que c'est à Dieu qu'il faut rapporter la gloire de tout ce qui est bien.

6. Afin que nous exhortassions Tite, que comme il avait auparavant commencé, il achevât aussi cette grâce envers vous.

6. « *Afin que*, etc. » Traduction défectueuse ; il faut lire : « de telle sorte que nous avons exhorté Tite. » Encouragé par ce qu'il avait vu chez les Macédoniens, l'Apôtre avait chargé son disciple d'aller achever la collecte à Corinthe. § « *Cette grâce envers vous.* « (*Comp.* avec le 1er verset du chapitre.) C'est un grâce que d'être appelé à donner pour le service de Dieu ou le soulagement des saints.

7. C'est pourquoi, comme vous abondez en toutes choses, en foi, en parole, en connaissance, en toute diligence, et en la charité que vous avez pour nous, *faites* que vous abondiez aussi en cette grâce.

7. « *C'est pourquoi, comme vous abondez en toutes choses.* » (Note sur I Cor. I, 15.) Paul n'hésitait jamais à louer les chrétiens lorsqu'il le pouvait faire en toute vérité, mais toujours, comme on le voit ici, dans le but de les exhorter à abonder de plus en plus en œuvres de sainteté, parce qu'il sera plus redemandé de ceux qui auront reçu davantage. § « *En parole ;* » en capacité pour instruire les autres. Il y a peut-être là une allusion au don de parler des langues étrangères. (I Cor. XIV.) § « *En toute diligence,* » en promptitude à obéir, disposition dont les Corinthiens venaient de donner la preuve en s'empressant de tenir compte des avertissements de l'Apôtre. § « *Et en la charité que vous avez pour nous.* (*Voy.* ch. VII, 4, 6, 7, 11, 16.) § » *En cette grâce,* » en cette occasion précieuse de montrer votre foi par vos œuvres.

8. Je ne le dis point par commandement, mais pour éprouver aussi, par la diligence des autres, la sincérité de votre charité.

8. « *Je ne le dis point par commandement.* » Non pas que l'Apôtre n'eût reçu de Dieu et ne pût donner des ordres formels quant à la pratique de l'aumône, mais il ne voulait, dans ses rapports avec les Corinthiens à ce sujet, employer d'autres termes que ceux de la persuasion. Il a dit plus haut (vers. 6) que la libéralité des chrétiens de Macédoine avait été toute volontaire, il veut que celle des Corinthiens présente le même caractère. (*Voy.* plus loin vers. 10.) § « *Pour éprouver par la diligence des autres ;* » en vous mettant sous les yeux un exemple d'empressement et de bon vouloir. § « *La sincérité de votre charité.* » Il faut toujours se rappeler que le mot de *charité* désigne tout à la fois l'amour de Dieu et l'amour du prochain. Si les chrétiens de Macédoine s'étaient montrés généreux pour leurs pauvres frères de Judée, c'est parce qu'ils etaient remplis d'amour pour leur Sauveur.

9. Car vous connaissez la grâce de notre Seigneur Jésus-

Christ qui, étant riche, s'est rendu pauvre pour vous; afin que, par sa pauvreté, vous fussiez rendus riches.

9. « *Car vous connaissez*, etc. » L'Apôtre avait l'habitude d'éclaircir tous les sujets qu'il traitait et d'appuyer toutes ses exhortations en rappelant les souffrances, la mort ou la résurrection de Notre-Seigneur. Nous en avons ici un exemple frappant. Pour inviter les Corinthiens à la libéralité, il leur présente ce grand modèle, en leur rappelant la part qu'ils avaient eue dans cette immense œuvre de charité que Christ avait accomplie. § « *La grâce,* » c'est-à-dire, cet acte de bonté, de miséricorde infinie que Christ a accompli en venant sur la terre. § « *Qui, étant riche.* » Cette mention de l'état que Christ avait quitté en devenant homme, contient en soi l'affirmation de sa préexistence au ciel, et comme dit ailleurs l'Apôtre, « en forme de Dieu. » (Philip. II, 6.) Jamais il n'avait été riche sur la terre, et les biens dont il nous est dit qu'il se dépouilla pour devenir pauvre ne peuvent avoir été que les richesses célestes qu'il possédait avec le Père avant son incarnation. Les Sociniens disent qu'il faut entendre par ces richesses les dons du Saint-Esprit qui se manifestèrent en lui; mais cette interprétation est insoutenable, puisque Christ ne renonça jamais à cette espèce de richesse. Les richesses dont il s'agit ici sont donc bien la puissance suprême et la gloire dont Christ avait joui dans le ciel, comme créateur et maître de toutes choses. (Jean I, 3; Col. I, 16.) Donc il était au commencement avec Dieu et il était Dieu. (Jean I, 1 et 2.) § « *S'est rendu pauvre.* » En se faisant homme d'abord, puisque la condition d'homme comparée à celle de Dieu ne peut être regardée que comme une pauvreté, et de plus, en choisissant, parmi les conditions humaines, l'une des plus humbles, une condition ou une forme « de serviteur. » (Philip. II, 7.) Jésus homme a été véritablement pauvre. Quoique la famille où il naquit fût de la race de David, elle était depuis longtemps déchue et les prophètes l'avaient dépeint déjà sous la forme d'un rejeton sorti des racines d'un arbre desséché. Lui-même resta pauvre toute sa vie, sans avoir un endroit où il pût reposer sa tête (Luc IX. 58), sans autre propriété que les vêtements qu'il portait et sans avoir, en mourant, autre chose à léguer à son disciple favori que le soin de sa mère. Cette condition avait été choisie par Christ, puisque, venant du ciel, il aurait pu tout aussi bien naître dans un palais que dans une étable. Grande leçon de mépris des biens terrestres, donnée à tous les disciples qu'il devait avoir jusqu'à la fin des siècles. Et que ceux-là se montrent peu intelligents ou peu animés de son esprit, qui croient le servir et marcher sur ses traces en faisant du désir de s'enrichir le grand mobile de toute leur vie! § « *Pour vous,* » comme membre de la grande famille en vue de laquelle il avait fait ce sacrifice. § « *Afin que par sa pauvreté vous fussiez rendus riches.* » Le mot de pauvreté désigne sans doute ici, non-seulement cette condition d'indigent dont nous venons de parler, mais encore l'abaissement et les souffrances de Christ en général, puisque c'était par ce sacrifice que le monde devait être sauvé. Quant aux richesses acquises aux chrétiens par ce sacrifice du Rédempteur, ce sont évidemment les biens spirituels : le sentiment de la réconciliation avec Dieu, l'assurance des secours du Saint-Esprit et la possession anticipée, par la foi, de cette

vie éternelle que le Seigneur a lui-même appelée « un trésor.» (Matth. VI, 20, etc.) — Rien, assurément, n'est plus propre que cet exemple de Christ à faire comprendre aux chrétiens qu'ils doivent savoir, eux aussi, se faire pauvres pour enrichir ou du moins secourir ceux qui manquent des choses nécessaires à la vie.

10. Et en cela je vous donne cet avis, parce qu'il vous est convenable, qu'ayant non-seulement *déjà* commencé *d'agir pour cette collecte*, mais en ayant même eu la volonté dès l'année passée.

10. « *Je vous donne cet avis,* » non pas un commandement, mais un conseil, une exhortation qui, dans un pareil sujet et dans les rapports où se trouvaient l'Apôtre et les Corinthiens, ne pouvait manquer d'avoir autant de poids qu'un ordre formel. § « *Il vous est convenable ;* » il vous importe, il vous sera avantageux; il serait fâcheux que cela ne se fît pas. § « *Qu'ayant non-seulement,* etc. » La collecte commencée à Corinthe l'avait été, à ce qu'il paraît par ces mots, avec entrain et bonne volonté, mais quelque circonstance imprévue, probablement les troubles mentionnés dans la première lettre de l'Apôtre, l'avaient entravée et arrêtée. Il fallait la reprendre.

11. Vous acheviez maintenant de la faire, afin que comme vous avez été prompts à en avoir la volonté, vous l'accomplissiez aussi selon votre pouvoir.

11. « *Vous acheviez,* etc. » Sans vous figurer que la bonne intention que vous avez eue vous dispense d'aller jusqu'au bout. § « *Selon votre pouvoir.* » En proportion de vos moyens. (*Voy.* le verset suivant.)

12. Car si la promptitude de la volonté précède, on est agréable selon ce qu'on a, et non point selon ce qu'on n'a pas.

12. « *Car si la promptitude de la volonté précède,* » c'est-à-dire cet empressement, cette ardeur qui donne un vif désir, une volonté bien arrêtée. C'est là en effet, et là seulement, que se trouve le principe de tout bien, et la première chose à considérer dans l'aumône, qui sans cela peut n'être qu'un acte d'hypocrisie ou d'égoïsme déguisé. (*Voy.* Note sur ch. IX, 7.) § « *On est agréable,* » à Dieu. § « *Selon ce qu'on a et non point selon ce qu'on n'a pas.* » Les obligations du chrétien sont proportionnées à ses moyens d'action. Tel don, minime quant à sa valeur matérielle, révèle plus d'amour pour Dieu, de zèle pour sa cause ou d'amour du prochain que des sommes considérables données sans que le cœur y soit. C'est ce que le Seigneur a lui-même admirablement bien établi par ses observations sur l'aumône de la veuve. (Marc XII, 42-44; Luc XXI, 1-4.) La maxime de l'Apôtre ne s'applique du reste pas seulement aux actes de bienfaisance, mais à tout ce qui concerne le service de Dieu et la pratique de la vie chrétienne, à la repentance, à la foi, aux bonnes œuvres. Le cœur qui se donne à Dieu tel qu'il est, avec promptitude et bonne volonté), lui est agréable, n'eût-il à lui offrir que les soupirs de la repentance,

ou les actes de foi en apparence les plus humbles. Les anges rendent à Dieu un culte plus glorieux que celui qui vient des hommes, même sanctifiés sur la terre ; mais les uns et les autres ont fait ce qu'ils ont pu et sont sûrs de plaire à celui qu'ils honorent.

13. Or ce n'est pas afin que les autres soient soulagés, et que vous soyez foulés ; mais afin que ce soit par égalité.

13. « *Ce n'est pas afin que les autres soient soulagés*, etc.» Probablement les chrétiens de Corinthe, plus riches que ceux de la Macédoine, pouvaient donner davantage (vers. 2) ; toutefois l'Apôtre ne veut pas leur laisser croire que tout le fardeau doive retomber sur eux. § « *Mais que ce soit par égalité,* » dans de justes et légitimes proportions.

14. Que votre abondance *donc supplée* maintenant à leur indigence, afin que leur abondance serve aussi à votre indigence, et qu'ainsi il y ait de l'égalité.

14. « *Que votre abondance supplée maintenant*, etc. »Les Corinthiens pouvaient, dans les circonstances du moment, donner davantage que d'autres Eglises moins riches ou placées sous la croix, mais les circonstances pouvaient changer. L'Eglise de Corinthe pouvait à son tour être appauvrie ou persécutée, et alors ce serait aux autres Eglises à fournir des aumônes plus élevées que les siennes. On peut tirer de ces remarques de l'Apôtre deux conséquences : la première que, puisque chacun doit donner en proportion de ce qu'il a, les riches n'ont pas lieu d'être étonnés de ce qu'on ait plus souvent recours à leur libéralité. La seconde, que les chrétiens ne sauraient être trop généreux de leurs biens terrestres pendant qu'ils les possèdent, dans la crainte d'avoir, aux jours des revers, si ces jours arrivent pour eux, à regretter et à se repentir de ne pas avoir fait un meilleur usage de la prospérité.

15. Selon ce qui est écrit : Celui qui avait beaucoup, n'a rien eu de superflu ; et celui qui avait peu, n'en a pas eu moins.

15. «*Selon ce qui est écrit*, etc.» (Exode XVI, 18.)Il s'agit dans ce passage de la manne que les Israélites recueillaient chaque matin dans le désert. Tous ceux qui étaient capables de s'employer à cette récolte le faisaient, après quoi l'on distribuait le produit de ce travail collectif dans la proportion d'un homer par tête. Naturellement, dans cette occupation, les personnes plus actives ou plus vigoureuses récoltaient au-delà de l'homer qui leur revenait, et sans doute qu'il y avait des malades ou des gens occupés ailleurs qui ne récoltaient rien, mais l'égalité ne s'en établissait pas moins dans l'acte de la répartition. Cet exemple convenait parfaitement bien à l'idée que l'Apôtre voulait donner aux Corinthiens de leur devoir, quant à la collecte pour leurs frères de Judée. Toute richesse vient de Dieu : absolument comme en venait la manne du désert. Plus habiles, plus forts, ou favorisés par les circonstances qui, elles aussi, sont des dispensations de la Providence, les uns réussissent mieux que les autres dans les affaires de ce monde; à eux de se montrer plus libéraux dans l'emploi qu'ils font de ces dons

du Seigneur. C'est pour eux un privilége plutôt qu'une charge. Ils deviennent ainsi des instruments précieux dans la main du Seigneur qui a voulu rattacher plus fortement les uns aux autres les membres de la société humaine, en accordant aux uns le bonheur de pouvoir répandre autour d'eux ce qu'ils ont reçu de lui et en engageant les autres par les liens de la reconnaissance. De là, comme dans l'exemple cité par l'Apôtre, une véritable fraternité entre tous les membres de la grande famille, qui échapperont, en outre, au double danger d'une trop grande pauvreté ou d'une surabondance corruptive. — Les richesses de la terre ressemblent encore à la manne sous un autre rapport; c'est que, comme la manne se corrompait et devenait inutile si l'on voulait l'amasser en plus grande quantité qu'il ne le fallait, ou si l'on voulait la conserver pour le lendemain, de même les biens de la terre, si on n'en fait pas un usage conforme à la volonté du Dieu qui les donne, ou si l'on veut les entasser par avarice, deviennent une source de corruption et une cause de condamnation. (*Comp.* avec Jacq. v, 2-4.)

16. Or grâces *soient rendues* à Dieu, qui a mis le même soin pour vous au cœur de Tite.

16. « *Qui a mis le même soin pour vous.* » Suivant sa coutume d'attribuer à Dieu toutes les bonnes pensées des hommes, l'Apôtre se réjouit de ce que Tite était disposé à contribuer à l'achèvement de la collecte dans l'Eglise de Corinthe, et la manière dont il exprime cette joie montre encore qu'il regardait comme un privilége pour les Corinthiens de pouvoir prendre part à cette bonne œuvre.

17. Lequel a fort bien reçu mon exhortation, et étant lui-même fort affectionné, il s'en est allé vers vous de son propre mouvement.

17. « *Lequel a fort bien reçu mon exhortation*, etc. » Il paraît que Paul avait craint que quelque difficulté ne s'élevât à propos de cette collecte, et que peut-être Tite n'acceptât pas facilement la mission d'aller y procéder; mais qu'en cela il s'était trompe. Tite, heureux de ce qu'il avait vu chez les Corinthiens dans son premier voyage, s'était, au contraire, montré tellement disposé à en faire un second, que l'Apôtre peut dire qu'il y allait de son propre mouvement.

18. Et nous avons aussi envoyé avec lui le frère dont la louange qu'il s'est acquise dans la prédication de l'Evangile est répandue par toutes les Eglises.

18. « *Le frère dont la louange*, etc. » Quel était ce frère? Quelques-uns ont pensé qu'il s'agissait de Marc, d'autres de Silas ou de Barnabas. Mais le plus grand nombre des commentateurs pensent qu'il s'agit de Luc. Ce qui donne de la vraisemblance à cette opinion, c'est : 1° que Luc, fidèle ami de Paul, l'accompagnait dans ses voyages. On voit, par Actes vi, 10, 11, où Luc emploie dans son récit le pronom « nous, » qu'il était avec Paul lors de son premier voyage en Macédoine, et par le verset 15 qu'il l'accompagna en particulier à Philippes. Mais au chapitre

suivant (vers. 1), Luc, en faisant usage du pronom de la troisième personne, nous apprend qu'il n'était plus avec Paul et Silas lorsqu'ils allèrent à Thessalonique, soit qu'il fût resté à Philippes, soit qu'il se fût dirigé sur un autre point. Il ne les rejoignit, à ce qu'il paraît, qu'à Troas, au moment où ils se rendaient à Jérusalem. (Act. xx, 5.) Comment avait-il employé son temps entre ces deux époques ? Probablement à prêcher l'Evangile dans quelque localité ou à l'accomplissement de quelque mission pareille à celle dont il s'agit ici. 2° Ce que Paul dit ici de ce frère qu'il ne nomme pas convient parfaitement à Luc, qui sans doute s'était acquis une grande et bonne réputation dans les Eglises, soit par la prédication, soit peut-être déjà par la rédaction de son Evangile. Les termes du texte original permettent cette dernière supposition. Il y a littéralement : « la réputation qu'il s'est acquise dans l'Evangile. » Plus loin (ch. XII, 18), l'Apôtre parlera encore de ce frère sans le nommer davantage. Malgré ce que nous venons de dire, il n'est pas certain que ce fût Luc ; mais la chose est en elle-même de peu d'importance.

19. (Et non-seulement cela, mais aussi il a été établi par les Eglises notre compagnon de voyage, pour cette grâce qui est administrée par nous à la gloire du Seigneur même, et *pour servir* à la promptitude de votre zèle.)

19. « *Et non-seulement cela, mais il a été établi par les Eglises.* » Ainsi ce collègue donné à Tite avait deux titres à la confiance des Corinthiens : sa bonne réputation d'abord, puis une délégation spéciale des Eglises pour l'œuvre de bienfaisance dont il s'agissait. Paul n'avait pas voulu être chargé seul de cette mission. (I Cor. XVI, 3, 4 ; *Comp.* avec ce qu'il va dire au verset suivant.) Les Eglises lui avaient en conséquence adjoint ce frère, et peut-être l'Apôtre désirait-il que celle de Corinthe l'investît à son tour du même mandat. § « *Pour cette grâce.* » (*Voy.* Note sur le premier verset du chapitre.) § « *A la gloire du Seigneur,* » c'est-à-dire dans le but de montrer quelles œuvres de bienfaisance produit la foi. « § « *La promptitude de votre zèle;* » il va vous fournir l'occasion de manifester un empressement joyeux à faire le bien.

20. Nous donnant garde que personne ne nous reprenne dans cette abondance qui est administrée par nous.

20. « *Nous donnant garde.* » Prenant des mesures pour empêcher. Nous avons déjà rappelé, d'après I Cor. XVI, 3, 4, que l'Apôtre n'avait pas voulu être chargé seul du maniement des aumônes recueillies. § « *Que personne ne nous reprenne,* etc., » ne l'accuse d'avoir malversé dans cette affaire, soit en appropriant quelque partie de ces fonds à ses besoins personnels, soit en les appliquant à d'autres usages que ceux qu'avaient en vue les donateurs. Paul était assurément, dans l'estime des Eglises, au-dessus de tout reproche de ce genre, mais il n'en agissait pas moins avec la plus grande prudence, et il donne ici à tous les ministres de l'Evangile un exemple dont ils feront bien de se souvenir toutes les fois qu'ils seront chargés de recevoir en dépôt ou d'administrer des sommes d'argent. § « *Dans cette abondance.* » On voit par cette expressio

que la collecte avait été très-productive déjà, et que l'Apôtre s'attendait à voir les Corinthiens l'augmenter encore de beaucoup.

21. Et procurant ce qui est bon non-seulement devant le Seigneur, mais aussi devant les hommes.

21. « *Procurant.* » Le mot grec implique l'idée de prévoyance, d'arrangement déterminé à l'avance, et marque en conséquence que l'Apôtre agissait d'après un plan bien arrêté dans son esprit. § « *Ce qui est bon.* » Littéralement, ce qui est « beau, convenable » et, par une extension de sens qu'on retrouve dans presque toutes les langues, ce qui est « bon, » le beau moral n'étant au fond que le bien. L'Apôtre ne parlait ici que de sa conduite à l'égard des aumônes confiées à ses soins, mais sa vie entière montre que telle était bien la grande règle qu'il suivait dans tous ses actes, et c'est bien là aussi ce que tout chrétien doit faire dans tous ses rapports avec ses semblables. § « *Non-seulement devant Dieu,* etc. » Plaire à Dieu doit être le grand mobile de toute vie chrétienne, mais il faut aussi éviter tout ce qui pourrait donner prise à la médisance ou aux interprétations fâcheuses. C'est un précepte que Paul donne encore ailleurs. (I Thess. v, 22.)

22. Nous avons envoyé aussi avec eux notre *autre* frère, que nous avons souvent éprouvé en plusieurs choses être diligent, et maintenant encore beaucoup plus diligent, à cause de la grande confiance qu'*il* a en vous.

22. « *Notre autre frère.* » Ce second collègue donné à Tite n'est pas désigné plus clairement que le premier. On a pensé que ce pouvait être ou Silas, ou Apollos, ou Timothée, mais sans pouvoir apporter la moindre preuve en faveur de l'un ou de l'autre. Peu importait d'ailleurs que Paul le nommât, les Corinthiens devant le voir bientôt; l'essentiel pour eux était de savoir qu'il jouissait de toute la confiance de l'Apôtre et qu'il leur portait à eux-mêmes cette affection réelle qui a pour fruit la confiance mutuelle.

23. Ainsi donc, quant à Tite, il est mon associé et mon compagnon d'œuvre envers vous ; et quant a nos frères, ils sont les envoyés des Eglises, et la gloire de Christ.

23. « *Ainsi donc, quant à Tite.* » Après les troubles qui s'étaient élevés dans l'Eglise de Corinthe, quelques personnes auraient pu demander quels étaient les titres de Tite et de ses collègues à la confiance des fidèles. L'Apôtre résume dans ce verset la réponse à faire à ces questions. § « *Mon associé,* etc. ; » quant à la prédication de l'Evangile, et quant à l'organisation et au soin des Eglises. (*Comp* Tite I, 5.) § « *Les envoyés des Eglises.* » Il y a littéralement dans le texte « les Apôtres des Eglises, » et chacun sait que le mot d'apôtre ne signifie pas autre chose qu'envoyé. Seulement ceux auxquels l'Eglise a exclusivement réservé le titre d'apôtre avaient été envoyés de Dieu, tandis que les autres n'avaient reçu leur délégation que des Eglises. C'est dans ce dernier sens qu'on trouve ce mot appliqué à des hommes qui n'appartenaient

pas proprement au collége apostolique, tels que Barnabas et Apollos. § « *Et la gloire de Christ.* » Ils font, par leur piété, leur dévouement et leur activité chrétienne, honneur au Maître qu'ils servent et à la foi qu'ils professent. Heureux les chrétiens auxquels on peut en toute vérité rendre un si magnifique témoignage !

24. Montrez donc envers eux et devant les Eglises une preuve de charité, et du sujet que nous avons de nous glorifier de vous.

24. « *Montrez donc*, etc., » en prenant une part libérale à l'œuvre de miséricorde dont ils sont chargés auprès de vous. § « *Et du sujet que nous avons de nous glorifier de vous.* » Prouvant ainsi que je n'ai pas eu tort de dire à l'avance que vous vous montreriez généreux. (*Comp.* ch. VII, 14 ; IX, 2.)

CHAPITRE IX.

1. Car de vous écrire touchant la collecte qui se fait pour les saints, ce me serait une chose superflue.

1. Après avoir introduit d'une manière générale le sujet de la collecte et annoncé les mesures prises par lui pour en assurer le succès, l'Apôtre va parler des dispositions dans lesquelles les Corinthiens devaient y participer, et surtout insister sur le devoir de la libéralité. § « *Car de vous écrire*, etc., » c'est-à-dire, sans doute, de vous écrire longuement, de m'étendre beaucoup sur ce que vous avez à faire. § « *Pour les saints*, pour les chrétiens pauvres de la Judée. (Rom. XV, 26 ; I Cor. XVI, 1 ; II Cor. VIII.)

2. Vu que je sais la promptitude de votre zèle, en quoi je me suis glorifié de vous, devant ceux de Macédoine, *leur faisant entendre* que l'Achaïe est prête dès l'année passée ; et votre zèle en a excité plusieurs.

2. « *Je sais la promptitude.* » (*Voy.* ch. VIII, 10.) Allusion probable à quelque fait antérieur où l'Apôtre avait eu occasion de voir les Corinthiens empressés à faire le bien ; ou peut-être simplement à ce que Tite avait pu lui dire de leurs dispositions en vue même de la collecte. § « *En quoi je me glorifie*, etc. » (*Voy.* ch. VIII, 1, 24.) § « *Que l'Achaïe est prête dès l'année passée.* » L'Achaïe était cette partie de la Grèce dont Corinthe était la capitale. (Notes sur Act. XVIII, 12.) Selon toute apparence, il y avait dans cette contrée d'autres Eglises que celle de Corinthe. L'Apôtre lui-même cite ailleurs celle de Cenchrée, qui était le principal port de Corinthe. (Rom. XVI, 1.) On voit (I Cor. XVI, 1) que l'Apôtre avait recommandé aux Corinthiens de préparer la collecte en mettant de côté cha-

que dimanche ce qu'ils y voulaient consacrer; cette exhortation avait sans doute été suivie dans toute l'Achaïe par les chrétiens qui en avaient eu connaissance. § « *Votre zèle en a excité plusieurs.* Cet effet devait d'autant plus se produire que Corinthe était une grande ville, et que les bons exemples donnés par des Eglises considérables exercent toujours une influence heureuse sur celles qui le sont moins.

3. Or j'ai envoyé ces frères, afin que ce en quoi je me suis glorifié de vous ne soit pas vain en cette occasion, et que vous soyez prêts, comme j'ai dit.

3. « *Ces frères ;* » les frères mentionnés au chapitre précédent, versets 18, 22, 23. La présence de ces chrétiens, envoyés dans un but spécial, ne pouvait manquer d'exciter encore le zèle des Corinthiens et de prévenir toute espèce de retard ou d'alanguissement dans la préparation de la collecte que Paul lui-même se proposait d'aller bientôt achever.

4. De peur que ceux de Macédoine venant avec moi, et ne vous trouvant pas prêts, nous n'ayons de la honte (pour ne pas dire vous-mêmes) de l'assurance avec laquelle nous nous sommes glorifiés de vous.

4. « *De peur que ceux de Macédoine venant avec moi.* » On voit, par le livre des Actes, que lorsque les Apôtres allaient de lieu en lieu, ils étaient souvent accompagnés par quelques chrétiens de l'Eglise qu'ils quittaient. Paul prévoit ici, sans l'affirmer pourtant, qu'il en sera ainsi lorsqu'il quittera la Macédoine pour se rendre à Corinthe. § « *Nous n'ayons de la honte ;* » que notre discernement ou notre véracité ne soient mis en doute, si vous ne répondez pas à l'éloge que nous avons fait de votre charité. § « *Pour ne pas dire vous-mêmes.* » Il faut remarquer, en passant, cette tournure, tout à la fois élégante et impressive, au moyen de laquelle l'Apôtre fait comprendre aux Corinthiens qu'ils sont les premiers intéressés à soutenir la bonne réputation qu'il leur a faite.

5. C'est pourquoi j'ai estimé qu'il était nécessaire de prier les frères d'aller premièrement vers vous, et d'achever de préparer votre libéralité que vous avez déjà promise ; afin qu'elle soit prête comme une libéralité, et non pas comme un fruit de l'avarice.

5. « *Premièrement.* » Avant que j'arrive moi-même. § « *Votre libéralité.* » Le mot grec signifie proprement « éloge, bénédiction et action de grâces rendues à Dieu ; puis, par extension de sens, un don, un présent fait, soit par le Seigneur aux hommes, soit par l'homme à son semblable. Il renferme ainsi tout à la fois l'idée de piété et celle d'un bienfait, accordé. C'est pourquoi l'Apôtre dit que la libéralité doit être une véritable libéralité, ayant sa cause déterminante dans le désir de témoigner à Dieu une sincère reconnaissance pour ses bienfaits. § « *Et non pas comme un fruit de l'avarice,* » comme un don arraché à votre avarice par l'orgueil ou par le désir d'en finir avec des demandes importunes.

6. *Or je vous dis* ceci : Que celui qui sème chichement, recueillera aussi chichement ; et que celui qui sème libéralement recueillera aussi libéralement.

6. « *Celui qui sème*, etc. » Quoique cette remarque ait toutes les apparences d'un proverbe et en soit probablement un, on ne la trouve nulle part dans l'Ancien Testament, où cependant les exhortations à la libéralité ne manquent pas. (*Voy.* entre autres Ps. XLI, 1-3 ; Prov. XI, 24, 25 ; XIX, 17 ; XXII, 9.) L'image que Paul emprunte ici à l'agriculture est, du reste, aussi juste que facile à comprendre. Le laboureur qui, pour épargner sa semence, la répand sur le sol d'une main avare, ne saurait s'attendre à récolter une aussi abondante récolte que celui qui n'obéit pas aux mêmes instincts de parcimonie mal entendu. Il en est de même de l'homme qui ne donne, pour le service de Dieu ou le soulagement de ses semblables, qu'avec contrainte et le moins possible. L'argent employé dans ce but n'est jamais un argent perdu. « Jette ton pain sur la surface des eaux, dit l'Ecclésiaste, et avec le temps tu le retrouveras. » Cette recommandation, qui rappelle la manière de jeter la semence sur les eaux du Nil débordé, pour qu'elle se retrouve ensuite dans le limon fertilisant déposé sur le sol, donne une idée admirablement juste de la pratique de l'aumône telle que l'Apôtre la recommande ici. — L'idée générale de ce verset est que Dieu récompensera les chrétiens en proportion de ce qu'ils auront fait pour son service ou pour les pauvres. Les abondantes récompenses réservées à celui qui aura semé abondamment seront : 1° cette joie chrétienne que le cœur éprouve dans l'acte même de l'aumône et qui a fait dire au Sauveur qu'il y a plus de bonheur à donner qu'à recevoir (Act. XX, 35) ; 2° le souvenir de ces actes reparaît dans la vie ou à l'heure de la mort ; 3° des bénédictions temporelles, du moins dans bien des cas ; et 4° enfin ces biens célestes qui sont promis à la foi se montrant par les œuvres. (*Comp.* avec Matth. XXV, 35-40.)

7. *Mais* que chacun *contribue* selon qu'il se l'est proposé en son cœur, non point à regret, ou par contrainte : car Dieu aime celui qui donne gaiement.

7. «*Selon qu'il se l'est proposé en son cœur.*» En suivant les inspirations du cœur, qui généralement portent, bien davantage que celles de l'esprit, à venir en aide aux besoins des pauvres ou aux œuvres religieuses. Quand un homme se refuse à donner ou ne le fait qu'avec parcimonie, on peut être sûr qu'il y a dans son cœur quelques passions basses qu'il veut avant tout satisfaire. L'homme qui, lorsqu'on lui demande, suivra le premier mouvement de son cœur, pourra quelquefois agir imprudemment et donner au-delà de ses moyens ; mais presque toujours il fera mieux ce qu'il doit faire, et n'aura point à s'en repentir devant le Seigneur; cela est particulièrement vrai des cœurs que la grâce a régénérés. § « *Non point à regret ou par contrainte.* » Les regrets de celui qui donne proviennent de l'avarice ou d'une défiance de la Providence que le chrétien ne doit pas ressentir. Quant à donner par contrainte, beaucoup de gens le font sans qu'on exerce à leur égard aucune contrainte

matérielle. Ils donnent, — parce qu'ils auraient honte de ne pas imiter les autres ou de donner moins qu'eux, — parce que le rang qu'ils tiennent dans la société leur semble l'exiger, — parce que leur vanité y trouve son compte, — parce que les demandes leur sont présentées par des amis ou des personnages influents auxquels ils n'osent refuser, — pour se soustraire à des importunités qui les troublent dans leur égoïsme, etc. Tout cela n'est pas la véritable libéralité et tombe évidemment sous le coup de la recommandation qui fait ici l'Apôtre. § « *Dieu aime celui qui donne gaiement.* « Et qui n'en ferait autant ? Un empressement joyeux rehausse, au-delà de toute expression, le prix de l'aumône, et quand il s'agit de collectes en faveur des pauvres, ou pour des œuvres chrétiennes, c'est un précieux encouragement donné aux personnes charitables qui se chargent d'une mission presque toujours difficile. Un auteur non inspiré, Jésus, fils de Sirach, a sur ce sujet des paroles dignes d'être citées : « Fais ton offrande avec un visage gai, dit-il; consacre tes dîmes « avec un cœur joyeux. Donne au Très-Haut selon ce qu'il t'a donnés et « d'un bon œil selon que tu trouveras que ton travail aura prospéré, « Car le Seigneur est reconnaissant et il t'en rendra sept fois autant. » (Ecclésiastique, XXXV, 9-11.)

8. Et Dieu est puissant pour faire abonder toute grâce en vous, afin qu'ayant toujours tout ce qui suffit en toute chose, vous soyez abondants en toute bonne œuvre.

8. « *Dieu est puissant*, etc. » Un des obstacles les plus communs à la libéralité des aumônes est la crainte de la pauvreté. L'Apôtre va au-devant de cette difficulté en promettant que Dieu saura bien rendre à celui qui donne, au-delà même de ce qui lui sera nécessaire. Le fait est que l'on voit rarement, si jamais, des pauvres devenus tels pour avoir pratiqué la charité, et que bien souvent, au contraire, cette pratique est une sauvegarde contre l'appauvrissement, parce qu'elle habitue à s'abstenir de toute dépense superflue, du luxe dans les ameublements, ou dans les vêtements, et de ces plaisirs mondains, plus ou moins raffinés, qui sont, dans beaucoup de cas, des causes d'appauvrissement. § «*Afin qu'ayant toujours*, etc.» Le fidèle qui donne peut être certain que Dieu lui donnera ce qui lui est nécessaire et même de quoi donner davantage. (*Comp.* Prov. XI, 24.) En ceci, comme en toute autre chose, c'est par la foi que le chrétien doit marcher, et l'on peut affirmer que l'expérience du monde chrétien démontre que celui qui donne à Dieu ne s'appauvrit pas.

9. Selon ce qui est écrit : Il a répandu, il a donné aux pauvres ; sa justice demeure éternellement.

9. « *Selon ce qui est écrit*, etc. » (Au psaume CXII, 9.) Dans ce cantique, le Psalmiste, décrivant le caractère du juste, dit, en insistant là-dessus, qu'un des traits qui le distinguent est sa libéralité envers les pauvres (vers. 5 et 9), et il le déclare bienheureux (vers. 1). On s'est demandé comment cette citation vient à l'appui de cette observation spéciale de Paul, que Dieu bénira ceux qui donnent beaucoup. Quelques commentateurs ont répondu à la question en attribuant au mot de « justice, »

le sens de bienfaisance ou de générosité, mais il paraît plus simple d'admettre qu'en citant ce psaume, l'Apôtre avait plus en vue l'idée générale qu'il renferme, que le passage même qu'il reproduit. Or, l'idée générale du Psalmiste est bien qu'en exerçant la justice le fidèle s'assure la protection de Dieu et par conséquent des bénédictions plus grandes. Ainsi la fin du même verset porte : « Sa corne s'est élevée en gloire, » ce qui dans le langage scriptuaire désigne toujours un accroissement de prospérité, et plus haut (vers. 3) le Psalmiste avait dit plus positivement encore : « Il y aura des biens et des richesses en sa maison. » § « *Il a répandu,* » image empruntée, soit à l'action du semeur qui jette la semence par poignées, soit peut-être à l'usage oriental de jeter des pièces d'argent au milieu d'une troupe de mendiants. (*Comp.* Prov. XI, 24.) § « *Sa justice,* » c'est-à-dire l'amour du Seigneur qui le porte à faire le bien. § « *Demeure éternellement,* » parce qu'il en recueillera la récompense dans l'éternité, ou peut-être aussi en ce sens que Dieu le bénira de telle manière qu'il pourra toujours se montrer également libéral. Le contexte semble favoriser cette dernière interprétation.

10. Or celui qui fournit de la semence au semeur, veuille aussi vous donner du pain à manger, et multiplier votre semence, et augmenter les revenus de votre justice.

10. « *Or celui,* etc. » Après avoir posé un principe, l'Apôtre fait un vœu. Continuant à comparer les Corinthiens qui feront l'aumône au semeur qui répand sa semence, il demande à Dieu de leur donner toujours, non-seulement du pain, c'est-à-dire de quoi subvenir à leurs besoins, mais encore un tel accroissement de prospérité qu'ils puissent de plus en plus venir en aide à des frères moins privilégiés qu'eux sous ce rapport. § « *Augmenter les revenus de votre justice,* » accroître vos moyen de donner. Le mot de « fruit » employé par une autre version rend mieux l'idée du texte que celui de « revenus. »

11. Etant pleinement enrichis pour *exercer* une parfaite libéralité, laquelle fait que nous en rendons grâces à Dieu.

11. « *Etant pleinement enrichis,* etc., » ou enrichis de toutes manières. L'Apôtre souhaite ici aux Corinthiens un accroissement de prospérité matérielle, mais uniquement pour qu'ils puissent déployer encore une plus grande libéralité, et témoigner ainsi de leur reconnaissance envers l'auteur de tout bien. C'est dans ce sens et dans ce but seulement que les chrétiens doivent former de tels vœux, soit pour eux-mêmes, soit pour leurs amis, leurs parents ou leurs enfants. Que trop souvent, au contraire, on ne souhaite la prospérité qu'en vue des jouissances personnelles, de l'ostentation, du luxe, des plaisirs mondains ou tout au moins du bien-être matériel que peut procurer la fortune ! § « *Laquelle fait,* etc. » ou plutôt « fera. » § « *Nous rendons grâces à Dieu;* » comme la foi du chrétien doit l'y porter toujours ; soit que les biens qu'il a reçus lui servent personnellement, soit qu'il les puisse employer au soulagement d'autrui.

12. Car l'administration de cette oblation n'est pas seulement suffisante pour subvenir aux nécessités des saints ; mais elle abonde aussi de telle sorte que plusieurs *ont de quoi* en rendre grâces à Dieu.

12. « *L'administration de cette oblation ;* » l'emploi de vos offrandes. On a remarqué que le mot rendu ici par « oblation » donne l'idée d'une œuvre religieuse, plus encore que d'un acte d'humanité. § « *Aux nécessités des saints*, des pauvres chrétiens de Judée auxquels la collecte était destinée. § « *Elle abonde aussi.* » Par l'abondance même de vos aumônes, un plus grand nombre de personnes auront lieu de rendre grâces à Dieu, ce qui assurera mieux encore le bénéfice spirituel que vous en retirerez vous-mêmes.

13. Glorifiant Dieu pour l'épreuve qu'ils font de cette assistance, en ce que vous vous soumettez à l'Evangile de Christ ; et de votre prompte et libérale communication envers eux et envers tous.

13. « *Glorifiant Dieu*, etc. » Parce qu'ils auront été réjouis non pas seulement par les soulagements qu'ils auront reçus de vous, mais encore par la pensée que vous avez si bien compris et si bien mis en pratique l'Evangile qui leur est commun avec vous. Une des preuves les plus certaines de l'attachement à la vérité et la disposition à venir en aide à ceux qui la professent aussi, et rien n'est plus propre qu'une telle conduite à réjouir le cœur de tous ceux qui aiment Jésus-Christ. § « *Et envers tous ;* » envers d'autres hommes à l'égard desquels votre libéralité s'exerce ou pourra s'exercer comme elle va le faire en faveur de ceux-ci.

14. Ils prient Dieu pour vous, et ils aiment très-affectueusement, à cause de la grâce excellente que Dieu vous a accordée.

14. « *Et ils prient*, etc., » plutôt « ils prieront. » Dans le texte, la construction grammaticale de ce verset présente quelque difficulté, qui disparaît cependant si on fait du verset 13 une sorte de parenthèse destinée à expliquer les dernières notes du verset 12. En tout cas, le sens est très-clair : « Pénétrés de reconnaissance pour cet acte de libéralité, vos frères de Judée prieront pour vous, et ce sera encore une des récompenses accordées à votre charité. » Quel plus grand prix pourraient avoir les biens de la terre, que d'assurer à ceux qui les emploient suivant la volonté du Seigneur, l'affection des pauvres et le bénéfice de leurs prières. § « *A cause de la grâce excellente que Dieu vous a accordée ;* » en vous inspirant la pensée de montrer par cette œuvre votre attachement pour l'Evangile.

15. Or grâces soient rendues à Dieu, à cause de son don inexprimable.

15. « *Or grâces soient rendues à Dieu*, etc. » Ce cri de reconnaissance, qui termine les instructions de l'Apôtre au sujet de la collecte, a été

regardé par quelques commentateurs comme se rapportant uniquement aux dispositions charitables qu'il savait exister dans les cœurs des Corinthiens. Mais il paraît plus naturel et plus conforme aux habitudes de saint Paul d'en étendre la signification et d'y voir un retour de la pensée apostolique vers le grand don de Dieu qui domine tous les autres, celui du Fils pour le salut du monde. Sans cesse dans ses Epîtres, on voit l'Apôtre saisir toutes les occasions de ramener sous les yeux de ses lecteurs cette preuve immense de la miséricorde divine. Il en est tellement pénétré, et c'est si bien la base de son enseignement, que ce sentiment de reconnaissance semble toujours prêt à faire explosion et que le plus simple rapprochement d'idées, quelquefois même de mots, lui en fournit l'occasion. § « *Son don inexprimable.* » « Don » en effet, puisque l'homme n'y avait aucune espèce de droit, et « inexprimable, » puisqu'il n'est pas de langage humain qui puisse en faire comprendre toute la grandeur et tout le prix. Les sentiments de charité mis au cœur des Corinthiens avaient sans doute une grande valeur, mais qu'étaient-ils au prix de ce don du Fils par où l'homme a été réconcilié avec son Dieu?

REMARQUES SUR LES CHAPITRES VIII ET IX.

I. Comme nous l'avons déjà fait observer, ces deux chapitres renferment l'enseignement le plus complet que nous ayons sur l'exercice de la bienfaisance ou de la charité chrétienne. Dieu voulant que ses disciples fissent porter ce fruit à leur foi, il importait de leur donner à cet égard des directions positives ; c'est ce qu'il a fait dans cette portion des livres sacrés, et cela suivant une méthode biblique qu'on ne saurait trop admirer, non point en y employant des raisonnements abstraits, mais en rattachant ses leçons à des faits, de telle sorte qu'elles se gravent mieux dans l'esprit et qu'elles y revêtent un caractère essentiellement pratique.

II. Il résulte de tout ce que l'Apôtre a dit sur ce sujet : 1° que la libéralité chrétienne a sa source dans une foi sincère, et dans un amour pour Dieu qui tout naturellement se reporte sur ceux que Dieu aime, ou que, comme il le dit (ch. VIII, 5), ceux qui se sont donnés eux-mêmes à Dieu, donnent ensuite volontairement et gaiement ce qu'ils ont reçu de la bonté de ce Dieu ; 2° que souvent les hommes les moins favorisés des biens de la fortune sont plus disposés à donner largement que les riches, mais que cette particularité, qui s'explique par la connaissance de cœur humain, ne dispense nullement les riches de montrer comme les autres leur foi par cette espèce d'œuvres ; 3° que les Eglises comme les individus doivent s'exciter mutuellement à la libéralité, par leur empressement à faire ce qu'elles peuvent et en rivalisant, dans un sentiment de légitime émulation, à servir efficacement la cause qui leur est commune ; 4° que les pasteurs et les conducteurs des Eglises, doivent regarder comme une des obligations de leur charge de travailler activement, par leurs exhortations et leurs démarches, à développer chez les fidèles ce côté de la vie religieuse, mais en prenant, comme l'Apôtre, de sages précautions pour qu'on ne puisse, en aucun cas, les accuser, ou même les soupçonner de s'y employer dans des vues d'intérêt personnel, ou de ne pas mettre la plus scrupuleuse délicatesse dans le maniement des offrandes déposées entre leurs mains.

III. Toutes les raisons que Paul fait valoir dans ces deux chapitres pour porter les Corinthiens à la libéralité, sont applicables aux œuvres chrétiennes en général, et de nos jours comme au temps de l'Apôtre. Comme le Sauveur l'avait prédit, il y a toujours des pauvres parmi nous ; et au point de vue spirituel, le monde entier n'est-il pas un champ où les chrétiens doivent savoir jeter la bonne semence de leur zèle pour l'Evangile et de leur amour pour les âmes ?

CHAPITRE X.

Après avoir traité la question de l'aumône, l'Apôtre entreprend de se justifier contre les adversaires qu'il savait avoir à Corinthe. Ces adversaires, ou faux docteurs ne nous sont connus que par la lettre même de l'Apôtre. On voit par les versets 13 et 22 du chapitre onzième, qu'ils étaient juifs de naissance, et par tout ce que l'Apôtre leur oppose, qu'ils étaient remplis de présomption et d'arrogance. La défense de Paul, qui occupe les chapitres x, xi et xii, a surtout pour objet d'établir l'autorité divine de son ministère. Le lecteur attentif remarquera, dans les arguments qu'il emploie dans ce but, un accroissement graduel de force et d'élévation qui ne put manquer de porter la conviction dans l'âme des Corinthiens.

1. Au reste, moi Paul, je vous prie par la douceur et la bonté de Christ, moi qui m'humilie lorsque je suis en votre présence, mais qui étant absent suis hardi à votre égard.

1. « *Au reste.* » Cette conjonction indique le passage ou le retour, du sujet particulier de la collecte, au sujet plus général des rapports de l'Apôtre avec les Corinthiens. § « *Je vous prie.* » Quoique ces paroles semblent s'adresser à toute l'Eglise, la suite montre qu'elles s'adressaient spécialement aux adversaires de l'Apôtre ou à ceux qui pouvaient être disposés à se laisser influencer par eux. § « *Par la douceur et la bonté de Christ,* » que vous devez imiter et que moi-même je désire d'imiter en tout. § « *Moi qui m'humilie*, etc. » Ici paraît dès l'abord l'un des reproches adressés à l'Apôtre par les faux prophètes : celui de n'oser pas, en leur présence, se montrer aussi sévère et parler aussi haut qu'il le faisait dans ses lettres. (*Comp.* avec le vers. 10.) C'est évidemment dans la bouche de ses adversaires que Paul met ces paroles, comme s'il y avait : « Moi, qui, vous dit-on, etc. » Quelques commentateurs ont pensé que cette manière d'attaquer l'autorité de Paul avait pour fondement son peu d'apparence extérieure (*voy.* Notes sur le vers. 10) ou un prétendu manque de courage ; mais il est plus simple, d'après tout ce qu'on sait de l'Apôtre, d'y voir un effet de sa modestie et de

son désir d'imiter cette douceur et cette bonté de Christ auxquelles il vient de faire appel.

2. Je vous prie, *dis-je*, que lorsque je serai présent il ne faille point que j'use de hardiesse, par cette assurance de laquelle je me propose de me porter hardiment envers quelques-uns qui nous regardent comme marchant selon la chair.

2. « *Il ne faille point*, etc. » Je vous prie de vous conduire de telle manière que je ne sois pas obligé, en arrivant parmi vous, de montrer à l'égard de tous la hardiesse que je déploierai envers quelques-uns. § « *Qui nous regardent comme marchant selon la chair.* » Dans le style biblique, ce mot de « marcher » désigne souvent la manière de vivre, la conduite. (Rom. IV, 12; II Cor. V, 7.) On voit ici une autre insinuation dirigée contre l'Apôtre, celle d'être guidé dans sa vie, non par des principes élevés et purs, mais par des motifs mondains, tels que l'ambition, le désir de dominer, l'amour de la popularité, peut-être même l'amour de l'argent, — insinuation dont l'effet devait être d'enlever au ministère de Paul son caractère d'autorité divine.

3. Mais en marchant en la chair, nous ne combattons pas selon la chair.

3. « *Mais en marchant*, » ou plutôt « quoique nous marchions. § « *En la chair*, » c'est-à-dire quoique nous soyons hommes, que nous vivions de la vie commune à tous, et que, comme tels, nous soyons sujets à bien des imperfections. § « *Nous ne combattons pas selon la chair.* La vie de prédicateurs de l'Evangile, et, du reste, celle des chrétiens en général, est souvent comparée à un combat ou à une guerre. (*Voy.* entre autres Ephés. VI, 10 et suiv.; II Tim. II, 3, 4.) Le ministère de la parole et la vie chrétienne sont, en effet, un combat : 1° contre la nature corrompue et les convoitises du cœur ; 2° contre la puissance des ténèbres, ce Satan qui travaille sans cesse à détourner les âmes du service de Dieu; 3° contre le péché sous toutes ses formes. Guerrier enrôlé au service de Christ, triompher de tous ces ennemis du salut est pour le chrétien la grande et constante affaire de sa vie ; mais, par cela même que cette guerre est sainte, il ne peut, comme l'Apôtre va le dire, y employer que des armes saintes aussi.

4. Car les armes de notre guerre ne sont pas charnelles; mais elles sont puissantes *par la vertu* de Dieu, pour la destruction des forteresses.

4. « *Les armes de notre guerre.* » Les moyens que nous mettons en œuvre pour remporter la victoire. § « *Ne sont pas charnelles,* » ne sont pas celles dont se servent les conquérants, ou en général les gens du monde. Ce n'est ni l'éloquence, ni le talent, ni la richesse, ni la beauté, ni aucun des avantages extérieurs dont les hommes se prévalent ordinairement pour arriver à leurs fins. § « *Mais elles sont puissantes par la vertu de Dieu.* » C'est de Dieu qu'elles tirent toute leur force. Ce sont celles

que l'Apôtre a déjà énumérées plus haut (ch. vi, 6, 7). Dieu étant lui-même l'auteur des doctrines prêchées par l'Apôtre, c'est lui aussi et lui seul qui rend ses ministres capables de les faire triompher. Ils le savent, et, comme Paul, ne manquent jamais l'occasion de le proclamer. § « *Pour la destruction des forteresses;* » c'est-à-dire des obstacles que la corruption et l'endurcissement du monde ont toujours opposés et opposeront jusqu'à la fin à l'œuvre de la grâce. Chez les païens, l'idolâtrie, fortifiée par un long usage, par l'intérêt des prêtres, par des lois persécutrices; chez les pécheurs en général la méchanceté du cœur humain, les passions, la volupté, puis les faux systèmes, l'orgueil, etc. Tous ces obstacles, combinés dans l'humanité de manière à se soutenir les uns les autres comme les divers ouvrages d'une place forte, ne peuvent être renversés que par la puissance souveraine que Dieu déploie dans ses serviteurs, quand il les emploie à la conquête des âmes.

5. Détruisant les conseils, et toute hauteur qui s'élève contre la connaissance de Dieu, et amenant toute pensée prisonnière à l'obéissance de Christ.

5. « *Les conseils;* » les faux systèmes de philosophie et les vaines prétentions de la raison humaine, qui dans tous les temps ont élevé de véritables forteresses contre l'Evangile. § « *Et toute hauteur,* » tout orgueil fondé, soit sur les facultés de l'esprit humain, soit sur une prétendue pureté du cœur. § « *Et amenant;* etc. » Continuation frappante de cette image empruntée à la guerre. Une fois les forteresses abattues, les conquérants emmenaient captifs ceux qui les avaient inutilement défendues; de même quand l'Evangile a dompté toutes les résistances que lui opposaient les âmes, résistances de l'esprit, résistances du cœur, résistances de la conscience, alors il n'y a plus qu'un vainqueur, qu'un conquérant glorieux, à qui ces âmes restent d'autant plus soumises qu'elles y trouvent bientôt une joie parfaite.

6. Et ayant la vengeance toute prête contre toute désobéissance, après que votre obéissance aura été entière.

6. « *Et ayant la vengeance toute prête;* » décidé à user de mon autorité comme apôtre, et à prendre des mesures sévères contre ceux qui auront violé les lois de Christ, en dépit de ce que peuvent dire ceux qui me représentent comme plus hardi de loin que de près (vers. 1). § « *Après que votre obéissance aura été entière;* » après que l'ordre et la soumission auront été rétablis parmi vous. L'Apôtre avait besoin, pour faire valoir ses droits, de l'assentiment complet de l'Eglise : le lui dire était un moyen tout à la fois charitable et efficace de lui faire comprendre qu'elle aussi avait, dans cette occasion, à prendre en main la défense de la discipline de Christ.

7. Considérez-vous les choses selon l'apparence? Si quelqu'un se confie en soi-même d'être à Christ, qu'il pense encore cela en soi-même, que comme il est à Christ, nous aussi nous sommes à Christ.

7. « *Considérez-vous les choses selon l'apparence*, etc. ? C'était sans doute parce qu'ils se laissaient imposer par les avantages extérieurs des adversaires de l'Apôtre, que la soumission des Corinthiens n'était pas encore parfaite ; et c'est cette impression que Paul veut ici combattre. § « *Si quelqu'un se confie*, etc. » Probablement ces hommes étaient juifs, se vantaient d'avoir vu le Sauveur ; et peut-être se prévalaient-ils de leur supériorité, réelle ou prétendue, en talent oratoire, en avantages physiques, en richesse, etc., pour déprécier la mission de l'Apôtre. § « *Que comme il est à Christ, nous aussi nous sommes à Christ.* » Sans nier que ces hommes eussent l'intention de servir Christ, l'Apôtre rappelle qu'il peut, lui aussi, prouver par des témoignages irrécusables qu'il avait reçu sa mission de Jésus-Christ, et qu'à cet égard personne n'avait le droit de se regarder comme supérieur à lui. C'est l'idée qu'il développera plus au long dans les chapitres XI et XII.

8. Car si même je veux me glorifier davantage de notre puissance, laquelle le Seigneur nous a donnée pour l'édification, et non pas pour votre destruction, je n'en recevrai point de honte.

8. « *Car si même je veux me glorifier davantage*, etc. » Non-seulement Paul pouvait se dire égal à tout autre prédicateur de l'Evangile, et en particulier à ceux qui avaient troublé l'Eglise de Corinthe, mais encore il aurait pu se déclarer supérieur à eux, dans la mesure des dons qu'il avait reçus, sans avoir à craindre d'être démenti par l'examen attentif des faits. § « *Pour l'édification et non pas pour votre destruction.* » Paul n'avait fait usage de son autorité apostolique et des dons que lui avait départis le Seigneur que pour fonder ou édifier l'Eglise de Corinthe, tandis que ses adversaires l'avaient en quelque sorte détruite en y jetant des semences de discorde et de trouble.

9. Afin qu'il ne semble pas que je veuille vous épouvanter par mes lettres.

9. » *Afin qu'il ne semble pas*, etc., » c'est-à-dire : cet examen auquel je vous invite prouverait, par ses résultats, que j'ai reçu du Seigneur le pouvoir de déployer, au besoin, une juste sévérité et de frapper les adversaires de la vérité autrement que par des lettres ou de vaines paroles. L'Apôtre fait sans doute allusion au pouvoir qu'avaient les Apôtres d'invoquer ou de prédire des punitions miraculeuses contre les adversaires de Christ. (*Comp.* Act. XIII, 8-12.)

10. Car mes lettres (disent-ils) sont bien graves et fortes, mais la présence du corps est faible, et la parole est méprisable.

10. « *Car mes lettres*, etc. » Il s'agit probablement de la première Epître aux Corinthiens, mais peut-être aussi de quelques lettres adressées à d'autres Eglises, car on sait que les lettres de Paul furent de très-bonne heure en réputation chez les premiers chrétiens, qu'on se les transmettait d'Eglise à Eglise, et que de cette manière les Corinthiens pouvaient les connaître assez pour qu'on leur en fît remarquer les caractères.

(*Comp.* avec II Pierre III, 15 et 16.) § « *Disent-ils,* » ou plus conformément au texte « dit-il, » ce qui donnerait lieu de penser qu'il y avait, à la tête des adversaires de l'Apôtre, un homme plus influent ou plus hostile que les autres. § « *Graves et fortes.* » Tel est bien le caractère des lettres de Paul, et quoique ses adversaires le signalassent à mauvaise intention, ce témoignage, qu'ils étaient comme forcés de rendre à la vérité, n'est pas sans valeur. Quelle admirable place tiennent en effet, dans la collection des écrits inspirés, ces Epîtres tout à la fois si « graves et fortes » et si brûlantes de l'amour de Christ et de l'amour des âmes ! § *Mais la présence du corps est faible.* » Le mot traduit ici par « faible » s'applique souvent, dans le Nouveau Testament, à un corps infirme ou malade (Matth. XXV, 39, 43, 44 ; Luc X. 9 ; Act. IV, 9 ; V. 15, 16 ; I Cor. XI, 39.) Dans la bouche des dépréciateurs de Paul, il ne désignait probablement que l'absence de forme ou d'apparence extérieure. Suivant Chrysostôme, l'Apôtre était de petite taille et il avait la tête chauve. Un auteur païen, Lucien, dans son *Philopatris,* dit en parlant de lui, « son corps était petit (de trois coudées), contracté et tout courbé, » mais c'est là le témoignage d'un satiriste. Un autre auteur, Nicéphore, s'exprime en ces termes : « Paul était très-petit, tordu et courbé presque comme un arc ; son visage était pâle, allongé et couvert de rides ; sa tête était chauve, mais ses yeux pleins d'ardeur et de bienveillance, sa barbe longue, épaisse, et, comme le peu de cheveux qui lui restait, parsemé de poils blancs. » Ces détails, sans avoir une autorité décisive (aucun de ceux qui les donnent n'avait vu l'Apôtre, et Nicéphore, auteur très-peu estimé, ne vivait qu'au quatorzième siècle), pouvaient avoir quelque fondement dans la réalité, mais ils sont évidemment empreints d'exagération. Rien dans le Nouveau Testament ne donne lieu de penser que Paul eût de si grands désavantages physiques. L'effet produit par ses discours en maintes circonstances ne donne pas l'idée d'un homme si dépourvu de moyens extérieurs, et s'il était tel que ses adversaires le dépeignaient, on ne comprendrait pas comment les Lycaoniens auraient pu le prendre pour un des dieux de l'Olympe. (Act. XIV, 12.) § « *Et la parole est méprisable.* » Ici la fausseté est encore plus palpable, même en supposant, comme quelques-uns l'ont pensé sans preuve aucune, que l'Apôtre eut à lutter contre une imperfection de l'organe de la voix. Tout dans son histoire montre au contraire que sa parole était puissante ; les impressions qu'on le voit produire sur les Félix, les Festus et les Agrippa suffiraient à elles seules pour le montrer. Ce sont donc ici des propos d'ennemis ; mais il faut se rappeler que nous sommes à Corinthe, qu'à cette époque surtout les subtils artifices des rhéteurs de profession étaient en grand honneur parmi les Grecs, et que sans doute Paul dédaignait ces vains ornements d'une fausse éloquence. Sa parole simple et forte, ses appels directs à la raison ou à la conscience de ses auditeurs, et l'absence de toute recherche, pouvaient n'être pas du goût des mondains ; mais quel homme a jamais mieux que Paul réussit à faire passer ses opinions dans l'esprit de ceux qui l'entendaient ?

11. Que celui qui est tel, considère que tels que nous sommes de parole par nos lettres, étant absents, tels aussi nous sommes de fait, étant présents.

11. « *Que celui qui est tel*, etc. » Que l'homme qui vous parle de moi dans ces termes : § » *Considère*, etc. » Qu'il ne se fasse pas illusion sur cette prétendue différence entre mes paroles et mes actes. Il verra que s'il ne se repent, les menaces contenues dans mes lettres recevront leur exécution. Cette assurance de l'Apôtre nous semble démentir indirectement ce qui a été dit sur ses désavantages physiques.

12. Car nous n'osons pas nous joindre, ni nous comparer à quelques-uns, qui se recommandent eux-mêmes; mais ils ne comprennent pas qu'ils se mesurent eux-mêmes par eux-mêmes, et qu'ils se comparent eux-mêmes à eux-mêmes.

12. « *Car nous n'osons pas*, etc. » Ironie tout à la fois fière et sévère, dont la vigueur se sent mieux qu'elle ne peut s'expliquer, mais que la suite des idées fait facilement comprendre. L'Apôtre ne semble se placer ici au-dessous de ses adversaires que pour mieux faire ressortir ensuite leur infériorité. § « *Qui se recommandent eux-mêmes,* » qui se mettent en avant et se vantent hautement de leurs mérites ou de leurs talents, comme l'ont fait et le feront les orgueilleux de tous les temps. § « *Mais ils ne comprennent pas.* » Jamais un défaut ou un vice n'est plus funeste que lorsque celui qui en est atteint n'en a plus le sentiment, et c'est précisément là un des caractères les plus distinctifs de l'orgueil. Appeler l'attention de ses adversaires sur ce fait, répondait bien au but de l'Apôtre et pouvait leur être utile à eux-mêmes. § « *Qu'ils se mesurent eux-mêmes par eux-mêmes,* » soit en se comparant les uns aux autres, soit plutôt en s'imaginant, comme le font les orgueilleux, qu'ils étaient eux-mêmes des modèles de perfection, et par conséquent en méprisant le reste des hommes. Le Seigneur avait déjà jugé cette manière de procéder des orgueilleux, soit dans la parabole du Pharisien et du péager, soit en disant que s'il avait été seul à rendre témoignage de lui-même, son témoignage n'aurait pas été digne de foi. (Jean v, 31.) Apprécier toutes choses d'après soi-même, selon ses opinions, ses vues, sa sagesse réelle ou prétendue, est un des piéges les plus subtils où les âmes puissent tomber. On voit trop souvent, hélas ! des chrétiens s'y laisser prendre.

13. Mais pour nous, nous ne nous glorifierons point de ce qui n'est pas de notre mesure ; mais selon la mesure réglée, laquelle mesure Dieu nous a départie, *nous nous glorifierons* d'être parvenus même jusques à vous.

13. « *Mais pour nous*, etc. » L'extrême concision du raisonnement de l'Apôtre y jette quelque obscurité. L'idée générale n'est cependant pas difficile à saisir, et ce que l'Apôtre dira dans les versets suivants en donne la clé. Les adversaires qu'il combat s'étaient, selon toute apparence, attribué dans une mesure plus ou moins grande la gloire des succès que l'Evangile avait obtenus à Corinthe, et peut-être même sur d'autres points de la Grèce où ils pouvaient penser que leur réputation était parvenue. En cela l'Apôtre ne leur ressemblait pas. Il ne se glorifiait (en Dieu) que de ce qu'il lui avait été réellement donné de faire dans le champ de travail confié à ses soins. § « *Notre mesure.* » Le mot

du texte, qui signifie proprement « roseau » ou « bâton, » puis, canne ou cordeau servant de mesure, s'emploie quelquefois, dans le Nouveau Testament, dans le sens de règle de foi ou de conduite. (Gal. VI, 16; Philip. III, 16.) Ici l'Apôtre l'emploie évidemment dans le sens de limites assignées à son activité apostolique. Comme apôtre des Gentils, et dans la répartition que Dieu avait faite entre ses serviteurs des différentes parties du monde qu'il s'agissait d'évangéliser, Corinthe, semble dire Paul, m'avait été assignée, et si la grâce du Seigneur s'est servie de moi pour y fonder une Eglise, j'en puis revendiquer la gloire sans empiéter sur le champ d'autrui.

14. Car nous ne nous étendons pas nous-même plus qu'il ne faut, comme si nous n'étions point parvenus jusques à vous; vu que nous sommes parvenus jusqu'à vous par la prédication de l'Evangile de Christ.

14. « *Nous ne nous étendons pas nous-mêmes plus qu'il ne faut.* » Nous ne sommes pas sortis des limites qui nous ont été assignées. § « *Comme si nous n'étions point parvenus jusques à vous.* » Si l'Apôtre avait eu l'habitude de sortir du champ de travail que Dieu lui avait indiqué, il aurait pu ne pas pénétrer jusqu'à Corinthe, mais grâce à cette prudence qui ne lui faisait embrasser que ce qu'il devait embrasser, il avait pu, quoique ses travaux eussent commencé bien loin de Corinthe, arriver jusqu'à cette ville, pour y prêcher l'Evangile, on sait avec quel succès.

15. Ne nous glorifiant point dans ce qui n'est point de notre mesure, *c'est-à-dire*, dans les travaux d'autrui; mais nous avons espérance que votre foi venant à croître en vous, nous serons amplement accrus dans ce qui nous a été départi selon la mesure réglée.

15. « *Ne nous glorifiant point,* etc. » Ici l'Apôtre précise et serre en quelque sorte le rapprochement qu'il fait de sa conduite avec celle des faux docteurs dont il se plaint. Ceux-ci, en cherchant à dominer l'Eglise de Corinthe, étaient entrés dans les travaux d'autrui, puisque c'était lui, Paul, qui avait fondé cette Eglise, au prix d'un an et demi de labeurs. (Act. XVIII, 11.) L'Apôtre, au contraire, n'avait jamais, il peut s'en rendre à lui-même le témoignage, cherché à s'introduire dans des Eglises fondées par d'autres, pour y asseoir son autorité, y faire prévaloir ses vues ou se glorifier des résultats obtenus. § « *Mais nous avons espérance,* etc. » Bien loin *d'oser,* comme il l'a dit au verset 12, s'approprier ainsi le travail des autres, ou même de jouir dans l'oisiveté des fruits de son propre travail, l'Apôtre n'aspire qu'à une chose, à pouvoir, dès que l'Eglise de Corinthe n'aura plus besoin de lui, gagner d'autres régions et courir de nouveaux dangers pour y planter l'étendard de Christ. § « *Nous serons amplement accrus.* » Suivant quelques commentateurs, ces mots signifieraient que l'affermissement de la foi des Corinthiens accroîtrait encore la gloire qui revenait à Paul pour avoir fondé leur Eglise; les disciples auraient plus que jamais fait honneur à leur maître. Mais ce sens paraît peu s'accorder avec les vues élevées et l'absence d'orgueil qui distinguaient l'Apôtre. Il s'agit donc

plutôt de l'assistance qu'il espérait obtenir des Corinthiens pour s'élancer dans ce champ d'évangélisation plus vaste qui lui avait été assigné. Peut-être y avait-il, dans ces paroles, un reproche indirect à l'adresse des adversaires de l'Apôtre, qui, au lieu d'aller travailler ailleurs, passaient leur vie à Corinthe dans une douce quiétude. § « *Dans ce qui nous a été départi.* » (*Voy.* Note sur le vers. 13.) Saint Paul paraît s'être toujours regardé comme appelé à porter l'Evangile aussi loin que possible dans le monde païen, ainsi qu'il va le dire au verset suivant.

16. Jusques à évangéliser dans les lieux qui sont au-delà de vous ; et non pas à nous glorifier dans ce qui a été départi aux autres selon la mesure réglée, dans les choses déjà toutes préparées.

16. « *Dans les lieux qui sont au-delà de vous.* » On ne peut faire que des conjectures sur les pays que l'Apôtre désignait par ces mots. Un commentateur pense que les Corinthiens, étant un peuple commerçant, Paul espérait qu'il pourrait, de chez eux, gagner plus facilement les contrées avec lesquelles ils avaient des relations d'affaires; d'autres supposent qu'il s'agit seulement du Péloponèse. Peut-être et plus probablement la pensée de l'Apôtre se portait sur l'Italie ou l'Espagne. Dans son Epître aux Romains, il émet spécialement le projet de visiter ce dernier pays en passant par Rome. (Rom. XV, 24-28.) § « *Et non pas à nous glorifier*, etc. » Cette insistance de l'Apôtre sur la même idée montre évidemment que là était un des plus grands torts des docteurs qui avaient troublé l'Eglise de Corinthe. Au lieu de faire des choses nouvelles, ils trouvaient plus commode de recueillir le bénéfice des choses déjà faites, ou du moins toutes préparées.

17. Mais que celui qui se glorifie, se glorifie au Seigneur.

17. « *Mais que celui qui se glorifie.* » A l'ironie qui perce dans quelques-unes des paroles précédentes, l'Apôtre fait succéder ici un ton solennel, qui ramène en quelque sorte le débat sur le terrain des principes, et prépare les lecteurs aux preuves nouvelles qu'il va donner du caractère divin de sa mission. Ses adversaires auraient pu dire que, tout en blâmant les autres de se glorifier, il se glorifiait lui-même; il va au-devant de l'objection en déclarant dans quel esprit et dans quelle mesure il se glorifie. § « *Se glorifie au Seigneur*, » soit en lui rapportant la gloire de tous les avantages dont nous jouissons et de tout le bien que nous avons pu faire, soit en nous conduisant à tous égards et en toute circonstance de manière à pouvoir être approuvé de lui. Peut-être l'Apôtre avait-il alors dans sa pensée ce beau passage de Jérémie (ch. IX, 23, 24) qui, dans tous les cas, trouve ici sa place toute marquée : « Ainsi a dit l'Eternel, que le sage ne se glorifie point en sa sagesse; que le fort ne se glorifie point en sa force, et que le riche ne se glorifie point en ses richesses. Mais que celui qui se glorifie, se glorifie en ce qu'il a de l'intelligence et qu'il me connaît, car je suis l'Eternel, qui fait miséricorde et jugement, et justice sur la terre, parce que je prends plaisir

« en ces choses-là, dit l'Eternel. » Ces idées d'humilité étaient familières à l'Apôtre; il y revient souvent dans ses Epîtres (*voy.* I Cor. I, 31), et il n'est point de chrétien qui ne doive s'en pénétrer lui-même profondément, s'il veut échapper aux piéges de l'orgueil, toujours si subtils et dont l'âme se garantit si difficilement.

18. Car ce n'est pas celui qui se loue soi-même, qui est approuvé ; mais c'est celui que le Seigneur loue.

18. « *Ce n'est pas celui qui se loue soi-même*, etc. » (*Comp.* avec Rom. XII, 16.) § « *Mais celui que le Seigneur loue ;* » quelquefois aux yeux des hommes, en lui rendant témoignage par quelque signe éclatant de sa faveur, mais plus souvent encore dans sa conscience, en lui donnant le sentiment intime qu'il est approuvé de Dieu, et enfin au grand jour des rétributions, où celui-là seul sera sauvé qui aura recherché l'approbation de Dieu et non la sienne propre ou celle des hommes.

REMARQUES SUR LE CHAPITRE X.

1° Les deux premiers versets de ce chapitre montrent que les conducteurs des Eglises ne doivent pas prendre plaisir à exercer une discipline sévère, mais au contraire faire tous leurs efforts pour n'avoir pas à punir. Il arrive trop souvent, même à des chrétiens sincères, d'aimer à faire sentir leur autorité, et, dans ce but, d'attacher quelquefois trop d'importance à des affaires peu graves ou d'aigrir les esprits au lieu de les ramener.

2° Les prédicateurs de l'Evangile et tous les chrétiens sont enrôlés dans une sainte guerre contre l'erreur et contre le péché, sous toutes les formes que l'un et l'autre de ces ennemis de Christ peuvent revêtir. Les armes dont ils doivent faire usage dans ces nobles combats ne sont pas charnelles; ce n'est ni avec violence ni dans des vues ambitieuses qu'ils doivent lutter, mais en prêchant la vérité avec douceur et surtout en montrant par leur vie entière qu'ils ont eux-mêmes, sous le regard et avec l'aide du grand Capitaine de leur foi, vaincu le monde et les convoitises de leur propre cœur. Ces armes spirituelles sont certaines de la victoire. Il n'est, ni sur la terre ni dans l'enfer, aucune puissance qui soit capable de leur résister (vers. 3, 4 et 5).

3° Un des devoirs des chrétiens est de travailler de toutes leurs forces à répandre au près et au loin la connaissance de l'Evangile. Le champ qu'ils ont à ensemencer est le même qu'au temps de saint Paul, c'est-à-dire le monde, et une grande partie de ce monde est encore plongée dans les ténèbres de l'idolâtrie. Que de temps, de forces et d'argent sont employés d'une autre manière, qui pourraient l'être avec fruit dans l'intérêt de la cause des missions! (Vers. 14-16.)

4° Gardons-nous avec soin de l'orgueil, du contentement de nous-mêmes et des vanteries insensées. Que d'hommes se glorifient de leur science, de leurs talents, de leur position sociale ou de leurs succès, qui ne seront pas « approuvés de Dieu » quand le Juge suprême mettra toutes choses en lumière ! La seule chose dont le chrétien ait à se glorifier est d'avoir Christ pour son Rédempteur (vers. 17, 18).

CHAPITRE XI.

1. Plût à Dieu que vous me supportassiez un peu dans mon imprudence ! mais encore supportez-moi.

1. « *Plût à Dieu.* » Cette façon de parler n'implique pas que Paul désespérât de se faire comprendre des Corinthiens ; elle exprime seulement son vif désir d'y réussir. § « *Que vous me supportassiez un peu,* » que vous m'écoutassiez avec patience quand je m'étends sur la nature de l'autorité de mon ministère. § « *Dans mon imprudence;* » dans cette sorte de folie avec laquelle je suis obligé de relever les gloires de mon apostolat, au risque de paraître me glorifier moi-même. Il est possible que les adversaires de l'Apôtre eussent taxé de folie la fermeté qu'il mettait à rappeler l'origine divine de son mandat, et que l'emploi de ce mot soit une allusion à ce reproche.

2. Car je suis jaloux de vous d'une jalousie de Dieu; parce que je vous ai unis à un seul mari, pour vous présenter à Christ *comme* une vierge chaste.

2. « *Car je suis jaloux de vous.* » Le mot traduit ici par « jaloux » est celui dont nous avons tiré nos mots de « zèle » et de « zélé. » Il signifie proprement « être bouillant, » et, au sens moral, « aimer avec cette ardeur qui souvent, en effet, produit la jalousie. » § « *D'une jalousie de Dieu;* » d'une ardeur qui a sa raison d'être en Dieu, d'une sainte ardeur, ou bien peut-être d'une ardeur qui dépasse toute autre. Dans le langage des Hébreux, le nom de Dieu s'ajoutait ainsi à un objet ou à un sentiment, pour indiquer tout simplement qu'il était très-grand, que nul autre ne lui pouvait être comparé. On disait « les montagnes de Dieu » pour les montagnes les plus élevées. § « *Parce que je vous ai unis,* etc. » Les expressions dont l'Apôtre vient de faire usage le conduisent tout naturellement à cette idée de l'union conjugale qui représente si bien l'union de Christ avec son Eglise. Paul avait en quelque sorte servi d'intermédiaire à cette union en ce qui concernait l'Eglise de Corinthe, puisque celle-ci devait son existence à sa prédication, et il a soin de dire qu'il l'avait « unie à un seul mari, » pour marquer qu'à la différence des faux docteurs, il n'avait mêlé aucune doctrine étrangère à la pure doctrine de son Maître. Dans quelques parties de la Grèce, certaines personnes étaient chargées d'instruire les jeunes filles des devoirs du mariage et de les y préparer par leurs sages conseils. Peut-être y a-t-il ici une allusion à cette coutume que les Corinthiens devaient connaître. En tout cas, on sait que l'Evangile compare plus d'une fois les relations de Christ avec l'Eglise à l'union de l'époux et de l'épouse. (Ephès. v, 23-33; Apoc. XIX, 7; XXI, 9.) § « *Pour vous présenter,* etc. » Un père, un parent, ou toute personne sérieuse qui présente une fiancée à son époux, tient à honneur que cette jeune femme soit pure et bien qualifiée pour l'état où elle va entrer. De même l'Apôtre a voulu pouvoir offrir au céleste époux une fiancée que lui ait réellement donné son cœur.

dont la pureté réponde à sa sainteté parfaite; tel a été le but de tout ce qu'il a fait pour l'Eglise de Corinthe.

3. Mais je crains que comme le serpent séduisit Eve par sa ruse, vos pensées aussi ne se corrompent, *en se détournant* de la simplicité qui est en Christ.

3. « *Mais je crains que comme le serpent,* etc. (Gen. III, 1-11.) Le diable, qui avait pris la forme du serpent (Jean VIII, 44; I Jean III, 8; Apoc. XII, 9; XX, 2), était toujours à l'œuvre, et le sera jusqu'à la fin des siècles, pour tenter les élus et rendre les Eglises infidèles à leur époux céleste. § « *Par sa ruse,* » par ses artifices, ses subtilités et ses mensonges. Il suffit de relire l'histoire de la première tentation pour comprendre que telle avait bien été la cause de son succès. § « *Vos pensées ne se corrompent,* » ne perdent leur pureté première en se laissant détourner de la vérité. § « *De la simplicité qui est en Christ.* » On peut entendre par là cet amour, ce dévouement pour Christ seul, qui doit être le grand mobile de la vie du chrétien, et alors donner au mot de « simplicité » le sens d'*unité;* mais on peut l'étendre aussi à l'ensemble des sentiments et des actes qui constituent la vie chrétienne. A ce point de vue pratique, la simplicité chrétienne se montre : 1° dans les croyances, en ce que les enseignements de Christ sont les seuls que l'Eglise puisse admettre; 2° dans les affections et les habitudes du cœur, prisant pardessus tout la droiture, la candeur, l'absence de toute fraude et de toute voie détournée, vertus qui brillèrent avec tant d'éclat dans la personne même du Seigneur; 3° dans les actes d'un culte vraiment spirituel, en opposition avec ces pratiques sans nombre et pompeuses qui étaient le propre du paganisme, défigurèrent souvent le judaïsme, et qui plus tard n'ont que trop bien réussi, par les artifices du démon, à obscurcir le culte rendu au Seigneur par l'Eglise chrétienne elle-même; 4° enfin, dans les choses de la vie, telles que les vêtements, la nourriture, etc. Tous ces genres de simplicité sont en effet des conditions ou des éléments nécessaires de la vie en Christ, et en détourner les âmes, pour les arracher à la douce et salutaire influence du Sauveur, a toujours été le grand but que se propose Satan, cet adversaire rusé dont les chrétiens ne sauraient trop se défier.

4. Car si quelqu'un venait qui vous prêchât un autre Jésus que nous n'avons prêché; ou si vous receviez un autre esprit que celui que vous avez reçu, ou un autre évangile que celui que vous avez reçu, vous feriez bien de l'endurer.

4. Ce passage a été interprété de diverses manières. Suivant les uns, il serait tout simplement une explication de la crainte exprimée par l'Apôtre au verset précédent. Le sens serait alors que si quelqu'un venait prêcher aux Corinthiens un autre Jésus, un autre Evangile que ceux qu'il avait lui-même prêchés, l'Apôtre prévoyait que, trompés par les artifices de Satan, ils pourraient bien accepter cette prédication mensongère. Suivant d'autres, il faut lire à la fin du verset, vous ferez bien de « m'endurer » au lieu de « l'endurer, » ce qui établirait le raison-

nement suivant : « Si vous prêtez l'oreille à des docteurs qui vous prêchent un autre Evangile que le mien, il est juste au moins de m'écouter. D'autres enfin, et c'est le sens qui me paraît le plus conforme au texte, croient que l'Apôtre veut dire : Si quelqu'un venait vous prêcher un Christ ou un Evangile plus parfait que ceux que je vous ai moi-même annoncés, vous auriez raison de l'écouter; mais comme la chose est impossible, vous devez nécessairement vous en tenir à ce que vous avez reçu de Dieu par mon ministère. § « *Si quelqu'un venait.* » Il y a littéralement « *si celui qui est venu,* » et ces mots semblent désigner en particulier un individu, probablement celui que l'Apôtre a déjà désigné plus haut (ch. x. 11, 10 et Notes). § « *Un autre Jésus*, etc., « un Sauveur plus puissant ou plus digne de votre amour, dont je ne vous aie pas parlé! § « *Ou si vous receviez un autre esprit.* » Si les résultats de cette autre prédication étaient des dons spirituels, soit ordinaires, soit miraculeux, plus grands, plus précieux que ceux qui vous ont été déjà départis. § *Ou un autre Evangile*, etc., « un Evangile plus vrai, plus sûr, plus abondant en fruits de sainteté et de consolation. § « *Vous feriez bien de l'endurer.* » Alors, dans le cas où ces suppositions se réaliseraient, vous seriez excusables de supporter cette nouvelle prédication. Cette manière de raisonner prouve quelle foi l'Apôtre avait dans la supériorité toute divine de ses enseignements. Envoyé de Christ, il défie tout autre docteur d'annoncer un Evangile qui puisse être substitué aux avantages de celui qu'il prêche lui-même, et compte assez sur le jugement des Corinthiens pour être sûr qu'ils le reconnaîtront eux-mêmes.

5. Mais j'estime que je n'ai été en rien moindre que les plus excellents apôtres.

5. « *Mais,* » Il y a dans le texte « car, » mais les deux mots relient également bien ce verset au précédent. Le sens est : quoi qu'un autre docteur puisse vous enseigner de Christ ou de l'Evangile, il n'est pas plus grand qu'un apôtre, et moi-même je ne pense pas être en rien inférieur aux autres apôtres. L'Apôtre expliquera lui-même plus loin cette pensée (vers. 21-30).

6. Que si je suis comme quelqu'un du vulgaire par rapport au langage, je ne le suis pourtant pas en connaissance; mais nous avons été entièrement manifestés en toutes choses envers vous.

6. « *Que si je suis, etc.* » (*Voy.* Notes sur ch. x, 10.) § « *Comme quelqu'un de vulgaire,* » un homme du peuple et sans éducation, quant à la manière de s'exprimer ou d'écrire. Ce n'est pas que Paul fût sans instruction, mais, né à Tarse et élevé à Jérusalem, il pouvait n'avoir pas cette élégance de langage qui distinguait les Grecs. Les érudits reconnaissent en effet que, sous le rapport de la pureté et de la correction du style, ses écrits ne peuvent pas être comparés à ceux des auteurs de l'antique Grèce. Le Saint-Esprit avait rendu les Apôtres capables de parler des langues qu'ils n'avaient pas apprises, mais rien ne prouve qu'il les eût rendus plus habiles dans l'usage de celles qu'ils savaient déjà. Les adversaires de Paul lui avaient sans doute fait un reproche de cette imper-

fection de langage, et l'Apôtre est trop modeste pour s'en défendre. On sait d'ailleurs que ce contraste entre la profondeur des enseignements et l'imperfection, pour ne pas dire la grossièreté, du langage est une preuve de l'inspiration des Apôtres. § « *Je ne le suis pourtant pas en connaissance.* » Dans la connaissance de la religion que je suis chargé de prêcher. L'Apôtre avait déjà dit aux Corinthiens : « Nous, nous avons connu la pensée de Christ. (I Cor. II, 16.) § » *Mais nous avons été entièrement manifestés*, etc. » Comme vous le savez, puisque je ne vous ai rien caché. Cette science religieuse de l'Apôtre, qu'il revendique parce que la gloire de son Maître y est intéressée, était chose tellement patente qu'il ne pense pas devoir en justifier autrement qu'en faisant appel aux souvenirs des Corinthiens.

7. Ai-je commis une faute en ce que je me suis abaissé moi-même, afin que vous fussiez élevés, parce que sans rien prendre je vous ai annoncé l'Evangile de Dieu ?

7. « *Ai-je commis une faute*, etc. » L'Apôtre avait pourvu aux besoins de son existence au moyen d'un travail manuel. Il se demande si, vis-à-vis des Corinthiens, cette circonstance le rendait inférieur aux autres apôtres, comme l'avaient probablement insinué ses adversaires; ou si, en agissant ainsi, il avait lui-même abaissé la dignité de son ministère, et loin d'y reconnaître une faute commise, il y trouve au contraire un sujet de gloire. § « *Afin que vous fussiez élevés ;* » afin que la religion que j'avais à vous prêcher fût d'autant mieux appréciée par vous. Le désintéressement des prédicateurs de la vérité est un de leurs titres à se faire mieux écouter, et un puissant moyen de réduire leurs adversaires au silence. L'Apôtre avait déjà abordé ce genre d'idées dans sa première lettre. (I Cor. IX, 3-18 et Notes.)

8. J'ai dépouillé les autres Eglises, prenant de quoi m'entretenir pour vous servir.

8. « *J'ai dépouillé les autres Eglises ;* » en recevant d'elles des secours qu'à la rigueur je n'avais pas le droit de réclamer d'elles pendant que je m'occupais de vous. Ces Eglises étaient celles de Macédoine et peut-être en particulier celle de Philippes, qui paraît avoir, plus que toute autre, fourni à l'Apôtre ce genre d'assistance. (Philip. IV, 15, 16.) § « *Prenant,* » ou acceptant d'elles. Le principe de l'Apôtre, en cette matière, était que l'ouvrier est digne de son salaire, et que « ceux qui annoncent l'Evangile doivent vivre de l'Evangile » (I Cor. IX, 14); mais à Corinthe, il ne s'en était pas prévalu, préférant vivre du travail de ses mains et des dons supplémentaires que lui avaient faits d'autres Eglises.

9. Et lorsque j'étais avec vous, et que j'ai été en nécessité, je ne me suis point relâché du travail, afin de n'être à charge à personne, car les frères qui étaient venus de Macédoine ont suppléé à ce qui me manquait ; et je me suis gardé de vous être à charge en aucune chose, et je m'en garderai encore.

9. « *Je ne me suis point relâché du travail, afin de n'être à charge à personne.* » Littéralement : « je n'ai été mou au travail au détriment de personne. » L'expression rendue par cette périphrase est, dans le texte grec, suivant la remarque de saint Irénée, une de ces expressions qu'on pourrait appeler des *cilicismes* et que des écrivains de la belle littérature grecque n'auraient pas employées, mais elle est pleine d'énergie. Quant au travail manuel de Paul à Corinthe, *voy.* Act. XVIII, 3. § « *Les frères*, etc. » Probablement des chrétiens venus de Philippes.

10. La vérité de Christ est en moi, que cette gloire ne me sera point ravie dans les contrées de l'Achaïe.

10. « *La vérité de Christ est en moi.* » J'atteste au nom de Christ la vérité de ce que j'avance. (*Comp.* avec Rom. IX, 1 ; I Tim. II, 7.) » *Que cette gloire ne me sera point ravie ;* » que personne ne pourra m'accuser à cet égard de vanterie ou de mensonge, soit pour le passé, soit pour l'avenir. § « *De l'Achaïe,* » partie de la Grèce dont Corinthe était la capitale. La lettre de l'Apôtre était adressée aux « saints de l'Achaïe » en même temps qu'à ceux de Corinthe (ch. I, vers. 1 ; *Comp.* avec Act. XVIII, 12).

11. Pourquoi ? Est-ce parce que je ne vous aime point ? Dieu le sait.

11. « *Pourquoi? Est-ce*, etc. » Cette résolution aurait pu être attribuée à l'orgueil, ou bien à une sorte de défiance quant aux dispositions des Corinthiens à se montrer aussi généreux que d'autres. L'Apôtre ne veut pas que l'on puisse faire l'une ou l'autre de ces suppositions, d'où l'on aurait pu conclure qu'il avait peu d'estime ou d'affection pour ses disciples de Corinthe.

12. Mais ce que je fais, je le ferai encore, pour retrancher l'occasion à ceux qui cherchent l'occasion ; afin qu'en ce de quoi ils se glorifient, ils soient aussi trouvés tous tels que nous sommes.

12. « *Pour retrancher l'occasion.* » Pour ôter à mes accusateurs tout prétexte de m'attribuer des vues intéressées. Peut-être aussi que les docteurs dont il est ici question, se faisant eux-mêmes payer de leurs travaux à Corinthe, auraient aimé à pouvoir s'autoriser à cet égard de l'exemple de l'Apôtre, et que celui-ci ne voulait pas leur donner cette satisfaction. § « *Afin qu'en ce de quoi ils se glorifient*, etc. » Afin que, s'ils se donnent comme des prédicateurs de la vérité, ils soient obligés, sous ce rapport, de se conformer à ma manière d'agir. Très-souvent des docteurs mondains, tout en présentant leur enseignement comme gratuit, savent se faire donner des présents ; l'Apôtre, n'ayant fait rien de pareil à Corinthe, ne voulait pas que d'autres pussent invoquer à cet égard un exemple qu'il n'avait pas donné.

13. Car tels faux apôtres sont des ouvriers trompeurs, qui se déguisent en apôtres de Christ.

13. « *Tels faux apôtres.* » Jusqu'ici l'Apôtre n'avait encore qu'implicitement accusé de tromperie ces adversaires, mais il va le faire hardi-

ment. § « *Des ouvriers trompeurs;* » des imposteurs, rusés, remplis de fraudes et de détours. On n'a aucune donnée sur les motifs qui avaient pu attirer ces hommes à Corinthe. Probablement que c'était surtout l'espoir du gain. Sachant que les chrétiens faisaient volontiers l'abandon de leurs biens terrestres pour la cause de Christ (Act. IV, 34, 35), ils avaient formé le projet d'exploiter à leur profit ces dispositions, et pour y mieux réussir, cherché à diminuer autant que possible l'influence de Paul, qui les en aurait empêchés. § « *Se déguisent en apôtres de Christ,* » s'attribuant une charge qu'ils n'avaient pas reçue, c'est-à-dire joignant l'hypocrisie et le mensonge à leurs autres défauts.

14. Et cela n'est pas étonnant : car Satan lui-même se déguise en ange de lumière.

14. « *Car Satan lui-même,* etc. » Satan, l'ange apostat, le méchant, le prince du mal, revêtant les apparences d'un ange resté saint, était un exemple sévère, mais décisif à invoquer dans ce cas particulier. L'Apôtre l'emploie sans désigner aucun cas particulier, mais comme un fait bien constaté et en quelque sorte notoire. Tel avait été, du reste, le caractère des deux grandes tentations racontées dans les livres saints. (Gen. III et Matth. IV.) Nous apprenons de là : 1° le grand pouvoir de Satan, qui peut prendre toutes les formes, même celles qui s'éloignent le plus de sa véritable nature ; 2° sa détestable habileté, que six mille ans de tromperies ont trop bien constatée ; 3° la nécessité de se tenir toujours sur ses gardes, de peur d'être séduit par des dehors trompeurs. Satan, ses ministres et le mal, dont il est le prince, nous apparaissent rarement, si jamais, sous leurs vraies couleurs, qui exciteraient nos défiances et nos dégoûts. Ils savent se cacher sous l'apparence du bien ou de l'innocence, souvent même de la piété, et vont jusqu'à s'appuyer sur la parole de Dieu, comme on le voit dans la tentation du Sauveur. Peut-être ces ruses de Satan sont-elles une des raisons pour lesquelles beaucoup de gens ont cessé de croire à l'existence de cet être malfaisant, si clairement révélée pourtant dans les Ecritures.

15. Ce n'est donc pas un grand sujet d'étonnement si ses ministres aussi se déguisent en ministres de justice ; *mais* leur fin sera conforme à leurs œuvres.

15. « *Ce n'est donc pas,* etc. » Il n'y a rien de surprenant à ce que des hommes indignes de toute confiance revêtent les apparences de la sainteté et parviennent à se faire écouter comme s'ils étaient les prédicateurs de la justice. § « *Mais leur fin,* etc. ; » mais ils ne sauraient tromper Dieu, et au jour du jugement, leurs impostures seront démasquées comme celles de tous les hypocrites et de tous les menteurs.

16. Je le dis encore, afin que personne ne pense que je sois imprudent ; ou bien supportez-moi comme un imprudent, afin que je me glorifie aussi un peu.

16. « *Je le dis encore,* etc. » Rappel de l'idée émise déjà au 1er verset du chapitre. Se vanter soi-même n'est pas chose sage, mais il est des

circonstances où l'on y est obligé ; c'est pourquoi je le fais ici. § « *Ou bien supportez-moi*, etc. » Si vous ne le pensez pas, si les circonstances ne vous paraissent pas nécessiter ces vanteries, si vous ne voulez y voir que de l'imprudence, et bien, alors, jugez-moi avec indulgence ; considérez à quel point j'ai été provoqué, combien cela importe à mon caractère. § « *Que je me glorifie aussi un peu.* » Il y a probablement de l'ironie dans ce dernier mot : on a, semble dire l'Apôtre, permis à d'autres de se vanter *beaucoup*, qu'on m'accorde de le faire *un peu*.

17. Ce que je vais dire, en rapportant les sujets que j'aurais de me glorifier, je ne le dirai pas selon le Seigneur, mais comme par imprudence.

17. « *Je ne le dirai pas selon le Seigneur*. (*Voy.* Note sur I Cor. VII, 12.) Ces mots peuvent signifier : — ou bien, qu'en se vantant ainsi, Paul ne se donnait pas pour inspiré du Seigneur,— ou bien, qu'il n'imitait pas en cela l'exemple de Jésus-Christ et n'agissait même pas comme il convenait à un de ses disciples. Ces deux interprétations peuvent se soutenir, mais la seconde paraît plus conforme au but de l'Apôtre et au contexte. En admettant que la manière dont il va parler de lui-même n'était pas en parfaite harmonie avec l'esprit de Christ, Paul faisait indirectement sentir combien s'étaient éloignés de cet esprit ceux qui se vantaient beaucoup. § « *Mais comme par imprudence* ; » en acceptant le reproche d'imprudence qui pourra m'être fait à cet égard.

18. Puis *donc* que plusieurs se vantent selon la chair, je me vanterai moi aussi.

18. « *Se vantent selon la chair*, etc. » Les faux prophètes de Corinthe se vantaient « selon la chair, » c'est-à-dire de leur naissance, de leur rang, de leur éloquence, de leurs avantages tout temporels. (*Voy. Comp.* avec Philip. III, 3, 4.) L'Apôtre se vantera aussi dans la chair, mais surtout de ce qu'il a souffert dans cette chair, c'est-à-dire des coups, des naufrages, des emprisonnements (vers. 23 et suiv.). C'était donner un tour très-heureux à cette partie de son argumentation.

19. Car vous souffrez volontiers les imprudents, parce que vous êtes sages.

19. « *Vous souffrez volontiers*, etc. » Un commentateur, le docteur Bloomfield, a remarqué que cette parole est probablement la plus sarcastique que Paul ait écrite. Cela peut-être vrai, si on l'entend dans ce sens : « Vous qui vous croyez très-sages, vous supportez cependant volontiers les imprudents, même quand ils le sont à vos dépens (vers. 20). » Mais il se peut aussi que Paul veuille dire simplement : « Vous êtes assez sages, vous avez assez de discernement pour supporter avec patience les plus grands imprudents, comme vous l'avez déjà prouvé ; accordez-moi la même patience quand je me vois forcé de vous rappeler, avec les apparences de la vanterie, les avantages qui me sont personnels. »

20. Même si quelqu'un vous asservit, si quelqu'un vous mange, si quelqu'un prend *votre bien*, si quelqu'un s'élève

sur vous, si quelqu'un vous frappe au visage, vous le souffrez.

20. « *Même.* » Vous portez cette patience jusqu'à ce point que même, etc. § « *Vous asservit.* » Il s'agit évidemment ici d'un esclavage spirituel, de l'asservissement des intelligences et des consciences. Les faux docteurs écoutés par les Corinthiens les avaient sans doute soumis à leur volonté, soit en leur inspirant des principes erronés, soit en leur faisant accepter certaines cérémonies et en les habituant à certains principes. L'exemple de l'Eglise romaine est là pour montrer à quel point les prédicateurs d'une religion fausse peuvent asservir les âmes. § « *Vous mange.* » Cette expression, si singulièrement ironique, dépeint au vif l'avidité, qui est le grand mobile des faux docteurs. Ce qu'ils veulent, ce sont moins les âmes que les biens de ceux qui se livrent à eux, et à cet égard on peut dire que, comme des hommes affamés, ils n'en ont jamais assez. § « *Prend votre bien;* » vous dépouille autant qu'il le peut. § « *S'élève sur vous;* » s'attribue sur vous un pouvoir souverain et se montre même arrogant. § « *Vous frappe au visage;* » le mot grec employé ici signifie proprement *déchirer, écorcher*, mais il veut dire aussi fouetter rudement, jusqu'à enlever la peau. (Matth. XXI, 35; Marc XII, 3, 5.) Il ne s'agit sans doute pas ici de coups pareils, mais de mépris et d'injures; frapper à la joue a toujours été regardé comme un des outrages les plus sanglants dont un homme puisse être atteint. (Matth. XXVI, 67.) Chacun des termes employés ici par Paul se rapportait probablement à des faits connus des chrétiens de Corinthe, et qu'il suffisait de rappeler pour établir le droit de l'Apôtre à parler comme il le fait.

21. Je le dis avec honte, même comme si nous avions été sans aucune force; mais si en quelque chose quelqu'un ose *se glorifier* (je parle en imprudent), j'ai la même hardiesse.

21. « *Je le dis avec honte*, etc. » Soit pour vous, soit pour ces faux prophètes. Doddridge fait de ces mots une question, comme si l'Apôtre disait: « Parlé-je ainsi sans respect et par mépris, dans le but de rabaisser à mon niveau des hommes qui me sont supérieurs? » Mais ce sens est peu probable. Selon nous, il y aurait plutôt dans ces mots une allusion à ce que l'Apôtre a dit plus haut (vers. 6) de ce qui pouvait lui manquer sous le rapport du beau langage. J'ai raisonné jusqu'à présent, semble-t-il dire, comme si j'admettais la vérité de tout ce que l'on a dit de mon manque de talent, de vocation, de naissance, etc., comme si tous les avantages étaient du côté de mes adversaires, et toutes les infériorités du mien; mais il n'en est point ainsi, et je vais montrer qu'à tous les égards, et surtout en fait de souffrance et de dévouement pour le nom de Christ, mes titres sont non-seulement égaux, mais supérieurs aux leurs. § « *Si en quelque chose;* » en quoi que ce soit. § « *Ose,* » littéralement: « est assez hardi pour. » § « (*Je parle en imprudent*) parenthèse exprimant une idée déjà émise, celle du regret que l'Apôtre ressentait à paraître se vanter en revendiquant ses droits à être écouté, ou peut-être destinée seulement à faire ressortir encore la piquante ironie qui caractérise cette partie de son raisonnement.

22. Sont-ils Hébreux ? je le suis aussi. Sont-ils Israélites ? je le suis aussi. Sont-ils de la semence d'Abraham ? je le suis aussi.

22. « *Sont-ils Hébreux ?* » Ceci prouve que les auteurs des troubles survenus dans l'Eglise de Corinthe étaient d'extraction juive, bien que peut-être ils fussent nés en Grèce et eussent été formés dès l'enfance à la philosophie et à la rhétorique artificieuse dont ce pays était comme la patrie. Beaucoup de passages du Nouveau Testament montrent que les premiers chrétiens sortis d'entre les Juifs, prétendaient à une certaine supériorité sur ceux qui étaient sortis du paganisme. Ils se fondaient pour cela sur ce qu'ils étaient les descendants des patriarches, que le pays des prophètes était à eux, qu'ils parlaient le même langage, que les oracles de Dieu leur avaient été confiés, que c'était par leur entremise que la vraie religion était venue au monde, etc. § « *Je le suis aussi ;* » né d'Hébreux, appartenant à la tribu de Benjamin, pharisien, dûment circoncis (Philip. III, 5), et élevé comme tel aux pieds d'un des docteurs hébreux les plus éminents. (Act. XXII, 3.) § « *Sont-ils Israélites ?* » autre nom désignant absolument la même qualité. La seule différence consistait en ce que le mot d'hébreu, qui signifie littéralement « venu d'au-delà, » avait été donné à Abraham par les Cananéens, parce qu'il était venu d'au-delà (de l'Euphrate) ou d'un pays étranger, tandis que le mot d'Israélite provenait du nom donné à Jacob après sa lutte avec l'ange. Dans l'usage, le premier de ces noms était sans doute plus souvent employé par les étrangers parlant des Juifs, tandis que ces derniers préféraient le nom patronymique d'Israélite. Paul, en rappelant ici les deux dénominations, veut montrer que sa nationalité est trop clairement établie que pour que ni les étrangers, ni ses frères en la chair aient la moindre raison de la lui dénier. § « *De la semence d'Abraham.* » On sait que ce mot : « nous sommes la race d'Abraham, » tenait une grande place dans les prétentions des Juifs. (Matth. III, 9 ; Jean VIII, 39, etc.) L'Apôtre a le même privilége et le fera, s'il le faut, servir au bien de la cause qu'il défend.

23. Sont-ils ministres de Christ ? (je parle comme un imprudent) je le suis plus qu'eux : en travaux davantage, en blessures plus qu'eux ; en prisons davantage, en *danger de* mort plusieurs fois.

23. « *Sont-ils ministres de Christ ;* » appelés à prêcher l'Evangile, quoique Juifs d'origine ? » § « *(Je parle comme un imprudent).* La fréquente répétition de ces mots était éminemment propre à humilier les adversaires de Paul en leur rappelant quel était l'homme dont ils avaient osé attaquer l'autorité. § » *Je le suis plus qu'eux.* » Sans nier leur qualité de ministres de Christ, l'Apôtre possède à ce titre des droits plus éclatants encore, qu'il va examiner en insistant, surtout sur ce qu'il a souffert et sur l'esprit qui préside aux travaux de son ministère. § « *En travaux davantage.* » Selon toute apparence, il exercait ce ministère depuis plus longtemps et y avait déployé plus de persévérance qu'aucun d'eux. § « *En blessures.* (*Voy.* vers. 24 et 25.) Preuve évidente de l'ardeur qu'il

avait mise à s'acquitter de sa charge. Le ministère évangélique est une des rares carrières, peut-être la seule où l'on puisse invoquer comme preuve de fidélité au devoir des coups où d'autres outrages paisiblement endurés. § « *En prison.* » Les Actes des Apôtres ne parlent que d'un emprisonnement de Paul avant le temps où cette Epître fut écrite ; celui qui eut lieu à Philippes. (Act XVI, 23 et suiv.) Mais Luc n'a pas la prétention de raconter tous les détails de l'histoire de Paul, et une omission n'est pas une contradiction. Le récit des Actes ne dément donc nullement cette assertion de l'Apôtre. (*Voy.* Notes sur le vers. 24.) § « *En danger de mort.* » Littéralement, « en morts souvent, » c'est-à-dire exposé à la mort ou à des souffrances mortelles. (*Voy.* Notes sur I, 9.) Personne, connaissant l'histoire de Paul, ne s'étonnera de le voir parler ainsi.

24. J'ai reçu des Juifs par cinq fois quarante coups moins un.

24. » Quelques remarques préliminaires doivent être faites quant aux détails où nous allons suivre l'Apôtre. 1° Toutes les particularités qu'il mentionne ne se retrouvent pas dans le livre des Actes; quelques-unes seulement s'y trouvent. Cela prouve, comme l'a fait remarquer le savant Paley, que l'Epître n'a point été comme calquée sur les Actes ou *vice versâ*. 2° Il n'y a cependant pas la moindre contradiction entre les deux écrits. C'est tout simplement que Luc n'a pas tout raconté. Ce dernier, par exemple, ne nous montre Paul battu de verges *qu'une* fois, tandis qu'ici l'Apôtre parle de *trois* fois. Si Luc avait dit *quatre* fois, il y aurait contradiction, mais dans l'état des choses tout s'explique par une omission de la part de Luc. Cette observation s'applique à plusieurs des détails qui suivent. 3° Pour lever toute difficulté à ce sujet, il suffit de bien se rendre compte du but et du plan des récits de saint Luc. La date de notre Epître correspond au commencement du vingtième chapitre des Actes, et Luc ne s'était attaché à l'Apôtre qu'à son départ de Troas, mentionné au chapitre XVI, verset 10. Or, comme Luc ne s'est évidemment proposé de raconter, du moins avec beaucoup de détails, que ce qu'il avait vu lui-même de l'histoire de Paul, il en résulte qu'on ne peut comparer avec notre Epître que ce qui se lit du chapitre XVI à la fin du chapitre XIXe. Mais, depuis la conversion de Paul jusqu'au moment où Luc se joignit à lui, seize ans s'étaient écoulés et bien des faits s'étaient passés. Paul avait beaucoup voyagé; il était allé en Arabie, retourné à Damas, à Jérusalem, à Tarse ; il avait prêché à Antioche, dans l'île de Chypre, dans l'Asie Mineure, et partout il avait eu à lutter contre l'animosité des Juifs qu'il avait voulu convertir à Christ. Quoi d'étonnant, dès lors, qu'il eût enduré, durant ce laps de temps, plusieurs des persécutions qu'il va rappeler? (*Voy.*, sur ce sujet, les *Horæ Paulinæ* du célèbre docteur Paley.) § « *J'ai reçu des Juifs*, etc. » Probablement dans leurs synagogues et devant leurs tribunaux. Les Juifs n'avaient pas le droit de punir de mort, mais bien celui d'infliger des châtiments moindres, et sachant les colères qu'excita presque partout de leur part la prédication de l'Apôtre, qu'ils traitaient d'apostat et d'ennemi de leur loi, on comprendra qu'ils eussent plus d'une fois essayé de lui imposer silence de cette manière. Ils ne faisaient infliger que

39 coups pour être plus sûrs de ne pas dépasser le chiffre de 40, au-delà duquel la loi leur interdisait d'aller. (Deut. xxv, 3.) Il paraît, de plus, que pour infliger ce châtiment on se servait d'un fouet à trois lanières qui, appliquées treize fois sur le dos du patient, faisaient ensemble 39 meurtrissures, et représentaient d'aussi près que possible les 40 coups alloués par la loi, par un motif d'humanité dont bien des peuples, même chrétiens, auraient dû se souvenir toujours.

25. J'ai été battu de verges trois fois ; j'ai été lapidé une fois ; j'ai fait naufrage trois fois ; j'ai passé un jour et une nuit en la profonde mer.

25. « *Battu de verges trois fois.* » Les Actes ne parlent que d'une fois avant l'époque où cette Epître fut écrite (Act. xvi, 22, 23) ; mais ce genre de traitement était trop usité chez les anciens pour que Paul, si souvent persécuté, n'y eût pas été fréquemment exposé. § « *Lapidé une fois.* » Châtiment ordinaire du blasphème chez les Juifs. Le fait s'était passé à Lystres. (Act. xiv, 19.) A propos de ce passage des Actes et de ce que Paul dit ici, Paley fait remarquer que les deux écrivains vont aussi près que possible de la contradiction, mais sans y tomber pourtant. Dans le même chapitre des Actes (vers. 5), l'historien avait raconté « qu'il s'était élevé une émeute des Gentils et des Juifs pour insulter les Apôtres (Paul et Barnabas) et *pour les lapider;* » mais en ajoutant aussitôt qu'eux, l'ayant appris, s'étaient enfuis en Lycaonie. Si cette dernière circonstance n'avait pas été mentionnée, ou si une seule pierre avait été lancée contre Paul, on aurait pu taxer d'erreur l'un ou l'autre des écrivains, tandis que l'accord le plus parfait existe entre eux. « Tel est, dit l'auteur de cette remarque, un des caractères de la vérité. Il serait difficile, peut-être, que deux récits approchassent davantage de la contradiction en restant tous les deux parfaitement vrais. » § « *J'ai fait naufrage trois fois.* » On ne sait ni où ni comment, car il est évident qu'il ne peut être question ici du naufrage arrivé dans le voyage de Rome (Act. xxvii), puisqu'à cette époque l'Epître que nous lisons était écrite depuis longtemps. Mais, dans ses nombreux voyages, Paul avait eu souvent à traverser la mer, et les naufrages étaient alors trop fréquents pour qu'on puisse s'étonner de ceux qu'avait subis l'Apôtre. § « *Un jour et une nuit.* » Le terme grec est un mot composé qui correspond parfaitement à notre expression de « vingt-quatre heures. » § « *En la profonde mer,* » peut-être réfugié sur quelque débris de navire ou bien roulé par les flots, auxquels il n'aurait échappé que par quelque circonstance inconnue de nous. Les suppositions des commentateurs qui ont voulu voir ici un séjour de l'Apôtre au fond d'une prison, ou dans le ventre d'un poisson, comme dans l'histoire de Jonas, ne prouvent qu'une chose, la libre et folle carrière que l'imagination s'est donnée quelquefois dans l'interprétation de l'Ecriture-Sainte.

26. En voyages souvent, en périls des fleuves, en périls des brigands, en périls de ma nation, en périls des Gentils, en périls dans les villes, en périls dans les déserts, en périls en mer, en périls parmi de faux frères.

26. « *En voyages souvent,* » exposé par conséquent à tous les dangers et à toutes les fatigues de ce genre, dans un temps où les facilités de nos temps modernes n'existaient pas. § « *En péril des fleuves,* qu'il avait dû souvent traverser ou sur lesquels il avait navigué. § « *Des brigands,* » alors très-nombreux et encore aujourd'hui redoutables dans quelques-uns des pays traversés par l'Apôtre, comme la Syrie et l'Arabie. § « *De ma nation;* » des Juifs en général qui, à peu près partout, le persécutèrent avec tant de violence. § « *Des Gentils,* » ou des païens, comme on le voit dans plusieurs passages des Actes. § « *Dans les villes,* » comme Damas, Derbe, Lystres, Philippes, Ephèse, Jérusalem, etc. § *Dans les déserts,* » soit de la part des bêtes féroces, soit de la chaleur, de la faim, de la soif, etc. § « *En mer.* » (*Voir* au verset 25.) § « *Parmi de faux frères,* » de gens qui avaient abusé de sa confiance ou peut-être rempli à son égard le rôle d'espions. La manière dont Paul rejette cette souffrance à la fin de son énumération de périls, semble indiquer que cette épreuve lui avait paru plus rude que toutes les autres.

27. En peine et en travail, en veilles souvent, en faim et en soif, en jeûnes souvent, dans le froid et dans la nudité.

27. « *En peine.* » Le mot grec traduit ainsi signifie proprement « un gémissement douloureux accompagné, à la manière des anciens, de coups frappés sur la poitrine; de là le sens de peine, de douleur profonde. § « *Et en travail.* « Le mot de l'original, encore plus énergique que le précédent, désigne un effort pénible, accompagné de douleur et produisant une profonde lassitude. (I Thess. II, 9; II Thess. III, 8.) § *En veilles,* » occasionnées, soit par les souffrances, soit par les préoccupations et les travaux. (Note sur VI, 5.) § « *En faim et en soif.* » Sans doute en voyage ou quand il n'avait voulu devoir sa subsistance qu'au travail de ses mains. § « *En jeûnes,* § « volontaires ou involontaires. § « *Dans le froid et dans la nudité.* » (*Voy.* Notes sur I Cor. IV, 2.)

28. Outre les choses de dehors, ce qui me tient assiégé tous les jours, *c'est* le soin *que j'ai* de toutes les Eglises.

28. « *Outre les choses de dehors.* » Les commentateurs ne s'accordent pas sur le sens de ces mots. Suivant Rosenmüller, ils signifient « outre les peines qui m'arrivent d'ailleurs. » Bèze, Erasme, Bloomfield et d'autres entendent par là des choses étrangères au ministère régulier de l'Apôtre. Le sens le plus probable est : « outre ces épreuves extérieures et en quelque sorte corporelles dont je viens de parler, comme les périls, la faim, la soif, etc. » § « *Ce qui me tient assiégé tous les jours.* » Le terme grec est remarquablement énergique. Il signifie proprement, ce qui fond sur moi comme en tumulte et comme le ferait une troupe d'hommes se précipitant tous à la fois. § « *Le soin que j'ai de toutes les Eglises,* » de ces congrégations nombreuses, encore jeunes, mélangées d'anciens Juifs et d'anciens païens, ou d'hommes de toutes les classes, présentant, par conséquent, bien des éléments hétérogènes à concilier, et au sein desquelles se trouvent des préjugés à combattre, des questions à résoudre, des cas de discipline à trancher, des divisions à faire cesser, et qui, enfin, ont souvent besoin d'être consolées dans

leurs persécutions. L'exemple de Corinthe même montre quelle source d'anxiété il y avait pour l'Apôtre dans ce soin des Eglises. Toutes celles que Paul avait fondées lui-même étaient sans cesse présentes à sa pensée ; elles le consultaient sans doute sur bien des points, et l'on peut être également sûr que celles-là même qu'il n'avait pas fondées, réclamaient souvent ses soins comme ceux de l'un des apôtres les plus éminents. Tout cela justifie parfaitement l'énergie du mot ici employé.

29. Qui est-ce qui est affaibli que je ne sois aussi affaibli ? Qui est-ce qui est scandalisé que je n'en sois aussi *comme* brûlé.

29. « *Qui est-ce qui est affaibli*, etc. » Affaibli sous le rapport de la foi et des principes, ou du courage et de la force soit physique, soit morale. Aucun sujet de tristesse n'échappait à la sollicitude de l'Apôtre et ne manquait à produire en lui une profonde sympathie. C'est ce sentiment de solidarité affectueuse qu'il exprime en disant qu'il est lui-même affaibli. Quelques commentateurs ont cru que cela voulait dire qu'en cas de faiblesse, chez les Eglises ou chez les individus, Paul s'y accommodait, se faisant ainsi tout à tous, comme il le dit ailleurs. (I Cor. IX, 22.) Mais ce sens est moins conforme au contexte que le précédent. § « *Qui est-ce qui est scandalisé*, etc. » Le mot de *scandaliser* signifie proprement « faire trébucher et tomber » et au moral « entraîner » ou « faire tomber dans le péché. » (Matth. XVII, 7.) Ici l'Apôtre parle évidemment des Eglises ou des individus qui, succombant aux mauvais conseils ou aux mauvais exemples, se laissent détourner des voies de la sainteté. § « *Comme brûlé*, » d'émotion, de pitié ou d'indignation. Tout ce passage dépeint la profonde sollicitude que saint Paul portait aux Eglises sous des traits qu'on sent mieux encore qu'on ne peut les faire ressortir. Elles étaient l'objet constant de ses pensées ; leur vie était comme sa vie.

30. S'il faut se glorifier, je me glorifierai des choses qui sont de mon infirmité.

30. « *S'il faut se glorifier*, etc. » Puisque j'y suis contraint dans l'intérêt de mon ministère. § « *Des choses de mon infirmité.* — De ce qui fait ma faiblesse même, c'est-à-dire de tout ce qui vient d'être énuméré. Si d'autres se vantent de leurs avantages extérieurs, moi, je puis me glorifier de mes souffrances pour la cause de Christ, et même des sentiments de tristesse ou d'abattement momentané avec lesquels je m'acquitte de ma charge. Cette parole rehausse encore la tendre sympathie que l'Apôtre vient de manifester à l'égard des Eglises.

31. Dieu, qui est le Père de notre Seigneur Jésus-Christ, et qui est béni éternellement, sait que je ne mens point.

31. « *Dieu qui est le Père,* » etc. » Dans les occasions importantes, Paul ne craignait pas d'en appeler ainsi au témoignage de Dieu, mais toujours, comme ici, d'une manière respectueuse et pleine de solennité. (Plus haut vers. 10 ; *Comp.* Rom. IX, 1.) Les faits qu'il vient de rappeler n'étaient sans doute pas connus de tous les Corinthiens ; ses adver-

saires auraient pu les taxer d'exagération, mais la masse des fidèles, connaissant le caractère de l'Apôtre, ne devait pas, après un tel langage, douter un seul instant de ses assertions. Ce passage prouve que dans des circonstances graves le chrétien peut en appeler au témoignage de Dieu, mais en évitant la légèreté qui caractérise trop souvent ce genre d'affirmation.

32. A Damas, le gouverneur pour le roi Arétas avait mis des gardes dans la ville des Damascéniens pour me prendre.

32. « *A Damas.* » Le fait que Paul va rappeler, après l'avoir omis, peut-être par quelque motif particulier, dans l'énumération précédente, méritait cependant d'avoir sa place ici. Luc l'a raconté dans les Actes. (IX, 23-25.) Sur Damas et sur sa situation, *voy.* Notes sur Act. IX, 2. § « *Le gouverneur*, en grec *l'ethnarque* (chef de la nation), magistrat dont les fonctions ne sont pas connues, mais qui paraît avoir représenté le roi, soit en son absence, soit quant aux détails de l'administration. Peut-être cet ethnarque était-il juif; en tout cas, il avait subi l'influence des Juifs de Damas, qui, nous dit Luc, avaient conspiré contre Paul, et probablement obtenu du gouverneur qu'il fît garder les portes pour empêcher que cet *apostat*, comme ils l'appelaient sans doute, échappât à leur fureur. § « *Pour le roi Arétas.* L'histoire mentionne trois rois de ce nom, comme ayant régné sur l'Arabie; le premier environ 170 ans avant Jésus-Christ (II Macchab. V, 8); le second, venu plus tard, aurait, au dire de Joseph (Antiq. liv. XIII, chap. 15), régné à Damas quelque temps avant l'époque de Paul; le troisième, dont il est ici question, était beau-père d'Hérode Antipas. Irrité de ce que ce roi des Juifs avait répudié sa fille pour épouser la femme de son frère Philippe, il lui avait déclaré la guerre et s'était alors emparé de Damas, qui se trouvait encore en son pouvoir lors du voyage de Paul et qu'il gouvernait par un ethnarque. § « *Avait mis des gardes.* » Luc dit que les Juifs eux-mêmes gardaient les portes; mais cela n'implique pas contradiction, puisque l'ethnarque pouvait avoir pris cette mesure à leur instigation et même leur en avoir abandonné l'exécution. Il est certain qu'à ce moment l'Apôtre avait couru un danger digne d'être compté parmi ceux qu'il rappelle ici.

33. Mais on me descendit de la muraille dans une corbeille, par une fenêtre; et ainsi j'échappai de ses mains.

33. « *On me descendit de la muraille.* » Damas, comme toutes les villes un peu importantes de l'antiquité, était entourée de murs, par-dessus lesquels il fallut bien que Paul passât, puisque les portes étaient gardées. § « *Dans une corbeille.* » Le mot employé ici désigne toute espèce de panier fait en joncs ou en osiers entrelacés, tandis que le mot employé par Luc désigne une corbeille pour contenir du blé ou autres provisions; mais il n'y a point là de contradiction. § « *Par une fenêtre,* peut-être une embrasure percée dans la muraille, ou par quelque autre ouverture qu'il fallait franchir pour se trouver au haut du mur, d'où Paul fut descendu. Ce détail n'est pas dans saint Luc, mais n'en est pas moins d'une vrai-

semblance parfaite. — On sait, d'après Gal. I, 17, qu'après cette évasion, Paul se rendit en Arabie et y passa quelque temps.

REMARQUES SUR LE CHAPITRE XI.

Ce qu'il y a de plus frappant dans ce chapitre, c'est la description que l'Apôtre y fait des épreuves et des douleurs par lesquelles il avait eu à passer dans l'exercice de son ministère. Le monde chrétien peut, en quelque sorte, se féliciter de ce que les adversaires de Paul l'aient, malgré lui, forcé de nous montrer ce côté de sa carrière d'apôtre si admirablement bien remplie. Courage, patience, activité infatigable, abnégation sans réserve, amour pour le Seigneur et pour les âmes, tout brille ici d'un éclat extraordinaire. C'est, tout à la fois, une preuve de la divinité de la religion qui savait inspirer de tels dévouements et un magnifique modèle placé sous les yeux des chrétiens de tous les lieux et de tous les âges. Que l'Evangile produirait plus de fruits parmi les nations qui le possèdent déjà, et qu'il se répandrait plus rapidement dans les pays encore païens, si tous ses ministres savaient, aussi bien que saint Paul, affronter les peines et supporter les épreuves inhérentes à l'accomplissement de leur mandat !

CHAPITRE XII.

Dans ce chapitre, l'Apôtre va continuer à se défendre des reproches formulés contre lui à Corinthe, et à justifier ses titres à l'apostolat. Dans ce but : 1° il en appelle à un nouveau témoignage, qu'assurément aucun de ses adversaires ne pouvait invoquer pour son propre compte, celui de la grâce qui lui avait été faite, quelques années auparavant, de voir de ses yeux les gloires du monde céleste (vers. 1-10) ; en ajoutant aussitôt néanmoins que pour l'empêcher de s'enorgueillir d'une telle faveur, Dieu l'avait soumis à une épreuve aussi persistante que pénible ; 2° il résume en quelques lignes toutes les preuves de son apostolat qu'il vient de donner (11-12) ; 3° Il annonce de nouveau qu'il espère visiter bientôt les Corinthiens, dans le but de travailler au bien de leurs âmes, mais sans leur être à charge (vers. 13-15) ; Il prend de là occasion de répondre à une autre accusation dirigée contre lui, celle d'être un homme rusé (vers. 17-19) ; 3° il termine en exprimant la crainte que le voyage projeté ne lui fasse découvrir bien des sujets de se montrer sévère quant à l'application de la discipline, prévision qu'il exprime sans doute dans le but de porter les Corinthiens à s'examiner eux-mêmes et à réformer leurs vices (vers. 20 et 21).

1. Certes, il ne m'est pas convenable de me glorifier ; car je viendrai jusques aux visions et aux révélations du Seigneur.

1. « *Certes, il ne m'est pas convenable,* etc. » La plupart des commentateurs entendent ces mots comme un nouvel aveu de l'Apôtre, qu'il a tort peut-être de se glorifier comme il le fait, même en admettant qu'il y a été forcé par ses adversaires. Mais on pourrait aussi le prendre dans un sens ironique qui rendrait la transition plus naturelle. On trouvera peut-être, dirait Paul, que tout cela, toutes les marques de mon apostolat que je viens de rappeler, ne me donnent pas le droit de tant me glorifier, mais je vais aller plus loin encore. § « *Car,* » en admettant le dernier sens que nous venons d'indiquer, ce mot pourrait être rendu par *donc* ou par *eh bien!* La particule grecque employée ici l'est souvent dans ce sens. § « *Aux visions et aux révélations du Seigneur.* » Le mot de *vision* désigne souvent dans l'Ecriture-Sainte un des moyens de communication entre Dieu et ceux qu'il voulait instruire. Il faisait passer devant leur esprit, comme dans une sorte de perspective, on pourrait presque dire de paysage, les choses qui devaient arriver dans un temps plus ou moins éloigné. (*Voy.* Notes sur Act. IX, 10.) Le mot de *révélation*, en grec « apocalypse, » signifie proprement « action de découvrir; » il donne l'idée d'un voile de ténèbres et d'ignorance que la puissance de Dieu retirerait de devant l'homme à qui elle veut révéler les choses cachées.

2. Je connais un homme en Christ, il y a quatorze ans passés (si ce fut en corps, je ne sais; si ce fut hors du corps, je ne sais; Dieu le sait), qui a été ravi jusques au troisième ciel.

2. « *Je connais un homme en Christ,* » c'est-à-dire un homme uni à Christ, un chrétien. C'est sans doute par modestie que Paul emploie cette forme et ne parle de lui qu'à la troisième personne, comme saint Jean le fait toujours dans son Evangile. On ne peut, du reste, pas douter un instant que cet homme en Christ ne fût l'Apôtre lui-même, puisque l'exemple d'un autre n'aurait eu ici aucune valeur, et que, d'ailleurs, il finit par se désigner lui-même comme l'objet de cette faveur (vers. 5, 7). § « *Il y a quatorze ans.* » Ce fait remarquable n'étant mentionné nulle part ailleurs, il serait inutile d'en vouloir préciser exactement la date, ou de chercher pourquoi l'Apôtre n'en avait pas parlé plus tôt. Cette Epître-ci ayant été écrite, comme l'on pense, en l'an 58, le fait aurait eu lieu environ l'an 44, c'est-à-dire plusieurs années après la conversion de Paul. Il ne s'agit donc pas ici de la *crise* mentionnée au chapitre IX des Actes (vers. 9). Quelques interprètes pensent qu'il s'agit de l'extase que Paul eut en priant dans le temple. (Act. XXII, 17.) Quoi qu'il en soit, cette vision avait évidemment eu pour but d'encourager l'Apôtre, en vue des périls qui l'attendaient dans l'accomplissement de son mandat d'apôtre des Gentils. Si l'Apôtre n'en avait pas parlé plus tôt, c'est sans doute qu'il n'en avait pas eu l'occasion ou ne l'avait pas jugé utile à l'avancement du règne de son Maître. On sent ici, à toutes ses précautions, que c'est comme par une sorte de contrainte qu'il raconte enfin cet éclatant témoignage rendu à son apostolat, et cela même est une preuve de sa sincérité. § « *Si ce fut en corps.* » Le corps fut-il transporté au ciel, ou l'âme se trouva-t-elle un instant séparée de lui; ou bien tout se passa-t-il sur terre dans une vision, l'Apôtre ne le sait; il en laisse

la connaissance à Dieu, qui pouvait avoir employé l'un ou l'autre de ces moyens avec une égale facilité. L'idée principale qui ressort de ces paroles est que l'Apôtre avait été momentanément insensible aux objets qui l'environnaient et incapable, par conséquent, d'expliquer comment les choses s'étaient passées. Vouloir aller plus loin que lui à cet égard serait téméraire. On peut cependant remarquer que Paul admet ici la possibilité d'une séparation momentanée de son âme et de son corps, preuve qu'il ne regardait pas l'existence de la première comme nécessairement liée à l'existence du second. § » *Dieu le sait.* » Pour l'Apôtre, l'essentiel à savoir et à dire était que le fait avait eu lieu. Heureux les chrétiens si, à son exemple, ils se contentaient toujours d'expérimenter les grâces du Seigneur, sans perdre leur temps à vouloir se rendre un compte exact des moyens employés par lui ! § « *Qui a été ravi.* » Le mot grec a le sens d'enlever, de saisir, d'emporter avec vivacité, quelquefois même avec violence. (Jean x, 12 ; Matth. xi, 12; Jean vi, 15; Act. viii, 39, etc.) Il désigne dans tous les cas la soudaineté et la rapidité. § « *Jusqu'au troisième ciel.* » Les docteurs juifs, suivis en cela par les mahométans, portent le nombre des cieux à sept ; mais dans la Bible il n'est question que de trois : 1° l'atmosphère terrestre, région de l'eau et des nuages ; 2° les cieux étoilés, comprenant les espaces assignés au soleil, à la lune et aux étoiles : 3° le ciel d'au-delà les étoiles, où Dieu était censé habiter avec les anges et les esprits bienheureux. C'est de ce séjour de la divinité que l'Apôtre avait été appelé à contempler les gloires. Les folles imaginations des Juifs quant à leurs sept cieux, ne renferment absolument rien qui puisse servir à expliquer ce passage.

3. Et je sais qu'un tel homme (si ce fut en corps, ou si ce fut hors du corps, je ne sais ; Dieu le sait.)

3. « *Je sais,* » de la manière la plus positive, répétition destinée sans doute à appeler plus fortement l'attention sur ce qui va suivre.

4. A été ravi dans le paradis, et a ouï des paroles ineffables qu'il n'est pas permis à l'homme de rapporter.

4. « *Dans le paradis.* » Ce mot ne revient que trois fois dans le Nouveau Testament (Luc xxiii, 43 ; Apoc. ii, 7 et ici); mais on le trouve souvent dans la version des Septante, comme traduction du mot « jardin. » (Gen. ii, 8-10, 15, 16; iii, 1-3, 8, 10, 23, 24; xiii, 10; Nombr. xxiv, 6; Es. li, 3; Ezéch. xxviii, 13; xxxi, 8, 9; Joël ii, 3, etc.) C'est un mot d'origine tout asiatique. En sanscrit *paradescha* signifie un terrain élevé et bien cultivé; en langue arménienne *pardès* veut dire un jardin planté d'arbres et attenant à la maison d'habitation. Le mot persan s'applique à des jardins de plaisir, ou à des parcs peuplés d'animaux et contenant un palais princier. Dans le Nouveau Testament il désigne partout la résidence des bienheureux, c'est-à-dire, les cieux envisagés comme séjour d'une éternelle félicité. Quelques-uns ont cru que Paul voulait indiquer par ce mot autre chose que ce qu'il vient d'appeler le troisième ciel; mais c'est une supposition toute gratuite. § « *Et a ouï des secrets,* » littéralement « des choses qui n'ont point été ou ne sauraient être dites. » § « *Qu'il n'est pas permis,* etc., » *permis* ou *possible.* (Comp. avec Matth. xiv, 4; Act. xvi, 21; xxii, 25, etc.) Dans le sens de « possible, » ce mot in-

diquerait une impossibilité morale, un défaut de convenance et de sagesse, peut-être aussi l'impossibilité de trouver dans le langage humain des termes capables d'en rendre la beauté. Un commentateur a cru voir ici une allusion au respect qui empêchait les Juifs de prononcer le nom suprême de *Jéhovah* et le leur faisait remplacer à la lecture par celui d'*Adonaï*, seigneur; mais cette coutume était plus superstitieuse que réellement pieuse, et rien ne donne lieu de penser qu'elle se soit présentée à l'esprit de l'Apôtre.

Ce récit est extrêmement remarquable. C'est le seul des Ecritures qui nous parle d'un homme transporté aux cieux soit en vision, soit en réalité, et revenu sur la terre pour dire à ses semblables ce qu'il y avait entendu ou vu. Enoch et Elie montent au ciel sans passer par la mort, mais n'en reviennent pas. Ce dernier paraît avec Moïse sur le mont Thabor (Luc IX, 13), mais ils ne s'entretiennent qu'avec Jésus, et Jésus descendu lui-même du ciel, n'avait pas besoin qu'on lui en révélât les secrets. Telle est la rigueur du silence gardé sur ce point que, dans la parabole du mauvais riche et de Lazare, il n'est pas même permis à ce dernier d'aller exhorter les frères du riche à rechercher les gloires et les fidélités du paradis. L'imposteur Mahomet, s'inspirant peut-être de ce récit de l'Apôtre, prétendait avoir aussi visité le ciel (Coran, ch. 17); mais sa relation, tout à la fois absurde et puérile, forme, avec la réserve digne et respectueuse de l'Apôtre, un contraste admirablement propre à faire distinguer l'imposture de la vérité. Il y parle de sa monture, qui était tantôt une bête blanche, tantôt une mule un peu plus grande qu'un âne; puis des sept cieux qu'il avait successivement parcourus, puis des salutations échangées avec les habitants de ces cieux, du froid perçant qu'il avait ressenti au moment où le Tout-Puissant lui avait touché l'épaule en lui ordonnant de le prier cinquante fois par jour, nombre heureusement réduit ensuite à cinq sur l'intervention de Moïse, etc., etc.

On se demande assez naturellement pourquoi il ne fut pas permis à Paul de communiquer aux chrétiens ce qu'il avait vu et entendu dans le paradis, et d'une manière plus générale, pourquoi Dieu ne nous donne pas sur ce sujet plus de lumières que nous n'en avons. Répondre à ces questions d'une manière absolue n'est pas possible à l'homme. On peut cependant faire les réflexions suivantes. 1° Dans le cas particulier, il s'agissait d'un encouragement spécial accordé à Paul pour le préparer à l'accomplissement d'une tâche difficile, semée de périls et de souffrances, et telle qu'aucun autre habitant de la terre n'en eût à remplir. Encore aujourd'hui Dieu accorde à ceux de ses serviteurs qu'il appelle à le servir dans des circonstances extraordinaires, des grâces extraordinaires aussi, qu'ils peuvent mentionner d'une manière générale, mais dont ils ne sauraient décrire toutes les particularités. 2° Selon toute apparence, les splendeurs et les félicités du ciel, à supposer qu'elles nous fussent révélées, dépasseraient tellement notre compréhension que notre foi en serait ébranlée plutôt qu'affermie. On rapporte d'un roi de Siam qu'un ambassadeur hollandais lui ayant dit que, dans son pays, l'eau devenait tellement solide que l'on pouvait marcher sur elle, le monarque s'écria : « Jusqu'ici je n'avais fait que de vous soupçonner de mauvaise foi, mais maintenant je *vois* que vous êtes un menteur. » Peut-être raisonnerions-nous de la même manière en présence d'une description exacte des choses du ciel. 3° Il n'entre pas dans les plans de Dieu que *tout* soit révélé à l'homme. Il suffit que nous connaissions de l'avenir ce qui peut nous attirer, nous consoler, fortifier notre foi ; et à ces divers égards, il serait injuste de prétendre que nous n'ayons pas reçu des lumières suffisantes. Nous savons qu'au ciel, le péché ni la mort n'existeront pas, qu'il n'y aura plus ni douleurs, ni deuil, ni larmes, mais des joies aussi vives que nous pouvons nous les représenter, un repos parfait, un bonheur sans fin. Avons-nous réellement besoin d'en savoir d'avantage ? 4° En ceci comme en bien d'autres choses, Dieu veut éprouver la foi des siens. C'est sous l'influence de ce sentiment et non par la vue que nous sommes appelés à marcher. Si toutes les gloires et tous les biens à venir nous avaient été comme montrés à l'œil, nous n'aurions pas eu les mêmes raisons de nous confier en Dieu, de nous en remettre entièrement à sa bonté, et ainsi les mobiles de notre conduite auraient été d'une nature moins spirituelle et moins élevée. — Ajoutons que ce silence, imposé à Paul, nous montre que c'est bien en vain que les chrétiens s'attendraient à des révélations plus claires sur ce sujet et la folie de perdre en stériles recherches un temps qui peut être mieux employé. La vie, d'ailleurs, est courte, et le croyant saura très-prochainement à quoi s'en tenir sur l'excellence de ces biens célestes qui lui sont promis.

5. Je me glorifierai d'un tel homme ; mais je ne me glorifierai point de moi-même, sinon dans mes infirmités.

5. « *Je me glorifierai d'un tel homme.* » Des commentateurs ont cru qu'il fallait lire « d'un tel fait, d'une telle faveur ; » mais la traduction ordinaire me paraît préférable. J'aurais, veut dire l'Apôtre, droit de me glorifier d'avoir été l'objet d'une grâce pareille, mais ce n'est pas à moi qu'en revient la gloire ; je ne puis me faire honneur que de mes infirmités. Pour ce dernier mot, *voy.* Notes sur le chapitre XI, 30.

6. Or, quand je voudrais me glorifier, je ne serais point imprudent, car je dirais la vérité ; mais je m'en abstiens, afin que personne ne m'estime au-dessus de ce qu'il me voit être, ou de ce qu'il entend dire de moi.

6. « *Or, quand je voudrais me glorifier ;* etc., » j'aurais le droit de me glorifier sans qu'on pût s'en étonner ou me trouver extravagant, puisque je n'avancerais rien qui ne fût parfaitement vrai. § « *Mais je m'en abstiens ;* » il semble que l'Apôtre aurait été sur le point d'entrer dans plus de détails, mais qu'il s'arrête par le motif qu'il va exprimer. § « *Afin que personne ne m'estime,* etc. » Quelle que soit la haute valeur de cette merveilleuse vision, ce n'est pas d'elle que je veux faire la base de ma réputation parmi les hommes. C'est plutôt d'après ma vie publique et ordinaire que je demande à être jugé. Ce noble langage n'est pas celui d'un enthousiaste, d'un fanatique, qui cherche à capter la confiance ou à s'acquérir de l'autorité en parlant de ses relations occultes et privilégiées avec la Divinité. Paul pourrait à cet égard se glorifier autant et plus que personne, mais cela n'est pas dans l'esprit du ministère dont il

est chargé. Grand exemple donné à ces chrétiens qui se vantent à tout propos de manifestations intimes et personnelles de la grâce, trahissant ainsi la prétention de se faire admirer ou peut-être envier par les autres. Souvenons-nous toujours que c'est essentiellement par nos œuvres, par la pureté et l'activité chrétienne de notre vie, que nous devons montrer la réalité de notre communion avec Dieu.

7. Mais de peur que je ne m'élevasse à cause de l'excellence des révélations, il m'a été mis une écharde dans la chair, un ange de Satan pour me souffleter, afin que je ne m'élevasse point.

7. « *De peur que je ne m'élevasse.* » L'orgueil est un des vices les plus communs, les plus subtils, les plus tenaces auxquels le cœur de l'homme soit enclin, et il a cela de particulier qu'il se nourrit surtout des vertus que l'on possède ou des grâces que l'on a reçues. Saint Paul, si privilégié sous tous les rapports spirituels et qui avait tant fait pour l'avancement du règne de son Maître, se sentait exposé à tomber dans ce péché et regardait comme une nouvelle grâce toute dispensation destinée à l'en préserver. § « *L'excellence des révélations,* » reçues soit dans la circonstance qu'il vient de mentionner, soit en d'autres temps et par d'autres moyens. § « *Il m'a été mis,* » par Dieu lui-même. Admirable exemple de cette sagesse chrétienne, fruit de l'amour divin, qui fait accepter les maux comme le châtiment d'un bon père, attentif au bien de son enfant. § « *Une écharde dans la chair.* » Le mot grec, qui ne se trouve pas ailleurs dans le Nouveau Testament, désigne généralement un objet pointu et qui pique, un pieu, une épine, un aiguillon. Le sens est donc clair, mais les commentateurs ont beaucoup varié quant à la nature de ce frein mis à l'orgueil dans l'âme du saint Apôtre. Les uns se sont attachés à l'idée d'une infirmité physique, apparente ou cachée, qui aurait ou tourmenté ou humilié l'Apôtre, comme une difformité, un bégaiement, etc. Quelques-uns des pères latins ont expliqué le mot par un penchant à la volupté. Calvin et d'autres y voient seulement un aveu fait par Paul, qu'il était comme tous les autres hommes sujet aux tentations de la chair. De ces conjectures, plus ou moins gratuites, la première et la dernière seules peuvent être soutenues. Quoi qu'il en soit, l'idée dominante est que Paul ressentait souvent quelque douleur physique ou morale, qui, dans les moments où il aurait été tenté de s'enorgueillir, le ramenait aussitôt au sentiment de sa misère naturelle. § « *Un ange de Satan.* » Les Juifs attribuaient souvent au démon l'existence de certaines maladies. (*Comp.* Job II, 6, 7; Luc XIII, 16.) Peut-être pourrait-on inférer de notre passage que cette opinion n'était pas aussi dénuée de fondement qu'on le pourrait croire. Quelques-uns ont vu dans cet ange de Satan un des faux docteurs qui avaient troublé l'Eglise de Corinthe, et, par suite, affligé si profondément l'Apôtre, mais rien ne justifie cette opinion. § « *Pour me souffleter,* » comme un coup appliqué sur la joue d'un orgueilleux, au moment où il lui prend envie de s'élever, le rappellerait à des sentiments plus humbles. Les leçons données au chrétien dans cet exemple mémorable sont aussi variées que salutaires. Nous y apprenons le but d'un grand nombre des épreu-

ves auxquelles nous sommes soumis sur la terre : maladies, pauvreté, pertes d'argent, deuils, calomnies, mépris, etc., etc. Toutes doivent avoir pour effet de tenir en bride ce penchant à l'orgueil, qui est l'une des armes les plus redoutables de Satan pour la perte de nos âmes.

8. C'est pourquoi j'ai prié trois fois le Seigneur, de faire que *cet ange de Satan* se retirât de moi.

8. *« C'est pourquoi, »* pour être délivré de cette écharde, envisagée comme ange de Satan. § *« J'ai prié le Seigneur.* « Quand ce mot de « Seigneur » est employé seul, il s'applique toujours à Jésus-Christ, preuve incontestable que Paul priait Jésus, c'est-à-dire l'adorait, puisque l'invocation est la forme d'adoration la plus élevée. § « *Trois fois.* » Ces mots peuvent signifier, ou que Paul avait répété sa prière maintes fois, le chiffre trois s'employant souvent pour marquer un nombre indéterminé; ou plutôt que l'Apôtre avait, dans trois occasions solennelles restées gravées dans sa mémoire, invoqué la délivrance dont il parle. Le nombre de trois avait chez les Juifs quelque chose de sacré; on en trouve dans l'Ecriture un grand nombre d'exemples (Nombr. XXII, 28; XXIV, 10; I Sam. III, 8; I Rois XVIII, 34; Prov. XXII, 20; Jér. VII, 4; Jean XXI, 17, etc.) Le Seigneur lui-même avait, en Gethsémané, demandé trois fois l'éloignement de la coupe qu'il avait à boire. Ces exemples nous font une loi de persévérer dans la prière, jusqu'à ce que quelque dispensation providentielle, à défaut d'un ange ou d'une réponse directe comme celle qu'avait reçue Paul, nous montre qu'il est temps de nous arrêter. On voit (II Sam. XII, 20) que David, après avoir demandé plusieurs fois la conservation de son jeune fils, cessa ses supplications, en s'inclinant devant la volonté divine, dès qu'il vit cet enfant privé de vie.

9. Mais *le Seigneur* m'a dit : Ma grâce te suffit : car ma vertu manifeste sa force dans l'infirmité. Je me glorifierai donc très-volontiers plutôt dans mes infirmités, afin que la vertu de Christ habite en moi.

9. *« Mais le Seigneur m'a dit. »* L'Apôtre n'indique pas si ce fut dans une apparition spéciale, par une inspiration de l'Esprit, ou par quelque voix miraculeuse ; mais la fréquence des révélations dont il était favorisé ôte toute espèce d'importance à cette question. Ce qui en a davantage, c'est que dans ce cas particulier les prières de l'Apôtre, quoique faites avec ferveur et foi, ne furent pas exaucées dans le sens où il l'aurait désiré. Cet exemple, joint à celui de David et à celui du Sauveur lui-même, déjà rappelés plus haut, est instructif. (*Comp.* avec Deut. III, 23-27; Job XXX, 20 ; Lament. III, 8.) On peut en inférer : 1° que si Dieu n'accorde pas toujours aux justes les délivrances qu'ils lui demandent, c'est parce que les maux dont ils souffrent leur sont salutaires au point de vue de l'âme. En ôtant l'écharde mise dans la chair de l'Apôtre, Dieu l'aurait laissé plus exposé aux tentations de l'orgueil ; 2° que dans nos prières nous ne demandons pas toujours les grâces les meilleures. L'exemple de David en fournit une preuve remarquable.

Son enfant mourant s'en allait l'attendre dans la gloire; préservé de la mort, il aurait pu devenir pour lui une cause de tourment et de peine. Absalom vivant troubla certainement sa vie d'une manière bien plus amère que cet enfant enlevé sitôt à sa tendresse. Au lieu de ce que les justes demandent, Dieu leur accorde souvent des biens beaucoup plus précieux. Qui pourrait douter un instant que cette magnifique promesse, faite à Paul, que la grâce de Christ lui suffirait, n'eût à ses yeux et pour le bien de son âme une plus grande valeur que n'en aurait eu la délivrance qu'il avait sollicitée? § « *Ma grâce te suffit.* » Paul avait demandé d'être délivré de son écharde, parce qu'elle lui était douloureuse et que peut-être le courage de la supporter lui manquait parfois. Le Seigneur lui répond qu'il la lui laissera, mais en le rendant, par une abondante mesure de sa grâce, capable de supporter ce mal utile. Il y a donc exaucement de prière, quoique dans un sens différent. § « *Par ma vertu manifeste*, etc. » C'est-à-dire que la force que Christ donne aux siens ne se montre ou n'agit jamais avec plus d'efficace que lorsqu'ils sentent mieux le besoin qu'ils en ont, à cause de leur profonde faiblesse. Paul va affirmer qu'il a ressenti la vérité de cette déclaration, et il n'est aucun chrétien sincèrement uni à Christ qui n'en ait fait bien des fois l'expérience. § « *Je me glorifie donc*, etc. » L'Apôtre est ramené par cette parole au souvenir de ses infirmités, envisagées, non plus comme des maux, mais comme des priviléges, et il dira dans le verset suivant quelle merveilleuse source de consolation le Seigneur lui a ouverte de cette manière. § « *Que la vertu de Christ,* » la force qu'il donne, l'emploi de sa puissance miséricordieuse pour soutenir et fortifier. § « *Habite en moi,* » demeure en moi d'une manière durable, de sorte que j'en puisse éprouver les effets toutes les fois que j'en ai besoin. Ici encore l'Apôtre donne un bel exemple de la manière dont les chrétiens doivent et peuvent supporter les afflictions, en se confiant dans la miséricordieuse puissance de Celui qui leur a promis le secours de sa grâce.

10. Et à cause de cela je prends plaisir dans les infirmités, dans les injures, dans les nécessités, dans les persécutions, et dans les angoisses pour Christ : car quand je suis faible, c'est alors que je suis fort.

10. « *Et à cause de cela je prends plaisir*, etc.; » expression singulièrement remarquable. Paul ne dit pas, je supporte, je me soumets, mais il aime ses maux, il y *prend son plaisir.* Tel est, chez les vrais chrétiens, le produit de la double conviction que ces maux sont utiles à l'âme et que le Seigneur soutient efficacement ceux qui les endurent en se confiant en lui. Quelle différence à cet égard entre la foi chrétienne et les inspirations mêmes les plus nobles de la philosophie ! Et dans quoi l'Apôtre prend-il son plaisir ? § « *Dans les infirmités.* » (*Voy.* Notes sur le chap. XI, 30.) § « *Les injures,* » endurées pour le nom de Christ. (Notes ch. XI, 21.) § « *Les nécessités,* » les persécutions, les angoisses. (*Voy.* ch. VI, 4, etc.) » § « *Quand je suis faible.* » En présence de tous ces maux, je me sens par moi-même incapable d'y résister, mais alors ce sentiment même me fait recourir à la grâce du Seigneur avec un redoublement d'ardeur, et, fidèle à sa promesse, le Seigneur m'accorde une telle

assistance, une telle force que ce qui faisait mon effroi se change en sujet de joie.

11. J'ai été imprudent en me glorifiant; *mais* vous m'y avez contraint : car je devais être recommandé par vous ; vu que je n'ai été moindre en aucune chose que les plus excellents apôtres, quoique je ne sois rien.

11. « *J'ai été imprudent*, etc. » L'insistance avec laquelle Paul revient sur cette sorte d'excuse montre à quel point toute vanterie lui semblait peu digne d'un chrétien. § « *Car je devais être*, » etc. » Les Corinthiens connaissaient assez Paul et lui avaient assez d'obligations, pour qu'ils eussent pu le défendre contre ses adversaires et lui épargner ainsi la tâche pénible de revendiquer ses droits comme il vient de le faire. § « *Je n'ai ét moindre*, » en aucune chose, ni sous le rapport du mandat apostolique, ni en dons du Saint-Esprit, ni en activité. (*Voy.* I Cor. IX, 1 et suiv., et Notes sur II Cor. XI, 5.) § « *Quoique je ne sois rien.* » Il y a deux manières d'interpréter ces mots. Ou bien ils seraient ironiques et signifieraient : « quoique mes adversaires prétendent que je ne suis rien, que je n'ai ni l'autorité ni les qualités d'un apôtre. Ou bien ce serait une profession d'humilité profonde, inspirée à Paul par le tableau même qu'il vient de tracer des grâces qu'il a reçues, malgré son indignité naturelle. Ce dernier sens est le plus probable et s'accorde parfaitement avec ce que l'Apôtre avait déjà dit aux chrétiens de Corinthe. (I Cor. XV, 9.) Bel exemple donné aux disciples de Christ par un hommeadmirablement privilégié et auquel si peu d'entre eux peuvent se comparer. Les âmes les plus saintes seront toujours, du reste, les plus promptes à s'humilier devant Dieu. On peut être sûr que, dans le ciel, les premières places seront occupées par ceux qui se seront le plus sincèrement regardés comme indignes des dernières.

12. Certainement, les marques de mon apostolat ont été efficaces parmi vous avec toute patience, par des signes, des prodiges et des miracles.

12. « *Les marques de mon apostolat*, » les preuves certaines que j'avais reçu de Dieu la charge que j'ai remplie. (*Voy.* Notes sur Marc XVI, 16, 17; Act. II, 22 ; Rom. XV, 19.) § « *Ont été efficaces.* (*Voy.* Note sur I Cor. IX, 2.) § « *Avec toute patience*, » par la persévérance avec laquelle j'ai travaillé, sans me laisser décourager par l'opposition que j'ai rencontrée. § « *Par des signes, des prodiges*, etc. » (*Voy.* Note sur Act. II, 22.) Nous ne savons pas quels miracles l'Apôtre avait faits à Corinthe, mais il y avait, probablement, comme en maints autres endroits, guéri des malades, preuve suffisante de la divinité de sa mission.

13. Car en quoi avez-vous été inférieurs aux autres Eglises, sinon en ce que je ne suis point devenu lâche au travail à votre préjudice ? Pardonnez-moi ce tort !

13. « *Car en quoi*, etc. » Pourriez-vous indiquer un seul point sur lequel d'autres Eglises aient reçu plus de faveurs que celles dont j'ai

été l'instrument parmi vous? Pour ma part, je n'en connais qu'un: c'est que plusieurs de ces Eglises ont été appelées à subvenir à mes besoins matériels, ce dont elles se sont fait un plaisir et un honneur, tandis que, me suffisant à moi-même à Corinthe, je ne vous ai pas fourni cette occasion de montrer votre bonne volonté. Si c'est là un tort, pardonnez-le-moi. Ce verset pourrait être une ironie, mais il peut être aussi pris dans un sens de sérieuse affection. C'est en effet, pour toute Eglise vivante, un privilége que de pouvoir faire quelques sacrifices pour l'avancement du règne de Dieu, ou pour l'entretien de ses conducteurs spirituels.

14. Voici pour la troisième fois que je suis près d'aller vers vous; et je ne m'épargnerai pas à travailler, pour ne vous être point à charge: car je ne demande pas votre bien, mais c'est vous-mêmes que je demande; aussi ce ne sont pas les enfants qui doivent faire amas pour leurs pères, mais les pères pour leurs enfants.

14. « *Voici pour la troisième fois*, etc. » Il s'agit ici, non pas de voyages accomplis, mais de projets de visite. Paul avait eu l'intention d'aller à Corinthe, d'abord en se rendant en Macédoine, puis en revenant de ce pays. (*Voy.* I Cor. XVI, 5, et II Cor. I, 15, 16.) Ses projets actuels formaient la troisième fois. § « *Et je ne m'épargnerai pas*, etc. » Comme je l'ai déjà fait, et malgré la remarque que je viens d'exprimer. (*Voy.* Note sur ch. XI, 9, 10.) § « *Car je ne demande pas votre bien, mais vous-mêmes;* » vos âmes, que j'ai mission d'amener à Christ pour qu'elles soient sauvées par lui. Nobles paroles, dignes d'être profondément méditées par tous, mais particulièrement par les ministres de la parole sainte. (*Voy.* Notes sur Act. XX, 33.) § « *Aussi ce ne sont pas les enfants*, etc. » Réflexion tout à la fois pleine de sens et singulièrement touchante. Saint Paul se représente comme un père affectueux, qui travaille pour ses enfants, non pas en vue de ce qu'ils pourront faire pour lui en retour, mais uniquement parce qu'il les aime, parce qu'il désire assurer leur bonheur. Ce serait, on le comprendra facilement, détourner ce passage de son véritable sens et en abuser, que de s'en faire un prétexte pour affaiblir l'obligation imposée aux enfants de venir en aide à leurs parents, et de leur témoigner, par des actes autant que par des paroles, la reconnaissance qu'ils leur doivent.

15. Et quant à moi, je dépenserai très-volontiers, et je serai même dépensé pour vos âmes; bien que vous aimant beaucoup plus, je sois moins aimé.

15. « *Quant à moi, je dépenserai*, etc. » Continuation du rapprochement commencé dans le verset précédent. Comme un père s'impose toute sorte de labeurs et des sacrifices pour ses enfants, de même j'emploierai à votre service mon temps, ma force et ma vie même. On remarquera l'énergie de cette expression « je serai même dépensé, » ou, comme on pourrait traduire « je m'userai » à poursuivre l'œuvre de

votre salut. Encore une leçon et un exemple donnés aux pasteurs qui ont « charge d'âmes, » au même titre que l'Apôtre, quoique moins abondamment pourvus que lui des dons du Saint-Esprit ! § « *Bien que vous aimant beaucoup plus,* etc. » Il y a dans ces mots un tendre reproche destiné sans doute à faire rentrer en eux-mêmes les chrétiens de Corinthe. En s'exprimant ainsi, l'Apôtre fait probablement allusion à ce fait, bien souvent remarqué, que généralement les enfants aiment leurs parents beaucoup moins qu'ils n'en sont aimés. Paul ne se fait, à cet égard, aucune illusion, mais il n'en continuera pas moins à se dépenser pour ses enfants spirituels de Corinthe.

16. Mais soit, *dira-t-on*, que je ne vous aie point été à charge, mais qu'étant rusé, je vous aie pris par finesse.

16. « *Mais soit,* etc. » Ne pouvant convaincre Paul d'avoir été directement à charge à l'Eglise de Corinthe, ses adversaires pouvaient l'accuser ou peut-être l'avaient accusé déjà de s'y être pris d'une manière plus habile pour se faire donner de l'argent. La collecte annoncée plus haut (ch. VIII, et IX) aurait pu servir de prétexte à cette accusation. C'est pour cela sans doute que Paul s'arrête à la réfuter en passant.

17. Ai-je donc fait mon profit de vous par aucun de ceux que je vous ai envoyés ?

17. « *Ai-je donc fait mon profit,* etc. » L'Apôtre, qui ne craint rien, en appelle aux faits et porte à tous un défi que personne, il en est bien sûr, n'aura la hardiesse de relever. C'était se défendre et défendre en même temps les pieux frères sur lesquels l'accusation aurait pu rejaillir.

18. J'ai prié Tite, et j'ai envoyé un de nos frères avec lui ; *mais* Tite a-t-il fait son profit de vous ? Et n'avons-nous pas, *lui et moi*, marché d'un même esprit ? N'*avons-nous* pas *marché* sur les mêmes traces ?

18. « *J'ai prié Tite,* » d'aller continuer la collecte commencée par vous. (*Voy.* ch. VIII, 6.) § « *Un de nos frères.* (*Voy.* Note sur ch. VIII, 18.) § « *Tite a-t-il fait son profit.* etc. » Non sans doute, puisque les Corinthiens, après l'avoir parfaitement bien accueilli, l'avaient renvoyé comblé des marques de leur confiance et de leur affection (ch. VII). § « *N'avons-nous pas,* etc. » montré le même esprit, agi avec le même désintéressement. Ce raisonnement était concluant. Conforme à la conduite tenue par Paul, la conduite de Tite échappait à tout reproche d'indélicatesse et détruisait à son tour les malveillantes insinuations des adversaires de l'Apôtre.

19. Avez-vous encore la pensée que nous voulions nous justifier envers vous ? Nous parlons devant Dieu en Christ ; et le tout, ô très-chers ! est pour votre édification.

19. « *Avez-vous encore,* etc. » Cette remarque paraît s'appliquer moins à ce qui la précède immédiatement qu'à tout ce que l'Apôtre s'est vu

dans la nécessité de dire pour sa justification. Si j'entre dans ces détails, semble-t-il dire, ne vous imaginez pas que ce soit pour vous plaire, pour gagner votre faveur. Non, j'ai une règle et des motifs plus élevés : c'est en la présence du Dieu qui connaît le fond des cœurs et des choses, que je me suis exprimé comme je l'ai fait ; et cela parce qu'il importe au bien de l'Eglise et à votre propre édification que ma position vis-à-vis de vous, en ma qualité d'apôtre, soit aussi nette et franche que possible. Sur le sens du mot *édifier*, *voy.* Notes sur Rom. XIV, 19 ; I Cor. VIII, 1 ; X, 33.

20. Car je crains qu'il n'arrive que quand je viendrai, je ne vous trouve point tels que je voudrais, et que je ne sois trouvé de vous tel que vous ne voudriez pas, et qu'il n'y ait en quelque sorte *parmi vous* des querelles, des envies, des colères, des débats, des médisances, des murmures, des enflures d'orgueil, des désordres et des troubles.

20. « *Car je crains*, etc. » (*Voy.* plus haut vers. 14.) § « *Je ne vous trouve point tels*, etc., » c'est-à-dire marchant dans la vérité et dans l'ordre. Quelques-unes des réprimandes contenues dans sa première lettre avaient bien produit leur effet, mais il craignait que bien des désordres ne fussent restés debout. § « *Et que je ne sois trouvé*, etc., » c'est-à-dire obligé d'appliquer les sévérités de la discipline chrétienne envers les fauteurs ou les partisans de ces désordres. (*Voy.* I Cor IV, 21 ; *Comp.* avec Note sur II Cor. X, 2.) § « *Des querelles.* » (*Voy.* Note sur Rom. I, 29.) § « *Des envies.* (Note sur I Cor. III, 3.) *Des colères*, » comme il s'en élève partout où des partis sont en présence. § « *Des médisances.* » (*Voy.* Note Rom. I, 30.) » « *Des murmures.* » (*Voy.* Note sur Rom. I, 29.) § « *Des enflures d'orgueil.* » (*Voy.* Note sur I Cor. IV, 6, 18, 19; V, 2.)

21. Et qu'étant revenu chez vous, mon Dieu ne m'humilie sur votre sujet, en sorte que je sois affligé à l'occasion de plusieurs de ceux qui ont péché auparavant, et qui ne se sont point repentis de l'impureté, de la fornication et de l'impudicité dont ils se sont rendus coupables.

21. « *Mon Dieu ne m'humilie*, etc. » Je m'étais réjoui à votre sujet ; vous croyant sincèrement convertis, je vous regardais comme un des fruits bénis de mon ministère. Quel sujet de m'humilier, si lorsque j'arriverai chez vous, je me trouvais forcé de vous traiter en chrétiens relâchés et infidèles ! Les membres d'une Eglise qui manquent aux lois de la sainteté sont une honte pour le ministère de la Parole, surtout s'ils se donnent pour de vrais chrétiens. § « *Et que je ne sois affligé.* » Si les pécheurs déjà repris s'étaient amendés à la voix de Paul, il les aurait revus avec la plus grande joie, mais s'ils ont persévéré ou sont retombés dans le mal, ils seront pour lui une nouvelle source d'affliction. § « *De l'impureté*, etc. » (*Voy.* Notes sur Rom. I, 24 ; I Cor. V, 1 ; VI, 18.) Les péchés ici mentionnés étaient plus communs et moins redoutés à Corinthe que partout ailleurs peut-être. (*Voy.* notre Introduction à la première Epître.) C'est pour cela que l'Apôtre revient si souvent sur ce

sujet dans ses deux lettres. Les chrétiens de Corinthe couraient sous ce rapport des dangers continuels. On a remarqué, du reste, que les désordres de ce genre sont ceux où retombent le plus facilement les chrétiens sortis des rangs du paganisme.

CHAPITRE XIII.

Dans ce chapitre, qui termine l'Epître, l'Apôtre: 1° expose la ligne de conduite qu'il compte tenir à son arrivée dans l'Eglise de Corinthe. Ses adversaires l'avaient taxé de pusillanimité. (*Voy.* Notes sur ch. x, 1 et 2, 10 et 11); il annonce qu'il saura se montrer sévère et user de ses droits de mandataire de Jésus-Christ (vers. 1-4). — 2° Il exhorte en conséquence les Corinthiens à s'examiner sérieusement eux-mêmes, mais en exprimant l'espoir que le résultat de cet examen ne sera pas de nature à les forcer de se ranger parmi les réprouvés. (vers. 5 et 6). 3° Il demande à Dieu de si bien préserver les Corinthiens de tout mal qu'il n'ait pas à leur appliquer les rigueurs de la discipline, parce qu'il aimera mieux les trouver repentants que d'avoir à faire usage de son autorité apostolique (vers. 7-10). 4° Viennent enfin quelques vives et brèves exhortations à la sainteté (vers. 11); puis les salutations et les bénédictions par lesquelles l'Apôtre termine habituellement ses lettres.

1. C'est ici la troisième fois que je viens à vous : en la bouche de deux ou de trois témoins toute parole sera confirmée.

1. » *C'est ici la troisième fois*, etc. » (*Voy.* Notes sur ch. XII, 14.) Il est évident que Paul n'avait encore été qu'une fois à Corinthe et qu'il parlait ici de ses projets de voyage. § « *En la bouche de deux ou trois témoins,* » c'est-à-dire sur le témoignage de, etc. C'était une des prescriptions de la loi mosaïque. (Deut. XIX, 15 ; *voy.* Note sur Jean VIII, 17 ; *Comp.* avec Matth. XVIII, 16.) Mais à quoi l'Apôtre applique-t-il ici cette prescription ? Suivant quelques commentateurs, ces mots ne se rapporteraient qu'au voyage de l'Apôtre et voudraient dire tout simplement que, s'il en était besoin, deux autres témoins pourraient affirmer qu'il avait réellement eu plusieurs fois l'intention d'aller à Corinthe, lesquels témoins seraient Stéphanas, Fortunat, et Achaïque. (I Cor. XVI, 17.) Mais ce sens est peu probable ; il vaut mieux suivre l'opinion générale, qui voit en ceci l'annonce de la marche que l'Apôtre suivra dans l'enquête qui devra nécessairement précéder l'application de la discipline.

2. Je l'ai déjà dit, et je le dis encore, comme si j'étais présent pour la seconde fois ; et maintenant, étant absent, j'écris à ceux qui ont péché auparavant, et à tous les autres, que si je viens encore une fois, je n'épargnerai *personne*.

2. «*Je l'ai déjà dit.* » Dans sa première Epître, (ch. IV, 21, et V., 3). § « *Comme si j'étais présent pour la seconde fois,*» preuve que Paul n'avait été qu'une fois à Corinthe. Son séjour dans cette ville est raconté dans les Actes au chapitre XVII. § « *Etant absent.* » (*Voy.* Note sur I Cor. V, 3.) § « *ceux qui ont péché*, etc. » S'imaginant que Paul ne reviendrait pas à Corinthe, (I Cor. IV, 18), ou que s'il y revenait, il n'oserait pas user de sévérité (II Cor. X, 9-11), ils avaient persévéré dans leurs mauvaises voies, sans tenir compte de ses conseils; il leur affirme maintenant qu'il ne les épargnera pas.

3. Puisque vous cherchez la preuve que Christ parle par moi, lequel n'est point faible envers vous, mais qui est puissant en vous.

3. « *Puisque vous cherchez*, etc. » Dans les chapitres précédents, l'Apôtre avait suffisamment fourni cette preuve ; il la complétera, en quelque sorte, par l'usage qu'il est décidé à faire de son autorité. § « *Lequel n'est point faible.* » Christ, en effet, avait manifesté sa puissance à Corinthe, par les succès de sa parole, par les miracles opérés en son nom, et probablement aussi, dans la pensée de l'Apôtre, par les maladies et les malheurs dont avaient été punis les fauteurs des désordres. (*Voy.* Notes sur I Cor. XI, 30, et I Cor. V.) Ayant eu déjà ces preuves de la puissance du Seigneur, les Corinthiens devaient craindre de les voir se renouveler encore s'ils ne se soumettaient pas aux réprimandes de l'Apôtre.

4. Car quoiqu'il ait été crucifié par infirmité, il est néanmoins vivant par la puissance de Dieu ; et nous aussi nous souffrons *diverses* infirmités à cause de lui ; mais nous vivrons avec lui par la puissance que Dieu a déployée envers vous.

4. « *Quoiqu'il ait été crucifié par infirmité*, etc. » Dans sa mort, Jésus avait paru à ses ennemis bien faible et infirme ; il avait voulu s'abaisser jusque-là (Philip. II, 7, 8 ; I Pier. III, 18), mais cette faiblesse n'était qu'apparente, et sa puissance réelle s'était révélée par sa résurrection d'entre les morts. » (Ephès. I, 19-21.) L'Apôtre rappelle ces grands faits, tout à la fois pour relever l'autorité de Celui au nom duquel il parlait, et pour expliquer sa propre conduite. Lui aussi s'était jusqu'ici abstenu, comme son maître, de déployer son autorité ; il avait paru faible et timide ; mais sa force en Christ était réelle et toujours la même. Les adversaires de sa mission ou de sa personne avaient pu le mépriser, comme les Juifs avaient méprisé son maître; mais il allait montrer ses droits à être écouté.

5. Examinez-vous vous-mêmes *pour savoir* si vous êtes en la foi ; éprouvez-vous vous-mêmes : ne vous reconnaissez-vous point vous-mêmes, *savoir*, que Jésus-Christ est en vous ? si ce n'est qu'en quelque sorte vous fussiez réprouvés.

5. « *Examinez-vous vous-mêmes.* » (*Voy.* Notes sur I Cor. XI, 28.) Parmi les Corinthiens repris par l'Apôtre, beaucoup pouvaient avoir été trompés par les faux docteurs ou s'être fait à eux-mêmes des illusions pernicieuses. Paul les exhorte à bien s'assurer de leurs vrais sentiments avant son arrivée. La piété est chose si sérieuse en elle-même que cette recommandation de l'Apôtre est importante à suivre par les chrétiens de tous les temps, de tous les lieux et en quelque circonstance que ce soit. § « *Si vous êtes en la foi,* » si vous êtes de vrais chrétiens, croyant à l'Evangile, confiant dans les promesses du Seigneur et vous conduisant d'une manière conforme à ses préceptes et à son exemple. § « *Eprouvez-vous vous-mêmes,* » le mot grec rendu ici par *éprouver* est plus fort que celui qui commence le verset. Il s'emploie pour désigner l'essai qu'on fait des métaux en les soumettant à la chaleur, et emporte l'idée d'une épreuve telle que, s'ils en sortent avec honneur, les Corinthiens pourront être sûrs qu'ils ont en eux l'amour de Christ. (*Voy.* Notes sur I Cor. III, 13.) On sait que le meilleur moyen d'arriver à cette précieuse assurance est de se rendre bien compte des progrès que l'on a faits dans les voies de la sanctification et dans la pratique des bonnes œuvres. § « *Ne reconnaissez-vous point vous-mêmes.* » En s'éprouvant ainsi de bonne foi, les chrétiens arrivent, non-seulement à se connaître eux-mêmes, mais à pouvoir dire avec certitude : je sais que je suis en Christ, dans le sens où l'apôtre Jean dit (I Jean III, 14) que si nous aimons nos frères, « nous *savons* que nous avons passé de la mort à la vie. » Un homme peut affirmer, sans courir le risque de se tromper, ou être suspecté de mauvaise foi, qu'il aime ses parents, sa femme ou ses enfants ; pourquoi le chrétien ne pourrait-il pas dire qu'il aime son Sauveur, et par conséquent, qu'il est sûr de posséder tous les biens que Christ départit aux siens ? § « *Que Jésus-Christ est en vous.* » Ces expressions « être en Christ » ou « avoir Christ en soi » reviennent souvent dans le Nouveau Testament pour désigner l'étroite union de l'âme rachetée avec son Rédempteur. (*Voy.* Notes sur Rom. VIII, 10.) § « *Vous fussiez réprouvés.* » Ce mot de *réprouvé* n'a pas ici le sens de rejeté définitivement de Dieu, de *damné.* Il continue l'image empruntée à l'art d'essayer les métaux, et la phrase veut dire simplement que l'épreuve qu'ils feront d'eux-mêmes pourra donner aux Corinthiens l'assurance qu'ils sont en Christ, ou bien leur montrer que leur religion est de mauvais aloi.

6. Mais j'espère que vous connaîtrez que pour nous, nous ne sommes point réprouvés.

6. « *Mais j'espère,* etc. » Le sens de ce verset est : j'espère, j'ai la ferme confiance que, quel que soit le résultat de l'examen auquel je vous exhorte, vous reconnaîtrez, quand je serai parmi vous, que je ne suis pas moi-même indigne du nom d'apôtre, mais que j'ai bien reçu mon mandat de Jésus-Christ.

7. Or je prie Dieu que vous ne fassiez aucun mal ; non afin que nous soyons trouvés approuvés, mais afin que vous fassiez ce qui est bon, et que nous soyons comme réprouvés.

7. « *Or je prie Dieu*, etc. » Ce mot paraît destiné, dans la pensée de l'Apôtre, à adoucir ce qu'il pouvait y avoir de sévère, et presque de menaçant dans le verset précédent ou dans l'annonce de ce que Paul craignait d'avoir à faire en arrivant à Corinthe. Ne croyez pas, semble-t-il dire, que je désire trouver parmi vous, à mon arrivée, des sujets de me montrer sévère, ou que je puisse prendre à cela du plaisir. Que Dieu veuille au contraire vous préserver ou vous retirer de tout mal, de sorte que je n'aie qu'à louer et à me réjouir avec vous! § « *Non afin que nous soyons trouvés approuvés;* » mon plus vif désir n'est pas d'avoir à faire valoir mon autorité d'apôtre, ou mon caractère personnel, mais de vous trouver docilement soumis à la volonté de Dieu. § « *Et que nous soyons comme réprouvés.* » Oui, que vous viviez comme des chrétiens doivent le faire, que vous m'ôtiez ainsi tout sujet d'exercer au milieu de vous les sévérités de la discipline, et vous m'en verrez tout joyeux. A ce prix, je consentirai volontiers à ce qu'on m'estime moins, à ce qu'on me repousse même comme un métal de peu de valeur. Cette manière de sentir et de parler offre un admirable exemple d'humilité et d'abnégation. C'est comme un commentaire pratique de ce que l'Apôtre avait dit déjà aux Corinthiens, en leur traçant les caractères de la charité, qu'elle « ne se réjouit pas de l'injustice, mais qu'elle se réjouit de la vérité. »

8. Car nous ne pouvons rien contre la vérité, mais pour la vérité.

8. « *Car nous ne pouvons rien*, etc. » Nous, les Apôtres, nous ne pouvons rien faire qui soit contraire à ces grands principes de vérité et de sainteté que nous avons mission de prêcher et d'établir. Désirer que votre conduite soit mauvaise pour avoir le plaisir de vous en reprendre, serait renverser ces principes pour les remplacer par des motifs de satisfaction personnelle qui ne sauraient être les mobiles de notre conduite à votre égard. Peut-être l'Apôtre veut-il aussi faire entendre, par ces paroles, que les pouvoirs miraculeux dont il avait usé quelquefois, pour réprimer ou faire rentrer en eux-mêmes les adversaires de Christ, lui seraient refusés dans le cas où il aurait la pensée de ne s'en servir que dans l'intérêt de sa réputation ou contre des personnes fidèles à leurs devoirs.

9. Or nous nous réjouissons si nous sommes faibles, et que vous soyez forts ; et même nous souhaitons ceci, *c'est à savoir*, votre entier accomplissement.

9. « *Nous nous réjouissons si nous sommes faibles*, etc. » D'après cela, si vous êtes trouvés forts, c'est-à-dire sincèrement attachés à la vérité et adonnés au bien, je me réjouirai de n'avoir pas à sévir, au risque de paraître faible et de fournir peut-être aux adversaires l'occasion de m'accuser de pusillanimité. § « *Et même nous souhaitons*, etc. » Non-seulement je souhaite qu'il n'y ait en vous aucun mal à réprimer, mais encore que vous deveniez accomplis dans le bien. Le mot traduit ici par « entier accomplissement » ne se trouve nulle part ailleurs dans le Nouveau Testament; mais le verbe d'où il dérive y revient fréquemment.

(Matth. IV, 21; XXI, 16; Marc I, 19; Luc VI, 40; Rom. IX, 22, etc.; *voy.* nos Notes sur ce dernier verset.) Il signifie proprement « mettre en ordre, restaurer » et emporte toujours l'idée de perfectionnement. Paul ne désire pas seulement de n'avoir point à réprendre; il s'estimera heureux de pouvoir louer.

10. C'est pourquoi j'écris ces choses étant absent, afin que quand je serai présent, je n'use point de rigueur, selon la puissance que le Seigneur m'a donnée pour l'édification, et non point pour la destruction.

10. « *C'est pourquoi*, etc. » Les idées exprimées dans ce verset l'ont été déjà au chapitre X, verset 2 et 8. (*Voy.* Notes sur ces deux passages.) L'Apôtre les répète dans le but d'en mieux assurer les effets.

11. Au reste, mes frères, réjouissez-vous, tendez à vous rendre parfaits ; soyez consolés ; ayez un même sentiment, vivez en paix ; et le Dieu de charité et de paix sera avec vous.

11. « *Réjouissez-vous.* » Ce mot s'employait souvent comme salutation (Matth. XXVI, 49; XXVII, 29), parfois même au commencement d'une lettre. (Act. XV, 23; Jacq. I, 1.) La version anglaise le rend par un mot correspondant à notre « adieu, » et c'est probablement dans ce sens qu'il faut l'entendre ici. § « *Tendez à vous rendre parfaits,* » littéralement, remettez-vous en ordre, perfectionnez-vous. (Notes sur le vers. 9 et sur Rom. IX, 22.) Redressez en vous, en votre conduite, tout ce qui n'est pas conforme à la volonté du Seigneur. § « *Soyez consolés,* » en vous rappelant les grandes promesses de l'Evangile. Quelques commentateurs pensent que ce mot emporte ici le sens de réciprocité; « consolez-vous les uns les autres » et peut-être « encouragez-vous mutuellement à faire le bien. » § « *Ayez un même sentiment, vivez en paix.* » L'Eglise de Corinthe avait été troublée profondément par des partis et des divisions (I Cor. I, 10 et suiv.); de là l'exhortation formulée dans ces deux membres de phrase. § « *Et le Dieu de charité et de paix sera avec vous.* » Dieu, étant souverainement charitable, prend plaisir à manifester son amour, à voir la paix régner entre ses enfants. Sa parole nous dit que « le fruit de la justice se sème dans la paix » (Jacq. III, 18), et comment attendre, en effet, que la piété se développe ou même se conserve au milieu des discussions et des querelles?

12. Saluez-vous l'un l'autre par un saint baiser. Tous les saints vous saluent.

12. « *Saluez-vous*, etc. » Suivant un usage reçu chez les premiers chrétiens. (Rom. XVI, 3, et Notes sur le vers. 16 du même chapitre.) § « *Tous les saints,* » c'est-à-dire les chrétiens qui se trouvaient avec Paul à Philippes, d'où l'on croit que cette lettre fut écrite. (Introduction, § 3.)

13. La grâce du Seigneur Jésus-Christ, et la charité de Dieu, et la communication du Saint-Esprit, soient avec vous tous ! Amen !

13. « *Que la grâce du Seigneur*, etc. » (*Comp.* avec Rom. XVI, 20 et 24; I Cor. XVI, 23.) Ce verset contient, sous forme de prière, ce que l'on appelle la salutation évangélique et sert, à peu près partout, à congédier les assemblées religieuses. « *La grâce du Seigneur Jésus-Christ* » désigne évidemment tous les biens spirituels que Jésus a acquis pour son Eglise en mourant pour elle et en présidant à sa formation. La charité ou *l'amour de Dieu* est la manifestation ou l'assurance de la miséricorde avec laquelle Dieu pardonne aux pécheurs, console les affligés et sanctifie ceux qui se donnent à lui. *La communication du Saint-Esprit* indique le moyen par lequel ces faveurs deviennent la propriété des chrétiens. Ce mot de « communication » marque en effet une sorte de participation ou de communauté, dont l'idée revient sans cesse sous la plume des écrivains sacrés. (*Voy.* Act. II, 42 ; Rom. XV, 26 ; I Cor. I, 9; X. 16; II Cor. VI, 14; Gal. II, 9; Ephès. III, 9 ; I Jean I, 3.) L'Apôtre décrit ailleurs (Gal. V, 22) tout ce que renferme cette communication du Saint-Esprit qu'il souhaitait aux Corinthiens. § « *Amen.* » Ce mot manque dans la plupart des manuscrits les plus dignes de foi ; mais il paraît avoir été introduit de bonne heure dans l'usage de l'Eglise.

Cette bénédiction suggère à l'esprit quelques réflexions importantes, qu'on peut résumer commme suit. 1° C'est une prière, et une prière adressée évidemment à Jésus-Christ, et au Saint-Esprit aussi bien et au même titre qu'à Dieu le Père. 2° La distinction des trois personnes dans la Divinité s'y trouve très-formellement et très-nettement exprimée, de sorte que ce passage établit aussi clairement que possible le dogme de la Trinité. Si Christ, en effet, n'était pas Dieu avec le Père, comment l'Apôtre l'aurait-il mis ici sur le même rang et même nommé le premier? et si le Saint-Esprit n'était, comme quelques-uns le veulent, qu'un attribut de la Divinité ou que l'influence divine, en tant qu'elle agit sur l'âme humaine, comment encore l'Apôtre l'aurait-il placé sur le même pied que le Père et le Fils ? Quelle étrange prière que celle qui pourrait être ainsi traduite : « Que la grâce « d'un homme ou d'un ange, et que la communication d'un attribut « divin soient avec vous en même temps que l'amour de Dieu! » Avec la doctrine de la très-sainte Trinité tout s'explique, tout est dans une parfaite harmonie ; tandis qu'autrement ce verset présente une incohérence d'idées dont il est impossible de n'être pas frappé, et à laquelle les écrits et la prédication de Paul n'ont pas accoutumé ses lecteurs. C'est donc avec raison qu'on le cite comme un de ceux sur lesquels s'appuie le plus solidement la foi des chrétiens orthodoxes. 3° L'Apôtre n'aurait pu mieux terminer son Epître, et l'Eglise a eu parfaitement raison d'adopter cette prière pour clore, en guise de bénédiction, les exercices de son culte public. Quels souhaits plus précieux pourraient être faits, quelles grâces plus magnifiques pourraient être solennellement demandées, pour les membres d'une congrégation prêts à se séparer pour suivre chacun de son côté les chemins si souvent difficiles de la vie, que ces souhaits et que ces grâces ? Affermissement de la foi, purification du cœur, accroissement de la charité, force contre les tentations, patience et courage au sein des épreuves : tout est là, dans la grâce du Seigneur Jésus-Christ, l'amour de Dieu et l'action du Saint-Esprit. Que les chrétiens n'entendent donc jamais répéter cette bénédiction sans respect, sans retour sur eux-mêmes, sans une profonde reconnaissance. L'auteur de ces notes la répète, en ce moment même, en faveur de tous ceux qui pourront lire ce travail. Il ne les connaît pas selon la chair, mais son désir est d'être réuni à eux dans le royaume des cieux; et ni eux ni lui ne peuvent arriver dans ce séjour de l'éternelle paix que si le Dieu trois fois saint verse dans leurs âmes les trésors mentionnés dans cette prière!

Quelques manuscrits et quelques versions donnent, à la suite de cette Épître, l'indication qu'elle a été écrite de Philippes de Macédoine et portée par Tite et Luc. Ces mots manquent dans la plupart des anciens manuscrits, et on sait qu'en général ces souscriptions n'ont aucune espèce d'autorité. Celle-ci cependant paraît exacte, au moins quant au lieu d'où Paul aurait écrit, et en ce qui concerne Tite. (Introduction, § 3.)

FIN.

AMIENS. — IMPRIMERIE DE T. JEUNET.

www.ingramcontent.com/pod-product-compliance
Ingram Content Group UK Ltd.
Pitfield, Milton Keynes, MK11 3LW, UK
UKHW020128220726
13923UKWH00001B/53